18 45
D R

Bettina Beer/Hans Fischer (Hg.)

Ethnologie

Einführung und Überblick

Neufassung

Dietrich Reimer Verlag

Bibliografische Information Der Deutschen Bibliothek
Die Deutsche Bibliothek verzeichnet diese Publikation in der Deutschen Nationalbibliografie; detaillierte bibliografische Daten sind im Internet über http://dnb.ddb.de abrufbar.

1. Auflage 1983
2. Auflage 1988
3. Auflage 1992
4. Auflage 1998
Neufassung 2003

Zimmerstraße 26–27
10969 Berlin
www.dietrichreimerverlag.de

Umschlaggestaltung: Nicola Willam, Berlin

Printed in Germany

ISBN 3-496-02757-6

Inhalt

Forschungsansätze

Hans Fischer

Vorwort zur Neufassung

Nach vier Auflagen der „Ethnologie" seit 1983 stellt diese Ausgabe eine völlige Neufassung dar. Entwicklungen des Faches sind berücksichtigt worden. Sämtliche Beiträge wurden neu verfasst und mehrere Themenbereiche zusätzlich aufgenommen, so Materielle Kultur und Ethnolinguistik, Ethnologische Geschlechterforschung, Stadtethnologie und Interethnische Beziehungen. Die neue Mitherausgeberin und die Autoren gehören der jetzt lehrenden Generation von Professoren und Dozenten an dreizehn Universitäten und zwei Max-Planck-Instituten in Deutschland, Österreich, der Schweiz und den Niederlanden an.

Wie bisher richtet sich diese Einführung in erster Linie an Studienanfänger, untere Semester und Studierende anderer wissenschaftlicher Disziplinen. Sie soll einen ersten Überblick über Arbeitsgebiete und Probleme, theoretische Ansätze und Ergebnisse der Ethnologie (Völkerkunde) geben.

Die Einteilung in „Grundbegriffe"/„Arbeitsbereiche"/„Forschungsansätze" der bisherigen Auflagen wurde beibehalten, obgleich – zugegeben – nicht mehr alle Beiträge ganz genau in dieses Schema passen. Über die letzten zwanzig Jahre wurden jedoch keine Einwände dagegen vorgebracht. Im Übrigen sind die Herausgeber für jede Kritik, für Änderungs- und Ergänzungsvorschläge und die Mitteilung von Erfahrungen mit diesem Band dankbar.

Die Herausgeber

Grundbegriffe

Hans Fischer

Ethnologie als wissenschaftliche Disziplin

1. Wissenschaft

Ethnologie ist die Bezeichnung für eine *Wissenschaft*, eine wissenschaftliche *Disziplin*, ein *Fach* an den Universitäten. Zwei Wörter aus dieser Feststellung sollen Ausgang für weitere Überlegungen sein: Es geht um Wissenschaft – und es geht um einen Teilbereich von Wissenschaft, eine Disziplin.

„Wissenschaft" ist eines der Wörter, die man in jedem Konversationslexikon nachschlagen kann – und auch sollte. Nach einem wissenschaftstheoretischen Handbuch ist es „jede intersubjektiv überprüfbare Untersuchung von Tatbeständen und die auf ihr beruhende, systematische Beschreibung und – wenn möglich – Erklärung der untersuchten Tatbestände." (Körner 1980: 726f.) Nach anderen Bestimmungen ist es Erkenntnis, die in Form von Aussagen vorliegt, es sind die Bedingungen für solche Aussagen und für die Vorgehensweisen bei der Untersuchung (Methoden). Unter Wissenschaft wird auch die Gemeinschaft der Wissenschaftler, die jeweilige wissenschaftliche Gemeinschaft verstanden.

Man muss sich aber bewusst machen, dass es keine Instanz gibt, die festlegt, was Wissenschaft ist. Es gibt tradierte Formulierungen, Vorschläge, persönliche Ansichten, Setzungen für einen bestimmten Zusammenhang, Beschlüsse wissenschaftlicher Gemeinschaften und Bestimmungen im Zusammenhang der Ausbildung (etwa in Studien- und Prüfungsordnungen). Und es gibt andererseits Feststellungen, was Wissenschaftler, etwa die Angehörigen einer Disziplin, tatsächlich tun. Alles befindet sich in Auseinandersetzung, verändert und entwickelt sich.

Beschäftigung mit einer der Wissenschaften bedeutet notwendig auch Beschäftigung mit Wissenschaft allgemein. Mit dem, was man – auch Unterschiedliches – darunter versteht, mit Entstehung und Veränderung, mit Zielsetzungen, Bedingtheiten und Konflikten, mit Organisation und Beziehungen zu Praxis und Gesellschaft. Die Stichwörter, unter denen sich etwa in Bibliotheken Relevantes findet, sind *Wissenschaftsforschung* oder *Wissenschaftswissenschaft*, *Wissenschaftssoziologie*, *Wissenschaftsgeschichte* und *Wissenschaftstheorie*. Leider steht gerade einführende Literatur hierzu kaum zur Verfügung, Vorhandenes setzt meist bereits Erfahrung in der Wissenschaft voraus. (Balzer 1997; Bühl 1974; Krohn und Küppers 1987; Serres 1998; Stehr und König [Hg.] 1975; Weingart 1976)

Am Beginn jeder Beschäftigung mit oder in der Wissenschaft sollte in jedem Falle die Aneignung der Elemente wissenschaftlichen Handwerks stehen, die für fast alle Disziplinen gleich sind. Teils deshalb, weil sie sich als praktisch, nützlich und erfolgreich erwiesen haben, teils deshalb, weil sie als Konventionen durch Übereinstimmung schnelle Information und Kontrolle ermöglichen: die wissenschaftlichen Arbeitstechniken des Protokollierens und Exzerpierens, des Belegens und Zitierens, des Umgangs mit Literatur, des Ordnens von Material, und nicht zuletzt des Vortragens und Schreibens. (Beer und Fischer 2003)

2. *Disziplin*

Aus der Zunahme an Wissen und Erkenntnis folgt notwendig eine Einschränkung der Kompetenz jedes Einzelnen. Das menschliche Gehirn, das menschliche Gedächtnis mögen noch ungenutzte und zu entwickelnde Kapazitäten haben. Aber auch im Laufe eines ganzen Lebens ist es niemandem mehr möglich, auch nur zur Kenntnis zu nehmen, was etwa in einer Disziplin wie der Ethnologie (oder selbst einer Subdisziplin davon) geforscht und publiziert wird. Doch erst Kenntnisnahme ermöglicht Auseinandersetzung, kritische Auseinandersetzung und damit Wissenschaft. Die Aufteilung der Wissenschaft in Disziplinen ist also kein „Schubladendenken“, sondern schlichte, in den Möglichkeiten des Menschen liegende Notwendigkeit. Menschliche Kompetenz ist begrenzt.

Die Bestimmung der Schwerpunkte von und Abgrenzungen zwischen Disziplinen sind historisch bedingt. Das ist allerdings kein statischer Zustand. Denn die Zunahme des Wissensbestandes, der Veröffentlichungen, der Institutionen und auch der Zahl der Wissenschaftler findet in immer schnellerem Tempo statt. So entstand um 1770 aus einer Hilfswissenschaft der Historie, der Erdkunde oder Geographie, als deren Teilgebiet die Völkerkunde oder Ethnographie (kurz darauf Ethnologie genannt). Sowohl Geographie als auch Ethnologie verselbstständigten sich und bildeten wiederum Sub-Disziplinen aus. Und derzeit kann auch kein Ethnologe ehrlich von sich behaupten, gleichzeitig Afrikanist und Ozeanist zu sein oder Musikethnologe und Rechtsethnologe. Denn neue Teildisziplinen entstehen nicht nur durch Aufspalten einer „Mutter-Disziplin", sondern auch durch Kombination mit Teildisziplinen anderer Fächer.

Es gibt typische Abläufe in der Herausbildung neuer Disziplinen und Teildisziplinen. Am Anfang stehen meist gemeinsame Interessen einer Anzahl von Wissenschaftlern (und eventuell Nichtwissenschaftlern) an bestimmten Gegenständen oder Problemen. Diese Interessen sind selten nur individuell, sie werden meist durch gesamtgesellschaftliche, politische, sogar globale Ereignisse oder Zustände bestimmt. In der Entwicklung der Ethnologie waren es die Entdeckung von Völkern als Gegenstände oder Handelnde der Geschichte; Forschungsreisen und Entdeckungen in Sibirien und in der Südsee im 18. Jahrhundert, Kontakte mit neuen, unbekannten Ländern und Menschen; später koloniale Eroberungen und ihre Rechtfertigung, Handelsinteressen oder Mission, nach innen die Entstehung eines nationalen Bewusstseins, Auseinandersetzungen um Immigration und die Stellung von Minderheiten. Die Liste lässt sich fortsetzen.

Wissenschaftliche Disziplinen beginnen also gewöhnlich mit der Herausbildung einer neuen *wissenschaftlichen Gemeinschaft* am gleichen Gegenstand oder an gleichen Fragen Interessierter und dafür dann Kompetenter. Austausch von Informationen und Auseinandersetzung entstehen, verfestigen sich durch die Gründung einer Vereinigung, einer Zeitschrift, schließlich von Institutionen (im Fall der Ethnologie zunächst Museen), und letztlich mit der Etablierung an der Universität. Damit bildet ein Fach seinen Nachwuchs aus. Ausbildung und Inhalt der Lehre können wiederum durch entstehende oder schon existierende Berufsbilder beeinflusst werden. In Deutschland konzentrierte sich nach den Anfängen in Göttingen um 1770 die weitere Entwicklung in der zweiten Hälfte des neunzehnten Jahrhunderts auf Berlin mit der Gründung der *Berliner Gesellschaft für Anthropologie*, *Ethnologie* und *Urgeschichte*, der *Zeitschrift für Ethnologie*, des Berliner *Museums für Völkerkunde* und der Einrichtung einer Dozentur – später Professur – für Adolph Bastian. Das erste Zentrum der Ausbildung Anfang des zwanzigsten Jahrhunderts wurde Leipzig. Spezifische Berufsbilder für Ethnologen bildeten sich außer der Museumstätigkeit allerdings zunächst nicht heraus.

Wenn wissenschaftliche Fächer auch teils aus außerwissenschaftlichen Anstößen entstehen mögen, wenn sie sich mit dem Wandel gesellschaftlicher oder weltpolitischer Situationen, mit der Zunahme an Wissen und Erkenntnissen verändern, so ist doch eine Konstanz der Bestimmung von Disziplinen notwendig. Nicht aus Gründen der Forschung – ein Physiker mag im Bereich der Ethnologie forschen oder über Astronomie schreiben, wenn er kompetent ist (Fischer 2003) – sondern in erster Linie aus Gründen der Kommunikation und Information, der Praxis und der Ausbildung. Man muss wissen, unter welcher Bezeichnung, in welcher Zeitschrift, an welchem Institut, in welcher Bibliothek, von wem man bestimmte Informationen bekommen kann. Wenn unter „Ethnologie" heute etwas über Völker, morgen über Regenwürmer und übermorgen über Futtermittel publiziert oder archiviert würde, wären die Informationschancen ziemlich eingeschränkt. Die Öffentlichkeit und andere Wissenschaftler müssen wissen, wofür Ethnologen kompetent sind und wofür nicht. Forschungspraktisch sinnvoll ist es auch nicht, wenn in mehreren Fächern dasselbe behandelt wird – wenn Ethnologen, Soziologen, Politologen, Pädagogen und Volkskundler sich mit denselben Fragen auf die gleiche Art und Weise beschäftigen, weil das gerade Mode ist. Nicht zuletzt verlangt auch Ausbildung Konzentration. Konzentration auf das Wesentliche, auf die zentralen Bereiche einer Wissenschaft. Danach kann man sich immer noch Randbereichen zuwenden oder die Grenzen der Disziplin beliebig weit überschreiten. Übrigens weist gerade das Wort „Disziplin" auf diesen Schwerpunkt der Lehre hin (Lateinisch *disciplina*, Lehre; *discipulus*, Schüler).

Bleibt die letzte Frage in Bezug auf wissenschaftliche Disziplinen: Worin unterscheiden sie sich, nach welchen Kriterien kann man sie unterscheiden und wurden sie unterschieden? Hier besteht relativ große Übereinstimmung darin, dass es der Forschungsgegenstand (das Forschungs„objekt"), die Forschungsprobleme (die Fragestellungen), die theoretischen Grundannahmen und die benutzten Methoden sind. (Guntau und Laitko [Hg.] 1987; Laitko 1999; Peckhaus und Thiel [Hg.] 1999)

3. *Fachbezeichnungen*

Völkerkunde und *Ethnographie* (Griechisch *ethnos*, Volk und *graphein*, beschreiben) wurden gleichbedeutend um 1770 an der Universität Göttingen geprägt, vermutlich nach den Vorbildern *Erdkunde* und *Geographie*. Etwa ein Jahrzehnt später wurde offenbar mehrfach und an mehreren Orten dann *Ethnologie* gebildet. Mit dem Wortbestandteil *-logie* (von Griechisch *logos*, Kunde) ist es die bessere Entsprechung zu „Völkerkunde", mit dem es seit Mitte des 19. Jh. als gleichbedeutend betrachtet wurde. Zeitweilig verstand man allerdings auch Ethnographie als „beschreibende" und Ethnologie als „vergleichende" Völkerkunde, der Völkerkunde untergeordnet. Zwischen etwa 1930 und 1990 wurde in den sozialistischen Ländern des Ostblocks in bewusstem Gegensatz zum Sprachgebrauch im Westen Ethnographie als Bezeichnung für das Gesamtfach verstanden. *Völkerkunde* wurde in den letzten Jahrzehnten an den Universitäten weitgehend zugunsten von *Ethnologie* aufgegeben. Es wird aber weiterhin für Museen gebraucht (*Museum für Völkerkunde*), und auch die entsprechende wissenschaftliche Vereinigung in Deutschland hat es bisher beibehalten (Deutsche Gesellschaft für Völkerkunde). Ethnographie bedeutet wörtlich „Völkerbeschreibung" und wird in diesem Sinne als der deskriptive, der empirische Teil der Ethnologie oder als jede (auch nichtwissenschaftliche) Beschreibung eines Volkes verstanden. Ein Ethnograph kann demnach jeder sein.

Älter als die drei genannten Wörter ist *Anthropologie*, das schon zu Beginn des 16. Jahrhunderts, ebenfalls in Deutschland, geprägt wurde. Wörtlich (von Griechisch *anthropos*, Mensch) bedeutet es „Menschenkunde" und wurde auch seit der Zeit in dieser allgemeinen Bedeutung gebraucht: als die Wissenschaft vom Menschen in allen seinen Aspekten. Da sich aber tatsächlich viele Wissenschaften vom Menschen entwickelten, konnte Anthropologie bald keine Disziplin im eigentlichen Sinne mehr bezeichnen. Denn niemand konnte und kann von der Medizin bis zur Philosophie, vom Menschen als biologischem bis zum Menschen als sozialem Wesen dieses Wissen noch überblicken. In Deutschland wurde Anthropologie an den Universitäten zur eingeschränkten Bezeichnung für die Biologie des Menschen (Humanbiologie).

Im englischsprachigen Raum hat *anthropology* seine ursprüngliche Bedeutung als „Wissenschaft vom Menschen" behalten. Allerdings wird etwa in den USA dann zur genaueren Bezeichnung unterschieden zwischen der *physical anthropology* (der physischen Anthropologie) und der *cultural anthropology* (der kulturellen Anthropologie), die ihrerseits mehrere Disziplinen umfasst, meist *ethnology*, *archaeology*, *linguistics*. Ein Ethnologe ist also im engeren Sinne *ethnologist*, allgemeiner *cultural anthropologist* und wird meist ganz allgemein als *anthropologist* bezeichnet. – In Großbritannien heißt das Fach *social anthropology*. Damit wird der Unterschied zur biologischen Ausrichtung verdeutlicht, außerdem aber eine bewusst eher sozialwissenschaftliche Ausrichtung. Die britischen *social anthropologists* haben sich als *comparative sociologist*s, als „vergleichende Soziologen", verstanden.

Die Idee einer alle Wissenschaften vom Menschen umfassenden Anthropologie blieb auch in Deutschland lebendig. Sie wurde in der zweiten Hälfte des zwanzigsten Jahrhunderts nicht zuletzt wieder durch Übersetzungen verstärkt. Das englische *anthropology* wurde und wird häufig mit „Anthropologie" übersetzt, wenn es „Ethnologie" heißen müsste. Es ist besser, solche Bezeichnungen nicht zu übersetzen, da etwa das deutsche Wort *Sozialanthropologie* einen Teilbereich der biologischen Anthropologie im deutschen Sinne bezeichnet, und auch *Kulturanthropologie* ist eine Richtung der Philosophie. (Fischer 1970, 2001; Stagl 1995; Vermeulen 1995)

4. Subdisziplinen und Spezialgebiete

Eine Disziplin, die alle Völker der Erde in allen Teilaspekten der Kultur und nach den unterschiedlichsten Fragestellungen untersucht (oder untersuchen will), muss sich notwendig in Subdisziplinen, in Teilfächer, aufteilen. Der Einzelne kann unmöglich alle Gegenstände, Probleme und Methoden des Faches beherrschen und auch die Kommunikation muss in überschaubaren Teilgemeinschaften stattfinden. Subdisziplinen grenzen dabei an Bereiche anderer Disziplinen oder überschneiden sich sogar mit ihnen. Kenntnisse aus oder Ausbildung in diesen Nachbardisziplinen sind notwendig oder sogar unabdingbar. Im Studium kann das durch die Wahl der Nebenfächer oder eines zweiten Hauptfaches berücksichtigt werden.

Die üblichsten Schwerpunkte aller Ethnologen sind *regional*. Die Kulturen eines Kontinents oder Teilkontinents kann man gerade noch überblicken: Afrika südlich der Sahara, Lateinamerika, Nordamerika, Australien und Ozeanien, Europa. Asien ist zu groß und vielfältig und gewöhnlich wird man Spezialist für Südasien, Südostasien, Nordasien etc. sein. Andere Spezialisierungen umfassen historisch zusammenhängende Räume, etwa den Mittelmeerraum. Für einige dieser Subdisziplinen gibt es übliche Bezeichnungen, etwa *Ozeanistik* und *Ozeanisten*, *Afrikanistik* und *Afrikanisten*, *Amerikanistik* und *Amerikanisten*. Aber da zeichnen sich Überschneidungen mit den Namen anderer Fächer ab. So ist Afrikanistik an den Universitäten das überwiegend auf afrikanische Sprachen ausgerichtete Fach, Amerikanistik auch der Teil der Anglistik, der sich mit amerikanischem Englisch beschäftigt. Für andere Teilbereiche haben sich keine Bezeichnungen herausgebildet („Australistik"? „Europistik"?) oder nicht ganz logische Formen wie Europäische Ethnologie (es müsste wohl „Ethnologie Europas" heißen).

Notwendige Voraussetzungen für die regionalen Spezialisierungen sind Kenntnisse der europäischen *Sprachen*, in denen zu jeweiligen Räumen publiziert wird, etwa Spanisch und Portugiesisch für Lateinamerika. Es sind zum anderen regionale Verkehrssprachen wie Suaheli für Ostafrika oder Pidgin für Melanesien und zu Nationalsprachen gewordene einheimische Sprachen wie Tagalog für die Philippinen. Tatsächlich beschränkt sich aber die empirische Forschung jedes Ethnologen notwendig auf ein noch kleineres Gebiet, in dem er die jeweilige Sprache intensiv lernen und beherrschen kann. Nicht zufällig bezogen sich auch berühmte Ethnologen immer wieder auf eine bestimmte Ethnie, deren Kultur sie genauer kannten und kennen konnten: Lewis Henry Morgan auf die Irokesen, Franz Boas auf die Kwakiutl, Bronislaw Malinowski auf die Trobriander, E. E. Evans-Pritchard auf die Nuer. Die notwendige Beschränkung in der empirischen Forschung hat sicherlich Auswirkungen für den vergleichenden Blick und theoretische Vorstellungen, und man hat spöttisch auch vom „my tribe syndrome" gesprochen.

Die zweite Schwerpunktsetzung aller Ethnologen bezieht sich auf *kulturelle Teilbereiche*, für die es wiederum andere, überwiegend auf europäische Verhältnisse bezogene wissenschaftliche Disziplinen gibt. Hier sind die Bezeichnungen klarer und meist aus sich selbst verständlich: *Wirtschaftsethnologie*, *Religionsethnologie*, *Kunstethnologie* beschäftigen sich mit der Wirtschaft, der Religion, der Kunst einzelner Völker oder vergleichend mit vielen. Kenntnisse aus den jeweiligen Disziplinen Wirtschaftswissenschaft, Religionswissenschaft oder Kunstgeschichte sind notwendig. Das gilt ebenso für eine Fülle weiterer Teilbereiche von der Politikethnologie bis zur Medizinethnologie und von der Rechtsethnologie bis zur Tanzethnologie. Für einige Bereiche hat sich eine andere Namensform eingebürgert, etwa *Ethnolinguistik*, *Ethnozoologie* oder *Ethnobotanik*. Hier sind die Zuordnungen nicht ganz so selbstverständlich. Teils geht es um die Untersuchung der Beziehungen von Sprache und Kultur (Ethnolinguistik), teils um die Kenntnisse in der jeweiligen Kultur über bestimmte Bereiche, etwa Pflanzen und Tiere (Ethnobotanik, Ethnozoologie).

Weitere Formen der Spezialisierung betreffen *Fragestellungen*, theoretische *Forschungsansätze* oder Arbeits- und Anwendungsbereiche. Das gilt etwa für *Ethnohistorie*, *Ethnopsychiatrie*, *Kognitive Ethnologie*, *Aktionsethnologie* oder *Museumsethnologie*. Spezialisierungen in diesen Feldern können fast unendlich sein: auf Wirtschaftstypen (etwa Wildbeuterkulturen oder Hirten), theoretische Konzepte (Strukturalismus, Neoevolutionismus), Kinder und Erziehung (Ethnopädagogik), Dichtung (Ethnopoetik) und vieles andere bis weit über die Grenzen der Wissenschaft hinaus.

Bleiben als Letztes die ganz individuellen Begabungen, Interessen, Vorkenntnisse und Ausbildungen. Sie wirken sich auf die Tatsache aus, dass kein Wissenschaftler – in welcher wissenschaftlichen Disziplin auch immer – alles gleichzeitig und gleichmäßig ist: Theoretiker und Empiriker, Statistiker und Historiker, Forscher im Feld und im Archiv, Didaktiker und Organisator. Jeder wird das eine oder andere mehr oder weniger (oder überhaupt nicht) sein. Alle diese Möglichkeiten und Fähigkeiten ergänzen sich aber innerhalb eines Faches.

Die Beiträge dieses Bandes gehen überwiegend auf die sachlichen Teilbereiche und Forschungsansätze innerhalb der Ethnologie ein. Probleme und Ergebnisse der regionalen Teilbereiche – etwa der Völkerkunde Afrikas oder der Ozeanistik – wären Sache eines anderen Bandes. Was bis etwa 1960 unter dem Titel „Völkerkunde“ erschien, waren meist solche regionalen Überblikke über die Völker der Erde. Die früheste war diejenige von Frankenheim 1852, eine der letzten die von Tischner herausgegebene 1959. Die ungeheure Menge inzwischen angesammelten ethnographischen Wissens macht solche weltweiten Übersichten mittlerweile jedoch fast unmöglich.

5. Forschungsgegenstand

Die meisten wissenschaftlichen Disziplinen werden nach ihrem Forschungsgegenstand benannt: Geographie (Erdbeschreibung), Zoologie (Tierkunde), Romanistik (Wissenschaft von den romanischen Sprachen), Astronomie (Sternenkunde) etc. Aus den Fachbezeichnungen *Völkerkunde* oder *Ethnologie* lässt sich auch ihr *Gegenstand* ableiten: *Völker* oder Griechisch *ethne*. Zwei Merkmale sind daran von Bedeutung: Es geht um *Völker* im Plural, im Gegensatz etwa zur *Volkskunde*, die sich mit einem, nämlich dem eigenen Volk, beschäftigt. Im griechischen *ethnos* steckt noch ein anderer Aspekt, nämlich der Bezug auf fremde Völker. Zu *ethnos* siehe den Beitrag von Bettina Beer in diesem Band.

Am Anfang der Ethnologie im 18. Jahrhundert stehen Völker als neu erkannter Gegenstand der Geschichtswissenschaft im Gegensatz zu Staaten und Herrschaften. *Alle Völker* – wobei die *fremden* Völker zum einen die überwältigende Mehrheit darstellten und zum anderen das Neue, Unbekannte, von anderen Disziplinen noch nicht behandelte. Sowohl der Aspekt des Vergleichs als auch der Aspekt des bisher nicht Behandelten, Vernachlässigten, spielten (und spielen) eine Rolle. Der Aspekt des Fremden, der Fremdheit, des Fremdverstehens drückte sich auch in einer Bezeichnung wie *Fremdvölker* aus, die von Felix von Luschan (1922:161,165) geprägt wurde, dann auch bei Georg Thilenius, Hans Plischke, Richard Thurnwald und Wilhelm Mühlmann eine Rolle spielte.

Es gab und gibt für einige dieser Völker allerdings Wissenschaften, die sich speziell und nur mit ihnen, ihrer Sprache, ihre Kultur, ihrer Geschichte, beschäftigen: Ägyptologie und Sinologie, Indologie und Orientalistik und mehrere andere. Die meisten von ihnen zu sogenannten „Hochkulturen", Kulturen mit Schrift und schriftlichen Überlieferungen. Zu Europa, zur eigenen Kultur oder dem eigenen Kulturkreis, gibt es fast zu jedem Aspekt eine eigene Disziplin: von Germanistik, Musikwissenschaft, Kunstgeschichte, Geschichtswissenschaft bis Politologie, Soziologie und Volkskunde und vielen anderen. Als *vergleichende* Disziplin konnte und kann die Ethnologie die Ergebnisse aller dieser Fächer nutzen. Aber es blieben ganze Kontinente, für die es zunächst keine Fachwissenschaften gab: Amerika und Australien, Afrika und große Teile Asiens. So konzentrierte sich die Ethnologie als eine Art „Restewissenschaft" auf diese von der Wissenschaft vernachlässigten (allerdings größeren) Teile der Menschheit. Das bedeutete zweierlei: Es waren überwiegend *außereuropäische* Völker bzw. solche, die *außerhalb der asiatisch-europäischen Hochkulturen* standen. Diese Konzentration war und ist rein forschungspraktisch: Warum sollen mehrere Disziplinen sich mit dem selben Gegenstand beschäftigen, wenn andere Gegenstände nicht behandelt werden?

Die Bestimmung des spezifischen Forschungsgegenstandes der Ethnologie wechselte im Laufe der Fachentwicklung, und die gebrauchten Bezeichnungen machen Veränderungen der Fragestellung deutlich. Man sprach von „Wilden" und „Barbaren" und meinte damit zwei Stadien der allgemeinmenschlichen Entwicklung, deren höchstes Stadium die „Zivilisation" sei. Ähnlich – und heute ähnlich negativ besetzt – ist die Bedeutung von „Primitive". Auch hierbei ging es um einen Stand der Entwicklung, nämlich den frühesten, den ersten (Latein: *primus*, der Erste). In der ersten Hälfte des zwanzigsten Jahrhunderts bezogen einzelne Autoren diesen Zustand nicht auf ganze Völker oder Kulturen, sondern als „primitives Denken" oder „das Primitive" auch auf Teile selbst städtischer und komplexer Gesellschaften (Lucien Lévy-Bruhl, Theodor-Wilhelm Danzel). Ähnlich auf angeblich früheste, von heutigen deutlich verschiedene Zustände beziehen sich die vielen mit „Ur-" zusammengesetzten Bezeichnungen – „Urvölker", „Urgesellschaft", „Urkultur", „urtümlich" etc.

Das Wort „Naturvölker" betonte – ausgehend von Rousseaus *l'homme naturel* – zunächst einen der Natur noch näheren, von der Gesellschaft unverdorbenen Urzustand, einen Unterschied zwischen *Natur* und *Kultur* (eigentlich gemeint: *Zivilisation*). Später wurde das eher technologisch umgedeutet in „Völker in stärkerer Abhängigkeit von der Natur" oder „Völker mit geringerer technologischer Ausrüstung (zur Beherrschung der Natur)". Als Ursache dafür wurde meist die geographische Randlage zu den Zentren der Entwicklung verstanden, daher auch die gelegentliche Bezeichnung *Randvölker*. Der implizierte Gegensatz zwischen Natur und Kultur als Stadien der Entwicklung (manchmal noch mit wenig sinnvollen Bezeichnungen wie „Halbkulturvölker" dazwischen) ist der Hauptgrund dafür, dass die Bezeichnung „Naturvölker" innerhalb der Wissenschaft aufgegeben wurde. Denn es gibt keine menschliche Gemeinschaft ohne Kultur im ethnologischen Sinne einer Lebensweise.

In einem bestimmten Forschungszusammenhang drückte das Wort etwas aus, das aus dem Bestandteil „Natur-" nicht sofort abzuleiten ist. Die aus der Geschichtswissenschaft entstandene Ethnologie entwickelte als besonderes Problem das der Aufklärung der Geschichte dieser Völker (Kulturkreislehre, Historische Ethnologie, Ethnohistorie). Weil aber diese nicht zu den „Hochkulturen" gezählten Völker keine Schrift besaßen, hatten sie auch keine schriftliche Überlieferung, keine schriftlichen historischen Quellen. Es mussten besondere Methoden zur Aufklärung ihrer Geschichte entwickelt werden. Zeitweilig sprach man deshalb auch von „Völkern ohne Geschichte". Von Fragestellung und Quellenlage her korrekt war aber sicherlich das Verständnis von „Naturvölkern" als *schriftlose Völker*.

Verstand sich diese Richtung der Ethnologie als Teil einer allgemeinen Kulturgeschichte, so die britische *Social Anthropology* als Teil einer *comparative sociology*, einer vergleichenden Soziologie. Ihr ging es um Strukturen und Elemente von Gesellschaften, deren Gesetzmäßigkeiten (nach naturwissenschaftlichem Vorbild) gefunden und formuliert werden sollten. Solche Gesetzmäßigkeiten entdeckt man aber eher in einfachen Verhältnissen als in komplexen. Deshalb ist es forschungspraktisch sinnvoll, mit *simple societies*, einfach strukturierten Gesellschaften, zu beginnen, bevor man sich komplexeren Formen zuwendet. Auch Adolf Bastian, der Begründer der deutschen Ethnologie, ging von ähnlichen, naturwissenschaftlich geprägten, Überlegungen aus. Wieder also ein forschungspraktisches Argument für die Beschäftigung mit einem bestimmten Teil menschlicher Gemeinschaften, obwohl eigentlich alle Gegenstand der Disziplin sein sollten.

Mit dem Beginn einer Diskussion um *Volk* und *Ethnos* und den Versuchen genauerer Begriffsbestimmungen wurde deutlich, dass manche der von der Ethnologie untersuchten Gemeinschaften nicht „Völker" sind, sondern kleinere Einheiten, etwa „Horden", „Stämme" oder „Lokalgruppen". So sprach man von *Stammesgesellschaften*, um jeweils einen „vor-volklichen" Zustand auszudrücken. Und diesen „Vor"-Zustand, nun bezogen auf moderne Industriestaaten, drücken auch Wörter aus wie *vorstaatlich*, *vorindustriell* (auch *nichtstaatlich* oder *nichtindustriell*). Noch allgemeiner schrieb man von *underdeveloped societies*, oder Gesellschaften in Entwicklungsländern. Es wird deutlich, dass hier jeweils bestimmte Fragestellungen bestimmend sind.

Betrachtet man diese zunächst verwirrende Vielzahl von Bezeichnungen für den Forschungsgegenstand der Ethnologie genauer, so zeigt sich eine fortschreitende Zunahme des Umfangs dessen, was untersucht wird oder werden soll. Diese Zunahme zeigt das folgende Schema: Naturvölker – fremde Völker – alle Völker und Kulturen – Kultur:

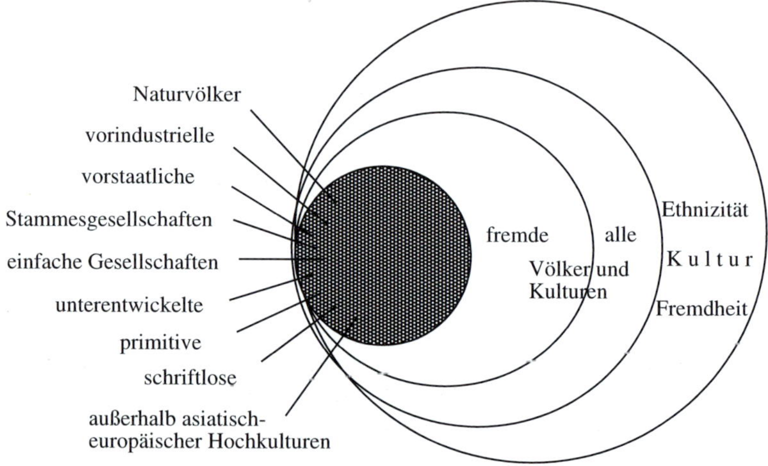

Das *dunkle* Feld bezeichnet den Schwerpunktbereich der empirischen Forschung in der Ethnologie. Aber wie die Bezeichnungen dafür *relative* Bestimmungen sind, sind es gleichzeitig Bestimmungen eines sich verändernden Bereiches. Aus vorstaatlichen Gesellschaften sind Teile moderner Staaten geworden, unterentwickelte haben sich entwickelt, schriftlose haben Schulsystem und Schrift. Dieser Forschungsgegenstand scheint sich aufzulösen. Für die allgemeinen Fragen menschlicher Kulturen und Kultur aber bleibt er weiterhin von Bedeutung. Aus der empirischen Untersuchung lebender Kulturen kann die Auswertung schriftlicher Quellen werden, der ethnographischen Berichte früherer Zeiten. Der Forschungsgegenstand ist dann historisch geworden, entsprechend die Methoden. Die Kultur der Irokesen, wie sie im 18. und 19. Jahrhundert beschrieben wurde, gibt es nicht mehr. Dennoch bleibt diese Kultur nicht nur wissenschaftlich von Interesse, sondern wird in aktuellen Argumentationen als Beispiel für eine angeblich matriarchalische Gesellschaft angeführt. Für interkulturelle Vergleiche ist das Beispiel Irokesen als spezifische Ausprägung menschlicher Kultur von bleibender Bedeutung. So weit die Nachkommen der Irokesen des 19. Jahrhunderts nicht völlig in der US-amerikanischen Gesellschaft aufgegangen sind und als Gemeinschaft mit unterschiedlicher Lebensweise zu erkennen sind, bleiben sie auch empirisch noch Gegenstand der Ethnologie.

Die Globalisierung nimmt erstaunliche und manchen erschreckende Ausmaße an. Ethnologen haben schon in der ersten Hälfte des zwanzigsten Jahrhunderts deshalb ihre Forschungsgebiete auszuweiten begonnen: auf Prozesse des Kulturwandels und der Akkulturation, auf Mexiko und Irland, auf Japan und die USA, auf Städte, Gangs, Organisationen, Fabriken und Behörden, auf die jeweils eigene Gesellschaft. Die Einbeziehung dieser Gegenstände ist für eine vergleichende Disziplin verständlich. Ob die für bestimmte Situationen entwickelten empirischen Methoden des Faches den veränderten Gegenständen adäquat sind, ist fraglich.

In den Begriffen Ethnos oder Volk steckt auch das Merkmal *Kultur*, das den allgemeinsten Forschungsgegenstand der Ethnologie darstellt. Denn Völker werden voneinander unterschieden oder unterscheiden sich durch ihre Lebensweise, eben ihre Kultur. Kultur stellt (neben Ethnos oder Volk) den zweiten zentralen Begriff der Ethnologie dar, verstanden als die in menschlichen Gemeinschaften gemeinsamen „Muster von und für Verhalten", die nicht veranlagt und vererbt, sondern entwickelt oder übernommen, tradiert und vermittelt sind. Ethnologen gehen seit dem 19. Jh. von der psychischen Einheit der Menschheit aus. Unterschiede zwischen Gemeinschaften werden als Unterschiede der Kultur verstanden. *Kultur* kann man so einerseits als Gegenstand der Forschung, andererseits als Erklärungsmodell für Unterschiede zwischen Ethnien verstehen. Um Bedingungen und Möglichkeiten menschlicher Kultur zu erklären, muss man alle bekannten Lebensweisen – Kulturen – in die Untersuchung einbeziehen. (zu Kultur siehe den Beitrag von Bettina Beer).

Fremd sind alle anderen Lebensweisen, alle Kulturen bis auf die eigene. Aber die Untersuchung des Fremden zielt letztlich darauf ab, das Eigene, angeblich Bekannte, zu verstehen. Sichtweisen des Fremden verdeutlichen Sichtweisen des Eigenen. Wie das Clyde Kluckhohn formulierte, ist die Ethnologie damit auch ein „Mirror for Man", in dem er sich selbst widerspiegelt und besser versteht.

6. Fragestellungen und Methoden

Lebten alle menschlichen Gemeinschaften auf die selbe Art und Weise, es gäbe keine Ethnologie. Die *Verschiedenheit* ist Ausgang der interessierten Wahrnehmung und Beschreibung, und sie ist das zu Erklärende. Die Erklärungsansätze waren und sind zeitgebunden und sie drücken sich – wie oben gezeigt – schon in den Bezeichnungen des Forschungsgegenstandes aus. Die Erklärung von Unterschieden als veranlagt ist Sache der Biologie, der physischen Anthropologie. Die Ethnologie ging seit ihrer Entstehung von gleichen Anlagen (und gemeinsamer Abstammung) aller Menschen aus. Verschiedenheiten müssen also Folge der Umwelt sein. Das kann die (zunächst fast allein herangezogene) physische Umwelt sein oder die soziale, und es kann Folge von Isolation und von Kontakten darstellen. Veränderlichkeit und Wandel ebenso wie Erhalt und Tradierung von Lebensweisen sind Grundannahmen von Erklärungsansätzen.

Aber auch *Übereinstimmungen* zwischen weit entfernten Kulturen, gleiche Erscheinungen in verschiedenen Kontinenten sind zu erklären und Anlass der Untersuchung. Prinzipiell ist sogar die Annahme der Gleichheit aller Menschen (der Gattung *homo sapiens*) Voraussetzung für die Wahrnehmung von Verschiedenheit. So ist die Suche nach den *Universalien* menschlicher Kultur eine der Zielsetzungen vergleichender ethnologischer Forschung.

Die verschiedenen Forschungsrichtungen und Schulen der Ethnologie sind von jeweils unterschiedlichen Grundannahmen (und Wissenschaftsauffassungen) ausgegangen, haben unterschiedliche Fragen gestellt und mit verschiedenen Methoden gearbeitet. Bestimmungen des Forschungsgegenstandes, der Fragestellung, von Grundannahmen und Methoden sind nicht zu trennen. So wurden im Evolutionismus des 19. Jahrhunderts die Unterschiede als Stadien einer für alle Völker gleichen gesetzmäßigen Entwicklung verstanden, die von einfach zu komplex und vor allem in Richtung der europäischen Zivilisation als Ziel führte. Die Kulturkreislehre in der ersten Hälfte des zwanzigsten Jahrhunderts war an der Aufklärung der Geschichte schriftloser Gesellschaften interessiert und interpretierte Verbreitungstatsachen als Ausdruck historischer Abläufe. Für die strukturfunktionalistische britische *Social Anthropology* ging es vorwiegend um die Funktion von Institutionen zum Erhalt der Struktur von Gesellschaften. Der Beitrag von Justin Stagl zur Geschichte der Ethnologie in diesem Band führt in diese Bereiche ein.

Letztlich geht es in der Ethnologie um ein Verstehen der Bedingungen, Möglichkeiten und Grenzen menschlicher Lebensweisen (Kulturen), des Menschen in Gemeinschaften (der gar nicht außerhalb von Gemeinschaften existieren kann). Es geht um Verstehen des Fremden und die Verständigung mit ihm und in seinem Spiegel das Verstehen und Relativieren der eigenen Existenz, der eigenen Lebensweise.

Die Ethnologie begann in der Spätaufklärung als vergleichende, als „Schreibtisch"-Disziplin, und sie blieb das bis zum Ende des 19. Jahrhunderts. Die Berichte von Reisenden, Missionaren, Kolonialbeamten, Kapitänen und Forschern anderer Disziplinen (Ethnographen) wurden genutzt und ausgewertet. Probleme von Datenauswertung und Quellenkritik, von Vergleich und Typologie, Verbreitung, Veränderung und Zusammenhang standen am Anfang, und sie sind bis heute Probleme des Faches geblieben. Mit dem Wandel der Fragestellungen veränderten sich notwendig die Methoden. Die *vergleichende Methode* des Evolutionismus bestand in der Einordnung von Kulturen in Stufen der Entwicklung. Die historischen Schulen des zwanzigsten Jahrhunderts schlossen von geographischen Verbreitungstatsachen auf Geschichte. Die Forschungsrichtung der *interkulturellen Vergleiche* (cross-cultural studies) sucht mit statistischen Methoden nach Gesetzmäßigkeiten. (siehe den Beitrag von Michael Bollig zu Interkulturellen Vergleichen in diesem Band).

Zur *empirischen* Disziplin wurde die Ethnologie erst zu Beginn des zwanzigsten Jahrhunderts. Diese Veränderung verbindet sich mit Namen wie Bronislaw Malinowski und Franz Boas, Unternehmungen wie der Torres Straits Expedition und der Hamburger Südsee-Expedition. Ethnologen verließen ihre Schreibtische und untersuchten selbst die fremden Völker.

Prinzipiell müssen Methoden der Datengewinnung dem jeweiligen Gegenstand angemessen sein. Dieser „Gegenstand" der Ethnologie waren zunächst fremde, schriftlose, vorstaatliche Völker, überwiegend in abgelegenen und meist tropischen Gegenden. Diese Merkmale bestimmten die Entwicklung der empirischen Methodik. Schon Kontaktaufnahme und Zugang waren oft schwierig, die Untersuchungen brauchten Zeit, der Untersuchende musste erst die Sprache lernen, er musste sich die simpelsten Grundlagen des Lebens in dieser fremden Gemeinschaft aneignen, die Forschung war explorativ und noch kaum zielgerichtet, sie war teilnehmend und ganzheitlich. Die Feldforschung in der Ausprägung der *Teilnehmenden Beobachtung* wurde die zentrale und bis heute spezifisch ethnologische Methode. (siehe den Beitrag von Illius zu Feldforschung in diesem Band; Fischer [Hg.] 2002; Beer [Hg.] 2003)

7. Die wissenschaftliche Gemeinschaft

Welche Bedeutung wissenschaftliche Gemeinschaften für Wissenschaft allgemein und für die Einzelwissenschaften, für Kommunikation und Kooperation, Auseinandersetzung und Kritik, für die Formulierung von Zielsetzungen und Fragestellungen, Vertretung beruflicher und fachlicher Interessen haben, war schon betont worden. Hier sollen nur noch einige Hinweise auf die Situation in der Ethnologie im deutschsprachigen Raum und international folgen.

Zunächst gibt es *wissenschaftliche Vereinigungen*, die meist national begrenzt sind: die *Deutsche Gesellschaft für Völkerkunde* (DGV), die *Anthropologische Gesellschaft Wien* (AGW), die *Schweizerische Ethnologische Gesellschaft* (SEG). Das gilt auch für andere Länder, etwa für die USA mit der *American Anthropological Association* (AAA). Wissenschaftliche Vereinigungen gibt es aber auch auf lokaler, regionaler oder internationaler Ebene, als Kombination verschiedener Disziplinen oder für Teildisziplinen. Beispiele sind hier etwa die *Berliner Gesellschaft für Anthropologie, Ethnologie und Urgeschichte*, die *European Association of Social Anthropologists* (EASA), die vielen verschiedenen Arbeitsgruppen in der DGV oder die *Association of Social Anthropologists in Oceania* (ASAO) als internationale Vereinigung der im Raum Ozeanien forschenden Ethnologen.

Die Hauptaufgabe solcher Vereinigungen und Gesellschaften ist die Kommunikation der Wissenschaftler durch *Tagungen* und *Kongresse* (Tagungen der DGV etwa alle zwei Jahre) und die Herausgabe von *Zeitschriften*. So gibt die DGV gemeinsam mit der *Berliner Gesellschaft für Anthropologie, Ethnologie und Urgeschichte* die *Zeitschrift für Ethnologie* (ZfE) und für Mitglieder die *DGV-Mitteilungen* heraus, die AGW die *Mitteilungen der Anthropologischen Gesellschaft* in Wien (MAGW) und die *Schweizerische Gesellschaft Information SEG/SSE* und *TSANTSA, Zeitschrift der Schweizerischen Ethnologischen Gesellschaft*. In solchen Publikationsorganen finden sich auch Informationen über Institute und laufende Forschungen, Personalnachrichten und Entwicklungen im Universitäts- oder Museumsbereich. Die Möglichkeiten einer Mitgliedschaft, Teilnahme an Tagungen oder Bezug von Veröffentlichungen sind sehr unterschiedlich. In der Deutschen Gesellschaft für Völkerkunde etwa steht alles auch Studierenden offen, in den internationalen Vereinigungen ist meist ein Studienabschluss Voraussetzung.

Nützlich und informativ sind *Verzeichnisse* von Personen und Institutionen, die in zeitlichen Abständen erscheinen. Zum Zeitpunkt dieser Publikation als Letztes etwa: *Ethnologie im deutschsprachigen Raum*, dessen zwei Bände (Personenverzeichnis; Studienführer) herausgegeben vom *Arbeitskreis für Internationale Wissenschaftskommunikation* in Göttingen 1999.

Wichtigste Aufgaben wissenschaftlicher Gemeinschaften bestehen aber sicherlich auch in der *Ausbildung* und Förderung des Nachwuchses. Die Ethnologie hat sich in den letzten etwa fünfzig Jahren von einem kleinen Fach zu einem Massenfach mit teils über tausend Studierenden an einzelnen Instituten im deutschsprachigen Raum entwickelt. Dasselbe gilt auch international. Zu Zugangsbedingungen und speziellen Ausrichtungen einzelner Institute, Ausstattung und Personal, Studien- und Prüfungsordnungen, Berufszielen und berufliche Möglichkeiten sind Informationen außer in den genannten Veröffentlichungen der Vereinigungen jeweils im Internet zu erhalten.

8. Praxis, Anwendung, Beruf

Das Problem der Praxis einer Wissenschaft besteht tatsächlich aus mehreren Teilaspekten. Da ist zum ersten die Frage eines Wahrheitsbeweises wissenschaftlicher Aussagen, der eigentlich nur durch Überprüfung in der Praxis (der Wirklichkeit) angetreten werden kann. Dieses theoretisch außerordentlich komplexe Problem soll hier nicht behandelt werden. Allerdings ist deutlich, dass in der Ethnologie (wie in anderen Kultur- und Sozialwissenschaften) nicht ausschließlich theoretische Aussagen entwickelt werden, die in diesem Sinne bestätigt werden können. Vielmehr geht es, wie oben dargestellt, auch um Relativierung des scheinbar selbstverständlichen Eigenen durch Gegenüberstellung zum Fremden. Es geht um das Aufzeigen von Alternativen und es geht um Übersetzung des Unbekannten und Unverständlichen. In diesem Zusammenhang sind auch Versuche seit dem neunzehnten Jahrhundert zu sehen, Ethnologie in den *Schulunterricht* einzubringen, die immer wieder aufgegriffen wurden und an einigen Orten auch in Deutschland derzeit erfolgreich sind (als Beispiel etwa: ESE – Ethnologie in Schule und Erwachsenenbildung, <http://www.uni-muenster.de/EthnologieSchule/welcome.htm>)

Das Problem der Praxis beinhaltet zum anderen die Möglichkeiten direkter Anwendung ethnologischer Kenntnisse und Methoden in sozialen, politischen und wirtschaftlichen Bereichen. Das geschah im neunzehnten und der ersten Hälfte des zwanzigsten Jahrhunderts im Bereich der Kolonialverwaltung oder der Verwaltung von Minderheiten. Im ersten Falle vor allem durch Ethnologen der Kolonialländer Großbritannien und Frankreich (Asad [Hg.] 1973; Leclerc 1973), im zweiten Falle vor allem in den USA. Die deutsche Ethnologie war mangels Kolonien (und Minderheiten) hier kaum beteiligt – obgleich etwa schon Adolf Bastian das Fach Ende des neunzehnten Jahrhunderts dafür anbot. In den USA entwickelten sich im Zusammenhang mit der Situation der indianischen Minderheiten die *Akkulturationsforschung*, parallel dazu in England die Untersuchungen zum *Culture Change*. *Applied Anthropology* wurde schließlich die Bezeichnung für den Bereich, die Probleme und Methoden einer angewandten Ethnologie (Mair 1961; Bastide 1973; Willigen 1986; Wulff und Fiske Hg. 1987). Schließlich entstanden Forschungsansätze, die versuchten, von den Interessen der untersuchten Minderheiten auszugehen: *Action Anthropology* und schließlich *Advocacy Anthropology* (Seithel 2000). Mit Entkolonialisierung und Entwicklungshilfe entstand die *Entwicklungsethnologie*, in der man versucht, ethnologische Erkenntnisse für Entwicklungsvorhaben einzusetzen, aber auch den Begriff der *Entwicklung* selbst problematisiert.

Nicht zuletzt geht es bei „Praxis" auch um die Frage beruflicher *Möglichkeiten* für Ethnologen. Bis in die sechziger Jahre stellte sich die Frage kaum. Die wenigen Studenten, die mit Ethnologie im Hauptfach promovierten, ließen sich in den völkerkundlichen Museen und den wenigen ethnologischen Instituten unterbringen. Seit die Zahlen Studierender auch an deutschsprachigen Universitäten um 1970 rapide anstiegen, wurden zwar immer mehr Institute gegründet und neue Stellen geschaffen. Neue feste Berufsbilder für Ethnologen entstanden jedoch nicht. Das Problem stellte sich an amerikanischen Universitäten schon einige Jahre früher. Deshalb gab es hier auch sehr viel früher Überlegungen und auch Veröffentlichungen zu diesem Thema (Redfield [Hg.] 1973; American Anthropological Association 1982; Podolefsky und Brown [Hg.] 1997, Omohundro 2001). Im deutschsprachigen Raum gingen nach der Einführung des Magisterabschlusses immer mehr Absolventen des Ethnologiestudiums in berufliche Bereiche, die einen Hochschulabschluss voraussetzen, aber keine spezifisch ethnologischen Kenntnisse erfordern.

Ethnologische Vorkenntnisse waren und sind in einer Reihe von Berufen nutzbar, die nun häufiger angestrebt werden. Das sind zum einen die *Medien* (Zeitungen, Verlage, Rundfunk, Fernsehen) und der Bereich von *Bibliotheken* und *Archiven*, die auch früher schon vereinzelte Ethnologen aufgenommen hatten. Zum anderen ist es der Bereich der *Entwicklungshilfe* (Entwicklungsethnologie 1992ff.; Käser 1997), zeitweilig zunehmend auch der *Tourismusbereich*, in dem (oft zunächst als Reiseleiter) Ethnologen unterkommen. Alle anderen beruflichen Möglichkeiten – Tätigkeit in der Erwachsenenbildung, im Buchhandel, als Berufsberater, in Dritte-Welt-Einrichtungen etwa – bieten nur vereinzelt Anstellungen.

Häufig hatten die Betreffenden bereits vor dem Studium eine entsprechende Ausbildung (als Bibliothekar, Reisebürokauffrau, Krankenschwester etc.). Als Möglichkeit gesehen, aber nicht tatsächlich genutzt wird der *diplomatische Dienst* und Tätigkeit in *internationalen Organisationen* (UNO, UNESCO etc.), in denen der deutsche Anteil meist niedrig ist. Rechtswissenschaft oder Volkswirtschaft als Nebenfach oder zweites Hauptfach könnten sich hier als nützlich erweisen. Mit der zunehmenden Bedeutung von Minderheiten unterschiedlichster Herkunft entstand ein möglicher neuer Anwendungsbereich für ethnologische Kenntnisse, der jedoch auch von Absolventen vieler anderer Fächer genutzt wird, die *Interkulturelle Beratung*. (Berichte über berufliche Erfahrungen von Ethnologen allgemein siehe Fischer [Hg.] 1988.)

9. Literatur

Für diesen Beitrag werden keine allgemeinen Hinweise zu weiterführender Literatur gegeben, da die einzelnen hier behandelten Punkte sehr unterschiedlich sind. Literaturbelege werden in den einzelnen Abschnitten gegeben, und es wird auf die entsprechenden Beiträge in diesem Band verwiesen. So weit als möglich, wird auf die Situation im deutschsprachigen Raum eingegangen und deutschsprachige (zugängliche) Literatur genannt.

American Anthropological Association (Hg.)
1982 Getting a Job Outside the Academy. Washington.

Asad, Talal (Hg.)
1973 Anthropology and the Colonial Encounter. New York.

Balzer, Wolfgang
1997 Die Wissenschaft und ihre Methoden. Grundsätze der Wissenschaftstheorie. Ein Lehrbuch. München.

Bastide, Roger
1973 Applied Anthropology. London.

Beer, Bettina (Hg.)
2003 Methoden und Techniken der Feldforschung, Berlin.

Beer, Bettina und Hans Fischer
2003 Wissenschaftliche Arbeitstechniken in der Ethnologie. Berlin.

Bühl, Walter L.
1974 Einführung in die Wissenschaftssoziologie. München.

Entwicklungsethnologie 1992ff. Zeitschrift der Arbeitsgemeinschaft Entwicklungsethnologie e.V. Köln. (1. Jhg. 1992).

Fischer, Hans
1970 „Völkerkunde", „Ethnographie", „Ethnologie". Kritische Kontrolle der frühesten Belege. In: Z.f. Ethnologie 95: 169–182.
2001 Völkerkunde (Ethnologie; Ethnographie). In: Historisches Wörterbuch der Philosophie. Bd. 11: 1094–1095.
2003 Randfiguren der Ethnologie. Gelehrte und Amateure, Schwindler und Phantasten. Berlin.

Fischer, Hans (Hg.)
1988 Wege zum Beruf. Möglichkeiten für Kultur- und Sozialwissenschaftler. 21 Beiträge. Berlin.
2002 Feldforschungen. Erfahrungsberichte zur Einführung. Neufassung. Berlin.

Frankenheim, Moritz Ludwig
1852 Völkerkunde. Breslau.

Guntau, Martin und Hubert Laitko (Hg.)
1987 Der Ursprung der modernen Wissenschaften. Studien zur Entstehung wissenschaftlicher Disziplinen. Berlin.

Käser, Lothar
1997 Fremde Kulturen. Eine Einführung in die Ethnologie für Entwicklungshelfer und kirchliche Mitarbeiter. Erlangen.

Körner, Stephan
1980 Wissenschaft. In: Speck (Hg.): 726–737.

Krohn, Wolfgang und Günter Küppers
1987 Die Selbstorganisation der Wissenschaft. Bielefeld.

Laitko, Hubert
1999 Disziplingeschichte und Disziplinverständnis. In: Peckhaus und Thiel (Hg.): 21–60.

Leclerc, Gérard
1973 Anthropologie und Kolonialismus. München.

Luschan, Felix von
1922 Völker, Rassen, Sprachen. Berlin.

Mair, Lucy
1961 Studies in Applied Anthropology. London.

Omohundro, John T.
2001 Careers in Anthropology. Mountain View.

Peckhaus, Volker und Christian Thiel (Hg.)
1999 Disziplinen im Kontext: Perspektiven des Disziplingeschichtsschreibung. München.

Podolefsky, Aaron und Peter J. Brown (Hg.)
1997 Applying Cultural Anthropology. An Introductory Reader. Mountain View, Calif.

Redfield, Alden (Hg.)
1973 Anthropology Beyond the University. Athens.

Seithel, Friderike
2000 Von der Kolonialethnologie zur Advocacy Anthropology. Hamburg.

Serres, Michel (Hg.)
1998 Elemente einer Geschichte der Wissenschaften. Frankfurt a. M.

Speck, Josef (Hg.)
1980 Handbuch wissenschaftstheoretischer Begriffe. 3 Bde. Göttingen.

Stagl, Justin
1995 A History of Curiosity. Chur.

Stehr, Nico und René König (Hg.)
1975 Wissenschaftssoziologie. Kölner Zeitschrift für Soziologie und Sozialpsychologie. Sonderheft 18. Köln.

Tischner, Herbert (Hg.)
1959 Völkerkunde. Frankfurt a. M.

Vermeulen, Han F.
1995 Het ontstaan van de Volkenkunde ca. 1770 in Göttingen. Doctoraalscriptie Culturele Antropologie. Leiden.

Weingart, Peter
1976 Wissensproduktion und soziale Struktur. Frankfurt a. M.

Willigen, John van
1986 Applied Anthropology. An Introduction. South Hadley, Mass.

Wulff, Robert M. und Shirley J. Fiske (Hg.)
1987 Anthropological Praxis. Translating Knowledge into Action. Boulder und London.

Justin Stagl

Die Entwicklung der Ethnologie

1. Wozu Wissenschaftsgeschichte?

Wissenschaft ist (a) „ein *systematisch geordnetes* Gefüge von objektiven Sätzen" und (b) „ein *soziales* Werk" (Bocheński 1965: 17–19; s. auch den Beitrag von Fischer zu diesem Band).
ad (a): Erkenntnisse über Tatbestände und deren Verknüpfung werden von Wissenschaftlern sprachlich fixiert, laufend überprüft, ergänzt und bei Bedarf neu geordnet. Hieran kann sich jeder Kompetente beteiligen: Wissenschaft ist *universalistisch*. Sie steht ohne Unterschied des Standes, Alters, Geschlechts, Volkes oder Glaubens jedem offen, denn es kommt hier nicht auf die Befindlichkeit, sondern auf den Beitrag an. Die universalistische Wissenschaft zeigt sich als ein majestätisches, wenn auch unfertiges Gebäude, an dem seit der Antike gearbeitet wird. Das ist ihre Außenseite.
ad (b): Betrachtet man die Innenseite, verlagert man die Aufmerksamkeit vom Bau*werk* auf die Bau*leute*, auf die Wissenschaftlergemeinschaft (*scientific community*). Die Objektivität wissenschaftlicher Sätze bedeutet zweierlei: Tatbestandsgerechtigkeit und Überprüfbarkeit (*Intersubjektivität*). Letztere verlangt von den am Werk der Wissenschaft teilnehmenden Personen ein besonderes Ethos: die Unterordnung eigener Zwecke und Vorlieben unter die Sache sowie die Bereitschaft, gewonnene Erkenntnisse in nachvollziehbarer Form mitzuteilen. Dies versteht sich ebenso wie die wissenschaftliche Kompetenz nicht von selbst, sondern muss gelernt werden. Die derart intersubjektiv

geregelte, Zeiten, Räume und soziale Grenzen übergreifende Nachprüfung wissenschaftlicher Erkenntnisse hat als „soziales Werk“ zur Absonderung von *Einzeldisziplinen* (wie etwa der Ethnologie), zur Entstehung *wissenschaftlicher Institutionen* (Universitäten, Bibliotheken, Labors, Museen usw.) und zur *sozialen Differenzierung der Wissenschaftlergemeinschaft* (nach Reputation und Position) geführt. Dieser Entwicklungsprozess lässt sich nur in Teilabschnitten überblicken und steuern; im Ganzen organisiert er sich selbst. Dabei bleibt er freilich in kulturelle, soziale und politische Ordnungen eingebunden, die ihn zu benützen, kontrollieren, fördern oder hemmen suchen und dabei inner- mit außerwissenschaftlichen Zielsetzungen vermengen.

Über die beiden genannten Aspekte hinaus enthält Wissenschaft auch noch Reflexion über sich selbst (*Meta-* oder *Wissenschaftswissenschaft*). Dazu gehören die *Wissenschaftstheorie*, welche richtige von fehlerhafter Wissenschaftspraxis normativ unterscheidet, und die eher deskriptiv vorgehende *Wissenschaftsgeschichte*. Zwischen ihnen und der wissenschaftlichen Praxis bestehen durchaus Spannungen. Praktiker betrachten die metawissenschaftliche Reflexion als unnützen Ballast oder misstrauen ihr als versuchter Gängelung bzw. als relativierender Entwertung dessen, was sie tun. Der Philosoph Paul Feyerabend spricht es aus: Wissenschaftstheorie behindere einem Prokrustesbett gleich den Erkenntnisgewinn statt ihn zu fördern („*anything goes*“), stelle also statt einer allgemein akzeptierten Überprüfungsinstanz eher „eine bisher unbekannte Art des Irrsinns“ dar (Feyerabend 1973). Während die Wissenschaftstheorie aber immerhin noch gewonnene Erkenntnisse zu bewerten und rechtzufertigen erlaubt (die Alternative wäre unkontrollierbares Gurutum), lässt sich ein solcher Nützlichkeitsnachweis für die Wissenschaftsgeschichte weniger leicht führen.

Handelt es sich bei der Wissenschaftsgeschichte nicht bloß um eine irrelevante Sammlung alter Hüte? Diese Einstellung findet man oft, wenn auch meist unausgesprochen. Ein solcher *präsentistischer Fundamentalismus* entspringt wohl den folgenden Beweggründen:

(a) einer *rein praxisorientierten* Wissenschaftsauffassung, die auf alle nicht unmittelbar zu verwertenden Erkenntnisse verzichtet und damit wissenschaftliche außerwissenschaftlichen Zielsetzungen unterordnet;

(b) einer sich an den technisch-naturwissenschaftlichen Fächern orientierenden *Fortschrittlichkeitsideologie*, welche den „neuesten Stand der Wissenschaft“ verabsolutiert, wobei sie von der unbewiesenen (und auch wohl kaum beweisbaren) Unterstellung ausgeht, ältere seien in neueren Erkenntnissen restlos aufgearbeitet. In den Geistes- und Sozialwissenschaften verbirgt sich dahinter ein Minderwertigkeitsgefühl gegenüber den exakteren Disziplinen;

(c) *Antiintellektualismus*. Praktiker tendieren zur „Betriebsblindheit“, zur Überschätzung der geistigen Kohärenz und Sinnhaftigkeit des eigenen Faches. Das gewährt ihnen eine Verhaltenssicherheit, die durch die historische

Reflexion in Frage gestellt wird. Mit der Institutionalisierung von Wissenschaft ist auch der *wissenschaftliche Fachbeamte* hervorgetreten, der sich in seinem beschränkten Aufgabenkreis wohlfühlt und jeden, der nicht zum Betrieb gehört oder über ihn hinausschauen will, als Komplikationsfaktor abwehrt.

Hierzu ließe sich Folgendes sagen:

ad (a): Bloße Praxisorientierung opfert die wissenschaftliche Erkenntnissuche der technischen Problembewältigung und den aktuellen Trends. Sie fällt damit hinter den Erkenntnisstand wie hinter das Ethos der Wissenschaft zurück. Gerade in der Ethnologie, deren praktischer Nutzen nicht unumstritten ist, sollte sich eine solche Einstellung verbieten. Wenn man nicht bereit ist, über die kulturellen, sozialen und politischen Voraussetzungen seiner Arbeit zu reflektieren, nimmt man es in Kauf, diese Arbeit außerwissenschaftlichen Mächten dienstbar zu machen, über die man Näheres nicht wissen will. Solche Selbstverblendung nennt man *ideologisch.*

ad (b): Sie harmoniert damit trefflich mit der Ideologie der Pseudoexaktheit. Wer ältere Literatur nicht zur Kenntnis nehmen will, läuft Gefahr, das Rad neu zu erfinden, neue Begriffe statt neuer Gedanken zu verwenden oder geistige Moden mit wissenschaftlichem Erkenntnisfortschritt zu verwechseln. Der präsentistische Fundamentalist wird keine ethnographische Beschreibung, und schon gar nicht seine eigene, vor dem Theoriehorizont ihrer Zeit beurteilen können. Er wird seinen Quellen daher nur Scheinerkenntnisse abgewinnen.

ad (c): Scheinerkenntnisse und Betriebsblindheit müssen freilich noch keine Karrierehindernisse sein. Das muss man leider zugeben. Einzeldisziplinen sind wissenschaftliche Sondergemeinschaften mit Gruppeninteressen, zu denen auch die reibungslose Einordnung zählt. „Fachidioten" haben unter allen möglichen Regimes ihr Auskommen gefunden.

Weil sie unbequem sind, führen Metawissenschaften gewöhnlich eine Randexistenz. Das gilt freilich nur unter der Bedingung störungsfreien Weiterarbeitens, das Thomas S. Kuhn „normale Wissenschaft" nennt (Kuhn 1967). Hier wird Wissenschaftsgeschichte vor allem zur Selbstbestätigung, quasi als „Firmengeschichte" getrieben. „Wissenschaftliche Krisen" lösen dagegen metawissenschaftliche Reflexion aus. Für diese hält die Wissenschaftsgeschichte „kontrapräsentische" (Assmann 2000: 24), das heißt gegenwärtig verkannte, Ansätze bereit, an die man zur Neuorientierung anknüpfen könnte. Was zur Momentaufnahme erstarrt den „gegenwärtigen Stand der Wissenschaft" ausmacht, zeigt sie als ablaufenden Film.

2. Vor- und Frühgeschichte der Ethnologie

Ethnien mit intakter Identität erfahren sich selbst im Mittelpunkt der Welt und als Inbegriff echten Menschentums (*Ethnozentrismus*). Sie haben aber auch Kenntnis von anderen Ethnien, und so konstruiert sich jede von ihnen um ihr Weltzentrum einen „geistigen Raum“ (Ratzel 1897: 263ff), in welchen sie Erfahrungswissen über ihre Nachbarn – Berichte von Händlern, Wanderhandwerkern, Spionen, Dolmetschern und dergleichen – einordnen kann. War demnach ethnographisches Wissen in archaischen Kulturen und frühen Hochkulturen also durchaus vorhanden, so wurde es doch kaum diskutiert, vielmehr mythisch-rituell ausgedrückt, war also zwar *Wissen*, aber doch nicht *Wissenschaft*. Im „magischen Universum der Identität“ (Müller 1987) ist die Welt in ihren Wesensmerkmalen bereits bekannt; die Erfahrung kann dem nur noch unwesentliche Details hinzufügen.

Mythische Ethnographie stellt etwa die Liste der Nachkommen der drei Noah-Söhne Sem, Ham und Japhet dar, die die Erde nach der Sintflut bevölkerten (1 Mos. 10). Sie ist eine Völkertafel, in der die Einstellung Israels zu seinen Nachbarn zum Ausdruck kommt. Die biblische ist wie die frühhochkulturliche Ethnologie überhaupt ethnozentrisch. Sie gliedert den geistigen Raum in konzentrische Kreise. Im Innersten befindet sich das eigene Volk, herum Nachbarn mit ähnlicher Lebensweise, im Weiteren wird das Menschentum nach außen zu immer unvollkommener, bis man am Weltaußenrand mit seinen mythischen Monstern angelangt ist. Die zentralen Völker, die die eigentliche Menschheit darstellen, bilden ein System ineinander verschränkter Gemeinwesen, welches man seit den Griechen eine „Ökumene“ nennt (*oikuméne* = die bewohnte Erde). Die Ökumene ist dem Wesen der Welt und der Menschheit gemäßer und kann damit ein höheres Interesse für sich beanspruchen als die Wilden und Monster des Weltaußenrandes. Diese bilden keinen Gegenstand systematischen Wissenserwerbs.

Der Polyzentrismus ineinander verschränkter Gemeinwesen und deren wechselseitiges Wissen von ihrer Verschiedenheit fördern jedoch eine vergleichende, abstrahierende, relativierende Einstellung, wie sie die Voraussetzung von Wissenschaft bildet. Für die Wissenschaft ist die Welt weitgehend unbekannt, aber doch erkennbar und erkennenswert. Ansätze zu wissenschaftlichem Denken finden sich im Alten Orient seit dem 3. Jahrtausend v. Chr. Sicher hängen sie mit dem Auftreten der *Schrift* zusammen, welche die Fixierung großer Wissensbestände in Texten und deren Verarbeitung zu intertextueller Wissenskumulation erleichterte. Diese Ansätze wurden aber nur zögernd weiterentwickelt, was sich aus der *praktischen Orientierung* des Erfahrungswissens und seiner daraus folgenden *Geheimhaltung* erklärte. Beides legte der wissenschaftlichen Neugier Fesseln an.

In einer Hinsicht wurde ethnographisches Wissen aber für das Weltbild doch relevant, und zwar als Anknüpfungspunkt *zivilisationstheoretischer Reflexion*. Eine solche Reflexion wurde durch den Gegensatz zwischen dem Volk und den schriftkundigen Eliten gefördert. Sie konnte entweder die eigene Hinausentwicklung über eine angeblich tierähnliche Wildheit und Armseligkeit bejahen (*Antiprimitivismus*) oder aber die Zwänge und Deformationen der Zivilisation kritisieren und ihr die als frei, gesund und tugendhaft idealisierten Wilden gegenüberstellen (*Primitivismus*). Der Weltaußenrand war somit ambivalent besetzt: Dort wohnten die mythischen Feinde der Eigenwelt wie die Völker Gog und Magog (Ezech. 38-39; Offb. 20), dort wuchs aber auch die Pflanze ewiger Jugend (Gilgamesh-Epos, Tafel XI).

3. Antike und Mittelalter

Die *Griechen* waren eines der Randvölker der altorientalischen Ökumene. Zu ihren Kennzeichen zählte ein ausgeprägter Polyzentrismus, ein hoher Alphabetisierungsgrad dank der leicht zu erlernenden Buchstabenschrift sowie die Abwesenheit wissenschaftshemmender Bürokratien oder Priesterschaften. Gerade in der Kontaktzone zwischen dem Alten Orient und Griechenland manifestierte sich erstmals theoretische Neugierde als Lebenszweck freier Intellektueller. Damit begann das „soziale Werk“ der westlichen Wissenschaft. Fragestellungen und Autoren dieser Epoche sind bis heute relevant geblieben.

Private Reisen zum Sammeln von Erkenntnissen sind seit etwa dem 6. Jahrhundert v. Chr. bekannt; dies blieb bis zum Ende der antiken Zivilisation das wichtigste Mittel ethnographischer Forschung. Dabei gewonnenes Wissen wurde nach Beschreibungsschemata organisiert, die aus der in derselben Epoche entwickelten *Rhetorik* stammten, der Technik zur Gestaltung mündlicher wie schriftlicher Diskurse. Auf unterschiedliche Wissensmaterien angewandt, erleichterte die rhetorische Aufbereitung deren Vergleich.

Herodotos von Halikarnassos (an der kleinasiatischen Küste, ca. 490–430) hatte weite Teile der damaligen Ökumene bereist, um Material für sein großes Werk, die *Historien*, zu sammeln, mit dem er zum Vater der Geschichtsschreibung wie der Ethnographie geworden ist. In beiden Fächern bestand seine Methode in der Befragung von Experten. Das gewonnene Wissen verarbeitete er zu einer Universalgeschichte, deren dramatisches Organisationsprinzip der Konflikt zwischen dem persischen Weltreich und den griechischen Kleinstaaten ist. Eingelagert in die historische Erzählung sind ethnographische Beschreibungen. Die der Skythen, Hirtennomaden nördlich des Schwarzen Meeres, ist mit ihrer primitivistischen Tendenz für spätere Ethnographen vorbildlich geworden. Bei Herodot findet sich aber auch eine Galerie mythischer Monster, nach denen man dann mehr als zwei Jahrtausenden am sich erweiternden Ökumenenrand gesucht hat.

Sein Generationsgenosse Protagoras von Abdera (ca. 490–420) formulierte die These vom Menschen als einem von der Natur benachteiligten Wesen, dem es aber durch planmäßige Handlungen, die *Künste* (*téchnai*), gleichwohl gelingt, seine Unterlegenheit unter die Tiere zu kompensieren. Die *verarbeitenden*, das heißt die Natur veredelnden Künste beruhen auf den Prinzipien der Spezialisierung und schrittweisen Verbesserung, die *politischen* (*pólis* meint sowohl *Staatswesen* als auch *Gesellschaft*) Künste sind dagegen mehr oder weniger gleich verteilt. Ihre Produkte, Sitte, Recht und Religion, gelten aber dennoch nicht an sich und für alle Menschen, sondern nur im Rahmen der jeweiligen *pólis*, deren Ordnung sie garantieren. Mit dieser Kultur- und Gesellschaftstheorie, die er (wohl aus Vorsicht) in die Sprache des Mythos kleidete, ist Protagoras zum Schöpfer des Kulturbegriffs, des zentralen Begriffes der Ethnologie, geworden: Die Menschen sind die Geschöpfe ihrer eigenen Schöpfungen, der Kulturen, und jede Kultur bildet ein System aus drei interdependenten Faktoren, den Naturanlagen, der Vernunft und der Sittlichkeit. Protagoras steht am Ursprung zweier Richtungen der Ethnologie, der Klassifikation von Kulturen nach dem Grade ihrer Naturbeherrschung (*Evolutionismus*) und des *kulturellen Relativismus* (dessetwegen er als „Atheist" aus Athen verbannt wurde): „Aller Dinge Maß ist der Mensch, der seienden, wie sie sind, der nicht seienden, wie sie nicht sind.... Wie alles einzelne *mir* erscheint, so ist es für *mich*, wie *dir*, so ist es wieder für dich" (Diels und Kranz 80 D 1).

Erste wissenschaftliche Institutionen waren Platons *Akademie* (ca. 387 v. Chr.) und Aristoteles' *Lykeion* (ca. 355 v. Chr.). Dies waren Stätten der Forschung und der Lehre; das Lykeion umfasste neben der Bibliothek und Hörsälen auch Sammlungen und Labors. Aristoteles (384–322), empirischer orientiert als sein Lehrer Platon, suchte mit dem durch Forschungsreisen und mündlichen wie schriftlichen Umfragen gewonnenen Wissen eine „politische Wissenschaft" (im Sinne des genannten *pólis*-Begriffs) zu begründen. Seinerseits Lehrer Alexanders des Großen (356–323) war er dazu auch in der richtigen Position. Alexander trat seinen Eroberungszug gegen das Perserreich mit einem Stab von Wissenschaftlern an; von diesen heimgesandte Berichte wurden im Lykeion ausgewertet. Aristoteles organisierte zudem zwei die Ökumene umspannende briefliche Befragungen, aufgrund derer er zwei Riesenwerke kompilierte, die *Politien*, Beschreibungen der Lebensformen von 158 griechischen Stadtstaaten von Kleinasien bis Südfrankreich, und die *Bräuche der Barbaren*. Wie Herodot sah auch Aristoteles die *Verfassungsmäßigkeit* als das den Griechen Eigentümliche an, dessen Äquivalent bei den Barbaren eben die *Bräuche* seien. Unterdessen errichtete aber sein Schüler Alexander selbst ein Weltreich nach orientalischem Muster, und Reiche lassen sich nicht so leicht verfassungsmäßig organisieren wie Stadtstaaten. Es scheint, daß Aristoteles wegen seiner Vorliebe für das Verfassungsgemäße bereits in Ungnade gefallen war, als der Welteroberer plötzlich starb. Der aristotelische Empirismus, welcher die freie Diskussion politischen, sozialen und kulturellen Wissens zur Voraussetzung hatte, stagnierte seitdem, während die sich auf die Persönlichkeitsbildung konzentrierende platonische Akademie bis zum Ende der Antike weiterblühte.

Dikaiarchos von Messene (Ende 4. Jahrhundert v. Chr.), auch er ein Aristoteles-Schüler, schrieb eine – leider verlorene – Universalethnographie. Mit seinem Lehrer sah er die Erde als *Kugel*, die er nach Klimazonen unterteilte. Sein kulturtheoretisches Werk *Griechische Lebensweise* periodisierte die Wirtschaftsformen der Menschheit in 1. Sammlertum (ohne Fleischgenuss), 2. Jäger- und Hirtentum und 3. Bauerntum (mit Städten und Hochkulturen). Dieses Evolutionsschema kombinierte er aber mit einer primitivistischen Morallehre: Die höhere Naturbeherrschung sei erkauft durch moralische Degeneration. Hieran knüpfte Dikaiarch eine an Platons Mythos vom untergegangenen Atlantis orientierte Katastrophentheorie, derzufolge Kulturen *Zyklen* des Aufstieges und Niederganges durchlaufen.

Der wohl größte Ethnologe der Antike, der Griechisch schreibende Syrer Poseidonios von Apameia (ca. 135–51) legte eine (leider nur indirekt bekannte) Universalgeschichte mit ethnographischen Exkursen nach Herodots Muster vor, deren organisierendes Prinzip aber nunmehr der Aufstieg Roms zur Weltmacht bildete. Er hatte dazu Forschungsreisen vor allem im westlichen Mittelmeerraum durchgeführt; seine berühmte Keltenmonographie beruhte auf eigener Anschauung. Poseidonios zog die Summe des ethnographischen Wissens und kulturtheoretischen Denkens seiner Zeit. Er verstand die Welt als von einer einheitlichen Lebenskraft beseelten Gesamtzusammenhang von Ursachen und Wirkungen. In dieser Welt unterschied er indes *mehrere Ökumenen* mit jeweils gegen die Ränder hin zunehmender Barbarei und Wildheit. Kulturtragend seien überall die mittleren, keinen klimatischen Extremen ausgesetzten Zonen. In der ethnographischen Beschreibung machte Poseidonios Gebrauch von den Techniken der Kontrastierung, Typenbildung, Quantifizierung und der signifikanten Details; als Ethnologie rekonstruierte er frühere Kulturzustände anhand archaischer Phänomene (*Survivals*). Gleich Dikaiarch sah er einen ursächlichen Zusammenhang von Evolution und Degeneration. Erst die vom wirtschaftlich-technischen Fortschritt korrumpierten Völker hätten Religionen nötig; gegenüber der den Wilden noch unmittelbar verständlichen „Uroffenbarung" moralischer Gesetze seien alle Religionen „erdichtet".

Die *Römer*, die – favorisiert von Poseidonios Theorie der rechten Mitte zwischen den Extremen – die Erbschaft der Griechen antraten, haben deren

Ethnographie und Kulturtheorie systematisierend verdichtet, ihnen aber sonst kaum etwas hinzugefügt. Ihr größter Kulturhistoriker, Marcus Terentius Varro (116–27) gab in seinen *Altertümern* eine „nationale römische Wissenschaft", freilich in Abhängigkeit von griechischen Vorbildern (Müller 1997: 369). *Altertümer* (*antiquitates*), das heißt Überlieferungen und noch vorhandene Archaismen (*Survivals*) teilte er ein in „menschliche" und „göttliche". An ihrem Leitfaden rekonstruierte er eine Enzyklopädie altrömischen Lebens, deren nostalgische Tendenz deutlich ist. Das „goldene Zeitalter" ist für Varro nicht wie für Dikaiarch und Poseidonios die urmenschliche Primitivität, sondern das schlichte, robuste altrömische Bauerntum, dessen Tugenden er den nunmehrigen überfeinerten Weltbeherrschern als Muster vorhält.

Unter den römischen Ethnographen wurden vor allem Gaius Iulius Caesar (100–44) und Cornelius Tacitus (ca. 55–120) maßgebend. Sie gehörten wie auch Varro der Senatsaristokratie an und waren in hohen zivilen und militärischen Ämtern an den Reichsgrenzen tätig gewesen. Ihre Ethnographie war Herrschaftswissen. Sie beschrieben die west- und nordeuropäischen Barbaren in systematisch-monographischer Form und objektiver Haltung, jedoch selektiv, wobei der Eroberer Caesar sie vor allem als politisch-militärische Größen beurteilt. Tacitus, einer der letzten ernsthaften senatorischen Opponenten gegen den kaiserlichen Despotismus, steht dagegen schon in unterschwelliger Distanz zur eigenen Zeit, die sich bis zum Kulturpessimismus steigert. In seiner *Germania* entwirft er mittels kontrastierender Typik ein idealisierendes Bild der germanischen Stämme als tüchtiger Feinde und möglicher Erben des Römertums.

Wissenschaftliche Ethnographie und Imperialismus gehen zusammen, vor allem in dessen Anfangsphase. Einmal etablierte Imperien fallen dagegen in die ethnozentrische Selbstgenügsamkeit zurück und setzen an die Stelle ethnographischer Forschung die administrative Routine: „Jetzt ist es nicht nötig, eine Beschreibung der Erde zu verfassen und die Gesetze aufzuzählen, welche jedes Volk besitzt", ruft der griechische Rhetor Aelius Aristides (gest. ca. 180) den Römern zu, „denn ihr seid für alle gemeinsam die ‚Ethnographen' (*periegetái*) geworden" (Romrede, 102). Es wurde allmählich gefährlich, Herrschaftswissen öffentlich zu diskutieren, und die gebildete Schicht verschwand, die dazu noch imstande war. Praxisorientierung und Geheimhaltungsbedürfnis setzten sich wieder gegen die theoretische Neugierde durch. Spätere römische Ethnographien sind Schrumpfformen.

Im *Mittelalter* gab es viel implizites ethnographisches Wissen nebst einer Vorliebe für das Wundersame, aber wenig Bedürfnis, beides voneinander zu unterscheiden und keinen großen Ethnologen. Ein solcher war außerhalb des Westens der Arabisch schreibende Berber Abd al-Rahman Ibn Khaldun (1332–1406), Erbe der antiken Wissenschaft und der zur Neige gehenden arabischen Kulturblüte, ein einsamer, vom Bewusstsein der Dekadenz seiner Zeit heimgesuchter Denker. Ibn Khalduns Universalgeschichte enthält neben ethnographischen Exkursen nach antikem Muster auch eine geschichtsphilosophisch-ethnosoziologische Einleitung, in der er die hirtennomadische und die bäuerlich-sesshafte Lebensform kontrastiert. Die Hirten zeigen sich aufgrund ihrer Stammessolidarität als die typischen Eroberer und Staatengründer (*Überlagerungstheorie*). Sie unterwerfen die Sesshaften, verwenden deren Steuerabgaben für Kultur und Luxus und entarten dadurch, woraufhin der Zyklus von neuem beginnt.

Auf das christliche Europa hatte diese hochkomplexe Theorie keine Wirkung. Doch es kam dort gegen Ende des Mittelalters zu einem gesteigerten Interesse an der Außenwelt, verbunden mit Aktivismus: Man wollte von den Wundern und Schätzen der Erde nicht bloß *hören*, sondern sie *sehen* und *haben*. Das führte auch zur *zielbewussten Erkundung* des Randes der Ökumene und darüber hinaus. Auch war in der Westkirche der Missionseifer neu erwacht. Hatten die Kreuzzüge noch keinen großen Ethnologen hervorgebracht, so wirkte nunmehr im südlichen Portugal, gar nicht so fern von Ibn Khaldun, Prinz Heinrich, genannt „der Seefahrer“ (1396–1460). Seine Erkundung des Ökumenenrandes war aus dem Abwehrkampf der iberischen Christen gegen den Islam hervorgegangen, den er selber schon nach Nordafrika getragen hatte. Heinrich gründet eine nautische Akademie, um einschlägiges Wissen und Können zu sammeln und Entdeckungsfahrten längs der afrikanischen Wüste zu organisieren, von denen jede weiter führte als die vorige und die bei seinem Tode schon bis Sierra Leone vorgestoßen waren. Das leitete das „Zeitalter der Entdeckungen“ ein. In Heinrichs Spur folgten Christoph Columbus (1451–1506), der Entdecker der „Neuen Welt“, und Ferdinand Magellan (Fernão de Magalhães, 1480–1521), der erste Weltumsegler.

4. Frühe Neuzeit

„‚Entdecken‘ heißt ein Stück der Erdoberfläche zum erstenmal für eine Zivilisation wahrnehmen“ (Beck 1955: 197). Der Westen erkundete im Zeitalter der Entdeckungen als erste und einzige Zivilisation die *gesamte* Erdoberfläche und *alle* anderen Zivilisationen. In den folgenden drei Jahrhunderten wurden die immer noch verbliebenen „weißen Flecken“ nach und nach erforscht und dadurch das Wundersame, die mythischen Monster, aus dem geistigen Raum des Westens ausgesondert (oder besser, in die Sciencefiction transferiert). Die Kugelgestalt der Erde und die körperlich-geistige Einheitlichkeit der Menschheit waren nun zweifelsfrei nachgewiesen worden. Dieses neugewonnene Wissen führte zur *Etablierung der Ethnologie als Spezialdisziplin*.

Das geistige Rüstzeug dafür lag bereit. Die antiken Ethnographen und Ethnologen konnten als Vorbilder dienen. Im Hinblick auf diese Muster wurde implizites ethnographisches Wissen explizit gemacht und (seit 1450) auch durch den Buchdruck verbreitet. Die drei Methoden zur Gewinnung solchen Wissens, die *Reise*, die *Umfrage* und das *Sammeln*, gelangten wieder auf die klassische Höhe, ja darüber hinaus. Die „Reisekunst" (*ars apodemica*) des späten 16. Jahrhunderts lehrte die Reisenden zu beobachten, Fragen zu stellen und Sammlungen anzulegen und so methodisch neues Wissen zu erwerben, statt immer wieder die alten Klischees zu bedienen. Die Rhetorik gab Anweisungen, derartiges Wissen zu dokumentieren, zu gliedern und auszuwerten. Die Frühe Neuzeit war eine Epoche der Verschriftlichung, und die Rhetorik der Zeit hatte sich auf den Umgang mit großen Wissensmengen eingestellt.

Im Druck erschienen nun Sammlungen von Reiseberichten wie die *Navigationen* von Giovanni Battista Ramusio (1550–59) oder von Richard Hakluyt (1589), *Gesamtbeschreibungen der Erdoberfläche*, so Sebastian Münsters *Cosmographia Universalis* (1544), sowie Darstellungen verschiedener Staatswesen nach dem Muster der aristotelischen *Politien* (zuerst Francesco Sansovino: *Über die Regierung alter und moderner Königreiche und Republiken*, 1561). Im engeren Sinne ethnologisch waren Kompilationen nach dem Muster von Aristoteles' *Bräuchen der Barbaren*, zuerst Johannes Boemus' *Sitten, Gesetze und Riten aller Völker* (*Omnium gentium mores leges et ritus*, 1520). Ergänzt wurden diese Wissenssammlungen durch Sammlungen von Objekten und Abbildungen aus aller Welt in Gestalt der „Kunst- und Wunderkammern", von denen manche ein besonderes Interesse an technologischen „Inventionen" bezeugten. Die ideale Kunstkammer, die Samuel Quiccheberg in seinen *Inskriptionen* (1565) entwarf, war eine nach rhetorischen Prinzipien angelegte, die ganze Welt einbeziehende Dokumentations- und Forschungsstätte.

Derartige Sammlungen von Wissen und Wissensträgern wollten *vergleichen*: Altes mit Neuem, Fremdes mit Eigenem, Einfaches mit Komplexem. Das in den geographisch-ethnographischen Endeckungen wirksame Prinzip *systematischer Exploration* wurde in der Sphäre des Geistigen weitergeführt. Man suchte nach einer *Wissenschaft von der Menschheit* in allen ihren Lebensäußerungen. Eine solche Wissenschaft sollte das Menschenlos auf Erden planmäßig verbessern.

Auch hierfür entstammten die Vorbilder der Antike. Jean Bodins *Sechs Bücher von der Republik* (1576) oder Charles de Montesquieus *Vom Geist der Gesetze* (1748) handelten von der Ordnung menschlichen Zusammenlebens in unterschiedlichen Klimazonen und Kulturzuständen, also von der „politischen Kunst" des Protagoras. Die „verarbeitende Kunst" bildete dagegen den Ausgangspunkt von kulturhistorischen Werken wie Giambattista Vicos *Neu-*

er Wissenschaft (1725) oder Johann Gottfried Herders *Ideen zur Philosophie der Geschichte der Menschheit* (1784–91), die die *Stadien der Kulturentwicklung* herauszuarbeiten trachteten. Solche Werke konnten der Frage Platons und Dikaiarchs nach den *Zyklen* dieser Entwicklung, also nach der Dekadenz, nicht ausweichen, was sie in Widerspruch zum menschheitswissenschaftlichen Optimismus brachte. Im 17. und frühen 18. Jahrhundert, der Epoche der „wissenschaftlichen Revolution" und der Triumphe der Naturwissenschaften und Technik, war die vorherrschende Einstellung rationalistisch, aktivistisch und antiprimitivistisch. Ein einsamer Kritiker dieser Einstellung war Vico, dessen pessimistischer Relativismus die geistige Krisis des späten 18. Jahrhunderts einleitete, welchem der Untergang der griechisch-römischen Zivilisation ständig vor Augen stand. Schlüsselworte dieser Krisis waren die „Tugend", „zurück zur Natur" und der „edle Wilde". Sie hat freilich den Ausbau des Welthandels und der Kolonialreiche nicht behindert.

Die Ethnologie als Wissenschaft von „fernliegender Fremdheit" (Thurnwald: 1949: 30 f.) war vorwiegend eine Leistung von *Missionaren.* Als Europäer klassisch-biblischer Bildung standen gerade sie in täglichem Kontakt mit Stammesgesellschaften. Unter ihnen ragt der Jesuit Joseph-François Lafitau (1681–1746) hervor. Er arbeitete in *Die Sitten der amerikanischen Wilden im Vergleich zu den Sitten der Frühzeit* (1724) *ethnographische Parallelen* zwischen den Irokesen und anderen Indianern sowie Herodots Beschreibung vorgriechischer Völker des Ostmittelmeerraums heraus, wandte auf sie das Prinzip *wechselseitiger Erhellung* an und gelangte auf diese Weise zu *ethnologischen Begriffen*, so denen des Mutterrechts, des Brautpreises, der *Couvade* (Männerkindbett) und der Initiation. Er erkannte, daß Stammesgesellschaften Religionen im vollen Wortsinne besitzen und erklärte diese als *Survivals* einer monotheistischen „Uroffenbarung". Auf diese Weise wurde Lafitau zum Pionier der Ethnosoziologie und der Religionsethnologie, übrigens auch der Ethnobotanik. Die beobachteten Parallelen zwischen Neuer und Alter Welt suchte er durch Wanderungen aus dieser nach jener zu erklären, da er als Missionar mit der Bibel vom *gemeinsamen Ursprung* aller Menschen ausging („Monogenismus"). Die Aufklärer der zweiten Jahrhunderthälfte bevorzugten demgegenüber die „wissenschaftlichere" Annahme mehrerer Menschwerdungen („Polygenismus"), die Vorform späterer *Rassenlehren.*

5. Das 19. Jahrhundert

Die Epoche der Aufklärung, der Französischen und der Industriellen Revolutionen bedeutete für die westliche Geistesgeschichte einen ebenso tiefen Einschnitt wie der Übergang zwischen Mittelalter und Früher Neuzeit. Um 1800 entstanden neue Fächer wie die Nationalökonomie, Zahlenstatistik, Soziologie, Volkskunde, Geschichtswissenschaft, Orientalistiken und nationalen Philologien, die der westlichen Selbstvergewisserung in diesem globalen Wandlungsprozess dienten. Eines davon war auch die Ethnologie.

Das 19. Jahrhundert brachte deren Institutionalisierung als Universitätsfach. Ein Corpus von Problemen, Methoden, Begriffen und Faktenwissen war ja schon vorhanden und es gab auch schon die heute noch üblichen Disziplinnamen, die entweder von griechisch *ánthropos*, Mensch, oder von *éthnos*, Volksstamm, abgeleitet sind. Keiner dieser Namen konnte sich freilich allgemein durchsetzen. Ähnlich verhält es sich im übrigen mit den Bezeichnungen für das Forschungsobjekt des Faches: „Wilde", „Barbaren", „Naturvölker", „Eingeborene", „Primitive", „Schriftlose Kulturen", „Stammesgesellschaften" – wie man es dreht und wendet, stets drücken diese Bezeichnungen eine Polarität zwischen „ihnen" und „uns" aus. Die Ethnologie erforscht den dunklen Hintergrund unserer westlichen Zivilisierung.

Die *Namensfindung* war ein erster (wenn auch nicht ganz geglückter) Institutionalisierungsschritt. Die an fremden Völkern Interessierten gewannen damit anerkannte Zeichen ihrer korporativen Identität. Hieran knüpfte sich als nächster Schritt die Bildung *gelehrter Gesellschaften*, deren erste die *Société des Observateurs de l'Homme* (1799) in Paris war. Diese Gesellschaften organisierten regelmäßige Zusammenkünfte und Briefwechsel Interessierter und verschafften ihnen öffentliche Anerkennung. Die frühen Gesellschaften gingen jedoch aus Mangel an öffentlicher Unterstützung bald ein, Bestand hatten erst die Gründungen der sechziger und siebziger Jahre, darunter die in Berlin 1869. Die gelehrten Gesellschaften erlangten Einfluss auf die staatliche Forschungspolitik, während ihre Mitglieder weiterhin Privatleute blieben; es waren also erst halbprofessionelle Institutionen. Zu ihren Tätigkeiten gehörte, ein dritter Institutionalisierungsschritt, die Herausgabe von *Fachzeitschriften* (wie in Berlin die heute noch bestehende *Zeitschrift für Ethnologie*, 1869 ff.). Indem sie Arbeiten der Mitglieder und Korrespondenten der Gesellschaften druckten und einschlägige Literatur besprachen, teilten diese Publikationsorgane wissenschaftliche Reputation zu und strukturierten die entstehende Ethnologengemeinschaft.

Ein vierter Schritt war die Einrichtung *völkerkundlicher Museen*. Sie bildeten eine Parallele zu den Fachzeitschriften, denn sie veröffentlichten ethnographische Sammlungen. Ihr Ursprung waren die frühneuzeitlichen Kunstkammern, deren Bestände sich inzwischen durch Forschungsreisen, den Welthandel und den Kolonialismus gewaltig vermehrt hatten. Für die Veröffentlichung mussten diese Bestände geordnet werden, dazu brauchte man geschultes Personal. Die Völkerkundemuseen dienten einem nationalen Bildungsauftrag, sie sollten wohl auch für koloniale Bestrebungen werben.

Es folgten *Lehrstühle*. Nun konnte man Ethnologie als Universitätsfach studieren. Die ersten Absolventen fanden Stellen an den Museen. Die Lehrstuhlinhaber wurden zu „Gründervätern“ nationaler Ethnologengemeinschaften. In Deutschland war dies Adolf Bastian (1825–1905). Er war als Schiffsarzt in aller Welt gereist, seine Sammlungen bildeten den Grundstock des Berliner Museums, dessen Direktor er 1868 wurde. 1869 erhielt er als Universitätsdozent das Promotionsrecht, den Titel eines Ordinarius freilich erst 1900. Eine vergleichbare Stellung in England hatte Sir Edward Burnett Tylor (1832–1917). Auch er hatte private Forschungsreisen unternommen. 1883 wurde er Direktor des Museums in Oxford, 1884 Lecturer und 1895 Professor, ein eigener Studiengang in *Cultural Anthropology* wurde jedoch erst 1905 eingerichtet. Der amerikanische „Gründervater“ Franz Boas (1858–1942) hatte sich 1886 bei Bastian habilitiert, war aber dann in die USA ausgewandert, da er sich als Jude in Deutschland keinen Lehrstuhl erhofft hatte. 1896 Instructor an der Columbia University, 1889 Herausgeber der einflußreichen Fachzeitschrift *American Anthropolgist*, 1899 Ordinarius, 1901 auch Kurator der ethnologischen Abteilung am American Museum of Natural History, übte er bis zu seinem Tode eine „patriarchalische Kontrolle“ (Harris: 1968, 251) über die Ethnologie (*Cultural Anthropology*) in den USA aus.

Vergleichbar, wenn auch zeitversetzt, verlief der Institutionalisierungsprozess in anderen Ländern. In zunehmend engerer Verflechtung mit ihm entwickelte sich die ethnologische Theorie des 19. Jahrhundert. Die vorprofessionelle Epoche, also die beiden ersten Jahrhundertdrittel, war zuerst von der *Romantik* und dann vom *Positivismus* beherrscht. Die romantische Ethnologie sammelte Folklore für eine Kulturgeschichte im nostalgischen, primitivistischen Sinne: Durch die Modernisierung bedrohte Hervorbringungen frühzeitlicher „Naivität“ sollten vor dem Vergessen bewahrt werden. Die Hypothese des alle Lebensäußerungen eines Volkes durchwaltenden „Volksgeistes“ diente zur umfassenden Rekonstruktion der Frühzeit, die die Romantik mit der Kindheit der Völker gleichsetzte und als deren „goldenes Zeitalter“ betrachtete. Der Begriff „Volk“ war schon in der Spätaufklärung, vor allem der deutschen, mit religiösen Sinnvorstellungen und Gefühlswerten aufgeladen worden: „die Völker“ wurden nunmehr wichtiger als „der Mensch“. Mit ihrem Rekon-struktivismus verband die Romantik auch einen Konstruktivismus, der jedem Volk eine seine naive Frühzeit auf höhere Zivilisationsstufe wiederver-gegenwärtigende *Nationalkultur* schaffen wollte. Die seit der Spätaufklärung weltführende deutsche Ethnologie wirkte gerade in dieser Hinsicht auf die kleinen, rückständigen Völker Nord-, Ost- und Südosteuropas, von denen die Finnen und Ungarn (übrigens auch die Juden) asiatische Stammverwandte hatten, weshalb die ethnologische Forschung unmittelbar in ihre nationalkulturellen Konstruktionen einging.

Am Ausgang der Romantik standen Karl Marx (1818–1883), der das rekonstruierend-konstruierende Denken vom völkisch-nationalen auf den wirtschaftlich-sozialen Kontext übertrug (die egalitäre „Urgesellschaft“ sollte nach einer Serie von Klassenkämpfen auf durch diese bewirkter höherer Zivilisationsstufe als „klassenlose Gesellschaft“ wiederkehren) sowie der Marx des Feminismus, der Schweizer Rechtshistoriker Johann Jakob Bachofen (1815–1887), der in glühenden Farben die Frömmigkeit, den Gemeingeist, die Tugend eines „mutterrechtlichen“ Menschheitsalters ausmalte, welches dem kalten Rationalismus und Materialismus des gegenwärtigen „vaterrechtlichen“ Alters vorangegangen sei.

Etwas vom romantischen Primitivismus ist in der ethnographischen Suche nach dem „Authentischen“ bis heute erhalten geblieben. Um die Mitte des Jahrhunderts wurde die Suche nach dem „goldenen Zeitalter“ aber zusehends von der Inventarisierung aller Völker und Kulturen der Erde abgelöst, die durch den Welthandel, die Weltmission und den kolonialen Wettbewerb der westlichen Mächte vorangetrieben wurde. Sie orientierte sich nunmehr an den Naturwissenschaften, die viele Forschungsreisende studiert hatten. Auch die ethnologischen Theoretiker dachten „einheitswissenschaftlich“, das heißt, sie nahmen die exakten Methoden der Naturwissenschaften auch für die Wissenschaften vom Menschen zum Vorbild. Statt der „Völker“ trat wieder „der Mensch“, und mit ihm der Begriff Anthropologie, in den Vordergrund. Die *Rassenlehre* verschränkte die mit der menschlichen Körperlichkeit befasste physische Anthropologie mit der kulturellen und sozialen. Diese Theoretiker waren zumeist universal interessierte Privatgelehrte und „Lehnstuhlethnologen“. In ihren Studierzimmern verglichen sie das ethnographische Material weltweit, wobei sie vom lokalen Zusammenhang absahen und die Vergleichsphänomene dafür nach dem Grade ihrer Komplexität und der durch sie ermöglichten Naturbeherrschung zu *Entwicklungsreihen* ordneten. Dabei wurde der aristotelische Gedanke der Selbstverwirklichung von Naturanlagen (*Entelechie*) unbeschaut von den Organismen auf die Völker, Kulturen und Sozialordnungen übertragen. Ein verwandtes *organizistisches* Entwicklungsdenken findet sich auch bei Bachofen und Marx, übrigens auch bei Bastian, für den die im Menschen als solchem erblich angelegten „Elementargedanken“ sich in der Geschichte zu je einmaligen „Völkergedanken“ konkretisieren. Aber anders als die Genannten waren die positivistischen Evolutionstheoretiker antiprimitivistisch eingestellt. Sie wollten, im erklärten Gegensatz zur Religion und Metaphysik, eine durchgängig *wissenschaftliche* Erklärung der Welt zur Planung des menschlichen Lebens liefern. Die Menschheit unterliege dem Gesetz des Fortschritts, der *notwendig* hinauf zur westlichen Zivilisation geführt habe. Das rechtfertigte selbstverständlich die westliche Welthegemonie.

Vordenker dieses *Evolutionismus* wurde der Biologe Charles Darwin (1809–1882), der die Entstehung neuer Tier- und Pflanzenarten auf die natürlichen Mechanismen der Auslese und Ausmerzung zurückführte und diese Lehre auch auf die Menschwerdung anwandte. Der *Sozialdarwinismus*, zusammengefasst durch die Slogans „Kampf ums Dasein“ und „Überleben der Geeignetsten“ war allerdings schon vor ihm von Herbert Spencer (1820–1903) verkündet worden. Der wohl bedeutendste Evolutionist und zugleich der erste amerikanische Ethnologe mit Weltgeltung war Lewis Henry Morgan (1818–1881). Er hatte als junger Mann im romantisch-antiquarischen Geist die Irokesen erforscht und sich im reifen Alter nach einer erfolgreichen Laufbahn als Rechtsanwalt wieder dem Fach zugewandt, diesmal aber der Entwicklungslehre. Ein weltweiter Vergleich von Verwandtschaftsbezeichnungen führte ihn zu einer Entwicklungsreihe der Familienformen von der (angeblich tierischen) „Urpromiskuität“ über das (durch die Irokesen exemplifizierte) Mutterrecht bis zur vaterrechtlichen Einehe. Diese kombinierte er mit einer wirtschaftlich-technologischen Entwicklungsreihe von nomadischer „Wildheit“ über sesshaft-bodenbauerische „Barbarei“ bis zur auf dem Eigentum und dem Staat beruhenden „Zivilisation“ (*Ancient Society*, 1877).

Edward Burnett Tylor wies in *Primitive Culture* (1871) nach, dass *alle* Völker vollständige, in sich stimmige Kulturen besitzen, und erstellte auf dieser Grundlage mittels des Survival-Konzeptes Entwicklungsreihen der Religion und der Zivilisation. Er verwendete auch zum erstenmal die Korrelationsstatistik im interkulturellen Vergleich. Der General August Henry Lane-Fox Pitt-Rivers (1827–1900) ordnete Waffen, Werkzeuge und Geräte nach Entwicklungsreihen; auf ihn geht das später von Tylor geleitete Pitt-Rivers-Museum in Oxford zurück. Der Rechtshistoriker und Kolonialadministrator Sir Henry Maine (1822–1888) unterschied primitive, auf zugeschriebenem *Status* begründete Gesellschaften von modernen, deren Prinzip der freigewählte *Kontrakt* ist. Verwandte Dichotomien gaben Herbert Spencer: *militärische* und *industrielle* Gesellschaften; Emile Durkheim (1858–1917): *Segmentation* und *Zentralisierung*; oder Lucien Lévy-Bruhl (1857–1939): *prälogisches* und *logisches* Denken. Der letzte Evolutionist alten Schlages, Sir James Frazer (1854–1941), fasste die Grundlinie dieses Denkens noch einmal in der Entwicklungsreihe Magie-Religion-Wissenschaft zusammen (*The Golden Bough*, 1907–15).

Mit der Professionalisierung des Faches im letzten Jahrhundertdrittel wandelt sich dieses von der Beschreibung fernliegender Fremdheiten (*Ethnographie*) und zivilisationstheoretischen Reflexion (*Anthropologie*) hin zum methodenbewussten Vergleich („Ethnologie“). Aus den Museen, die das Vergleichsmaterial ja vor Augen hatten, kam der Widerspruch gegen die allzu zuversichtlichen Geschichtsrekonstruktionen der Evolutionisten, die die Quellenkritik vernachlässigten und tatsächliche Verläufe eher als Störfaktoren wahrnehmen. An ihre Stelle trat nun der *individualisierende Forschungsansatz* (Szalay 1983: 18). Die geduldige Beziehungsforschung eines Franz Boas setzte sich in den USA gegen den Morgan’schen Evolutionismus durch, in Deutschland wurde Bastian durch den eingangs zitierten Anthropogeographen Friedrich Ratzel (1844–1904) in den Schatten gestellt.

Die Abwendung vom Evolutionismus hatte auch etwas mit der geistigen Krise der Jahrhundertwende zu tun. Man begann am Forschrittsdenken und mit ihm am westlichen Führungsanspruch zu zweifeln. Die alte Wahrheit, daß ein ernstgenommener Organizismus auch die rückläufige Entwicklung (*Involution*) wie Alter, Krankheit und Tod in Betracht ziehen muß, wurde wieder aktuell. Es traten nun vermehrt Dekadenztheorien auf, so schon beim späten Spencer; Sozialdarwinismus und Rassenlehren wandelten sich von einer Selbstfeier des Westens zur Untergangsprophetie (Arthur de Gobineau, 1816–1892). Nikolaj Jakowlewitsch Danilewskij (1822–1885) eröffnete mit *Rußland und Europa* (1869) eine lange Reihe von Theorien über den Untergang der großen Zivilisationen: aus dem „ethnographischen Material" heben sich für ihn in plötzlichen Aktivitätsschüben Zivilisationen hervor, deren jede ihrem besonderen Wachstums- und Verfallsgesetz folgt; sie stehen im Grunde beziehungslos nebeneinander, einen Kulturfortschritt der Menschheit gibt es nicht.

6. Das 20. Jahrhundert

Während die Einrichtung neuer Museen und Lehrstühle weiterging, verlagerte sich das theoretische Schwergewicht mit dem Beginn des 20. Jahrhundert endgültig auf die Kulturbeziehungsforschung (*Diffusionismus*). Man suchte möglichst viele *ethnographische Parallelen* auf gemeinsame Ursprünge in *Diffusionszentren* zurückzuführen, von wo sie sich durch Kulturkontakte wie Wanderungen, Handel, Missionierung, Entlehnung oder Nachahmung verbreitet hätten. Das Konzept der *Kulturareale* bot einen räumlichen, das *chronologischer Areale* einen zeitlichen Bezugsrahmen für solche Befunde (Clark Wissler, 1870–1947). Der Diffusionismus ging mit immateriellen Kulturphänomenen um wie mit Museumsobjekten. Kulturen bestünden aus trennbaren und neu kombinierbaren „Elementen", die ihre besondere Form auch unter wechselnden Umweltbedingungen noch lange beibehielten (*Mechanizismus*). Dieser Ansatz überschätzte die Konstanz und unterschätzte die Flexibilität und Innovationskraft der Kultur.

Die Evolutionisten hatten dem Fortschritt den Weg weisen wollen, die Diffusionisten standen in latentem Gegensatz zu ihm. Ihre Ethnographie war (wie die romantische Folkloristik) vielfach ein *Rettungswerk*, das von der Modernisierung bedrohte Kulturerscheinungen wenigstens in Museen und Monographien bewahren wollte. Die diffusionistische Ethnologie wandte die von den modernen Geisteswissenschaften anhand von Schriftquellen ausgebildete historisch-kritische Methode auf schriftlose Kulturen an, denen sie so ein Nachleben in einer kommenden von der Schrift bestimmten Weltkultur sichern wollte. Insofern verstand sie sich selbst doch als Teil der Moderne. Hierher gehört die universalhistorische *Kulturkreislehre* von Pater Wilhelm Schmidt (1868–1954). Dieser wohl bedeutendste Missionarsethnologe hatte die Zeitschrift *Anthropos*, den ethnologischen Lehrstuhl in Wien und das Museum in Rom begründet; seine Lehre von der ursprünglichen, erst später zum Kultus der Ahnen und Naturwesen entarteten Verehrung eines „Hochgottes" durch alle Völker (*Uroffenbarung*) war in ihrer Tendenz primitivistisch (*Der Ursprung der Gottesidee*, 1912–55).

In den zwanziger Jahren erfolgte eine tiefgreifende Neuorientierung des Faches, auf welche sich Thomas Kuhns vielstrapazierter Begriff des *Paradigmenwechsels* zu Recht anwenden lässt. Das neue Paradigma war die von Bronislaw Malinowski (1884–1942) während des Ersten Weltkrieges auf den Trobriand-Inseln östlich von Neuguinea durchgeführte *Feldforschung* (*Argonauts of the Western Pacific*, 1922). Seither wurde die Beschreibung *einer* Stammesgesellschaft in *allen* ihren Aspekten durch den an ihrem Leben teilnehmenden, ihre Sprache sprechenden und in ihre geistige Welt eindringenden Ethnologen zur Norm des Faches. Sie kombinierte den *geistes-* mit dem *naturwissenschaftlichen* Ansatz: das *Verstehen* des Fremden aus dessen eigenen Voraussetzungen heraus und dessen *Erklären* als gesetzmäßigen Funktionszusammenhang.

Mit diesem Paradigma wurden nun nicht mehr lebende Fossile untersucht wie im Evolutionismus, noch auch Beziehungsmuster zwischen isolierten Kulturelementen wie im Diffusionismus, vielmehr *funktionierende Ganzheiten*. Damit traten jetzt auch *holistische* Theorien hervor, etwa der *Funktionalismus* Malinowskis und Alfred Reginald Radcliffe-Browns (1881–1955), der *Superorganizismus*, die *Kulturformenlehre* und die *Kultur- und Persönlichkeitsforschung* der Boas-Schüler (Alfred Louis Kroeber 1876–1960, Ruth Benedict 1887–1948, Ralph Linton 1893-1953, Melville Herskovits 1895-1963, Margaret Mead 1901–1975), die neoevolutionistische *Kulturologie* Leslie A. Whites (1900–1975), die *Kulturmorphologie* Leo Frobenius' (1873–1938) und schließlich auch der *Strukturalismus* des berühmtesten Ethnologen des Jahrhunderts, Claude Lévi-Strauss (geb. 1908).

Dieser Paradigmenwechsel hatte auch außerwissenschaftliche Ursachen (die in der Kuhn'schen Theorie nicht berücksichtigt werden). Dazu gehörten die avantgardistische Aufbruchstimmung zu Jahrhundertbeginn (Lebensreform, Jugendbewegung, Hochschätzung der Kunst der „Primitiven"), dann die Erschütterung des Selbstvertrauens und der Hegemonie des Westens durch den Ersten Weltkrieg (beginnender Rückzug aus den Kolonien, „indirekte Verwaltung" mit Rückgriff auf örtlich funktionierende sozio-politische Systeme) und schließlich Eigeninteressen der sich bildenden *Ethnologenzunft*: Die Malinowski'sche Feldforschung setzte *geschulte* Ethnologen voraus, welche damit die „Amateurethnologen" (Forschungsreisende, Missionare, Kolonialbeamte) vom Forschungsfeld ausschlossen – wie übrigens auch die als „Lehnstuhlethnologen“ disqualifizierten Universalgelehrten von der ethnologischen Theoriebildung. Das heißt, die Zunft fühlte sich nunmehr stark genug, ihre Daten *allein* zu produzieren und zu verarbeiten.

Das zweite Jahrhundertdrittel, in dem dieses Programm umgesetzt wurde, war die Glanzzeit des Faches. Die Lehrstühle und Museumsstellen vermehrten sich, die Zahl der Ethnologen vergrößerte sich exponential, das Fach wurde von der Öffentlichkeit und der Politik gehört, ja in den USA fasste es sogar Fuß in den Mittelschulen. Es entstanden Hunderte, ja Tausende von professionellen, theoriegeleiteten ethnographischen Monographien, die faktisch alle Völker der Erde beschrieben. George Peter Murdock (1897–1985, selbst ein statistisch arbeitender Ethnologe in der Nachfolge Tylors) schreibt dazu: „Ich zögere nicht, die Gesamtheit der ethnographischen Beschreibung, die wir hervorgebracht haben, als die bei weitem größte Tat der Ethnologie zu kennzeichnen – den krönenden Ruhm unseres Faches“ (Murdock 1971: 17).

Im letzten Jahrhundertdrittel verdüsterte sich die Perspektive. Die „Krise der Ethnologie“, von der seither die Rede ist, ist im Grunde eine „Krise der Feldforschung“ (Szalay 1975). In den selbständig gewordenen Ländern der „Dritten Welt“ werden die Ethnologen als Komplicen des Kolonialismus und der Mission, als Vorschubleister des Separatismus und fortschrittsfeindliche Nostalgiker, letzten Endes wohl als Westler und Weiße verdächtigt; im Fach hat sich Selbstzweifel ausgebreitet und die Stellenvermehrung ist ins Stocken geraten. Doch all das ist nicht mehr Geschichte, sondern Gegenwart.

7. Schlussbemerkung

Man kann in ein Fach auf zwei Weisen einführen: *systematisch* und *historisch.* Die beiden Aspekte hängen zusammen und sind niemals ganz voneinander zu trennen, denn sie haben sich aneinander entwickelt. Der eine betont die Außenseite des Faches als Gefüge objektiver Sätze, der andere seine Innenseite als soziales Werk. Beide muss man kennen, wenn man im Fach zu Hause sein will.

8. Literatur

Einführende Literatur

Feest, Christian F. und Karl-Heinz Kohl (Hg.)
2001 Hauptwerke der Ethnologie. Stuttgart.

Marschall, Wolfgang (Hg.)
1990 Klassiker der Kulturanthropologie von Montaigne bis Margaret Mead. München.

Mühlmann, Wilhelm E.
1968 Geschichte der Anthropologie. 2, verbesserte und erweitere Auflage. Frankfurt am Main-Bonn.

Müller, Klaus E.
1997 Geschichte der antiken Ethnologie. Reinbeck bei Hamburg.

Stagl, Justin
1981 Kulturanthropologie und Gesellschaft. Eine wissenschaftssoziologische Darstellung der Kulturanthropologie und Ethnologie. 2. Auflage. Berlin.
2002 Eine Geschichte der Neugier. Die Kunst des Reisens 1550–1800. Wien-Köln-Weimar.

Zitierte Literatur

(Die im Text erwähnten klassischen Werke werden dort in der Regel mit deutschen Formulierungen des Titels genannt und hier nicht eigens bibliographiert. Siehe dazu die zur Einführung empfohlene Literatur.)

Assmann, Jan
2000 Das kulturelle Gedächtnis. Schrift, Erinnerung und politische Identität in frühen Hochkulturen. 3. Auflage. München.

Beck, Hanno
1955 „Entdeckungsgeschichte und geographische Disziplinhistorie", in: Erdkunde 9: 197–204.

Bocheński, I. M.
1965 Die zeitgenössischen Denkmethoden. 3. Auflage. Bern-München.

Diels, Hermann und Walther Kranz (Hg.)
1985 Die Fragmente der Vorsokratiker. 6. Auflage. 3 Bde. Hildesheim.

Feyerabend, Paul
1973 „Die Wissenschaftstheorie – eine bisher unbekannte Art des Irrsinns", in: Natur und Geschichte. Hg. v. K. Hübner und A. Menne. Hamburg.

Harris, Marvin
1968 The Rise of Anthropological Theory. London.

Kuhn, Thomas
1967 Die Struktur wissenschaftlicher Revolutionen. Frankfurt am Main.

Müller, Klaus E.
1987 Das magische Universum der Identität. Elementarformen sozialen Verhaltens. Frankfurt am Main/New York.

Ratzel, Friedrich
1892 Politische Geographie. 2. Auflage. München-Berlin.

Szalay, Miklós
1975 „Die Krise der Feldforschung: Gegenwärtige Trends der Ethnologie", in: Archiv für Völkerkunde 29: 109–120.
1983 Ethnologie und Geschichte. Zur Grundlegung der ethnologischen Geschichtsschreibung. Berlin.

Thurnwald, Richard
1949 „Probleme der Fremdheit", in: Psychologische Forschung 23: 25–68.

Bettina Beer

Ethnos, Ethnie, Kultur

Zum leichteren Verständnis dieses Beitrags zu Beginn eine vereinfachte Charakterisierung der Begriffe *Ethnos/Ethnie* und *Kultur*: Unter Ethnien werden menschliche Gemeinschaften verstanden, die sich auf eine gemeinsame Geschichte und meist auch Abstammung berufen. Sie haben ein „wir"-Gefühl und ziehen Binnenheiraten vor. Mit *Kultur* sind Lebensweisen menschlicher Gemeinschaften, ihre Werte, Normen, Kenntnisse, Denkweisen und Verhaltensmuster gemeint. Dass es tatsächlich komplizierter ist und jedes Definitionsmerkmal diskutiert werden muss, wird im Folgenden deutlich werden. Eine intensive Beschäftigung mit diesen sehr abstrakten Begriffen lohnt sich jedoch, denn *Ethnos* und *Kultur* sind die zentralen Konzepte der Ethnologie, und sie hängen eng miteinander zusammen. Sowohl Vorstellungen von Kultur als auch die Frage nach den Grenzen einer Ethnie (eines „Volkes", gr. *ethnos* – davon abgeleitet *Ethnologie*) beziehen sich auf die Grundvoraussetzung von Einheit und Vielfalt, von Gleichheit und Unterschieden menschlicher Gemeinschaften. Ziel des vorliegenden Beitrags ist es, den Kern beider Konzepte herauszuarbeiten und einen Überblick über deren Bedeutungswandel zu geben.

1. Ethnos und Ethnien

In der Ethnologie war bis in das 20. Jahrhundert in erster Linie von „Volk" und „Völkern" die Rede. Entsprechend hieß auch das Fach seit dem 18. Jahrhundert *Völkerkunde* bzw., abgeleitet von „Ethnos" *Ethnologie* oder *Ethnographie*. Unter dem Einfluss des russischen Ethnologen Sergej M. Shirokogoroff wurde seit den zwanziger Jahren des 20. Jahrhunderts *Ethnos* synonym mit *Volk* verwendet. Bis beide Bezeichnungen in der zweiten Hälfte des 20. Jahrhunderts in der deutschsprachigen Ethnologie seltener gebraucht und von W. E. Mühlmann durch *Ethnie* (im Plural *Ethnien*) ersetzt wurden (vgl. Mühlmann 1964, siehe ausführlich dazu auch Müller 1986). Als einer der wichtigsten Theoretiker ethnischer Prozesse und interethnischer Systeme hatte Mühlmann mit seinen Arbeiten auf die deutschsprachige Ethnologie großen Einfluss. *Ethnie* hat sich durchgesetzt, *Ethnos* ist noch in zahlreichen Zusammensetzungen bestehen geblieben, etwa in Ethnozentrismus, Ethnogenese oder Ethnonym. *Volk* spielt dagegen in der Ethnologie heute nur noch im Plural und in Zusammensetzungen eine Rolle, in Völkerkundemuseum oder dem Namen der *Deutschen Gesellschaft für Völkerkunde*.

1.1 Merkmale von Ethnien

Hier zunächst eine Definition des Begriffs der „Ethnie". Auf die einzelnen Bestandteile wird im Anschluss ausführlicher eingegangen. „Ethnie" kann als *eine überwiegend endogame familienübergreifende Gemeinschaft* definiert werden, *deren Mitglieder in der Abgrenzung von anderen Menschen ein „Wir-Gefühl" entwickelt haben, eine gemeinsame, sie von anderen unterscheidende (angenommene) Abstammung, gemeinsame Geschichte und meist einen gemeinsamen Kanon an Werten und Normen teilen.* Endogamie (Binnenheirat) bedeutet, dass Heiratspartner überwiegend innerhalb dieser Gemeinschaft gesucht werden.

Was vereint Menschen also in Ethnien und was unterscheidet diese Gemeinschaften voneinander?

1) Auf eine gemeinsame *Geschichte* ihrer Entstehung und/oder Herkunft, ihrer Besiedlung eines bestimmten Gebietes oder auf eine gemeinsame Geschichte der Migration bzw. der Zerstreuung in der Diaspora berufen sich alle Ethnien. Bei der Beschäftigung mit ethnischen Grenzen und Ethnizität wird deutlich, dass die gemeinsame Geschichte einer der stärksten Aspekte ethnischer Abgrenzung und Identität ist. Dieses von den Mitgliedern geteilte Geschichtsbewusstsein muss nicht den historischen Tatsachen entsprechen, was seine Bedeutung für das Selbstverständnis ethnischer „Wir"-Gruppen jedoch nicht schmälert.
2) Häufig wurden diese Einheiten als *territorial bestimmt* verstanden, was nach wie vor von Bedeutung sein kann, aber nicht sein muss. Als Folge zunehmender Migrationen können Angehörige einer Ethnie in verschiedenen Staaten und Kontinenten leben. Solche Migranten haben kein gemeinsames Territorium und dennoch das Bewusstsein der Zugehörigkeit zu einer „Wir"-Gruppe, zu einer Kommunikations- und Kooperationsgemeinschaft. Auch

nur phasenweise sesshafte Gruppen wie Sinti und Roma haben kein eigenes Territorium, sind aber ethnische Gruppen.

3) Die Abgrenzung von Ethnien findet von innen und außen statt. Die *Zuschreibung* bestimmter Merkmale (Traditionen, Lebensweise, physische Eigenschaften) ist ein zentrales Definitionskriterium.

4) In den meisten Ethnien besteht das Ideal der ethnischen *Endogamie*. Die Nichteinhaltung dieser Regel kann demographische Konsequenzen haben: Ist eine kritische Zahl an Heiraten mit Fremden überschritten, können sich ethnische Einheiten auflösen. Das hängt allerdings unter anderem von den Machtverhältnissen zwischen beiden ethnischen Gruppen und ihren jeweiligen Abstammungsregeln ab. Ethnische Minderheiten können beispielsweise in einer oder mehreren stärkeren Ethnien aufgehen.

5) Im Zusammenhang mit der Zurechnung der Nachkommen werden gemeinsame *Abstammung* und ähnliches *Aussehen* oft als abgrenzende Kriterien verwendet. Physische Merkmale können eine Rolle in Abgrenzungsprozessen zwischen ethnischen Gruppen spielen (Beer 2002).

6) In den meisten Fällen lässt sich sowohl durch die Mitglieder selbst als auch von außen ein Kernbestand an *kulturellen Gemeinsamkeiten* der Angehörigen einer Ethnie feststellen, der tradiert wird und sich beständig wandelt. Die gemeinsame Sprache spielt für die Bewahrung von Wissen, Werten und Normen sowie die Abgrenzung gegen andere Ethnien eine besondere Rolle. Durch die Verwendung von Verkehrssprachen (etwa Spanisch oder Englisch) werden zunehmend übergeordnete Einheiten geschaffen, auf die sich Menschen beziehen. Merkmale, die Ethnien voneinander unterscheiden, verändern sich oder verschwinden, dennoch können ethnische Grenzen aufrecht erhalten werden. Manche Angehörige ethnischer Einheiten sagen beispielsweise: „nur wir machen das so – schon unsere Nachbarn tun es ganz anders." Ob das dann „wahr" ist, bleibt dahingestellt. Viele der europäischen Berichte über Kannibalen („Menschenfresser") beruhten etwa auf Behauptungen über jeweils Nachbarn.

Es handelt sich nur um ein Mehr oder Weniger an gemeinsamen Traditionen, deren Anteile sich verändern. Manchmal tritt auch die Situation ein, dass Menschen eine Überzeugung noch teilen, ihre Nachbarn sich jedoch längst nicht mehr von ihnen unterscheiden. Auf den Philippinen gibt es etwa genaue Vorstellungen darüber, welche Unterschiede schon von Insel zu Insel eine Rolle spielen, während die Lebensweise der meisten Menschen mittlerweile tatsächlich sehr ähnlich ist. Dann ist die Rede über „Sitten und Bräuche" zum gegenstandslosen, aber dennoch eine Grenze definierenden und damit sozial bedeutsamen Kriterium geworden. Soziale Einheiten sind keine zeitlosen, unveränderlichen und mit einem festen Bestand an Eigenschaften ausgestatteten Wesenheiten oder „Organismen". Eine historische Perspektive ist demnach bei der Analyse interethnischer Beziehungen notwendig.

7) Auch wenn kulturelle und *ethnische Grenzen* in vielen Fällen zusammenfallen gilt, was unter dem Abschnitt über „Kultur" noch ausführlicher diskutiert wird: Bevölkerungen mit gemeinsamer Kultur teilen nie alle ihre Bereiche hundertprozentig, und es gibt innerhalb von Gemeinschaften Interessenkonflikte und -gegensätze. Auch muss eine gemeinsame Kultur nicht das wesentliche Kriterium der ethnischen Zugehörigkeit sein. Es gibt Beispiele, in denen Untergruppen einer Ethnie unterschiedliche Lebensweisen, Werte und Normen haben. So können die Kulturen der Männer und Frauen, von Arbeitern und Akademikern, von jungen und alten Menschen unterschiedlich sein. Ethnische und kulturelle Grenzen können aber auch zusammen fallen, was dazu führt, dass man analytisch „Kultur" als Erklärung für die Einheit solcher Gemeinschaften und ihre Außengrenzen verwendet hat – allerdings nicht in allen Fällen zu Recht. Es gibt nur eine statistische Beziehung zwischen Kultur und Ethnos, das heißt, Kultur kann nicht als alleinige Erklärung für die Existenz ethnischer Grenzen herangezogen werden.
Entsprechend den noch genauer zu diskutierenden Merkmalen von *Kulturen* sind auch die Grenzen solcher als *Ethnien* bezeichneter Gemeinschaften nicht statisch, sondern veränderlich. Sie sind also nicht immer eindeutig zu ziehen. Daneben gibt es interethnische soziale Kategorien wie Altersgruppen, Lokal-, Sprach-, Berufs- oder Abstammungsgruppen. Diese können ethnische Grenzen überschreitend bestehen. Die Zugehörigkeit zu einer Ethnie und beispielsweise einem Klan, den es auch in einer benachbarten Ethnie gibt, schafft so genannte *cross cutting ties*. Ein Einzelner hat dadurch die Möglichkeit, gegenüber einem Angehörigen der anderen Ethnie und des selben Klans entweder Gemeinsamkeiten (Klan-Zugehörigkeit) oder Unterschiede (ethnische Herkunft) zu betonen. Ein Klan ist eine Abstammungsgruppe, die ihren gemeinsamen Ursprung auf einen (fiktiven) gemeinsamen Vorfahren zurückführt. Interethnische Klan-Identitäten finden sich z. B. bei kuschitisch-sprachigen Hirtenvölkern Kenias (Schlee 1985). Dies verdeutlicht, dass bei der Abgrenzung gegenüber anderen Ethnien bzw. bei der Überschreitung dieser Grenzen sowohl soziale Strukturen als auch Wahlmöglichkeiten von Bedeutung sind. Akteure treffen in konkreten Situationen in einem vorgegebenen Rahmen jeweils Entscheidungen, die zur Flexibilität bei gleichzeitigem Fortbestehen des Systems beitragen.

Die soziale Kategorie der ethnischen Gruppe kann manipuliert, betont oder aktiviert werden, wenn das den Mitgliedern Vorteile verschafft. Der Begriff der *Ethnizität* wird häufig sowohl für die Existenz von Ethnien als auch für das Vorhandensein eines ethnischen Bewusstseins verwendet. Andere Autoren verstehen unter *Ethnizität* die Betonung ethnischer Grenzen oder organisierte politische Bewegungen, die sich auf eine gemeinsame ethnische Herkunft berufen. Wieder andere verstehen unter Ethnizität den „Prozess der ethnischen Abgrenzung in Form der Selbst- und Fremdzuschreibung" (Orywal und Hackstein 1993: 599). Das heißt, bei der Beschäftigung mit dem Thema Ethnizität ist es wichtig, zunächst festzustellen, welche Definition von Ethnizität Autoren verwenden.

Ethnien sind also zu verstehen als Gemeinschaften von Menschen, die aufgrund einer gemeinsamen Sprache und/oder anderer erlernter, tradierter Muster von Verhalten und Mustern für Verhalten Kommunikations- und Kooperationsgemeinschaften bilden. Diese Gemeinschaften sind in der Regel endogam. Sie berufen sich auf eine gemeinsame Geschichte, die häufig auch den Anspruch auf ein Territorium begründet. Und sie betonen bestimmte Bereiche ihrer Lebensweise, in denen sie sich von anderen unterscheiden. Ihre Grenzen sind jedoch in vielen Fällen offen und flexibel: Sowohl der Inhalt der Vorstellungen von der „Wir"-Gruppe als auch ihre Abgrenzung nach außen werden in Beziehung zu anderen Ethnien und im Lauf der Zeit immer wieder neu interpretiert und verändert.

In *interethnischen Systemen* bestehen Kategorien für die jeweils anderen Menschen, die jedem Mitglied notwendige Kenntnisse und Verhaltensroutinen zur Verfügung stellen. Diese sagen dem Akteur, wie er sich gegenüber einem bestimmten Interaktionspartner zu verhalten hat und was er von seinem Gegenüber erwarten kann: Wird er ihn unterstützen? Wird er versuchen, ihn beim Handel übers Ohr zu hauen? Solche Vereinfachungen sind pragmatisch – nicht in jeder Situation ist ein zeitaufwendiger Entscheidungsprozess möglich, sinnvoll oder notwendig. Das heißt jedoch keineswegs, dass alle Mitglieder einer Gesellschaft zwangsläufig danach handeln. Menschen sind keine Marionetten und aus dem abweichenden Verhalten einzelner können neue Verhaltensroutinen für die ganze Ethnie entstehen. Die Feststellung eines Ethnos kann sich also immer nur auf einen ganz bestimmten Zeitpunkt beziehen. Ethnologen behandelten diese Einheiten jedoch aus methodischen Gründen häufig so, als ob sie feste und unveränderliche Grenzen hätten.

1.2 Situationalisten *versus* Primordialisten

Diesen letzten Punkt haben manche Kritiker übersehen und Ethnologen vorgeworfen, dass sie alle Menschen der Welt in einen Baukasten säuberlich abgegrenzter Einheiten aufteilen würden. Bei dieser Kritik wurde meist die Frage ausgespart, aus welchen methodischen und analytischen Gründen man Kategorien und Begriffe bestimmt und Einheiten festlegen muss.

Wer sich in der ethnologischen Literatur zu Ethnizität zurechtfinden will, muss die Positionen kennen, die von *Essentialisten* oder *Primordialisten* einerseits, und *Situationalisten* oder *Konstruktivisten* andererseits vertreten werden. Situationalisten betonen, dass ethnische Grenzen veränderlich sind, dass sie situationsabhängig durch Interaktionen immer wieder neu festgelegt werden und nicht unbedingt in tatsächlichen Unterschieden zwischen den Ethnien begründet sein müssen. Die entgegen gesetzte Position geht zunächst von *primordialen* (ursprünglichen, bereits vorhandenen) Unterschieden und Eigenschaften aus und betrachtet dann in zweiter Linie Beziehungen zu anderen Ethnien und interethnische Prozesse der Abgrenzung. Vertreter dieser Richtung werden *Primordialisten* oder *Essentialisten* genannt. *Essentialisten* deshalb, weil sie die Ethnie an einen gemeinsamen essentiellen Kern an Merkmalen wie Sprache, Kultur oder Abstammung gebunden sehen. Es sind zwei verschiedene Blickwinkel, aus denen dasselbe Phänomen betrachtet wird. Wie so häufig bei extremen Positionen ergänzen sie sich und können als komplementäre Ansätze aufgefasst werden.

Angestoßen wurde die Diskussion um „Inhalt" versus „Grenzen" ethnischer Kategorien durch die Publikation eines zentralen Vertreters des situationalistischen Ansatzes, durch Fredrik Barths Sammelband *Ethnic Groups and Boundaries* ([Hg.] 1970). In der Einleitung schlug Barth vor, den bisherigen Blickwinkel der Ethnologie auf ihren Gegenstand zu verändern. Statt von isolierten ethnischen Einheiten auszugehen, solle das Augenmerk auf Interaktionen zwischen Ethnien und auf ihre Grenzen gelenkt werden. Hier ist anzumerken, dass dies auch in manchen früheren Untersuchungen schon geschah (z. B.: Leach 1954, Spencer 1965), Barth allerdings hat diese Forderung sehr eindeutig formuliert. Nicht „kulturelle Inhalte" sollten nach Barth im Mittelpunkt stehen, sondern wechselseitige Prozesse der Abgrenzung.

Ethnische Kategorien bestehen nicht nur trotz, sondern sogar aufgrund von sozialen Beziehungen über Grenzen hinweg. Barth schrieb, „ethnische Unterscheidungen hängen nicht von der Abwesenheit sozialer Interaktion und sozialer Akzeptanz ab, sondern sind ganz im Gegenteil gerade die Grundlage, auf der umfassende soziale Systeme aufgebaut werden." (Barth 1970: 10, Übers. d. Autorin). Interethnische Beziehungen basieren auf der situativen Selbstzuordnung und Zuordnung durch den jeweiligen Interaktionspartner. Diese Zuordnungen sind für Prozesse der Grenzziehung und Aufrechterhaltung von Grenzen zentral. Barth schrieb, eine kategoriale Zuordnung sei dann eine ethnische Zuordnung, wenn sie sich auf die Basis-Identität (*basic, most general identity*) der kategorisierten Person beziehe, die wiederum vom Ursprung (*origin*) und Hintergrund (*background*) der Person abhänge. Mitglieder ethnischer Gruppen nutzen ethnische Identitäten zur Kategorisierung ihrer selbst und anderer Menschen zum Zweck der Interaktion. In diesem organisatorischen Sinne bildeten sie, laut Barth, ethnische Gruppen (ebd.: 13).

Die Begriffe *Identität*, *Ursprung* und *Hintergrund* bleiben allerdings bei Barth wie auch in der sich auf seine Schriften beziehenden Literatur recht unklar. Ein weiterer Kritikpunkt ist, dass *origin* und *background* wieder Kriterien der Abstammung, Verhaltensähnlichkeit, gemeinsamer Sprache oder Territorialität ins Spiel bringen, die nach Barth überbetont wurden. Aber diese seien, so sein Argument, von sekundärer Bedeutung: Erst wenn sie in Interaktionen zugeschrieben werden, erschaffen sie Grenzen.

Barths Denkanstoß hat sich als für die Ethnologie sehr fruchtbar erwiesen. Er hat u. a. den Weg für empirische Untersuchungen interethnischer Beziehungen und Systeme gebahnt. Allerdings sind daraus auch übertriebene Standpunkte hervorgegangen, die ethnische Zugehörigkeit (und *Identität*) als momentanes Konstrukt beliebigen Inhalts ansehen. Ihren Gegnern warfen Situationalisten *Kulturalismus*, *Essentialismus*, und *Primordialismus* vor – bis hin zu extremen Positionen, die den Standpunkt der Primordialisten als Form des „wissenschaftlichen Rassismus“ verurteilten. Inzwischen sind die Ausschläge des Pendels jedoch gemäßigter geworden: Kaum ein Ethnologe vernachlässigt mehr den situationalen Charakter sowie die Flexibilität und Konstruiertheit ethnischer Grenzen. Der Vorwurf des Essentialismus spielt nicht nur bei der Diskussion um das Konzept der „Ethnie“ eine Rolle, sondern auch bei der Frage, was „Kulturen“ sind. Um Essentialismus-Kritik wird es also auch im nächsten Abschnitt noch einmal gehen.

Ethnische Grenzen sind in vieler Hinsicht konstruiert und genannte Unterscheidungsmerkmale müssen nicht mit der Wirklichkeit übereinstimmen. Die genannten Merkmale und der Bestand der geteilten Überzeugungen entstammen jedoch immer wieder einem bestimmten lokalen Kanon von Vorstellungen. Diese sind keineswegs beliebig und können nicht jederzeit verändert oder neu „erfunden“ werden. Ein *moderater Konstruktivismus*, wie Schlee ihn etwa vertritt, berücksichtigt die Einschränkung: „Dass soziale Kategorien und ‚Wir‘-Gruppen Konstrukte sind, bedeutet also nicht, dass sie jederzeit und durch jeden verändert werden können. Sie erwerben eine oft unerschütterliche Wirklichkeit und sind gerade so real und gegeben, als wären sie so altehrwürdig oder natürlich wie ihre Protagonisten es für sie reklamieren.“ (Schlee 2000: 79).

Die Natürlichkeit, Primordialität oder Essenz liegt also nicht nur im Blickwinkel des Ethnologen, sondern ist auch in der Auffassung der Akteure sowie in allgemein menschlichen Grundlagen sozialer Beziehungen begründet. Zu diesem universalen Bestand gehören beispielsweise verwandtschaftliche Zuordnungen (durch Heirat und Abstammung), Sprache, wirtschaftliche Interessen und Konkurrenz um Ressourcen. Dieser Bestand ist teilweise biologisch bedingt (gesicherte Versorgung und Zuordnung der Nachkommen, Nahrungserwerb) und somit zum Fortbestand menschlicher Gruppen notwendig.

Es muss betont werden: Kulturen und Ethnien sind nicht deckungsgleich – auch wenn *kulturell* und *ethnisch* oft synonym verwendet werden. Kultur kann sich auf eine Nationalkultur, auf Jugendkultur, oder auf eine globalisierte Weltkultur beziehen. Die Mitglieder eines Kaninchenzüchtervereins können eine gemeinsame Vereinskultur und ein starkes „Wir"-Gefühl entwickeln. Dennoch würden Ethnologen sie nicht als *Ethnie* bezeichnen. Worin unterscheiden sich also die Konzepte *Ethnie* und *Kultur*?

2. Kultur

Entlehnt wurde *Kultur* aus dem Lateinischen *cultura*, abgeleitet von dem Verb *colere*, „pflegen", „bebauen". Gemeint waren zunächst Ackerbau und Viehzucht. Danach wurde diese Vorstellung auf *cultura animi* übertragen, im Sinne einer philosophischen Bildung und einer Erziehung zum geselligen Leben und zur Kenntnis der Künste.

Kultur ist nach wie vor einerseits der wichtigste *Gegenstand*, anderseits ein *Erklärungsversuch* menschlichen Verhaltens in der Ethnologie – so umstritten der Begriff auch sein mag. Schon die Frage, ob *Kultur* Gegenstand der Ethnologie, Erklärungsansatz oder beides ist, bzw. sein kann oder sollte, wird von Ethnologen unterschiedlich beantwortet. Untersuchen Ethnologen verschiedene Kulturen? Oder dient ihnen Kultur in erster Linie als Erklärung für die Unterschiede zwischen Menschen? Auffassungen von Kultur sind demnach für die Bestimmung von Gegenstand, Zielen und Methoden des Faches entscheidend.

2.1 Was ist/sind Kultur(en)?

Ein Problem bei der Beschäftigung mit dem Kulturbegriff besteht darin, dass es einen alltäglichen Gebrauch des Wortes gibt, der formal von der heutigen Verwendung in der Ethnologie nicht immer zu unterscheiden ist.

1) *Kultur* im Sinne von *Kultur*-behörde und *Kultus*-ministerium oder im Sinne des Feuilletons als Musik, Theater, Literatur, Architektur und bildende Kunst. Die Auffassung von *Kultur als Kunst* führte noch im 19. Jahrhundert zu der Aussage, bestimmte Völker oder soziale Gruppen innerhalb der eigenen Gesellschaft hätten „mehr Kultur oder weniger Kultur".
2) Alltägliche oder *nicht-wissenschaftliche Auffassungen* von Kultur, die etwa durch die Medien vermittelt werden und zunehmend auch in vielen der von Ethnologen untersuchten Gesellschaften verbreitet sind, verstehen unter *Kultur* eher eine Anzahl klar unterscheidender, beständiger und relativ stati-

scher Merkmale von Menschen gemeinsamer Abstammung. In Diskussionen über eine multikulturelle Gesellschaft oder auch in manchen Stellungnahmen fremdenfeindlicher europäischer Gruppierungen wird ein solcher Kulturbegriff zunehmend missbraucht, indem Kultur als unveränderliches Merkmal von Menschen dargestellt wird. Darauf aufbauend wird argumentiert, Migranten sollten oder könnten nicht integriert oder assimiliert werden. Da Wissenschaft nicht von der sie umgebenden Gesellschaft unabhängig ist und Wechselwirkungen zwischen Alltagsverständnis und dem ethnologischen Kulturbegriff bestehen, soll diese Beziehung in Abschnitt 2.5 genauer untersucht werden.

3) *Kultur* wird als Plural häufig auch im Sinne von *Gemeinschaften* (z. B. den im vorigen Abschnitt dargestellten Ethnien*) mit gemeinsamen Merkmalen*, wie Sitten, Bräuchen, Werten, Normen, Sprache etc. verwendet.

4) *Kultur* ist aber auch ein *wissenschaftliches Konzept*, das auf (selbst)kritischen Auseinandersetzungen in der Ethnologie als wissenschaftlicher Disziplin aufbaut und sich von den vorher genannten Verwendungen mehr oder weniger deutlich abhebt.

2.2 Begriffsgeschichte

Erste Verwendungen von „Kultur", die über die Bedeutung von „Anbau" oder „Kultivierung" hinausgingen, fanden sich bereits im ersten Jahrhundert v. Chr. bei Marcus Tullius Cicero (1970: 124). In einem der tusculanischen Gespräche vergleicht er die Feldbestellung mit der philosophischen Erziehung, der *cultura animi.*[1] Damit legte er einen der Grundsteine für unser heutiges Verständnis von Kultur. In der Wissenschaft wurde das Wort „Kultur" im heutigen Sinne Ende des 18. Jahrhunderts zuerst in Deutschland verwendet. Meist benutzte man es zu dieser Zeit, wie auch noch im 19. Jahrhundert, synonym mit *Zivilisation*, dem damals in England und Frankreich üblicheren Wort.

Alfred Kroeber und Clyde Kluckhohn weisen in ihrem nützlichen Überblick *Culture. A Critical Review of Concepts and Definitions* nach, dass Sir Edward Burnett Tylor (1832–1917), der 1871 als erster den Begriff *Kultur* definierte, sich auf Gustav E. Klemm bezog. Schon Klemm verstand unter *Culturgeschichte* die *allseitige* Entwicklung der Menschheit (1963: 8). Später als in Deutschland bürgerte sich *Kultur* (*culture*) dann im englischen und französischen Sprachgebrauch ein. Die ersten Definitionen von und Erläuterungen zum Kulturbegriff kamen aus der Ethnologie und wurden von anderen Wissenschaften übernommen. Es gibt verschiedene Definitions-*Typen*, die Kroeber und Kluckhohn wie im Folgenden dargestellt zusammenfassen.

Unter den *aufzählenden* und *beschreibenden Definitionen* ist Tylors eine der bekanntesten. Er schrieb, Kultur sei „that complex whole which includes knowledge, belief, art morals, law, custom, and any other capabilites and habits acquired by man as a member of society." (Tylor 1958 [1871]: 1). Zu kritisieren ist an dieser Gruppe von Definitionen, dass sie insofern nicht dem Prinzip der Definition entsprechen, als sie nicht das Wesentliche abstrahieren. Eine solche Aufzählung kann nie vollständig sein und hat deshalb auch nur beschränkten Nutzen. Der letzte Teil von Tylors Definition führt jedoch über eine Aufzählung hinausgehende Merkmale an: Kultur umfasse Fähigkeiten und Gewohnheiten, die der Mensch als Mitglied der Gesellschaft erworben habe. Sie ist demnach nicht angeboren, sondern erlernt und überindividuell.

Die *historischen Definitionen*, zu denen auch Tylors' gehört, stellen den Aspekt der Tradierung in den Mittelpunkt. Kultur wird als soziales Erbe aufgefasst. Die – wenn auch nicht völlig unveränderte – Weitergabe einer Lebensweise von Generation zu Generation unterscheidet demnach Kultur von kurzlebigen Moden. Kultur existiert schon vor der Geburt des Individuums. Das bedeutet, dass jeder Einzelne Kultur erlernen muss. Diesen Aspekt haben später vor allem Psychologen aufgegriffen. Biologisch bedingtes Verhalten, das zum Beispiel auf Instinkte oder Reflexe zurückzuführen ist, gehört demnach nicht zum Bereich des Kulturellen.

Zu den *historischen Definitionen* gehören auch solche, die zwischen „Kultur" und „eine Kultur" unterscheiden. Beide Bedeutungen werden meist nebeneinander gebraucht: Zum einen wurde Kultur als universales, tradiertes Organisationsprinzip aller menschlichen Gesellschaften aufgefasst. Zum anderen wurde und wird sie ihrem sich unterscheidenden *Inhalt* nach als Charakteristikum bestimmter Gesellschaften verstanden und dann abgrenzend für einzelne Ethnien, Regionen, Nationen oder historische Perioden verwendet. In diesem Spannungsfeld zwischen Einheit und Vielfalt bewegt sich die Ethnologie: Ethnologische Theorien beziehen sich letztlich auf die Frage, wie sich sowohl Unterschiede als auch Gemeinsamkeiten menschlicher Lebensweisen erklären lassen.

Strukturelle Definitionen stellen Verbindungen zwischen verschiedenen Aspekten von Kultur in den Mittelpunkt. Kultur wird als *System*, *organisatorisches Prinzip* oder *Konfiguration* beschrieben. Diese Definitionen betonen, dass Kultur eine Abstraktion, ein konzeptuelles Modell sei, das beobachtbares Verhalten interpretiere, aber nicht damit gleichzusetzen sei. Unter *genetischen Definitionen* sind solche zusammengefasst, die sich mit Erklärungen für das Entstehen von Kultur befassen. Einige Autoren betonten als wichtigste Voraussetzung den Zusammenschluss von Menschen, andere die Existenz von Ideen und wieder andere die menschliche Fähigkeit zur Nutzung von Symbolen.

Die Diskussion um Beziehungen zwischen *Sprache* und *Kultur* wurde zwischen Linguisten und Ethnologen geführt. Sie stritten darüber, ob Sprache in die Kultur ein- bzw. als separater Bereich ausgeschlossen werden sollte. Deutlich wurde dabei, dass Sprache einer der am stärksten automatisierten und unbewussten Anteile der Kultur ist (verdeckte oder implizite Kultur). Das ist für jeden Laien nachvollziehbar, der versucht hat, einem Fremden die Grammatik der eigenen Muttersprache zu erläutern.

Auch die Beziehung zwischen sozialen und kulturellen Phänomenen, zwischen *Gesellschaft* und *Kultur* wurde in der Ethnologie und Soziologie kontrovers diskutiert. Plausibel ist die Schlussfolgerung, dass Kultur und Gesellschaft Abstraktionen von menschlichem Verhalten auf derselben Ebene seien, nur mit unterschiedlichen Schwerpunkten: Gesellschaft betone die sozialen Beziehungen innerhalb von Gruppen, während das Kulturkonzept die erlernten Muster von und für Verhalten in den Mittelpunkt stelle.

2.3 Materialistische und mentalistische Kulturtheorien

Die Entwicklung unterschiedlicher Schwerpunkte in der Auseinandersetzung um den Kulturbegriff und die unterschiedlichen Kulturkonzepte seit den 1950er bis hin zu den 70er Jahren zeichnet Roger Keesing (1974) in einer Übersicht nach. Auffassungen, die *Kultur* als *adaptives System*, als sich an die jeweilige Umwelt anpassend verstehen, wurden in Anlehnung an (neo-)evolutionistische Theorien entwickelt. Trotz großer Unterschiede innerhalb dieser Richtungen (Neo-Evolutionismus, Kulturmaterialismus, Kulturökologie) fasste Keesing deren Vertreter zusammen. Gemeinsam sei ihnen, dass sie eher beobachtbare Verhaltensweisen betonten, die aus dem Zusammenspiel menschlicher Gemeinschaften mit ihrer natürlichen Umwelt entstünden. Kulturwandel sei danach in erster Linie ein Prozess der Anpassung, der letztlich auf ein Gleichgewicht zwischen kulturellem System und dem jeweiligen Lebensraum abziele. So hat Julian Steward (1955) etwa das häufige Vorkommen patrilinearer, patrilokaler *bands* bei Jägern und Sammlerinnen in Gebieten mit niedriger Bevölkerungsdichte als Anpassung der Jagdtechniken an Wildvorkommen gedeutet, dabei allerdings zahlreiche Gegenbeispiele außer Acht gelassen. Technologie, Subsistenz und Elemente der Sozialorganisation seien die adaptiv zentralen Bereiche der Kultur. Von hier gingen Veränderungen aus, die sich auf andere Teilbereiche auswirkten. Unter Subsistenz wird in der Ethnologie der Erwerb des materiellen Lebensunterhalts in Auseinandersetzung mit den vorhandenen natürlichen Ressourcen verstanden. Steward schrieb, dass auch ideationale (die Ideen- und Vorstellungswelten betreffende) Komponenten adaptive Konsequenzen haben können. Später wurden diese Ansätze vor allem aufgrund von empirischen Beispielen für unterschiedliche kulturelle Formen in ähnlicher Umwelt kritisiert (Barth 1970). Moderne kulturökologische Ansätze sind sehr viel ausgefeilter (siehe den Beitrag von Michael Casimir in diesem Band).

Ideationale oder auch *mentalistische Kulturkonzepte* unterscheidet Keesing in solche, die Symbolen (Objekte, Handlungen oder sprachliche Äußerungen, die jeweils für etwas anderes stehen) einen zentralen Stellenwert einräumen (Louis Dumont, Clifford Geertz, David Schneider), andere, die universale Strukturen von Symbolsystemen (Lévi-Strauss) betonen und solche, die das *kulturelle Wissen* ins Zentrum stellen (Ward H. Goodenough).

Clifford Geertz ist wahrscheinlich einer der am meisten diskutierten Vertreter eines *symbolischen* Ansatzes. Für ihn setzt Kultur sich aus *Bedeutungsgeweben* zusammen, die wiederum aus Systemen geordneter Symbole bestehen. Diese geben dem Leben Ordnung und Sinn, steuern Verhalten und helfen dem Menschen Erfahrungen zu interpretieren. Aufgabe des Ethnologen sei es, diese Symbolsysteme zu interpretieren, sie in Geertz' Terminologie „wie Texte zu lesen". Geertz hat es abgelehnt, die in der Forschungspraxis bewährte analytische Unterscheidung von psychisch, kulturell und biologisch bedingtem Verhalten zu übernehmen, da diese Unterscheidungen „künstlich" seien. Um jedoch vergleichen und erklären zu können, sind abstrakte wissenschaftliche Modelle nötig, welche die Vielfalt der in der Wirklichkeit beobachtbaren Erscheinungen zwangsläufig reduzieren. Sein Kulturbegriff hat auch die Beziehung zu sozialen, wirtschaftlichen und politischen Bedingungen menschlicher Lebensweisen verloren (zu den hier genannten Aspekten siehe die Aufsätze in: Geertz [Hg.] 1973).

Vertreter *kognitiver Ansätze* stellen die Frage, was ein Mensch wissen muss, um angemessen im Rahmen einer bestimmten Kultur zu handeln. Solche gemeinsamen Wissensbestände sind als mentale Repräsentationen im Gehirn des einzelnen Menschen gespeichert (siehe dazu den Beitrag von Jürg Wassmann in diesem Band). Jeweils in wesentlichen Aspekten ähnliche mentale Repräsentationen sind zu Kategorien zusammengefasst, die häufig als Domänen bezeichnet werden. Modelle oder Schemata sind Strukturen, die Beziehungen zwischen Wissen, Empfindungen und motorischen Fähigkeiten herstellen und Individuen in die Lage versetzen, sich „anständig", das heißt der Kultur angemessen, zu benehmen. Solche Routinen vereinfachen das Alltagsleben und automatisieren Prozesse: Man muss beispielsweise nicht jedes Mal erneut darüber nachdenken, wie man morgens den Tee zubereitet. Das bedeutet jedoch nicht, dass jeder Angehörige einer Kultur für immer festgelegt ist – sollte man den Tee nicht mögen, oder etwas Stärkeres zum Aufwachen benötigen, kann man sich auch Kaffee kochen. Verschiedene Möglichkeiten stehen hier zur Auswahl. Beim Autofahren sieht das anders aus: Automatisierte, nicht mehr bewusste Prozesse des Kuppelns und Schaltens müssen ablaufen, da es sonst zu Getriebeschäden kommt. Sind Verhaltensroutinen etwa unter veränderten Umweltbedingungen nicht mehr nützlich, werden sie zu Gunsten von Alternativen aufgegeben.

An den genannten frühen ideationalen Ansätzen wurde in erster Linie kritisiert, dass sie versuchten, Kultur getrennt von biologischen Grundlagen menschlicher Handlungen und der natürlichen Umwelt zu analysieren, die aber für menschliche Lebensweisen ebenfalls entscheidend sind. In der Nachfolge von Franz Boas, vor allem aber Clifford Geertz und seinen Schülern bestand in der US-amerikanischen *Cultural Anthropology* die Tendenz, Kultur als Bedeutungsgewebe zu betrachten, das aus sich selbst heraus verstehbar sei. So wurden Mythen, Rituale oder gesellschaftliche Ereignisse in ihren einzelnen Elementen interpretiert, häufig ohne dass deutlich wurde, in welchem Bezug sie zu weiteren politischen und materiellen Bedingungen einer Gesellschaft stehen. Gegner dieser interpretativen Richtungen waren beispielsweise Schüler von Leslie White, die kulturökologische oder neoevolutionistische Ansätze vertraten. Die englische *Social Anthropology* hat dagegen stärker die Verbindung von Kultur und Gesellschaft betont (Kuper 1999). Bronislaw Malinowski hielt die Befriedigung menschlicher Grundbedürfnisse für eine wesentliche Funktion von Kultur (Malinowski 1964 [zuerst 1944]). In seiner Nachfolge wurde danach gefragt, wie gesellschaftliche Institutionen die Bedürfnisbefriedigung gewährleisten. Die britischen strukturfunktionalistischen Ansätze in der Tradition Radcliffe-Browns wurden vor allem dafür kritisiert, dass Kultur als integriertes, klar abgegrenztes, funktionales Ganzes erscheint. Wandel, Widersprüchlichkeit, Uneinheitlichkeit (Heterogenität) wurden vernachlässigt.

Kulturwandel lässt sich befriedigend erst dann erklären, wenn Verhalten und Ideen berücksichtigt werden, also durch eine Kombination mentalistischer und *materialistischer Ansätze.* Beschreibungen von Symbolsystemen und Wissensbeständen erwecken häufig den Anschein statisch zu sein. Die Betonung von handelnden Menschen und ihren Entscheidungen in Reaktion auf die materielle Umwelt berücksichtigt dagegen stärker die Flexibilität von Kultur. Tradierte Ideen und aktuelles beobachtbares Verhalten stehen in einer Wechselbeziehung. Marvin Harris schreibt, auf kurze Sicht würden Ideen das Verhalten leiten – aber langfristig leite, verändere und forme menschliches Verhalten die Ideenwelt. Entsprechend dem von ihm vertretenen *Kulturmaterialismus* fügt er hinzu, dass dieses langfristig bedeutsame Verhalten in materiellen Bedingungen der menschlichen Existenz wurzelt (Harris 1999: 27f.).

Die dargestellten idealistischen und materialistischen Traditionen sind verschiedene sich häufig ergänzende Blickwinkel auf dieselben Phänomene. Tatsächlich arbeiten viele Ethnologen heute – wenn auch nicht immer explizit – mit einer Kombination aus den genannten Ansätzen, in der sowohl beobachtbares Verhalten als auch Symbolsysteme und Wissen berücksichtigt werden, je nach untersuchten kulturellen Teilbereichen mit unterschiedlichen Schwerpunkten.

Die von Kroeber und Kluckhohn (o. J.: 357) aus der kritischen Durchsicht der damaligen Konzepte abgeleitete Definition von *Kultur* gibt den Stand der fünfziger Jahre wieder. Sie ist weniger spezialisiert als heutige Definitionen, erscheint jedoch nach wie vor brauchbar und kann hier zunächst als Arbeitsdefinition vorgeschlagen werden. Danach besteht *Kultur aus expliziten und impliziten Mustern von und für Verhalten. Erworben und weitergegeben wird sie durch Symbole (einschließlich ihrer Verkörperung in Artefakten), welche eine besondere menschliche Leistung darstellen. Der Kern der Kultur besteht aus traditionellen (historisch überlieferten und ausgewählten) Ideen und damit verbundenen Werten.* Auf die einzelnen Komponenten dieser Definition wird im Folgenden noch genauer eingegangen.

2.4 Merkmale von Kultur – ein kleinster gemeinsamer Nenner

Seit der ersten Kulturdefinition Tylors (s. o.) veränderte sich die Betonung der verschiedenen definierenden Merkmale. Letztlich steht hinter den meisten Definitionen jedoch ein Kern von gemeinsamen Grundannahmen. Diese werden im Folgenden in der Reihenfolge ihrer Häufigkeit in Kulturdefinitionen und entsprechend dem Grad der darüber bestehenden Einigkeit vorgestellt:

1) Kulturelles Verhalten ist *erlerntes Verhalten*. Angeborene Reflexe oder Verhalten, das ausschließlich auf biologischen Grundlagen beruht, wird nicht als „kulturell" bezeichnet. Ob Verhalten kulturell oder biologisch bedingt ist, kann nur empirisch geklärt werden. Ein Augenzwinkern kann beispielsweise eine unwillkürliche Reaktion auf blendendes Licht oder auf einen Fremdkörper im Auge sein. In einem anderen Kontext könnte das Zwinkern aber auch eine Botschaft an eine andere Person darstellen.
2) Kultur ist *überindividuell*, sie wird von mehreren Menschen geteilt. Das bedeutet: Stirbt ein Mensch, bleibt die Kultur weiterhin bestehen. Wird ein Kind geboren, wird es in eine bereits vorhandene Kultur enkulturiert, in eine bestehenden Gesellschaft sozialisiert. Enkulturation bedeutet das Erlernen kultureller Muster von und für Verhalten, Sozialisation die Anpassung an gesellschaftliche Rollen- und Verhaltenserwartungen. Häufig werden die Begriffe synonym verwendet. Persönliche, individuelle Vorlieben oder Abneigungen gehören nicht zum Bereich des Kulturellen. Es macht also einen Unterschied, ob mir persönlich Schweinefleisch nicht schmeckt oder ob in einer Kultur bestimmte Regeln, Werte und Normen den Verzehr von Schweinefleisch verbieten. Kultur kann jedoch subtiler sein und muss nicht expliziten Regeln folgen. So ist in Deutschland etwa der Genuss von Pferdefleisch nicht verboten, aber viele Menschen empfinden Ekel davor. Individuen können im Lauf ihres Lebens die Muster von und für Verhalten verschiedener Kulturen erlernen und situativ wählen, auf welche sie zu-

rückgreifen, oder diese Muster abwandeln und dadurch zum Kulturwandel beitragen. Letztlich sind es Individuen mit ihren spezifischen lebensgeschichtlich geformten Verhaltensmustern und Denkweisen, die Ethnologen empirisch untersuchen.

3) Jede Kultur ist *historisch* entstanden und verändert sich ständig. Die meisten Definitionen gehen darauf ein, dass Kultur „organisch gewachsen", „im Prozess befindlich", „anpassungsfähig", im Wandel, nicht statisch, innovativ oder sich ständig modifizierend ist.

4) Kultur besteht aus einer Anzahl von Merkmalen, aus Kenntnissen, emotionalen und Verhaltensroutinen oder Gewohnheiten, die sich empirisch erfassen lassen. Die Gesamtheit dieser empirisch erfassten Merkmale ergibt ein strukturiertes *Ganzes*, in dem die verschiedenen Teile in Beziehung zueinander stehen. Diese Gesamtheit wird in den jeweiligen theoretischen Richtungen unterschiedlich bezeichnet: als *Ordnung*, *Struktur*, *Muster* (*pattern*), *System* (siehe dazu den Beitrag von Hartmut Lang in diesem Band) oder *Bedeutungsgewebe*.

5) Die Grenzen dieser mit *Kultur* bezeichneten Gesamtheit von Merkmalen sind nicht eindeutig zu ziehen. *Kultur* ist ein Begriff, dessen *Ränder unscharf* sind. Es gibt Überschneidungen von Merkmalen und Eigenschaften mit jeweils anderen solchen Einheiten. Kulturen sind nicht isoliert, sondern mit anderen durch gegenseitige Beeinflussung, Beziehungen, Übernahme von Merkmalen und Überschneidungen vernetzt. Die Grenzen können sich ständig verändern und sind nicht *natürlich*, sondern nur mehr oder weniger überzeugend (Brumann 1999: 6).

6) *Kultur* ist nicht völlig homogen (einheitlich). Es gibt individuelle Abweichungen und auch innerhalb einer Kultur Subkulturen, die sich voneinander unterscheiden. Man kann etwa von chinesischer Kultur sprechen, gleichzeitig aber auch chinesische Jugendkultur oder städtische und ländliche kulturelle Formen unterscheiden. Die Frage, ob durch die Globalisierung auch eine weltweite Kultur entsteht, die sich etwa durch eine normierte Schulbildung und ein einheitliches Konsumverhalten auszeichnet, wird in der Ethnologie diskutiert.

7) Kultur ist eine *Abstraktion*. Diese Auffassung impliziert, dass *Kultur* keine ewige und wahre Bedeutung hat, die Ethnologen nur entdecken müssten. Stattdessen ist *Kultur* das, was Ethnologen darunter verstehen, und sie müssen, wie bei anderen Begriffen auch, eine Übereinkunft finden, auf welche Klasse natürlicher Phänomene dieser zutrifft.

Die Fähigkeit, Kultur zu entwickeln, wird als Merkmal des Menschen verstanden. Geht man von einem Kulturverständnis aus, das Verhalten in den Mittelpunkt stellt, dann kann aus der Beobachtung des Verhaltens von Tieren geschlossen werden, dass auch sie rudimentäre kulturelle Traditionen besitzen. Als wesentlicher Unterschied zwischen Mensch und Tier wurde häufig die fehlende Verwendung von Symbolen und das Fehlen von Werkzeugen beschrieben. Schimpansen nutzen jedoch Blätter und Zweige, mit denen sie Ameisen oder Termiten fischen (*anting* und *termiting*). Diese Techniken beruhen auf Lernen und sind nicht in der ganzen Spezies verbreitet, sondern nur in einigen Lokalgruppen. Es stellt sich also wieder die Frage, ob Tiere Kultur haben (Harris 1999: 25). Ein solcher – an beobachtbarem Verhalten orientierter – Blickwinkel auf Kultur erlaubt Erkenntnisse über die vorsprachliche Evolution menschlicher Kultur(en).

Aus den scheinbar widersprüchlichen Feststellungen, dass Kultur eine Einheit ist, die uneinheitlich ist, dass sie meist nur zu einem bestimmten Zeitpunkt empirisch erfasst wird, sich aber ständig in Veränderung befindet, resultiert die von Schiffauer wie folgt charakterisierte Forschungsstrategie: Kultur „…muss einmal betrachtet werden, *als ob* sie ein vergleichsweise geschlossenes System von Standards und Regeln darstellte, und zum anderen, *als ob* sie ständig im Fluss wäre." (Schiffauer 1997: 149, Hervorhebung i. Orig.). Nur so kann die Komplexität des Phänomens ausreichend berücksichtigt werden und Kultur bleibt dennoch methodisch fassbar.

2.5 Bezüge zu Alltags- und politischen Konzepten: „Writing against Culture" oder „Writing for Culture"?

In politischen Auseinandersetzungen und öffentlichen Diskursen hat *Kultur* in den letzten zwanzig Jahren als Erklärung von Unterschieden immer stärker an Bedeutung gewonnen. Gemeinsamkeiten sonst verschiedener Kulturen werden dabei meist wenig berücksichtigt – es sind die Unterschiede, die Probleme bereiten und erklärungsbedürftig erscheinen. Allerdings wurde und wird *Kultur* in diesem Zusammenhang von nationalistisch ausgerichteten Interessengruppen missbraucht. Vor allem in Argumentationen, in denen es darum geht, Fremde aus der eigenen Gesellschaft auszuschließen, hat der Verweis auf kulturelle Unterschiede und unvereinbare Lebensweisen den immer stärker diskreditierten Rassebegriff ersetzt (Kahn 1990). In solchen, kulturelle Unterschiede betonenden, Stellungnahmen wird *Kultur*, anders als in der Ethnologie, als unveränderlich, homogen und klar abgegrenzt dargestellt.

Der Vorwurf, Kultur als abgegrenzten homogenen *Organismus* zu konzipieren, wurde – in vielen Fällen zu Unrecht (Brumann 1999) – auch Ethnologen gemacht. Immer wieder zitierte Vertreter dieses Angriffs auf das vermeintlich essentialistische Kulturverständnis sind Lila Abu-Lughod und Arjun Appadurai. Abu-Lughod (1991: 141) schrieb, das Kulturkonzept habe ähnlich wie frühe Rassekonzepte die Tendenz, Unterschiede „einzufrieren". Und

Appadurai (1996: 12) kritisiert sogar, dass Ethnologen von einer „physischen Substanz“ ausgingen. Kultur werde in „biologistischer“ Weise ähnlich dem Rassekonzept verwendet. Dass gerade das Kulturkonzept in der Abgrenzung zu Vorstellungen von Rassenunterschieden entwickelt wurde, dadurch seine Bedeutung erhielt und zur wissenschaftlichen Überwindung dieser Vorstellungen beigetragen hat, gerät hier in Vergessenheit.

Allerdings führte die überspitzte und teilweise überzogene Kritik tatsächlich zu mehr Vorsicht bei der Verwendung des Kulturbegriffs und zur Diskussion, was darunter verstanden wird – wenn auch nicht, wie von einigen Kritikern gefordert, zur Aufgabe des Konzepts. Die (angebliche) Bezugnahme des ethnologischen Kulturkonzeptes auf eine gemeinsame Substanz, eine Essenz oder unveränderliche, abgegrenzte, homogene Menge an Merkmalen wird als Essentialismus bezeichnet. Im ersten Abschnitt wurde die Essentialismus-Kritik bereits in Hinblick auf das Konzept der *Ethnie* dargestellt. Von hier ging die Forderung nach einer *De-Essentialisierung* auf das Konzept der Kultur über.

Die teilweise berechtigte Kritik sollte jedoch nicht zu einer Abkehr von der Verwendung des Kulturbegriffs führen, sondern zur Vermittlung des ethnologischen Kulturverständnisses an eine breitere Öffentlichkeit. Die bloße Aufgabe des Konzeptes in der Ethnologie würde an dessen allgemeiner Popularität kaum etwas ändern. Das heute übliche ethnologische Konzept von *Kultur* als prinzipiell offenem, dynamischen System mit Brüchen und Widersprüchen unterscheidet sich von gängigen und politisch genutzten Alltagskonzepten. Gerade darin liegt seine Stärke.

3. *Fazit und Ausblick*

Mit einem Kulturkonzept, das sowohl Wissensinhalte und deren Nutzung als auch Verhalten berücksichtigt, eröffnen sich verschiedene methodische Zugänge zum Gegenstand der Ethnologie: Sprache, Befragung, aber auch die direkte Beobachtung von Verhalten spielen eine wichtige Rolle. Ethnologen wenden während der Feldforschung auch deshalb verschiedene, sich ergänzende, Verfahren an. Eine Veränderung der Auffassung von Ethnos und Kultur hat unter anderem dazu geführt, dass früher übliche Vorannahmen aufgegeben wurden. So wird etwa niemand mehr erwarten, aus den Aussagen eines einzigen oder *Hauptinformanten* Informationen über alle Bereiche einer Kultur zu erhalten. Individuelle Unterschiede im Verhalten sozialer Akteure sind dagegen stärker als früher in den Mittelpunkt des Interesses gerückt. Für die Konzepte von *Kultur* und *Ethnie*, für soziale Inklusions- und Exklusionsvorgänge gilt, dass sie sich im Spannungsfeld der Beziehung zwischen Handlung, Akteur und Struktur bewegen. Die jeweilige Betonung von Struktur bzw. Akteur/Handlung schwankte in der Ethnologie. Als fruchtbar stellen sich auch Konzepte heraus, die Kultur als Summe individueller Kenntnisse, Entscheidungen sowie Handlungen und als Gesamtstruktur oder -system verstehen.

In der politischen Auseinandersetzung innerhalb der eigenen Gesellschaft – man denke an den im Zuge der Debatte um Einwanderung geprägten Begriff der „Leitkultur“ – ist es für Ethnologen wichtig, zentrale Konzepte des Faches auch an eine breitere Öffentlichkeit zu vermitteln. Das durch vielfache kritische Auseinandersetzungen „gereifte“ ethnologische Kulturkonzept kann dieser Diskussion durchaus einen anderen Blickwinkel hinzufügen. Wissenschaft wird von der Gesellschaft finanziert, und es ist eine Überlegung wert, in welchen Bereichen die Ethnologie einen Beitrag leisten kann. Neuere Forderungen, das ethnologische Kulturkonzept aufzugeben (Abu-Lughod 1991; Kahn 1990), konnten sich nicht durchsetzen. Selbst Kritiker verwenden den Begriff in ihren Texten und haben Probleme, ihn zu ersetzen. Es endgültig zu tun, würde einen Rückzug aus wichtigen aktuellen Diskussionen zur Folge haben.

Die Betonung der Beschreibung kultureller Unterschiede war einer der Gründe für ethnologische Versuche der Abkehr vom Kulturkonzept. Sie scheiterten unter anderem daran, dass schon „klassische“ Definitionen des Kulturbegriffs gerade auch Universalien sowie die menschliche Kultur in ihrer Gesamtheit berücksichtigten. So bewegt sich die heutige Ethnologie weiterhin in Bahnen, die den einen oder anderen der schon damals genannten Aspekte stärker betonen, ausführen und weiterentwickeln, jedoch nicht grundsätzlich davon abweichen.

Kultur ist nicht nur im alltäglichen Sprachgebrauch zu einer inflationär verwendeten Worthülse geworden. Viel spricht dafür, auch innerhalb der Wissenschaft mit „Kultur“, vor allem als Erklärungsansatz von Unterschieden, vorsichtiger zu sein als bisher. Deutlich wird, wie Adam Kuper (1999: xi) schreibt, dass Kultur in manchen Fällen Verhalten erklären kann, aber meist nur eine Teilerklärung bietet. Die Konzentration der Ethnologen auf den Kultur-Begriff hat *Kultur* nicht nur in manchen Fällen als abgegrenzt und zu statisch dargestellt, sondern in manchen *Schulen* der Ethnologie auch dazu geführt, dass Beziehungen zu materiellen und biologischen Grundlagen menschlichen Verhaltens ausgeblendet wurden. Wann und in welchem Ausmaß Verhalten dem Bereich der *Kultur* zuzurechnen ist, ist letztlich eine (häufig schwer zu klärende) empirische Frage. Diese zu beantworten und Verbindungen zu den anderen Bereichen menschlichen Daseins zu berücksichtigen, bleiben Ziele der Ethnologie.

4. Literatur

4.1 Einführende Literatur

Barth, Fredrik
1970 Introduction. In: ders. (Hg.), Ethnic Groups and Boundaries, 9–38. Bergen-Oslo, London.

Harris, Marvin
1999 Theories of Culture in Postmodern Times. Walnut Creek, London, New Delhi.

Keesing, Roger
1974 Theories of Culture. In: Annual Review of Anthropology 3: 73–97.

Kroeber, Alfred L. und Clyde Kluckhohn
o. J. Culture: A Critical Review of Concepts and Definitions. (Papers of the Peabody Museum of American Archaeology and Ethnology, Harvard University, Bd. 47, No. 1). New York.

Kuper, Adam
1999 Culture. The Anthropologists' Account. Cambridge, London.

4.2 Zitierte Literatur

Abu-Lughod, Lila
1991 Writing against Culture. In: Richard G. Fox (Hg.), Recapturing Anthropology: Working in the Present, 137–162. Santa Fe.

Appadurai, Arjun
1996 Modernity at Large: Cultural Dimensions of Globalization. Minneapolis, London.

Barth, Fredrik (Hg.)
1970 Ethnic Groups and Boundaries. The Social Organization of Culture Difference. Bergen-Oslo, London.

Beer, Bettina
2002 Körperkonzepte, interethnische Beziehungen und Rassismustheorien. Eine kulturvergleichende Untersuchung. Berlin.

Brumann, Christoph
1999 Writing for Culture. Why a Successful Concept Should not be Discarded. In: Current Anthropology 40 (supplement): 1–27.

Cicero, Marcus Tullius
1970 Gespräche in Tusculum. Lateinisch-deutsch mit ausführlichen Anmerkungen von Olof Gigon. München.

Geertz, Clifford (Hg.)
1973 The Interpretaion of Cultures. New York.

Kahn, Joel S.
1990 Culture: Demise or Resurrection? In: Critique of Anthropology 9: 5–25.

Klemm, Gustav
1963 Fantasie über ein Museum für die Culturgeschichte der Menschheit. In: C. A. Schmitz (Hg.), Kultur, 5–16. [Zuerst 1843–1852 Allgemeine Culturgeschichte der Menschheit. 10 Bd., Leipzig]

Leach, E. R.
1954 Political Systems of Highland Burma. A Study of Kachin Social Structure. London.

Malinowski, Bronislaw
1964 A Scientific Theory of Culture and other Essays. [Zuerst: 1944]. New York.

Mühlmann, Wilhelm E.
1964 Rassen, Ethnien, Kulturen. (Soziologische Texte, Bd. 24). Neuwied, Berlin.

Müller, Ernst Wilhelm
1989 Der Begriff „Volk“ in der Ethnologie. In: Saeculum 40: 237–252.

Orywal, Erwin und Katharina Hackstein
1993 Ethnizität: Die Konstruktion ethnischer Wirklichkeiten. In: T. Schweizer, M. Schweizer und W. Kokot (Hg.), Handbuch der Ethnologie, 593–609.

Schiffauer, Werner
1997 Kulturalismus vs. Universalismus. Ethnologische Anmerkungen zu einer Debatte. In: ders., Fremde in der Stadt. Zehn Essays über Kultur und Differenz, 144–156. Frankfurt a. M.

Schlee, Günther
1985 Interethnic clan identities among Cushitic- speaking pastoralists. In: Africa 55: 17–37.
2000 Identitätskonstruktionen und Parteinahme: Überlegungen zur Konflikttheorie. In: Sociologus 50: 64–89.

Spencer, Paul
1965 The Samburu. A Study of Gerontocracy in a Nomadic Tribe. London.

Steward, Julian H.
1955 Theory of Culture Change. Urbana.

Tylor, Edward Burnett
1958 The Origins of Culture. [Zuerst: 1871]. London.

1 Ich danke Justin Stagl für seinen Hinweis auf diese Textstelle.

Bruno Illius

Feldforschung

"It would hardly be fish who
discovered the existence of water."
Clyde Kluckhohn

1. Einleitung

Ein Ethnograph beschreibt, wie fremde Menschen leben. Ein Ethnologe versucht herauszufinden, wie fremde Menschen ihrem Leben einen Sinn geben. Ein Ethnograph muss nicht auch Wissenschaftler sein. Seine Beschreibung kann ideologisch geprägt, perspektivisch gebunden oder von Vorurteilen bestimmt sein. Er muss sich seiner Interpretationen nicht bewusst sein. Der Ethnologe dagegen soll seine Theorie auf systematische Überlegungen bauen und begründet Stellung beziehen zu den theoretischen Problemen der Disziplin. (vgl. Fischer 1998: 73) Er soll bewusst interpretieren. Ziel seiner Interpretation ist die adäquate Erfassung und Darstellung einer sozialen Wirklichkeit, die v. a. durch die Qualität *Fremdheit* definiert ist, also durch kulturelle Distanz. Das Fremde muss näher-gebracht, dann entschlüsselt und übersetzt werden, damit es *verstehbar* wird. Ethnologie ist eine hermeneutische Wissenschaft. (vgl. Dammann 1991; Stellrecht 1993)

Feldforschung in der Form der teilnehmenden Beobachtung ist *das* charakteristische Paradigma der Ethnologie, mittlerweile ihr Markenzeichen (Stagl 1984). Sie unterscheidet unser Fach noch immer prinzipiell von anderen Sozialwissenschaften, obwohl mittlerweile einige Grenzen zur Soziologie, zur Empirischen Kulturwissenschaft oder zur Volkskunde fließend sind. Bei englischsprachigen Kollegen heißt Feldforschung statt *fieldwork* oft einfach *ethnography* und wird als erster der drei Eckpunkte des *ethnologischen Dreiecks* gesehen; die beiden anderen sind die vergleichende Methode (*comparison*) und der holistische Ansatz (*contextualization*). (Sanjek 1996)

Feldforschung ist direkte Datengewinnung. Indirekte Informationen bildeten in der Frühzeit der Ethnologie das Gros des von Ethnologen verarbeiteten Materials: etwa Missionarsberichte, Reiseberichte und Verwaltungsakten. Der Feldforscher sucht die Menschen, die ihn interessieren, persönlich in ihrer authentischen Umgebung auf und ist – i. d. R. – möglichst bemüht, diese Authentizität nicht „künstlich" zu verändern.

Lange Zeit waren außereuropäische Kulturen das bevorzugte Forschungsfeld der Ethnologie. Dieses Studium „exotischer" Völker hatte einen großen Vorteil gegenüber den Verfahren anderer Sozial- und Kulturwissenschaften, den Ethnologen auch heute noch nutzen: In einer völlig fremden Kultur ist jedes Detail *a priori* gleichermaßen unverständlich, auffällig und quasi automatisch Aufmerksamkeit erheischend. In der eigenen oder einer ähnlich vertrauten Kultur ist vieles selbstverständlich und entgeht so der Aufmerksamkeit und kritischen Hinterfragung. Der Ethnologe kann leicht in Erstaunen versetzt und „überrascht" werden. Und während Soziologen „Störfaktoren" durch geschlossene Fragen oder geschlossene Laborsituationen auszuschließen versuchen, lassen sich Ethnologen gern stören und überraschen. Das macht auch überraschende Entdeckungen möglich.

Die erfolgreich absolvierte Feldforschung ist heute zu Recht zur *conditio sine qua non* der Aufnahme in den Ethnologenstand geworden. Dass man die Feldforschung mit einem Initiationsritual vergleicht, hat ebenfalls einige Berechtigung: Bei solchen Ritualen geht es nur selten ohne Blut, Schweiß und Tränen ab.

2. Der Klassiker: Bronislaw Malinowski

Durch Bronislaw Malinowskis Forschungen auf den Trobriand-Inseln (siehe Malinowski 1984, 1986) ist die Ethnologie „eine neue Wissenschaft geworden“ (Pelto und Pelto 1973: 243). Obwohl andere vor ihm – etwa Cushing 1880–1885 bei den Zuñi oder Nimuendajú zwischen 1905 und 1913 bei den Guaraní und Kaingang – lang dauernde stationäre Feldforschungen durchgeführt haben, gilt Malinowski zurecht als Begründer der Methode, die unser Fach charakterisiert.

Malinowski ist weder nur durch theoretische Überlegungen noch durch äußere Zwänge zum Erfinder einer neuen Methode geworden. Wie Alvarez Roldán (1995) gezeigt hat, beruhen Malinowskis Leistung und Erfolg auf sechs Veränderungen, die er bei der Arbeit auf den Trobriand-Inseln (Kiriwina) gegenüber seinen direkt vorangegangenen Forschungen in Samarai (Mailu) vorgenommen hat. Die erste: Malinowski beschloss, in der Gemeinschaft, die er erforschen wollte, auch selbst zu leben. Das hieß noch nicht, wirklich *mit* diesen Menschen zu leben. Malinowskis Herangehensweise war kognitiv und nicht affektiv. Zu große Nähe zu Menschen brachte für ihn bekanntlich eine ganze Menge psychischer Probleme mit sich. Dennoch: Er hat als Erster bewusst die berüchtigte „Veranda des Plantagenbesitzers“ verlassen. Zweitens: Er konzentrierte seine Untersuchungen auf einige wenige Themen. Er arbeitete nicht – wie zuvor in Samarai oder wie Seligman, sein Vorgänger auf den Trobriands – die alle Kulturbereiche umfassenden Checklisten der *Notes and Queries* ab, vielmehr versuchte er, in der Fachliteratur vorgefundene Theorien – etwa solche über das Verhältnis von Religion und Magie zur Wirtschaft – vor Ort zu überprüfen. Diese Fokussierung ist nicht auf Malinowskis akademische Ausbildung zurückzuführen, da er kurz zuvor, in Samarai, noch wie seine Vorgänger arbeitete. Vielmehr hat Malinowski seine Methode flexibel den vorgefundenen neuen Verhältnissen angepasst. Er traf auf ein äußerst komplexes Ritualsystem, das das ganze soziale Leben der von ihm besuchten Gesellschaft regulierte, und er hat sich für eine Konzentration auf dieses Phänomen entschieden. Drittens: Malinowski schenkte der Gegenwart der Trobriander mehr Aufmerksamkeit als ihrer Vergangenheit. Der bis dato vorherrschende diachronische Ansatz, eine historistische und evolutionistische Sichtweise – schätzte die Vergangenheit heuristisch höher ein als die Gegenwart. Ein synchronischer, funktionalistischer Ansatz dagegen geht Hand in Hand mit einer Aufwertung der gelebten Gegenwart – die in Malinowskis Fall sicher auch vom (zumindest theoretisch geforderten) „Leben mit den Eingeborenen“ befördert wurde. Vierter Punkt: Malinowski erlernte die Umgangssprache. Er sah in ihr nicht nur ein Instrument der Datensammlung, sondern vielmehr eine Möglichkeit, in Gedanken und Gefühle, in die „Mentalität“ einzudringen. Fünftens bemühte sich Malinowski um *direkte* Beobachtungen des indigenen Alltagslebens und seiner Institutionen. Auch diese Neuerung könnte man auf den Charakter Malinowskis zurückführen: Malinowski war extrem kritisch und höchst unzufrieden mit Berichten und Beobachtungen aus zweiter Hand, mit den Möglichkeiten des Interviews und v. a. mit den Leistungen seiner Übersetzer. Schließlich entwickelte Malinowski auch einen völlig neuen Schreibstil, eine Form des ethnographischen Diskurses, die erstmals theoretische Positionen und praktische Zusammenhänge des Forschungsprozesses mit Felddaten, also ethnographischen Beschreibungen, verband. Diese sechs Veränderungen *zusammen* machen die „Revolution" aus, die Malinowski auslöste. (Alvarez Roldán 1995)

Die aus Malinowskis Vorgehensweise abgeleitete Methode wird heute gängig als *teilnehmende Beobachtung* bezeichnet; über sie ist seither mehr als über irgend ein anderes Thema der Ethnologie publiziert worden. (vgl. Telban 2001)

Schließlich hat die postume Veröffentlichung der Tagebücher Malinowskis (1986) eine lebhafte Diskussion im Fach ausgelöst. Malinowski benützte sein Tagebuch zur Selbsttherapie, indem er ihm seine Frustrationen, Unsicherheiten und Ängste anvertraute (siehe dazu Kohl 1986: 55–65). Vorschnelle Kritiker sahen damit auch die von ihm propagierte Methode infrage gestellt, aber letztlich hat diese Publikation der Interna sich als kathartisch für das Fach und als anregend für die Theorien- und Methodendiskussion der Feldforschung erwiesen.

3. Feldforschung: Teilnehmende Beobachtung

Von reinen Archivstudien abgesehen, kommt kaum ein ethnologisches Projekt ohne diese Methode der Feldforschung aus. Aber auch wenn man für die eigene Arbeit keine originären Daten benötigt, lohnt sich eine Feldforschung in jedem Fall: Nichts hilft besser, die Produkte von Kollegen zu beurteilen, als die intime Kenntnis der Datengewinnungsmethoden. Nach der ersten Feldforschung liest man mit größerem Vergnügen, schneller und mit sichererem Urteil.

Der Begriff „teilnehmende Beobachtung" ist ein Oxymoron; er enthält einen Widerspruch in sich. Der Ethnologe will eine Antithese leben: teilnehmend beobachten und beobachtend teilnehmen – nicht *nur* beobachten und nicht *völlig* teilnehmen. Er will sich engagieren und eine Rolle in der neuen sozialen Umgebung spielen, sich aber nicht so sehr mit ihr identifizieren, dass seine *Unvoreingenommenheit* und seine wissenschaftliche Arbeit darunter leiden. Die Kunst der Feldforschung besteht nun in der eleganten Bewegung zwischen diesen beiden Polen: der Teilnahme und der Beobachtung. Aber: Kann man das Beobachten von Menschen vorbereiten und lernen?

4. Theoretische Vorbereitung

„Man sieht nur, was man weiß."
Thomas S. Barthel

Eine Studentin Alfred Kroebers, die überraschend ein Feldforschungsstipendium erhalten hatte, fragte ihn hilflos um Rat. „Nun," soll Kroeber gesagt haben, ohne von seiner Schreibmaschine aufzublicken, „ich schlage vor, Sie kaufen sich einen Bleistift und ein Notizbuch." (nach: Agar 1980)

Wir sind mittlerweile etwas weiter. Vorbereitung durch umfassende Lektüre ist unerlässlich. Der Einwand, dass man dadurch in seiner Sehweise und Urteilsfähigkeit eingeschränkt, befangen oder gelenkt würde, ist unangebracht. Dieser Gefahr des Vor-Urteils entgeht man vielmehr durch mehr Wissen, also mehr Lektüre, nämlich von Vergleichsdaten, Ähnlichem. Man sollte nicht versuchen, als *tabula rasa* loszuziehen, – was ohnehin unmöglich ist – sondern möglichst früh möglichst genau erfahren, was einen erwartet. Man sieht – zuerst einmal – tatsächlich nur, was man weiß. Das heißt nicht, dass man im Verlauf der Forschung nicht noch etwas sehen könnte, von dessen Existenz man nicht wusste. Verzerrungen durch Vor-Wissen und Vor-Urteile sind jedenfalls weniger wahrscheinlich – und leichter zu erkennen – als solche durch unklare oder dem Gegenstand nicht adäquate Forschungstechniken.

Die Vorbereitung erschöpft sich aber nicht in Lektüre. Jede Art von Information und jede Form der Kommunikation muss genutzt werden: Kontakte mit Partneruniversitäten oder Forschungsinstituten im Gastland, Recherchen in den Massenmedien, besonders im Internet, persönliche Besuche bei Vorgängern in der Region oder bei theoretischen Vor-Arbeitern. „Nicht wildern!" war der erste Ratschlag Thomas Barthels, als ich ihm von meinen Reiseplänen erzählte. Ethnologen alter Schule sprechen oft von „ihrem Dorf" oder „ihrem Stamm" – und meinen das auch so. Sie glauben, das Monopol der Erforschung und Privileg der Auslegung für eine bestimmte Ethnie oder Region zu besitzen. „Ungefragt" in deren Reviere einzudringen, kann unnötigen Ärger einbringen: eine unschöne Rezension, ein schädliches Gutachten. Ein Höflichkeitsbesuch, die Bitte um Rat vom älteren Kollegen oder um ein Empfehlungsschreiben bewirkt nach meiner Erfahrung das Gegenteil.

Ein erfolgversprechendes und finanzierungswürdiges Forschungsvorhaben hat ein genau formuliertes Thema zu einem bestimmten Gegenstand, als Ziel ein mögliches, d. h. hypothetisch formuliertes Ergebnis, und einen Aktionsplan, der die Methode erläutert, mit der man arbeiten möchte. Dieses abstrakte Ideal eines jeden wissenschaftlichen Projekts ist wohl unumstritten. Dennoch beginnt in der Realität die Vorbereitung nicht selten mit persönlichen Überlegungen.

Die Formulierung eines Themas und die Wahl eines Terrains, in dem man es untersuchen möchte, werden sicher nur selten von rein abstrakten Überlegungen geleitet. Da die erste Feldstudie eines jungen Ethnologen kaum eine genau umrissene Auftragsforschung sein wird, sondern meist der Lösung einer akademischen Aufgabe dient, stehen Thema, Zeit und v.a. Ort der Forschung noch relativ frei. Vermutlich hat jeder junge Akademiker aufgrund von Lektüre, Reisen oder Bekanntschaften einige Affinitäten und Vorlieben, die seine Entscheidung für eine Region und ein Thema eher beeinflussen als rein theoretische und sachliche Erwägungen. Diese Wahlfreiheit gilt es zu genießen und zu nutzen; man sollte aber auch in Betracht ziehen, dass diese Entscheidung eine für ein ganzes akademisches Leben werden könnte.

5. Praktische Vorbereitung

Wer erst in Moçambique oder Brasilien anfängt, Portugiesisch zu lernen, verschwendet Zeit und Geld. Im schlimmsten Fall stellt er fest, dass er für gerade diese Sprache kein Talent hat. Jedenfalls ist das Erlernen wenigstens der wichtigsten Verkehrssprache und der Amts- und Verwaltungssprache die lohnendste Vorbereitung. Mittlerweile findet sich auch zu den meisten indigenen Sprachen der Erde Gedrucktes.

Danach stellt sich die Frage nach dem richtigen Gepäck. Da jedes Klima, jedes Ambiente und Vorhaben aber eine andere Ausrüstung erfordert, soll hier nur auf einige Kleinigkeiten hingewiesen werden, die vielleicht oft als unwichtig abgetan oder schlicht vergessen werden: Zu all den Leerkassetten auch eine mit Bach oder Garbarek zu stecken, belastet das Gepäck nicht zu sehr. Als ich in der venezolanischen Savanne einmal gedrängt wurde, Englischunterricht abzuhalten, hat mich eine Beatles-Kassette aus großer Verlegenheit gerettet. Zu den vielen leeren Notizbüchern (Man nehme die teuren Moleskine- oder Clairefontaine-Notizbücher!) kommt ein Bändchen Hölderlin oder Arno Schmidt für die grausam lange Regenzeit und für die Tristesse des Tags, an dem das Boot mit der monatelang erwarteten Post untergegangen ist. Niemand ist gegen solche Frustrationen immun und niemand kann ununterbrochen arbeiten. Zu den vielen Diafilmen auch ein paar für Papierbilder: Die Gastgeber wollen fotografiert werden und nachher viele Abzüge … Sie wollen auch wissen, wie „unsere Leute" aussehen – also Fotos von den Lieben daheim! So kann man als Alleinreisender auch zeigen, dass man ein soziales Wesen ist. Bei der Frage nach den richtigen Geschenken für die Gastgeber ist es wiederum angebracht, Vorgänger um Rat zu bitten. Ich war überrascht, als mir empfohlen wurde, Kuckucksuhren nach Venezuela mitzunehmen – der Tipp erwies sich aber als goldrichtig. Und Geld, viel Geld!

Informanten *müssen* bezahlt werden, und dieser Posten wird für gewöhnlich zu niedrig veranschlagt. Denn wer eine Arbeitskraft auf Dauer von einer Familie abzieht, wird in vielen Ländern eine Art Pate für sie und hat damit u. U. weitreichende Verantwortung und Verpflichtungen, z. B. in Notfällen.

Zu den Vorbereitungen zählen auch die Abschätzung und präventive Minimierung potentieller Gefahren einer Feldforschung. Feldforschung ist insofern gefährlich (Lee 1995), als in ihrem Verlauf umfeldbedingte und situationsbedingte Gefahren für Physis und Psyche mit einiger Wahrscheinlichkeit häufiger auftreten als am heimischen Schreibtisch. Das sind etwa Raubüberfälle und andere Gewaltverbrechen, Unfälle und Infektionen, die Anwesenheit bei Kriegen, Naturkatastrophen oder Epidemien, sexuelle Belästigungen oder auch die Verfolgung durch staatliche Organe. Besonders hoch sind die Gefahren bei Forschungen über bewaffnete Konflikte, in der Drogenszene, in Gefängnissen, in kriminellen Banden oder über gefährliche Berufe.

Auch hier sind die apotropäischen Maßnahmen wieder: möglichst detaillierte Vorkenntnisse, zahlreiche persönliche Kontakte und vor allem das Einüben defensiver und de-eskalierender Techniken. Weltweit wird Werkzeug am häufigsten als Waffe eingesetzt, und das sollte auch der Feldforscher tun: Sein bestes Werkzeug und seine wirksamste Waffe ist die lokale Sprache.

6. Kontakte: der Einstieg

Korrektes Verhalten erfordert spezifisches kulturelles Wissen. Dieses Wissen ist ein Ziel des Ethnologen – keine Ressource, auf die er zurückgreifen könnte. Folglich macht er Anfängerfehler. Die Feldforschung ist jedoch nicht das Schachspiel, als das sie von kühlen Forschungs-Technikern gern beschrieben wird. Man macht zwar auch hier für gewöhnlich bei der „Eröffnung" die meisten Fehler, hat deshalb aber nicht gleich die Partie verloren. Trotzdem muss man dann wissen, wie man im weiteren Spielverlauf die Figuren bewegt.

Es gibt viele eindrückliche Beschreibungen des Einstiegs (siehe Pelto und Pelto 1973: 249–251). Bei deren Lektüre ist aber generell Skepsis angebracht, denn kein Feldforschungsereignis verklärt sich in der Retrospektive alternder Ethnologen mehr als dieses zur persönlichen Legende. Napoleon Chagnon schreibt (1968) über seinen Empfang bei den Yanomami, dass er von ihren Kriegern mit Waffen bedroht wurde und dass ihre Hunde ihn gierig betrachteten. In der 5. Ausgabe seines Buches (1992) schreibt er über dasselbe Ereignis, dass die Hunde seine Hose zerrissen hätten. Es ist zu befürchten, dass der Forscher in einer zukünftigen Ausgabe Bisswunden davontragen wird.

Dennoch: Das Misstrauen oder die ablehnende Haltung der Indigenen gegenüber dem ungebetenen Gast, die Verlorenheit und Hilflosigkeit des gerade ankommenden Forschers, sein Erschrecken darüber, wie wild die Wilden tatsächlich sind, können den ersten Kontakt komplizieren. Wie soll man sich anfangs *präsentieren*, um Zugang zu einer unbekannten Gemeinschaft zu finden? Es gibt keine universellen Verhaltensregeln – aber die Wahrscheinlichkeit, dass Freundlichkeit, Bescheidenheit, Zurückhaltung und Höflichkeit honoriert werden, ist groß.

Die Förderung der Akzeptanz der eigenen Person durch die Gastgeber, kann – oder muss – später manchmal auch bewusst betrieben werden: Wer einen Madencocktail und eine kreisende Schale Maniokbier nicht verschmäht, gewinnt ebenso Zutrauen wie anderswo jemand, der Zigaretten oder Joints teilt. Am einfachsten hat es aber auch hier wieder der, „der redet wie wir!" Sich zwischen Anpassung und Anbiederung so zu bewegen, dass man den eigenen und den fremden Vorstellungen von persönlicher Würde entspricht, ist bisweilen eine Gratwanderung. Übertrieben wird die Angleichung oft bei der Übernahme lokaler Kleidung, die so lächerlich wirken kann wie die ungeschickte Imitation eines Dialekts. Ein nicht zu unterschätzendes Kapital ist hingegen der Unterhaltungswert des Ethnologen. Nicht nur sein Wissen über die Außenwelt und seine vermutlich häufigeren Kontakte mit städtischen Zentren können ihn interessant machen, sondern auch Fähigkeiten, die er aus seiner ersten Sozialisation mitbringt: Wer passabel singen oder tanzen kann, wer ein Musikinstrument beherrscht oder als Linksaußen brauchbar ist, erschließt sich viele Kreise rascher. Wer bereit ist, ein paar Stunden auf einer Pflanzung zu schwitzen oder einen halben Zentner Bananen zu schleppen, wird auch dafür belohnt werden … Später dann, wenn man schon einiges gelernt hat und die Chance bekommt, das Gelernte im richtigen Moment einzusetzen, kann man auch eines der *Schwellenerlebnisse* haben, wie Geertz es beschreibt.

Meine Beziehung zu den im peruanischen Amazonien lebenden Shipibo machte einen großen Fortschritt, als einmal kein Schamane im Dorf war und ich zu einem kranken Kind gerufen wurde: Man erwartete eine Penicillin-Behandlung; aber der Mann, der nach mir geschickt worden war, flüsterte mir noch zu: „Bring auch deine Pfeife mit!" Ich hüllte das jämmerlich hustende Baby also zuerst in eine Wolke von Tabakrauch, der traditionellen Panazee aller Schamanen. Dass ich – gegen meine Überzeugung – diese Methode nicht nur respektierte, sondern auch anwendete, trug viel zur Akzeptanz durch die Heiler des Dorfes bei. Das Kleine hat dann dank der Antibiotika seine Grippe und meine Behandlung überlebt. Meine Aufnahme in den Kreis der Schamanenschüler löste einige Probleme, brachte dafür andere mit sich: Die „aufgeklärten" und politisch einflussreichen Mitglieder der Kirchengemeinde wussten von da an, dass meine Sympathien den altmodischen „Hexern" gehörten. (vgl. Geertz 1991: 205–207)

Wer der Illusion nachhängt, völlig und von jedermann akzeptiert zu werden, ist einem romantischen Mythos aufgesessen. Keine Gesellschaft, wie klein auch immer sie sein mag, ist so einheitlich, dass man mit allen ihren Mitgliedern gleichermaßen freundschaftliche Kontakte pflegen kann.

Ziel ist nicht völlige Integration (*going native*), sondern eine für alle Beteiligten akzeptable Rollendefinition des Beobachters. Dabei genügt meist eine nominelle Rolle, etwa die eines fiktiven Verwandtschaftsverhältnisses, die sich manchmal schon aus den Wohnverhältnissen ergibt: Wo alle zusammen Wohnenden und Wirtschaftenden verwandt sind, werden auch Anrede- und Referenztermini Verwandtschaftstermini sein – und sich nach einiger Zeit auch auf den mit-wohnenden und mit-wirtschaftenden Gast erstrecken. Eine teilweise Integration durch weitergehende Kooperation kann auf vielerlei Art erreicht werden: Der Ethnologe kann eine Rolle als Kontaktperson oder sogar Anwalt „seiner" Leute einnehmen, er kann ihnen als Übersetzer und Sekretär dienen, als Sanitäter, als Chauffeur und schließlich als Informant.

Diese allmähliche Pseudo-Integration des Forschers, sein Versuch, in der Gastgebergesellschaft eine Rolle einzunehmen, die nicht mit der ihm anfänglich zugewiesenen übereinstimmen muss, wird auch als *zweite Sozialisation* bezeichnet. Bei einer Sozialisation erlernt man so viel von einer Sprache und von den Regeln einer Kultur, wie nötig ist, um sich korrekt in ihr zu verhalten. Deshalb wird oft gefordert, dass der Aufenthalt ein Jahr dauern sollte. Um den Anbauzyklus in einer agrarischen Gesellschaft zu erfassen, mag das genügen. Aber – seien wir ehrlich – wer von uns hat schon einmal mit Hilfe einer Verkehrssprache eine ungeschriebene oder schlecht dokumentierte dritte Sprache innerhalb eines Jahres so fließend und sicher zu sprechen gelernt, dass er sich mit einem Informanten über Transzendentes und Emotionales oder gar Epistemologisches vernünftig unterhalten konnte? (vgl. Kohl 1998: 54) Ethnologen – die meisten ohne linguistische Vorbildung – behaupten das oft von sich. Kurz: Ein Jahr reicht dafür gewöhnlich nicht. Der Beweis des „Dortgewesenseins" und „Teilgenommenhabens", der heute in keiner Ethnographie mehr fehlt, sollte m. E. durch den des „Gesprochenhabens" ersetzt werden.

Die Belohnungen für die Mühsal des Sprechenlernens sind wiederum nur dem verständlich, der diese Arbeit geleistet hat: Wenn der Forscher plötzlich bemerkt, dass er mit-gemeint ist, wenn im Gespräch mit ihm immer häufiger die inklusive statt der exklusiven Form des Personalpronomens „wir" verwendet wird.

7. Beziehungen: die Informanten

Wichtigkeit und Wert einer zentralen Bezugsperson, eines Hauptinformanten, können gar nicht hoch genug veranschlagt werden. Wenn nicht schon vor der Abreise persönliche Kontakte bestehen, die eine Person dafür prädestinieren, sollte, so erklären es uns die meisten Bücher zur Feldforschung, ein Informant gewählt oder „genommen“ werden. In der Realität ist es oft aber so, dass der Ethnologe genommen wird. Bei der Anreise oder bei der Wohnungssuche entscheidet einer der Einheimischen, dass dieser Fremde ein Fall für ihn ist. Mancherorts gibt es sogar „Zuständige“ für kuriose Ausländer und in „überforschten“ Regionen (z. B. im Südwesten der USA) auch semi-professionelle Informanten. Die häufige Warnung davor, dass marginale Personen sich als Informant anbieten oder aufdrängen, halte ich aber für übertrieben. Aus Bemerkungen und Reaktionen Dritter erkennt man den Status einer solchen Person meist rasch. Dagegen ist ein geeigneter Informant in seiner Funktion als gut integrierter Kontaktmann so wichtig wie als Auskunftsperson. Der Informant kann dem Ethnologen außerdem die lästige aber wichtige Aufgabe abnehmen, verständlich und akzeptabel zu machen, was er „eigentlich tut“: Die Erklärungsnot eines Akademikers bei illiteraten Pflanzern kann groß sein.

Der Umgang mit dem oder den jeweiligen Hauptinformanten wird von vielen Ethnologen thematisiert (Casagrande 1959; Powdermaker 1967; Briggs 1970; Rabinow 1977; Bowen 1984; Strecker 1998), und hier soll nur auf das Problem der Bezeichnung und der Beziehung kurz eingegangen werden.

Mark Münzel hat die Bezeichnung „Informant“ einmal heftig kritisiert – zurecht, wenn man an unschöne Assoziationen wie Polizeiinformant oder Spitzel denkt, oder an negative Konnotationen aus dem Journalismus: Ein Informant ist oft ein unbefugter oder unmoralischer Weitergeber von Informationen. Aber welche Alternativen haben wir? Ist „Gewährsmann“ wertungsfrei? Ist der Informant immer ein „Gastgeber“? Ein „Lehrer“, „Dolmetscher“, „Kontaktmann“?

Der Informant lernt, seine Weltsicht zu objektivieren; er wird sich durch das Gespräch mit dem Ethnologen – vielleicht zum erstenmal – vieler Phänomene bewusst. Ethnologe und Informant erschaffen im Verlauf der Feldforschung intersubjektiv einen „liminalen Modus der Kommunikation“ (Rabinow 1977: 155); sie sprechen miteinander über Dinge, über die sonst nicht gesprochen wird und vermutlich in einer Sprache oder einer Mischsprache, die es sonst nicht gibt. Sie haben verschiedene Traditionen, Erfahrungen etc.; sie müssen beide permanent „übersetzen“. Da ich die Ethnologie mit einem *Kultur-als-Text*-Modell erlernt habe und als das Übersetzen von Kulturen verstehe, bezeichne ich meine Informanten gern als Übersetzer. Übersetzen ist auch bei uns eine respektable intellektuelle Tätigkeit.

Der Ethnologe und seine Informanten sind gleichzeitig Schauspieler und Publikum füreinander. Die Zuschauer, besonders die Ethnologen, versuchen aber auch hinter die Bühne zu schauen. So etwas darf nicht jeder; es muss mit viel Taktgefühl geschehen. Takt und Einfühlungsvermögen sind nur schwer erlernbar – und vielleicht das eigentliche Problem des ständigen Dabei-Seins. Oder: Der Informant wird im Verlauf der langen engen Zusammenarbeit auch zum Freund (vgl. Strecker 1998), was die wissenschaftliche Arbeit eventuell sogar behindert. Jedenfalls zeigt sich beim Umgang mit Informanten der Charakter der Feldforschung am deutlichsten: Sie ist „ein Balanceakt zwischen wissenschaftlicher Distanz und mitmenschlicher Anteilnahme." (Stagl 1984)

8. Leben: viel Alltag

"You will be surprised:
keeping life together
will take most of your time."
Johannes Wilbert

Feldforschung wird für gewöhnlich als physisch und psychisch anstrengendes, entbehrungsreiches und bisweilen gefährliches Unternehmen beschrieben. Das Klischee von der „harten" Feldforschung scheint es auch unter Ethnologen zu geben: Rabinow (1977) schreibt einmal, dass er die erste Phase seiner Arbeit in Marokko nicht als Feldforschung ansah, weil sie zu problemlos und vergnüglich verlief. Die meisten Forscher resümieren jedoch, dass die Feldforschungserfahrung insgesamt eher angenehm war. (Pelto und Pelto 1973: 277)

Einige Probleme der Unterkunft, der Ernährung, der Hygiene und der Logistik gibt es vermutlich überall. Aber die vielen lästigen kleinen Aufgaben des *keeping life together* machen den Ethnologen dafür nach und nach zum *Alltagsspezialisten* in der Kultur der Gastgeber. Da sich die theoretischen Interessen unseres Fachs weg von der Kulturgeschichte und hin zur Alltagskultur verschoben haben, ist die Beschäftigung mit Pfeilspitzen, Latrinenbau oder Chilisoßenrezepten ebenso heuristisch wertvoll wie die mit Reifenpannen, Maschendrahtzäunen und Steuererklärungen in Deutschland. Wenn man die zermürbenden Stunden in überfüllten Autobussen, in Wartezimmern von Polizeirevieren und Grenzposten als Erlernen der Alltagskultur erkennt, hat man ihnen schon fast ihren Schrecken genommen.

Und wenn der wissenschaftliche Alltag nach einem halben Jahr den Forscher hat grau und müde werden lassen, kann es tatsächlich angebracht sein, Urlaub von der Feldforschung zu nehmen. Drei Tage in der nächsten Stadt, in der es ein Telefon oder einen Internetanschluss gegen das Heimweh, einen Billardsalon und Kühlschränke gegen die erlittenen Entbehrungen gibt, genügen meist. Wenn es gelingt, diese Reise mit Medikamenteneinkäufen für das Dorf, dem Verschicken der belichteten Filme und der anstehenden Visumsverlängerung zu verbinden, hat man hinterher nicht einmal ein schlechtes Gewissen.

9. Arbeiten: Datenaufnahme

"Anthropologists are those who
write things down at the end of the day"
(N.N., nach Roger Sanjek)

Jeder weiß, dass die eifrig gemachten Aufzeichnungen der ersten Wochen einer Feldforschung eigentlich wertlos sind: Man kann Verhaltensmuster noch nicht von individuellen Zufälligkeiten unterscheiden, versteht weder die Sprache noch die Bedeutung einer Geste, die den Sinn einer Handlung oder Aussage ironisch ins Gegenteil verkehrt. Man sieht stündlich wertvolle Informationen dahinschwinden und erkennt die Bescheidenheit der eigenen Mittel und Fähigkeiten angesichts der gewaltigen Aufgabe, die vor einem liegt. (vgl. Strecker 1969: 10)

Allerdings muss man irgendwann mit dem Aufzeichnen beginnen. Wie man das technisch bewerkstelligt, ist gut erlernbar (exzellent: Sanjek 1990; kurz und gut: Bernard 1995: 180–207). Wie man das Tonbandgerät, den Fotoapparat, Film- und Videogerät auswählt, bedient und einsetzt, hat Jackson (1987: 107–243) meisterlich erklärt. Das Ordnen und Systematisieren der gewaltigen Datenmenge, die sich unweigerlich ansammelt, wenn man mit Malinowskischer Disziplin (*non dies sine linea*) arbeitet, und die eines Tages eine Bedrohung ganz eigener Art darstellen kann, ist eher ein individual-psychologisches Problem. Aber wenn man dann plötzlich Zusammenhänge zwischen Aufgeschriebenem, Gezeichnetem, Gehörtem, Beobachtetem, Erlebtem und Erfragtem bemerkt, kommt vielleicht auch so etwas wie Entdeckerfreude hinzu.

Nichts ist so selbstverständlich, dass es nicht notiert werden könnte. Vor der Flut des Aufschreibenswerten in der ersten, explorativen Phase der Feldforschung bewahrt uns nur der rechtzeitige Übergang in die problemorientierte Phase, die möglichst exakte Formulierung eines Forschungsziels und – um Doppelarbeit zu vermeiden – natürlich die Kenntnis all dessen, was dazu schon publiziert wurde.

Bei den Beschreibungen alltäglicher Begebenheiten dann aber die eigene Teilnahme zu verheimlichen, macht sie nicht ungeschehen. Die Angst vor einer „Verunreinigung“ der beobachteten Situationen und Phänomene durch die Anwesenheit des Ethnologen beruht auf dem Irrtum, dass es ohne ihn etwas Reines oder Unbeeinflusstes geben könnte. Man vergisst einerseits, dass die *first contact*-Zeiten vorüber sind, und andererseits überschätzt man die Bedeutung der eigenen Präsenz gegenüber der anderer Vertreter nicht-indigener Gruppen maßlos. Mildern kann man das Dilemma, indem man die eigenen Aktionen und die Reaktionen der Indigenen darauf möglichst exakt in seine Beschreibungen aufnimmt. Man gehört selbst auch zu den aufzuzeichnenden Daten.

10. Quantitative und qualitative Daten

“Thou shalt not sit with statisticians nor commit a social science.”
W. H. Auden

Welche Art von Daten sucht man; welche Methoden sind also die angebrachten? Soll man sicherheitshalber Mess- und Zählbares dem „nur“ Interpretierbaren vorziehen? Ist ersteres exakter?

Als vernünftigste und erfolgreichste Vorgehensweise hat sich ein eklektischer Mix aus quantitativen und qualitativen Methoden und Datenerhebungstechniken durchgesetzt. Man kombiniert die beiden Ansätze, das Sammeln *harter* und *weicher* Daten. „The question … is not whether to be scientific or humanistic, but how to be both.“ (Gerald Berreman, nach Pelto und Pelto 1973: 245) Aber unabhängig davon, wo man Prioritäten setzt und sich selbst theoretisch und methodisch verortet: Wichtig ist, dass man seine Vorgehensweise detailliert darlegt und seine Interpretationsansätze erklärt, d. h., wie man zu den Daten und zu den Auslegungen gekommen ist.

10.1 Quantitative Daten und Methoden: Zahlen als Grundlagen

Die für die *explorative Phase* einer Feldforschung als unverfänglich empfohlenen „einfachen“ Erhebungen quantifizierbarer Informationen sind in der Praxis oft problematisch: Landvermesser und Viehzähler geraten schnell in den Verdacht, für – meist wenig geliebte – Regierungsstellen zu arbeiten. Sogar die Aufnahme von Genealogien kann – denkt man an Wehrpflicht, Steuer- und Erbrecht – bei den Befragten mancherorts eher unangenehme Assoziationen wecken.

Surveys, etwa zur Demographie und Siedlungsweise, zur Größe, Anzahl und Verteilung von Wohnungen, Weiden, Pflanzungen, Wasserstellen etc., sind also nicht überall für die erste Zeit der Feldforschung geeignet. Dennoch sind sie unverzichtbar: Man braucht einen Überblick. Sehr aufschlussreich kann es dabei sein, Karten und Pläne von Informanten zeichnen zu lassen – nicht nur bei wirtschaftsethnologischen Untersuchungen.

Der Schamane Rafael Besada entsprach meiner Bitte um „ein Bild seiner Welt" und präsentierte mir anderntags ein sorgfältig ausgearbeitetes Kosmogramm: Die Erdscheibe, darauf den Weltenbaum mit seiner Krone über den Wolken in den Himmelsdörfern der Oberweltgeister und seinen Wurzeln im Reich des Schwarzen Kaimans und der Wassergeister. Er beantwortete geduldig meine Fragen dazu, drehte dann das Papier um und meinte: „Man kann das alles natürlich auch *so* sehen!" Auf die Rückseite hatte er unser Planetensystem gezeichnet.

Von verschiedenen Informanten gezeichnete Pläne, die sich auf die physische Realität beziehen, können bedeutungsvoll voneinander abweichen, wenn es etwa um die Ausdehnung von Fischerei- und Jagdrevieren oder von Weideflächen geht.

Als quantifizierbare Informationen bezeichnet man auch genealogische Daten, Zensen und andere numerische Daten. Während in Industriegesellschaften die Bedeutung der Verwandtschaft für die alltägliche soziale Interaktion und Verortung des Individuums eher abnimmt, bleibt Verwandtschaft – und damit die genealogische Methode – in den meisten der von Ethnologen untersuchten Gruppen essentiell. Dieses unverzichtbare Standardverfahren erklärt das Lehrbuch von Fischer (1996).

Der Zensus ist das am häufigsten angewendete Verfahren des extensiven *survey*-Ansatzes. Dazu werden strukturierte Interviews in allen Haushalten eines festgelegten Untersuchungsgebiets durchgeführt, etwa betreffend Familienzusammensetzung, Alter, Heiratsverhältnisse, Erziehung, Berufe und Einkommen. Daraus lassen sich direkt Schlüsse ziehen auf Geburten- und Sterberate, Alters- und Geschlechtszusammensetzung der Gesellschaft, Besitzverhältnisse, Mobilität etc. und indirekt auf weiterreichende wirtschaftliche und soziale Beziehungen.

Weitere Erhebungsmethoden für Daten dieser Art sind Fragebögen, bei denen durch Normierung direkte Vergleichbarkeit und Quantifizierbarkeit angestrebt wird, psychologische Tests (Vorsicht: Das sind Experimente!), strukturierte Interviews, die Zufallsauswahl und die Aufnahme von Inventaren der materiellen Kultur. Letztere stellen meines Erachtens die einfachste Methode dar, Kontakte zu knüpfen, unverfängliche Gespräche einzuleiten und auch die Sprache der Gastgeber zu lernen.

Zu den quantitativen Methoden zählen auch Fallstudien – das Paradigma sind hier Gerichtsverhandlungen, – die zu Vergleichszwecken in größerer Zahl aufgenommen werden: Die numerische Auswertung stützt Generalisierungen. Teamarbeit ermöglicht die Erhebung einer statistisch bedeutsamen Zahl von Fällen.

Quantitativ orientierte Forschungen erfordern für gewöhnlich mehr Personal als qualitativ orientierte: Ein Feld-Team besteht dann neben dem Projektleiter oft aus einem oder mehreren Assistenten, Übersetzern und/oder Kollegen, nicht selten einem Ehepartner. Übrigens wird nach einer Erhebung von Pelto und Pelto (1973) mehr als die Hälfte aller professionellen Feldforschungen in Begleitung eines Ehepartners durchgeführt. Bei jeder Form der Teamarbeit empfiehlt sich eine rechtzeitige Abgrenzung der Zuständigkeitsbereiche, denn künstlerische und wissenschaftliche Werke haben ein Copyright. Was man bei abendlichen Gesprächen mit Kollegen diskutiert und erfahren hat, weiß man zwar, hat es aber nicht selbst erarbeitet.

Auf die technischen Einzelheiten quantitativer Verfahren kann hier nicht eingegangen werden; sie sind schon vielfach (siehe besonders: Pelto und Pelto 1986; Jackson 1987; Sanjek 1990; Bernard 1995) systematisch und ausführlich erklärt.

10.2 Qualitative Daten und Methoden: Beobachtung und Befragung

"You observe a lot watching."
Yogi Berra

Was man als guter Beobachter tun müsse, fragten wir Johannes Wilbert nach einer Vorlesung. „Hang around and stay alert!" war die prompte Antwort. Ersteres schien uns Studenten einfach; aber dann wurde erklärt, dass es darauf ankommt, es zum richtigen Zeitpunkt und am richtigen Ort zu tun – wozu es einigen Vorwissens bedarf. Und um der zweiten Forderung zu genügen, sind zumindest passive Sprachkenntnisse nötig. Auch das gekonnte „Herumhängen" ist also mit Arbeit verbunden.

Ein Neuling im Feld wird anfangs mehr beobachten, dann erst passiv und danach aktiv an alltäglichen Unterhaltungen teilnehmen und schließlich als Leiter von Interviews fungieren, also von sachlich konzentrierten Befragungen, in künstlichen Gesprächssituationen.

Die verschiedenen Formen des Interviews werden meist benannt und geordnet nach dem Grad der Kontrolle, die der Interviewer ausübt. Einige Bezeichnungen dafür haben sich etabliert; so spricht man von informellen oder offenen Interviews, von unstrukturierten, semi-strukturierten und strukturierten oder geschlossenen Interviews. (Bernard 1995: 208–255) Andere Unterteilungen richten sich nach der Zahl der Teilnehmer, unterscheiden also Einzel- und Gruppeninterviews, oder nach Themen und Inhalten. Eine besondere

Form der Befragung ist das biographische Interview, die Aufnahme einer Lebensgeschichte. (Spülbeck 1997)

Ich nenne meine Vorgehensweise bei ersten Interviews *die laissez-faire-Methode*. Ich gebe nur Stichworte vor, ermuntere und bestätige die Interviewpartner so weit wie möglich, frage zwar nach, ändere aber nie die Richtung des Gesprächs. Ich will herausfinden, worüber der Andere reden möchte, was wichtig für ihn ist – und somit auch für mich. Diese Methode ist natürlich nur punktuell und nur bei relativ wenig erforschten Themen sinnvoll. Sie ist kein tragfähiges Konzept für eine ganze Feldforschung – aber ein guter Einstieg.

Dass wir einen guten Interviewpartner gefunden haben, bemerken wir spätestens, wenn dieser unsere Fehler beim Befragen korrigiert oder die Beantwortung unsinniger Fragen verweigert. Bei einem Interview mit Florentino Tananta zum Bedeutungsgehalt von Personennamen kam ich auf die Benennung von Zwillingen zu sprechen. Es wurde interessant, und in meiner Begeisterung dehnte ich die Frage auf Drillinge aus. Antwort: „Also, wenn es mehr als zwei werden, nennen wir sie Baby 1, Baby 2, Baby 3, Baby 4..."

Rafael Besada wies mich auf die Grenzen des Interviews hin. Ich hatte versucht, im Gespräch etwas über die existentielle Erschütterung zu erfahren, die Schamanen der Shipibo mit einer halluzinogenen Droge erleben. „Man kann nicht alles erklären, trink eben Ayahuasca!"

Auf die Grenzen des Interviews weist auch Spittler (2001) zurecht hin; dass es eine unserer zentralen Methoden ist, lässt er unbestritten. Interview und teilnehmende Beobachtung sind untrennbar; sie brauchen und bedingen einander.

Von der *New Ethnography* oder *Ethnoscience* wurde das Interview mit einem oder einigen wenigen Hauptinformanten v. a. zum Erfragen von Taxonomien eingesetzt. Dieses Erfassen emischer Kategorien hat die Kultur, so wie sie sich in einer Sprache manifestiert, als Untersuchungsgegenstand. Auf der Basis der Sapir-Whorf-Hypothese über den Zusammenhang von Sprache und Denken versucht man, via Ordnungs- und Klassifikationssysteme der Sprache Zugang zur „Sichtweise der Eingeborenen, zu ihrem Bild ihrer Welt" zu bekommen. Aber auch für andere als kognitive Untersuchungen ist es gut zu wissen, dass und weshalb eine Fledermaus ein Vogel, ein Aal eine Schlange, ein Delfin ein Fisch und ein Weißer ein Unterweltsdämon ist.

Zu den hier erwähnten Problemen der qualitativen Forschung finden sich in der seit 1985 erscheinenden *Qualitative Research Methods Series* (Thousand Oaks, London: Sage Publications) mittlerweile über 40 übersichtliche monographische Abhandlungen, die praxisorientiert aufgebaut sind und den jeweils aktuellen Forschungsstand konzise wiedergeben. Zu den verschiedenen Interviewtechniken siehe besonders Spradley (1979).

Der mancherorts noch bis in die 1980er Jahre herrschende Objektivismus und Positivismus in der Ethnologie folgte einem am Vorbild der „exakten" Naturwissenschaften orientierten Wissenschaftsideal, das intersubjektive

Nachvollziehbarkeit der – in künstlichen und geschlossenen Laborsituationen erzielten – Ergebnisse verlangt. Mittlerweile wissen wir, dass die Unwägbarkeiten des Alltags, die Offenheit unserer Arbeitsweise und die Subjektivität der involvierten Personen zu einer Einmaligkeit auch bei den Daten führen, die Vergleiche – eines unserer wichtigsten Ziele – nur bedingt zulassen, also nicht direkt, sondern nur nach weiteren theoretischen Operationen des Übersetzens. Die Protokolle der Beobachtungen und die Transkriptionen der Interviews sind das Rohmaterial, nicht die Endprodukte unserer Arbeit; sie müssen kontextualisiert, analysiert, verglichen und interpretiert werden.

11. Die psychosoziale Befindlichkeit des Feldforschers

„absolutely alone amongst niggers"
Bronislaw Malinowski

Die Anomie des Anfangs, das Gefühl, ein Fremder zu sein und der Fremdheit der Gastgeber machtlos gegenüberzustehen, kann sich in einem „Kulturschock" äußern. Dieser mildert sich meist allmählich – durch wachsende kommunikative Kompetenz – oder rasch: durch einen Akt des Entgegenkommens von Seiten der Gastgeber. Dennoch sollte man dieses potentielle Überwältigtsein durch die Fremdheit nicht leichtfertig abtun. Weitaus häufiger haben Kollegen mir aber von einem Schock berichtet, den sie nach ihrer Rückkehr bei der plötzlichen Feststellung empfanden, wie sehr sie sich ihrer eigenen Kultur entfremdet hatten, wie sehr sich deren Werte für sie relativiert hatten. Es wandelt niemand ungestraft unter Palmen, und die Gesinnungen ändern sich gewiss.

Die Feldarbeit selbst könnte man auch als permanentes Abarbeiten jenes ersten Schocks bezeichnen: Das langsame Abbauen der Ängste und Ressentiments und die Bemühungen des Dazugehörenwollens reduzieren nach und nach den Stress des Fremdseins. Eine solche Rekuperation verläuft nicht ohne Rückschläge und Begleitsymptome. Das Gefühl der Einsamkeit, der Sinnlosigkeit des eigenen Tuns, der Eindruck, dass die eigenen Fähigkeiten den Anforderungen des Vorhabens nicht genügen, Zeitdruck und die Angst vor einem Versagen können eine erhebliche Belastung für den Feldforscher darstellen.

Pelto und Pelto haben in einer aufwendigen Umfrage übrigens festgestellt, dass „Quantifizierer", offenbar unter dem Druck, eine festgelegte Anzahl von Fällen abzuarbeiten, deutlich häufiger über psychische Probleme klagten als die freieren „Nicht-Quantifizierer".

Die Indianer und Mestizen Lateinamerikas kennen ein Krankheitsbild namens *susto*, das man als psychosoziales Syndrom bezeichnen könnte. *Susto* (dt. „Schreck" oder „Erschrecken") resultiert aus dem plötzlichen Erkennen, dass man seiner sozialen Rolle nicht gerecht wird, dass man den Erwartungen, die die Gesellschaft aufgrund von Alter, Geschlecht und Status an einen hat, nicht entsprechen kann. Von Indianern wird *susto* als Seelenverlust erklärt, ausgelöst durch die verunsichernde Begegnung mit einem Wesen oder Phänomen aus der „anderen Wirklichkeit", etwa einem Geist, einem Dämon, einem Weißen. Abstrakt könnte man es vielleicht „plötzliche Identitätsbeschädigung" nennen. Was nun der Ethnologe beim plötzlichen Eintritt in eine fremde soziale Umwelt erfährt, kommt diesem „Krankheitsbild" recht nahe. Die Symptome des *susto* sind u. a. Antriebslosigkeit und Appetitlosigkeit, Erbrechen, Depressionen und auch Ruhelosigkeit. Die symbolische Therapie eines indigenen Patienten durch einen lokalen Heiler mündet schließlich in dessen Wiedereinsetzung in seine frühere gesellschaftliche Rolle. Der Vergleich mit dem sich durch einen Rollenerwerb selbst therapierenden Ethnologen drängt sich auf. (Pelto und Pelto 1973: 266)

Spätestens seit der Publikation der Tagebücher Malinowskis wird auch über das Thema „Sex bei der Feldforschung" gesprochen, über intime Beziehungen zwischen Forschern und Gastgebern. Handbücher versuchen, Verhaltensrichtlinien zu entwerfen – aber es gibt nun einmal keine Regeln, die immer und überall anwendbar wären. Die kategorische Forderung mancher Autoren nach absoluter Enthaltsamkeit ist absurd. Aber: Sex ist überall ein heikles und problembeladenes Thema, eine ernste Angelegenheit, die ein beträchtliches Fehlerpotential birgt. Wie bei anderem sozialem Verhalten auch, ist es jedenfalls ratsam, rechtzeitig die Regeln zu eruieren, wenn man Konflikte vermeiden möchte. (siehe auch Rabinow 1977; Good und Chanoff 1991; Fine 1993) Die ganze Palette solcher Probleme diskutieren Henry und Saberwal (1969).

Justin Stagl (1984) hat charmant angedeutet, welche Grundhaltung den Ethnologen vor heftigeren Erschütterungen bewahren kann: diszipliniertes Staunen angesichts des Fremden und ironische Distanz dazu und zu sich selbst.

12. Verhalten: professionelle Ethik

"The only safe way to avoid violating principles
of professional ethics is to refrain from
doing social research altogether."
Urie Bronfenbrenner

Feldforschung bedarf einer Rechtfertigung. Wissenschaftliche Ziele wie Hypothesentests und allgemeine Kulturtheorien dienen in erster Linie und kurzfristig nur dem Durchführenden und seiner Karriere, eventuell auch seinen Auftraggebern. Ethnologen setzen sich oft vom Schreibtisch aus für Landrechte oder allgemeine politische und kulturelle Anerkennung der Einheimischen ein; während der Feldforschung selbst versuchen sie, ihrer Verpflichtung mit verschiedenen Hilfeleistungen zu genügen. Im Einzelfall sind diese „selbstverständlichen“ Hilfen jedoch alle zu überdenken und keinesfalls unproblematisch.

Politische Stellungnahme oder Parteiergreifung für die Gemeinschaft, in der man arbeitet, scheint oft angebracht, aber diese ist vermutlich keine harmonische politische Einheit. Wen vertritt man also? – Der Ethnologe verfügt oft über ein Fahrzeug, das er seinen Informanten zur Verfügung stellen und sich so erkenntlich zeigen kann. Chagnon hat eine Gruppe von Yanomami mit seinem Motorboot transportiert – zum Überfall auf ein Nachbardorf, wie sich nachher herausstellte. – Medizinische Hilfeleistung scheint schon aus humanitären Gründen stets geboten. Aber was tut man, wenn die Gastgeberfamilie ein Neugeborenes, das eine Hasenscharte hat, verhungern lässt oder im Wald aussetzt? Wenn die restlichen Antibiotika reichen würden, um *einen* Kranken zu retten, die Gastgeber aber verlangen, sie „gerecht“ auf mehrere Patienten zu verteilen? – Was soll man tun, wenn man feststellt, dass jemand illegal Schnaps brennt, der bei den Konsumenten zu schweren gesundheitlichen Schäden führt? Dass ein Sanitäter Spritzen und Kanülen stiehlt und auf eigene Rechnung unsterile Injektionen gibt? – Wem fühlt man sich im Konfliktfall mehr zur Loyalität verpflichtet: seinen Geldgebern, der *scientific community*, der Gastgemeinde, einem individuellen Informanten oder seinen Mitarbeitern im Feld? – Darf man geheimes Wissen, Klatsch über Intimitäten oder unlauter erworbene Informationen über illegale Tätigkeiten (*dirty data*) der Informanten publizieren?

Manchmal hilft es schon, sich klar zu machen, dass wir nicht gerufen worden sind, oder zu überlegen, was ohne unsere Anwesenheit geschehen würde. In jedem Fall sollte man das hier nur angedeutete Spektrum möglicher ethischer Dilemmata kennen. Hilfe bieten Rynkiewich und Spradley (1976) oder G. N. Appells (1978) Sammlung und Diskussion problematischer Fälle; daraus hier nur ein von Alan Beals berichtetes Beispiel:

„a group of my neighbors captured a suspected rapist, tied him to a post … and began slapping him and spitting in his face. Awakened at three o'clock in the morning by the shouts of the crowd and the cries of the victim, I lay in the security of my mosquito tent wondering what to do. My options seemed to be (1) to pretend to be asleep, (2) to adopt the Sahib role and rush out to stop the violence, and (3) to observe the events dispassionately entering a meticulous account in my notebook.“ (Appell 1978: 243)

All diesen Problemen gemeinsam ist die Tatsache, dass der Ethnologe versucht, gleichzeitig zwei moralischen Standards zu genügen: dem eigenen und dem der Einheimischen. Nach einiger Zeit wird er sich in Zweifelsfällen vielleicht eher so verhalten, wie es seiner neuen Rolle entspricht; Sicherheit über die eigenen Entscheidungen hat man wohl immer erst im Nachhinein. Hemingway hat „das Gute“ einmal als das bezeichnet, „wonach man sich hinterher gut fühlt.“

13. Themen

Großräumige Survey-Studien werden heute so gut wie nicht mehr unternommen; Stammesmonographien kaum noch geschrieben und auch Dorfstudien immer seltener. Die Veränderungen in den Untersuchungsgebieten und die Verfeinerung der Methoden und Theorien hat zu engeren Themenstellungen und einer Konzentration auf kleinere Räume und Gruppen geführt. Fragen der Migration und Urbanisation, interkulturelle Beziehungen und die vielen Facetten des Phänomens Multikulturalität werden als drängende Probleme erkannt und immer häufiger zum Thema (vgl. Fischer 1998).

Besondere Fortschritte zu verzeichnen hat die Ethnologie der letzten Jahrzehnte z. B. bei der Erforschung von Minderheiten und Randgruppen im eigenen Land, bei der Stadtethnologie, der Unternehmensethnologie, dem Studium besonderer Berufsgruppen (etwa aus der IT-Branche) und bei der Tourismusforschung. Zu einigen dieser Arbeitsfelder existieren schon eigene Bibliographien. Die Mehrzahl der Beiträge in *Human Organization* (herausgegeben von der *Society for Applied Anthropology*. Washington, D.C.) und des *Journal of Contemporary Ethnography* zeigen uns am deutlichsten, wie wichtig neben Metatheorie, Epistemologie und literaturkritischen Ansätzen der Anwendungsaspekt ethnologischer Forschung geworden ist: Dort finden sich in den Heften eines einzigen Jahrgangs Feldforschungsberichte über Abtreibungen, Alkoholismus, Aidskranke, Kindesmissbrauch, Korruption, Satanismus, Spielhöllen, Gewalt auf Schulhöfen und Sex-for-Crack-Deals.

Ein in den USA zur eigenständigen Subdisziplin erhobener Bereich ist die hierzulande noch stiefmütterlich behandelte *Linguistische Anthropologie*. Hier sind in der nächsten Zukunft m. E. die raschesten Fortschritte zu erwarten. Wenn die Forderung nach sprachlicher Kompetenz als Basis für alle ethnologischen Untersuchungen ernstgenommen wird, müsste gleichsam als Nebenprodukt einer traditionellen Ethnographie neben Wörterbuch und evtl. Grammatik auch stets ein Korpus authentischer Texte entstehen, das alle Textsorten einer Sprechergemeinde umfasst und die Grundlage für eine *Ethnographie der Kommunikation* darstellen kann. Die Vertreter dieser Richtung sind – für ihre genauen Analysen – auf ebenso genaue Originaldaten angewiesen, also auf moderne Feldforschungsmethoden. Dazu gehört, dass man bei der Aufzeichnung verbalen Verhaltens nicht nur einen Text erfasst, sondern neben detaillierten ethnographischen und situationsspezifischen Hintergrundinformationen (vgl. Fischer 2000) auch Stimmlage, Intonation, Betonung, Lautstärke, Pausen, Rhythmik, Interjektionen und onomatopoetische Ausdrücke aufzeichnet und außerdem synchrones nonverbales Verhalten, wie Gestik, Mimik, Körperhaltung, Blickrichtung, Begleithandlungen und *feedback*. (vgl. Illius 1999)

Für moderne ethnorhetorische Studien (Strecker 1998a) mit engerem Untersuchungsrahmen bedarf es noch feinkörnigerer Methoden und besserer Sprachkenntnisse. Hier ist ebenfalls nicht „die Sprache" der Gegenstand, sondern „das Sprechen", und zwar bestimmte rhetorische Mittel und Stile in genau bezeichneten sozialen Kontexten. Ein Beispiel ist die Arbeit von Reichenbach (2001) über Formen der Höflichkeit unter Nachbarn in einem Damaszener Christenviertel.

Die Globalisierung macht die Welt als Forschungsfeld des Ethnologen nicht etwa kleiner und insgesamt einheitlicher; es entstehen vielmehr immer mehr und feinere Differenzierungen. Man muss genauer hinschauen und genauer hinhören (Streck 1997: 199–202). Die immer engeren Verflechtungen der modernen Welt und die ständig wachsende Informationsfülle durch Massenkommunikationsmittel bewirken also vor allem, dass man heute länger und gründlicher sein Feld erforschen muss, um es zu verstehen. (vgl. Spittler 2001)

14. Schreiben

„Poetisch oder trocken ist
weniger der Gegenstand
als vielmehr die Betrachtungsweise."
Christof Stählin

Während der Feldarbeit produzieren wir zumindest vier Arten von Texten. Das sind zum einen die ad hoc gemachten kurzen Beobachtungs- und Gesprächsnotizen als Gedächtnisstütze; dann das Tagebuch für Persönliches und das „Logbuch" mit Arbeits- und Zeitplänen, allem Organisatorischem eben, schließlich die „eigentlichen" Feldnotizen, unsere wissenschaftlichen Aufzeichnungen, die man wiederum unterteilen kann in Methodisches, Beschreibungen und Analysen. Wie man diese Produktion effektiv betreibt und organisiert, erklären uns Handbücher (Bernard 1995: 180–207, Sanjek 1990) bis hin zur Entscheidung für kariertes oder liniertes Papier. Irgendwann findet aber jeder die zu seinem Thema und seinem Arbeitsstil passende Form.

Der zum Thema passende Schreibstil findet sich seltener. Wie soll das zur Publikation bestimmte Endprodukt unserer Arbeit aussehen? Man kann über die Liebe sehr blass und über den Knollenfruchtanbau sehr blumig schreiben. Beides hat übrigens Malinowski getan. Nach Geertz (1990) müssen wir „realisieren, dass es in der Untersuchung von Kultur ebensowenig wie in der Malerei möglich ist, eine Grenze zwischen Darstellungsweise und zugrundeliegendem Inhalt zu ziehen." Der dröge deutsche Dissertationsstil kann nicht allen Gegenständen adäquat sein.

Seit der *Writing Culture*-Debatte der 1980er Jahre ist die ethnographische Arbeit als simples Beschreiben hinterfragt. Als Antwort darauf werden ethnographische Texte analysiert hinsichtlich ihrer Ursprünge und Quellen, ihrer Voreingenommenheiten und ihrer rhetorischen und literarischen Mittel. Der Prozess des Schreibens und die Produktion des Bildes der Anderen (*othering*) wurden diskutiert. Das Beziehungsgeflecht zwischen den Forschern und ihren jeweiligen *Anderen* wurde ebenso zum Untersuchungsgegenstand wie der ethnographische Forschungs- und Erkenntnisprozess selbst; es entstand eine Art *Anthropologie der Anthropologie.* Durch einen Rückgriff auf u. a. Habermas, der schon in den 1960er Jahren gegen objektivistische Wissenschaftsaufassungen und den Irrtum der Wertfreiheit schrieb, führten literaturtheoretische und postmodernistische Trends schließlich zur Dekonstruktion „realistischer" Repräsentationen und Metapositionen. All das hat zu einem gesteigerten Methodenbewusstsein geführt und wird als Reflexivität bezeichnet, womit ausgedrückt werden soll, dass die Person des Forschers ins Zentrum der Aufmerksamkeit gerückt ist. Das musste auch stilistischen Niederschlag finden. Seither ist eine umfangreiche kritische Literatur zur Problematik des ethnographischen und ethnologischen Schreibens entstanden. (Marcus und Cushman 1982; Clifford 1983; Geertz 1990) Als gelungenes Beispiel aus deutscher Produktion sei nur Häusler (1997) erwähnt, der durch den formalen Vergleich der Hauptwerke dreier berühmter Ethnologen gezeigt hat, wieviel der Schreibstil über die Absichten des Autors und seine Einstellung zum Gegenstand verrät.

Johansen (1999) hat in einem Essay zur „Schreibe" deutscher Ethnologen deren generelles stilistisches Unvermögen erbarmungslos gegeißelt; die von ihr implizit geforderte Trennung in wissenschaftlichen und poetischen Stil halte ich aber weder für möglich noch für anstrebenswert.

Unsere Feldnotizen sind keine „reinen" Daten, – es gibt keine. „Das Höchste wäre: zu begreifen, dass alles Faktische schon Theorie ist." (J. W. Goethe, Maximen und Reflexionen) Ebensowenig wie Theorien und Meinungen können wir Emotionen eliminieren. Unsere Aufzeichnungen sind *mehr* oder *weniger* politisch oder ideologisch gefärbt, mehr oder weniger interpretierend, poetisch und kunstvoll, fiktional, apologetisch … aber sie sind all das. Einem ehrlichen Text darf man das anmerken. Natürlich kann nicht jeder wie Hubert Fichte oder Bruce Chatwin schreiben. Aber es gibt viele bewusst subjektive

Feldforschungsberichte von Ethnologen, in denen kunstvoll die literarische Integration von objektiven Ereignissen und subjektiven Erfahrungen des Forschers geleistet wird (siehe unten, Erfahrungsberichte). Strecker (1969: 22) bezeichnet diese Werke als Kunst; – aber sind es nur zufällig die Werke der anerkannt guten Schreiber, die die höchsten Auflagen *und* den größten Einfluss auf die Theoriebildung unserer Zunft hatten? Angesichts der Eloquenz und stilistischen Finessen etwa der berühmten Fachvertreter, die Geertz (1990) diskutiert, möchte man die Aufgabe des Schreibens gern anderen überlassen. Tatsächlich ist ein Ghostwriter heute eine legitime Hilfe; ein namentlich genannter Koautor, wie Chanoff für den Ethnologen Good (1991), sicher die elegantere Lösung. Ein eigenes stilistisches Produkt ist aber nach wie vor der würdigste Abschluß einer gelungenen Feldforschung. "I think ethnographers should be criticized if they take the exciting material of real people's lives and turn it into deadly dull reading." (Bernard 1994: 151)

In einem interdisziplinären Workshop über Schamanismus gab es nach den Vorträgen getrennte Diskussionsrunden mit Vertretern von Philosophie, Psychologie, Medizin, Theologie und Ethnologie. Meinhard Schuster antwortete auf die Frage, weshalb die Ethnologie den weitaus größten Zulauf hatte, ohne zu zögern: „Ganz einfach: Wir haben eine Geschichte zu erzählen.“ Unsere Geschichte ist die Verbindung von Erfahrungen mit Erklärungen. Sie ist das große Problem der Ethnologie – und der große Reiz.

15. Literatur

15.1 Erfahrungsberichte

Bowen, Elenore Smith [Pseud. f. Laura Bohannan]
1984 Rückkehr zum Lachen. Berlin. [engl. OA 1964]

Briggs, Jean L.
1970 Never in anger. Cambridge.

Fischer, Hans (Hg.)
1985 Feldforschungen. (Neufassung 2002). Berlin.

Good, Kenneth R., und David Chanoff
1991 Into the heart. New York.

Malinowski, Bronislaw
1986 Ein Tagebuch im strikten Sinn des Wortes. Frankfurt a. M. [engl. OA 1967]

Powdermaker, Hortense
1967 Stranger and friend. New York.

Rabinow, Paul
1977 Reflections on fieldwork in Morocco. Berkeley.

15.2 Einführende Literatur

Agar, Michael H.
1980 The professional stranger. Orlando, Fl.

Bernard, H. Russell
1994 Research methods in anthropology. 2. Aufl. Walnut Creek, Cal.

Fischer, Hans
1998 Feldforschung. S. 73–92 in: Ders. (Hg.), Ethnologie. 4. Aufl. Berlin.

Hammersley, Martyn, und Paul Atkinson
1997 Ethnography: principles in practice. 2. Aufl. London.

Jackson, Bruce
1987 Fieldwork. Urbana, Ill.

Pelto, Pertti J., und Gretel H. Pelto
1973 Ethnography. S. 241–288 in: John Honigmann (Hg.), Handbook of social and cultural anthropology. Chicago.
1978 Anthropological research. 2. Aufl. Cambridge.

15.3 Darstellung von Einzelproblemen und zitierte Literatur

Alvarez Roldán, Arturo
1995 Malinowski and the origins of the ethnographic method. S. 143–155 in: Han F. Vermeulen und Arturo A. Roldán (Hg.), Fieldwork and footnotes. London.

Appell, George N.
1978 Ethical dilemmas in anthropological inquiry. Waltham, Mass.

Casagrande, Joseph B.
1960 In the company of man. New York.

Chagnon, Napoleon A.
1968 Yanomamö: the fierce people. New York.
1992 Yanomamö. 5. Aufl. San Diego.

Dammann, Rüdiger
1991 Die dialogische Praxis der Feldforschung. Frankfurt a. M.

Fischer, Hans
1996 Lehrbuch der genealogischen Methode. Berlin.
2000 Wörter und Wandel. Berlin.

Fine, Gary A.
1993 Ten lies of ethnography. In: Journal of Contemporary Ethnography 22: 267–294.

Geertz, Clifford
1990 Die künstlichen Wilden. Stanford. [engl. OA 1988]
1991 Dichte Beschreibung. 2. Aufl. Frankfurt a.M. [engl. OA 1987]

Häusler, Christian
1997 Kopfgeburten. Marburg.

Henry, Frances, und Satish Saberwal (Hg.)
1969 Stress and response in fieldwork. New York.

Illius, Bruno
1999 Das Shipibo: Texte, Kontexte, Kommentare. Berlin.

Johansen, Ulla
1999 Wie deutsche Ethnologen schreiben. S. 217–240 in: Waltraud Kokot und Dorle Drackle (Hg.), Wozu Ethnologie? Festschrift für Hans Fischer. Berlin.

Jongmans, Douwe G., und Peter C. W. Gutkind
1967 Anthropologists in the field. Assen.

Kohl, Karl-Heinz
1986 Exotik als Beruf. Frankfurt a.M.
1998 Against dialogue. In: Paideuma 44: 51–58.

Lee, Raymond M.
1995 Dangerous fieldwork. Thousand Oaks, Cal.

Malinowski, Bronislaw
1984 Argonauten des westlichen Pazifik. Frankfurt a.M. [engl. OA 1922]

Marcus, George E., und Dick Cushman
1982 Ethnographies as texts. In: Annual Review of Anthropology 2: 25–69.

Reichenbach, Anke
2001 Mit süßer Zunge. Gehren.

Rynkiewich, Michael A., und James P. Spradley (Hg.)
1976 Ethics and anthropology. New York.

Sanjek, Roger
1996 Ethnography. S. 193–198 in: Alan Barnard und Jonathan Spencer (Hg.), Encyclopedia of social and cultural anthropology. London.

Sanjek, Roger (Hg.)
1990 Fieldnotes. Ithaca, N.Y.

Spittler, Gerd
2001 Teilnehmende Beobachtung als Dichte Teilnahme. In: Zeitschrift für Ethnologie 126: 1–25.

Spradley, James P.
1979 The ethnographic interview. New York.

Spülbeck, Susanne
1997 Biographie-Forschung in der Ethnologie. Hamburg.

Stagl, Justin
1984 Einleitung des Herausgebers. S. 7–18 in: Laura Bohannan, Rückkehr zum Lachen. Berlin.
1985 Feldforschung als Ideologie. S. 289–310 in: Hans Fischer (Hg.), Feldforschungen. Berlin.

Stellrecht, Irmtraud
1993 Interpretative Ethnologie. S. 29–78 in: Thomas Schweizer et al. (Hg.), Handbuch der Ethnologie. Berlin.

Streck, Bernhard
1997 Fröhliche Wissenschaft Ethnologie: eine Führung. Wuppertal.

Strecker, Ivo
1969 Methodische Probleme der ethnosoziologischen Beobachtung und Beschreibung. Diss. Göttingen.
1998a Kulturanthropologie. In: Gert Ueding (Hg.), Historisches Wörterbuch der Rhetorik. Tübingen.
1998b "Our good fortune brought us together". In: Paideuma 44: 59–68.

Telban, Borut
2001 Bibliography of fieldwork, research methods and ethnography in sociocultural anthropology. Electronic document. The World-Wide Web Virtual Library, [2.2.2002] (http://coombs.anu.edu.au/Biblio/ biblio_fieldwork1.html)

Van Maanen, John
1988 Tales of the field. Chicago.

Arbeitsbereiche

Martin Rössler

Wirtschaftsethnologie

1. Einleitung

Die Wirtschaftsethnologie befasst sich mit der Wirtschaftsführung in menschlichen Gesellschaften. Wirtschaft bezeichnet dabei die kulturell geleiteten Aktivitäten, über welche Menschen mit ihrer physischen und sozialen Umgebung interagieren, um ihre Versorgung mit Gütern und Leistungen zu sichern. Die betreffenden menschlichen Aktivitäten erstrecken sich auf die Bereiche der *Produktion*, *Distribution* und *Konsumtion*.

Lange war die wirtschaftsethnologische Forschung auf die beschreibende Darstellung außereuropäischer, traditioneller Ökonomien beschränkt. Erst vor wenigen Jahrzehnten begann man, vermehrt theoretische Fragestellungen zu verfolgen sowie die vielfältigen Beziehungen des Wirtschaftlichen zu anderen Bereichen des Gesellschaftlichen zu untersuchen. Die theoretischen Fragestellungen stammen vor allem aus den Wirtschaftswissenschaften, wobei sich diese jedoch vornehmlich mit abstrakten Modellen *marktwirtschaftlicher* Gesetzmäßigkeiten befassen. Im Unterschied dazu geht es in der Wirtschaftsethnologie darum, Wirtschaftsformen und Wirtschaft im Allgemeinen in umfassender Weise *als Teil menschlicher Kultur* und gesellschaftlicher Praxis zu untersuchen.

Wirtschaft hängt immer und überall mit der politischen Ordnung, der sozialen Struktur und dem Wertesystem zusammen. So ist beispielsweise die Kontrolle von Güterproduktion und -verteilung häufig eine wesentliche Grundlage für politische Machtausübung. Auch ist die Organisation wirtschaftlicher Prozesse oft an verwandtschaftliche Einheiten (Familie, Clan etc.) gebunden. Schließlich üben kulturelle Werte erheblichen Einfluss auf den wirtschaftlichen Prozess aus. Dies äußert sich unter anderem in den Mustern der Arbeitsteilung: Dass Frauen bzw. Männern bestimmte Tätigkeiten zugewiesen werden, basiert selten auf objektiven Kriterien, sondern meist auf kulturspezifischen Überzeugungen. Weiterhin sind ganze Wirtschaftsbereiche eng in magische Vorstellungen, religiöse Systeme und rituelle Zyklen eingebunden, da z. B. das Pflanzenwachstum als von Geistern, Ahnen oder Gottheiten gesteuert betrachtet wird (Malinowski 1935; Rössler 1997). Daher geht die Wirtschaftsethnologie grundsätzlich davon aus, dass Wirtschaft in einem sehr engen Zusammenhang mit einer Vielzahl kultureller und sozialer Faktoren steht.

Die folgende Darstellung orientiert sich an den Bereichen der Produktion, Konsumtion und Distribution, wobei die Formen menschlicher Wirtschaftsführung im Anschluss an das Kapitel *Produktion* behandelt werden. Den Schluss bildet eine Zusammenfassung verschiedener theoretischer Ansätze sowie ein Ausblick zu aktuellen Perspektiven der Wirtschaftsethnologie.

2. Produktion

2.1 Allgemeines

Produktion ist definiert als die Transformation von Gütern in andere Güter. Die Grundlage dieses Prozesses bilden die so genannten *Produktionsfaktoren*, die man unterteilt in natürliche Ressourcen, Arbeit und Sachkapital wie unterschiedliche Hilfsmittel. Der Begriff des Gutes ist hingegen sehr allgemein zu verstehen. Güter werden unterschieden nach Sachgütern und (Dienst-) Leistungen. Sachgüter bezeichnen materielle, körperliche Dinge wie Nahrungsmittel oder irgendwelche anderen Objekte, die man verbrauchen, verteilen oder eben für die Produktion einsetzen kann. Leistungen umfassen alle menschliche Tätigkeiten, die an bestimmte Produktionsziele gebunden sind. Dies kann die Arbeitsleistung eines Handwerkers, ein Transportdienst, der Dienst eines religiösen Spezialisten oder Heilers usw. sein.

2.2 Ressourcen

Ressourcen sind natürliche Reserven und Mittel, die im Produktionsprozess zur Sicherung des menschlichen Lebensunterhaltes eingesetzt werden. Die für die Produktion relevanten Ressourcen bestehen vor allem aus nutzbarem

Boden, Wasser, Pflanzen, Tieren und Bodenschätzen. Sie sind nicht unbegrenzt verfügbar und gelten daher als grundsätzlich *knapp*. Ein ganz entscheidender Aspekt von Wirtschaft ist nun die Zuweisung von knappen Ressourcen auf die menschlichen Bedürfnisse, ein Prozess, den man als *Ressourcenallokation* bezeichnet. Allerdings wurden diese wirtschaftstheoretischen Grundsätze in der Ethnologie oft hinterfragt, da unter traditionellen Bedingungen manche Ressourcen, wie etwa die Bisonherden für die Prärie- und Plains-Indianer, in der Praxis nicht erschöpfbar waren. Andererseits ist aber Knappheit (an Wasser und Weide) für viele Hirtengesellschaften in Trockenzonen immer ein existenzielles Alltagsproblem gewesen. Der Begriff der Knappheit muss von daher immer in Beziehung gesetzt werden zu Umweltfaktoren sowie zu Umfang und Art der Ressourcennutzung.

Selbstverständlich bestimmt das Vorhandensein oder Nichtvorhandensein von Ressourcen generell die wirtschaftliche Strategie. Wie vorhandene Ressourcen in welchem Maße genutzt werden, hängt jedoch auch stark von kulturspezifischen Einstellungen und lokalem Wissen ab. So nutzen Jäger und Sammler nur einen Teil der essbaren Pflanzen- und Tierarten in ihrer Umgebung. Brandrodungsfeldbauern achten prinzipiell sehr genau auf einen schonenden Umgang mit ihren Ressourcen, doch kam es gerade in solchen Systemen in Krisensituationen zu dramatischer Ressourcenverknappung oder gar -erschöpfung (s. u.). Ähnliches gilt für das Hirtentum, wo häufig das Problem der Überweidung besteht. Der Umgang mit Ressourcen ist also in jedem Falle von ganz zentraler Bedeutung für jedes Wirtschaftssystem.

2.3 Ressourcenkontrolle und Rechte an Produktionsfaktoren

Wichtig ist weiterhin die Frage, wer innerhalb einer Gesellschaft Kontrolle über die Ressourcen ausübt bzw. wer die Rechte an Produktionsfaktoren innehat. Je komplexer eine Gesellschaft ist, desto differenzierter ist diese Frage zu beantworten, und desto *ungleicher* sind die besagten Rechte verteilt. Am ausführlichsten untersucht wurde diese Problematik in Bezug auf den wirtschaftlich genutzten Boden. Generell kann man hinsichtlich der Besitz- bzw. Verfügungsrechte vier Kategorien unterscheiden (siehe Acheson 1994: 10):
1) *Offener Zugang* besteht in manchen Systemen beispielsweise zu Ressourcen wie Wasser, Wäldern oder Land, die jedem Nutzer uneingeschränkt zur Verfügung stehen. Diese Situation hat sich wegen der faktisch fehlenden Kontrolle der Ressourcen als besonders anfällig gegenüber ihrer Schädigung oder gar Zerstörung erwiesen.
2) *Kommunalbesitz* liegt vor, wenn sich z. B. ein bestimmtes Landstück im Besitz einer Abstammungsgruppe befindet, welche die Nutzung unter ihren Mitgliedern aufteilt. Dies ist häufig der Fall bei Systemen des extensiven Bodenbaus.

3) *Staatsbesitz* bedeutet eine strikt zentralisierte Kontrollausübung, die oft große Teile der Bevölkerung von der Nutzung bestimmter Ressourcen ausschließt. In vormodernen Staaten war dies ebenso der Fall wie in Königreichen oder Häuptlingstümern, in denen Ressourcennutzung in weiten Bereichen auf eine kleine Elite beschränkt ist.

4) *Privat-* oder *Individualbesitz* schließlich führt zu sehr differenzierten Systemen von Besitzrechten, die in Abhängigkeit von der Sozialstruktur auch am deutlichsten durch ungleiche Verteilung gekennzeichnet sind. Individualbesitz an Land ist typisch für die meisten Intensivbauern. Weltweit liegt jedoch allein im Hinblick auf Land eine so reiche Formenvielfalt von Besitzrechten vor, dass sich über diese groben Kategorien hinaus keine generellen Aussagen machen lassen.

2.4 Arbeit und Haushaltswirtschaft

In nicht-industriellen Wirtschaftssystemen ist meist der Haushalt die zentrale Einheit für Produktion, Distribution und Konsumtion. Im Unterschied zum abstrakten Begriff des Haushaltes in der marktwirtschaftlichen Theorie betrachtet die Ethnologie Haushalte als konkrete Residenzeinheiten, die interkulturell gesehen ein breites Spektrum von Zusammensetzungen und Aktivitäten aufweisen (siehe Netting et al. 1984). Letztere erstrecken sich unter anderem auf die *Haushaltsproduktion*, innerhalb derer (Sach-) Güter und Zeit eine entscheidende Rolle spielen, daneben aber auch Wissen, Erfahrung und Geschick.

Die Arbeitszeit eines Haushaltes ist definiert als die gesamte Zeit, die seine Mitglieder für *produktive Leistungen* aufbringen. Als produktive Leistungen werden dabei Tätigkeiten außerhalb des Hauses aufgefasst, während *reproduktive Tätigkeiten* wie Kinderfürsorge oder Nahrungszubereitung innerhalb des Hauses vollzogen werden. Beide Arten von Tätigkeit werden unter dem Begriff *Arbeit* zusammengefasst, der mittlerweile Gegenstand einer spezialisierten Forschungsrichtung geworden ist (*anthropology of work*; Wallman 1979, Applebaum 1984). Bei produktiven Tätigkeiten wurde vor allem die *Arbeitsplanung* untersucht, die sowohl die Zeiteinteilung im Jahresverlauf als auch die zeitliche Ordnung einzelner Tätigkeiten umfasst. Nahrungssuche im Regenwald, Intensivbau in gemäßigten Breiten und Viehhaltung in der Savanne beispielsweise folgen in dieser Hinsicht jeweils vollkommen unterschiedlichen Mustern. Allerdings sind Letztere beständigen Veränderungen unterlegen, da z. B. technologischer Wandel wie die Einführung von Stahlgegenüber Steinäxten (Salisbury 1962) oder die Einführung neuer Getreidesorten (Rössler 1997) drastische Veränderungen der Arbeitsmuster bewirken kann.

Dies bezieht auch den Aspekt der *Arbeitsteilung* ein. In keiner Gesellschaft wird jede Art von Arbeit von jedem Individuum verrichtet. Überall gibt es vielmehr eine Aufteilung der Arbeiten nach bestimmten Kategorien. Die einzig universellen dieser Kategorien sind das Geschlecht und das Lebensalter, nach denen Arbeit auch in den einfachsten Wirtschaftssystemen differenziert wird. So sind es bei den meisten Formen der Nahrungssuche die Frauen, die überwiegend sammeln, während die Männer den größten Teil der Jagd erledigen. Je komplexer das System ist, desto differenzierter ist auch die Arbeitsteilung. Sie kann sich auf gesellschaftliche Gruppen (Schichten, ethnische Untergruppen, Kasten) beziehen und schließlich auch individuelle *Spezialisten* hervorbringen, z. B. Handwerker wie Schmiede oder Bootsbauer. Unsere postindustrielle Wirtschaft lässt sich als die komplexeste Form der Arbeitsteilung im Sinne eines Zusammenwirkens unzähliger hochgradig spezialisierter Tätigkeiten begreifen. Auf der anderen Seite erfordert Arbeitsteilung gleichzeitig *Kooperation*, das heißt, die Abstimmung einzelner Tätigkeiten untereinander. Im intensiven Reisanbau beispielsweise werden sehr unterschiedliche Arbeiten von vielen Leuten parallel erledigt, die unbedingt koordiniert werden müssen, aber auch für die Organisation der Jagd auf Großwild (Einkreisen, Treibjagd) ist eine genaue Absprache innerhalb der Jägergruppen notwendig.

3. Formen der Wirtschaftsführung

Bis vor etwa zehntausend Jahren ernährten sich alle Menschen vom Jagen und Sammeln, wobei schon wesentlich früher einige Gruppen dazu übergegangen waren, sich auf die Nutzung bestimmter Arten von Pflanzen und Tieren zu spezialisieren. Solche spezialisierten Jäger und Sammler begannen zum besagten Zeitpunkt mit der systematischen Produktion von Nahrung. Die *Evolution der Wirtschaftsformen* stellt im Prinzip eine Fortentwicklung hin zu immer komplizierteren Systemen dar, jedoch verlief dieser Prozess weltweit keineswegs auf die gleiche Weise. Vielmehr gab es eine Vielzahl von ökologischen, technologischen und kulturellen Variablen, die im Zusammenhang mit der spezifischen Ausbildung wirtschaftlicher Strategien standen. Die folgende Typologie ist also nicht im Sinne einer uniformen Abfolge aufzufassen. Ebenso wenig ist jede der vorgestellten Wirtschaftsformen als exklusiv zu verstehen, denn überall und zu allen Zeiten sind durch spezielle lokale Bedingungen Sonderformen entstanden, die sich einer eindeutigen Kategorisierung entziehen.

3.1 Generalisierte Nahrungssuche

Die generalisierte Nahrungssuche (englisch *foraging*), die man früher auch „Wildbeutertum" nannte, bezeichnet das Sammeln eines breiten Spektrums an pflanzlicher Nahrung (Nüsse, Knollen, Samen, Gräser etc.) und die Jagd auf diverse Tierarten. Man spricht deshalb auch von „Jäger und Sammler-Gesellschaften" (*hunter-gatherers*). Im Gegensatz zur früher weltweiten Verbreitung dieser Wirtschaftsform leben alle heute (oder zumindest bis vor wenigen Jahrzehnten) existierenden Nahrungssucher unter extremen Umweltbedingungen, nämlich in Wüsten (Südafrika und Australien), im tropischen Regenwald (Zentralafrika, Südamerika, Südostasien) sowie in der Arktis (Inuit). Das heißt, Nahrungssuche finden wir heute nur noch dort, wo aufgrund der klimatischen Verhältnisse Nahrungsproduktion nicht oder nur sehr eingeschränkt möglich ist.

Obwohl die Strategien der Nahrungssuche sehr differenzierter Natur sind, resultiert die Gemeinsamkeit der extremen Umweltbedingungen doch in einigen allgemeinen Kennzeichen nahrungssuchender Gruppen.

1) Sie sind *zahlenmäßig* in der Regel sehr klein; die Bevölkerungsdichte ist äußerst niedrig. Dies ist schon daraus erklärbar, dass die prinzipiell lebensfeindlichen Regionen, die sie bewohnen, größere Gruppen nicht ernähren könnten.

2) Die Nahrungssuche erfordert eine hohe *Mobilität*, da Pflanzen und Beutetiere z. B. in der Wüste sehr knapp und verstreut sind und die Menschen weite Entfernungen zurücklegen müssen, um Nahrung zu finden.

3) Der Zwang zur Mobilität resultiert bei diesen Gruppen in einer sehr *einfachen Technologie* (d. h. wenige, universell einsetzbare Werkzeuge) und einer sehr bescheidenen *materiellen Kultur* im Allgemeinen, da man bestrebt sein muss, möglichst wenig zu transportieren.

4) Nahrungssuchende kennen *keine Konservierung* von Lebensmitteln. Die Bevölkerung kann also stets nur so groß sein, dass sie in der saisonalen Periode der größten Nahrungsknappheit überleben kann.

Die Nahrungssuche ist eine aussterbende Wirtschaftsform, und zwar primär durch Sesshaftwerdung und Integration solcher Gruppen in Bauernbevölkerungen wie etwa in den Wüstenrandzonen Afrikas. Überall werden Nahrungssuchende als vermeintlich rückständig betrachtet und diskriminiert. In manchen Staaten, wie z. B. in Australien die Aborigines, sind sie heute als verarmtes Proletariat an den Rand der Gesellschaft gedrängt worden.

3.2 Spezialisiertes Jagen, Fischen und Sammeln

Diese Wirtschaftsformen gibt es in Regionen, die einen (oft auch nur saisonalen) Überfluss an einer bestimmten Ressource aufweisen. Spezialisierte *Jäger* konzentrieren sich weitgehend auf wenige oder auch nur eine einzige Art von Beutetieren. Das bekannteste Beispiel bilden die nordamerikanischen Indianer der Prärien und Plains wie etwa die Crow oder die Teton-Sioux, die neben dem Bison nur wenige Arten anderen Großwildes jagten. Die Technologie aller spezialisierten Jäger ist weitaus komplexer als diejenige von Gruppen, die generalisierte Nahrungssuche betreiben. Die Crow nutzten beispielsweise neben Pfeil und Bogen das Hunde-Travois zum Transport ihrer Beute und verfertigten komplizierte Zelte, Kleidungsstücke und Werkzeuge. Allerdings darf nicht vergessen werden, dass diese Indianer vor der Übernahme von Pferd und Feuerwaffen (im späten 18. Jh.) wahrscheinlich keine so extreme Spezialisierung auf die Bisonjagd kannten. Ein weiteres Beispiel für spezialisierte Jäger sind die Inuit der arktischen Regionen, deren Nahrungsgrundlage je nach Region aus Robben, Karibu oder Walen bestand. Auch sie verfügten traditionell über eine hochspezialisierte Technologie (Waffen, Boote, Hundeschlitten, Lampen), die vollständig aus Tierprodukten verfertigt war.

Eng verwandt mit der spezialisierten Jagd ist das spezialisierte *Fischen*. Neben manchen Inuit-Gruppen, die auf die Fischerei spezialisiert waren, stellen das Musterbeispiel für diese Wirtschaftsform Indianer wie die Haida und Kwakiutl an der nordwestlichen Pazifikküste Amerikas dar. Sie fingen während der Sommermonate große Mengen von Lachsen und *konservierten* sie durch Räuchern, so dass die Ernährung während des Winters gesichert war. Durch diese wirtschaftliche Spezialisierung entwickelte sich eine hohe Bevölkerungsdichte und eine soziale Komplexität, wie sie sonst nur unter Ackerbauern bekannt ist.

Das spezialisierte *Sammeln* (englisch *collecting*) unterscheidet sich vom generalisierten Sammeln vor allem dadurch, dass Konservierungstechniken zur Anwendung gelangen. Gut dokumentierte Beispiele finden sich im westlichen Nordamerika. Gruppen wie die Shoshone in Utah und Nevada sammelten saisonal den Samen einer bestimmten Pinienart, eine nahrhafte Nuss, die durch Rösten konserviert und als Wintervorrat eingelagert wurde. Da die Bäume sehr unregelmäßig tragen, waren auch diese spezialisierten Sammler zu räumlicher Mobilität gezwungen. Kalifornische Indianergruppen, die auf das Sammeln von Eicheln spezialisiert waren, lebten hingegen die meiste Zeit des Jahres in festen Siedlungen. Obwohl die historischen Belege leider fehlen, geht man davon aus, dass auch in den Tropen das spezialisierte Sammeln (z. B. von Knollenfrüchten) einst weit verbreitet war und die Grundlage für den Übergang zur Nahrungsproduktion bildete.

3.3 Extensiver Bodenbau / Feldbau

Entscheidend für die Nahrungsproduktion ist die *Domestikation* von Pflanzen. Die einfachste Form dieser Wirtschaftsweise bildet der so genannte *Feldbau*, der auch als *Gartenbau* oder *extensiver Bodenbau* bezeichnet wird. Kennzeichnend für diese Wirtschaftsform, die sich vor allem in den tropischen Regionen Afrikas, Südostasiens, Lateinamerikas und im Pazifik findet, ist die Bearbeitung des Bodens mittels des Grabstockes oder der Hacke, und zwar dergestalt, dass zunächst Busch und Wald in umgrenzten Gebieten mit Feuer gerodet (daher auch *Brandrodungsfeldbau*) und diese Flächen im Anschluss bepflanzt werden. Typische Anbauprodukte sind Knollenfrüchte (Yams, Taro, Süßkartoffeln, Maniok), aber auch diverse Gemüse und Getreide (Trockenreis, Hirse, Mais). Da die Böden nach einigen Jahren erschöpft sind und danach lange Erholungsphasen benötigen, wandert die Gruppe entweder weiter, um sich an anderen Orten niederzulassen (daher auch *Wanderfeldbau* mit temporärer Sesshaftigkeit), oder sie nutzt wechselweise verschiedene Anbauflächen im Umkreis einer dauerhaften Siedlung.

Weltweit existieren unzählige Varianten des Feldbaus. Das liegt vor allem daran, dass diese Wirtschaftsform eine perfekte Anpassung an die jeweiligen ökologischen Umstände erfordert. Zwar basiert der Feldbau auf einem äußerst komplexen Wissen über die Umwelt, doch weist er kritische Aspekte auf: Erstens können sich Menschen auf der Grundlage von Knollenfrüchten nicht vollwertig ernähren. Zur Ergänzung betreiben Feldbauern daher immer zusätzlich Jagd, Fischfang oder sie halten *domestizierte Tiere*, insbesondere Schweine. Auch das Sammeln zusätzlicher Pflanzen ist überall verbreitet. Zweitens kann der Feldbau zwar deutlich größere Bevölkerungen ernähren als die Nahrungssuche, doch ist das Verhältnis zwischen der Gruppe und der Umwelt sehr labil. Dieses Problem wird insbesondere bei plötzlich auftretendem Bevölkerungswachstum oder wirtschaftlichen Notlagen deutlich, wenn ein fataler Kreislauf aus verstärkter Brandrodung, Erweiterung der Anbauflächen und immer kürzeren Brachezeiten einsetzt, der rasch zum Zusammenbruch des Ökosystems führt. Eine solche Situation ergab sich in den letzten Jahrzehnten häufig in Teilen Südamerikas, Afrikas und Südostasiens. Fälschlicherweise haben westliche Beobachter diese Phänomene auf die Strategie des Brandrodungsfeldbaus an sich zurückgeführt. Unter stabilen Bedingungen, die heute freilich immer seltener werden, stellt er jedoch eine effiziente Anpassung der Nahrungsproduktion an die Umwelt dar.

3.4 Intensiver Bodenbau / Ackerbau

Diese Produktionsform bezieht neben der zwingend erforderlichen Domestikation von Pflanzen und Tieren zwei wesentliche zusätzliche Faktoren ein, nämlich die gezielte Kontrolle der Bewässerung und die Technik des Pfluges. Ein weiteres Kennzeichen des Intensivbaus ist die Dauerhaftigkeit der Felder (häufig mit Fruchtwechsel), die ihrerseits permanente Sesshaftigkeit der Bevölkerung ermöglicht und auch erfordert, da diese Wirtschaftstrategie sehr arbeitsintensiv ist und eine komplexe Technologie benötigt. Aus diesen Voraussetzungen folgt auch, dass Ackerbauern in aller Regel hohe bis sehr hohe Bevölkerungsdichten und -größen sowie komplexe Gesellschaftsordnungen aufweisen. Intensive Anbausysteme sind in relativ geringem Maße von klimatischen Bedingungen abhängig und daher in allen Regionen mit genügend langen Vegetationsperioden und ausreichenden Wasservorkommen vertreten, das heißt im Prinzip weltweit außer im extremen Norden. Unter günstigen Bedingungen gibt es Intensivbau sogar in der Wüste, nämlich im Falle der Oasenwirtschaft.

Typisch für diese Wirtschaftsstrategie ist der Anbau von Getreide (Reis, Mais, Weizen etc.), aber auch Baumpflanzungen wie etwa Kokospalmen werden in dieser Weise bewirtschaftet. Vor allem komplizierte Anbausysteme mit künstlicher Bewässerung zeigen, dass Arbeitsorganisation und -teilung wesentlich differenzierter sind als in anderen Wirtschaftsformen. Besonders viel Aufwand ist erforderlich für Bau und Erhalt von Terrassen und Bewässerungskanälen, Pflege von Tieren und Gerätschaften sowie für die Kontrolle der Menge und Verteilung des zugeführten Wassers.

Der Intensivbau ist zwar in der Lage, sehr große Bevölkerungen zu ernähren, er ist jedoch eigentlich eine wenig effiziente Produktionsmethode, denn der im Vergleich zum Feldbau größere Ertrag pro Flächeneinheit erfordert einen relativ gesehen viel höheren Arbeitseinsatz. Charakteristisch für diese Produktionsstrategie ist auch, dass sie als einzige regelmäßige *Überschüsse* hervorbringt, die teilweise als Vorrat gelagert, aber auch eingetauscht bzw. verkauft werden. Dies ist auch ein Kennzeichen einer speziellen Wirtschaftsform auf der Basis des Intensivbaus, der sogenannten *Bauerngesellschaften* (*peasants*). Diese zahlenmäßig sehr großen Gesellschaften (z. B. in Mexiko, Indien, Java) sind ein Produkt ökonomischen und politischen Wandels und wurden insofern als ländliche *Klassensegmente* innerhalb einer übergreifenden Gesellschaft definiert, die spezifische wirtschaftliche und soziale Merkmale aufweisen, darunter insbesondere die Abhängigkeit von zentralen, städtischen Märkten (Shanin 1990). Durch wachsende Einbindung in nationale und internationale Märkte entwickeln sich heute viele Systeme des Intensivbaus in Richtung auf einen solchen Typus (Rössler 1997).

3.5 Hirtentum

Das Hirtentum (oder *Pastoralismus*) findet sich in Europa, weiten Teilen Asiens und Afrikas sowie in Südamerika, wobei je nach Region Rinder, Kamele, Schafe und Ziegen, Rentiere, Yaks und Lamas gehalten werden. Die Nutzung der Tiere ist vielfältig: Man konsumiert ihre Produkte wie vor allem Milch, die auch zu Käse oder Yoghurt weiter verarbeitet wird, Blut oder Fleisch (letzteres jedoch eher selten), und man verwendet die Häute für Kleidung und Behausung.

Hirten können entweder sesshaft sein oder nomadisieren, jedoch kommen beide Lebensformen auch im saisonalen Wechsel vor. Sesshafte Hirten, wie etwa die Tswana im südlichen Afrika, betreiben neben der Viehhaltung Bodenbau als gleichrangige Wirtschaftsstrategie. Alle Formen des Hirtentums existieren aber Seite an Seite mit Bodenbau in irgendeiner Form, da neben der Haltung von Viehherden als Grundlage des Nahrungserwerbs stets ein zusätzlicher Bedarf an pflanzlicher Nahrung und Gerätschaften besteht. Dieser Bedarf kann auch durch Handel, wie ihn z. B. die Salzkarawanen der Tuareg in der Sahara praktizieren, oder durch Tributforderungen von Bauern gedeckt werden.

Hirtennomaden (oder *pastorale Nomaden*) verändern zyklisch ihren Aufenthaltsort auf der Suche nach Weide und Wasser für die Tiere. Seminomadische Wirtschaftsführung liegt dann vor, wenn eine Gruppe einen Teil des Jahres in permanenten Siedlungen verbringt (wo oft auch Bodenbau betrieben wird), saisonal jedoch Wanderungen mit den Herden durchführen muss, weil Wasser und Weide in Siedlungsnähe knapp werden. Die Nuer im Sudan verfolgen eine solche Strategie.

Man fasst heute die unterschiedlichen Arten des Hirtentums als spezifische Anpassungen an Habitate auf, in denen sich Menschen weder durch Nahrungsproduktion noch durch Nahrungssuche dauerhaft ernähren könnten, wie etwa Trockensavannen oder das Hochgebirge. Das Hirtentum ist dabei generell sehr anfällig gegenüber Krisen, wie sie durch Schwankungen innerhalb der Wasser- und Weidesituation oder durch Tierkrankheiten und -seuchen hervorgerufen werden. *Risikominimierung* und *Krisenmanagement* wie z. B. durch Vorratshaltung, flexible Wanderbewegungen oder Ausweichen auf andere Strategien (Handel, Bodenbau, Sammeln) sind daher für Hirten essentiell. Die äußerst vielfältigen Erscheinungsformen und die kurzfristige Anpassungsfähigkeit an sich verändernde Lebensumstände machen eine einheitliche Definition des Hirtentums praktisch unmöglich.

4. Konsumtion

4.1 Bedürfnisse und Kultur

Als Konsumtion bezeichnet man den Verbrauch von Gütern. Dieser Prozess befriedigt menschliche *Bedürfnisse*, unter denen physische und soziale unterschieden werden. Die auf das körperliche Überleben bezogenen *physischen Bedürfnisse* bestehen vor allem im Hinblick auf Ernährung sowie auf Schutz durch Kleidung und Behausung. Ihre Befriedigung richtet sich zunächst nach den verfügbaren Ressourcen und klimatischen Verhältnissen. *Soziale Bedürfnisse*, deren Umfang denjenigen der physischen weit übersteigt, entstehen aus dem menschlichen Zusammenleben heraus. Soziale und politische Sicherheit, das Erlangen bestimmter Kenntnisse und Informationen, das Konsultieren eines Heilkundigen oder religiösen Spezialisten, der Transport zur Arbeitsstelle usw. sind Beispiele für soziale Bedürfnisse.

Physische wie soziale Bedürfnisse können auf sehr unterschiedliche Art befriedigt werden. Die Ernährung bildet das eingängigste Beispiel. Prinzipiell gilt für alle Gesellschaften, dass die Ernährungsweise keineswegs dekkungsgleich mit der Ressourcenlage ist. Vielmehr selektieren die Menschen überall aus der zur Verfügung stehenden Nahrung Komponenten, die konsumiert werden, während andere nicht konsumiert werden. Diese Selektion geschieht teilweise unbewusst, teilweise aber auch bewusst, wie im Falle der sogenannten *Nahrungstabus*. Letztere sind oft an Religionen oder Überzeugungen gebunden, wie das Verbot für den Verzehr von Schweinefleisch im Islam und Judentum. Daneben sind zahlreiche *soziale Grenzen* im Hinblick auf die Ernährung belegt, das heißt, dass nur bestimmte Teile der Gesellschaft (z. B. der Adel) manche Nahrungsmittel konsumieren dürfen, während sie dem Rest des Volkes untersagt sind. All diese Phänomene beziehen sich auf sozial akzeptierte Konsumtionsnormen. Sie erstrecken sich nicht allein auf die Ernährung, sondern auch auf andere Güter. So sind weltweit bestimmte Kleidungsformen oder Ausgestaltungen von Häusern auf die gesellschaftliche Elite und/oder auf die Inhaber von politischen oder religiösen Ämtern beschränkt. Über Konsumtionsmuster wird hier ein besonderer sozialer Status hervorgehoben und allgemein sichtbar gemacht.

Weniger eindeutig ist der Bereich der bevorzugten Konsumwünsche, der sogenannten *Präferenzen*. Sie können als ein von allen Individuen geteiltes *Bedürfnisniveau* einheitlich auf ganze Gesellschaften bezogen sein, oder sie differenzieren eine Gesellschaft in sich. Bezüglich der Ernährung betrifft dies z. B. in unserer eigenen Gesellschaft die parallele Existenz einer *haute cuisine*, der *gutbürgerlichen Küche*, der *vegetarischen* Küche usw. In Ergänzung zu den Präferenzen, die diesbezüglich jeweils Teile der Gesellschaft äußern, gibt es innerhalb der genannten Kategorien individuelle Präferenzen.

Schließlich sind auch kollektive Abneigungen gegen bestimmte Nahrungskomponenten zu erwähnen, z. B. bei uns gegen den Verzehr von Insekten, Schlangen oder Hunden, wie er in anderen Kulturen selbstverständlich ist. Dies hat nichts mit Nahrungstabus zu tun, da keine entsprechende Norm oder religiöse Vorschrift vorliegt. Vielmehr handelt es sich einfach um unreflektierte kulturelle Standards. Grundsätzlich ist jede Gesellschaft davon überzeugt, dass ihre Ernährungsweise die einzig richtige auf der ganzen Welt ist. Vergleichende Untersuchungen zeigen jedoch, dass es keine natürlichen Kriterien, sondern in hohem Maße *kulturelle Zuschreibungen* sind, die für die Definition des Essbaren und generell für die Ausprägung von Bedürfnissen verantwortlich sind. Im Gegensatz zu Nahrungstabus und anderen gesellschaftlich geteilten Überzeugungen über Bedürfnisse und ihre Befriedigung wandeln sich Präferenzen auf niederen Ebenen (d. h. Teilen der Gesellschaft oder Individuen) oft sehr schnell, z. B. in Abhängigkeit von Moden oder Trends.

4.2 Die symbolische Dimension der Konsumtion

Güter haben nicht nur instrumentale, sondern auch symbolische Bedeutungen. Nahrung macht nicht nur satt und Kleidung hält nicht allein warm. Über das Essverhalten, Kleidungsweisen (bezogen auf physische Bedürfnisse) und den Konsum zahlloser anderer Güter (bezogen auf soziale Bedürfnisse) kann jedes Individuum vielmehr „soziale Nachrichten" senden und empfangen (Appadurai 1986). Insofern ist der gesamte Bereich der Konsumtion durch eine Vielzahl kultureller Faktoren geprägt. Auch dieser Bereich ist häufig einem raschen Wandel unterlegen. Galt es bei uns früher als Kennzeichen eines niedrigen Sozialstatus, mit dem Fahrrad statt mit der Limousine zur Arbeit zu fahren, so drückt der Aktenkoffer auf dem Mountainbike heute eine moderne, fitness-orientierte Lebenshaltung aus. Erlangte ein junger Mann im ländlichen Indonesien früher über den Erwerb magischen Wissens oder als aggressiver Krieger Prestige, so versucht er dieses heute über den Erwerb von Motorrad, Armbanduhr und Blue Jeans zu erlangen. In Brazzaville (Republik Kongo) investieren die Mitglieder einer sozialen Randgruppe Unsummen, um nach Paris zu fliegen, sich dort die teuerste Designermode zu kaufen und nach ihrer Heimkehr daraus eine ganz spezifische Identität zu konstruieren (Friedman 1990). Die spezifische Gestaltung von Konsumtion sagt also immer etwas über sozialen Status und Identität aus, wobei dies in jeder Gesellschaft anderen Mustern unterlegen ist.

4.3 Wert und Wertklassen

Auch die Symbolik der Konsumtion basiert letztlich auf der Tatsache, dass Menschen allen Gütern irgendeinen *Wert* zusprechen. Theorien des Wertes gehören zu den kompliziertesten Kapiteln des Forschungsgegenstandes Wirtschaft überhaupt (siehe Rössler 1999: 120–143). Es kommt hinzu, dass Studien aus außereuropäischen Gesellschaften diese Problematik erweiterten, weil in diesen Gesellschaften häufig keine Entsprechungen solcher Begriffe wie *Gebrauchswert* oder *Tauschwert* vorliegen. In allen Wirtschaftssystemen hängen jedoch Nachfragemuster, Äußerungen von Bedürfnissen und Präferenzen unmittelbar damit zusammen, wie Güter bewertet werden.

Wertbegriffe sind zum Teil stabil, zum Teil verändern sie sich aber auch sehr rasch. Zudem sind sie von sozialen Faktoren abhängig und variieren z.B. nach Status oder Geschlecht. Vor allem aber werden sie nach bestimmten Mustern klassifiziert. Man spricht in Bezug auf diesen letzten Punkt von bestimmten *Wertklassen*, in die alle Güter eingeordnet werden. Obwohl dies prinzipiell in jeder Kultur anders vollzogen wird, gibt es einige besonders häufig auftretende Bezeichnungen für solche Wertklassen. Unter *Subsistenzgütern* etwa versteht man Güter, die im physischen oder sozialen Sinn unverzichtbar sind, wie etwa Nahrungsmittel oder Behausung. Hier steht der sogenannte Gebrauchswert im Vordergrund. *Wertgegenstände* haben hingegen sehr häufig keinen praktischen Nutzen, sind jedoch vor allem dadurch gekennzeichnet, dass sie knapp und auffällig sind sowie einen hohen ‚inneren Wert' besitzen. Einen Wertgegenstand zu *besitzen* oder *weiterzugeben* verleiht einem Individuum in erster Linie Prestige. Das Kriterium des Besitzes findet besonders akzentuierten Ausdruck in der *Thesaurierung* oder Schatzbildung, das heißt, in der Anhäufung großer Mengen von Wertträgern zum Zwecke des Prestigegewinnes. Wertgegenstände spielen besonders häufig im zeremoniellen Tausch (siehe unten) eine wichtige Rolle. Klassische Beispiele hierfür sind der *kula*-Tausch in Melanesien, bei dem im gegenläufigen Sinne eigentlich nutzlose Armreifen und Halsketten zwischen mehreren Inseln im Tausch zirkulieren, sowie die *Potlatch*-Zeremonie der Indianer an der amerikanischen Nordwestküste, bei der das Weggeben oder gar Zerstören von Wertgegenständen (in diesem Fall z. B. Decken) ausschlaggebend für das Prestige von Individuen oder Gruppen war.

Der Begriff der *Prestigegüter* ist nicht eindeutig von dem der Wertgegenstände zu trennen, setzt jedoch voraus, jeweils die kulturspezifische Qualität von Prestige zu erläutern. Ähnliches gilt für den Begriff der *Luxusgüter*, da *Luxus* oft auf rein persönlichem Empfinden beruht und nicht immer eindeutig von Subsistenz getrennt werden kann. Zudem werden Luxusgüter im Laufe der Zeit oft zu Subsistenzgütern oder umgekehrt. All diese Kategorien sind äußerst variabel. Sie unterscheiden sich zwischen einzelnen Kulturen, beziehen zahlreiche soziale Faktoren ein und sind oft sehr schnellen Veränderungen unterlegen. Aus diesen Gründen gelten Wertbegriffe als der Schlüssel zum Verständnis des Wirtschaftlichen überhaupt.

5. Distribution und Tausch

5.1 Selbstversorgung und Distribution

Produzierte Güter und Leistungen müssen, sofern sie nicht unmittelbar durch die Produzenten selbst konsumiert werden, über bestimmte Verteilungsmechanismen an die Konsumenten weitergeleitet werden. Diesen Prozess nennt man im allgemeinen Sinne *Distribution*.

Allerdings werden in vielen Wirtschaftssystemen manche Güter und Leistungen nicht nach außen verteilt oder getauscht, sondern intern konsumiert. Ein solches System bezeichnet man häufig als *Subsistenzwirtschaft* und meint damit, dass eine Gruppe alles Produzierte selbst konsumiert bzw. nichts konsumiert, was sie nicht selbst produziert. Dieser Fall wird heute allerdings als hypothetisch angenommen, so dass der Bereich der Selbstversorgung besser als *Subsistenzsektor* innerhalb der Wirtschaft bezeichnet werden sollte. Jedoch spielt auch eine Rolle, auf welche Weise die Güter innerhalb einer Gruppe, die überwiegend für den Eigenbedarf produziert, der Konsumtion zugeführt werden. In agrarischen Gesellschaften werden unterschiedliche Produkte, auf die sich einzelne Haushalte spezialisiert haben, oder auch Überschüsse, häufig distribuiert. Auch werden in Krisenzeiten Erträge intern umverteilt, wenn z. B. ein Teil der Haushalte von Missernten betroffen ist (siehe Scott 1976). Irgendeine Form der Distribution liegt also immer vor.

Von heute zunehmender Bedeutung ist aber auch das Verhältnis von Selbstversorgung und anderen Einkünften. Letztere, vor allem bezogen auf Geldeinkünfte, begannen im Zeitalter der kolonialen Wirtschaft – etwa mit der Anlage von durch Lohnarbeiter bewirtschafteten Plantagen – eine wichtige Rolle zu spielen. Bei der heute weltweit wachsenden Einbindung nicht-industrieller Wirtschaftssysteme in Geld- und Warenmärkte tritt die Bedeutung der Selbstversorgung immer weiter zurück, während die Abhängigkeit von Lohnarbeit und Bargeldeinkünften steigt. Diese wachsende *Monetarisierung* hat in den Augen vieler Menschen in den Ländern der sogenannten Dritten Welt den Vorteil, dass zahlreiche neue Konsumwünsche realisierbar werden, für die Bargeldeinkünfte Voraussetzung sind. Dem stehen jedoch auf der anderen Seite erhebliche Nachteile gegenüber, denn zunehmende Abwanderung vor allem junger Menschen vom Land in die Stadt führt oft zu Arbeitskräftemangel in der Landwirtschaft. Bei einer Umorientierung in Richtung auf Lohnabhängigkeit führt plötzliche Arbeitslosigkeit schnell zu Verarmung und Proletarisierung großer Bevölkerungsteile. Zudem verlagern sich die Inhalte wirtschaftlicher Risiken von ökologischen Krisen wie Dürrezeiten oder Schädlingsbefall hin zu oftmals wesentlich längerfristigeren und noch weniger kalkulierbaren finanziellen Krisen wie z. B. einer dramatischen Inflation.

5.2 Tauschhandlungen

Unter Tausch versteht man eine *Transaktion* im Sinne des Statuswechsels eines Gutes oder einer Leistung zwischen Personen oder Gruppen. Die zahlreichen Formen von *Tauschhandlungen* teilt man üblicherweise in drei Kategorien ein: Gabentausch, Tauschhandel und Warentausch. Beim *Gabentausch*, der in bestimmten Regionen (z. B. in Melanesien) von herausragender Bedeutung ist und den man auch als *zeremoniellen Tausch* bezeichnet, werden Objekte zwischen zwei Parteien (Individuen oder Gruppen) oder in Zyklen zwischen mehreren Parteien gegeneinander getauscht, ohne dass dabei Angebot und Nachfrage eine Rolle spielen. Entscheidend ist allein, dass die soziale Beziehung zwischen den tauschenden Subjekten im Vordergrund steht und nicht die getauschten Gegenstände. Letztere haben häufig gar keinen praktischen Nutzen, sondern sind eher ein Symbol der Kommunikation zwischen den Tauschparteien. Ein weiteres wichtiges Moment beim Gabentausch ist das Verhältnis zwischen der Gabe und der damit einhergehenden Verpflichtung zu Gegengabe, die vor allem der französische Soziologe Marcel Mauss (1990 [1923–24]) in einem Buch behandelt, das für alle Theorien des Tausches bis heute richtungsweisend ist (siehe Gregory 1982). Ein weiterer Klassiker zu diesem Bereich ist Malinowskis (1922) Untersuchung des melanesischen *kula*-Tausches.

Beim *Tauschhandel* steht im Gegensatz zum Gabentausch das Verhältnis der getauschten Objekte im Mittelpunkt, während die soziale Beziehung zwischen den Tauschenden eine sekundäre Rolle spielt. Tauschhandel bezeichnet den Austausch von Objekten nach dem Prinzip von Angebot und Nachfrage. Ein typisches Beispiel ist der Tausch von Salzbarren gegen Rindenbaststoffe oder Werkzeuge im Hochland von Neuguinea (Godelier 1973). Bei dieser Form des Tausches ist kein objektiver Wertmesser in Gestalt von Geld einbezogen, sondern das Wertverhältnis zwischen den getauschten Dingen wird allein nach kulturspezifischen Konventionen bestimmt, wie im genannten Beispiel etwa 1 Machete = 1 großer Salzbarren.

Beim *Warentausch* (oder *Markttausch*) schließlich steht ebenfalls das Verhältnis zwischen den getauschten Objekten im Vordergrund, wohingegen die tauschenden Parteien überhaupt keine soziale Beziehung miteinander zu haben brauchen. Hier ist aber immer eine Form des Geldes einbezogen. Waren sind Güter, die für den Tausch hergestellt wurden; auch Geld ist eine Ware. Man kann eine Ware gegen Geld oder gegen eine andere Ware eintauschen, wenn sie in Geld gemessen einen identischen Tauschwert aufweist. Hier liegen also feste Preisdefinitionen vor, die an einen *universellen Wertmaßstab* gebunden und nur geringfügig variabel sind wie z. B. durch Feilschen. Letzteres verdeutlicht auch, dass in wesentlich größerem Maße als beim Tauschhandel das Kennzeichen des Warentausches das Eigeninteresse jeder beteiligten Partei ist. Transaktionen innerhalb des Markttauschs werden vor allem im *Handel* vollzogen, jedoch gehören in diese Kategorie auch *Lohnarbeit* (Leistung gegen die Ware Geld) sowie Transaktionen von *Nutzungsrechten*, die gegen Pacht, Zinsen oder Gebühren vorgenommen werden.

Handel wird entweder von mobilen oder von sesshaften Händlern durchgeführt. Mobile Händler sind z. B. Wanderhändler in Regionen, in denen für bestimmte Produkte und Leistungen sonst kein ausreichendes Angebot besteht (Stoffhändler, Korbflechter). Es gibt aber auch mobile Händler, die in regelmäßigen Zyklen von einem Marktplatz zum anderen reisen und entweder eigene oder erworbene Produkte (weiter-) verkaufen. Sesshafte Händler gibt es nur in größeren Orten mit einer garantierten Kundschaft, während mobile Händler auch kleinere, eintägige Marktplätze aufsuchen.

Im Gegensatz zum abstrakten *Markt*, der eine Situation von Angebot, Nachfrage und Preis bezeichnet, ist ein *Marktplatz* ein konkreter Ort, an dem Angebot und Nachfrage, verkörpert durch Verkäufer und Käufer, ausgehandelt werden. Markt gibt es ohne Marktplatz (z. B. Ölmarkt oder Arbeitsmarkt), aber nicht umgekehrt. Marktplätze im eigentlichen Sinne finden sich weder in Jäger-und-Sammler-Gesellschaften noch in Regionen des extensiven Bodenbaus. Sie sind vielmehr essentiell für Systeme des Intensivbaus, für Bauerngesellschaften und auch für viele Hirtengesellschaften, da Hirten auf Märkten Güter tauschen oder kaufen, die sie nicht selbst produzieren können.

Lohnarbeit bezeichnet ein asymmetrisches Verhältnis zwischen einem Arbeitnehmer, der seine Arbeitskraft als Leistung verkauft, und einem Arbeitgeber, der diese Leistung im Gegenzug entlohnt. Es gibt ein breites Spektrum von Leistungen und dafür entrichteten Bezahlungen, die auf diesen Prinzipien beruhen, ohne vertragliche Lohnarbeit im marktwirtschaftlichen Sinne darzustellen. Die Leistungen von Erntehelfern, Handwerkern oder Heilern beispielsweise werden in vielen Gesellschaften gegen eine Bezahlung in Anspruch genommen. Vor der Verbreitung von Geld im westlichen Sinne, die heute auch in diesem Bereich immer stärker an Einfluss gewinnt, wurden solche Leistungen vorwiegend in Naturalien oder durch Gegenleistungen entgolten.

Transaktionen von *Nutzungsrechten* gegen Pacht, Zinsen oder Gebühren sind auf relativ komplexe Wirtschaftssysteme, das städtische Umfeld und zudem weitgehend auf die Bedingung des Individualeigentums beschränkt.

Auch bei den einzelnen Formen der Pacht von Land muss aber nicht unbedingt Geld eine Rolle spielen, denn auch festgelegte Ernteanteile, die der Pächter dem Eigentümer zuführen muss, können als Pachtzahlung gelten (Rössler 1997). Zinsen und Gebühren im eigentlichen Sinne sind demgegenüber fast immer an Geld gebunden. Von Bedeutung ist dies vor allem für das in bäuerlichen Gesellschaften weit verbreitete Kreditwesen (Firth und Yamey 1964; Schrader 1994).

5.3 Tausch und soziale Beziehungen

Jede Transaktion setzt eine bestimmte *Beziehung* zwischen den beteiligten Parteien voraus. Diese Beziehung hat immer eine spezifische *Qualität*, sei es eine unpersönliche Beziehung zwischen Käufer und Verkäufer oder sei es die enge soziale Beziehung zwischen Verwandten, die Gaben austauschen. Neben der Klassifizierung der Tauschhandlungen gibt es daher eine weitere, die für diesen Aspekt vorgenommen wird. Sie unterscheidet zwischen *Reziprozität, Redistribution* und *Markttausch* (Polanyi 1957; Sahlins 1965). Da die Beziehung zwischen den Beteiligten für den Markttausch wie erwähnt keine zentrale Rolle spielt, werden im Folgenden nur die beiden anderen Begriffe erläutert.

Reziprozität bezeichnet ein Verhältnis zwischen Tauschparteien innerhalb einer symmetrischen Beziehung, also z. B. der Erwiderung einer Gabe durch eine Gegengabe. Dabei werden drei Unterformen der Reziprozität unterschieden, nämlich 1) generalisierte, 2) ausgeglichene und 3) negative Reziprozität. *Generalisierte Reziprozität* liegt vor, wenn bei einer Transaktion weder der Wert des Gegebenen ermessen wird noch der Zeitpunkt der Gegengabe festgelegt ist. Diese Form findet sich häufig innerhalb enger sozialer Beziehungen und daher als Institution in relativ kleinen Gesellschaften. Nur unter solchen Bedingungen sind alle Beteiligten überzeugt, dass das Gegebene langfristig erwidert wird. In Jäger-und-Sammler-Gesellschaften werden z. B. vor allem erlegte Beutetiere innerhalb der Gruppe verteilt. Der erfolgreiche Jäger gibt also von seiner Beute an andere ab. Er weiß, dass er irgendwann auch einen Anteil erhalten wird; nur nicht wann und von wem. Die generalisierte Reziprozität bezieht die unterschiedlichsten Gaben, Güter und Leistungen ein. Das Geben von Nahrung kann auch erwidert werden durch eine Gegengabe von Werkzeug oder durch eine Hilfeleistung. Ebenso verhält es sich mit Leistungen untereinander. Allerdings birgt diese Form der Reziprozität auch disharmonische Momente. Personen, die selten Hilfeleistungen ihrerseits erbringen oder die stets knauserig in Bezug auf Gegengaben sind, können das Prinzip der langfristigen Äquivalenz nicht erfüllen und stören somit das Beziehungsgefüge. Auf diese Weise wird soziales Konfliktpotenzial erzeugt.

Sahlins (1965) hat die Extremform dieses Prinzips als *negative Reziprozität* bezeichnet, als eine egoistische Handlungsweise mit dem Ziel, ein Gut oder eine Leistung ohne Gegengabe bzw. -leistung zu erlangen oder zumindest gegen eine weniger wertvolle Gegengabe bzw. -leistung.

Äquivalenz wird beim Prinzip der *ausgeglichenen Reziprozität* unmittelbar im Moment des Gebens einbezogen. Die Gegengabe (Gut oder Leistung) muss der Gabe entsprechen, wobei auch der Zeitpunkt der Gegengabe oder -leistung festgelegt ist. Da in vielen Wirtschaftssystemen Geld als objektiver Wertmaßstab ursprünglich fehlte, müssen bei der ausgeglichenen Reziprozität auf irgendeine Weise Werte definiert sein, wie dies bereits beim Stichwort Tauschhandel zur Sprache kam. Es handelt sich dabei um sogenannte *Gleichsetzungen*, wobei die Art und Weise, wie diese Wert-Äquivalenz zwischen Gütern oder Leistungen erreicht wird, in hohem Maße kulturspezifisch ist.

Eine große Rolle spielt die ausgeglichene Reziprozität in vielen Gesellschaften für die Heiratspolitik, und zwar insofern als das Brautgeld, das die Familie (oder *lineage* etc.) des Bräutigams an die Brautseite entrichten muss, als das Musterbeispiel einer kulturspezifischen Gleichsetzung gelten kann. Auch die vielfältigen Formen des zeremoniellen Gabentausches sind meist nach dem Prinzip der ausgeglichenen Reziprozität organisiert. Sie hat also, gerade weil die Äquivalenz von Werten ihr entscheidendes Kriterium ist, einen grundsätzlich anderen Stellenwert im gesellschaftlichen Leben als die generalisierte Reziprozität.

Die einzelnen Formen der Reziprozität existieren, obwohl man sie früher bestimmten Gesellschaftstypen zuordnete, häufig parallel zueinander und besitzen dabei unterschiedliche Funktionen innerhalb einer Gesellschaft, so wie es auch in unserer postindustriellen Gesellschaft noch generalisierte Reziprozität z. B. bei Weihnachtsgeschenken gibt. Dennoch gilt, dass das Prinzip der Reziprozität *im Allgemeinen* mit steigender sozialer und ökonomischer Komplexität an Bedeutung verliert.

Der Begriff der *Redistribution* bezieht sich auf eine Transaktionsform nicht zwischen zwei Parteien, sondern innerhalb einer Gruppe, und zwar dergestalt, dass Flüsse von Gütern und Leistungen in Richtung auf ein Zentrum und von diesem wieder zurück stattfinden. Redistribution steht meist in Zusammenhang mit politischen Machtverhältnissen, denn die Beziehungen zwischen den beteiligten Parteien sind nicht wie bei der Reziprozität symmetrischer, sondern asymmetrischer Natur. Das Zentrum ist in aller Regel eine übergeordnete Institution, etwa ein Häuptlingsamt, die von den Untergeordneten Güter und Leistungen erhält und über die Rückverteilung derselben an die Untergeordneten politische und wirtschaftliche Kontrolle ausübt. Gut dokumentiert sind solche Verhältnisse in polynesischen oder afrikanischen Häuptlingstümern, in denen die Gruppe Ernteerträge, andere materielle Dinge und Arbeitsleistungen an den Häuptling abführt, der dem Volk als Gegenleistung Rechte an Ressourcen zuweist, für zentrale Dienstleistungen in Verwaltung und Rechtsprechung sorgt und auch die materiellen Güter zum Teil wieder redistribuiert. Der Rest wird vom Häuptling selbst konsumiert, der, besonders wenn er als den Göttern nahe stehender Regent aufgefasst wird, nicht an der Produktion beteiligt ist. Von daher ist Redistribution kennzeichnend für pyramidal geschichtete, relativ komplexe Gesellschaften, während sie in gering oder nicht geschichteten Gesellschaften fehlt oder nur in Ansätzen vorhanden ist. Auch in Feudalsystemen und frühen Staaten hatte dieses Prinzip große Bedeutung, und letztendlich ist auch unser eigenes Steuersystem – Abgaben jedes Haushaltes an den Staat, der im Gegenzug öffentliche Leistungen erbringt – ein Beispiel für die Effizienz der Redistribution.

Auf der Ebene des Haushaltes bezeichnet man Redistribution meist als *pooling* oder *Haushaltsteilung* und meint damit eine haushaltsinterne Umverteilung in dem Sinne, dass z.B. Güter und Leistungen in der Instanz eines Haushaltsvorstandes zusammen fließen, um von diesem den übrigen Mitgliedern des Haushaltes wieder zugewiesen zu werden (Wilk 1994).

6. Theoretische Ansätze und Ausblick

In stärkerem Maße als andere Teildisziplinen der Ethnologie wurde die Wirtschaftsethnologie durch die Auseinandersetzung zwischen theoretischen Denkweisen geprägt, deren Wurzeln zum überwiegenden Teil außerhalb des Faches liegen. Bei diesen theoretischen Schulen handelt es sich im wesentlichen um 1) die formalistische, 2) die substantivistische und 3) die neomarxistische.

Die *formalistische* Schule geht davon aus, dass sich grundlegende Axiome der Wirtschaftswissenschaften auf die Analyse nicht-westlicher Wirtschaftssysteme übertragen lassen. Da sich vor allem die so genannte neoklassische Wirtschaftstheorie mit kapitalistisch-marktwirtschaftlichen Gesetzmäßigkeiten befasst, besteht das Problem in der Frage, ob tragende Begrifflichkeiten dieser Theorie wie Unbegrenzte Bedürfnisse, Rationale Entscheidungen oder Gewinnmaximierung etc. außerhalb des Kapitalismus überhaupt Gültigkeit besitzen. Die Formalisten bejahen dies (Firth 1939) mit der Auffassung, dass trotz zahlloser inhaltlicher oder *substanzieller Unterschiede* letztendlich alle Wirtschaftssysteme identischen *formalen Regeln* unterliegen würden. Während zum Beispiel im Kapitalismus Verkäufer und Käufer dann handelseinig werden, wenn der Preis aus beider Sicht optimal ist, wird der Handel auf einem afrikanischen Markt dann vollzogen, wenn Verkäufer und Käufer überzeugt sind, dass der Tausch auch ihre soziale Beziehung optimiert. In beiden Fällen folgt das Ziel derselben formalen Regel: der Maximierung.

Der *Substantivismus* geht im Gegensatz hierzu davon aus, dass die formalen Regeln der westlichen Wirtschaftstheorie auf den Kapitalismus beschränkt sind und nicht auf andere Systeme übertragen werden können. Diese theoretische Richtung, die von Karl Polanyi (1957) und George Dalton (1961) begründet wurde, behauptet, dass sich vielmehr substanzielle/inhaltliche Regeln in allen Ökonomien finden und demzufolge universelle Gültigkeit besitzen müssen. Dies bedeutet vor allem, dass aus substantivistischer Sicht die *soziale Einbettung* jedes Wirtschaftssystems im Vordergrund der Untersuchung steht. Obwohl diese Überlegung bis heute als prinzipiell richtig akzeptiert wird, hat sich langfristig die fehlende Systematik des substantivistischen Ansatzes (die *Einbettung* ist eben überall anders gestaltet) als große Schwäche erwiesen.

Die *neomarxistische* Schule geht, aufbauend auf dem Werk Karl Marx', von der historischen Ausbildung bestimmter Produktionsweisen aus, die jeweils durch spezifische Produktivkräfte und Produktionsverhältnisse – in erster Linie gesellschaftliche Machtkonstellationen – gekennzeichnet sind. Dieser Ansatz bietet den Vorteil, dass Gesellschaft und Ökonomie als eine Ganzheit in historischer Perspektive betrachtet werden. Dem steht jedoch das Problem entgegen, dass sich die marxistische Theorie ursprünglich auf die Verhältnisse der industriellen Produktion in einem bestimmten Stadium der europäischen Geschichte bezog. Von daher wurde den Vertretern dieser Schule (u. a. Godelier 1973) vorgeworfen, fremdkulturelle Wirtschaftssysteme nur als Illustrationen zu verwenden, um die Entstehung des Kapitalismus zu erklären.

Vom heutigen Standpunkt aus sind die teilweise erbitterten Auseinandersetzungen zwischen diesen Schulen nur noch Geschichte. Es gab weitere Versuche, theoretische Modelle für die Wirtschaftsethnologie zu entwerfen. Darunter fällt beispielsweise die radikale Alternative von Gudeman (1986), dessen *Kulturökonomik* fremdkulturelles Wirtschaften grundsätzlich nur aus lokalen Weltanschauungen heraus erklären will.

Insgesamt betrachtet baut die wirtschaftsethnologische Theoriendiskussion heute auf solchen Erkenntnissen der früheren Schulen auf, die sich nachhaltig bewährt haben und bezieht ausgewählte neue Ideen ein. Davon ausgehend versucht man vor allem, Antworten auf aktuelle Fragen zu finden, die sich im Zuge einer globalisierten Wirtschaft stellen. Die Tatsache, dass heute nur noch wenige Menschen auf der Welt nicht in irgendeiner Form in marktwirtschaftliche Verhältnisse eingebunden sind, erfordert eine entsprechende Ausrichtung der Forschung. In diesem Zusammenhang sind u. a. folgende Punkte wichtig:

- Individuelles Entscheidungsverhalten muss vor dem Hintergrund sozialer, politischer und rechtlicher Institutionen analysiert werden, die ihrerseits wirtschaftliche Aktivitäten motivieren und einschränken. Dabei stehen auch die laufenden, tief greifenden Veränderungen ökonomischer Systeme in der gesamten Welt im Zentrum der Aufmerksamkeit. Unter wesentlicher Modifikation früherer theoretischer Annahmen steuert dafür in jüngerer Zeit die *Neue Institutionenökonomik* nützliche Konzepte bei (Acheson 1994).

- Unzählige Waren unseres alltäglichen Konsums werden in der so genannten Dritten Welt produziert. Unter den Bedingungen einer fortschreitenden Ausbreitung kapitalistischer Marktwirtschaft müssen die vielfältigen Folgen veränderter Produktionsstrukturen vor Ort untersucht werden, die oft zu verstärkter Arbeitsmigration, neuen Abhängigkeiten und Verarmung führen (Rothstein & Blim 1992). Die Stärke der Ethnologie liegt dabei speziell in ihrer Ausrichtung auf die Mikroebene und auf die Innensicht der betroffenen Menschen, die jedoch auch zur Makroebene nationalstaatlicher Ökonomien in Beziehung gesetzt werden müssen.
- Veränderte Nachfrage- und Konsumtionsmuster im Zusammenhang mit der Konstruktion von kulturellen Identitäten bilden einen weiteren Fokus aktueller Forschung (Featherstone 1991). Dieser Aspekt steht in einem engen Zusammenhang mit den komplexen Problemen der menschlichen Bedürfnisse und des ökonomischen Wertes, weil der Wunsch nach neuen Gütern, wie er heute überall auf Welt zu finden ist, sehr bedeutende Auswirkungen auf regionale und internationale Märkte, aber auch auf lokale Kulturen hat, in denen solche Güter oft mit neuen Bedeutungen versehen werden (Friedman 1994).

Wirtschaftliche Prozesse verändern heute alle menschlichen Gesellschaften und Kulturen mehr denn je; darin eingeschlossen sind sowohl die weltweite Expansion kapitalistischer Märkte als auch die multiplen Einflüsse der internationalen Entwicklungszusammenarbeit. Die Wirtschaftsethnologie kann viel zu einem Verständnis dieser Prozesse auf lokaler Ebene beitragen und somit die vielfältigen Wechselwirkungen zwischen dem Globalen und dem Lokalen erklären helfen, die nur aus der Zusammenschau des Wirtschaftlichen mit dem Kulturellen verstehbar sind. Die neuen inhaltlichen Schwerpunkte und Herausforderungen, denen gegenüber sich die Teildisziplin in den letzten Jahren öffnete, werden in der Zukunft erhöhtes Gewicht erhalten.

7. Literatur

7.1 Einführende Literatur

Gregory, Christopher A. und Jon C. Altman
1989 Observing the Economy. London.
Ein umfassender Überblick über methodische Fragen der Wirtschaftsethnologie.

LeClair, Edward E. Jr. und Harold K. Schneider (Hgg.)
1968 Economic Anthropology. Readings in Theory and Analysis. New York.
Sammelband mit klassischen Artikeln zur Theoriengeschichte der Wirtschaftsethnologie. Theoretisch zwar überholt, aber als Aufsatzsammlung immer noch wertvoll.

Plattner, Stuart (Hg.)
1989 Economic Anthropology. Stanford.
Lesbare, zusammenfassende Beiträge international führender Wirtschaftsethnologen zu allen wichtigen systematischen wie theoretischen Aspekten der Teildisziplin.

Rössler, Martin
1999 Wirtschaftsethnologie. Eine Einführung. Berlin.
Einziges deutschsprachiges Einführungswerk zu allen wesentlichen Grundlagen der Wirtschaftsethnologie unter Betonung theoretischer Fragestellungen.

Wilk, Richard R.
1996 Economies and Cultures. Foundations of Economic Anthropology. Boulder.
Eine Standortbestimmung der Wirtschaftsethnologie im wissenschaftshistorischen Kontext, die sich eher an fortgeschrittene Leser wendet.

7.2 Zitierte Literatur

Acheson, James M. (Hg.)
1994 Anthropology and Institutional Economics. Lanham.

Appadurai, Arjun (Hg.)
1986 The Social Life of Things. Commodities in Cultural Perspective. Cambridge.

Applebaum, Herbert A. (Hg.)
1984 Work in Non-Market and Transitional Societies. Albany.

Dalton, George
1961 Economic Theory and Primitive Society. In: American Anthropologist 63: 1–25

Featherstone, Mike
1991 Consumer Culture and Postmodernism. London.

Firth, Raymond
1939 Primitive Polynesian Economy. London.

Firth, Raymond und B. S. Yamey (Hgg.)
1964 Capital, Saving and Credit in Peasant Societies. Chicago.

Friedman, Jonathan
1990 Being in the World. Globalization and Localization. S. 311–328 in: Michael Featherstone (Hg.), Global Culture. London.
1994 Consumption and Identity. Chur.

Godelier, Maurice
1973 Ökonomische Anthropologie. Reinbek.

Gregory, Christopher A.
1982 Gifts and Commodities. London.

Gudeman, Stephen
1986 Economics as Culture. London.

Malinowski, Bronislaw
1922 Argonauts of the Western Pacific. London.
1935 Coral Gardens and Their Magic. London.

Mauss, Marcel
1990 Die Gabe. Form und Funktion des Austauschs in archaischen Gesellschaften. Frankfurt am Main. (Frz. Original 1923–24)

Netting, Robert McC., Richard R. Wilk & Eric J. Arnould (Hgg.)
1984 Households. Comparative and Historical Studies of the Domestic Group. Berkeley.

Polanyi, Karl
1957 The Economy as Instituted Process. S. 243–270 in: Karl Polanyi & H. W. Pearson (Hg.), Trade and Market in the Early Empires. New York.

Rössler, Martin
1997 Der Lohn der Mühe. Kulturelle Dimensionen von Wert und Arbeit im Kontext ökonomischer Transformation in Süd-Sulawesi, Indonesien. Münster.
1999 Wirtschaftsethnologie. Eine Einführung. Berlin.

Rothstein, Frances Abrahamer und Michael L. Blim (Hg.)
1992 Anthropology and the Global Factory. Studies of the New Industrialization in the late Twentieth Century. New York.

Sahlins, Marshall D.
1965 On the Sociology of Primitive Exchange. S. 139–236 in: Michael Banton (Hg.), The Relevance of Models for Social Anthropology. London.
1972 Stone Age Economics. Chicago.

Salisbury, Richard F.
1962 From Stone to Steel. Melbourne.

Schrader, Heiko
1994 Geldverleiher und Expansion des Kapitalismus in Indonesien. In: Sociologus 44: 22–39.

Scott, James
1976 The Moral Economy of the Peasant. New Haven.

Shanin, Teodor
1990 Defining Peasants. Oxford.

Wallman, Sandra (Hg.)
1979 Social Anthropology of Work. London.

Wilk, Richard R.
1994 Inside the Economic Institution. Modelling Household Budget Structures. S. 365–390 in: James M. Acheson (Hg.), Anthropology and Institutional Economics. Lanham.

Jürg Helbling

Sozialethnologie

Für die Ethnologie des 19. Jahrhunderts – für Morgan, Maine und McLennan – war Verwandtschaft das grundlegende Organisationsprinzip vorstaatlicher Gesellschaften. Verwandtschaftsethnologie galt deshalb als gleichbedeutend mit Sozialethnologie, und sie blieb bis in die 60er Jahre des 20. Jahrhunderts die Paradedisziplin der Ethnologie. Inzwischen hat sich das Fach zunehmend in Unterdisziplinen ausdifferenziert, die sich u. a. mit wirtschaftlichen, politischen, ökologischen, religiösen, sprachlichen und anderen Subsystemen beschäftigen, und Verwandtschaftsethnologie ist zu einer Subdisziplin unter anderen geworden. Mittlerweile ist nicht einmal mehr klar, wie der Bereich Verwandtschaft überhaupt zu definieren ist (Needham 1971: Kap. 1); mit Sicherheit handelt es sich aber dabei nicht um einen theoriefähigen Korpus von sozialen Fakten. Immerhin lässt sich Verwandtschaft – gemäß einem Minimalkonsens – als soziologische Klassifikation von Personen und Gruppen aus der Binnenperspektive der jeweiligen Kultur ansehen. Diese verwandtschaftlichen Klassifikationssysteme bestehen neben anderen kulturellen Systemen und müssen zusammen mit diesen von sozialen (politischen und ökonomischen) Beziehungen und Gruppen unterschieden werden. Dennoch sind Verwandtschaftsbeziehungen in einfachen Gesellschaften und selbst in Teilbereichen komplexer Gesellschaften zentral. Sie bleiben deshalb auch für die Ethnologie relevant.

Im ersten Abschnitt dieses Beitrags geht es um *formale* Aspekte von Verwandtschaftsbeziehungen. Verwandtschaftsbeziehungen (Bluts- und Heiratsverwandte) und Verwandtschaftsterminologien werden ebenso wie Verwandtschaftsgruppen (Abstammungsgruppen) und Heiratsallianzen zur Sprache kommen. Im zweiten Abschnitt werde ich kurz auf nichtverwandtschaftliche Formen der Vergemeinschaftung: auf Altersklassensysteme und

Bünde eingehen. Im dritten Abschnitt sollen einige Beispiele dafür gegeben werden, wie Verwandtschaftsmodelle und soziale Verhältnisse zusammenhängen. Ethnologische Modelle können sich auf Klassifikationen und Regeln (kulturelle Faktoren) oder auf Verhalten und Gruppen (soziale Faktoren) beziehen. Wenn Verwandtschaftssysteme im Wesentlichen kulturelle Kategoriensysteme sind, mittels deren Personen und Gruppen sich und andere klassifizieren, lässt sich fragen, wie Verwandtschaftseinheiten und Lokalgruppen, Heiratsvorschriften und Heiratspraktiken sowie verwandtschaftlich formulierte Normen und Werte mit politischen und ökonomischen Strategien zusammenhängen. Die komplexen Beziehungen zwischen Verwandtschaft, Kultur, Politik und Ökonomie sollen anhand von Krieg und Allianz, von lokalen Machtbeziehungen zwischen Altersgruppen und Geschlechtern sowie von Ethnizität in komplexen Gesellschaften kurz angesprochen werden.

1. Verwandtschaft

1.1 Verwandtschaftsbeziehungen und Terminologiesysteme

1.1.1 Verwandtschaftsbeziehungen

Verwandtschaftsbeziehungen lassen sich mit Hilfe der *genealogischen Methode* abbilden (dazu Fischer 1996). Ein *genealogisches Diagramm* zeigt, wie lebende und tote Personen (inklusive mythische Figuren) in einer Gesellschaft als verwandt gelten. Gemäß der Definition von *Notes and Queries* (1951) bestehen *Verwandtschaftsbeziehungen* zwischen Personen: entweder zwischen Eltern und Kind oder zwischen Geschwistern (Blutsverwandtschaft) oder zwischen Ehepartnern (Heirat). Verwandtschaft im Sinne der Ethnologie darf im Übrigen nicht mit Verwandtschaft im genetischen Sinne verwechselt werden: Die Menge der als sozial verwandt bezeichneten Personen kann größer, aber auch kleiner sein als jene, welche die Biologie als genetisch verwandt erachtet. Verwandtschaftsbeziehungen sind somit kulturelle Klassifikations- und Kategoriensysteme (Schneider 1967, 1972, 1984, Keesing 1975). Verwandtschaftsbeziehungen sind egozentriert, d. h., es geht um die verwandtschaftlichen Beziehungen eines Ego zu den anderen Personen auf unterschiedlichen genealogischen Positionen. Von jedem Ego aus lassen sich Kognaten oder Konsanguinale (Blutsverwandte) und Affinale (Heiratsverwandte) unterscheiden. Der Begriff konsanguinal ist zwar gebräuchlich, aber etwas irreführend, denn nicht in allen Gesellschaften ist Blut das Medium von Verwandtschaft und die relevante Verwandtschaftsmetapher. Blutsverwandtschaft basiert auf der Idee einer gemeinsamen Substanz; „Blutsverwandte" können aber auch Knochen, Fleisch, Geistwesen oder Nahrung desselben Ahnenlandes gemeinsam haben. Innerhalb der Kognaten lassen sich außerdem Agnaten (patrilaterale Verwandte) und Uterine (matrilaterale Verwandte) unterscheiden. Die Beziehung zwischen Eltern und Kindern wird als Filiation bezeichnet, wobei hier wiederum Matri- und Patrifiliation differenziert werden können.

Die genealogische Methode ermöglicht nicht nur, Verwandtschaftsbeziehungen zwischen Personen, sondern gleichzeitig auch das System der Verwandtschaftsterme (Terminologiesystem) zu beschreiben, mit denen verwandte Personen bezeichnet, d. h. terminologisch zusammengefasst oder voneinander unterschieden werden. Verwandtschaftsterme sind relational und egozentriert (Service 1971), weil sie immer aus der Perspektive eines *Ego* definiert sind; ein und dieselbe Person (Ego) wird mit einer Vielzahl unterschiedlicher Verwandtschaftsterme bezeichnet (als Ehefrau, Tante, Base, Tochter, Mutter oder als Nichte), je nachdem, ob Alter (eine andere Person) von Ego als Ehemann, Neffe/Nichte, als Base, Vater/Mutter, Sohn/Tochter oder Onkel/Tante bezeichnet wird. In diesem Zusammenhang lassen sich zwei Arten von Terminologien unterscheiden: Referenzterme und Anredeterme. Referenzterme sind solche, die man verwendet, wenn man über einen betreffenden Verwandten spricht. Auf diesen basieren die üblichen Typologien von Verwandtschaftsterminologien. Anredeterme hingegen sind solche, mit denen die betreffenden Verwandten angesprochen werden.

1.1.2 Symbole

Da es sich bei Verwandtschaftstermen um kulturelle Klassifikationssysteme handelt, geht es in der Verwandtschaftsethnologie zunächst einmal um die Rekonstruktion dieser emischen Bedeutungssysteme und um die Entwicklung etischer Begriffe, mit deren Hilfe sich emische Begriffe definieren und übersetzen lassen (Pike 1967). Folgende Symbole werden üblicherweise für eine systematische Beschreibung von Verwandtschaftsbeziehungen und -terminologien verwendet: F = Vater, M = Mutter, B = Bruder, Z = Schwester, S = Sohn, D = Tochter, H = Ehemann, W = Ehefrau; zusätzlich können verwendet werden: E = Ehepartner, P = Eltern, G = Geschwister, C = Kinder. Jede mögliche etisch definierte Verwandtschaftsposition in einem genealogischen System (*Kintypen*) lässt sich mit Hilfe dieser Symbole wiedergeben, also beispielsweise F oder MBD. Werden mehrere Kintypen mit demselben Verwandtschaftsterm bezeichnet, spricht man von *Kinklassen* (oder *Kinkategorien*), etwa wenn MB = FB mit einem Term (Onkel) bezeichnet werden. Verwandtschaftsterme können sich also auf Kintypen oder auf Kinklassen beziehen.

1.1.3 Dimensionen von Terminologiesystemen

Um die Unterschiede zwischen Verwandtschaftstermsystemen deutlich zu machen, hat die Verwandtschaftsethnologie unterschiedliche Kriterien entwickelt, anhand derer in den verschiedenen Termsystemen Verwandte terminologisch zusammengefasst und differenziert werden (Murdock 1949). Müller (1981) unterscheidet 9 solche Kriterien (klassifikatorische Dimensionen): 1) Generation ist eine Differenzierungsdimension, wenn Egos Generation = 0, Elterngeneration = +1, Generation der Kinder = –1, Generation der Großeltern = +2 usw. terminologisch unterschieden werden. Ebenso ist 2) Geschlecht eine Differenzierungsdimension, wenn Verwandte unterschiedlichen Geschlechts (Söhne und Töchter, Vettern und Basen, Onkel und Tanten etc.) mit unterschiedlichen Termen bezeichnet werden. 3) *Konsanguinalität/ Affinalität*: Konsanguinalverwandte werden (direkt oder indirekt) über aszendente (Kind von ...) oder deszendente Beziehungen (Elter von …) definiert (S oder FZS). Affinalverwandte werden hingegen über Heiratsbeziehungen (Ehemann von …, Ehefrau von …) definiert (W oder HBS). Je nachdem, über wie viele Heiratsbeziehungen die Beziehung hergestellt ist, lässt sich von unterschiedlichen Graden der Affinalität sprechen: Bruder (Affinalität 0. Grades), Schwager, WB (1. Grades), Schwippschwager, WZH (2. Grades). 4) *Linearität/Kollateralität*: Konsanguinalverwandte lassen sich terminologisch in *lineare* und *kollaterale* Verwandte unterscheiden. Direkt in auf- oder absteigender Linie Verwandte werden lineare Verwandte genannt. Beispielsweise sind die männlichen Linearverwandten eines Egos: Vater, Großvater, Sohn, Enkel und Brüder, seine Kollateralverwandten: Onkel, Vettern und Neffen. Werden lineare und kollaterale Verwandte zu einer Kinklasse zusammengefasst (etwa F = FB), spricht man von *merging*. 5) *Bifurkation* liegt vor, wenn Verwandte väterlicherseits und mütterlicherseits terminologisch unterschieden werden. Beispielsweise gilt dann MB ≠ FB, d. h., die beiden Kintypen werden mit unterschiedlichen Termen bezeichnet, im Gegensatz zu unserem Verwandtschaftssystem, welches das Kriterium der Bifurkation nicht anwendet und daher MB und FB mit dem Term „Onkel" zusammenfasst. 6) *Polarität* liegt vor, wenn Personen alternierender Generationen (beispielsweise Großvater und Enkel) terminologisch zusammengefasst werden. 7) Relatives Alter dient als Unterscheidungsmerkmal, wenn beispielsweise jüngere und ältere Geschwister (gleichen Geschlechts) mit unterschiedlichen Termen bezeichnet werden (eB = älterer Bruder, yZ = jüngere Schwester). 8) Egos Geschlecht: Neben dem Geschlecht der Person, die bezeichnet wird (Alter), kann auch das Geschlecht der Person, die jemanden bezeichnet (Ego), unterschiedliche Terme nach sich ziehen. Dieselbe Person wird von einem männlichen Ego (ms) und einem weiblichen Ego (ws), also beispielsweise von Bruder und Schwester, mit unterschiedlichen Termen bezeichnet (ms = männlicher Sprechender, ws = weibliche Sprechende). 9) Tot/lebend: Gewisse Termsysteme differenzieren auch lebende und verstorbene Personen voneinander.

1.1.4 Typologien

Verwandtschaftstermsysteme unterscheiden sich dadurch, dass sie bestimmte Kintypen (*genealogische Positionen*) terminologisch differenzieren, andere wiederum (als Kinklassen) mit einem Term zusammenfassen. Aufgrund unterschiedlicher Modalitäten der Klassifikation lassen sich Typologien von Verwandtschaftstermsystemen bilden. Die gängigen Typologien beschränken sich auf lineare und kollaterale Verwandte sowie auf das Kriterium der Bifurkation und des Merging (Lowie 1928, Murdock 1949). Meist werden auch nur Egos und die erste aufsteigende Generation (also Generationen 0 und +1) berücksichtigt. In diesem Kontext spielt der Unterschied zwischen *Kreuz- und Parallelverwandten* eine wichtige Rolle. Zu den Kreuzverwandten gehören die *gegengeschlechtlichen* Kollateralen eines Elters (PosG, also MB und FZ) und deren Kinder (PosGC, wobei os für gegengeschlechtlich steht). Parallelverwandte umfassen die *gleichgeschlechtlichen* Kollateralen eines Elternteils (PssG, also FB und MZ) und deren Kinder (PssGC; ss für gleichgeschlechtlich). Bei Parallel- und Kreuzverwandten in den Generationen +2 und –2 zählt nicht die horizontale Beziehung wie in den Generationen 0, +1 und –1 (also FB oder MB), sondern die vertikale Beziehung (MMB, FMB).

Eine gängige Typologie ist jene von Murdock (1949), der vier Termsysteme unterscheidet: 1) Die *Hawaii-Terminologie* fasst sämtliche linearen und kollateralen Verwandten (gleichen Geschlechts) terminologisch zusammen (*generational terminology*), also [G = PssGC = PosGC]; 2) Die Irokesen-Terminologie fasst lineare und Parallelverwandte zusammen und unterscheidet sie von den Kreuzverwandten (*bifurcate merging*), also [G=PssGC] ≠ [PosGC]; 3) Die Eskimo-Terminologie unterscheidet zwischen linearen und kollateralen Verwandten (*lineal terminology*), also [G] ≠ [PssGC = PosGC]; 4) Die *Sudan-Terminologie* schließlich bezeichnet Linear-, Parallel- und Kreuzverwandte mit je unterschiedlichen Termen (*bifurcate collateral*), also [G] ≠ [PssGC] ≠ [PosGC]. Murdock unterscheidet überdies zwei Varianten der *Irokesen-Terminologie*, bei der jeweils Verwandte in Generation +1 bzw. –1 mit Verwandten aus Generation 0 terminologisch zusammengefasst werden. Im *Omaha-System* gilt FZD = ZD und MBD = MZ, im Crow-System hingegen FZD = FZ und MBD = D. Die *Crow-Terminologie* tritt oft zusammen mit matrilinearer Deszendenz auf: Mitglieder aus Vaters Matrilinie werden nur nach Geschlecht unterschieden, während Generationsunterschiede ignoriert werden. Die Omaha-Terminologie bildet die patrilineare Analogie, wobei hier

Mitglieder von Mutters Patrilinie zusammengefasst werden. Allerdings besteht kein genereller Zusammenhang zwischen spezifischen Terminologiesystemen und Abstammungsgruppen (Keesing 1975).

Typologien wie jene von Lowie und Murdock haben heute weitgehend an Bedeutung verloren, vor allem, weil nur egonahe Kognaten berücksichtigt, egofernere Kognaten und affinale Verwandte hingegen ignoriert werden. Die Verwandtschaftsethnologie hat andere Methoden entwickelt, um Verwandtschaftstermsysteme zu analysieren und zu unterscheiden. Lounsbury (1964) hat mit seiner formalen Semantik versucht, Verwandtschaftskategorien auf die egonächsten Kintypen zu reduzieren und von diesen aus mittels Expansions- und Äquivalenzregeln das Verwandtschaftstermsystem zu beschreiben. Die Komponentenanalyse von Goodenough (1970) beschreibt hingegen die einzelnen Verwandtschaftskategorien als Summe der Kintypen, die mit demselben Verwandtschaftsterm bezeichnet werden. Eine sorgfältige Beschreibung von (emischen) Verwandtschaftstermen mit Hilfe genealogisch (etisch) definierter Kintypen und –klassen ist unerlässlich. Doch lässt sich auf diese Weise nur die Extension von Termen definieren, nicht aber deren Bedeutung für die Akteure erfassen. Die (strukturelle und pragmatische) Bedeutung von Verwandtschaftstermen muss im gesamten Kontext der betreffenden Kultur interpretiert werden (Needham 1971: 41). In einem zweiten Schritt müssen dann die komplexen Beziehungen des Termsystems zu Heiratsregeln und Verhaltensidealen, Deszendenz und Heiratsallianzen sowie zu anderen kulturellen Modellen, die nicht verwandtschaftlicher Natur sind (Modelle der Person, der übernatürlichen Wesen, der Geschlechteridentitäten, kosmologische Modelle etc.), untersucht werden.

1.2 Verwandtschaftseinheiten

1.2.1 Filiation und Deszendenz

Wie bereits erwähnt, werden Eltern-Kind-Beziehungen als *Filiationsbeziehungen* definiert, wobei sich *Matri- und Patrifiliation* unterscheiden lassen. *Pater* und *Mater* bezeichnen sozial definierte Eltern, *Genitor* und *Genetrix* die kulturell anerkannten biologischen Eltern, eine Unterscheidung, die nicht erst durch neue Reproduktionstechnologien relevant geworden ist. In den meisten Fällen sind soziale und biologische Eltern identisch. Es gibt aber auch Fälle, in denen der soziale Vater keinen Anteil an der Zeugung hat (Trobriand) oder die soziale Mutter lediglich das Gefäß ist, in das der Vater seinen Samen legt (Kachin); in einigen Fällen sind die sozialen Eltern nicht die Erzeuger (etwa bei Adoption oder „unbefleckter Empfängnis“) oder beide tragen zur Zeugung bei (z. B. Knochen vom Vater, Blut von der Mutter).

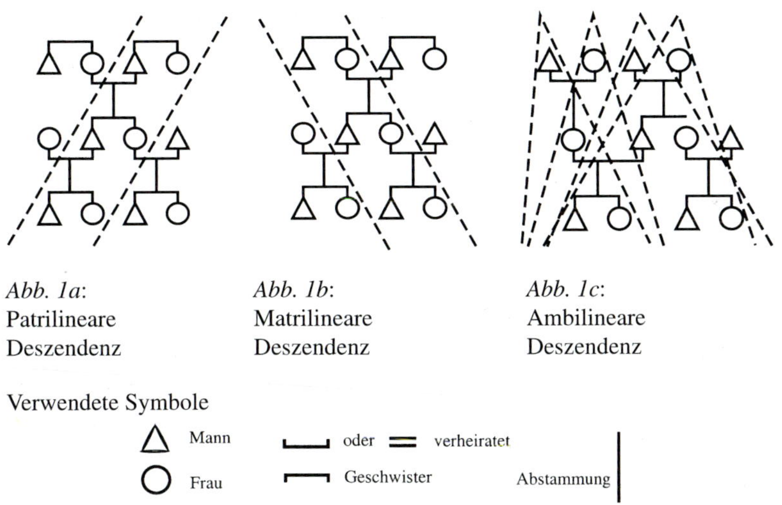

Abb. 1a: Patrilineare Deszendenz

Abb. 1b: Matrilineare Deszendenz

Abb. 1c: Ambilineare Deszendenz

Dies verweist auf kulturelle Konzeptionen von Elternschaft und Zeugung (Leach 1961). Werden Filiationsbeziehungen (Vater → Kinder, Mutter → Kinder) über mehrere Generationen von einem Ahnen aus berechnet, spricht man von Deszendenz bzw. von Abstammung.

Deszendenz definiert soziozentrische Statuskategorien. Ähnlich wie bei einem Namen oder einem Beruf ändert sich der Status nicht bei einem Wechsel der Perspektive, von der aus ein Ego bezeichnet wird. Deszendenz meint zunächst einmal die Beziehung zu einem Ahnen, während Verwandtschaft im engen Sinne die Beziehung zu einem Ego bedeutet. Zu einer *Deszendenzkategorie* gehören all jene, die ihre Abstammung von einem gemeinsamen Ahnen herleiten, und zwar unabhängig davon, ob sie zusammenleben oder nicht und ob sie in irgendwelchen Aktivitäten kooperieren oder nicht (Keesing 1975: Kap. 3). Deshalb sprechen wir hier von Deszendenzkategorien und nicht von *Deszendenzgruppen*. (Allenfalls liesse sich von latenten Gruppen sprechen.) Das Prinzip der Abstammung (*Deszendenzregel*) kann in drei Modalitäten formuliert werden, je nachdem, ob die Zugehörigkeit über die väterliche Linie (*patrilinear*), die mütterliche Linie (*matrilinear*) oder über beide Linien (*ambilinear*) gerechnet wird (vgl. Needham 1971: Kap. 1).

Patrilineare (*agnatische*) Deszendenz umfasst jeweils Vater und seine Kinder (F→C) in aufeinander folgenden Generationen, auch wenn die Abstammungsbeziehung jeweils nur über die Söhne weitergegeben wird (F→S) und FF, F, S, SS etc. umfasst (Graphik 1.a). Matrilineare (*uterine*) Deszendenz umfasst jeweils Mutter und ihre Kinder (M→C), wobei hier die Abstammungsbeziehung ausschliesslich über die Töchter weitergegeben wird (M→D) und u. a. MM, M, D, DD umfasst (Graphik 1.b). Es gibt Gesellschaften, in denen gleichzeitig die matrilineare und die patrilineare Deszendenzregel anerkannt werden (also F→C + M→C), wobei die beiden Linien aber nicht vermischt werden, sondern jedes Individuum sowohl zu einer matri- als auch zu einer patrilinearen Deszendenzkategorie gehört. Dadurch unterscheidet sich *bilineare* Deszendenz (doppelt unilineare Deszendenz), wie bei den Yakö, von *ambilinearer* (kognatischer) Deszendenz (Kwaio, Maori), bei der ein Individuum seine Beziehung zu einem Ahnen entweder über die mütterliche oder über die väterliche Linie zurückverfolgen kann (also F+M→C).

1.2.2 Abstammungskategorien: Lineages und Klane, Ramages und Septs

Unilineare Abstammungskategorien (patrilineare und matrilineare Deszendenz) lassen sich in *Lineages* und *Klane* unterscheiden. Während in einer Lineage alle Angehörigen ihre Abstammung vom gemeinsamen Ahnen in allen Zwischenstufen präzise angeben können, sind Angehörige eines Klanes dazu nicht in der Lage, obwohl sie sich ebenfalls als von einem gemeinsamen Ahnen abstammend erachten. Mehrere Klane, die eine Abstammung von einem gemeinsamen Ahnen geltend machen, können eine *Phratrie* bilden.

Unilineare Deszendenzregeln produzieren soziale Kategorien, die sich nicht überlappen: Jede Person kann aufgrund dieser Regeln eindeutig einer patrilinearen oder matrilinearen Abstammungskategorie (Lineage oder Klan) zugeordnet werden. Lineages und Klane können entsprechend ihrer genealogischen Nähe und Ferne ein System mit mehreren Ebenen bilden, das Evans-Pritchard (1940) in seiner Arbeit über die Nuer als segmentäres Lineage-Sy-

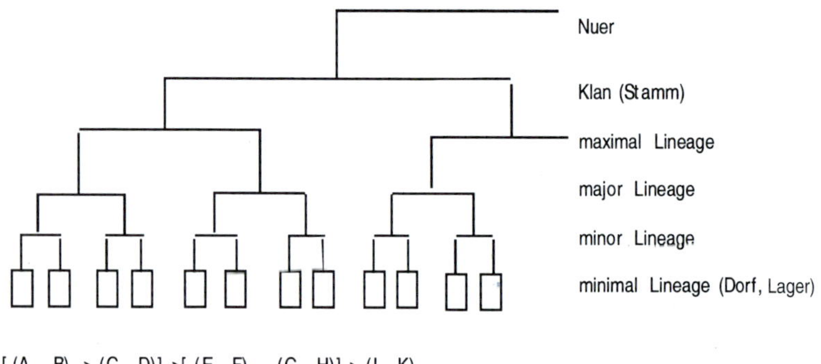

Abb. 2: Segmentäres Lineage-System

stem beschrieben hat. Das Modell (Graphik 2) zeigt die patrilinearen Deszendenzeinheiten (*minimal Lineages*), deren Ahnen sich auf unterschiedlichen genealogischen Ebenen befinden: *minor*, *major* und *maximal Lineages* sowie Klane. Das *segmentäre Lineage-System* dient den Nuer als Modell rechtlicher und politischer Beziehungen in der Weise, dass sich jeweils näher verwandte Gruppen gegen entfernter verwandte Gruppen verbünden oder gegen andere Stämme (Dinka und Anuak). Eine solche Konstellation der segmentären Opposition zeigt *Abb. 2*.
Zu einer *ambilinearen* Abstammungskategorie (*Ramages*, *Septs*) gehören Nachkommen, die sich entweder über die väterliche oder die mütterliche Linie als von einem gemeinsamen Ahnen abstammend erachten. Die *ambilineare Deszendenzregel* erzeugt im Gegensatz zu unilinearen Deszendenzregeln keine distinkten Sozialkategorien; vielmehr überlappen sich diese, weil jede Person aufgrund der ambilinearen Regel mehreren Ramages angehört. Wie Graphik 1.c zeigt, gehört das Geschwisterpaar links unten in Generation 0 zu vier Ramages, deren Ahnen in der Generation + 2 MM, FM, MF und FF sind. Gehörten die Ahnen zur Generation der Urgrosseltern (Generation + 3), wären es bereits 8 Kategorien, zu denen das Geschwisterpaar gehören würde. Meist muss sich ein Ego für die Zugehörigkeit zu einer dieser Abstammungskategorien entscheiden, ohne dass es die potenzielle Zugehörigkeit zu den anderen zwingend verliert (vgl. die Hapu bei den Maori).

1.2.3 Deszendenz: Zugehörigkeitsrecht, Erbfolge, Ämternachfolge

Obwohl Deszendenzregeln meist als Modalitäten zur Bildung von Abstammungskategorien dienen, definieren sie auch Modalitäten der Weitergabe von Eigentum und die Nachfolge von Ämtern von einer zur nächsten Generation: ob von F→S, M→D oder F,M→S,D (Scheffler 1966, Löffler 1969). Allerdings unterliegt die Art und Weise, wie das Erbe zwischen den Personen der Empfängergeneration aufgeteilt wird, zusätzlichen juridischen Regeln: Das Erbe kann unter alle Kinder oder nur an die Söhne bzw. die Töchter aufgeteilt werden; das Erbe oder das Amt fällt nur dem jüngsten Kind (yC, yS oder yD, also *Ultimogenitur*) oder dem ältesten Kind (eC, eS oder eD, also *Primogenitur*) zu; oder *Frauengüter* gehen von der Mutter an die Töchter und *Männergüter* vom Vater an die Söhne (M→D + F→S). In diesem Fall wird von paralleler Deszendenz gesprochen. Zugehörigkeitsrecht, Erbfolge und Ämternachfolge können in ein und derselben Gesellschaft gemäß unterschiedlichen Deszendenzmodalitäten geregelt sein. Selbst die Residenzregel kann als von Deszendenzmodalitäten definiert gesehen werden: Der vorgeschriebene Wohnsitz nach der Heirat kann *patrilokal* (F→S+SW), *matrilokal* (M→D+DH), *ambilokal* (HP,WP→S+SW,D+DH) oder *avunkulokal*

(MB→ZS+ZSW) definiert sein. Mitgliedschaft in einer Abstammungskategorie und postmaritale Residenz müssen nicht korrelieren: Beispielsweise sind auch matrilineare und patrilokale (Trobriand), patrilineare und matrilokale (Mundurucu), kognatische und patrilokale Arrangements (Kwaio) möglich. Weil Zugehörigkeitsrecht, Erbfolge, Ämternachfolge und Residenz in einer Gesellschaft von unterschiedlichen Deszendenzmodalitäten geregelt werden können (zu den Penan vgl. Needham 1971), macht auch die Kennzeichnung von Gesellschaften als „patrilinear“ oder „bilateral“ wenig Sinn.

Einige Autoren gehen davon aus, dass unilineare Deszendenzkategorien exogam, kognatische hingegen endogam sind. Es sind aber auch Fälle bekannt, in denen es sich gerade umgekehrt verhält. Außerdem können soziale Einheiten wie Dörfer exogam, religiöse Gemeinschaften, Kasten, ethnische Gruppen und Strata hingegen endogam sein. Auch hier bestehen also keine zwingenden Zusammenhänge.

1.2.4 Bilaterale Kindreds

Es gibt Verwandtschaftskategorien, die nicht über gemeinsame Deszendenz zustande kommen. Während Deszendenz (*soziozentrisch*) von einem Ahnen aus gerechnet wird, bestehen so genannte *Kindreds* aus einer Kategorie bilateral Verwandter, die *egozentrisch* definiert sind, d.h. von einem Ego aus zu dieser Gruppe gezählt werden (Murdock 1964, King 1976). Unverheiratete Geschwister haben dieselbe Kindred, doch wird sich diese mit ihrer Heirat ausdifferenzieren, weil sie unterschiedliche Affinalverwandte haben werden. Prinzipiell ist jedes Individuum (Ego) Zentrum einer Kindred, was zu einer starken Überlappung der Kindreds führt: selbst verheiratete Geschwister haben unterschiedliche Kindreds (vgl. die Iban und die Subanum). Kindreds können unterschiedliche Grade von Verwandten umfassen, je nachdem, bis zu welchem Kollateralitätsgrad (beispielsweise: 1. Grades PGC, 2. Grades PPGCC, 3. Grades PPPGCC etc.) die Grenzen einer Kindred ausgedehnt sind und ob nur die Kognaten oder auch Affinale dieser Kognaten zu einer Kindred gehören. Einige Kindreds sind exogam, andere wiederum endogam.

1.2.5 Familien

Die *Familie* ist die kleinste, von den Akteuren als solche wahrgenommene und bezeichnete Verwandtschaftseinheit, und zwar unabhängig davon, ob die Familienmitglieder zusammenleben oder nicht, ob die Familie eine Eigentumseinheit ist oder nicht. Familie muss von Haushalt unterschieden werden. Der *Haushalt* ist die kleinste Einheit von Personen, die in einem Haus oder Weiler zusammenleben und eine *Konsumtions- und allenfalls Produktionseinheit* bilden, unabhängig davon, ob sie miteinander verwandt sind oder nicht. *Kernfamilien* bestehen aus Eltern und Kindern, *Großfamilien* umfassen Eltern, ihre verheirateten Kinder und deren Nachkommen. Zusätzlich lassen sich *monogame* und *polygame* Familien unterscheiden, wobei unter den polygamen die *polygynen* Familien (Mann mit zwei oder mehr Ehefrauen) die Regel sind, *polyandrische* Familien (Frau mit zwei oder mehr Ehemännern) hingegen selten vorkommen. *Matrifokale* Familien bestehen aus einer Mutter mit ihren Kindern, während der Ehegatte eine geringe Rolle spielt und oft wechselt. Zu *Matrifamilien* gehören Brüder und Schwestern sowie die Kinder dieser Schwestern, während die Ehemänner nur zu Besuch kommen und bei ihren Schwestern leben (wie früher bei den Nayar). Andere Matrifamilien bestehen aus Ehemännern, die in die Gruppe ihrer Frauen ziehen und dort eine Großfamilie unter Leitung des Mutterbruders ihrer Ehefrauen bilden (wie bei den Khasi).

Zudem lassen sich *Ursprungsfamilie* (*family of orientation*), also die Familie der Eltern, in der jemand Kind ist, und *Fortpflanzungsfamilie* (*family of procreation*), in der jemand selber Elter ist und Kinder zeugt, voneinander unterscheiden. Residenzregeln definieren den Wohnort eines Ehepaares unmittelbar nach der Heirat: bei *Virilokalität* zieht die Frau zum Mann, bei *Uxorilokalität* der Mann zu seiner Frau, und bei *Duolokalität* leben die beiden in unterschiedlichen Familien. Bei erweiterten Familien unterscheidet man zudem zwischen *Patrilokalität* (Residenz bei den Eltern des Mannes), *Matrilokalität* (bei den Eltern der Frau), *Utrolokalität* (abwechslungsweise bei den Eltern der Frau oder des Mannes), *Avunkulokalität* (meist beim Mutterbruder des Mannes) und *Neolokalität*, bei der das junge Ehepaar an einem neuen Ort lebt. Familientyp und Residenzregel lassen jedoch keine Rückschlüsse auf die verwandtschaftliche Zusammensetzung von Haushalten zu, denn zum einen werden die Regeln oft nicht befolgt, zum anderen bezieht sich die Residenzregel nur auf den vorgeschriebenen Wohnsitz des neuen Ehepaares unmittelbar nach der Heirat.

1.3. Lokalgruppen und Verwandtschaftseinheiten

Lokalgruppen (Dörfer mit oder ohne Quartiere, Weilersiedlungen, Männerhäuser plus Familienhäuser, Streusiedlungen etc.), aber auch Haushalte sind die *realen Residenzeinheiten* mit wirtschaftlichen und politischen Funktionen. Lokalgruppen bestehen aus einer Anzahl von Haushalten, deren Mitglieder intensiver miteinander interagieren als mit Mitgliedern anderer Lokalgruppen. Darüber hinaus fungieren sie als *Eigentums-*, *Kooperations-* oder *Konsumtionseinheiten* sowie als *Autoritäts-*, *Entscheidungs-* oder *außenpolitische Handlungseinheiten* (Murdock/Wilson 1972). Welche Beziehung besteht nun zwischen Deszendenzkategorien und Lokalgruppen? Sie wurde in der Verwandtschaftsethnologie auf zwei unterschiedliche Weisen konzipiert. Der erste Ansatz schließt von Deszendenz- und Residenzregeln auf Lokalgruppen, der zweite geht von Lokalgruppen aus und untersucht deren verwandtschaftliche Zusammensetzung.

Für den ersten Ansatz stehen Radcliffe-Brown (1950) und Fortes (1969). Ihnen zufolge vermag nur unilineare Deszendenz – kombiniert mit unilokalen Residenzregeln – distinktive Einheiten zu definieren, wie Radcliffe-Brown (1930/31) am Beispiel patrilinearer, patrilokaler Horden illustriert: Eine lokale Patrigruppe besteht ihm zufolge aus den Männern des Patriklanes und ihren Ehefrauen, abzüglich der anderswo verheirateten Frauen des Patriklanes. Ambilineare/ambilokale Regimes produzieren hingegen überlappende Gruppen und unklar definierte Rechte und Pflichten. Das hat sogar dazu geführt, dass kognatische Deszendenz oft nicht einmal als Abstammungsmodus bezeichnet wurde. Nach Radcliffe-Brown (1950) sind Gesellschaften mit kognatischen Abstammungskategorien oder lediglich bilateralen, egozentrierten Kindreds *loosely structured*, weil sie im Gegensatz zu Gesellschaften mit unilinearen Systemen weder die Erbfolge oder die Weitergabe von Ämtern eindeutig regeln, noch distinkte Gruppen hervorbringen, so dass sie wichtige Kriterien für die Funktionsfähigkeit von Gesellschaften nicht erfüllen. Diese Sichtweise ist jedoch in mehrfacher Hinsicht problematisch: Erstens bestehen selbst Gesellschaften mit ambilinearem (in Polynesien) oder bilateralem Verwandtschaftsmodus (in Südostasien) aus distinkten, wohl organisierten Lokalgruppen (Goodenough 1970: 4). Zweitens sind auch Lokalgruppen in Gesellschaften mit unilinearer Deszendenz verwandtschaftlich heterogen zusammengesetzt, wie selbst Evans-Pritchard (1951: 28) über die Nuer schreibt. Auch bei einem unilinearen Abstammungsmodus können sich Individuen anderen Gruppen anschließen, etwa anderen Segmenten (Lineages) desselben Klanes oder der Patrilineage des MB; ebenso kann bei kognatischer Abstammung das Residenzverhalten eine starke unilaterale Tendenz aufweisen, so dass sich die verwandtschaftliche Zusammensetzung von Lokalgruppen mit matrilinearen, patrilinearen oder ambilinearen Deszendenz- und Residenzregeln nicht unterscheiden muss (Sahlins 1965: 104). Unabhängig davon, ob sie eingehalten werden, beziehen sich Residenzregeln ohnehin nur auf den erwünschten oder vorgeschriebenen Wohnsitz eines Paares unmittelbar nach der Heirat. Auch aus diesem Grund lassen sich keine Schlüsse auf die verwandtschaftliche Zusammensetzung der Gruppe ziehen. Diese Tatbestände zwingen letztlich zu einer radikalen Unterscheidung zwischen Deszendenzkategorien und -regeln als kulturellen Kategorien einerseits und Lokalgruppen als sozialen Einheiten andererseits (vgl. Service 1971: 19).

Der zweite Ansatz, die Beziehung zwischen Deszendenz und Lokalgruppen zu konzipieren, wurde zuerst von Leach (1950) entwickelt. Er geht von den residenziellen Einheiten (Haushalt und Lokalgruppe) aus und untersucht anschließend deren verwandtschaftliche Binnenstruktur. Leach hat diese Vorgehensweise in seiner Arbeit über die Iban auf Borneo demonstriert; hier existieren neben der Familie nur bilaterale Kindreds, es fehlen jedoch Abstammungsgruppen. Leach untersucht zunächst die Langhausgemeinschaft, die als ökonomische, politische und zeremonielle Einheit fungiert, und anschließend die verwandtschaftliche Zusammensetzung dieser Lokalgruppe (King 1978:5). Der Ansatz von Leach hat den Vorteil, den Blick für die verwandtschaftliche Binnenstruktur von Lokalgruppen freizugeben, beispielsweise auf lokale Verwandtengruppen von Personen mit einer direkteren Beziehung zu einem Ahnen bzw. engeren Beziehungen untereinander als zu den anderen Gruppenmitgliedern. Diese verwandtschaftlichen Kerngruppen bilden die lokalen Machtzentren mit starker Binnensolidarität und die Besitzer des Landes. Im Gegensatz zur Meinung von Fortes (1969: 125f.) bestehen also auch in Gesellschaften mit einer nicht-unilinearen Rekrutierungsregel für Gruppen sehr wohl verwandtschaftliche Segmente, die größer sind als Familien, aber kleiner als Lokalgruppen.

Der Ansatz von Leach trifft sich mit der Theorie der Hausgesellschaften, die Lévi-Strauss (1979) am Beispiel der numaym bei den Kwakiutl skizziert hat. Die Analyse geht von Häusern aus, die nicht als Objekte der materiellen Kultur, sondern als Verbindungsglieder zwischen Lokalgruppen und Verwandtschaft interessieren. *Häuser* bzw. Hausgemeinschaften sind *juridische Personen* mit eigenem Namen, mit Besitztümern, eigenen Ritualen und einer politischen Organisation. Bei der Reproduktion dieser Hausgemeinschaften wird zwar auf die Idiome von Deszendenz und *Heiratsallianz* zurückgegriffen, jedoch ohne dass diese die Rekrutierung von Hausmitgliedern bestimmen (Carsten und Hugh-Jones 1995). Ähnlich erfolgt die Reproduktion von Lokalgruppen (Dörfern, Weilern) in Gesellschaften im Hochland von Neuguinea zwar mit Rückgriff auf Deszendenzmodelle, aber nicht gemäß den Rekrutierungsregeln von unilinearer Patrideszendenz (Holy 1996: Kap. 4).

Verwandtschaftskategorien und verwandtschaftlich formulierte Regeln sind demnach *kulturell-symbolische* Modelle. Deszendenz- und Residenzregeln sind „Ideologien der verwandtschaftlichen Zusammensetzung lokaler Gruppen“ (Buchler und Selby 1968: 98–102); sie lassen Rückschlüsse weder auf die verwandtschaftliche Zusammensetzung noch auf das effektive Funktionieren von Lokalgruppen zu, die es ökonomisch und politisch zu beschreiben gilt (Scheffler 1966; Needham 1971: 58).

1.4 Heirat und Ehe

1.4.1 Heiratstypen

Die Definition von Heirat hat sich als relativ kompliziert herausgestellt (Needham 1971: Kap. 1). *Heirat* ist primär der Prozess, der zu einer *Ehe* als einer rechtlich anerkannten Lebensgemeinschaft von Personen (üblicherweise) unterschiedlichen Geschlechts führt. Gemäß einer gängigen Definition ist Heirat eine rechtliche Verbindung von Mann und Frau, bezüglich denen der rechtliche Status ihrer Kinder definiert wird (Notes and Queries 1951). Die Wahl der *Heiratspartner* unterliegt jedoch bestimmten *Heiratsvorschriften*. *Negative Heiratsvorschriften* bezeichnen jenen Kreis von Verwandten, die man nicht heiraten darf (*Exogamiegebot*); das *Inzestverbot* wiederum verbietet Geschlechtsverkehr mit bestimmten Verwandten. Inzest wird zwar in gewissen Gesellschaften stark horrifiziert und kann harte Strafen nach sich ziehen; in anderen Gesellschaften wiederum gilt Inzest jedoch eher als lächerlich und absurd, wohingegen Ehebruch als ein sozial weit schwerwiegenderes Vergehen angesehen und bestraft wird. *Endogamie* meint das Gebot (oder die statistische Tatsache), dass innerhalb einer bestimmten Gruppe (Deszendenzkategorie, Dorf, Kaste etc.) geheiratet wird.

Heiraten können in hierarchisch strukturierten Gesellschaften entweder zwischen Personen eines gleichen *Stratums* (*Isogamie*) oder unterschiedlicher *Strata* (*Hypergamie*, *Hypogamie*) geschlossen werden. Bei Hypergamie heiratet die Frau einen Mann aus einem höheren Stratum, bei Hypogamie einen Mann aus einem tieferen Stratum. Beim *Levirat* heiratet eine Frau nach dem Tod ihres Mannes dessen Bruder, beim *Sororat* heiratet ein Mann nach dem Tod seiner Frau deren Schwester.

1.4.2 Brautpreis und Mitgift

Meist finden parallel zu einer Heirat Transaktionen von Gütern und Dienstleistungen statt, außer in Gesellschaften mit direktem Schwesterntausch zwischen Männern (Goody und Tambiah 1973; Comaroff 1980; Whitehead 1984). Brautpreis bezeichnet die Gaben, die von der Gruppe des Bräutigams an die Gruppe der Braut gehen; Mitgift hingegen heißen jene Gaben, die von der Gruppe der Braut entweder an diese direkt (in Form einer Aussteuer) oder an die Gruppe des Bräutigams gegeben werden. Von indirekter Mitgift spricht man, wenn ein Teil des erhaltenen Brautpreises an die Tochter und somit an die neue Familie weitergeht. Brautdienst wird vom Bräutigam in Form von Arbeitsleistungen in der Familie der Braut verrichtet. Üblicherweise muss bei einer von der Frau verschuldeten Scheidung, aber auch bei ihrem Tod oder bei Unfruchtbarkeit der Brautpreis zurückgezahlt werden. Nach Collier und Rosaldo (1981) wirken sich Brautpreis und Brautdienst auf die Geschlechterbeziehungen unterschiedlich aus: Während in Gesellschaften mit Brautpreis die Verhandlungsmacht der Eltern größer und deren Interesse an der Weiterführung der Ehe ihrer Kinder stärker ist, weil sie den Brautpreis für ihren Sohn aufgebracht haben bzw. bei Beendigung der Ehe durch die Tochter den Brautpreis zurückzahlen müssten, verfügen zukünftige Ehefrauen und Ehemänner in Gesellschaften mit Brautdienst über eine größere Verhandlungsmacht, weil der Ehemann selber den Brautdienst leistet und die Eltern der Frau beim Ende der Ehe nichts zurückzahlen müssen.

Die Höhe von Brautpreis und Mitgift kann von verschiedenen Faktoren abhängen: beispielsweise von der Anzahl der durch die Heirat transferierten Rechte, von Angebot und Nachfrage von Frauen und Heiratsgütern, vom Wert der weiblichen Arbeitskraft oder vom relativen Status der involvierten Familien. Brautpreis und Mitgift können in einer Gesellschaft gleichzeitig praktiziert werden: So zahlen in hierarchischen Gesellschaften (etwa im imperialen China) die Oberschichten Mitgift, die Unterschichten hingegen Brautpreis.

1.5 Heiratsallianzen

Während *negative Heiratsregeln* nur jene Kategorie von Personen bezeichnen, die nicht geheiratet werden dürfen, und die Auswahl des Ehepartners darüber hinaus von Status, Reichtum, Charakter und persönlicher Zuneigung abhängt, schreiben *positive Heiratsregeln* zusätzlich jene Kategorie von Personen vor, aus welcher der Ehepartner stammen sollte. Da (auch) die positiven Heiratsregeln in Verwandtschaftstermen formuliert werden, werden bestimmte Kognaten zugleich als Heiratspartner definiert, also beispielsweise: FZD = W oder MB = WF. Werden zudem über mehrere Generationen hinweg gemäß denselben positiven Vorschriften Heiraten zwischen Gruppen (Verwandtschaftskategorie, Familien, Dörfer oder Weiler) geschlossen, spricht man von *Heiratsallianz*. Lévi-Strauss (1949) nennt diese Heiratsallianzen *elementare Strukturen*, während er Systeme mit negativen Heiratsvorschriften als *komplexe Strukturen* der Verwandtschaft bezeichnet. Lévi-Strauss unterscheidet drei elementare Formen von Heiratsallianzen bzw. des Frauentausches zwischen Verwandtschaftslinien, ohne jedoch konsequent zwischen präskriptiver Verwandtschaftsterminologie, positiven Heiratsregeln und Tauschbeziehungen zwischen Gruppen zu unterscheiden.

1.5.1 Präskriptive Verwandtschaftsterminologien und positive Heiratsvorschriften

Von Verwandtschaftstermen war bereits die Rede, wobei die gängigen Typologien lediglich terminologische Unterscheidungen zwischen Kognaten berücksichtigen, Affinale jedoch ignorieren. Dies entspricht der Deszendenztheorie (Radcliffe-Brown 1950; Evans-Pritchard 1940, 1951; Fortes 1969). Lévi-Strauss hat dieser Deszendenztheorie eine Theorie der Heiratsallianz gegenübergestellt (vgl. auch Needham 1971; Leach 1961; Dumont 1971).

Modalitäten der Heiratsallianz entsprechen auch spezifischen Verwandtschaftsterminologien, die als *präskriptive Terminologien* bezeichnet werden. Verwandtschaftstermsysteme sind präskriptiv, wenn sie a) mit positiven Heiratsregeln verknüpft sind, d. h. Kognaten, die man heiraten soll, terminologisch mit Affinalen gleichsetzen, und wenn sie b) terminologisch bestimmte Linien isolieren und einander gegenüber stellen (Parkin 1997: Kap. 5).

a) Präskriptive Terminologien zeichnen sich dadurch aus, dass sie nicht nur Parallel- mit Linearverwandten terminologisch gleichsetzen und diese von Kreuzverwandten unterscheiden, beispielsweise: M = MZ ≠ FZ; F = FB ≠ MB, also PssG ≠ PosG; Z = FZD ≠ MZD; B = FBS ≠ MBS, also PssGC ≠ PosGC, ebenso wie D = BD ≠ ZD; S = BS ≠ ZS, also ssGC ≠ osGC. Präskriptive Terminologien setzen gleichzeitig Kreuzverwandte und Affinale terminologisch gleich, also beispielsweise MBD = W und MB = WF. (Das unterscheidet u. a. das dravidische vom Irokesen-Termsystem, von dem bereits die Rede war.) Dies ist die erste Bedingung für präskriptive Terminologien.
b) Zudem definieren präskriptive Terminologien *terminologische Linien*, wobei hier keine Deszendenzkategorien, sondern vertikal zusammengefasste und (einer oder zwei) anderen Linien gegenübergestellte Kategorien von Verwandten gemeint sind. Alle präskriptiven Terminologien sind in diesem Sinne lineal (was allerdings nicht mit der linearen Eskimo-Terminologie verwechselt werden darf). Aber es gibt auch lineale Terminologiesysteme, die nicht präskriptiv sind, weil eine Äquivalenz zwischen Kognaten und Affinalen fehlt, wie beispielsweise Crow- und Omaha-Terminologien. Zudem finden sich positive Heiratsregeln (heirate deine MBD) ohne präskriptives Termsystem, und ein präskriptives Termsystem passt nicht immer zu den bestehenden Heiratsregeln.

Es lassen sich zwei präskriptive Verwandtschaftsterminologien unterscheiden: 1) eine mit zwei Linien und 2) eine mit drei Linien. 1) Ein *zwei-Linien-Präskriptionssystem* (*symmetrisches Termsystem*) liegt vor, wenn F = FB = FF, B = PssGS, S = ssGS die Referenzlinie und MB = FZH > PosGS > osGS die zweite terminologische Linie bildet. Heiraten sollten zwischen diesen beiden Linien stattfinden, und es gilt: MB = FZH = WF = ZHF, wie in dem von Dumont beschriebenen dravidischen Termsystem. 2) Ein *Drei-Linien-*

Präskriptionssystem (*asymmetrisches Termsystem*) liegt vor, wenn neben der Referenzlinie (F = FB = FF, B = PssGS, S = ssGS) eine zweite Linie mit MB >MBC > MBSS und eine dritte Linie mit FZH > FZS > ZS vorliegt. In einem solchen Termsystem werden somit eine Frauengeber- und eine Frauennehmerlinie voneinander unterschieden, und es gilt: MB = WF ≠ FZH = ZHF, wie in dem von Leach beschriebenen Fall der Kachin.

1.5.2 Modalitäten des Frauentausches

Nach Lévi-Strauss entsprechen diesen beiden präskriptiven Terminologien (Zwei-Linien- und Drei-Linien-System) und positiven Heiratsregeln (ms: PosGD oder ws: PosGS bzw. ms: MBD oder ws: FZS) auch zwei grundlegende *Modalitäten des Frauentausches* zwischen Gruppen: eine *symmetrische* und eine *asymmetrische Heiratsallianz*.

Eingeschränkter, symmetrischer Tausch
Die erste Modalität des Frauentausches bezeichnet Lévi-Strauss als *eingeschränkten, symmetrischen Tausch*, der aus der systematischen Heirat mit dem/der bilateralen Kreuzvetter/-base, d. h. zwischen PosGC = E zustande kommt. Idealerweise tauschen Männer aus zwei Einheiten (oder einem Vielfachen von zwei) ihre Schwestern:

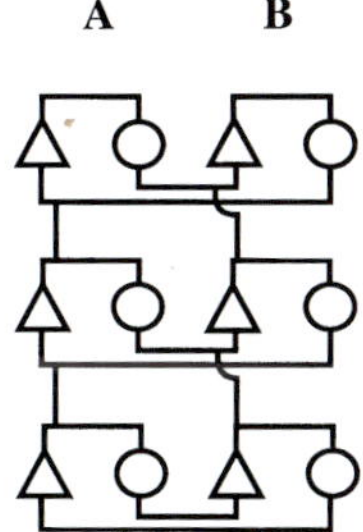

Abb. 3: Eingeschränkter symmetrischer Tausch

Ein Mann heiratet seine bilaterale Kreuzkusine: MBD = FZD = W (für eine Frau gilt reziprok: MBS = FZS = H), wobei es sich nicht um eine wirkliche Kreuzbase handeln muss, sondern auch eine andere, als solche klassifizierte Frau, sein kann. Aus dieser terminologischen Äquivalenz ergeben sich weitere: BW = WZ, EG = GE usw. Im Wesentlichen geht es um eine terminologische Gegenüberstellung von linearen und Parallelverwandten einerseits und Kreuzverwandten anderseits, die gleichzeitig als Affinalverwandte klassifiziert werden. Terminologisch werden diese zwei Linien (A und B), zwischen

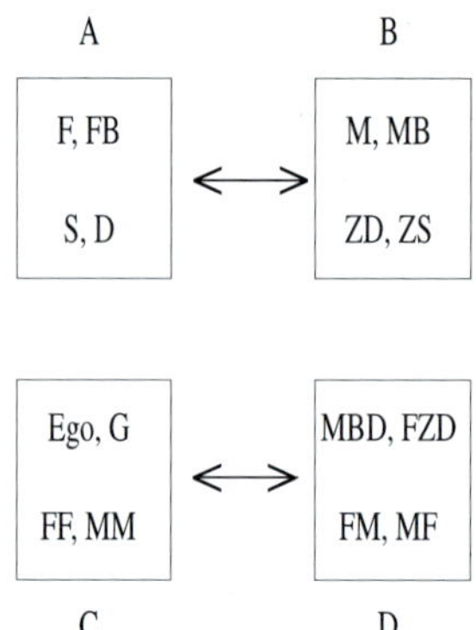

Abb. 4: Sektionensystem

denen kontinuierliche Heiratsbeziehungen stattfinden, einander gegenübergestellt. (Die Terminologie kann allerdings symmetrisch sein, obwohl eine Präferenz für die Heirat mit einer unilateralen Kreuzkusine, d. h. mit MBD oder FZD besteht.) Systeme eines symmetrischen, eingeschränkten Tausches (zusammen mit einer Zwei-Linien-Präskriptivterminologie und einer positiven Heiratsregel mit PosGC) finden sich im Tiefland von Südamerika, in Süd- und Zentralindien, in Teilen von Indonesien und des Pazifiks sowie in Australien (*Abb. 4*).

Dieser Tauschmodus lässt sich am Beispiel der Hälften, der *Sektionen- und Subsektionensysteme* bei den australischen Aborigines illustrieren. In einem Sektionensystem (Kariera) ist die ganze Bevölkerung in vier Kategorien („Heiratsklassen" A, B, C, D) eingeteilt. Diese vier Sektionen entstehen durch eine vertikale Teilung in Hälften (Moieties, also zwei Linien, hier A und C bzw. B und D) und eine horizontale Teilung in Generationen (A und B bzw. C und D). Für jedes Ego ist geregelt, zu welcher Sektion seine Kinder gehören und aus welcher Sektion der Ehepartner stammt. Wenn nicht regelkonform geheiratet wird, wird einer der Heiratspartner umklassifiziert. Für ein männliches Ego aus Sektion C gilt etwa: Ehefrau (W) aus Sektion D, Vater (F) in Sektion A und Mutter (M) in B, Kinder und Bruders Kinder (S, D, BS, BD) in Sektion A und Schwesters Kinder (ZD, ZS) in Sektion B.

Der früher gebräuchliche Begriff „Heiratsklasse" für Sektionen und Subsektionen ist missverständlich, denn auch in Australien werden Heiratsvorschriften nicht über Heiratsklassen, sondern über Verwandtschaftsterme definiert (Radcliffe-Brown 1930). Die beiden Systeme – das egozentrierte Verwandtschaftstermsystem und das soziozentrierte System der Sektionen – sind jedoch miteinander kompatibel, wobei Sektionen eine Kurzform der genealogisch definierten Heiratsvorschriften darstellen. Sektionen dienen zudem der Klassifikation von Fremden als Verwandte, indem die soziozentrierte Klassifikation (Zugehörigkeit eines Fremden z. B. zu Klasse B) in egozentrierte Begriffe transformiert werden kann (also MB oder ZS je nach Alter), so dass der nichtverwandte Fremde als Verwandter integriert und als solcher behandelt werden kann (vgl. dazu auch das Namensystem bei den !Kung-San oder das Altersklassensystem in Ostafrika).

Verallgemeinerter, asymmetrischer Tausch

Neben diesem eingeschränkten Frauentausch unterscheidet Lévi-Strauss einen weiteren grundlegenden Modus des Frauentausches, der aus der systematischen Heirat mit der matrilateralen Kreuzbase (ms: MBD bzw. ws: FZS) resultiert: den verallgemeinerten, asymmetrischen Tausch. Leach hat diesen Typ der Heiratsallianz am Beispiel der Kachin untersucht.

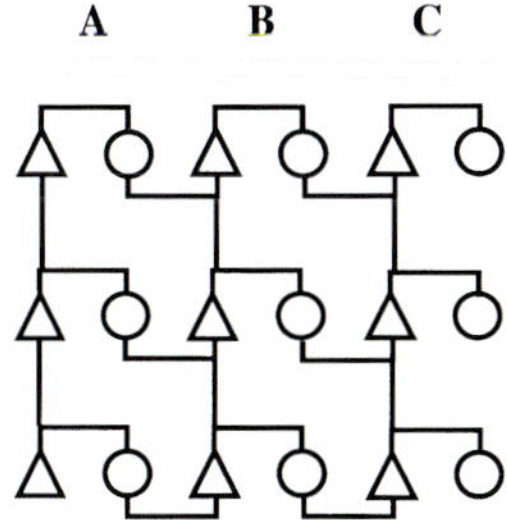

Abb. 5: Verallgemeinerter asymmetrischer Tausch

In einem *verallgemeinerten, asymmetrischen Tauschsystem* muss ein Mann seine MBD, darf aber nicht seine FZD heiraten; seine Schwester heiratet entsprechend FZS, aber nicht MBS. Dieser zweite Modus des Frauentausches besagt im Wesentlichen, dass ein direkter Heiratstausch zwischen zwei Gruppierungen verboten ist, also *Frauennehmer* und *Frauengeber* nie identisch sein dürfen. Von einem Mann aus betrachtet gilt: MBD = BW = W ≠ FZD, von einer Frau aus: MBS ≠ FZS = ZH = H. EG und GE werden somit terminologisch nicht gleichgesetzt, und mit der eigenen Linie (F, B), der Linie der Frauengeber (MB) und jener der Frauennehmer (FZH) drei Linien unterschieden. Frauengeber haben üblicherweise einen höheren Status als Frauennehmer, jedoch ist diese Statusdefinition nicht durchgängig (soziozentrisch), da jede Linie einmal Frauengeber, ein anderes Mal Frauennehmer ist. Der verallgemeinerte, asymmetrische Tausch (zusammen mit einer Drei-Linien-Präskriptivterminologie und einer positiven Regel der Heirat mit MBD bzw. FZS) findet sich vorwiegend in Teilen Südostasiens.

Während bei symmetrischem Frauentausch die Kategorie der Frauengeber zugleich jene der Frauennehmer ist, können bei asymmetrischem Frauentausch

Frauengeber nie Frauennehmer werden und umgekehrt. Das Modell suggeriert, dass sich Verwandtengruppierungen zu langen Ketten von Frauengebern und Frauennehmern verbinden und schließlich geschlossene Kreise bilden, also: A→B→C→...→A→B→ (Leach 1961 über die Kachin). Allerdings handelt es sich hierbei lediglich um ein Artefakt des Modells, nicht um soziale Wirklichkeit, wie Needham (1958) am Beispiel der Purum zeigt, wo jede Lineage terminologisch zwischen Frauengeber- und Frauennehmerlineages unterscheidet, sich aber keine Ketten ergeben.

Verallgemeinerter, symmetrischer Tausch

Lévi-Strauss unterscheidet einen dritten Tauschmodus; den *verallgemeinerten, symmetrischen Tausch*, der aus einer systematischen Heirat mit der FZD (ms) bzw. MBS (ws) resultiert. Im Gegensatz zum verallgemeinerten, asymmetrischen Tausch, wo die Frauen in jeder Generation in dieselbe Richtung „gegeben werden", wechselt der Frauentausch beim verallgemeinerten, symmetrischen Tauschmodus in jeder Generation die Richtung. Nach Parkin (1997: Kap. 8) handelt es sich bei der Präferenz für die Heirat mit der FZD bzw. MBS (Trobriand, Neuguinea, Südindien, Afrika) jedoch nicht um ein eigenständiges Heiratsallianzsystem. Dieser Heiratstyp funktioniert wie ein eingeschränktes, symmetrisches Heiratssystem, auch wenn sich jeweils die Symmetrie erst in der nächsten Generation ergibt. Zudem wird selbst in einem eingeschränkten, symmetrischen Heiratssystem Tauschreziprozität oft erst mit zeitlicher Verzögerung hergestellt. Der mit jeder Generation erfolgende Richtungswechsel des Frauentausches ermöglicht kaum eine kontinuierliche Heiratsallianz zwischen größeren Gruppierungen, wie das Modell suggeriert, sondern bloß kurzfristige Arrangements zwischen zwei Familien: Ego gibt eine Schwester, deren Tochter dann Egos Sohn in der nächsten Generation heiratet (*Abb. 6*).

Seit dem Erscheinen von Lévi-Strauss´ *Die elementaren Strukturen der Verwandtschaft* haben die Diskussionen über deren theoretischen Status nicht geendet. Implizieren elementare Frauentauschsysteme tatsächlich Frauen tauschende Gruppen mit Dominanz der Männer oder handelt es sich dabei lediglich um klassifikatorische (kulturelle) Modelle der betreffenden Gesellschaft? Lévi-Strauss lässt keinen Zweifel daran, dass er mit „elementaren Strukturen" nur klassifikatorische Modelle und die Logik von Regeln meint, unabhängig davon, ob diese befolgt werden oder nicht (in Lee und DeVore 1979: 221). „Heiratsklassen" und Linien sind keine Gruppen, sondern terminologisch-klassifikatorische Kategorien. Auch der Begriff „Frauentausch" impliziert keine Machtasymmetrie zwischen Frauen tauschenden Männern und getauschten Frauen. Selbst Lévi-Strauss schreibt über australische Wildbeutergesellschaften, dass mit „Frauentausch" keine Machtbeziehungen zwischen Männern und Frauen impliziert seien (in Berndt 1981: 186).

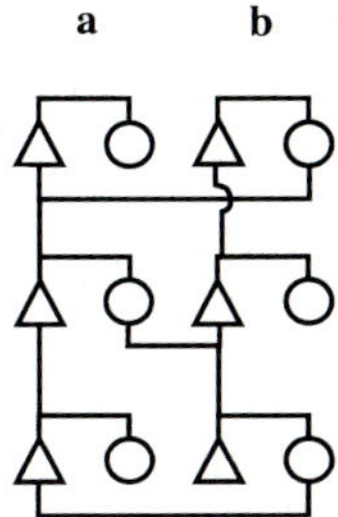

Abb. 6: Verallgemeinerter symmetrischer Tausch

Heiratsvorschriften (präferenzielle Heirat) sind juridische Regeln oder Modelle idealen Verhaltens und dürfen folglich nicht mit dem tatsächlichen Heiratsverhalten verwechselt werden. Präskriptive Systeme wiederum sind Verwandtschaftsterminologien, die Heiraten zwischen Linien von Kognaten formulieren, die zugleich als Affinale klassifiziert werden. Präskriptive Terminologie, positive Heiratsregeln und Frauentausch zwischen Gruppen müssen nicht korrelieren. Kommt hinzu, dass die präferenzielle Heirat mit der patrilateralen Parallelkusine (FBD bzw. FBS), wie sie etwa in Nordafrika, im Mittleren Osten und in Westasien gilt, nicht einmal als Heiratsallianz bezeichnet werden kann, da sie eine Heirat innerhalb einer agnatischen Deszendenzkategorie vorschreibt. Bei einer systematischen Heirat mit der FBD kommt es zudem zu einer Vermischung von Parallel- und Kreuzverwandten und es bestehen unterschiedliche genealogische Beziehungen zwischen Ego und einer anderen Person (Parkin 1997: Kap. 9). Ob in einer Gesellschaft lokale, männerdominierte und Frauen tauschende Gruppen existieren, muss in politischen Begriffen ermittelt und untersucht werden und kann nicht aufgrund von Heiratsvorschriften und präskriptiven Terminologien entschieden werden. Aber auch präferenzielle Heiratsregeln, bei denen eine präskriptive Terminologie fehlt und die lediglich aus einer egozentrierten positiven Heiratsvorschrift bestehen, müssen nicht der realen Praxis entsprechen.

1.6 Heiratsstrategien

Bourdieu (1987: Teil II) beschäftigt sich ausführlich mit der Beziehung zwischen Heiratsregeln und *Heiratsstrategien*. Die „vorgeschriebene" Heirat mit der patrilateralen Parallelbase (FBD) gilt bei den Berbern der Kabylei als kulturelles Ideal, dem ein bestimmter Prozentsatz der Heiraten auch tatsächlich entspricht. Es geht Bourdieu aber nicht darum, das Heiratsverhalten aufgrund dieser Heiratsnorm zu beschreiben und die diesem Ideal nicht entsprechenden Heiraten als nichtsignifikante Ausnahmen zu vernachlässigen, wie bei Evans-Pritchard. Auch will er nicht im Stil von Lévi-Strauss die diesem Heiratsideal inhärente Tauschlogik explizieren, wie sie in den Modalitäten des Frauentausches sichtbar wird. Bourdieu interessiert sich vielmehr für die praktische Handlungslogik der Akteure und zeigt, dass die Familien ihre Heiratsentscheide nicht fällen, um der Heiratsnorm zu genügen, sondern um ihr politisches und wirtschaftliches *Kapital* zu steigern. Allerdings müssen die Akteure auch die Heiratsvorschriften berücksichtigen, denn Normenkonformität bringt symbolisches Kapital (*Reputation*), Nonkonformität hingegen ist mit Nachteilen (*Missbilligung*) verbunden. Vor- und Nachteile unterschiedlicher Strategien variieren je nach Ressourcenausstattung von Familien und Individuen. Reiche Familien nehmen die Kosten der Nonkonformität in Kauf und ziehen Heiraten mit reichen Familien aus anderen Lokalgruppen der Normheirat zwischen Parallelvettern/-basen vor. Solche überlokale Heiraten sind zwar mit hohen Brautpreiszahlungen verbunden, erhöhen aber den regional politischen Einfluss der Familien und damit auch ihr Prestige. Heiraten innerhalb der Patrilineage (also mit FBD) wiederum erhöhen das Ansehen einer Familie. Doch unterscheiden sich die Motive für eine solche Heirat beträchtlich: Die einen Familien versuchen, durch lineage-endogame Heiraten ihr Eigentum (Vieh, Schmuck, Land) in der eigenen Patrilineage zu halten. Arme Familien hingegen machen aus der Not (ihrer Armut) eine Tugend, weil die Heirat mit der patrilateralen Parallelbase keine Brautpreiszahlungen erfordert und ihnen zudem einen symbolischen Gewinn einbringt. Bourdieu zeigt, wie strategisch handelnde Akteure u. a. auf Verwandtschaftskonzepte und Heiratsregeln zurückgreifen, d. h. normenkonform heiraten, wenn dies von Vorteil ist, Heiratsvorschriften aber nicht befolgen, wenn die Nachteile dieser Nonkonformität von anderen Vorteilen aufgewogen werden.

2. *Altersklassen und Bünde*

Neben Verwandtschaftskategorien, die auf Deszendenz und Filiation basieren, gibt es andere soziale Kategorien, die auf Alter und Generation sowie auf Geschlecht beruhen, so genannte *Altersklassensysteme*, sowie *Bünde*.

2.1 Altersklassensysteme

Altersklassensysteme sind in einigen Gesellschaften (etwa in Ostafrika und Neuguinea) ein wichtiges Element der Sozialstruktur. Während Deszendenzkategorien – basierend auf Deszendenz und Filiation – die Gesellschaftsmitglieder vertikal klassifizieren, unterteilen Altersklassen die Männer – selten sind es Frauen – einer Gesellschaft horizontal und rangieren sie nach Alter und Generation. Ein solches Altersklassensystem besteht aus *Altersgraden* (*age grades*), die von Individuen oder *Altersgruppen* (*age sets*) durchlaufen werden. Jede dieser Altersstufe ist mit je eigenen Rechten, Pflichten und Aufgaben verbunden. Der Übergang von der einen zur nächst höheren Statusstufe wird in der Regel durch Initiationsrituale markiert. Einige Altersklassensysteme sind zyklisch, weil die Namen von Alters- und Generationsgruppen immer wiederkehren, in anderen wiederum werden laufend neue Namen kreiert. Die Karimojong etwa besitzen ein zyklisches Altersklassensystem (Dyson-Hudson 1963). Knaben werden im Jugendalter in ihre Altersgruppe (oder -klasse), z. B. A1 initiiert, zu der sie ihr Leben lang gehören werden. Nach etwa sechs Jahren wird diese Gruppe geschlossen und eine neue Altersgruppe (A2) für die Kohorte nächst jüngerer Knaben geöffnet usw. Vier Altersgruppen (1–4) werden jeweils zu einer Generationsgruppe (oder –klasse, hier A, B, C und D) zusammengefasst, also A1–4, B1-4, C1–4 und D1–4. Dabei gehören alle lebenden Männer immer nur zu zwei Generationsgruppen: zur Junioren- oder Seniorengeneration. Sterben die Mitglieder der Seniorengeneration A1-4 langsam aus, rückt die Juniorengeneration (D1–4) in die Position der Senioren auf, und die Altersgruppen der Generation C1–4 erlangen den Status von Junioren. Die Beziehung zwischen Senioren und Junioren ist nach dem Modell der Statusdifferenz zwischen Vater und Sohn modelliert; analoge Statusdifferenzen bestehen auch zwischen den Altersgruppen innerhalb einer Generationsklasse (also A1 > A2 > A3 etc.).

Eine Statushierarchie mit Alters- und Generationsstufen muss also von Alters- und Generationsklassen unterschieden werden, die keine eigentlichen Gruppen, sondern Kategorien bzw. Statusgruppen darstellen. In einigen Gesellschaften leben die Mitglieder einer Altersklasse als Gruppe zusammen (Altersdörfer bei den Nyakusa, Männerhäuser in Neuguinea und Amazonien). In anderen wiederum leben Altersgruppen nicht voneinander separiert. Sie können rein lokal verankert sein oder auch regional bestimmte Funktionen erfüllen. Alters- bzw. Generationsgruppen haben meist je eigene Aufgaben: rituelle (Initianten bzw. Initianden in Ritualen zur Weitergabe von Wissen), wirtschaftliche (Arbeitsleistungen von Junioren für Senioren) und politisch-militärische Funktionen (Richter und Streitschlichter bzw. Krieger). Weil die horizontale Klassifikation in Altersklassen quer zur vertikalen Unterteilung in Deszendenzkategorien steht, können Altersklassen bei der Regelung der Beziehungen zwischen lokalen Verwandtschaftsgruppen eine wichtige Rolle spielen, etwa bei regionalen Ritualen, Konfliktregelung oder Militärexpeditionen (Bernardi 1985).

2.2 Bünde

In einigen Gesellschaften bestehen zudem *Bünde*, *Klubs* oder *Geheimgesellschaften*, die bestimmte religiöse (Dukduk und Tamate in Melanesien) oder politische Funktionen (Leopardenbund der Kpelle, Kriegergesellschaften der Prärie) übernehmen. Bünde können rein lokale Phänomene darstellen oder auf regionaler Ebene organisiert sein. Die Mitgliedschaft – die meist, aber nicht immer auf Männer beschränkt ist – erfolgt freiwillig oder durch Kooptation, in jedem Fall muss aber eine Initiation absolviert werden, und oft müssen Mitglieder weitere Initiationsstufen bis zur Vollmitgliedschaft durchlaufen. Die verwandtschaftliche Zugehörigkeit spielt in Bünden eine untergeordnete Rolle, jedoch prägen Alter und Generation das Leben innerhalb dieser Bünde (Müller 1983).

Im folgenden Kapitel wollen wir uns nun mit der sozialen (wirtschaftlichen und politischen) Relevanz von verwandtschaftlichen und para-verwandtschaftlichen Prinzipien der Vergemeinschaftung beschäftigen.

3. Verwandtschaft und Gesellschaft

Wie sich gezeigt hat, bestehen keine zwingenden Beziehungen zwischen verwandtschaftlichen Klassifikationsmodellen und Handlungsvorschriften einerseits und sozialen (wirtschaftlichen und politischen) Gruppen, Beziehungen und Strategien anderseits (hierzu Barnard und Good 1984: Kap. 7 und 8; Keesing 1975: Kap. 8). Die Thesen, dass die Sozialorganisation in vorstaatlichen Gesellschaften mit Verwandtschaftsbeziehungen gleichzusetzen sei oder – in einer moderneren Version – dass „Verwandtschaft" eine plurifunktionale Institution sei, die alle gesellschaftlichen Sphären (Wirtschaft, Politik, Kultur) artikuliere (Godelier), oder gar lediglich als Epiphänomen von Eigentumsverhältnissen zu betrachten sei (Leach, Beattie), sind deshalb nicht plausibel.

Verwandtschaft gehört zusammen mit anderen Symbol- und Kategoriesystemen (Theorie der Person, Geschlechterideologien, Altersklassen, Kosmologie etc.) zur *kulturellen Struktur* einer Gesellschaft, ebenso wie die damit zusammenhängenden *Verhaltensvorschriften* und *Interaktionsnormen*. Verwandtschaft klassifiziert und kategorisiert Personen und Gruppen; sie ist ein *emisch-soziologischer Klassifikationsmodus* und stellt somit ein zentrales strukturierendes Element der Lebenswelt in einfachen Gesellschaften dar. Die verwandtschaftlichen Klassifikationen und die damit verknüpften Verhaltensregeln verweisen auf ein allgemeines Prinzip von Freundschaftlichkeit, Solidarität und Kooperationsbereitschaft zwischen Verwandten, das Fortes (1969) *amity* nennt und dem Universum der Nichtverwandten gegenüberstellt.

Freundschaftlichkeit schließt zwar Rivalität zwischen nahen Verwandten nicht aus, jedoch besteht die Erwartung, diese Konflikte friedlich beizulegen. Allerdings gibt es Abstufungen in der Intensität der solidarischen Gefühle und Bindungen sowie unterschiedliche Gegenüberstellungen von (erwarteter) Freundschaftlichkeit versus Feindseligkeit: mit nahen Verwandten (Familie) gegen entferntere Verwandte, mit Affinalen gegen kognatisch Verwandte oder umgekehrt, mit Verwandten gegen Nichtverwandte, je nach Gesellschaft und Situation. Allerdings können auch Nichtverwandte in das Verwandtschaftssystem integriert werden, entweder durch ein Namenssystem (!Kung), über ein Altersklassensystem oder über „Heiratsklassen" (Australien). Die *rituelle Verwandtschaft* definiert zudem Freunde (horizontal) oder Patron und Klienten (vertikal) als Verwandte und erzeugt entsprechende Handlungserwartungen. Außerdem können sich Personen aufgrund räumlicher Nähe (Koresidenz, Nachbarschaft) und häufiger Interaktion als Verwandte ansehen; umgekehrt können Verwandte, die weit entfernt leben, zu Fremden werden.

Verwandtschaft ist somit eine *kulturelle Ressource* (Kategorien von Verwandten und verwandtschaftlich formulierte Handlungserwartungen), auf die man zurückgreifen und die man geltend machen kann, wenn ökonomische und politische Interessen dies opportun erscheinen lassen. Dies soll anhand einiger Beispiele illustriert werden.

3.1 Verwandtschaft, Krieg und Allianz

In vielen einfachen Gesellschaften führen Lokalgruppen nicht selten Krieg gegeneinander, wie ethnographische Berichte aus Amazonien, Ostafrika, Borneo und dem Hochland Neuguineas belegen. Auch in diesem Kontext lässt sich die Relevanz von Verwandtschaftsbeziehungen thematisieren. Lokalgruppen müssen möglichst gross werden, um an militärischer Stärke zu gewinnen. Die Förderung von Zuwanderung und der Zusammenschluss geschwächter Gruppen zu einer Lokalgruppe spielen deshalb eine wichtige Rolle (Watson 1983 zu den Tairora). Dies führt zu verwandtschaftlich heterogen zusammengesetzten Lokalgruppen auch in solchen Gesellschaften, in denen Lokalgruppen eigentlich nach patrilinearer und patrilokaler Regel rekrutiert werden. Bei den Irokesen adoptieren demographisch geschwächte lokale Klane sogar die Immigranten als Klanmitglieder (Colson 1975). Im Hochland von Neuguinea können zugewanderte Lineageangehörige in zwei oder drei Generationen zu Mitgliedern der lokal angestammten Patrigruppen werden, weil als Rekrutierungsmechanismus nicht nur die Patrifiliation, sondern auch die Substanz der Ahnen der lokalen Patrigruppe gilt, an der die Zuzüger durch Nahrungsmittelaufnahme teilhaben (Holy 1996: Kap. 4). Die Ideologie einer uniformen Abstammungsgruppe fördert selbst bei einer verwandtschaftlich heterogenen Zusammensetzung die Solidarität und Geschlossenheit einer Lokalgruppe; sie vermag jedoch nicht die Spaltung eines Dorfes zu verhindern, wenn dieses zu groß geworden ist und gruppeninterne Konflikte überhand nehmen.

Außerdem müssen Lokalgruppen auch Kriegsverbündete rekrutieren. Naheliegend ist der Rückgriff auf Heiratsverwandte in anderen Lokalgruppen. Beispielsweise sind bei den Maring Heiratsverwandte auch die Alliierten einer Lokalgruppe. Die Alliierten erhalten zusätzlich zu den Brautgaben, die sie als Affinale erhalten, auch Gaben (Schweine) für ihre Unterstützung in gemeinsamen Kriegen. Bei den Maring werden deshalb Heiratsbeziehungen nur mit alliierten Gruppen aufgenommen; nur ein Teil der Heiraten wird zwischen lokalen Patrigruppen innerhalb der Lokalgruppe geschlossen (Rappaport 1968). Bei den Mai Enga entsprechen die Lokalgruppen mehr oder weniger lokalen Patriklanen, die zudem exogam sind. Wegen zusätzlicher Heiratsrestriktionen (Ehefrauen von Männern einer Patrilineage müssen aus unterschiedlichen Subklanes eines Patriklanes stammen) sind die Enga gezwungen, auch „ihre Feinde zu heiraten", so dass die Gleichung Affinale = Alliierte hier nicht gilt. Kriegsverbündete müssen deshalb hauptsächlich über Gabentausch, in dem Big Men eine prominente Rolle spielen, rekrutiert werden, wobei vor allem auf matrilaterale und affinale Beziehungen zurückgegriffen wird. Männer mit Heiratsbeziehungen zu feindlichen Gruppen lösen ihre Loyalitätskonflikte meist dadurch, dass sie nicht an einem Kriegszug teilnehmen werden (Meggitt 1962, 1977). Generell gilt jedoch, dass Loyalitätskonflikte zwischen Koresidenten und Verwandten (Murphy 1957) oder zwischen Agnaten und Affinalen Kriege zwischen Lokalgruppen nicht verhindern können, sondern nur einzelne Personen betreffen. Das gilt auch für Gesellschaften, in denen Männer unterschiedlicher lokaler Verwandtengruppen in Altersklassen zusammengefasst werden, etwa bei ostafrikanischen Viehzüchtern. Auf Altersklassen kann zwar zurückgegriffen werden, um gegen Gruppen anderer Regionalgruppen zu kämpfen; sie verhindern jedoch keine Kriege zwischen Gruppen mit Männern derselben Altersklasse. Verwandtschaftsbeziehungen sind Ressourcen zur Mobilisierung von Alliierten, auf die man zurückgreifen kann, wenn die Realpolitik dies vorteilhaft erscheinen lässt.

Generell schließen Verwandtschaftsbeziehungen (Heiraten, gleicher Klan oder Phratrie) bewaffnete Auseinandersetzungen zwischen Lokalgruppen nicht aus. Auch bei den Enga brechen Kriege vorwiegend zwischen benachbarten Klanen aus; und verwandte Klane (derselben Phratrie) bekriegen sich gleich häufig und heftig wie nichtverwandte, auch wenn sie sich schneller auf einen Waffenstillstand einigen können. Auf jeden Fall trifft die These nicht zu, dass Konflikthäufigkeit und Kriegsheftigkeit mit verwandtschaftlicher Distanz zwischen Gruppen zunehmen (vgl. auch Colson 1975 zu den Irokesen). Auch hier entscheiden realpolitische Interessen und nicht Verwandtschaftsbeziehungen darüber, gegen wen eine Lokalgruppe Krieg führt. Verwandtschaftsbeziehungen (etwa Heiratsbeziehungen zwischen Gruppen) sind sogar oft selber Quelle von Konflikten. Auch hier hängt alles von konkreten Bedrohungslagen und Kräfteverhältnissen ab. Generell ist Verwandtschaft kein guter Indikator für Konfliktverhalten, wie das die These der segmentären Lineage-Gesellschaft behauptet. Selbst bei den Nuer werden die meisten Kriege zwischen relativ eng verwandten Gruppen ausgetragen, während Kriege zwischen Nuer-Stämmen und zwischen Nuer und Nachbarstämmen weitaus seltener sind (Evans-Pritchard 1940, 1951). Auch bei den Yanomami in Amazonien brechen erbitterte Konflikte nicht selten zwischen Verwandtengruppen von nahen Vettern aus, wobei sich jede der beiden mit ihren Schwägergruppen gegen ihre Blutsverwandten verbündet (Chagnon 1983).

3.2 Verwandtschaft und lokale Machtbeziehungen

Verwandtschaft spielt nicht nur in den Beziehungen zwischen Lokalgruppen (und Faktionen) eine Rolle, sondern integriert auch die Mitglieder von Lokalgruppen vertikal in Machtasymmetrien. In den letzten Jahrzehnten wurde Verwandtschaft vermehrt im Kontext von Beziehungen zwischen Geschlechtern (Yanagisako und Collier 1987, Howell und Melhuus 1993) sowie zwischen Alten und Jungen (Abélès und Collard 1985) thematisiert. Dabei hat sich gezeigt, dass die Beziehungen zwischen Verwandtschaft und Machtbeziehungen um einiges komplexer sind, als es die Strukturfunktionalisten suggeriert haben. Diesen zufolge begründen patrilineare Abstammung und patrilokale Residenz die Macht der Alten und der Männer; in einem matrilinearen, matrilokalen Arrangement sei die Stellung der Frauen weit besser, weil Brüder und Ehemänner sich gegenseitig blockierten und eine Autonomie der Frauen ermöglichten. Fehle hingegen ein Abstammungsprinzip, wie im bilateralen, utrolokalen System, seien die Beziehungen zwischen den Geschlechtern ebenso egalitär strukturiert wie jene zwischen Alten und Jungen (Radcliffe-Brown 1950, Fortes 1969). Machtbeziehungen zwischen sozialen Akteuren, ihre Konflikte und Strategien werden hier also auf rein rechtliche und verwandtschaftliche Beziehungen reduziert (vgl. Kuper 1980). Beurteilt man die Machtbeziehungen zwischen Altersgruppen und Geschlechtern jedoch nicht gemäß verwandtschaftlichen Faktoren (Residenzregeln und Deszendenzkategorien), sondern gemäß politischen Kriterien, also: Aufgrund unterschiedlicher Durchsetzungs- und Entscheidungskompetenz in Konflikten und kommunalen Verhandlungsprozessen werden in vielen Stammesgesellschaften deutliche Machtasymmetrien zwischen Alten und Jungen sowie zwischen Männern und Frauen sichtbar, und zwar unabhängig von Deszendenz- und Residenzregeln (Helbling 2001).

Aber nicht nur in mikropolitischen Bereichen einfacher Gesellschaften, sondern auch in makropolitischen Kontexten komplexer Gesellschaften spielen Verwandtschaftsbeziehungen eine nicht zu unterschätzende Rolle.

3.3 Verwandtschaft, Staat und ethnopolitische Konflikte

Schon seit längerem interessiert sich die Ethnologie nicht mehr nur für einfache Gesellschaften, sondern auch verstärkt für komplexe Gesellschaften (vgl. auch Goody 1900). Seit den 1980er Jahren wandte sich die Ethnologie vermehrt der Analyse von Ethnizität und ethnonationalistischen Bewegungen zu. Es geht nun nicht mehr primär um lokale Gemeinschaften, sondern um Bevölkerungsgruppen, die in ihren jeweiligen Staaten basierend auf ihrer ethnischen Zugehörigkeit politische Forderung geltend machen und mit anderen ethnopolitischen Gruppen um die Verteilung staatlich kontrollierter Ressourcen konkurrieren.

Ethnopolitische Bewegungen berufen sich auf gemeinsame Herkunft und Abstammung, auf ihre gemeinsame Sprache, Kultur und Geschichte. Nationalitäten und Ethnien sind somit ähnlich wie Verwandtschaftsgruppen nach einem Modell der gemeinsamen Abstammung konstruiert und betrachten sich als von anderen, ebenso konstituierten Kollektivitäten unterschieden, wie Keyes (1976) argumentiert. Dass die gemeinsame Abstammung und Herkunft der Mitglieder einer Nationalität meist fiktiv sind, unterscheidet diese nicht von Stammesgesellschaften: Auch dort sind Abstammung und Herkunft Gegenstand von politischen Manipulationen und Interessenkonflikten und können strategisch-situationell umdefiniert werden. Weit entfernt davon, schon seit Urzeiten zu bestehen, sind Nationalitäten meist jüngeren Datums; durch Betonung gemeinsamer Herkunft, Tradition und Sprache sowie von Endogamie verleihen sie sich aber den Anschein immer währender Existenz und nicht hinterfragbarer Ursprünglichkeit. Dass Menschen im Konfliktfall nicht ihre lokale, regionale, religiöse Identität oder ihre Klassenzugehörigkeit politisch „aufladen“, sondern sich entlang ethnischer Linien mobilisieren lassen, dürfte u. a. am spezifischen Charakter ethnischer Einheiten liegen, den sie mit verwandtschaftlichen Gruppierungen teilen. Der Anspruch einer gemeinsamen Abstammung im Sinne gemeinsamer Herkunft und Geschichte, Kultur und Sprache begründet latente Gruppen und ermöglicht, dass sich deren Mitglieder untereinander besser verständigen können und häufiger interagieren als mit anderen. Auf der Basis dieser Gemeinsamkeiten lassen sich ethnische Kommunikationsgemeinschaften von einer politischen Elite besser organisieren und mobilisieren als andere latente Gruppen.

In Gesellschaften mit schwachem Staat, instabilen Institutionen und unterentwickelter Zivilgesellschaft sucht die Staatselite oft die Unterstützung „eigener Leute“, der eigenen Familie oder Ethnie. Vetternwirtschaft sowie die Favorisierung von Angehörigen der eigenen und die Diskriminierung von Personen anderer Wir-Gruppen sind die Folgen. Nur Angehörigen der eigenen Verwandtschaft oder Ethnie kann man trauen; nur von diesen kann man fraglos Kooperation und Loyalität erwarten, wenn auch nur im Austausch gegen Vergünstigungen und Protektion. Einem bürgerlich-modernen Staatsverständnis, mit seiner Betonung von Leistung und Verdienst, gelten Klientelismus, Nepotismus und Ethnizität als vormoderne Überbleibsel, die ebenso von einem beklagenswerten Effizienz- und Legitimitätsdefizit der politischen Institutionen zeugen, wie die Existenz von mafiösen Organisationen, die zugleich Geheimbünde darstellen und sich als „Familien“ bezeichnen.

Ethnische und verwandtschaftliche Beziehungen sind auch wirtschaftlich relevant vor allem dort, wo der Staat die für wirtschaftliche Transaktionen (Handel, Kredite) unerlässliche Rechtssicherheit nicht garantieren kann. Wie North (1992) gezeigt hat, können in vormodernen Staaten nebst religiösen auch ethnische Gemeinschaften die für Markttransaktionen nötige Vertrauensbasis schaffen, wenn der Staat diese Rolle nicht übernimmt: Dies gilt etwa für den Fernhandel der Haussa in Nigeria und der Juden im Mittelalter, die sich in jeder Stadt, in der sie Geschäfte tätigten, auf Mitglieder der eigenen Gruppe verlassen konnten und von diesen Unterkunft, Kredite und Informationen erhielten (Cohen 1974; Kotkin 1996). Gleiches gilt heute auch für den informellen Wirtschaftssektor, einen Bereich, in dem Rechts- und Eigentumssicherheit gerade nicht staatlich garantiert sind und verwandtschaftliche Beziehungen eine wichtige Rolle spielen. Auch in der globalisierten Wirtschaft jenseits des Wirkungsbereichs von Nationalstaaten spielen transnationale Ethnien mit hoher Binnensolidarität eine wichtige Rolle. Kotkin zeigt dies am Beispiel indischer und chinesischer Familienunternehmen, die weltweit operieren, komplexe Wirtschaftskonglomerate aufbauen, dabei auf Mitglieder ihrer Großfamilien rekurrieren, eine entsprechende Heiratspolitik verfolgen sowie auf eine weit verzweigte ethnische Diaspora und die Unterstützung ethnisch zusammengesetzter Klubs (etwa Geheimbünde wie die chinesischen Triaden) zählen können.

Diese Beispiele zeigen, dass Verwandtschaftsbeziehungen und verwandtschaftlich definierte Wir-Gruppen auch in Kontexten relevant werden, mit denen die herkömmliche Verwandtschaftsethnologie nicht gerechnet hatte. Verwandtschaft liefert Modelle spezifischer Handlungserwartungen und Kooperationsbereitschaft, deren Wirksamkeit sich in konkreten Interaktionen und Konstellationen, in mikro- und makropolitischen Bereichen und in vielen unterschiedlichen Kontexten mit Gewinn untersuchen lässt.

4 Literatur

Die beste Einführung in die Verwandtschaftsethnologie mit zahlreichen Beispielen bietet nach wie vor Keesing 1975. Empfehlenswert sind ausserdem Barnard/Good 1974, Holy 1996 und Parkin 1997, ferner für die Arbeitsmethoden der Verwandtschaftsethnologie Fischer 1996.

Abélès, Marc/ Collard, Chantal (Hg.)
1985 Age, pouvoir et société en Afrique noire. Paris.

Barnard, Alan/ Good, Anthony
1974 Research practices in the study of kinship. London.

Bernardi, Bernardo
1985 Age class system: Social institutions and polities based on age. Cambridge.

Berndt, Catherine
1981 Interpretations and facts in Aboriginal Australia. In: Frances Dahlberg (Hg.) Woman the gatherer. (pp. 153–203). New York.

Bourdieu, Pierre
1987 Der soziale Sinn. Frankfurt.

Buchler, Ira/ Selby, Henry
1968 Kinship and social organization. New York.

Carsten, Janet/ Hugh-Jones, Stephen (Hg.)
1995 About the house: Lévi-Strauss and beyond. Cambridge.

Cohen, Abner
1974 Two-dimensional man: An essay on the anthropology of power and symbolism in complex societies. London.

Collier, Jane/ Rosaldo, Michelle
1981 Politics and gender in simple societies. In: Sherry Ortner/ Harriet Whitehead (Hg.) Sexual meanings. (pp. 275–329). Cambridge.

Colson, Elizabeth
1975 Tradition and contract: The problem of order. Chicago.

Comaroff, John
1980 The meaning of marriage payments. (pp. 1–47). London.

Dumont, Louis
1971 Introduction à deux théories d'anthropologie sociale. The Hague.

Evans-Pritchard, Edward
1940 The Nuer. Oxford.
1951 Kinship and marriage among the Nuer. Oxford.

Fischer, Hans
1996 Lehrbuch der Genealogischen Methode. Berlin.

Fortes, Meyer
1969 Kinship and the social order. London.

Goody, Jack
1990 The oriental, the ancient and the primitive: Systems of marriage and the family in the pre-industrial societies of Eurasia. Cambridge.

Goody, Jack/ Tambiah, Stanley
1973 Bridewealth and dowry. Oxford.

Goodenough, Ward
1970 Description and comparison in cultural anthropology. Cambridge.

Helbling, Jürg
2001 Alter und Geschlecht als Dimensionen lokaler Machtbeziehungen bei den Alangan-Mangyan. In: Hilde Diemberger et al. (Hg.) Körper, Religion und Macht. (pp. 151–197). Frankfurt.

Holy, Ladislav
1996 Anthropological perspectives on kinship. London.

Howell, Signe/ Melhuus, Marit
1993 The study of kinship, the study of person, a study of gender? In: Teresa del Valle (Hg.) Constructing genders. (pp. 38–53). London.

Keesing, Roger
1975 Kin groups and social structure. New York.

Keyes, Charles
1976 Towards a new formulation of the concept of ethnic group. In: Ethnicity 3:202–213.

King, Victor
1976 Conceptual and analytical problems in the study of the kindred. In: George Appell (Hg.) The societies of Borneo. (pp. 121–145). Washington.

Kotkin, Joel
1996 Stämme der Macht: Der Erfolg weltweiter Clans in Wirtschaft und Politik. Reinbeck.

Leach, Edmund
1950 Social science in Sarawak. London.
1961 Rethinking anthropology. London.

Lévi-Strauss, Claude
1949 Les structures élémentaires de la parenté. Paris.
1979 Organisation sociale des Kwakiutl. In: La voie des masques. Paris.

Löffler, Lorenz
1969 Kinship and locality in section systems: a reconsideration. Vortrag am Symposium „Kinship and locality". Wenner-Gren Foundation for Anthropological Research.

Lounsbury, Floyd
1964 A formal account of the Crow und Omaha type kinship terminologies. In: Ward Goodenough (Hg.) Explorations in anthropology. (pp. 351–393). New York.

Müller, Ernst Wilhelm
1981 Der Begriff Verwandtschaft in der modernen Ethnosoziologie. Berlin.
1983 Sozialethnologie. In: Hans Fischer (Hg.) Ethnologie: Eine Einführung. (pp. 145–179). Berlin.

Murdock, George Peter
1949 Social structure. New York.
1964 The kindred. In: American Anthropologist 66:129–134.

Murphy, Robert
1957 Intergroup hostility and social cohesion. In: American Anthropologist 59:1018–1035.

Needham, Rodney
1958 A structural analysis of Purum society. In: American Anthropologist 60:85–101.

Needham, Rodney (Hg.)
1971 Rethinking kinship and marriage. London.

North, Douglass
1990 Institutions, institutional change and economic performance. Cambridge.

Notes and Queries
1951 Notes and queries on anthropology. London.

Parkin, David
1997 Kinship: An introduction to the basic concepts. Oxford.

Radcliffe-Brown, Alfred
1930/31 The social organisation of Australian tribes. In: Oceania 1:34–65,444–456.
1950 Introduction. In: Alfred Radcliffe-Brown/ Daryl Forde (Hg.) African systems of kinship and marriage. (pp. 1–85). London.

Scheffler, Harold
1966 Ancestor worship in anthropology. In: Current Anthropology 7:541–551.
1973 Kinship, descent and alliance. In: John Honigmann (Hg.) Handbook of social and cultural anthropology. (pp. 747–793). Chicago.
2001 Filiation and afiliation. Boulder.

Schneider, David
1967 Descent and filiation as culture constructs. In: Southwestern Journal of Anthropology 23:65–73.
1972 What is kinship all about? In: Priscilla Reining (Hg.) Kinship studies in the Morgan centennial year. (pp. 32–63). Washington.
1984 A critique of the study of kinship. Ann Arbour.

Service, Elman
1971 Primitive social organisation. New York.

Whitehead, Ann
1984 Women and men; kinship and property. In: Renée Hirschon (Hg.) Women and property, women as property. (pp. 176–208). London.

Yanagisako, Sylvia / Collier, Jane
1987 Toward a unified analysis of gender and kinship. Stanford.

Frank Heidemann

Politikethnologie

1. Einleitung

1.1 Vier Probleme

Die Politikethnologie – im Englischen *political anthropology* – beschäftigt sich mit Politik *in* fremden Kulturen sowie *zwischen* Kulturen und führt einen kulturvergleichenden Diskurs über Aspekte des Politischen, über Herrschaft, Macht, Hierarchie etc. Eine nähere Bestimmung des Begriffs *Politik* erweist sich jedoch als schwierig und sagt zunächst mehr über einen Kontext oder über den Standpunkt des Verfassers als über das in seiner eigenen Gesellschaft vorherrschende Bedeutungsfeld aus. In der deutschen Sprache ist der Begriff weit gefasst, im Englischen stehen drei verwandte Wörter zur Verfügung: *polity*, Gemeinwesen, Staatsorgane, *policy*, Absichten, Maßnahmen, Strategien und *politics*, reale Prozesse, Handhabung von Macht. Neben der begrifflichen Unschärfe erfahren wir in modernen Staaten mit demokratischen Verfassungen den Widerspruch, dass politische Institutionen als von Religion und Wirtschaft getrennt konstituierte Einheiten gelten, die politische Praxis diese Trennung jedoch täglich widerlegt. Ökonomisch widersinnige Entscheidungen werden gerne als „politisch“ bezeichnet, andererseits fügen sich Politiker den „ökonomischen“ Erfordernissen. Dennoch begreifen wir die Politik als etwas Eigenständiges, womit einer der möglichen Einstiege in eine Diskussion gefunden ist.

Zwei Probleme, die zugleich auch andere Teilbereiche der Ethnologie betreffen, tauchen hier in besonders deutlicher Form auf. Erstens dienen als Ausgangspunkt der Betrachtung unsere eigene Begrifflichkeit und unsere eigene Vorstellung, ein terminologisches und ideelles Instrumentarium aus einem säkularen, demokratischen und staatlichen Kontext, und dennoch wollen wir fremde Kulturen von innen heraus, also emisch, verstehen. Dieses Dilemma kann nur überwunden werden, wenn man sich schrittweise von internalisierten und lieb gewonnenen Erfahrungswerten löst, die eigenen Kategorien hinterfragt und sich für andere öffnet. Die Klassifizierung von Gesellschaften in staatliche und nichtstaatliche Modelle illustriert dieses Dilemma; sie ist oft hilfreich, doch nicht weniger selten hinderlich. Das zweite Problem geht aus dem ersten hervor, weil wir Politik als einen Bereich oder einen Aspekt betrachten, dessen *separate* Behandlung als sinnvoll vorausgesetzt wird. Wir antizipieren also eine politische Sphäre, die auch in anderen Kulturen ein hinreichendes Maß an Eigenständigkeit aufweisen muss, um sie überhaupt beschreiben zu können. In vielen Kulturen erschwert jedoch die unauflösliche Verbindung der politischen Kräfte mit religiösen Vorstellungen und verwandtschaftlichen Obligationen eine eigenständige, auf das Politische fokussierte Analyse. Die Politikethnologie geht zunächst von der Existenz politischer Prozesse und Machtausübung in *allen* Gesellschaften aus, auch wenn diese keine losgelösten oder klar demarkierten Institutionen bilden und untersucht diese. In einem zweiten Schritt wird das, was zunächst getrennt behandelt wurde, in einen Gesamtzusammenhang, in eine holistische Betrachtung, zusammengeführt. Dabei erweist sich das Ganze stets mehr als die Summe der Teile. Erst durch den Bezug des Politischen zu seinen legitimierenden Grundlagen und durch die Verflechtung mit anderen Handlungs- und Ordnungssystemen können die komplexen Zusammenhänge erfasst werden.

Aus den ersten beiden Problemen, eine emische Betrachtung trotz eigener Kategorien und Holismus trotz analytischer Abgrenzung, hat sich ein drittes ergeben, das Nichterkennen des Politischen. In den meisten Gesellschaften, die bis zum Ende der kolonialen Ära untersucht wurden, erfolgten politische Handlungen in religiösen und rituellen Kontexten, politische Führung und Rechtssprechung wurden von Lineageältesten, Klanführern, Big Men, Priestern oder Versammlungen ausgeübt, und das wissenschaftliche Interesse richtete sich stärker auf das Exotische als auf das Gemeinsame. Das Politische blieb dem Auge des Beobachters lange verborgen, es hat sich „versteckt", bis es „entdeckt" wurde. Die Jahreszahl 1940 wird oft mit dem Beginn der Politikethnologie gleichgesetzt, weil seinerzeit das von Fortes und Evans-Pritchard herausgegebene Werk *African Political Systems* erschien. Da nichtstaatliche Gesellschaften ohne politisches Zentrum offensichtlich („dennoch") große Verbände zu kriegerischen Aktionen problemlos zusammenstellen konnten, und sich diese zudem auch gegen die britische Kolonialmacht richteten, blieb die Existenz des Politischen in solchen Gesellschaften keine vage oder uninteressante Hypothese, sondern etablierte sich zum eigenständigen Forschungsgegenstand, der in seinem kolonialen Kontext eine besondere Legitimation erfuhr. Ein Vierteljahrhundert sollte sich die Politikethnologie mit Handlungen, Strategien und Strukturen befassen, um dann das Feld des Politischen radikal zu erweitern.

Eine Konjunktur der Politikethnologie fällt bereits beim Durchblättern der Verlagskataloge auf. Die Neuerscheinungen der vergangenen zwanzig Jahre tragen im Titel oft *The Politics of …* Behandelt werden, um nur einige Beispiele zu nennen, in kleinen Gemeinschaften die Beziehungen der Geschlechter zueinander, die gesamtgesellschaftliche Relevanz von Ritualen, das einer Rechtssprechung zugrunde liegende Weltbild, in den jungen Nationalstaaten (den ehemaligen Kolonien) die Minderheitenpolitik und die Verteilung von Ressourcen, Zugang zur Bildung und Patronage, und in einem internationalen Zusammenhang die Folgen der Globalisierung. Zahlreiche Ethnologen äußern sich zu diesen Themen, ohne dass sie zum engeren Kreis der Politikethnologen gezählt werden können. Gemeinsam ist ihnen zunächst, dass sie einen politischen Aspekt behandeln und dabei Kultur nicht als ein passiv reagierendes, also adaptives System verstehen, sondern als eigenständiges System von Symbolen und Bedeutungen (Lewellen 1992: 2–4). Die methodischen und theoretischen Grundlagen sind damit jedoch keinesfalls bestimmt und das Forschungsinteresse innerhalb der Politikethnologie erweist sich nicht weniger offen für Verlagerungen wie im Fach selbst. Man kann jedoch festhalten, dass politische Qualitäten vielerorts entdeckt wurden, Politik schlummert in bislang unverdächtigen Ecken, und kaum ein gesellschaftlicher Bereich konnte *a priori* ausgenommen werden. Die Hochkonjunktur bleibt bis heute ein zweifelhafter Erfolg, weil das neue Politikverständnis Gefahr läuft, in die Beliebigkeit abzurutschen.

Die Erweiterung des Politikbegriffs löste somit das dritte Problem ab und rief alsbald ein viertes, das der Abgrenzung, hervor. Eine eng gefasste Definition des Politischen als das Wirkungsfeld offizieller Repräsentanten hatte sich für eine kulturvergleichende Arbeit nicht als sinnvoll erwiesen, aber auch weit gefasste Definitionen lieferten keine Lösung. Die begriffliche Klärung von *Politik* erweist sich schon innerhalb unserer eigenen Gesellschaft als problematisch. Erstaunlich ist auch die Unschärfe des Begriffs unter Fachvertretern. Bei einer Befragung deutscher Politikwissenschaftler nach den unverzichtbaren Begriffen ihrer Disziplin nannten die 256 Befragten 639 verschiedene Begriffe, von denen 414 jeweils nur einmal auftauchten (Böhret 1979: 9). Kurtz (2001: 3) bezeichnet das Politikverständnis der Politologie, die sich lange mit dem Wesen und den Zielen des Politischen in der Auseinandersetzung mit alten griechischen Schriften beschäftigt und seit dem 17. Jahrhundert eine Regierungs- und Verwaltungslehre geschaffen hat, als *minimalistisch*, während die Ethnologie einen eher *maximalistischen* Ansatz (Balandier 1972) verfolgt. Nach dem zweiten, weit gefassten Ansatz können auch Ernährungsgewohnheiten oder die Wahl eines Fortbewegungsmittels (Vegetarismus oder Fahrradfahren) als Teil einer bewussten Lebensform und Ausdruck einer politischen Haltung verstanden werden. Doch hilft eine sehr weit gefasste Definition ebenso wenig zu einer methodisch fundierten Behandlung des Politischen wie eine Einschränkung auf formale Vorgänge, Institutionen und Ämter. *Sinnvoll erscheint mir, jegliches Handeln, das die Herstellung, Veränderung oder bewusste Wahrung von allgemeinen Verbindlichkeiten, Normen, Regeln und Gesetzen beabsichtigt oder bewirkt, als politisch zu begreifen.* Mit der Feststellung, dass dort, wo politisches Handeln in expliziter und systematischer Form erfolgt, Politik stattfindet, ist zwar der Kontext beschrieben, doch der Begriff noch nicht hinreichend geklärt. So kann Politik beispielsweise als ein beobachtbarer Prozess oder als ein abstraktes Prinzip verstanden werden. Aussagen, die die Politik einer Gesellschaft als demokratisch bzw. als undemokratisch bezeichnen, müssen nicht im Widerspruch zueinander stehen, sondern können sich auf unterschiedliche Abstraktionsebenen, auf die Praxis bzw. auf die Verfassung, beziehen. Anstatt einer allgemeingültigen Bestimmung des Begriffs wird im Folgenden der Unterscheidung von unterschiedlichen Ebenen der Vorzug gegeben.

1.2 Analytische Ebenen

Zur Annäherung an eine Bestimmung des Politischen schlage ich die Differenzierung von drei Ebenen vor, die einst Needham (1966, 1967) für die Verwandtschaftsethnologie unterschieden hat. Der ersten Ebene sind die sichtbaren Handlungen zuzuordnen, der zweiten die Normen, Institutionen und Verfassungen, die den Handelnden bewusst sind und aufgrund eines Konsenses auch leicht verändert werden können und der dritten die Wertideen, die „hinter" den Normen und Regeln stehen. Dieses Modell soll jedoch nicht starr gedacht werden, weil ein Kontinuum das Konkrete mit dem Abstrakten verbindet und hier zum Zweck der Vereinfachung mit drei Ebenen ausgestattet wurde.

Die Analyse von politischen Handlungen wirft methodische Probleme auf. Eine Handlung oder ein Ereignis beinhaltet stets mehr als einen Aspekt und kann daher niemals als *rein* politisch bezeichnet werden. Die Teilnahme an einer Fahrraddemonstration, an einem Parteitag oder einer Ratsversammlung beinhalten auch unpolitische Aspekte, etwa gesundheitserhaltende, unterhaltsame, soziale oder verwandtschaftliche. Politische Reden sagen zugleich etwas über die Eitelkeit oder die physische Verfassung der Redner aus, und der Ausgang von politischen Wahlen hat auch ökonomische Folgen. Jede Handlung ist vielschichtig, der Beobachter reduziert seine Eindrücke und interpretiert eine Handlung aus seiner Sicht. Ob es sich um Politik handelt oder nicht, kann zudem von der Absicht der Akteure, also von der *Intention*, oder von der *Rezeption*, der Auslegung durch Dritte, oder durch die *Wirkung* an sich beurteilt werden. Es ist unmöglich, einen privilegierten Standpunkt festzulegen, von dem aus ein widerspruchsfreies Urteil gefällt werden kann.

Als leichter erweist sich die Bestimmung von Politik zunächst auf der Ebene der Ämter und Institutionen. Ein Lineageältester, ein Dorfchef, ein Häuptling oder ein Staatspräsident nimmt jeweils eine Position ein, die zu Recht als politisch bezeichnet werden kann. Versammlungen, die öffentliche Angelegenheiten verbindlich regeln, müssen gleichermaßen als politisch verstanden werden, wie auch die Verfahren, die ihnen zugrunde liegen. Eine Trennung von rechtlichen, religiösen, verwandtschaftlichen oder ökonomischen Aspekten ist jedoch in nichtstaatlichen Gesellschaften oft weder möglich noch sinnvoll. Religiös legitimierte Führer, die ihre Gruppe nach außen repräsentieren und intern Recht sprechen, und zugleich als Mittler zu den Ahnen fungieren, wurden ungeachtet ihrer politischen Funktionen zu Beginn der Ethnologie nicht als Inhaber eines politischen Amtes verstanden. In der postkolonialen Zeit erwiesen sich diese Führer oft als wichtige Vermittler zwischen staatlichen Institutionen und der Dorfbevölkerung, ohne jedoch Teil einer staatlichen Verfassung zu sein.

Eine dritte Ebene des Politischen bilden die ontologischen Grundlagen, die auch als Basis für Weltanschauungen oder Ideologien dienen können. Hier sind, wie bei den Handlungen, politische Aspekte nur schwer von anderen zu trennen. Jede Gesellschaft verfügt über Annahmen über ihr Gemeinwesen, etwa über Gleichheit und Ungleichheit, über eine spezifische Form von Gerechtigkeit und von Hierarchie etc. Diese Ontologien entziehen sich weitgehend dem bewussten Diskurs, wirken sich jedoch auf das Verhältnis der Geschlechter, auf die Beziehung der Älteren zu den Jüngeren, auf die Rechtsnachfolge der politischen Amtsträger und viele andere Bereiche aus. Kurt Sontheimer spricht im Vorwort von Balandier (1972) von einer Anthropologie des Politischen, einer philosophisch-normativen Disziplin, die sich mit dem „Bild des Menschen“ beschäftigt. Diese zählt ebenso zur Politikethnologie wie die Ebene der Handlungen und die der Normen und Institutionen.

Für die Annäherung an die Politik einer fremden Kultur gibt es keinen vorgezeichneten Weg, doch erweisen sich Versammlungen, Rituale, Gerichtsverhandlungen, Wahlkampfveranstaltungen und andere öffentlichen Ereignisse als dankbare Ausgangspunkte. In einem zweiten Schritt können politische Handlungen in komplexen Zusammenhängen oder subtilen Kontexten erkannt und ganzheitlich unter Einbeziehung des Weltbildes zusammengeführt werden. Diese Abfolge liegt nicht nur vielen Feldforschungen zu Grunde, sie ist auch das Schema, nach dem die Geschichte der Politikethnologie gelesen werden kann. Wie die Feldforschung, so ist auch dieser Teil der Fachgeschichte kein geradliniger Prozess, doch soll uns dieses Schema beim Rückblick auf die Politikethnologie als Orientierung dienen.

2. Evolutionismus und Neoevolutionismus

2.1 Theoretische Grundlagen

Einige der großen theoretischen Strömungen sollen nun vorgestellt werden, weil sie den Forschungsgegenstand stärker bestimmt haben als umgekehrt. Die Leitfragen schaffen ihre Objekte und waren ihrerseits Teil eines gesamtgesellschaftlichen Diskurses. Überdeutlich wird dies bereits beim ersten Forschungsansatz, dem Evolutionismus, der ungeachtet der Unhaltbarkeit seiner frühen Thesen bis in die Gegenwart in populärer Form in Talkshows und selbst seriösen Tageszeitungen zwischen den Zeilen zu finden ist. Diese Theorie ging zum einen von einer Einheit aller Menschen, zum anderen von einer ständig fortschreitenden Entwicklung aus und betrachtete somit das Politische als Teil einer allgemeinen Evolution. Ein wiederkehrendes Thema bildete der (damals vermutete) Übergang von verwandtschaftlich organisierten Gemeinwesen zu einer territorial begründeten Gesellschaft. Maine (1861) nannte die beiden Stufen *societas* und *civitas*, doch heute wissen wir, dass beide Prinzipien, verwandtschaftliche und politische, meist koexistieren, und zudem verhindern vielen Institutionen wie Geheimbünde, Glaubensgemeinschaften und andere freiwillige Zusammenschlüsse eine strikte Trennung. Ein evolutionistisches und lineares Schema lag auch Bachofens Arbeiten zum frühen *Mutterrecht* (1861) zugrunde, aus dem sich später andere Rechtsformen entwickelt hätten. Morgan (1877) unterschied in seinem Hauptwerk *Ancient Society* drei Stufen der menschlichen Entwicklung: Barbarei, Wildheit und Zivilisation, nachdem er bereits 1851, damals weniger unter dem Diktat der Leittheorie, in einer der ersten ethnologischen Monographien über die Irokesen die Verflechtung von verwandtschaftlicher und politischer Ordnung aufgezeigt hatte (Ganzer 1990: 93). Mit der thematischen Fokussierung auf Territorialität, Eigentumsbegriff und die Erbfolge beeinflussten diese Theoretiker die Abhandlungen von Karl Marx sowie von Friedrich Engels (1884), die ihrerseits nachhaltig unsere Vorstellungen vom Politischen prägten.

Eine differenziertere Sicht des Evolutionismus nahm Lowie (1927) in *The Origin of the State* an, in dem er eine unilineare Entwicklung zurückwies, doch die Universalität einer territorialen Verfassung bei differenzierten Sozialsystemen proklamierte. Eine multilineare Entwicklung zeigte später Steward (1955) auf, die zu einer Differenzierung von einer *spezifischen*, also in historischen Zusammenhängen beobachtbaren Evolution und einer *allgemeinen* Evolution, einem eher abstrakten Prozess, führte. White (1959), Vordenker dieser neoevolutionistischen Richtung, forderte eine *culturology*, die Kultur als eigenständige Größe ansieht, und Kulturwandel nicht durch Biologie oder Psychologie erklärt, und formulierte die Grundgedanken einer Kulturevolution, die sich stark an naturwissenschaftlichen Methoden orientierte. Wie bereits frühe Evolutionisten ging er von einer logischen Reihe aus, die von der „Erfindung des Privatbesitzes" über Klassenbildung bis zur politischen Zentralisierung führte. Der Rückblick auf die politischen Prozesse am Ende des 20. Jahrhunderts zeigt jedoch eine gesellschaftliche Dynamik von kleinräumlichen Autonomiebestrebungen und dem Zerfall von Staaten bis zu weit gespannten globalen Entwicklungen, die sich empirisch den neoevolutinonistischen Schemata entziehen.

2.2 Klassifikation der politischen Evolution

Eine partielle Abkehr vom gerichteten, evolutionistischen Denken stellt die Betonung der Klassifikation von Gesellschaften nach Service (1962) dar. Die von ihm definierten und bis heute oft unkritisch verwendeten Begriffe (zusammengefasst von Vivelo 1988: 194–202) lassen dennoch deutlich die Idee einer Entwicklungslinie erkennen und werden im folgenden kurz vorgestellt. *Horden*, im Englischen *bands*, die heute eher als *egalitäre Kleingruppen* zu bezeichnen sind, haben tendenziell informelle Führerrollen und alle Mitglieder nehmen am Meinungsbildungsprozess teil. Der Status ist durch Geschlecht und Alter bestimmt und Ressourcen sind prinzipiell für alle Mitglieder zugänglich. Als hartnäckig erwies sich die romantische und faktisch falsche Vorstellung, dass diese Gruppen in Isolation gelebt hätten. Jede Gesellschaft hatte und hat prägende Außenkontakte und die Autonomie, die diesem Typus der politischen Organisation zugeschrieben wird, gehört der Vergangenheit an, da diese kleinen Jäger- und Sammlergemeinschaften heute als Minderheiten in jungen Nationalstaaten leben und sich somit in einem größeren Gemeinwesen behaupten müssen. *Stämme* können größere Verbände aus mehreren gleichgestellten Lineages mit bis zu sechsstelligen Mitgliederzahlen bilden, benötigen jedoch keine permanente Zentralautorität, um sich bei Bedarf, etwa im Kriegsfall, zusammenzuschließen. Eine gesellschaftliche Differenzierung in Wirtschaft, Politik etc. liegt nicht vor und es sind oft genealogische oder religiöse Aspekte, die der Gesellschaft aus der Sicht der Handelnden ihre Struktur geben. *Häuptlingstümer* verfügen hingegen über ein politisches Zentrum, über offizielle und klar umrissene Ämter und ein Monopol auf Rechtssprechung. Nach Clastres (1976) haben die genannten Gesellschaftstypen erfolgreich jener politischen Form widerstanden, die uns heute prägt. Gemeint ist der *Staat* (vgl. Gledhill 1994: 17–20). Er verfügt nach unserer Vorstellung über ein klar definiertes Territorium, über eine Zentralgewalt mit einer Bürokratie und erhebt den Anspruch auf Souveränität.

All diese Begriffe wurden jedoch normativ und organisatorisch verstanden, was jedoch sowohl mit der Praxis wie auch mit den Wertorientierungen wenig zu tun hat. Ein Staat kann demokratisch oder diktatorisch, defensiv oder expandierend verfasst sein. Fried (1967), der ebenfalls von einer Evolution der politischen Systeme ausging, unterscheidet egalitäre Gruppen, in denen jeder Führerqualitäten entwickeln kann, von strukturellen Ungleichheiten in zentralisierten Systemen, wo die Lineagezugehörigkeit eine Vorauswahl bedeutet. In Staatsgebilden entwickeln sich dann schließlich Schichten oder Kasten, die die gesamte Gesellschaft hierarchisch in Statusgruppen gliedern.

2.3 Staatsentstehung

Die Staatsentstehung (zusammengefasst in Lewellen 1992, Kap. 3) nimmt in den evolutionistischen Schulen einen besonderen Stellenwert ein. Mit Beginn der marxistischen Theorie begann die Spekulation über die Gründe, die zur Entwicklung von Staatsgebilden geführt haben. Eine Kettenreaktion, so die These, führt von neuen Technologien über einen Produktionsüberschuss zur Akkumulation von Privateigentum, welches schließlich durch eine permanente und stabile Herrschaft geschützt werden musste. Wittfogel stellt die Entwicklung und Organisation von Bewässerungssystemen in den Vordergrund und sprach von „hydraulischen Staaten“. Carniero bezieht die Umweltfaktoren mit ein und sieht in den natürlichen Grenzen der frühen, an Flüssen gelegenen Staaten einen entscheidenden Faktor. Wüsten und Berge verhinderten eine Zersiedelung und das staatliche System habe sich gegenüber anderen durchgesetzt. Andere Autoren betonten den Aspekt der Kriegsführung und entwickelten Unterwerfungstheorien, die durch die Eingliederung der Besiegten zugleich soziale Schichtung erklären wollten. Weitere Theorien sahen in der wachsenden Bevölkerung den ausschlaggebenden Faktor, der zu neuen Technologien und folglich zu einer komplexer organisierten Gesellschaft führt. Trotz fortschreitender archäologischer Kenntnis und einer Einbeziehung weiterer Faktoren lässt sich Staatsentstehung zwar auf einem immer höheren Niveau diskutieren, doch nicht, wie gelegentlich beabsichtigt, in einem naturwissenschaftlichen Sinn erklären. Auch das komplexe Zusammenspiel von Praxis und Wertideen erschwert eine Klärung, denn wir wissen nicht, ob eine Idee des Staates seiner physischen Existenz vorausging oder aus ihr folgte. Und was (heute, also rückblickend) einen Staat ausmacht, wird vom Autor definiert und nicht von den frühen Herrschern im Zweistromland, am Nil oder am Indus.

3. Strukturfunktionalismus und Handlungstheorie

3.1 Strukturfunktionalismus

Der evolutionistische Gedanke, nach dem sich Gesellschaftsformen in einer bestimmten Folge entwickeln, war den britischen Funktionalisten fremd. Was sie interessierte war die Organisationsweise einer Gesellschaft in der Gegenwart, der Schwerpunkt lag dabei auf den Institutionen. Diese Fragestellung war auch für die britische Kolonialregierung von Interesse, zumal sich die Machterhaltung in einigen afrikanischen Gesellschaften als schwierig erwies. Besondere Probleme bereiteten *segmentäre* Gesellschaften, die ohne zentrale Instanz, ohne ein politisches oder religiöses Zentrum auskamen, und dennoch hunderttausend Krieger in kurzer Zeit rekrutieren konnten. Zu diesem Gesellschaftstypus zählen die Nuer, bei denen Evans-Pritchard im Kolonialdienst gearbeitet hatte. Gemeinsam mit Fortes entwickelte er ein einfaches Konzept, das afrikanische Gesellschaften nach *primitive states*, die sich durch ein Zentrum, eine Verwaltung und Gerichtsbarkeit sowie einen Herrschaftsanspruch über ein Territorium auszeichnen, und *stateless societies* oder segmentäre Gesellschaften unterscheiden. Ihr Sammelband (Fortes und Evans-Pritchard 1940) wurde schnell zu einem Klassiker, weil mit diesem Werk erstmals eine Theorie des Politischen bereitgestellt wurde, die über einen reinen Vergleich von Gesellschaften hinausging und eine Typologie erstellte. Ungeachtet des Postulats von Malinowski, fremde Gesellschaften in ihrer eigenen Begrifflichkeit zu verstehen, diente als grundlegendes Kriterium die Existenz eines Staates im westlichen Sinn. Zur Staatsmacht als einer vom Menschen losgelösten souveränen Größe bemerkt Radcliffe-Brown (1940) jedoch im Vorwort, dass es sich hier lediglich um eine Fiktion der Philosophen handele und deutete damit Thesen an, die erst später von Anderson in „Imagined communities“ auf einer emischen Ebene ausgeführt wurden.

3.2 Handlungstheorie

Die Handlungstheorie (zusammengefasst von Vincent 1978) verlagerte den Fokus von Struktur auf Prozess. Durch den kurzen Hinweis von Radcliffe-Brown (1940), dass Macht immer in der Hand von Menschen ist und nicht von Institutionen ausgeht, wurde der Übergang bereits früh angekündigt. Leach (1954) sprach sich zunächst gegen die Vorstellung von einem gesellschaftlichen Gleichgewicht (auch Equilibriumsmodell genannt) in *African Political Systems* aus und betonte den dynamischen Charakter von Gesellschaft. Bailey (1959) stellte fortan das aus eigenen Motivationen handelnde Individuum in den Vordergrund und bediente sich der Spieltheorie. Gluckmann (1960) interessierte, wie Regeln und Normen bewusst manipuliert und verändert werden, und begriff Rebellion – im Gegensatz zur Revolution – als systemerhaltenden Mechanismus in südafrikanischen Gesellschaften. Barth (1959) beschreibt, wie sich innerhalb der nordpakistanischen Gesellschaft im Swat Tal neben den Strukturen der staatlichen Institutionen, der Verwandtschaft und der territorialen Verbände auch zwischen den Individuen dyadische Beziehungen aufbauen, die durch Dominanz, Unterwerfung und Loyalität gekennzeichnet sind. Hier erfolgt politisches Handeln durch Manipulation dieser Dyaden auf Grundlage von ungeschriebenen aber verbindlichen Abmachungen. Die Kritik am Strukturfunktionalismus, als Ausgangspunkt die eigene Verfassung genommen zu haben, wurde in ähnlicher Form auch an die neue Schule gerichtet. Barth habe die Gesellschaft aufgrund einer demokratisch-kapitalistischen Idee, einer modernen Vorstellung vom Gesellschaftsvertrag, beschrieben, die auf die vorkapitalistische Swat Region nicht übertragen werden könne. Die große Bedeutung dieses Ansatzes bleibt jedoch die Erweiterung des Politikbegriffs, die Einbeziehung der Handlungsebene und somit die Anerkennung individueller Leistungen in Gesellschaften, die bis in die Gegenwart als „traditionell“ bezeichnet werden.

3.3 Big Men

Der in melanesischen Gesellschaften vorherrschende Führungstypus legitimiert sich durch erfolgreiches, individuelles Handeln und wird als *Big Man* bezeichnet. Im Gegensatz zu den als *Älteste* bezeichneten Führern, die Verwandtschaftsgruppen vorstehen und ein erbliches, oft formales Amt einnehmen, bestimmen die *Big Men* die Politik von Lokalgruppen. Gemeinsam ist beiden Ämtern ein umfassender Aufgabenbereich, denn sie kümmern sich um interne Belange wie Konfliktlösungen und die Organisation von gemeinsamen Festen und repräsentieren die Gruppe nach außen, sie verhandeln im Namen der Allgemeinheit oder führen eine kriegerische Auseinandersetzung an. Die Klientel des *Big Man* ist jedoch nicht festgelegt, er vergrößert seinen Machtbereich durch geschicktes Taktieren und beeindruckende politische Reden sowie durch gezielte Heiratsallianzen. Prestige erfahren die *Big Men* nicht durch materiellen Besitz sondern durch Verdienstfeste, bei denen eine große Anzahl Schweine gespendet wird. Die Wirtschaftsweise und die Pflicht zum Geben verhindern eine langfristige Akkumulation von Gütern, die ohnehin keinen Wert in diesen Gesellschaften darstellen. Nach dem Tod eines *Big Man* entsteht ein Machtvakuum, sein Wirkungsbereich wird meist von mehreren Führern übernommen und es entstehen neue Lokalgruppen.

Anders als ein *Häuptling* oder *Chief* kann ein *Big Man* keine Befehle erteilen, keine körperliche Gewalt anwenden und keine Güter einfordern. Er muss stattdessen Überzeugungsarbeit leisten, verhandeln, Konflikte schlichten und Kompromisse suchen. Dabei werden oft Schweine, die auch als Gegengabe für eine Braut dienen, benachbarten Gruppen als Kompensation für einen Homizid oder als Bekundung der eigenen Unschuld bei einem unnatürlichen Tod gegeben. Eine solche Praxis abstrahiert von konkreten sozialen Beziehungen und setzt sie gleich mit abstrakten Größen. Diese Praxis, die von einer Aufrechenbarkeit von Gütern und Menschen ausgeht, fehlt in den Gesellschaften, die von einem *Great Man* geführt werden. Im Gegensatz zum *Big Man*, der das Geschick von 70 bis 300 Individuen beeinflusst, sind die Gruppen der *Great Men* kleiner, denn hier können nur Menschen gegen Menschen aufgerechnet werden, sowohl bei der Heirat als auch in der Kriegsführung. Die Übergänge von *Great Men* zu *Big Men* und zu *Chiefs* sind jedoch graduell. (Godelier und Strathern 1991). Warum sollte sich die soziale Wirklichkeit an unsere Kategorien halten?

4. Die Öffnung der Politikethnologie nach 1970

In Folge der öffentlichen Debatten in den USA über den Vietnamkrieg (1965–1973) und einer Politisierung der Kultur- und Gesellschaftswissenschaften erfuhr auch die Politikethnologie seit den 1970er Jahren wichtige Impulse. Kathleen Gough rief publikumswirksam zu ethnologischen Untersuchungen von Imperialismus und Revolution auf und Talal Asad (1973) forderte die Einbeziehung der kolonialen Vergangenheit der Ethnologie in laufende Forschungsvorhaben. Bernhard Cohn (1987) und Ranajit Guha begannen ein historisches Projekt, heute als *Subaltern Studies* (herausgegeben von R. Guha) bekannt, das die Geschichte Indiens aus der Sicht der Kolonisierten und vor allem die Machtverhältnisse in British India untersucht. Zu den neuen Arbeitsgebieten der Politikethnologie zählte auch die postkoloniale Situation in den jungen Nationalstaaten, Modernisierung, Entwicklungshilfe, Globalisierung, Identität, Ethnizität und ethnische Konflikte (Heidemann 2002). Auch die Genderforschung, die Ethnologie des Körpers, die Medizinethnologie, die Medienethnologie etc. wurden unter politischen Aspekten gesehen und es gibt kaum einen gesellschaftlichen oder kulturellen Bereich, der sich einer Einbeziehung in politische Kräftefelder entzogen hätte. Neben der Verwässerung des Politikbegriffs bedingte diese Ausweitung eine methodische und theoretische Breite, die zu Recht als Mangel an Konsistenz begriffen werden kann. Als Folge blieb ein Diskurs innerhalb der erweiterten Politikethnologie unbestimmt, die Ränder verselbständigten sich und fanden keinen Eingang in eine fachinterne Diskussion. Zahlreiche Themen entzogen sich jedoch dieser zentripedalen Tendenz und beeinflussten die Debatte über das Politische nachhaltig. Sie bilden neue Schwerpunkte, von denen im Folgenden einige exemplarisch für diese neuen Richtungen vorgestellt werden.

4.1 Symbol, Ritual und Globalisierung

Abstrakte Größen wie *Macht*, *Herrschaft*, *Staat*, *Nation* etc. können nur in symbolisierter Form kommuniziert werden (Cohn 1969, Turner 1969). Symbole haben zudem die Eigenschaft, dass sie zwar von Menschen geschaffen werden, sie jedoch die Illusion erwecken, als seien sie gegebene, quasi „natürliche" Größen. Wir erlernen die Bedeutungen von Dingen, indem wir die symbolisierte Form verstehen. Politiker nutzen diese Formen, um sich mitzuteilen, um zu überzeugen, und um imaginierte Einheiten zu schaffen. Zugleich verändern sie symbolisierte Sinnzuschreibungen, sie schaffen neue Symbole und somit eine politische Realität. Dies trifft auf alle Gesellschaften und auf politische Führer, auf Revolutionäre und Rebellen gleichermaßen zu. Der gezielte Einsatz von Symbolen repräsentiert somit nicht nur Politik, sondern Politik wird erst durch sie geschaffen.

Symbolisches, sozial standardisiertes Handeln versteht Kertzer (1988: 11) als Ritual, das sich durch drei Eigenschaften auszeichnet (die ich hier in einer veränderten Reihenfolge wiedergebe). Erstens vereinen Symbole eine Vielzahl von Bedeutungen auf sich, ohne jedoch widersprüchlich zu werden. Sie sind nicht präzise fassbar, und entziehen sich einer eindeutigen Auslegung. Zweitens weisen sich Symbole durch eine Vielstimmigkeit aus, denn verschiedene Betrachter verstehen jeweils etwas anderes unter der gleichen Sache. Es wird somit nicht immer ein wirklicher Konsens benötigt, um Menschen zusammenzuführen. Drittens verdichten Rituale Bedeutungen, sie stehen nicht nur zugleich für mehrere Dinge und Eigenschaften, sondern die Bedeutungspluralitäten interagieren im Kopf des Betrachters und werden so wirkungsmächtig. Politiker verstehen es, durch Rituale eine Realität zu schaffen, die ohne sie nicht existieren würde, unabhängig davon, ob sie im Schatten eines Baumes auf dem Lehmboden oder im klimatisierten Parlamentsgebäude auf lederbezogenen Stühlen sitzen. Dabei betrachten sich die Repräsentanten nicht wie Kertzer mit einer analytischen Distanz, sondern sie sind selbst Teil der von ihnen geschaffenen Realität.

Das Gesamtbild, das Kertzer (1988) vom politischen Prozess zeichnet, geht nicht von einem nach Nutzen und Kosten abwägenden Akteur aus, sondern von einem symbolisch handelnden Menschen, wobei zwischen diesen beiden Positionen kein Widerspruch bestehen muss. Rituale begünstigen eine spezifische Interpretation von Gesellschaft und koordinieren somit die Gedanken der Handelnden und sie rufen zudem oft starke Emotionen hervor, die in eine bestimmte Weltsicht eingebettet sind. Anzumerken bleibt erstens, dass das als *rationales* Handeln verstandene Abwägen immer in die sozial vermittelte Welt eingebunden ist und niemals als von den rituell vermittelten Werten losgelöst betrachtet werden kann. Zweitens lassen sich Emotionen letztlich nicht von kognitivem Erkennen trennen, denn eine „Emotion zu haben", Angst, Trauer oder Freude zu empfinden, setzt einen gleichermaßen analytischen Vorgang voraus, auch wenn er sich weniger deutlich nachvollziehen oder begründen lässt (Reddy 1999). Und drittens bedienen sich Menschen der Rituale nicht unreflektiert oder unbewusst, sondern sie wählen sehr wohl aus, welche Situationen und Ereignisse sie in einer mehr oder weniger stark ritualisierten Form bewältigen wollen. Nach Humphrey und Laidlaw (1994) muss eine bejahende Einstellung, ein *Bekenntnis zum Ritual* (*ritual commitment*) als grundlegend betrachtet werden. Sowohl der Akteur wie auch die Beiwohnenden können eine Handlung hervorheben, indem man sich einigt, ihr einen ritualisierten Charakter zuzuschreiben. Wenn man sich also auf eine Form einigt, mit der ein Führer in sein Amt eingeführt wird, erfolgt die Amtsübergabe durch eine konsensfähige rituelle Performanz, unabhängig davon, ob es sich um eine alte, tradierte, oder um eine neue Form handelt. Mit diesem Bekenntnis zum Ritual können religiöse Jahresfeste durchaus als inszenierte lokale Verfassung mit einer jährlichen Halbwertszeit verstanden werden.

Die Vermittlung der sozialen Ordnung, die nach Kertzer seit Menschengedenken durch das politische Ritual erfolgt, wird in der Gegenwart durch die modernen elektronischen Massenmedien geleistet. Appadurai (1996) wendet sich vehement gegen die Modernisierungstheorie, die von einer Verdrängung des Traditionellen zugunsten moderner Institutionen und einer Homogenisierung ausgeht, und proklamiert eine sich neu formierende Welt mit neuen, durch die visuellen Medien gespeisten Imaginationen. So entstehen ethnische Identitäten, die nicht mehr an territoriale Bezüge gebunden sind, Migranten sind durch Telefon, Internet, Videos und TV mit ihren Verwandten verbunden. Zudem entstehen neue Identitäten von Gruppen, die außer auf elektronischem Weg nicht miteinander in Kontakt treten, und zugleich neue Vorstellungen von der eigenen Nation und den Beziehungen zu Nachbarn schaffen. Staatstragende Ideen sowie revolutionäre Visionen und separatistische Forderungen werden gleichermaßen medial vermittelt. Appadurai geht von globalen kulturellen Strömen (*flows*) aus, die mit unglaublicher Geschwindigkeit und riesigem Volumen weltweit ideologische, technologische und finanzielle Verflechtungen und somit eine Vermischung aus Fiktion und Wirklichkeit schaffen. Die kulturelle Praxis der Imagination hat sich grundlegend verändert, auch wenn die von Kertzer beschriebene Form der Ritualisierung im Rahmen der neuen Medien ihre Gültigkeit behalten haben.

4.2 Widerstand und Thesen zur Macht

Widerstand gegen bestehende Gesellschaftsordnungen ist in der Gegenwart eher die Regel als eine Ausnahme. Er erfolgt in verdeckter, subtiler oder in organisierter Form mit dem Ziel einer Änderung, die entweder Teile oder die ganze Gesellschaft betreffen können. Zum einen kann sich Widerstand von gesellschaftlich marginalisierten Gruppen gegen die eigene Stellung innerhalb des Systems richten. Diese Erfahrung machte Moffatt (1979) bei einer Gruppe von ehemals Unberührbaren in Südindien. Wie die meisten Harijans in Indien streben sie eine höhere Einstufung im Kastensystem an und belegten durch ihre Überlieferungen, dass sie auf Grund eines Versehens oder einer Verwechslung am unteren Rand der Kastenhierarchie angesiedelt wurden. Sie lehnen sich gegen die bestehende Ordnung auf, stellen jedoch die Prinzipien des Kastensystems an sich nicht in Frage. Ihre interne Organisation basiert auf den gleichen Vorstellungen von ritueller Reinheit, auf den gleichen hierarchischen Mustern und der gleichen Ordnung von Zeit und Raum. Somit richtet sich der Widerstand zwar gegen die eigene Position innerhalb der Gesellschaft, doch nicht gegen deren Ideologie (1979: 304).

Zum anderen kann Widerstand auch auf eine grundlegende Änderung der Gesellschaftsordnung hinwirken (Castells 1997). Eine weniger spektakuläre Form wählten Tagelöhner in Malaysia, die Scott (1985) als *everyday resistance* bezeichnet. Vorausgegangen war ein Bewässerungsprojekt, das fortan jährlich zwei Reisernten (anstatt einer) ermöglichte, und eine staatlich geförderte Mechanisierung der Landwirtschaft. Die Tagelöhner waren somit vom Produktionsprozess weitgehend ausgeschlossen und dennoch von den Großbauern abhängig. Großangelegte Polizeiaktionen verhinderten einen offenen

Protest und Massendemonstrationen, doch die Tagelöhner fanden einen anderen Weg, ihren Widerstand zu organisieren. Die Arbeiten auf den Feldern wurden schlecht durchgeführt, Maschinen gingen zu Bruch, kleine Diebstähle erfolgten, und selbst das Vieh der Bauern wurde unter dem Vorwand getötet, es wäre in die Felder oder in die Lagerhallen eingedrungen und hätte dort Schaden angerichtet. Ethnologen, die über solche Formen des täglichen Widerstandes berichten, tragen nicht nur zu einem erweiterten Wissen über die Möglichkeiten des Widerstandes bei, sondern liefern durchaus handlungsrelevante Vorlagen.

Gelegentlich werden Widerstandsbewegungen auf eine Machtfrage reduziert, und zweifellos ist Macht eine zentrale Kategorie bei dem Erhalt oder der Veränderung einer öffentlichen Ordnung. Einige Autoren betrachten Machtgeflechte als das Zentrum der Politikethnologie oder zumindest als einen Fokus, der den einzelnen Ansätzen gemeinsam ist. Dieser Hinweis täuscht jedoch nur eine Klärung vor, denn die begriffliche Festlegung von Macht ist keinesfalls leichter als die von Politik. Als Ausgangspunkt für eine Diskussion bietet sich die klassische Definition von Max Weber an, der Macht definierte als „jede Chance, innerhalb einer sozialen Beziehung den eigenen Willen auch gegen Widerstreben durchzusetzen, gleichviel worauf diese Chance beruht“ (Weber 1980: 28). Dieser Ansatz geht von einer dyadischen Beziehung aus und unterscheidet Machthaber und Unterworfene. Als Grundlage der Macht kann die Androhung physischer Gewalt, aber auch eine verbreitete Idee, eine geteilte Vorstellung oder Fiktion dienen. Oft sind beide Aspekte ineinander verwoben, zumal eine klare Trennung zwischen körperlicher Gewaltanwendung und symbolischer Verletzung nicht klar zu ziehen sind. Auch die Bereiche des Sozialen, dem dyadische Beziehungen zunächst zugeordnet werden sollten, und des Politischen lassen sich nur unscharf voneinander trennen.

Wenngleich Max Weber politische Gemeinschaften ohne Bereithaltung irgendwelchen Zwanges analysiert, besteht für ihn das Wesen von Politik in Herrschaft, die er idealtypisch klassifiziert: Erstens eine auf rationalen und legalen Prozeduren beruhende Herrschaft, die nach festen Verfahren und mittels einer Bürokratie arbeitet und die den modernen Demokratien entspricht. Zweitens eine auf überlieferten Vorstellungen, auf „Tradition“ beruhende, und drittens eine charismatische Form von Herrschaft, die sich aus der Persönlichkeit des Führers selbst begründet. Damit hat Weber bereits sehr früh nach dem legitimierenden Diskurs von Herrschaft gefragt, der zwei Dekaden später im zelebrierten Werk von Fortes und Evans-Pritchard (1940) ein nachgeordnetes Interesse fand. Webers Perspektive zu den Quellen von Macht impliziert eine zentrale Aussage, die man analog zu seiner Kulturdefinition als selbstgesponnenes Bedeutungsgewebe, in das der Mensch verstrickt ist, verstehen muss.

Eine völlig andere Sichtweise von Macht, die hier nicht allein als Qualität zwischen zwei Individuen oder zwei Gruppen verstanden wird, geht auf Foucault (1978) zurück, der zudem klar zwischen Herrschaft und Machtbeziehungen unterscheidet. Neben einer bloßen herrschenden und beherrschten Instanz sieht er Menschen in verhandelbare und folglich dynamische Netzwerke, in Dispositive, eingebunden, die das gesamte gesellschaftliche Leben durchdringen. Diese Dispositive (Pädagogik, Politik, Psychiatrie, Sexualität, Wissen etc.) wirken nicht ausschließlich repressiv, sondern zugleich auch produktiv. Machtbeziehungen sind Mittel, mit welchen sich Gesellschaft selbst organisiert. Luhmann (1975: 3–12) hebt hervor, dass Macht in jedem Kommunikationsprozess inhärent ist und eine notwendige Voraussetzung für gesellschaftliche Entwicklung ist. Für Bourdieu (1991: 164) können die in Sprache und in symbolischen Handlungen eingeschriebenen Machtpositionen nur aufrecht erhalten werden, wenn sich Handelnde der Implikationen nicht bewusst sind. Dieser Ansatz zur Macht kommt einer kulturwissenschaftlichen, vor allem ethnologischen Betrachtung von politischen Systemen näher, doch rief er in den 1990er Jahren, vor allem von feministischer Seite, nachhaltige Kritik hervor, weil er Macht verschleiere und für ein emanzipatorisches Streben weniger hilfreich sei als der alte, von Weber beschriebene dyadische Machtbegriff.

4.3. Feldforschung und Repräsentation

Das veränderte Verständnis von Macht und Politik führte auch zu einer neuen Reflexion über das eigene Fach, vor allem über den Prozess der Feldforschung und Form der Repräsentation von Forschungsergebnissen. Das veränderte Politikbewusstsein in den USA wirkte sich auf die Arbeiten über nordamerikanische Indianer aus. Sol Tax und Karl Heinz Schlesier begründeten die *Action Anthropology*, die eine radikale Abkehr vom althergebrachten Verständnis der Feldforschung als Datensammlung bedeutete. Aktionsethnologen weisen die Möglichkeit einer unpolitischen Haltung zurück. Sie sehen die Notwenigkeit einer Stellungnahme und vertreten die Position der Unterdrückten, agieren dabei als nicht-richtungsweisende Berater und erfahren durch das gemeinsame politische Projekt eine Nähe zu ihren Gastgebern, die zugleich die Qualität ethnologischer Forschung fördert (Seithel 1999). Unabhängig davon, ob Feldforscher diesen Ansatz teilen, als romantisierende Form ablehnen oder einfach als praktisch undurchführbar betrachten, bleibt jedoch die Einsicht, dass ethnologische Forschung stets in einen politischen Kontext eingebettet ist und dieser bei jeder Forschung als eine der Rahmenbedingungen für Erkenntnis mitgedacht werden muss (Amborn 1993).

Jede Begegnung mit kulturell Fremden findet in einem historischen und politischen Umfeld statt, das die Form der Interaktion, die Standorte der Betrachter, ihre Interessen und die Möglichkeiten des Verstehens beeinflusst. Aus diesem Grund beziehen Monografien heute bei der Offenlegung der Feldforschungsumstände meist auch Erkenntnisinteressen, politische Einstellungen und Machtverhältnisse mit ein. Die Gastgesellschaften artikulieren ebenfalls ihre Erwartungen an den Ethnologen, sie wissen um seine privilegierte Position und überschätzen dabei jedoch oft die Möglichkeiten seiner direkten Einflussnahme auf die Verteilung von Ressourcen. Da die Interessenlage jedoch in diesen Gesellschaften selten homogen ist – meist stehen sich als *Traditionalisten* und *Modernisten* bezeichnete Lager gegenüber – bleibt es eine Illusion, ein Ethnologe könne sich politisch neutral verhalten. Durch die Offenlegung dieser Prozesse beinhalten heute zahlreiche Abhandlungen erhellende Kapitel zur Politikethnologie.

Die Form der Repräsentation ist nicht weniger umstritten als die der Feldforschung. Edward Saids *Orientalismus* (1978) hat zum öffentlichen Bewusstsein über die Politik und Konstruiertheit von Fremdenbildern beigetragen und die *Krise der Repräsentation* und die *Writing Culture-Debatte* (Clifford und Marcus 1986) haben weitere Fragen zu einer adäquaten Form des ethnologischen Schreibens aufgeworfen. Wer stellt wen mit welchem Recht dar? Das Bild von fremden Kulturen ist keinesfalls eine akademische Übung im Elfenbeinturm, sondern ein gesellschaftsrelevantes Projekt, an dem Ethnologen nicht nur teilhaben, sondern dass sie zum Gegenstand ihrer eigenen Untersuchungen erhoben haben. *Politics of Representation* ist zu einem festen Begriff geworden, Ethnologen untersuchen die Schreibstile von Fachkollegen (Geertz 1990) und öffentliche Medien werden auf versteckte Botschaften hin untersucht. Die Medienethnologie fragt nach den Möglichkeiten der ethnologischen Berichterstattung in der Öffentlichkeit und zugleich nach den Fremdenbildern hinter den Texten und Bildern. Wenn wir Politik als Disput um allgemeine Verbindlichkeiten, Normen und Regeln begreifen, so sind die modernen Medien ein geeigneter Ort, um nach der Konstruktion der Fremdenbilder und nach dem Machtgeflecht ihrer Verbreitung zu fragen.

5. Schlussbemerkungen – Die doppelte Relationalität und Politikethnologie

Das Arbeitsgebiet der Politikethnologie wurde in der Vergangenheit mit den „politischen Organisationsformen primitiver Gesellschaften“ (Stagl 1983: 205, im Orig. hervorgehoben) beschrieben. Neben der notwendigen weiteren Bearbeitung der politischen Prozesse und Institutionen *in* uns fremden Kulturen haben sich weitere Themengebiete etabliert, die *zwischen* Kulturen liegen und deren politischer Gehalt unübersehbar ist.

Zu Recht hat Kohl (1993: 26–28) darauf hingewiesen, dass die Position des Forschers das kulturell Fremde festlegt und somit der Gegenstand des Fachs relational ist. Was als fremd gilt, ändert sich also mit dem Betrachter. Ich verstehe die Bedeutung „relational“ jedoch in einem weiteren Sinn, denn es ist immer eine *Beziehung*, die wir zu anderen Menschen aufbauen. Diese Beziehungen, das Verhältnis zwischen uns und ihnen, ist genau die Relation, die uns etwas über die anderen und über uns selbst vermittelt. Nun gibt es aber keine Beziehung ohne Machtverhältnis. Sowohl im ersten Sinn, dass Ethnologen der modernen Industriestaaten das Fremde bevorzugt in den ehemaligen Kolonien und heute jungen Nationalstaaten suchen, wie auch im zweiten Sinn, der interpersonalen Beziehung während einer Forschung. Beides hängt zusammen, doch ist eine Unterscheidung hilfreich. Das eine basiert auf einer festen Blickrichtung, wobei die kulturellen Grenzen verhandelbar sind, das andere fußt auf zwei idiosynkratischen Positionen, die des Ethnologen und seines Gegenübers. Die Politikethnologie beschäftigt sich im Rahmen der Globalisierung mit Erstgenanntem, im Rahmen eines selbstreflexiven und dialogischen Forschungsansatzes auch mit Letztgenanntem, und beides hat sich grundlegend seit der Expansion der Subdisziplin verändert.

Die Gegenstandsbestimmung des Fremden hat sich mit zunehmender Migration, gewachsener Mobilität und elektronischen Massenmedien verändert. Wir finden kulturelle Minderheiten in allen Ballungszentren der westlichen Industriestaaten und auch in den Metropolen der jungen Nationalstaaten, Migration führt zu deterritorialen kulturellen Gemeinden, Internet, Fernsehen und elektronische Finanzströme dienen als Nabelschnur der Diaspora. Das kulturell Fremde ist unabhängig von räumlichen Bezügen und hat sich vielerorts auch aus alten, festen Einbindungen in Machtverhältnisse gelöst. Der einst koloniale Kontext, in dem der Ethnologe auf der Seite der Herrschenden stand, wirkte zwar in den postkolonialen Staaten noch eine Zeit weiter, wird jedoch zunehmend hinterfragt. Die einzig übrig gebliebene Supermacht zeigt weiterhin ihre Muskeln, doch ist der Ethnologe auf Forschungsgenehmigungen und auf das Wohlwollen im Gastland angewiesen, deren Käuflichkeit nicht mehr vorausgesetzt werden kann. Neokoloniale Verhältnisse herrschen oft *in* den jungen Nationalstaaten, ethnische Minderheiten werden umgesiedelt, verdrängt oder unterdrückt, es etablieren sich neue Machtkomplexe, und mit ihnen neue Arbeitsgebiete der Politikethnologie.

Die zweite Relation, die zwischen dem Ethnologen und seinen Gastgebern, ergibt sich aus der ersten, ohne durch sie bestimmt zu sein. Es sind stets Individuen, die ihre Position und die ihrer Gegenüber interpretieren, die durch die Festlegung ihrer Erkenntnisinteressen und durch ihre individuelle Art ein Beziehungsfeld schaffen, an dem beide Seiten teilhaben, das beide Seiten deuten, und von dem beide Seiten lernen. Dieses Feld hat eine persönliche, aber auch eine politische Qualität, denn die Relation ist nicht vorgegeben – sie wird geschaffen. Das Produkt geht über eine Dyade, sei es Freundschaft, sei es Geschäft, hinaus, weil das ethnologische Projekt stets öffentlich ist, in der Gastgesellschaft und in ethnologischen Institutionen. In beiden Gesellschaften ist das Bild des Fremden Grundlage der Außenbeziehungen und zugleich Teil der eigenen Identität. Das Relationale, das im ersten Sinn historisch und eher technisch wirkt, entfaltet sich im zweiten Sinn als Kraft, die beide Dialogpartner verändert. Die Aufarbeitung dieser doppelten Relationalität, auf Mikro- und Makroebene, historisch und zeitgenössisch, transnational oder in der eigenen Gesellschaft, zählt zu den herausragenden Aufgaben der Politikethnologie.

6. Literatur

6.1 Einführende Literatur

Balandier, Georges
1972 Politische Anthropologie. München (franz. Origin. 1967).

Gledhill, John
1994 Power and Its Disguise. Anthropological Perspectives on Politics. London.

Kertzer, David I.
1988 Ritual, Politics, and Power. Binghamton, NY.

Kurtz, Donald V.
2001 Political Anthropology. Paradigms and Power. Cambridge, MA.

Lewellen, Ted C.
1992 Political Anthropology. An Introduction. 2. Aufl. Westport.

6.2 Zitierte Literatur

Amborn, Hermann
1993 Handlungsfähiger Diskurs. Reflexion und Aktionsforschung. S. 129–150 in: Wolfdietrich Schmied-Kowarzik u. Justin Stagl (Hg.), Grundfragen der Ethnologie. Berlin.

Anderson, Benedict
1991 Imagined Communities. Reflections on the Origin and Spread of Nationalism. 2. Aufl. London.

Appadurai, Arjun
1996 Modernity at Large. Cultural Dimensions of Globalisation. Minneapolis.

Asad, Talal
1973 Anthropology and the Colonial Encounter. London.

Bachofen, Johann Jakob
1861 Das Mutterrecht. Basel.

Bailey, F. G.
1969 Strategems and Spoils. A Social Anthropology of Politics. Oxford.

Barth, Frederik
1959 Political Leadership among the Swat Pathans. London.

Böhret, Carl et al.
1979 Innenpolitik und politische Theorie. Ein Studienbuch. 3. Aufl. Opladen.

Bourdieu, P.
1991 Language and Symbolic Power, edited by John B. Thompson. Cambridge.

Barth, Fredrik
1959 Political Leadership among the Swat Pathans, London.

Castells, Manuel
1997 The Power of Identity, Vol. II. The Information Age. Oxford.

Clastres, Pierre
1976 Staatsfeinde. Studien zur politischen Anthropologie. Frankfurt/M. (franz. Orig. 1974).

Clifford, James und George E. Marcus (Hg.)
1986 Writing Culture. The Poetics and Politics of Ethnography. Berkeley.

Cohn, Abner
1969 Political Anthropology. The Analysis of the Symbolism of Power Relations. In: Man 4: 215–235.

Cohn, Bernard S.
1987 An Anthropologist among Historians and Other Essays – with an Introduction by Ranajit Guha. Delhi.

Engels, Friedrich
1884 Der Ursprung der Familie, des Privateigenthums und des Staates. Zürich.

Fortes, Meyer und E. E. Evans-Pritchard (Hg.)
1940 African Political Systems. Oxford.

Foucault, M.
1978 Dispositive der Macht. Über Sexualität, Wissen und Macht. Berlin.

Fried, Morton H.
1967 The Evolution of Political Society. New York.

Ganzer, Burkhard
1990 Lewis Henry Morgan (1818–1881). S. 88–108 in: Wolfgang Marschall (Hg.), Klassiker der Kulturanthropologie. München.

Geertz, Clifford
1990 Die künstlichen Wilden. Der Anthropologe als Schriftsteller. Englisches Orig. 1988) München.

Gluckmann, M.
1960 Order and Rebellion in Tribal Africa, Glencoe, Ill.

Godelier, Maurice und Marilyn Strathern (Hg.)
1991 Big man and great man. Personification of power in Melanesia. Cambridge

Guksch, Christian E.
1990 Leslie Alvin White (1900–1975). S 277–294 in: Wolfgang Marschall (Hg.), Klassiker der Kulturanthropologie, München.

Heidemann, Frank
2002 Über die Langlebigkeit von ethnischen Konflikten und die Ontologisierung von Gewalt. Ein Rückblick auf den Singhalesen-Tamilen Konflikt in Sri Lanka. In: Münchner Beiträge zur Völkerkunde 7: 175–186.

Humphrey, Caroline und James Alexander Laidlaw
1994 The Archetypical Actions of Ritual. Oxford.

Kohl, Karl-Heinz
1993 Ethnologie – die Wissenschaft vom kulturell Fremden, München.

Leach, Edmund
1954 Political Systems of Highland Burma. London.

Lowie, Robert H.
1927 The Origin of the State. New York.

Luhmann, Niklas
1975 Macht, Stuttgart.

Maine, Henry S.
1861 Ancient Law. Boston.

Moffatt, Michael
1979 An Untouchable Community in South India. Structure and Consensus. Princeton.

Morgan, Lewis Henry
1877 Ancient Society. Cambridge, Mass. (dt. Ausgabe: Die Urgesellschaft, Stuttgart 1908).

Needham, Rodney
1966, 1967 Terminology and Alliance. Garo, Maggarai. In: Sociologus 16 (2): 141–57 und 17 (1): 39–53.

Radcliffe-Brown, A. R.
1940 Foreword. S. XI-XXIII in: Fortes und Evans-Pritchard.

Reddy, William M.
1999 Emotional Liberty: Politics and History in the Anthropology of Emotions. In: Cultural Anthropology 14 (2), 256–88.

Said, Edward
1978 Orientalism. New York.

Scott, James C.
1985 Weapons of the Weak. New Haven, Conn.

Seithel, Friderike
1999 Von der Kolonialethnologie zur Advocacy Anthropology. Münster.

Service, Elman R.
1962 Primitive Social Organisation. An Evolutionary Perspective. New York.

Sigrist, C.
1979 Regulierte Anarchie. Frankfurt/M.

Stagl, Justin
1983 Politikethnologie. S. 205–229 in: Hans Fischer (Hg.), Ethnologie. Eine Einführung. Berlin.

Steward, Julian H.
1955 Theory of Culture Change. The Methodology of Multilinear Evolution. Urbana.

Turner, Victor
1969 The Ritual Process. Chicago.

Vincent, Joan
1978 Political Anthropology: Manipulative Strategies. In: Annual Review of Anthropology 7, 175–194.

Vivelo, Frank Robert
1988 Handbuch der Kulturanthropologie. (Englisches Orig. 1978). München.

Weber, Max
1980 Wirtschaft und Gesellschaft. 5. Aufl. Tübingen.

White, Leslie
1959 The Evolution of Culture. New York.

Franz von Benda-Beckmann

Rechtsethnologie

1. Die Rechtsethnologie im 21. Jahrhundert

Die Rechtsethnologie ist der Teilbereich der Ethnologie, die sich mit „Werden, Wandel und Gestaltung des Rechts" (Thurnwald 1934) befasst. Eine eindeutige Abgrenzung, im Sinne von einander ausschließenden Kategorien, gegenüber anderen Teilbereichen der Ethnologie wie der kulturellen, der Politik- oder Wirtschaftsethnologie ist nicht möglich. Denn wie auch immer *Recht* definiert sein mag, als die normative Dimension gesellschaftlicher Organisation sind rechtliche Werte, Konzepte und Regeln auch Teil kultureller Vorstellungen, organisieren und legitimieren sie soziale, wirtschaftliche und politische Institutionen und Beziehungen.

Wie die Ethnologie und ihre anderen Teilgebiete unterscheidet sich die Rechtsethnologie deutlich von ihrer Ausrichtung in früheren Entwicklungsphasen. Befassten sich Rechtsethnologen früher vor allem mit dem Recht „primitiver" Gesellschaften in Asien, Afrika und Amerika, so findet heute fast jede Forschung in Gebieten und unter Bevölkerungsgruppen statt, die seit langem Teil von Staaten sind. Ferner hat die Rechtsethnologie ihre Ausrichtung auf „Naturvölker" bzw. deren heutige Nachkommen in Afrika, Asien und Amerika aufgegeben und sich auch gesellschaftlichen Zusammenhängen in Industriestaaten zugewendet. Die ehemaligen „Naturvölker" sind in weit über die lokalen, ethnischen und nationalen Grenzen reichende politische, wirtschaftliche und kulturelle Prozesse eingebunden. Auch das ihr Leben beherrschende Recht hat sich geändert. Neben ihrem in die Gegenwart tradierten und meist veränderten Gewohnheits- oder Volksrecht gibt es staatliches Recht und oft auch religiöse Rechte (Islamisches, Hinduistisches und Christliches Recht). In den letzten Jahren spielen auch immer mehr internationales und transnationales Recht wie die Menschenrechte und UN-Konventionen eine Rolle. Diese unterschiedlichen Normenkomplexe regeln mit unterschiedlicher Reichweite und Intensität zentrale Bereiche der sozialen, wirtschaftlichen und politischen Organisation.

Innerhalb dieser komplexen rechtlichen Konstellationen, die seit den 70er Jahren des 20. Jahrhunderts meist als *Rechtspluralismus* (F. von Benda-Beckmann 1994) angedeutet werden, ist die Konzentration auf die historische Entwicklung und die gegenwärtige Form und Bedeutung von lokalen, ehemals in ethnischer Zugehörigkeit verankerten traditionellen oder Gewohnheitsrechten noch immer die Spezialität der Rechtsethnologie. Aber die Rechtsethnologie thematisiert ebenso die wechselseitigen Zusammenhänge zwischen den unterschiedlichen Rechtssystemen. Neben einem friedlichen Nebeneinander und häufigen Vermischungen von unterschiedlichen Systemen zugehörigen Rechtselementen dominieren meist die aus den Gegensätzlichkeiten der Systeme herrührenden sozialen, wirtschaftlichen und politischen Konflikte und eine damit einhergehende Rechtsunsicherheit. Zentrale Themenbereiche rechtsethnologischer Forschung sind Fragen der Verfassung und Verwaltung. Prozesse der Streitschlichtung sind darin ein wichtiger Teilbereich. Ein weiterer Bereich ist der ebenso konfliktgeladene Bereich von Rechten über natürliche Ressourcen, Land, Wasser, Wald, und Minerale und wirtschaftliche Produktion und Austausch. Familien, Abstammungs- und Geschlechterbeziehungen, Vermögensrechte und Vererbung sind weitere Bereiche rechtsethnologischer Forschung. In all diesen Bereichen werden wirtschaftliche und politische Konflikte häufig als Konflikte zwischen Rechtssystemen ausgetragen. Neben der Erforschung dieser gegenwartsbezogenen Probleme untersucht die Rechtsethnologie die historischen Prozesse, die zu der gegenwärtigen Komplexität geführt haben, und die wechselseitigen Beziehungen zwischen Recht und Rechtsveränderung einerseits und sozialen, wirtschaftlichen, kulturellen und politischen Veränderungen andererseits. Die Rechtsethnologie hat sich so von der Erforschung des Rechts primitiver Gesellschaften zu einer sozialwissenschaftlichen Erforschung komplexer Rechtssysteme entwickelt. Ohne diese Entwicklung wäre sie zu einer Rechtsgeschichte von ehemals primitiven Gesellschaften geworden und hätte ihren Gegenwartsbezug verloren.

2. *Historische Schnittpunkte*

Im Laufe dieser Entwicklung lassen sich mehrere Phasen unterscheiden, die durch die Dominanz bestimmter Erkenntnisinteressen, theoretischer Annahmen und methodologischer Vorgehensweisen gekennzeichnet sind.

2.1 Evolutionismus, Universalgeschichte des Rechts und „Lehnstuhl-Ethnologie"

Das Jahr 1861, in welchem Bachofen *Das Mutterrecht* und Maine *Ancient Law* publizierten, wird allgemein als Geburtsjahr der modernen Rechtsethnologie angesehen. Unter dem Einfluss darwinistischen Gedankenguts begann in der zweiten Hälfte des 19. Jahrhunderts auch in den sich neu formenden Gesellschaftswissenschaften die Suche nach evolutionären Gesetzmässigkeiten, nach welchen sich menschliche Gesellschaften und deren Rechtssysteme entwickelt hatten. Neben der Suche nach den Frühformen richtete man sich auf die Gegenüberstellung dieser *primitiven* mit den eigenen *zivilisierten* Gesellschaften und die Analyse von großen Entwicklungslinien. Dabei ging es vor allem um die Entwicklung von einfachen, auf genealogischen Beziehungen beruhenden Gesellschaften zu modernen, zivilisierten und staatlich organisierten Gesellschaften; um die Herausbildung zentral und hierarchisch organisierter Herrschaftsformen; um die Entwicklung von kommunalem zu individuellem Eigentum und von einem überwiegend auf Status zu einem auf Kontrakt begründeten Recht (Maine; siehe Newman 1983; Literaturangaben zu den Klassikern der Ethnologie siehe im Beitrag zur Geschichte der Ethnologie von Justin Stagl in diesem Band).

Um die Jahrhundertwende brachte in Deutschland die mit den Namen Post und Kohler verbundene *ethnologische Jurisprudenz* eine Akzentverschiebung. Sie unternahmen es, das neue Material über außereuropäische Gesellschaften in einer enzyklopädisch angelegten Universalrechtsgeschichte und vergleichenden Rechtswissenschaft zu verarbeiten. Gegen Ende des 19. Jahrhunderts initiierten sie eine Fragebogenaktion, womit Kolonialbeamte, Missionare und Richter systematisch das Recht in ihren jeweiligen Gebieten ermitteln sollten (siehe Schott 1998).

2.2 Feldforschung und Funktionalismus

In den ersten beiden Jahrzehnten des 20. Jahrhunderts bahnte sich eine Revolution in der Rechtsethnologie an. Wie auch in anderen Teilbereichen der Ethnologie kam es zu einem Übergang der „Lehnstuhl-Ethnologie" zur detaillierten Erforschung einzelner Rechtskulturen, oft nur eines Stammes oder Dorfes, auf der Grundlage einer neuen Methode, der teilnehmenden Beobachtung. Bahnbrechend waren im deutschen Sprachraum Richard Thurnwald, im englischen Bronislaw Malinowski, deren Feldforschungen in Melanesien und bei den Trobriand-Insulanern die ersten herausragenden Arbeiten der neuen Rechtsethnologie waren. Auch theoretisch wurde die Organisation und Funktion der Einzelgesellschaft und ihres Rechts zur zentralen Fragestellung. Die neue funktionalistische Theorie fragte nach der Bedeutung des Rechts für andere gesellschaftliche Teilbereiche (zum Beispiel die Wirtschaft oder Verwandtschaft) und für die Gesamtgesellschaft, und umgekehrt nach deren Bedeutung für das Recht (über die Funktionen des Rechts und Recht als Funktion, siehe Schott 1970). Thurnwald (1934) analysierte als erster Ethnologe das Prinzip der Reziprozität, das Prinzip von Leistung und Gegenleistung, als grundlegend für gesellschaftliche Bindungen und das Rechtsleben in Gesellschaften ohne Gesetze und Gerichte. Seine Ideen wurden von Malinowski weiterentwickelt, der neben der Reziprozität auch die Öffentlichkeit als wichtigen Faktor für das Funktionieren von Recht in Gesellschaften ohne fest institutionalisierte Herrschafts- und Entscheidungsmacht betonte. In der Folgezeit führte diese Beschränkung auf einzelne Gesellschaften zu einer Reihe von interessanten Monographien über das Recht einzelner afrikanischer Stämme. Theoretisch und methodologisch traten vergleichende und entwicklungsgeschichtliche Arbeiten in den Hintergrund (siehe Newman 1983; Schott 1998).

2.3 Die holländische Adatrechtswissenschaft

Eine besondere Stellung nimmt die holländische Adatrechtsschule ein. Zu Beginn des 20. Jahrhunderts kam es unter der Leitung von Cornelis van Vollenhoven in Leiden zur systematischen Erforschung der ungeschriebenen (*Adat)*Rechte indonesischer Gesellschaften. Van Vollenhoven selbst hatte keine eigenen Forschungen in Indonesien gemacht, aber als Verwaltungsbeamte oder Richter hatten seine Doktoranden meist eine langjährige Erfahrung mit den lokalen Rechten. Das reiche Material fand seinen Niederschlag in zahlreichen rechtsethnografischen Veröffentlichungen (siehe Holleman [Hg.] 1981). Zur ethnologischen Theorie wurden keine Beiträge geleistet. Doch standen die Forschungen auf einem hohen analytischen Niveau, welches in der anglo-amerikanischen Rechtsethnologie erst viele Jahre später erreicht wurde. So wurden die Adatrechte im Rahmen des staatlichen Rechts betrachtet und der Einfluss kolonialer Rechtssprechung auf das Adatrecht untersucht.

2.4 Rechtsethnologie als Ethnologie von Streitschlichtungsprozessen

In den 50er und 60er Jahren des 20. Jahrhunderts zeichnete sich eine weitere Veränderung in der Rechtsethnologie ab, die Hinwendung zu einer Ethnographie von Streitschlichtungsverfahren. Es gab zwei leicht divergierende Forschungstraditionen (Roberts 1979). Die eine, mehr Prozess-orientiert, analysierte die Bedeutung der Einschaltung von Instanzen für die sozialen und wirtschaftlichen Strategien der Parteien und ihre Funktion für die Aufrechterhaltung der sozialen Ordnung. Der andere Ansatz war eher Regel-orientiert und betrachtete Streitschlichtung und die in ihnen getroffenen Entscheidungen als die hauptsächliche Quelle des Rechts.

Klassiker dieser Periode sind die Arbeiten von Max Gluckman (1955) über die Barotse (Lozi) in Nord Rhodesien/Zambia, Paul Bohannan über die Tiv in Nigeria (1957), Pospisil (1958) über die Kapauku Papuas und Gulliver (1963) über die Arusha in Tanganyika/Tanzania. Vor allem Gluckmans Arbeit an den Gerichten der Barotse und seine Analyse der Argumentation von Parteien und Richtern haben die spätere Rechtsethnologie nachhaltig beeinflusst. Bei seiner Untersuchung ging es nicht nur um „die Regeln" des Barotse-Rechts. Er zeigte auch, mit welchen Denkbildern Parteien und Richter glaubhafte Tatbestände konstruierten und mit den kognitiven Kategorien des Rechts Beweise und Kausalität konstruierten. Auch stellte er fest, dass die Art der sozialen Beziehungen zwischen den Parteien von großer Bedeutung für das Entscheidungsverhalten der Richter war. Je vielschichtiger (*multiplex*) diese waren, desto mehr neigten Richter dazu, die Parteien miteinander zu versöhnen und weniger formal mit dem Recht umzugehen. Diese Ideen wurden später durch Comaroff und Roberts (1981) in ihrer Analyse von Gerichten bei den Tswana verfeinert.

Diese Ausrichtung auf Streitschlichtungsverfahren galt allerdings nicht für die deutsche oder holländische Rechtsethnologie, die eigentlich immer ein umfassenderes Erkenntnisinteresse (Entwicklung des Eigentums, wirtschaftsrechtliche Verhältnisse, Strafe und Vergeltung) verfolgt und sich mit der Wirkung des Rechts auch ausserhalb von Streitschlichtungsprozessen befasst hatte (siehe Holleman [Hg.] 1981, Schott 1998, F. von Benda-Beckmann 1979).

2.5 Die Entdeckung des Staates

Auch in der englischsprachigen Rechtsethnologie kam es gegen Ende der 60er Jahre zu einer neuen Perspektive. Die wichtigste Wegbereiterin war Sally Falk Moore (Moore 1978a). Ihr Artikel über die semi-autonomen sozialen Felder problematisierte die Art, wie von außen kommendes staatliches Recht in Beziehungs- und Interaktionsnetzwerke aufgenommen und durch deren eigene Regeln und Sanktionsmechanismen gefiltert wurde. Moore illustrierte dies mit einem Vergleich zwischen den Landbesitzverhältnissen bei den Chagga in Tanzania und der Kleidungsindustrie in den USA. Das Recht des Staates und dessen Verwaltungs- und Gerichtsinstanzen wurden immer mehr zu einem Teil der komplexen Rechtsmaterie, die in ihren Interdependenzen mit nicht-staatlichen Rechtsvorstellungen und Verfahren erforscht wurde (Rechtspluralismus). Viele der ersten Untersuchungen richteten sich auf Prozesse der Streitschlichtung (Nader & Todd [Hg.] 1978). Sie zeigten, wie staatliche und dörfliche Rechtsregeln, Institutionen und Prozessverfahren durch streitende Parteien selektiv mobilisiert werden, und wie auch die Instanzen selbst mit dem Entscheiden von Streitigkeiten politische Absichten verfolgen (K. von Benda-Beckmann 1984). In den 70er Jahren kam es dann vermehrt zur Erforschung des Rechts in anderen Teilbereichen des gesellschaftlichen Lebens, wie Eigentum- und Besitzfragen und Vererbung, Geschlechterbeziehungen (Moore 1978a; F. von Benda-Beckmann 1979; Snyder 1981). Auch wurde mit der systematischen Betrachtung von pluralistischen Rechtssystemen religiösem Recht und Recht als Ausdrucksform von Kultur wieder mehr Aufmerksamkeit geschenkt (Geertz 1983, Rosen 1989).

2.6 Globalisierung und die transnationale Dimension des Rechtspluralismus

Im Laufe der letzten zwanzig Jahre befassten sich Rechtsethnologen zunehmend mit den transnationalen Dimensionen des Rechtspluralismus. Diese zeigt sich unter anderem in der zunehmenden Mobilität von Recht durch Migrationsströme. Rechtsethnologische Fragestellungen richten sich weiter darauf, wie globalisierten Rechtsformen etwa die internationalen Menschenrechte und internationale Konventionen wie die ILO Konvention 1969 zum Schutz der Rechte indigener Völker oder auf Umwelt- und Artenschutz zielende Konventionen durch Entwicklungshilfeprojekte oder soziale Bewegungen in kleinräumige Gebiete gebracht werden (K. von Benda-Beckmann 2001). Auch die Diskussion über die universelle Geltung der Menschenrechte ist zu einem wichtigen Thema in der Rechtsethnologie geworden (Wilson [Hg.] 1997). Der den Menschenrechten beigelegte Universalitätsanspruch ist auf heftige kulturrelativistische Kritik gestossen. Die Menschenrechte seien nur auf Grund der europäischen Geschichte verständlich. Unter anderen kulturellen und politischen Bedingungen hätten sich keine entsprechenden Menschenrechte herausgebildet. Dies ist sicher der Fall. Allerdings sind Menschenrechte schon lange nicht mehr eine rein „westliche“ Errungenschaft und werden seit langem durch einen immer größer werdenden Teil der Bevölkerung in asiatischen und afrikanischen Ländern getragen.

3. Die Wiederentdeckung der historischen Dimension

3.1 Der Einfluss des Staates auf das lokale Recht

Die Entdeckung des Staates führte zu einer Neubesinnung auf die geschichtliche Dimension. An den älteren rechtsethnografischen Arbeiten wurde bemängelt, dass man bei der Erforschung traditionellen Rechts und bei Prozessen der Streitschlichtung den Einfluss des Staates und staatlichen Rechts weitgehend übersehen habe (Moore 1978b). Auch Spittler (1980) wies darauf hin, dass die so betonten Tendenzen zu Kompromiss und Versöhnung in traditionellen Streitschlichtungsprozessen viel mit dem Einfluss des Staates zu tun haben, der durch seine *Pax Britannica* andere Formen der Auseinandersetzung in Konflikten unmöglich gemacht bzw. weitgehend eingeschränkt habe. Die von früheren Rechtsethnologen erforschten traditionellen Rechte und Prozesse seien deshalb eher als das Produkt kolonialer politischer und wirtschaftlicher Einflüsse zu verstehen als aus ursprünglichen, vorkolonialen Verhältnissen begreifbar. Die Präsentation dieser Rechte als „ursprünglich“ sei eine „Erfindung“ und führe zu einer verzerrten Analyse von Veränderungsprozessen. Diese Generalisierungen über das „erfundene Gewohnheitsrecht“ orientierten sich vor allem an schriftlichen Berichten und Gerichtsurteilen, sagten jedoch wenig darüber aus, wie die einheimischen Bevölkerungen in anderen Kontexten mit ihren Normen umging. Die Kritik lenkte davon ab, dass es zu zweierlei Gewohnheitsrecht gekommen war, dem Recht, wie es in kolonialen Gerichtsentscheidungen oder der juristischer Literatur interpretiert wurde, und dem Recht, wie es auf Dorfebene interpretiert and angewandt wurde (K. von Benda-Beckmann 1984).

3.2 Recht, Veränderung und Entwicklung

Rechtsethnologische Analysen und die Beschreibung von rechtlichen, sozialen und wirtschaftlichen Veränderungsprozessen nahmen weiter zu (Snyder 1981, F. von Benda-Beckmann 1979, Moore 1986). Dabei führte das Interesse an Staat und Geschichte auch zu einer systematischeren Analyse des staatlichen Rechts als Mittel der Entwicklungspolitik in der kolonialen und nachkolonialen Zeit. Nach der Unabhängigkeit versuchte man, mittels Gesetzgebung zu einer Vereinheitlichung und „Modernisierung“ des Rechts zu kommen. Die traditionellen Gewohnheitsrechte wurden als Hemmnis auf diesem Weg betrachtet. Neben Reformen von Familienbeziehungen (Abschaffung der Vielehe und des Brautpreises) richteten sich die Reformbestrebungen vor allem auf die Rechte an Land, Wasser und Forsten. Man ging davon aus, dass die Einführung von individuellen Eigentumsrechten die wirtschaftliche Entwicklung fördere, wohingegen kommunale Rechte Entwicklung unmöglich machten. In den letzten 20 Jahren werden neue Diskussionen über die Zusammenhänge zwischen Eigentumsformen und nachhaltiger Ressourcennutzung geführt. Ethnologische Forschung hat in vielen Fällen aufgezeigt, wie irreführend die Annahmen dieser Politik waren, und wie sehr sie die sozialen und wirtschaftlichen Bedingungen vor allem für die ärmeren Teile der Bevölkerung verschlechterten (F. von Benda-Beckmann 1989). Sie zeigten ebenfalls, dass sich traditionelle Rechte sehr wohl der Einführung der Geldwirtschaft und der Inkorporierung in den Staat anpassen konnten und dass es eher politische und wirtschaftliche Faktoren, und unter anderem auch das auferlegte staatliche Recht, waren, die zur Verarmung der ländlichen Bevölkerung führten als irgendwelche den lokalen Rechten innewohnenden Eigenschaften.

4. Die Suche nach einem vergleichenden Rechtsbegriff

Auch die begrifflichen und methodologischen Fragestellungen der Rechtsethnologie haben sich durch die zunehmende Komplexität der gesellschaftlichen und rechtlichen Verhältnisse verändert. Die frühen Rechtsethnologen sahen sich mit normativen und institutionellen Systemen konfrontiert, die sich von dem eigenen Rechtssystem in vieler Hinsicht unterschieden.

- Die Legitimationsgrundlage der rechtlichen Ordnung war anders. Statt des demokratisch organisierten Willen des Volkes berief man sich auf tradierte Überlieferungen, den Willen der Ahnen, schlichte Gewohnheit oder göttliche Offenbarung.
- Die normative Dimension war meist nicht deutlich als eigenständisches System von politischen, wirtschaftlichen, kulturellen oder religiösen Ordnungselementen differenziert.
- Auch intern waren allgemeine Rechtsregeln und Verfahren weniger differenziert. In den ethnischen Rechtssystemen gab es oft keine deutliche Unterscheidung zwischen öffentlichem und privatem Recht. Auf Verfahrensebene wurden kaum Unterschiede zwischen strafrechtlichen und zivilrechtlichen Verfahren gemacht.
- Das Recht war mündlich überliefert. Die Kenntnis des Rechts unterschied sich kaum von der Alltagskenntnis der Bevölkerung.
- Regeln hatten meist eher den Charakter von Prinzipien mit unterschiedlichen Gradierungen von Verbindlichkeit.

Die Entdeckung dieser Regelkomplexe und Entscheidungsprozesse konfrontierte die westlichen Beobachter mit der Frage, ob man hier überhaupt von „Recht“ sprechen konnte oder „nur“ von Gewohnheiten oder Sitten? Konnte man die fremden Regeln, Werte und Institutionen mit den in der eigenen Gesellschaft gängigen zeit- und kulturabhängigen (ethnozentrischen) Begriffen erfassen? Dies galt für den Begriff Recht wie auch für einzelne rechtliche Institutionen wie die Ehe, Vererbung, Eigentum, Gericht oder Strafe.

Der holländische Adatrechtswissenschaftler Van Vollenhoven hatte schon 1909 darauf hingewiesen, dass die direkte Übersetzung einheimischer Konzepte und Institutionen in die Begrifflichkeit des holländischen Rechts zu Fehlinterpretationen und Entstellungen lokaler indonesischer Rechte führte. In den 60er Jahren war die Frage einer adäquaten Übersetzung auch ein beherrschendes Thema in den anglophonen rechtsethnologischen Diskussionen, die in der Kontroverse zwischen Bohannan und Gluckman zum Ausdruck kam. Gluckman hatte bei seiner Erforschung des Rechts der Barotse häufig Begriffe des römischen Rechts gebraucht, um Gemeinsamkeiten und Unterschiede zwischen dem Barotse und westlichem Recht zu verdeutlichen. Bohannans Kritik war, dass dies die Barotse-Ideen entstellte, und lief darauf hinaus, dass fremde Gesellschaften im Grunde nur in ihrer eigenen Begrifflichkeit verstanden werden konnten. Was in eine Sackgasse führte, denn unter diesen Umständen schien eine systematische Vergleichung ausgeschlossen. Am Ende der Debatte stand die sinnvolle Übereinstimmung, dass es beim „Vergleich“ nicht um ein „Gleichsetzen“ gehe, sondern um ein systematisches Suchen und Erklären von Gemeinsamkeiten und Unterschieden innerhalb einer abstrakt-analytisch „gleichen“ Vergleichseinheit (siehe Nader [Hg.] 1969: 4; F. von Benda-Beckmann 1981, 1994). Als Frage blieb, welche konstanten Eigenschaften in den Rechtsbegriff eingehen sollen und welche Dimensionen von Variation man innerhalb dieses Begriffs anerkennen will. Der wichtigste Diskussionspunkt war meist, ob man den Begriff des Rechts an den Staat koppeln solle oder ob staatliche Produktion und Sanktionierung von Regeln nur als Variation betrachtet werden solle. Auf diese Frage haben Rechtsethnologen unterschiedliche Antworten gegeben.

In der Zeit der Evolutionisten und der universalgeschichtlichen Bemühungen spielte die Definitionsfrage kaum eine Rolle. Maine, Bachofen, Durkheim, Van Vollenhoven, Post und Kohler sprachen über „Recht“. Die von ihnen entwickelten typologischen Unterschiede wurden *innerhalb* der Kategorie Recht angebracht; man sprach von archaischem, primitivem, ungeschriebenem, vormodernem (Gewohnheits-)Recht. Spätere evolutionäre Denker verwandten eine andere Begrifflichkeit, in der Recht fest mit der politische Organisation des Staates verbunden war. In ihrer Entwicklungslinie ging es nicht von einem Typus Recht zum anderen, sondern von Nicht-Recht, Gewohnheit, Konvention und Sitte zum Recht (siehe Newman 1983).

Die begrifflichen Überlegungen änderten sich mit der Feldforschung und den neuen funktionalistischen Ansätzen. War in den ersten evolutionären Überlegungen „Recht" nahezu gleichbedeutend mit sozialer, wirtschaftlicher und politischer Organisation, so brachte der Funktionalismus das Bedürfnis, die Gesellschaft in ihre Institutionen – später dann Teilsysteme – zu zerlegen, um die Funktionen und Wechselbeziehungen der einzelnen Institutionen für andere und für die gesamtgesellschaftliche Organisation zu ergründen. Für einen interkulturell brauchbaren Rechtsbegriff wurde nach analogen (funktional äquivalenten) Erscheinungen in traditionellen Gesellschaften gesucht. In diesen wurden das Moment des organisierten Zwanges (Thurnwald 1934: 2,4) betont. Später kam es dann zu einer methodologischen Fokussierung auf die so genannte *trouble case* Methode, die unter dem Einfluss des Gedankenguts des amerikanischen Rechtsrealismus mit dem einflussreichen Buch von Karl Llwellyn (einem amerikanischen Juristen und Rechtssoziologen) und dem Ethnologen E. A. Hoebel (1941) über das Recht der Cheyenne-Indianer in die Rechtsethnologie eingeflossen war, und nunmehr die funktionalen Äquivalente von Gerichten in den Mittelpunkt stellte. Dieser Ansatz dominierte auch die Rechtskonzepte in den einflussreichen Büchern Hoebels (1954) und Pospisils (1958, 1971).

Mit der Expansion des staatlichen Apparats kamen neue praktische Probleme hinzu. Im Rahmen der von den meisten Kolonialmächten verfolgten Politik der indirekten Herrschaft wurden einheimische Gewohnheiten und Recht teils offiziell anerkannt und traditionelle Autoritäten (oder welche man als solche ansah oder dazu machte) wurden in die Verwaltung und Gerichtsbarkeit einbezogen. Damit stellte sich die praktische Frage, was koloniale Richter als „Recht" anwenden sollten. Dies verlangte nach einer Abgrenzung zwischen traditionellem „Recht" und „bloßen" Gewohnheiten oder Sitten. Auf definitorischer Ebene stellte sich die weitere Frage, ob diese Rechte ihren Rechtscharakter ihrer Anerkennung durch den Staat verdankten, oder ob sie auch ohne eine staatliche Anerkennung Rechtscharakter haben konnten.

An diesem Punkt scheiden sich auch heute noch die Geister. Vertreter eines an den Staat gekoppelten Rechtsbegriffs werfen denjenigen, die mit einem weiten Rechtsbegriff arbeiten, vor, sie übertrügen die gesellschaftsgebundene Begrifflichkeit des Rechts auf normative Systeme, die dramatische Unterschiede zum westlich-modernen Recht aufwiesen. Unter dem Nenner Rechtspluralismus „Alles" zu Recht zu erklären, verdunkele diese wichtigen Unterschiede. Anhänger eines weiten analytischen Rechtsbegriffs werfen dem gegenüber den Anhängern eines an den Staat gekoppelten Rechtsbegriffs vor, sie seien unfähig, sich von dem in der eigenen Gesellschaft dominanten Rechtsbegriff zu distanzieren und unwillens, den Begriff Recht als eine für geschichtliche und interkulturelle Vergleiche sinnvolle Kategorie umzuformen, mit dessen Hilfe erst Gemeinsamkeiten und Unterschiede herausgearbeitet werden könnten (siehe F. von Benda-Beckmann 1981, 1994; Griffiths 1986).

Diese Diskussionen zeigen auch die politische und wirtschaftliche Bedeutung des Rechtsbegriffs. Aus der Ferne war es verhältnismässig leicht gewesen, staatliche Regelung und Sanktionierung nur als eine von möglichen Variationen zu betrachten. Aus der Nähe, innerhalb, und vielleicht sogar des eigenen Staatsverbandes war dies schwieriger. Denn der politische und rechtswissenschaftliche Diskurs verbindet mit dem Rechtsbegriff auch den Anspruch auf allgemeine Geltung, während ein ethnologischer (sozialwissenschaftlicher) Begriff auch mit unterschiedlichen und möglicherweise gegensätzlichen Geltungsansprüchen leben kann. Damit wird auch der Rechtsbegriff zum Gegenstand politischer Auseinandersetzungen.

5. Die gesellschaftliche Bedeutung von Recht

In der evolutionalistischen und strukturfunktionalistischen Phase hatte man vielleicht zu lange angenommen, dass sich Menschen und Organisationen mehr oder wenig getreu an die Organisations- und Verhaltensregeln des Rechtes hielten. Man muss kein Wissenschaftler sein, um zu wissen, dass dies in dieser Eindeutigkeit nicht angenommen werden kann. Schon die ersten ethnologischen Feldforschungen, zum Beispiel Malinowskis, hatten gezeigt, dass das auch bei „primitiven“ Gesellschaften nicht der Fall war.

Die *trouble case* Methode bildete ein erstes sinnvolles Korrektiv und problematisierte die Disparität zwischen idealen rechtlichen Vorstellungen und der Rechtspraxis. Diese Methode wollte das „wirkliche“ Recht erforschen, im Gegensatz zu bloßen Idealvorstellungen. Entscheidungen in Streitfällen, sanktioniert durch Personen oder Instanzen, die für die Gemeinschaft als Ganze auftraten, waren die Momente, in denen Recht „seine Zähne zeigte und zubiss“ (Llewellyn & Hoebel 1941). Gerade für Rechtsforschung in Gesellschaften ohne schriftliches Recht schien sich diese Methode anzubieten. Allerdings verkürzte sie rechtsethnologische Fragestellungen. Recht, als kulturelles und ideologisches Gebilde, wurde kaum noch thematisiert. Auch blieben andere „Wirkungsmöglichkeiten“ von idealen Regeln und ihre Auswirkungen auf menschliche Organisations- und Verhaltensformen von der Fragestellung ausgeschlossen. Forschung hatte gezeigt, dass auch Gerichtsentscheidungen nicht immer ausgeführt wurden (K. von Benda-Beckmann 1984). In einer pluralistischen Rechtskonstellation ging es überdies nicht um „das“ Recht, sondern immer um die *relative* Bedeutung der unterschiedlichen Rechtselemente. Rechtsethnologische Forschung machte deutlich, dass, was Recht ist, und welche gesellschaftliche Bedeutung es hat, kontextuell ist. Interpretation und Bedeutung von Recht in politischen Diskussionen, in staatlichen Gerichten, in Entscheidungsprozessen auf Dorfebene und im alltäglichen Leben können sehr unterschiedlich sein (F. von Benda-Beckmann 1989).

Die Prozess-orientierten Ansätze führten zu neuen Perspektiven auf die Funktionen von Recht. Es ging nicht nur um die stark normativ und ideologisch gefärbten funktionalen Attribute wie die Schlichtung von Streitigkeiten durch neutrale Instanzen oder die Aufrechterhaltung der sozialen Ordnung. Es ging auch um Recht als Ressource, als Macht, als Mittel wirtschaftlicher und politischer Unterdrückung, das Konflikte schuf statt sie zu bewältigen; aber auch um Recht als Gegenmacht und Mittel von Emanzipation und Widerstand.

6. *Der Praxisbezug der Rechtsethnologie*

Der kulturelle und politische Kontext, in welchem Rechtsethnologen arbeiteten, hat ihre Erkenntnisinteressen und Theorien nachhaltig beeinflusst. Ihre evolutionistischen Theorien trugen dazu bei, das Überlegenheitsgefühl und den Herrschaftsanspruch der Kolonialmächte zu legitimieren. Danach wurde rechtsethnologische Forschung unter anderem unternommen, bzw. gefördert, um durch das Finden und Aufarbeiten des lokalen Gewohnheitsrechts die Verwaltung und Rechtspflege in den Kolonien zu erleichtern. Dabei warfen sich die Forscher auch häufig zu Verteidigern und Fürsprechern einheimischer politischer und wirtschaftlicher Rechte auf und übten oft radikale Kritik an der staatlichen Rechts- und Wirtschaftspolitik. Auch in der nachkolonialen Periode und bis in die heutige Zeit stehen rechtsethnologische Forschungen weitgehend im Schatten von nationaler und multilateraler Entwicklungspolitik. Auch in dieser Zeit haben sich Rechtsethnologen überwiegend für die Rechte von einheimischen Bevölkerungsgruppen eingesetzt, und auf die simplistischen Annahmen der staatlichen oder internationalen Entwicklungspolitik und deren abträglichen sozialen und wirtschaftlichen Folgen für die lokale Bevölkerung hingewiesen.

7. *Die Institutionalisierung der Rechtsethnologie*

In der deutschen *Ethnologie* starb die reiche rechtsethnologische Tradition in der Zeit des Nationalsozialismus ab. Nach dem 2. Weltkrieg gab es innerhalb der Ethnologie zunächst nur ein beschränktes Interesse. Es war vor allem Rüdiger Schott in Münster, der diese Tradition nach dem 2. Weltkrieg wieder aufnahm und weiterführte (Schott 1970, 1998). In der *Rechtswissenschaft* hat in dieser Zeit eine kleine Anzahl ethnologisch interessierter Juristen (Fikentscher, Franke und Köhler [Hg.] 1980, Wesel 1985) die Rechtsethnologie hochgehalten. Die weitere Entwicklung in der zweiten Hälfte des 20. Jahrhunderts wurde überwiegend durch die Arbeiten englischer, amerikanischer und französischer Wissenschaftler dominiert (siehe Rouland 1988, Moore 2001).

In den letzten 20 Jahren sieht man jedoch in Deutschland, der Schweiz und Österreich innerhalb der Ethnologie ein deutlich zunehmendes Interesse an der Rechtsethnologie. Viele Fakultäten bieten rechtsethnologische Vorlesungen an. Auch gibt es die Möglichkeit, Rechtswissenschaft als 2. Hauptfach oder 1. Nebenfach zu studieren. Dies ist sicher anzuraten, denn es bietet die Gelegenheit, ein Rechtssystem gut kennen zu lernen. Es ist zu hoffen, dass es immer mehr – wie jetzt zum Beispiel an der Universität Wien – zu integrierten Studiengängen für Ethnologen und Juristen kommen wird. Auch kommt es an manchen Universitäten zu interdisziplinären Forschungsvorhaben (oft im Rahmen von Sonderforschungsbereichen; beispielhaft an der Universität Bayreuth), bei denen Ethnologen, Soziologen und Juristen zusammenarbeiten. Das steigende Interesse schlägt sich auch in zunehmenden Promotions- und Habilitationsprojekten nieder. Von besonderer Bedeutung ist, dass die Max-Planck-Gesellschaft in ihrem Institut für ethnologische Forschung in Halle im Jahr 2000 eine rechtsethnologische Projektgruppe ins Leben gerufen hat, die sich im Laufe der Zeit zu einer vollen Abteilung des Instituts entwickeln soll (www.eth.mpg.de).

Innerhalb der Deutschen Gesellschaft für Völkerkunde (DGV) und der Sektion Entwicklungssoziologie und -anthropologie treffen sich verstärkt rechtsethnologisch interessierte Ethnologen und Soziologen. Seit 1978 gibt es im Rahmen einer (von Etienne Le Roy und Trutz von Trotha ins Leben gerufenen deutsch-französischen) rechtsethnologischen Zusammenarbeit regelmässig rechtsethnologische Kolloquien; aus dieser Zusammenarbeit hat sich eine Arbeitsgemeinschaft europäische Rechtsethnologie (READ-AGERE) entwikkelt. International spielt die 1978 als Commission der Internal Union of Anthropological and Ethnological Sciences (IUAES) gegründete Commission on Folk Law and Legal Pluralism eine bedeutende Rolle. Sie veröffentlicht einen Newsletter und veranstaltet regelmäßig internationale Konferenzen zu rechtsethnologisch relevanten Themen (www.unb.ca/cflp/). Auch auf Tagungen der Vereinigung für Rechtssoziologie, der *American Anthropological Association* und der *Law and Society Association* gibt es häufig Panels zu rechtsethnologischen Fragen.

8. Anwendungsmöglichkeiten

Wissenschaftliche Forschung und Lehre sind ein wichtiger Arbeitsbereich der Rechtsethnologie. Aber auch außerhalb der universitären Karriere (aber durchaus auch als Aktivitäten von hauptberuflichen Wissenschaftlern) gibt es wichtige und interessante Anwendungsgebiete.

In der Entwicklungspolitik wird die Einsicht in die Bedeutung von Recht und in die fortdauernden Konfigurationen von Rechtspluralismus in fast allen Staaten der dritten Welt immer mehr geteilt. In jüngerer Zeit wird wieder sehr auf die Reform des politischen Systems gedrängt (Verfassung, Dezentralisierung, Bürokratie, Menschenrechte). Auch sucht man vermehrt nach Formen *alternativer Streitschlichtung* und beschäftigt sich mit der Frage nach der möglichen Übernahme traditioneller auf Vermittlung ausgerichteter Prozessformen. Damit bietet sich für rechtsethnologisch geschulte Forscher ein weites Arbeitsfeld in der nationalen und internationalen Entwicklungszusammenarbeit. Die GTZ zum Beispiel arbeitet seit vielen Jahren zunehmend mit juristisch und rechtsethnologisch geschulten Wissenschaftlern zusammen.

Mit der zunehmenden Einwanderung in industrialisierte Länder ist es auch in Deutschland und anderen europäischen Ländern zu einem zunehmenden Bedarf an rechtsethnologischer Forschung und Beratung gekommen. In der multikulturellen Gesellschaft ergeben sich vor allem Probleme, wenn aus anderen Rechtskulturen stammende Einwohner mit dem deutschen Rechtssystem, der Polizei und der Justiz in Berührung kommen und die Frage aufkommt, ob und in welchem Maße deutsche Rechtsvorstellungen den alleinigen Maßstab zur Wertung von strafbaren Handlungen oder familienrechtlichen Konflikten abgeben können. Man denke nur an die Probleme rund um Kopftücher, Ehrgefühl, Beschneidung oder Schächtung. Gutachtertätigkeit bei Gerichten ist damit ein wichtiger Einsatz von rechtsethnologischer Kenntnis geworden. Aber auch außerhalb des Gerichtsbereichs wird (rechts)ethnologische Kenntnis relevant, im Bereich der Sozialpolitik und Sozialarbeit, in der Ausländerpolitik und der Asylproblematik.

9. Literatur

9.1 Einführende Literatur

Newman (1983) gibt eine gute Übersicht über die unterschiedlichen evolutionistischen Ansätze in der deutschen und englischsprachigen Rechtsethnologie.

Die Festschrift für Hoebel (Law and Society Review 1973, No. 4) markiert eine wichtige Schnittstelle in der Rechtsethnologie. Eine Reihe von Beiträgen setzt sich kritisch mit der Dominanz der *trouble case* Methode auseinander.

F. von Benda-Beckmann (1994) gibt eine Übersicht über die Diskussionen zum Begriff des Rechtspluralismus.

Rouland (1988) und Moore (2001) geben eine reiche Übersicht der Entwicklung der Rechtsethnologie aus französischer bzw. amerikanischer Sicht.

9.2 Zitierte Literatur

Benda-Beckmann, Franz von

1979 Property in Social Continuity. The Hague.

1981 Ethnologie und Rechtsvergleichung. In: Archiv für Rechts- und Sozialphilosophie 67: 310–329.

1989 Scape-goat and magic charm: Law in development theory and practice. In: Journal of Legal Pluralism 28: 129–148.

1994 Rechtspluralismus: Analytische Begriffsbildung oder politisch-ideologisches Programm? In: Zeitschrift für Ethnologie 119: 1–16.

Benda-Beckmann, Keebet von

1984 The Broken Stairways to Consensus: Village justice and state courts in Minangkabau. Dordrecht.

2001 Transnational Dimensions of Legal Pluralism. S. 33–48 in: Wolfgang Fikentscher (Hg.) Begegnung und Konflikt. München.

Bohannan, Paul

1957 Justice and Judgement among the Tiv. London.

Comaroff, John and Simon Roberts

1981 Rules and Processes: The cultural logic of dispute in an African context. Chicago and London.

Festschrift für E.A. Hoebel

1973 Special Issue of the Law and Society Review, No. 4.

Fikentscher, Wolfgang, Herbert Franke und Oskar Köhler (Hg.)

1980 Entstehung und Wandel rechtlicher Traditionen. Freiburg i. Br. und München.

Geertz, Clifford

1983 Local Knowledge. New York.

Gluckman, Max
1955 The Judicial ProcessAmong the Barotse of Northern Rhodesia. Manchester.

Griffiths, John
1986 What is Legal Pluralism? In: Journal of Legal Pluralism 24: 1–50.

Gulliver, Phillip H.
1963 Social Control in an African Society. London.

Hoebel, E. Adamson
1954 The law of primitive man. Cambridge (USA).

Holleman, Johan Frederik (Hg.)
1981 Van Vollenhoven on Indonesian Adat Law. The Hague.

Llewellyn, Karl and E. Adamson Hoebel
1941 The Cheyenne Way. Norman.

Malinowski, Bronislaw
1926 Crime And Custom in Savage Society. London.

Moore, Sally Falk
1978a Law as Process. London.
1978b Archaic Law and Modern Times on the Zambezi: Some thoughts on Max Gluckman's interpretation of Barotse law. S. 53–77 in P.H. Gulliver (Hg.) Cross-examinations: Essays in memory of Max Gluckman. Leiden.
1986 Social Facts and Fabrications. Cambridge.
2001 Certainties Undone: Fifty turbulent years of legal anthropology, 1949–1999. In: Journal of the Royal Anthropological Institute 7: 95–116.

Nader, Laura (Hg.)
1969 Law in Culture and Society. Chicago.

Nader, Laura und Harry Todd (Hg.)
1978 The Disputing Process: Disputing in ten societies. New York.

Newman, Katherine
1983 Law and Economic Organization: A comparative study of preindustrial societies. Cambridge.

Pospisil, Leopold
1958 Kapauku Papuans and Their Law. New Haven.
1971 Anthropology of Law: A comparative perspective. New York.

Post, Albert Hermann
1894 Grundriss der Ethnologischen Jurisprudenz. 2 Bände. Bremen.

Roberts, Simon
1979 Order and Dispute. Harmondsworth.

Rosen, Lawrence
1989 The Anthropology of Justice: Law as culture in Islamic society. Cambridge.

Rouland, Norbert
1988 Anthropologie juridique. Paris.

Schott, Rüdiger
1970 Die Funktionen des Rechts in primitiven Gesellschaften. S. 108–174 in: Jahrbuch für Rechtssoziologie und Rechtstheorie.
1998 Rechtsethnologie. S. 171–195 in: Hans Fischer (Hg.) Ethnologie. 4. Auflage. Berlin.

Snyder, Francis
1981 Capitalism and Legal Change – an African transformation. New York.

Spittler, Gerd
1980 Streitregelung im Schatten des Leviathan. Eine Darstellung und Kritik rechtsethnologischer Untersuchungen. In: Zeitschrift für Rechtssoziologie 1: 203–213.

Thurnwald, Richard
1934 Werden, Wandel und Gestaltung des Rechts. Berlin.

Wesel, Uwe
1985 Frühformen des Rechts in vorstaatlichen Gesellschaften. Frankfurt am Main.

Wilson, Richard (Hg.)
1997 Human Rights: Culture and Context. London.

Roland Mischung

Religionsethnologie

1. Einleitung

In westlichen Gesellschaften üben fremde Riten und Glaubensvorstellungen von jeher eine ganz besondere Faszination aus, und auch unter den Studierenden der Ethnologie gehört die Religionsethnologie traditionell zu den attraktivsten Teilgebieten des Faches (anders als etwa die völlig zu Unrecht als „langweilig" empfundene Wirtschaftsethnologie). Für dieses besondere Interesse dürfte es eine Reihe von Gründen geben. Auf der Ebene der wissenschaftlichen Befassung mit Religionen spielt sicherlich eine Rolle, dass ihnen gemeinhin in den Kultur- und Sozialwissenschaften eine erhebliche Bedeutung für gesellschaftliche Organisation und nicht zuletzt auch als „eine wichtige Ressource der Sinnstiftung" (Habermas) beigemessen wird. Was das generelle öffentliche Interesse an „exotischen" Religionen betrifft, so handelt es sich vermutlich um eine Facette der Motive, die die Ethnologie insgesamt zum Modefach haben werden lassen. Wenn es zutrifft, dass die Neugier auf besonders fremdartige Alternativen der Daseinsgestaltung ein wesentliches primäres Motiv für die Beschäftigung mit der Ethnologie bildet, dann gilt dies in ganz besonderem Maße für die Phänomenologie fremder Religionen als des exemplarisch Fremdartigen und Unverständlichen schlechthin – denn was kann uns heutzutage fremder sein als Vorstellungen von Geistern, Ahnen, Totems oder Magie? Vielen Mitgliedern unserer Gesellschaft erscheinen außereuropäische Religionen als Inbegriff exotischer Philosophie, fremder Welterfahrung, als alternative Möglichkeiten der Sinngebung menschlicher

Existenz. Und schließlich könnte man hinsichtlich der Vorliebe mancher forschender Ethnolog(inn)en für religiöse Phänomene etwas ketzerisch hinzufügen, dass diese vielleicht auch ein wenig darin begründet ist, dass Ethnologen, als Experten für Lebensweisen, die gewöhnlichen Menschen unzugänglich sind, dieses exklusive Expertentum auf dem Feld der Religion am eindrucksvollsten demonstrieren können (wobei die Darstellung des Untersuchungsgegenstandes dann gelegentlich obskurer gerät, als er es im Alltagsleben der Untersuchten tatsächlich ist).

2. Der Gegenstand der Religionsethnologie: das Problem einer Definition

Wie schon ihre Bezeichnung besagt, befasst sich die Religionsethnologie mit religiösen Vorstellungen und rituellen Praktiken, die sich innerhalb der unterschiedlichen menschlichen Kulturen herausgebildet haben. Dabei lag der Schwerpunkt traditionell auf den Religionen außereuropäischer schriftloser Kulturen (vor allem sogenannter „Stammeskulturen“), aber in neuerer Zeit zählen lokale Praktiken innerhalb der Weltreligionen (z. B. Volksreligion in Lateinamerika oder Südostasien, Heiligenkulte in islamischen Ländern oder Marienkulte in Italien) ebenso zu ihren Untersuchungsgegenständen wie moderne synkretistische Kulte (z. B. Candomblé in Brasilien) oder die so genannten Krisenkulte (z. B. messianische Bewegungen in Afrika, Cargo-Kulte in Melanesien).

Während in der Forschungspraxis kaum Meinungsverschiedenheiten darüber existieren, welche Art von Phänomenen als „religiös“ zu bezeichnen ist und welche nicht, treten erhebliche Schwierigkeiten auf, sobald man den Versuch einer allgemeinen, für alle empirischen Fälle geltenden Definition des Terminus *Religion* unternimmt. *Gottesverehrung* ist als Kriterium offensichtlich untauglich, da sie in vielen außereuropäischen Religionen fehlt; zwar wird fast überall die Erschaffung der Welt einer Schöpfergottheit zugeschrieben, aber diese stellt man sich häufig *otios* (müßig, untätig) vor, man glaubt, sie habe sich nach dem Ende des Schöpfungsaktes von der Welt zurückgezogen und sei weder für Gebete noch Opfer- oder andere Kulthandlungen erreichbar (letztere sind dann ausschließlich an im Diesseits wirkende Geistwesen, an Ahnen oder andere Wirkmächte gerichtet). Auch ein anderes, auf den ersten Blick nahe liegendes Definitionskriterium, nämlich eine *religiöse Organisation* mit Priestern und sonstigen Ritualspezialisten, erweist sich als keineswegs universal. Das Gleiche gilt für das Postulat einer bestimmten *Haltung*, mit der man dem *Religiösen* gegenübertrete, die der Religionswissenschaftler Rudolf Otto mit den Begriffen des *Tremendum* und des

Faszinosum charakterisiert hat, also des ehrfürchtigen Erschauerns angesichts der Präsenz sakraler Erscheinungen: Im Gegensatz zu dieser Annahme gehen in manchen Religionen Gebete und Riten in einer eher nüchtern-geschäftsmäßigen Atmosphäre vonstatten, die kaum Unterschiede zu „profanen" Alltagshandlungen erkennen lässt. Einige Definitionsversuche schließlich sehen die Befassung mit dem *Übernatürlichen, Transzendenten* als Wesensmerkmal des Religiösen. Diese Versuche einer Begriffsbestimmung scheitern an dem Problem, dass in einer Reihe von Kulturen die entsprechenden Unterscheidungen fehlen: Dort gelten Geistwesen als genauso „natürlich" wie Pflanzen oder Tiere, sie existieren genauso innerhalb der diesseitigen Welt wie die Menschen. Bei allen diesen definitorischen Bemühungen wurden übrigens die Phänomene der Magie und der diversen Zauber- und Divinationspraktiken ausgeklammert, deren Berücksichtigung die Schwierigkeiten einer allgemein gültigen Begriffsbestimmung des *Religiösen* nochmals beträchtlich steigern würde.

Der amerikanische Ethnologe Melford Spiro diskutiert diese und andere Probleme des Religionsbegriffs in einer viel zitierten Abhandlung (Spiro 1966). Sein Ergebnis: "*I shall define 'religion' as 'an institution consisting of culturally patterned interaction with culturally postulated superhuman beings'*." (ebd., S. 96) Diese Formulierung weist Anklänge an die klassische Definition in Tylor's *Primitive Culture* von 1871 auf (*„belief in spiritual beings"*). Dem gelegentlich vorgebrachten Einwand, dass eine solche Begriffsbestimmung den Buddhismus ausschließe, hält Spiro entgegen, dass, wenn dies zuträfe, der kanonische Buddhismus dann eben keine Religion im üblichen Sinne sei. Im Übrigen werde Buddha in vielen Hinsichten sehr wohl der Status eines „superhuman being" zugewiesen, und außerdem sei in der religiösen Praxis aller buddhistischen Gesellschaften die orthodoxe Lehre stets mit einer Vielzahl von Geister- und Göttervorstellungen verbunden, was darauf hindeute, dass eine Lehre ohne solche Vorstellungen unter realen menschlichen Existenzbedingungen letztlich nicht praktikabel sei.

Auch in den drei Jahrzehnten nach Spiros Veröffentlichung ist in dieser Definitionsfrage kein Fortschritt erzielt worden. Stevens stellt 1996 fest, dass *„efforts by anthropologists to formulate generally acceptable definitions of 'religion'* [...] *have not been successful*" (Stevens 1996: 1090) Trotz der (zum Teil oben von mir genannten) problematischen Aspekte fielen die meisten Arbeitsdefinitionen nach wie vor auf *spirituelle Wesenheiten* bzw. das *Übernatürliche* zurück, und das Studium religiöser Erscheinungen werde mit der stillschweigenden Annahme unter den Wissenschaftlern fortgesetzt, dass sich alle einig seien, worum es sich handele. Dem ist ohne Vorbehalt zuzustimmen. Genausowenig, wie z. B. auf einem Zahnärztekongress über Darmkrebs gesprochen wird, kommt es vor, dass auf Tagungen zu religionsethnologischen Problemen Vorträge gehalten werden, deren Zugehörigkeit zum Thema von den Fachleuten bezweifelt wird. Während es auf den ersten Blick misslich erscheinen mag, dass eine wissenschaftliche Teildisziplin nicht in der Lage ist, ihren Untersuchungsgegenstand präzise einzugrenzen, hat der unausgesprochene Konsens hinsichtlich des Gegenstandsbereichs der Religionsethnologie Gründe, die mit der Natur sprachlicher Kategorienbildung zusammenhängen. Religiöse Phänomene stellen eine praktisch universale menschliche Wahrnehmungskategorie dar, und von kulturwissenschaftlichen Konzepten, die sich auf gängige Erscheinungen der Alltagswelt beziehen, wird mit Recht gefordert, dass sie nicht dem üblichen Sprachgebrauch zuwiderlaufen (sie sollten nicht „kontra-intuitiv" sein). *Religion* hat also auch in der fachwissenschaftlichen Forschung den Status einer Alltagskategorie. Zu den wesentlichen Merkmalen solcher Kategorien gehört erstens, dass sie unscharf (*fuzzy*) sind, und zweitens, dass sie nach der Logik der Prototypen-Bildung funktionieren. Letzteres meint, dass ein mentales Konzept sich an Dingen oder Sachverhalten orientiert, die als besonders typische Beispiele des Phänomens gelten, und dass der entsprechende Begriff dann auf Gegenstände angewandt wird, die intuitiv als mit der prototypischen Vorstellung mehr oder weniger stark ähnlich erkannt werden – ein kognitiver Prozess, der auf Grund seiner Flexibilität in der praktischen Daseinsbewältigung erstaunlich gut funktioniert und hier der Anwendung von starren Definitionen deutlich überlegen ist. Der Preis sind freilich Unsicherheiten in der begrifflichen Kategorisierung, wenn eine Erscheinung als dem Prototyp „irgendwie" ähnlich, aber in manchen Hinsichten auch wieder als etwas ganz anderes empfunden wird (wir neigen dann zu kontextabhängigen pragmatischen Zuordnungen). Unsere Vorstellung von „Religion" wäre demnach zum einen von eigenen lebensweltlichen Erfahrungen geprägt (Kirchenbesuche, Kommunion bzw. Konfirmation, Gebete usw.), zum anderen durch Lektüre oder Fernsehfilme über fremde Religionen mit ihren „typischen" Erscheinungsformen der Geister-, Götter- oder Ahnenverehrung und Kulthandlungen, die uns in ihrem „Wesen" als unserer eigenen religiösen Erfahrung analog erscheinen. Magie, Zauberei oder Divinationspraktiken nehmen wir je nach Vorstellungsinhalten und Anwendungskontext als „auch noch" oder „eigentlich nicht mehr" religiös wahr. Dabei gehen wir von einem Komplex von „typischen" Überzeugungen, Praktiken und Einstellungen aus, die erst in ihrem Zusammenwirken zur Assoziation mit *Religion* führen. Für sich allein genommen, müssen rituelle Handlungen nicht unbedingt religiös sein (wir sprechen z. B. von Begrüßungs- oder Trinkritualen), ebensowenig wie der Glaube an Geister (nicht jeder würde die Überzeugung, dass in bestimmten Schlössern um Mitternacht Geister ehemaliger Bewohner spuken, dem Bereich der Religion zuordnen).

Das Konzept *Religion* ist also auch in der Religionsethnologie im Wesentlichen *vor*-wissenschaftlich, und es spricht einiges dafür, dass dies nicht nur unvermeidlich, sondern sogar forschungspragmatisch von Vorteil ist. Der amerikanische Religionsethnologe Benson Saler begründet diesen Standpunkt ausführlich (Saler 2000: v. a. Kap. II.). Er befürwortet die inhaltliche und methodologische Offenheit eines Ansatzes, der auf „nomothetische Definitionen" verzichtet, „*in favor of a family resemblance approach to the category religion*" (ebd.: 85). Ein *prototype approach* (ebd.: Kap. VI.) werde dem konkreten Untersuchungsfall besser gerecht, da er nicht von vornherein den Betrachtungswinkel durch eine vorgegebene Konzeption festlege. Dies hat freilich seinen Preis: Systematische interkulturelle Vergleiche werden problematischer, wenn den zu vergleichenden Erscheinungen keine einheitliche Definition zu Grunde liegt.

Unabhängig von solchen Überlegungen hat sich in der religionsethnologischen Forschungspraxis als *Arbeits-Konsens* eine konventionelle Einteilung in drei eng miteinander verschränkte Gegenstandsbereiche eingebürgert: 1) *Vorstellungen* von Existenz und Wesensart „übernatürlicher" Mächte; 2) *Mythen*, die das (meist vor der Zeit der Menschen angesiedelte) Wirken dieser Mächte als Ursache für die heutige Ordnung der Welt beschreiben; 3) *Riten*, die eine Beziehung zu diesen Mächten herstellen, um sie entweder im Sinne der Menschen zu beeinflussen oder das kosmologische Gefüge aufrecht zu erhalten.

3. Das Problem der ethnologischen Herangehensweise an religiöse Phänomene

Wesentliches Merkmal der Religionsethnologie ist nicht so sehr ein exklusiver Forschungsgegenstand, mit dem nur sie sich kompetent beschäftigen kann – Phänomene fremder Religionen können schließlich ebenso von der Theologie oder der Vergleichenden Religionswissenschaft untersucht werden. Entscheidend sind vielmehr die Perspektive und Verfahrensweise, mit dem sich Religionsethnolog(inn)en ihrem Untersuchungsgegenstand nähern. Religionsethnologische Forschungen in fremden Gesellschaften erfolgen typischerweise auf einem methodischen Weg, der zum *Verstehen* fremder Lebenswirklichkeit führen soll, nämlich (neben Befragungen und anderen spezielleren Verfahren) auf dem Wege der *teilnehmenden Beobachtung*, in deren Verlauf man im Idealfall allmählich in die andere Kultur enkulturiert wird und lernt, die Welt aus der Perspektive der Einheimischen zu begreifen. Es geht also darum, Handlungen und Vorstellungen in ihrem alltäglichen Kontext kennenzulernen, sie möglichst weitgehend in ihren Sinnzusammenhängen nachzuvollziehen und sich wertender Urteile, die man von „zu Hause" mitgebracht hat, nach Möglichkeit zu enthalten. Dies sind im Übrigen generelle Forderungen, die unabhängig vom jeweiligen Untersuchungsthema an ethnologische Forschungsarbeit gestellt werden.

Ethnologie ist in den Augen der Mehrheit der Ethnolog(inn)en eine empirische Wissenschaft, die versucht, lokal oder allgemein gültige Aussagen über real vorgefundene Sachverhalte zu machen und dabei, wie gesagt, auf jegliche Wertung auf der Basis unserer eigenen Beurteilungsstandards verzichtet. Hierin liegt für die Religionsethnologie jedoch ein doppeltes Problem. Zum einen können religiöse Vorstellungen nicht unmittelbar empirisch beobachtet werden, besitzen also als „Sachverhalte" einen fraglichen Status. Dies gilt zwar auch für andere ideelle Tatbestände, z. B. Norm- und Wertvorstellungen, doch im Falle der Religionsethnologie kommt eine weitere Schwierigkeit hinzu: Während wir ohne Zögern bereit sind einzuräumen, dass Werte und Normen von jeder Gesellschaft nach Belieben gesetzt werden können (die einen sind daher nicht „richtiger" oder „falscher" als die anderen), glauben die meisten von uns zu *wissen*, dass Vorstellungen von Geistern und ihrer Wirksamkeit jeder „realen" Grundlage entbehren und damit objektiv falsch sind. Wir sehen uns also mit Sachverhalten konfrontiert, über die wir – im Gegensatz zu der zuvor genannten grundsätzlichen Forderung – sehr wohl ein definitives Urteil haben: Wenn es in Wirklichkeit keine spirituellen Wirkmächte gibt und Magie (wenn überhaupt) allenfalls als Folge von (Auto-) Suggestion funktionieren kann, muss es sich bei den betreffenden Überzeugungen notwendigerweise um kollektive Illusionen handeln. In diesem einen Punkt sind die meisten Ethnologen letztlich nicht in der Lage, die Einheimischen wirklich ernst zu nehmen.

Das hier nur sehr oberflächlich skizzierte Problem (eine eingehende und kontroverse Behandlung findet sich am Beispiel der Magie in Kippenberg und Luchesi 1978) führt zum einen zu einem ethischen Problem für Ethnologen: Wir sollen und möchten nicht-westliche Kulturen als ebenbürtige Schöpfungen menschlichen Geistes behandeln und können es doch in diesem Fall nicht wirklich. Zum anderen hat es auch die Theoriegeschichte der Religionsethnologie tiefgreifend beeinflusst. Die offensichtlichste Folge ist eine überbordende Fülle von Versuchen, das Phänomen „Religion" zu erklären. Wie kommt es, dass Menschen, deren intellektuelles Potential dem unseren ebenbürtig ist, weltweit gleichartige Illusionen hervorgebracht haben? Welche gemeinsamen psychischen Dispositionen oder gesellschaftlichen Mechanismen liegen solchen Überzeugungen zu Grunde? Auch wenn im Verlauf des 20. Jahrhunderts in der Religionsethnologie die Frage nach den *Ursprüngen* allmählich aus der Mode gekommen ist – sie sei letztlich unproduktiv, man solle religiöse Vorstellungen als ethnographische Tatsachen registrieren und sich auf die Analyse ihrer Rolle in den untersuchten Kulturen konzentrieren bzw. sie als bloße kulturhistorische Daten behandeln –, färbt die zu Grunde liegende intellektuelle Reserve der Forscher nach wie vor auf ihren Umgang mit religionsethnologischen Gegebenheiten ab: Letztere bilden eine Datenkategorie besonderer Art, im Gegensatz z. B. zu Feldbautechniken, deren Sinn und Angemessenheit wir in der Regel unmittelbar nachvollziehen können. Die religionsethnologische Herangehensweise verlöre ihre Besonderheit, wenn wir religiöse Handlungen als Reaktionen auf Gegebenheiten begreifen würden, deren Existenz wir nicht in Frage stellen.

4. Grundzüge der religionsethnologischen Theoriegeschichte

Reflektion über religiöse Fragen ist keine Errungenschaft der modernen westlichen Kultur. Entsprechende Gedanken sind schon in einigen der ältesten schriftlichen Zeugnisse der Menschheit formuliert oder zumindest angedeutet, und freimütige Überlegungen über religiöse Sachverhalte sind auch in so genannten traditionellen Stammesgesellschaften viel weiter verbreitet, als die für gewöhnlich eher monolithisch wirkenden ethnographischen Beschreibungen dies vermuten lassen. Die europäische intellektuelle Debatte über Religion erreichte einen ersten Höhepunkt im Zeitalter der Aufklärung, vor allem während der Kulminationsphase im späten 18. Jahrhundert, als auch der Begriff *Anthropologie* von dem Philosophen Immanuel Kant in die wissenschaftliche Terminologie eingeführt wurde. Ziel dieser (im Einzelnen heterogenen) intellektuellen Strömung war bekanntermaßen, die Prinzipien menschlicher Vergesellschaftung auf ein *rationales* Fundament zu stellen. Die vernunftgeleitete Dekonstruktion ständisch-absolutistischer Gesellschaftsordnungen implizierte zum einen die systematische Befassung mit alternativen Gestaltungsweisen menschlicher Existenz (eine der Wurzeln für die Entstehung der Ethnologie als eigenständige wissenschaftliche Disziplin ein knappes Jahrhundert später), zum anderen eine kritische Auseinandersetzung mit religiösen Dogmen, die die bestehenden Verhältnisse legitimierten.

Der folgende ideengeschichtliche Abriss konzentriert sich auf einige exemplarische religionsethnologische Theorien im engeren Sinne, also solche, die im Rahmen der neuen Fachdisziplin Ethnologie (bzw. *Völkerkunde* oder *Anthropology*) für das Verständnis religiöser Erscheinungen vor allem in außereuropäischen („Stammes"-) Gesellschaften entwickelt wurden. Religionswissenschaftliche, soziologische oder psychologische Ansätze bleiben damit außer Betracht – eine zugegebenermaßen willkürliche Einschränkung, der unter anderem das bedeutende Werk von Max Weber und die psychoanalytischen Erklärungsversuche von Sigmund Freud zum Opfer fallen, obgleich beide zeitweise einen erheblichen Einfluss auf die religionsethnologische Theoriebildung hatten. Eine Ausnahme soll allerdings im Falle des Soziologen Émile Durkheim gemacht werden, der allgemein als einer der Gründerväter der Religionsethnologie angesehen wird.

Religionsethnologische Theorien können auf unterschiedliche Weise klassifiziert werden. Der britische Ethnologe Evans-Pritchard nimmt in seinem angenehm lesbaren und auch heute noch als Standardwerk geltenden Buch *Theories of Primitve Religion* (1965) eine Einteilung in *psychologische* und *soziologische* Theorien vor. Erstere (in der Folgezeit häufiger als *intellektualistische* Theorien bezeichnet) versuchen, das Phänomen Religion als Ergebnis von Wahrnehmungen und Gefühlen zu erklären, die dem „primitiven" Menschen angesichts seiner Lebensumstände in einer noch nicht technisch beherrschten Welt unterstellt werden. Soziologische Ansätze fokussieren dagegen auf die Rolle religiöser Systeme für das Funktionieren menschlicher Gesellschaften. Auf sie werde ich im Folgenden unter der etwas weiter gefassten (und heute üblicheren) Rubrik *funktionalistische* Theorien eingehen, wobei ich auch Ansätze, die die Funktion von Religion eher im ökologischen als im sozialen Bereich sehen, einbeziehen werde. Eine weitere Klasse, die erst nach der Veröffentlichung von Evans-Pritchard's Werk Bedeutung erlangte, ist die der *symbolistischen* Theorien. Abschließend werde ich anhand ausgewählter Beispiele auf *Ritualtheorien* eingehen. Letztere bilden eigentlich keinen eigenständigen Typus von Theorieansätzen, ihre Zusammenfassung empfiehlt sich aber aus dem praktischen Grund des sachlichen Zusammenhangs, da Riten in jüngerer Zeit im Zentrum religionsethnologischer Forschungen stehen. Auf eine Behandlung des strukturalistischen Ansatzes, der von seinem Begründer Lévi-Strauss zunächst vor allem auf die Interpretation von Mythen angewandt wurde, in der Folge aber auch bis in die Gegenwart hinein allgemeine religionsethnologische Untersuchungen (vor allem in Frankreich und den Niederlanden) beeinflusste, muss hier aus Platzgründen verzichtet werden. Eine gute Darstellung bietet Platenkamp (in diesem Band).

Dies ist eine recht künstliche Einteilung, die lediglich auf argumentative Schwerpunkte verweist. *Intellektualistische* Erklärungen von Religion enthalten zum Teil auch Aussagen über deren Auswirkungen auf menschliche Daseinsgestaltung, mithin ein *funktionalistisches* Element; die soziologisch-funktionalistische Theorie von Durkheim ist ihrerseits mit *intellektualistischen* Überlegungen zur Entstehung von Religionen verbunden, und *symbolistische* Ansätze haben per se immer eine funktionale Komponente (die gesellschaftliche Relevanz und Wirkungsweise kollektiver Symbole).

Des Weiteren muss darauf hingewiesen werden, dass nicht immer klar zwischen *theoretischen* und *beschreibenden* Werken zur Religionsethnologie unterschieden werden kann. Viele der hier aufgeführten theoretischen Überlegungen sind nicht nur im Verlauf empirischer Arbeit entstanden, sondern auch im Rahmen konkreter Fallbeschreibungen entfaltet worden. Auf der anderen Seite sind auch scheinbar rein ethnographische Darstellungen immer bis zu einem gewissen Grade „Theorie-geladen": Sie beruhen auf *Paradig-*

men, d. h. Modellvorstellungen bezüglich der Natur des zu Untersuchenden, die die Autoren (oft unbewusst) in ihren Köpfen haben und die eine Folge von jeweils gerade gängigen Fachdiskursen sind. Dies betrifft allerdings nicht nur die Religionsethnologie, sondern ist ein grundsätzliches Merkmal aller wissenschaftlichen Forschung.

4.1 Intellektualistische Theorien

Wie eingangs bereits angedeutet, sind die Anfänge der religionsethnologischen Theoriegeschichte wesentlich von den Fragen nach den *Gründen* für die Existenz von Religionen bestimmt. Die Autoren dieser hochgradig spekulativen frühen Deutungsversuche waren durchweg „Lehnstuhl-Ethnologen" (*armchair anthropologists*), die fremde Daten über außereuropäische Kulturen, vor allem aus der Feder von Reisenden und Missionaren, in monumentalen Werken kompilierten.

Der wohl bekannteste Versuch dieser Art ist die so genannte *Animismus-Theorie* von **Edward B. Tylor**, einem der Begründer der Ethnologie als Universitätsfach (er nahm seit 1884 in Oxford die erste reguläre Position in der neuen Disziplin *Anthropology* ein). Sein bereits 1871 erschienenes Hauptwerk *Primitive Culture* handelt überwiegend von religiösen Phänomenen. Dem vom Evolutionismus geprägten Zeitgeist entsprechend, postulierte er universale Stadien der Entwicklung, wobei die „primitiven" Gesellschaften außerhalb Europas die frühesten Phasen repräsentierten. Der Begriff des *Primitiven* ist hier (wie allgemein in der klassischen britischen Ethnologie) nicht in rassistischem Sinne zu verstehen: Tylor war vielmehr – ebenso wie sein Zeitgenosse Bastian in Deutschland – von einer grundlegenden *psychic unity of mankind* überzeugt, d. h. davon, dass alle Menschen ungeachtet ihrer Herkunft in gleichem Maße vernunftbegabt und zu intellektuellen Leistungen fähig seien. Demzufolge interpretierte er religiöse Konzepte der „Primitiven" nicht als Resultat irrationalen Denkens, sondern sah darin vollkommen logische und konsistente Schlussfolgerungen aus Erfahrungen, die sie in ihrem Milieu seiner Meinung nach machten. Besonders erklärungsbedürftig muss, so Tylor, unter diesen Lebensumständen der grundlegende Gegensatz zwischen lebenden und toten Dingen gewesen sein, das Prinzip der Vitalität bzw. dessen Mangel (Krankheit und Tod), sowie das Phänomen der Traumerfahrungen.

Tylor stellt die These auf, dass der Ursprung des Glaubens an spirituelle Wesenheiten in Traumerfahrungen zu suchen sei. Im Traum erlebe der Mensch, dass ein bewusster und wahrnehmungsfähiger Teil von ihm sich an andere Orte begeben könne, während der Körper sich nicht von seinem Schlaflager entferne. Daraus sei logisch geschlossen worden, dass der Mensch offenkundig eine nicht-körperliche Komponente besitze, eine spirituelle Essenz, die zeitweilig ein Eigenleben führen könne. Damit sei die Idee der *Seele* geboren worden. In der Folge seien die Menschen dazu übergegangen, diese Idee auf die verschiedensten Phänomene ihrer Umwelt zu übertragen, auf Tiere, Pflanzen und sogar auf – für uns – tote Objekte wie Steine, Erdlöcher, Berge oder Gewässer, die gleichfalls mit Vitalität assoziiert worden seien. Dies sei das früheste Entwicklungsstadium religiöser Vorstellungen gewesen, das Tylor in Anlehnung an das lateinische Wort *anima* („Seele") mit dem Begriff *Animismus* bezeichnete und das in Teilen noch immer in vielen Religionen erhalten sei. Im weiteren Verlauf habe dann eine zunehmende Personalisierung spiritueller Wesenheiten stattgefunden, über Geistwesen, denen bestimmte Aufenthaltsorte und Verhaltensweisen gegenüber den Menschen zugeschrieben wurden, bis hin zu mit Namen und individuellen Persönlichkeiten ausgestatteten Gottheiten. (Übrigens wird der Begriff *Animismus* bzw. das Attribut *animistisch* auch heute noch häufig gebraucht; er hat aber einen Bedeutungswandel durchgemacht und meint mittlerweile in der Regel nicht mehr das Tylor'sche Konzept einer allgegenwärtigen „Beseelung" der Natur, sondern dient meist als unspezifischer Gattungsbegriff für religiöse Vorstellungskomplexe, die nicht den so genannten Hochreligionen zuzurechnen sind.)

Ein weiteres Hauptwerk der „intellektualistischen" Strömung des späten 19. Jahrhunderts ist *The Golden Bough* von **James Frazer**, eine enzyklopädische Studie über Magie und Religion, die 1890 in zunächst zwei Bänden erschien (später auf zwölf Bände erweitert!). Unter dem Einfluss von Tylor's *Primitive Culture* folgt er dessen begrifflicher Unterscheidung zwischen Magie, Religion und Wissenschaft, bringt diese Konzepte aber, anders als sein Vorbild, in eine evolutionäre Reihenfolge. Magisches Denken sei nicht nur älter als die beiden anderen Formen der Erklärung von Vorgängen, sondern es beruhe auch auf einer primitiven und fehlerhaften Logik. Zwar gehe der „Wilde" von der richtigen Beobachtung aus, dass Vorgänge in seiner Lebenswelt in Ursache-Wirkung-Beziehungen miteinander stünden, doch ziehe er daraus falsche, empirisch nicht vertretbare Schlüsse. Demgegenüber stellten religiöse Konzepte eine komplexere, und damit weiter fortgeschrittene Form des Räsonierens dar (weniger leicht zu falsifizieren), doch seien auch diese im Vergleich zu wissenschaftlichen Konzepten der modernen westlichen „Zivilisation" empirisch inadäquat.

Eine in ihrer argumentativen Struktur mit Tylor vergleichbare Erklärung religiöser Ursprünge, wenn auch mit ganz anderem Ergebnis, verdanken wir dem Österreicher **Pater Wilhelm Schmidt**, einem der führenden Vertreter der österreichisch-deutschen *kulturhistorischen Schule* (auch als *Wiener kulturhistorische Schule* bezeichnet). Seine zentrale religionsethnologische These verbreitete Schmidt in dem zwölf Bände umfassenden Werk *Der Ursprung der Gottesidee*, das in den Jahren ab 1926 erschien. Wilhelm Schmidt ging es allerdings als katholischem Priester weniger um eine Demystifizierung von

Religion. Er stand aber Teilen der alttestamentarischen Offenbarung insofern skeptisch gegenüber, als er nachzuweisen versuchte, dass die Idee des *einen* Schöpfergottes auf uralten, in die früheste Menschheitsgeschichte zurückreichenden Traditionen beruhe. Seiner Meinung nach waren es gerade sehr einfach strukturierte menschliche Gruppen mit nur geringen Möglichkeiten der technischen Naturbeherrschung, die das *tremendum*, die zittern-machende Erfahrung des *Numinosen*, des Göttlichen, besonders eindringlich erfuhren. Daher stehe der Glaube an den Hochgott, den einen und einzigen Schöpfer alles Seienden, am Anfang der Entstehung religiöser Ideen. Folgerichtig versuchte Schmidt, diese Form religiöser Überzeugung vor allem bei den Anfang des 20. Jahrhunderts noch existierenden Wildbeuter-Gruppen nachzuweisen. Später, mit der Entwicklung des Bodenbaus, sei der Hochgott-Glaube dann von vielfältigen Vorstellungen von Geistern, Göttern, mythischen Wesenheiten und magischer Wirksamkeit überlagert worden. Hierin dürfe aber letzten Endes nur eine Degeneration der ursprünglichen monotheistischen Offenbarung gesehen werden.

Im weiteren Verlauf der religionsethnologischen Theoriegeschichte geriet die Frage nach dem Ursprung von Religion(en) zunehmend in den Hintergrund. Evans-Pritchard (1965) verspottet die Bemühungen seiner Vorgänger, sich in das Seelenleben der „Primitiven" hineinzuversetzen, als Argumentationen des Typus „*if I were a horse*" – Was würde ich denken oder tun, wenn ich ein Pferd wäre? Begründungen dieser Art könnten grundsätzlich nicht empirisch überprüft werden und seien damit unwissenschaftliche Spekulation. Was zähle, seien beobachtbare Tatsachen: Handlungen und Äußerungen von Angehörigen der untersuchten Kulturen. Das Interesse religionsethnologischer Forschungen verlagerte sich in der Folge auf die Analyse der Rolle, die religiöse Systeme in menschlichen Gesellschaften spielen.

4.2 Funktionalistische Theorien

Die soziologisch-funktionalistischen Theorien innerhalb der Religionsethnologie berufen sich in ihren Anfängen in der Regel auf den französischen Soziologen Émile Durkheim; ihre Weiterentwicklung erfolgte im Wesentlichen innerhalb der britischen Social Anthropology. Das Credo dieser Richtung formuliert Raymond Firth in den folgenden Worten:

"*[The anthropologist] does not take the specific beliefs at face value. He sees them as symbolic modes of statement which are ways of expressing, within particular social and cultural milieus, significant human relationships of people to one another, singly and in groups, and of people to natural phenomena. So much is common ground.*" (Und, mit besonderem Bezug auf Hexerei:) "*For us, in handling the symbolism of witchcraft, the problem is fairly simple. Whatever be the specific answer, the referend must lie in the field of human and physical relations, and there alone.*" (Firth 1959: 134 f.)

In seinem berühmten Werk *Les formes élémentaires de la vie religieuse* (1912) widmet sich **Durkheim**, seiner Zeit entsprechend, zunächst durchaus noch der Frage nach dem Ursprung religiöser Ideen. In der Dichotomie *sakral/profan*, die ein zentrales Element seiner Theorie bildet, repräsentiere das Sakrale etwas von den menschlichen Alltagsgeschäften Abgehobenes, Entrücktes und zugleich Verbotenes, etwas, das den Lebenden zeitlich vorangehe, sie beschütze, belehre, ernähre, dominiere, bestrafe und sie letzten Endes auch überlebe. Die einzige reale übermenschliche Macht, mit der die Menschen tatsächlich konfrontiert sind, seien aber die *représentations collectives*, also die kollektiven Vorstellungen ihrer Gesellschaft. Der einzelne Mensch, der in seine Gesellschaft hineingeboren wird, finde im Verlauf seiner Sozialisation diese kollektiven Vorstellungen (einschließlich Normen und Institutionen) als faktisch Gegebenes, außerhalb seiner individuellen Gestaltungsmöglichkeiten Liegendes, vor. Diese kollektiven Phänomene seien ihm an Macht und Autorität unendlich überlegen, so dass er gar nicht umhin könne, sie zu akzeptieren und zu verinnerlichen. Religion sei letztlich nichts anderes als eine Transformation der übermächtigen *représentations collectives* in sakrale Symbole: Die Gesellschaft sakralisiere sich selbst als über-individuelle Instanz mit absoluter Autorität. Die elementare Form, sozusagen den Prototyp von Religion glaubte Durkheim in den Beschreibungen totemistischer Klankulte der australischen Arunta gefunden zu haben. Die Arunta-Klane verehrten jeweils spezifische sakrale Objekte (Totems), die mythologisch mit der Entstehung der einzelnen Abstammungsgruppen assoziiert wurden. Das Totem war Inbegriff der Klan-Identität, und der ihm gewidmete Kult rief intensive Gefühle der Zusammengehörigkeit und Solidarität hervor – ein Bindemittel für Integrität und Fortbestand der Gruppe. In Durkheims Sicht enthielt die Religion der Arunta (ebenso wie parallele Erscheinungen bei einigen indianischen Gesellschaften Nordamerikas) alle wesentlichen Elemente „entwickelterer" Religionen, die nichts anderes als elaboriertere Versionen derselben grundlegenden Idee seien: Auch Götter seien nichts anderes als Embleme ihrer jeweiligen Gesellschaft, die im Kult ein Gemeinschaftserlebnis finde und ihre zentralen Werte sakralisiere. Eine Folge dieser Konzeption ist freilich, dass Durkheim nicht-öffentliche Praktiken, wie z. B. Magie, aus seiner Definition von Religion ausschließt.

Der aus Polen stammende Brite **Bronislaw Malinowski**, neben Radcliffe-Brown einer der beiden Begründer der Social Anthropology, übernahm diese strikte Trennung von Religion und Magie. Letztere diene ausschließlich individuellen Zwecken, und zwar (abgesehen von der Möglichkeit zur Entladung von Gefühlsstaus) als komplementäre Technik zur Verringerung von Risiken.

Er illustriert dies anhand des Bootsbaus sowie der Gartenmagie auf den von ihm intensiv untersuchten melanesischen Trobriand-Inseln (Malinowski 1922, 1935). In beiden Bereichen sind die Trobriander Experten: Sie sind erfahrene Gärtner, die sich mit den Bedingungen für ein optimales Wachstum ihrer Nutzpflanzen (vor allem Yams) genau auskennen und hierfür adäquate Techniken entwickelt haben, und sie sind auch Meister im Bau hochseetüchtiger Auslegerboote. Sie wissen aber auch, dass trotz aller Umsicht Missernten eintreten und Boote havarieren können, und führen daher sowohl im Verlauf des Gartenbauzyklus als auch während des Bootsbaus magische Rituale durch, die als ergänzende Techniken helfen sollen, mögliche „Restrisiken" auszuschließen. Magie kann demzufolge Bestandteil einer durchaus „rationalen" Weltauffassung sein.

Im Bereich der Religion, mit der er sich weniger intensiv auseinandergesetzt hat als mit der Magie (Malinowski 1948), konstatiert Malinowski sowohl individualpsychologische als auch gesellschaftliche Funktionen (im Gegensatz zu Radcliffe-Brown, dessen *Strukturfunktionalismus* nur letztere in Betracht zieht). Religiöser Glaube sei zu einem großen Teil eine Reaktion auf die Erfahrung des Todes nahestehender Menschen – eine den Einzelnen zutiefst verstörende Erfahrung, die zu einem Bedürfnis nach Erklärung und Trost führe. Zugleich förderten religiöse Riten aber auch Integrität und Kontinuität der Gesellschaft, indem sie den Teilnehmern die Gewissheit gäben, mitsamt dem Kollektiv einen Platz innerhalb einer fest gefügten kosmologisch begründeten Ordnung einzunehmen. Der Mythologie, die das Zustandekommen dieser Ordnung erklärt, weist Malinowski nicht nur den Status einer *charter for ritual*, sondern darüber hinaus den einer *charter for society* zu, einer „Verfassung" des gesellschaftlichen Systems.

Spätere funktionalistische Arbeiten, auch innerhalb der britischen Social Anthropology, sahen keinen Grund mehr für eine strikte Trennung zwischen (öffentlichen) religiösen und (privaten) magischen Riten. Eine solche Abgrenzung ist auch empirisch schwer nachvollziehbar. Gegenbeispiele sind zum einen buddhistische Gesellschaften Südostasiens, wo regelmäßige magische Staatsrituale mit großer öffentlicher Beteiligung stattfinden, zum anderen die in katholischen Gebieten gängige Praxis, zum Zwecke einer privaten Fürbitte Kerzen vor einem Marienaltar zu entzünden (was wohl kaum als magisches Ritual angesprochen werden kann). **Evans-Pritchard**, Schüler von Malinowski und Radcliffe-Brown (aber theoretisch eher in der Tradition des Letzteren stehend), behandelt in seiner bekannten Studie über die zentralafrikanischen Zande (1937) Hexerei und Magie als integrale Aspekte religiöser Praxis. Zwar werde beides überwiegend zum Schaden einzelner Personen ausgeübt, aber die Funktion sei dennoch letzten Endes der Gesellschaft dienlich. Zum einen liefere die kollektive Überzeugung von der Allgegenwart hexerischer bzw. magischer Attacken ein kohärentes, nicht im Widerspruch zur

Alltagserfahrung stehendes Erklärungsmodell für unvorhersehbares persönliches Missgeschick. Evans-Pritchard erläutert dies anschaulich am Beispiel eines Vorfalls, bei dem ein Getreidespeicher einstürzt und die in seinem Schatten Sitzenden zu Schaden kommen: Die Zande wüssten, dass Speicher als Folge von Termitenfraß häufig zusammenbrechen, aber die Koinzidenz, dass dies genau in dem Moment geschah, als X und Y darunter saßen, lege für sie den Verdacht nahe, dass schwarze Magie im Spiele war. Zum anderen diene die Identifikation der Schuldigen im Rahmen eines öffentlichen Divinations-Rituals dazu, soziale Spannungen konkret zu benennen und in der Folge zu beseitigen. (Dass der soziale Stress, den Evans-Pritchard beobachtete, erst durch eine Umsiedlungsaktion der britischen Kolonialverwaltung zustande gekommen war, ist in diesem Zusammenhang unerheblich, da es hier nur auf die religionsethnologische Erklärungslogik des Autors ankommt.)

Als weitere Variante funktionalistischer Erklärungsmodelle sollen hier nur kurz *kulturmaterialistische* bzw. *systemökologische* Ansätze gestreift werden. Beide entstanden in den sechziger und siebziger Jahren des 20. Jahrhunderts in den USA vor dem Hintergrund eines allgemeinen ethnologischen Interesses an kulturökologischen Theorien (siehe Casimir, in diesem Band). Sie erklären religiöse Konzepte und rituelle Praktiken auf Grund ihrer Funktion für die Regulierung bestimmter ökologischer Variablen, die anderenfalls (unreguliert) den Fortbestand des sozioökonomischen Systems gefährden würden. **Marvin Harris**, Hauptvertreter des *Kulturmaterialismus*, begründet so unter anderem das in Indien geltende religiöse Verbot der Tötung von Rindern, das Schweinefleisch-Tabu bei Muslimen und Juden oder die angeblich massenhaften Menschenopfer in der Spätphase des Aztekenreichs: Rinder hätten in Indien eine Reihe wichtiger Aufgaben für die Wahrung des ökologischen Gleichgewichts, weshalb ihr Bestand nicht unter eine bestimmte kritische Größe sinken dürfe; eine Haltung von Schweinen wäre unter den naturräumlichen Bedingungen des Vorderen Orient kontraproduktiv, da sie mit den Menschen um knappe Nahrungsressourcen konkurrieren würden; und der (ebenfalls religiös begründete) „rituelle Kannibalismus“ der Azteken sei in diesem Ausmaß auf Grund eines chronischen Proteinmangels der Bevölkerung notwendig gewesen (Harris 1974). **Roy Rappaport** interpretiert in einer *systemökologisch* angelegten Studie (1968) einen Ritualzyklus der Maring auf Neuguinea mit Hilfe eines kybernetischen Modells: In Analogie etwa zum Schaltmechanismus eines Thermostats, dessen Aufgabe es sei, die Raumtemperatur innerhalb einer bestimmten Schwankungsbreite zu gewährleisten, diene das *kaiko*-Ritual der Maring dazu, die Größe der lokalen Population von Hausschweinen wechselweise ober- bzw. unterhalb kritischer Grenzwerte zu halten.

Beide Ansätze geben zumindest implizit vor, eine Existenzbegründung für konkrete religiöse Phänomene zu leisten – Letztere existieren, *weil* sie diese oder jene wichtige Funktion erfüllen. Die Probleme dieser Erklärungsansätze sind die gleichen wie im Falle der zuvor charakterisierten funktionalistischen Interpretationen, nur sind sie hier noch offenkundiger. Die Argumentation beruft sich auf *latente* Funktionen, also solche, die den Handelnden unbewusst sind (im Gegensatz zu den *manifesten*, von den Akteuren intendierten Zielen). Wie aber können unter diesen Umständen die betreffende religiöse Konzeption bzw. der betreffende Ritus mitsamt ihren von den einheimischen Akteuren geglaubten (manifesten) „Pseudo-Zielen" primär entstanden sein, wenn göttliche Offenbarung oder Ähnliches als Ursprung ausscheidet? Selbst wenn eingeräumt würde, dass die betreffenden religiösen Vorstellungen bzw. Praktiken wahrscheinlich in einem anderen (unbekannten) Zusammenhang entstanden und lediglich ihr Fortbestehen ökologisch zu begründen sei, bliebe ein weiteres Problem: Funktionalistische Erklärungen wären nur dann logisch hinreichend, wenn die betreffende Funktion *ausschließlich* von dem so begründeten Kulturelement zu erfüllen wäre – wenn das übermäßige Abschlachten von Rindern *nur* durch das *ahimsa*-Gebot des Hinduismus zu verhindern wäre und nicht anders, oder wenn die Maring keine andere Möglichkeit hätten, ihre Schweinepopulation zu regulieren, als durch die Durchführung des *kaiko*-Rituals. Da wir dies nicht wissen können, ist die Schlussfolgerung, das *kaiko* existiere in seiner konkreten Form *wegen* der genannten Funktion, logisch unzulässig. Eine zulässige Aussage wäre: Das *kaiko* besteht in der beschriebenen Form *und* hat (nebenbei?) die genannte Funktion. Das wäre freilich im strengen Sinne keine „Erklärung" mehr.

4.3 Symbolistische Theorien

Dieser Typus von religionsethnologischen Interpretationsansätzen, der ab den sechziger Jahren des 20. Jahrhunderts Bedeutung gewann und bis heute vielen ethnographischen Untersuchungen als leitendes Paradigma zu Grunde liegt, betont die Rolle religiöser Systeme als Mittel der Kommunikation kulturspezifischer Wissenselemente. Im Mittelpunkt der Untersuchung stehen Symbole, also Zeichen, die auf komplexe kognitive Sachverhalte verweisen – seien es Konzeptionen von der Beschaffenheit der Welt oder gesellschaftliche Wert- und Normvorstellungen. Symbole können sprachliche Begriffe sein, ebenso gut aber auch materielle Gegenstände. Sie sind oft vieldeutig und können je nach dem Kontext ihrer Verwendung unterschiedliche, kognitiv „verwandte" gedankliche Assoziationen hervorrufen, die simultan in ihnen codiert sind. Auf Grund ihrer vom Alltäglichen abgehobenen sakralen Bedeutsamkeit gelten religiöse Riten als besonders effektives Medium der Vermittlung symbolisch repräsentierten Wissens.

Ein eindrucksvolles, bei aller verwirrenden Vieldeutigkeit immer noch relativ einfaches System symbolischer Codierung stellt der britische Ethnologe

Victor Turner in einem klassischen Text der Religionsethnologie dar (1966), der sich mit der Farbsymbolik in Riten der zentralafrikanischen Ndembu befasst. Nach Turner verfolgen diese Riten häufig das Ziel, Störungen der gesellschaftlichen Harmonie zu beseitigen, die in Folge der Verletzung einer sozialen Norm entstanden sind. Zur Wiederherstellung des Friedens werden im rituellen Prozess Symbole mobilisiert, die im religiösen Vorstellungssystem der Ndembu verankert sind und auf einen übergeordneten Sinn verweisen, auf ewige, den aktuellen Konflikt transzendierende und ihn damit relativierende Werte, die allen Beteiligten bewusst sind. Im konkreten Fall der Farbsymbolik kann ein und dieselbe Farbe im Verlauf des Ritus unterschiedliche, zum Teil sogar scheinbar gegensätzliche Bedeutungen und damit Informationen vermitteln. Dies sei hier am Beispiel der Farbe Weiß illustriert, die häufig, aber nicht immer, durch den *mudyi*-Baum repräsentiert wird (als Symbol für das Symbol „Weiß", da aus seiner angeritzten Rinde weißlicher Saft hervorquillt). Je nach Kontext kann der *mudyi*-Baum für Folgendes stehen: die Milch der mütterlichen Brust; die Mutter mit ihrem Kind; die Matrilineage; die Weisheit der Frauen bzw. das generelle Frau-Sein; den männlichen Samen; Virilität bzw. Zeugungskraft im Allgemeinen. Die Vieldeutigkeit des Symbols Weiß erlaubt nicht nur situationsabhängig die Formulierung unterschiedlicher Aussagen oder Standpunkte, sondern diese Aussagen/Standpunkte sind – wegen der sakralen Eigenschaft des Symbols – auch alle gleichermaßen wahr. Sie schließen sich nicht gegenseitig aus, sondern sind unterschiedliche Aspekte ein und derselben Wirklichkeit. So wäre vorstellbar, dass in einem Konflikt, der das Verhältnis der Geschlechter betrifft, beide Parteien auf den *mudyi*-Baum verweisen (als Alternative können sie sich auch in weiße Tücher kleiden bzw. ihre Körper mit weißlichem Lehm bestreichen) und damit gleichzeitig die Richtigkeit der weiblichen *und* der männlichen Position vor Augen führen.

Eine wichtige Rolle für die Entwicklung Symbol-orientierter Ansätze in den sechziger und siebziger Jahren des 20. Jahrhunderts spielte der amerikanische Ethnologe **Clifford Geertz** – eine zentrale Figur der neueren ethnologischen Theoriegeschichte im Allgemeinen, dessen Arbeiten auch die Herausbildung der so genannten *Interpretativen Ethnologie* anregten. Diese bis heute einflussreiche disziplinäre Strömung geht davon aus, dass ethnographische Fakten ihre spezifische Bedeutung erst durch kontextgebundene *Interpretation* erhalten, und zwar gleichermaßen für Beteiligte wie auch für Ethnologen. Die Schlüsselrolle von Symbolen in einem solchen Ansatz liegt auf der Hand, da ihr Bedeutungsgehalt als Zeichen für außerhalb ihrer selbst liegende Sachverhalte per definitionem von Interpretationen abhängig ist. Für Geertz sind menschliche Kulturen *Bedeutungsgewebe* (*webs of meaning*), in denen Religionen einen zentralen Platz einnehmen: Sie verleihen dem Chaos der alltäglich erfahrenen Lebenswirklichkeit Sinn, indem sie diese Realität mit einer *general order of existence* in Bezug setzen. Religiöse Rituale stellen letztlich Aufführungen dar, in deren Verlauf mittels Symbolen auf grundlegende kosmische Sachverhalte verwiesen und eine starke emotionale Gestimmtheit erzeugt wird, die die Beteiligten von der Gültigkeit ihrer Welt- und Wertvorstellungen überzeugt und das grundlegende Ethos der Gruppe stärkt (Geertz 1966).

Den Kern seiner These veranschaulicht Geertz (1966: 29–35) am Beispiel einer auf Bali häufig inszenierten religösen Aufführung: des rituellen Kampfs zwischen Rangda und Barong. Rangda wird als schrecklich anzusehender, Furcht erregender Hexer dargestellt; Barong ist eine Wesenheit, die durch ihr Auftreten, ihre clownhaften Possen sowie auch durch die überall an ihr befestigten Glöckchen die Sorgen und Ängste der menschlichen Existenz relativiert, eine Wesenheit, die sich vom Terror, den Rangda verbreiten will, nicht beeindrucken lässt und ihn im Gegenteil als Farce entlarvt. Beide Rollen werden jedoch dadurch als *komplementär* zueinander aufgezeigt, dass Rangda zeitweise Verhaltensweisen von Barong annimmt und dieser wiederum das Verhalten seines Widersachers Rangda kopiert. Diese Aufführungen dauern gewöhnlich mehrere Stunden und beinhalten eine intensive emotionale Beteiligung des Publikums, das sich abwechselnd mal mit der einen, mal mit der anderen Figur identifiziert. Der Kampf beider geht immer unentschieden aus, und die Zuschauer durchleben dabei wiederholt die konträren Stimmungen von Furcht und Zuversicht. Dies – neben einer Vielfalt anderer religiöser Symbole – vermittelt nach Geertz den Menschen eine für die Kultur von Bali charakteristische Einstellung zum Wesen der Welt und der menschlichen Existenz in ihr, schafft ein für Bali typisches Ethos und entsprechende Verhaltenstendenzen im Alltagsleben.

Nach Geertz lassen sich die „Fakten" einer Kultur wie ein Text lesen, dessen einzelne (in diesem Fall sprachliche) Bestandteile nur aus ihrem inneren Zusammenhang heraus verständlich werden. Eine solche Konzeption birgt erhebliche Gefahren, wenn – wie in der Folge in etlichen symbolistischen Untersuchungen geschehen – einzelne Elemente des vom Ethnographen vorgefundenen „Texts" aus ihren unmittelbaren Zusammenhängen gelöst und, unabhängig von ihrer konkreten Bedeutung für die einzelnen Akteure, in einem neuen Text des Wissenschaftlers synthetisiert werden, der dann vorgibt, die symbolische Welt der Untersuchten mitsamt ihren tief liegenden Bedeutungen zu reproduzieren. Man stelle sich nur vor, was bei einer derartigen Untersuchung unserer eigenen Weihnachts- oder Osterbräuche herauskommen könnte. Die religiösen Bezüge lägen auf der Hand, die Symbolik des Christbaums mitsamt seinem typischen Schmuck bzw. die des kunstvoll bemalten und versteckten Ostereis könnten durch etymologische Nachforschung sowie Befragung kultureller Experten herausgefunden werden; das Ergebnis wäre dann vielleicht die Feststellung einer differenzierten religiös formulierten Licht-Metaphorik (mit Parallelen in anderen Bereichen der deutschen Kultur) bzw. der Konzeption einer verborgenen Fruchtbarkeit. Beides wäre zwar kulturhistorisch gesehen nicht gänzlich falsch, aber wir wissen natürlich auch, dass die Einheimischen sich beim Christbaum-Schmücken oder Ostereier-Verstecken in aller Regel nichts dergleichen denken und auch sonstige kosmologische Bezüge bei diesen Praktiken weitgehend fehlen.

Roger Keesing (1987) formuliert am Beispiel der Kwaio auf den Salomonen-Inseln ähnliche Bedenken gegen übertriebenen symbolistischen Interpretationseifer. In seiner 1982 erschienenen Monographie über die Kwaio-Religion habe auch er dieses kulturelle System als „Text" gesehen, den er mit Hilfe der kenntnisreichsten einheimischen „Philosophen" zusammengestückelt habe. Nachfolgende Forschungsaufenthalte hätten ihn allerdings eines Besseren belehrt: Tatsächlich seien es nur wenige religiöse Experten, die im religiösen System der Kwaio tiefer liegende Verbindungen herstellten, während die Mehrheit der Bevölkerung mit den Symbolen sehr oberflächlich und gedankenlos umgehe, was aber im Übrigen für die Durchführung der üblichen Rituale vollkommen ausreiche. Mithin bilde die Religion der Kwaio keinen kollektiv verstandenen Text, der der Lebensführung in dieser Gesellschaft eine allgemein anerkannte Bedeutung verleihe. Außerdem gebe es selbst unter den Experten der Kwaio bezüglich der Bedeutung von Konzepten sehr unterschiedliche Lesarten (bei Ethnologen bestünde in vergleichbaren Fällen dann oft eine Tendenz, die jeweils „exotischere" Lesart zu bevorzugen).

Die extrem unterschiedliche Verteilung religiösen Wissens unter den Kwaio ist unter schriftlosen Kulturen vielleicht ein Sonderfall (?), aber Untersuchungen von (religiösen) Bedeutungssystemen müssen auf jeden Fall individuelle Variation in Betracht ziehen, die es in allen Gesellschaften gibt und die pauschale Zuschreibungen problematisch macht. Wichtig ist aber in jedem Fall die Beobachtung von Geertz und anderen, dass Religionen stark emotional gefärbte Weltsichten erzeugen *können* (sie tun es nicht immer), und dass sie auf dieser Basis nicht selten polarisierend wirken, indem sie ihren Anhängern den Besitz der „richtigen" Weltsicht und ethischen Normen suggerieren. Sofern spezifische religiöse Traditionen ein Unterscheidungsmerkmal zwischen interagierenden ethnischen Gruppen bilden, können sie den wahrgenommenen Gegensätzen leicht einen fundamentalen Charakter verleihen – nicht umsonst ist Religion häufig eine zentrale Komponente in Konzeptionen von Ethnizität. Die Eignung religiöser Systeme für kollektive Identitätsbegründungen variiert stark, aber im Falle von Christentum, Islam und Judentum mit ihren exklusiven Geltungsansprüchen ist sie offenkundig. Religiös „begründete" Konflikte in vielen Teilen der Welt verleihen dieser These eine traurige Aktualität.

4.4 Ritualtheorien

Den Ausgangspunkt ethnologischer Ritualtheorien bildet das 1909 erschienene Werk *Les rites de passage* von **Arnold van Gennep**. Die grundlegende Bedeutung dieses Buches ist daraus zu ersehen, dass das hier entwickelte Drei-Phasen-Modell des religiösen Ritus bis heute ohne größere Modifikation Anwendung findet. Auf der Basis umfangreicher Literaturstudien über die seinerzeit bekannten Kulturen kommt van Gennep zu dem Ergebnis, dass *Übergänge* (*passages*) in allen menschlichen Gesellschaften ein wichtiges Problem bilden. Der Begriff *Übergang* kann zum einen räumlich verstanden werden, etwa als Übertritt von einem Territorium in ein anderes oder von einem sakral definierten Bereich in einen profanen usw. Zum anderen, und für van Gennep wichtiger, gibt es soziale Übergänge, wenn Menschen von einem gesellschaftlich definierten Status in einen anderen wechseln und damit ihre soziale Position verändern: wenn eine Person vom Laien zum Priester oder Schamanen wird, wenn jemand ein wichtiges politisches Amt übernimmt oder vom Status eines Jugendlichen zu dem eines Erwachsenen aufsteigt. In allen diesen Fällen werden Abgrenzungen durchbrochen, wird die normalerweise fest gefügte Ordnung des Gemeinswesens latent gefährdet. Um drohendem Chaos vorzubeugen, werden solche Übergänge in fast allen Gesellschaften von Ritualen begleitet, deren Funktion es ist, die kurzzeitig durchbrochenen Grenzen wiederherzustellen und die überkommene Struktur zu bestätigen. An einer mitunter verwirrenden Fülle von ethnographischen Beispielen zeigt van Gennep, dass diese *Übergangsriten* weltweit eine regelmäßige Folge von drei Stadien oder Phasen aufweisen: 1) eine Phase der Trennung vom alten Status; 2) eine Schwellen- oder Umwandlungsphase, in der die betroffene Person weder dem alten noch dem neuen Status angehört; und schließlich 3) eine Eingliederungsphase, in der Rechte und Pflichten der neuen Position übernommen werden.

Eine der weltweit am besten dokumentierten Klassen von Übergangsriten stellen die Rituale des Lebenszyklus dar, von der Geburt (Übertritt aus einer anderen Form der Existenz in die Welt der Menschen) über die Heirat bis hin zum Tod (Übergang aus der Welt der Lebenden in die der Toten). Dabei wird häufig den *Initiationsriten*, in deren Verlauf Jugendliche zu Erwachsenen werden, besondere gesellschaftliche Aufmerksamkeit gewidmet: Es handelt sich mitunter um regelrechte dramatische Inszenierungen, in deren erster Phase die Kinder zum Beispiel aus dem elterlichen Haus entführt werden bzw. ein zeitweiliges Kontaktverbot mit ihren Müttern auferlegt bekommen; die Umwandlungsphase kann, abgesehen von einer Einweisung in Verhaltensnormen und (religiöse) Wissensbestände der Erwachsenenwelt, von mehrtägiger Seklusion außerhalb der Siedlung mit unterschiedlichen Meidungsgeboten (Tabus) begleitet sein; die Wiedereingliederung als Erwachsene(r) schließlich kann als Wiedergeburt unter Beteiligung einer mythischen Wesenheit dramatisiert werden. In der ethnographischen Literatur sind übrigens Initiationsriten für Jungen häufiger belegt als solche für Mädchen. Es ist jedoch schwierig zu entscheiden, ob dies an ihrer größeren gesellschaftlichen Bedeutung oder ihrer größeren Auffälligkeit liegt, oder einfach daran, dass gegenüber den meist männlichen Ethnographen von ihren ebenfalls überwiegend männlichen Informanten das weibliche Pendant zu den beschriebenen Initiationsriten keiner Mitteilung wert befunden wurde.

In religionsethnologischen Untersuchungen spielt das Drei-Phasen-Modell van Gennep's wie gesagt bis in die Gegenwart hinein eine wichtige Rolle als Analyserahmen. Über die Frage seiner Universalität sind die Meinungen freilich geteilt; zumindest sind Übergangsriten beschrieben worden, bei denen die eine oder andere Phase kaum erkennbar ist bzw. gänzlich zu fehlen scheint. In seinem Standardwerk *The Ritual Process* hat **Victor Turner** (1969) andererseits die Existenz einer solchen rituellen Struktur auch in unseren eigenen westlichen Gesellschaften aufgezeigt. Er elaboriert das klassische Modell und konzentriert sich dabei vor allem auf die mittlere, die Schwellenphase, die er als Stadium der *Liminalität* bezeichnet. Über die These van Gennep's hinaus sei diese Zwischenphase für die Betroffenen von der Erfahrung einer *communitas* gekennzeichnet: einer sozialen Situation, in der alle sonst geltenden Rang- und Statusunterschiede aufgehoben seien, sogar bis hin zu einer Statusumkehr (der angehende Würdenträger erniedrigt sich vor seinen bisherigen oder künftigen Untergebenen). Diese *Anti-Struktur* sei der sonst geltenden normativen *Struktur* für einen strikt begrenzten Zeitraum als negatives Spiegelbild entgegengesetzt, nur um sie nach der Überführung in den Normalzustand als „richtige" Ordnung zu bestätigen.

Wie schon im Falle einer Symbol-orientierten Interpretation, muss auch bei der Untersuchung von Ritualen vor zu weit reichenden Schlüssen auf eine Vermittlung „tiefer" Sinngehalte gewarnt werden. Religiöse Rituale sind auf „übermenschliche" Wesenheiten bezogene, nicht-alltägliche Handlungen zu bestimmten Anlässen, deren Verlauf bis ins Einzelne festgelegt ist. Gleichgültig ob es sich um Opfer-, Bitt-, Dank-, Versöhnungs-, Reinigungs- oder Übergangsriten handelt, oder um Riten, die routinemäßig im Rahmen eines Kults durchgeführt werden: Entscheidend ist oft nicht so sehr, dass die Beteiligten sich über zu Grunde liegende Bedeutungen einig sind (oder sich überhaupt über den kosmologischen Sinn ihres Handelns Gedanken machen), sondern dass sie die geforderten Handlungssequenzen *korrekt* durchführen. Die Gründe für rituelle Praktiken können den Akteuren mitunter völlig unbekannt sein. Typische Auskünfte an den Ethnographen lauten dann etwa: „Das muss man eben genau so tun und nicht anders.", oder: „Das haben unsere Vorfahren immer schon so getan.", mit dem impliziten Hinweis, dass nur im Falle einer genau den Regeln entsprechenden Durchführung ein Erfolg des Ritus zu erwarten sei – anderenfalls sei er ungültig (oder sogar kontraproduktiv) und müsse „richtig“ wiederholt werden.

Mit diesen Vorbehalten soll indes nicht bestritten werden, dass Rituale sehr wohl hinsichtlich einer Vermittlung religiöser Sinngehalte interpretiert werden können – das Ausmaß, in dem dies legitim ist, variiert nur eben graduell. Neuere Untersuchungen zu Ritualen (siehe Belliger/Krieger 1998) konzentrieren sich vor allem auf zwei miteinander verwandte und nicht immer klar zu trennende Aspekte. Der eine ist der der *Performanz*, wobei die Analysen im Wesentlichen auf älteren Ansätzen aufbauen. Unter dieser Perspektive werden Rituale vor allem als Medium der Darstellung und zugleich Reproduktion kultureller Sinn- und Handlungsmuster gedeutet: Sie inszenieren gesellschaftliche Spannungsmomente (nach Turner), sie repräsentieren die komplexe Vieldeutigkeit der Wirklichkeit durch Verwendung mehrdimensionaler Symbole (nach Geertz und wiederum Turner), sie setzen Grenzen und Ordnung in einer ansonsten chaotischen Lebenswelt. In diesem Strang der Ritualforschung wird die klassische Beschränkung auf den religiösen Bereich häufig überschritten, so dass zum Beispiel ein Fußballmatch in gleicher Weise als Inszenierung eines „sozialen Dramas“ (hier: ritualisierter Antagonismus zwischen den Fan-Gemeinden der Heim- und der Auswärtsmannschaft) interpretiert werden kann wie etwa das oben (4.3) skizzierte Ritual der Ndembu.

Der andere Aspekt ist der der *Kommunikation*: Religiöse Rituale stellen ein konventionalisiertes Mittel dar, um sich mit dem Außer-Menschlichen in Beziehung zu setzen. Dabei wird häufig ein grundsätzlicher Unterschied zwischen rituellem und alltäglichem (kommunikativem) Handeln unterstellt. Bei Letzterem verfolgen die Akteure persönliche Absichten und greifen zu deren Realisierung auf ein Handlungsrepertoire zurück, das sich in praktischer Erfahrung bewährt hat. Im religiösen Ritus hingegen distanzieren sich Akteure und Teilnehmer in einem solchen Ausmaß von Alltagsmotivationen und normalem Verhaltensrepertoire, dass sie die vollzogene Handlung nicht als ihre eigene anerkennen: Sie führen aus, *was* vorgeschrieben ist und *wie* es vorgeschrieben ist – es findet keine persönliche Identifikation mit der Handlung statt. Es darf allerdings bezweifelt werden, ob sich tatsächlich eine solch scharfe Grenze zwischen intentionalen Alltags- und nicht-intentionalen rituellen Handlungen ziehen lässt. Auch hier dürfte die Unterscheidung eher eine graduelle sein, wobei rituelle Fürbitten, Versöhnungs- oder Heilungsriten offenkundig eine starke individuell-intentionale Komponente aufweisen können. (Erst recht gilt dies für magische Praktiken, von denen aber in Ritualtheorien nur selten die Rede ist.)

Einen sehr interessanten Ansatz verfolgt **Roy Rappaport** in seinem 1999 erschienenen umfangreichen ritualtheoretischen Werk. In Anlehnung an die sprachwissenschaftliche Terminologie spricht er von der *performativeness* ritueller Akte. Analog zur linguistischen Unterscheidung zwischen – unter anderem – beschreibenden und performativen Äußerungen („Die Sitzung findet statt." bzw. „Ich erkläre die Sitzung für eröffnet.") stellt Rappaport fest, dass auch religiöse Riten Verhältnisse konstatierende bzw. Fakten setzende Dimensionen haben. Der Ritus schafft durch einen formellen Akt einen neuen, allerdings inhaltlich konventionell festgelegten Tatbestand. Indem der Priester im Rahmen eines kirchlichen Heiratsritus spricht: „Im Namen Gottes des Allmächtigen erkläre ich euch zu Mann und Frau.", stiftet er ein soziales Faktum, dessen Gültigkeit zum einen in seiner Position als regelgerecht initiierter religiöser Spezialist, zum anderen in der regelkonformen Durchführung der Handlung begründet ist. Detaillierte Untersuchungen, unter welchen Voraussetzungen und auf welche Weise religiöse Rituale ihre *performativen* Ziele erreichen, dürften in näherer Zukunft zu einem wichtigen Zweig religionsethnologischer Forschung werden.

5. Schlussbemerkungen

Ziel dieses Beitrags war, Studienanfängern einen ersten Einblick in den Arbeitsbereich der Religionsethnologie zu geben. Dabei lag der Akzent auf Forschungs*ansätzen* – also darauf, unter welchen Perspektiven und Prämissen sich Ethnolog(inn)en bisher mit fremden Religionen auseinandergesetzt haben –, und nicht so sehr auf dem Forschungs*gegenstand*, dessen konkrete Erscheinungsformen nur an einigen wenigen Beispielen angedeutet werden konnten. Einen Überblick über die Phänomenologie religiöser Systeme vermittelt die *einführende Literatur*, vor allem die Titel Klass 1995 und Thiel 1984. Dort ist auch von Erscheinungen die Rede, die in meiner Übersicht überhaupt nicht näher zur Sprache kamen: von religiösen Synkretismen und von Heilserwartungsbewegungen bzw. Krisenkulten. Deren übliche religionsethnologische Interpretation wird aber nunmehr für die Leser ohne Schwierigkeiten nachvollziehbar sein, da sie im Wesentlichen auf bereits bekannte Argumentationsmuster zurückgreift (zum Beispiel die Begründung von Krisenkulten auf der Basis ihrer *Funktion* für politisch dominierte Bevölkerungsgruppen, welche sich auf diesem Wege mit religiösen Mitteln organisieren und/oder eine *symbolische* Neustrukturierung ihrer Lebenswelt anstreben, in der ihre augenblickliche benachteiligte Situation einen transzendenten Sinn sowie die Perspektive einer baldigen Veränderung erhält).

Schließlich muss darauf hingewiesen werden, dass diese Einführung keine Erläuterung und Definition spezifischer religionsethnologischer Termini leisten konnte (Wann sprechen wir von einem *Kult*, wann von einem *Priester* oder einem *Schamanen*?). Bei der Abfassung von Texten über religiöse Themen sollten im Zweifelsfall unbedingt ethnologische Handbücher oder Fachlexika zu Rate gezogen werden. Die Forderung nach Verwendung einer korrekten Terminologie ist in diesem ebenso wie in anderen Arbeitsbereichen der Ethnologie keineswegs nur eine lästige Formalie. Die Religionsethnologie untersucht religiöse Vorstellungen und Praktiken als Teilaspekt der *conditio humana* in ihren vielfältigen konkreten Ausdrucksformen. Um über die Beschreibung von Einzelfällen hinaus zu wissenschaftlich vertretbaren Verallgemeinerungen zu kommen, sind interkulturelle Vergleiche notwendig. Voraussetzung hierfür ist aber die Verwendung präziser deskriptiver Begriffe, die sicherstellt, dass wirklich Gleichartiges miteinander verglichen wird.

6. Literatur

6.1 Einführende Literatur

Klass, Morton
1995 Ordered Universes: Approaches to the Anthropology of Religion. Boulder, San Francisco und Oxford.
Leicht lesbar und sehr anschaulich geschriebene kritische Behandlung verschiedener Sachthemen der Religionsethnologie; eine ideale Ergänzung zu Thiel 1984

Morris, Brian
1987 Anthropological Studies of Religion. Cambridge.
Sehr detaillierter und materialreicher Überblick über theoretische Ansätze ab Hegel

Schmitz, Carl August (Hg.)
1964 Religionsethnologie. Frankfurt am Main.
Zusammenstellung klassischer Texte von Ethnologen und Religionswissenschaftlern

Thiel, Josef Franz
1984 Religionsethnologie: Grundbegriffe der Religionen schriftloser Völker. Berlin.
Anschaulicher Überblick über typische Erscheinungen in Religionen so genannter Stammeskulturen.

6.2 Zitierte Literatur

Belliger, Andréa, und David J. Krieger (Hg.)
1998 Ritualtheorien: Ein einführendes Handbuch. Opladen und Wiesbaden.

Durkheim, Émile
1912 Les formes élémentaires de la vie religieuse. Paris.

Evans-Pritchard, Edward E.
1937 Witchcraft, Oracles and Magic among the Azande. Oxford.
1965 Theories of Primitive Religion. Oxford.

Firth, Raymond
1959 Problem and Assumption in an Anthropological Study of Religion. In: Journal of the Royal Anthropological Institute 89: 129–148.

Frazer, James G.
1890 The Golden Bough: A Study in Magic and Religion. 2 Bde. London.

Geertz, Clifford
1966 Religion as a Cultural System. S. 1–46 in: Michael Banton (Hg.), Anthropological Approaches to the Study of Religion. London.

Gennep, Arnold van
1909 Les rites de passage. Paris.

Harris, Marvin
1974 Cows, Pigs, Wars, and Witches: The Riddle of Culture. New York.

Keesing, Roger
1987 Anthropology as Interpretive Quest. In: Current Anthropology 28: 161–176.

Kippenberg, Hans G., und Brigitte Luchesi (Hg.)
1978 Magie: Die sozialwissenschaftliche Kontroverse über das Verstehen fremden Denkens. Frankfurt am Main.

Malinowski, Bronislaw
1922 Argonauts of the Western Pacific. London.
1935 Coral Gardens and Their Magic. 2 Bde. London.
1948 Magic, Science and Religion and Other Essays. Garden City, New York.

Rappaport, Roy A.
1968 Pigs for the Ancestors: Ritual in the Ecology of a New Guinea People. New Haven.
1999 Ritual and Religion in the Making of Humanity. Cambridge.

Saler, Benson
2000 Conceptualizing Religion: Immanent Anthropologists, Transcendent Natives, and Unbounded Categories. 2. Aufl. New York und Oxford.

Schmidt, Pater Wilhelm, S.V.D.
1926–55 Der Ursprung der Gottesidee. 12 Bde. Münster.

Spiro, Melford E.
1966 Religion: Problems of Definition and Explanation. S. 85–126 in: Michael Banton (Hg.), Anthropological Approaches to the Study of Religion. London.

Stevens, Phillips, Jr.
1996 Religion. S. 1088–1100 in: D. Levinson und M. Ember (Hg.), Encyclopedia of Cultural Anthropology, Bd. 3. New York.

Turner, Victor W.
1966 Colour Classification in Ndembu Ritual. S. 47–84 in: Michael Banton (Hg.), Anthropological Approaches to the Study of Religion. London.
1969 The Ritual Process. New York.

Tylor, Edward B.
1871 Primitive Culture. London.

Till Förster

Kunstethnologie

1. Einleitung

In der Ethnologie hat sich die Beschäftigung mit den bildenden und darstellenden Künsten sowie der Musik erst spät ein Objekt geschaffen. Im 19. und in den ersten Jahrzehnten des 20. Jahrhunderts bildeten die Künste ein Feld, das im Rahmen der allgemeinen ethnologischen Theorien thematisiert wurde.

In der Auseinandersetzung mit der Vielfalt der außereuropäischen Kunst und dem Scheitern universalhistorischer Annahmen über die Kunst der „Primitiven" tauchten jedoch Fragen auf, die zur Ausdifferenzierung einer eigenen Subdisziplin, der Kunstethnologie, führten. Was Kunstethnologie ist und welche Ziele sie verfolgt, lässt sich anhand der Geschichte dieser Fragen anschaulich machen. Einige der Fragen, die einst für die Kunstethnologie zentral waren, können heute als beantwortet oder obsolet gelten. Andere sind nach wie vor Gegenstand der Forschung und werden auch in der Öffentlichkeit verhandelt. In den letzten Jahren sind neue Themen und Fragen hinzugetreten, die vor allem aus der sich globalisierenden Kunstwelt an die Ethnologie herangetragen wurden.

2. *Kunst im kolonialen Archiv*

Während die indische und ostasiatische Kunst bereits im 18. Jahrhundert „entdeckt“ und anerkannt wurde, blieb den Künsten der meisten außereuropäischen Gesellschaften die ästhetische Anerkennung bis in das 20. Jahrhundert hinein versagt. Zwar hatten einzelne Reisende und Ethnologen schon vorher auf den künstlerischen Wert von Plastik, Skulptur und, wenngleich in geringerem Maße, auch Malerei jener Gesellschaften hingewiesen, die man seinerzeit als *Naturvölker* von den *Kulturvölkern* schied, aber ihre Sicht konnte sich nicht durchsetzen. So galten die Skulpturen Afrikas und Ozeaniens gemeinhin als „hässlich“ und „grob“. Die „wahre Kunst“ sah man dagegen als ein Privileg der Kulturvölker.

Die Ethnologie der zweiten Hälfte des 19. Jahrhunderts wurde von der evolutionistischen Suche nach den Ursprüngen der Menschheit dominiert. In diesem konzeptionellen Rahmen stellte sich auch die Frage, wie die erste Kunst der Menschen ausgesehen habe und wie sie entstanden sein mochte. Die Aufsehen erregenden urgeschichtlichen Funde in Frankreich und Spanien wurden in der Ethnologie aufmerksam verfolgt und als Vor- oder Frühformen der eigentlichen Künste gedeutet. Eine Ethnologie der bildenden und darstellenden Kunst und der Musik ging dementsprechend in der allgemeinen Geschichte der Menschheit auf. Künstlerische Ausdrucksformen sollten sich analog zu den Stufen der allgemeinen Entwicklung des Menschen gebildet haben. Dabei nahm man an, dass künstlerische Ausdrucksformen zunächst weitgehend unbewusste und nur teilweise beabsichtigte Ergebnisse handwerklicher Arbeit oder religiöser Kulthandlungen waren. Aufgrund des vermuteten spontanen und unverstellten Charakters dieser Künste nahm man weiter an, in ihnen den „ursprünglichen“ gestalterischen Willen des Menschen entdecken zu können. Je nach theoretischem Konzept lag dieser zuerst in der Nachahmung der Natur oder in der Abstraktion. Eine auf Beobachtung und Erfahrung gegründete Auseinandersetzung mit der Entstehung künstlerischer Ausdrucksformen in den damals zeitgenössischen außereuropäischen Gesellschaften fand dagegen so gut wie nicht statt.

Analog zur den Postulaten des Evolutionismus glaubte man aber stets, in den künstlerischen Ausdruckformen der zeitgenössischen „Naturvölker“ die Kunst der ersten Menschen wieder erkennen zu können, eine im Wortsinne „primitive Kunst“. Dabei wurden die Künste Afrikas und Ozeaniens als die reinsten auf uns gekommenen Zeugnisse dieser primitiven Kunst auch als *art nègre* zusammen gefasst – ein Sammelkonzept, das überdies diffusionistischen Konnotationen offen stand. Die Konstruktion einer einheitlichen *ursprünglichen*, bzw. *primitiven* Kunst begleitete die sich im 20. Jahrhundert formierende Kunstethnologie. Sie ist bis heute eine mächtige und populäre Denkfigur, an der sich noch immer Museen und Ausstellungen orientieren. Erst in den

1970er Jahren ist ihr exklusiver Charakter, der den außereuropäischen Künsten und Künstlern die Zeitgenossenschaft vorenthält, kritisiert worden.

Die eigentliche Entdeckung der außereuropäischen Kunst als Kunst ging nicht von der Ethnologie aus, sondern von Künstlern der klassischen Moderne. Unabhängig voneinander begannen sich 1907 in Paris der Künstlerkreis um Pablo Picasso und 1910 in Dresden die Künstler der *Brücke* für afrikanische und später ozeanische Skulpturen zu interessieren. Für die Künstler und Kritiker Anfang des 20. Jahrhunderts waren diese Skulpturen und Plastiken *objets trouvés* – Fundsachen, über deren Entstehung man nichts wusste und nichts zu wissen brauchte. In ihrer äußeren Gestalt fanden die Künstler Lösungen für formale Probleme, die sich in ihrer eigenen Kunst stellten. Gleichwohl markierte die Entdeckung der Künstler und der Kunstwelt eine Wende in der Auseinandersetzung mit der Kunst der außereuropäischen Völker. Die Frage, ob Menschen immer schon schöpferisch waren oder nicht, war obsolet geworden. Statt dessen stellten sich neue, stilistische und ästhetische Fragen, die aus ethnologischer Sicht in einer eigenen Subdisziplin, der Kunstethnologie zu beantworten waren.

Anfang des 20. Jahrhunderts hatte sich in Folge der nahezu vollständigen imperialistischen Durchdringung der Welt eine schier unüberschaubare Vielfalt an „primitiver Kunst“ in den ethnographischen Museen angesammelt. Das Konstrukt einer einheitlichen Kunst der Frühzeit des Menschen war durch die Anschauung entkräftet – auch wenn es noch verspätete Rettungsversuche gab, die eine solche Einheitlichkeit in einigen, oft technisch bedingten Gemeinsamkeiten der Holzskulpturen aus Afrika und Ozeanien sahen. Wenn es aber keine einheitliche Kunst der Frühzeit des Menschen gab, so war zu fragen, wie sich ihre stilistische Vielfalt ordnen ließ. Dabei zeigte sich bald, dass sich Stil als ein historisches Grundkonzept der europäischen Kunstgeschichte nicht ohne weiteres auf außereuropäische Kunst übertragen ließ. Denn fast nirgends war es möglich, eine Stilgeschichte wie in der abendländischen Kunst zu schreiben. Die Werke in den Museen ließen sich kaum in eine relative Chronologie einordnen, geschweige denn eindeutig datieren. Dieser Mangel an historischer Tiefe wurde zunächst auf die lückenhafte Dokumentation der meisten Sammlungen zurückgeführt. Häufig kannte man nur die Provenienz der Werke, und selbst die war oft genug nur dürftig dokumentiert.

Die Identifikation von *Stilzentren* war mithin eines der ersten Unternehmen der sich formierenden Kunstethnologie. Da eine Zuordnung zu einzelnen Künstlern und Werkstätten kaum je möglich war, trat neben die bloße geographische Bezeichnung der Ethnos als die vermeintlich verlässlichste Herkunftsbezeichnung. Diesem Muster entsprechend suchte man alle Schöpfungen außereuropäischer Kunst zu in sich geschlossenen stilistischen Einheiten zusammenzustellen, zu ordnen und der wissenschaftlichen Untersuchung zugänglich zu machen. Es entstand ein imaginäres Archiv, ein Katalog, der dem Verzeichnis der beherrschten Völker entsprach und sich derselben ethnischen Etiketten bediente. Es war ein letztlich koloniales Inventar, das sich bis in die Ausstellungsräume der Museen fortsetzte.

Dieses Unternehmen der kolonialen Inventarisierung war für Ozeanien Ende der 1920er, für Afrika Mitte der 1930er Jahre weitgehend abgeschlossen. Die Sammlungsgeschichte der altamerikanistischen und der Kunst der süd- und nordamerikanischen Indianer verlief anders, da hier, von Ausnahmen abgesehen, kaum offizielle Expeditionen in eigene Kolonien durchgeführt werden konnten, statt dessen aber früh eine rege private Sammlertätigkeit einsetzte. Gemeinsam war dem kolonialen Archiv jedoch, dass es den Ethnos zum Schöpfer der Werke machte. Man nahm an, dass „der primitive Künstler" sich stets an „der Tradition seines Stammes" orientiere und deren stilistischen Kanon möglichst getreu zu reproduzieren suche. Dazu habe auch die fehlende technische Entwicklung beigetragen. Man nahm an, dass die Künstler, bzw. Handwerker kaum innovativ seien und sich stets mit den ihnen vertrauten Materialien und Verfahren begnügt hätten und auch künftig begnügen würden. Was man bei der Kolonialisierung vorgefunden hatte, projizierte man unverändert in Vergangenheit und Zukunft. Die so entstandene Kunst musste also weitgehend statisch und ahistorisch sein, was wiederum durch die Anschauung der ethnographischen Museen belegt zu sein schien und dem populären Bild entsprach, dass man sich von diesen „in der Tradition verhafteten" Gesellschaften machte.

3. Kulturrelativismus und Universalität der Kunst

Zu den ersten, die sich aus eigener Anschauung den künstlerischen Ausdrucksformen außereuropäischer Gesellschaften zuwandten, gehörte Franz Boas (1848–1942). Bereits 1885 wurde durch eine Sammlung des Berliner Museums für Völkerkunde sein Interesse an den indianischen Kulturen der Nordwestpazifikküste und ihren Masken geweckt. Nach seiner Übersiedlung in die USA gewann er Ende des 19., Anfang des 20. Jahrhunderts auf mehreren Reisen Einblick in das Leben der dort lebenden Kwakiutl. Anders als seine Zeitgenossen ordnete er die Masken und andere Objekte, aber auch die Tänze der Kwakiutl nicht einem universalgeschichtlichen Muster unter, sondern versuchte sie aus dem von ihm beobachteten Gebrauch im Alltag, ihren rituellen Handlungen und aus den damit zusammenhängenden Mythen zu verstehen. Dementsprechend führte er die Kunst auf zwei allgemein anthropologische Wurzeln zurück: einerseits technische Ziele, die die Menschen zu erreichen suchten, und andererseits den Wunsch, eigene Gefühle und Gedanken auszudrücken.

Boas beschrieb damit die Umrisse einer selbstständigen Theorie der vormodernen Kunst. Ihm ging es um die emische Perspektive, also um die Sicht derjenigen, die diese Werke hervorgebracht hatten. In zahlreichen Veröffentlichungen wandte er sich scharf gegen die damals dominierende evolutionistische Ethnologie und ihre Deutung aller materieller Zeugnisse einer Kultur nach einem unilinearen Entwicklungsschema. Die Kunst einer fremden Kultur zu verstehen hieß, sich die Perspektive der Menschen zu Eigen zu machen. Dazu bedurfte es einer vor Ort durchgeführten Feldforschung. Boas hatte mit seinen Forderungen zuerst die allgemeine Ethnologie im Auge. Doch er setzte mit ihnen auch den Rahmen für die sich gerade bildende Kunstethnologie, deren wichtigste Anliegen er 1927 in seinem Buch *Primitive Art* im Zusammenhang formulierte. Gegenüber der evolutionistischen Frage, wie die Kunst entstanden sei und wie die erste Kunst der Menschheit ausgesehen haben mochte, schob sich nun eine andere Frage in den Vordergrund: Wie hat die Kunst Teil an der Lebenswelt einer fremden Gesellschaft?

Die mit der Frage einhergehende Grundannahme, dass künstlerische Ausdrucksformen in verschiedenen Gesellschaften unterschiedlich geschaffen, genutzt und gesehen werden, wird bis heute von den meisten Kunstethnologen geteilt. Künstlerische Ausdrucksformen in anderen Gesellschaften haben andere Aufgaben als in unserer eigenen Gesellschaft, weshalb auch ihr Gebrauch und das Wissen über sie ein anderes ist. Die Fragestellung selbst war letztlich dem Kulturrelativismus der allgemeinen Ethnologie und insbesondere der amerikanischen *cultural anthropology* geschuldet. Das damit vorgegebene übergeordnete Thema ließ sich in mehrere Richtungen wenden, doch bildete es in seinen vielschichtigen Facetten einen gemeinsamen Ausgangspunkt für die in den 1930er Jahren einsetzenden kunstethnologischen Feldstudien und dominierte empirische Arbeiten bis weit in die zweite Hälfte des 20. Jahrhunderts.

Dennoch waren kulturrelativistische Grundannahmen in der Kunstethnologie bei weitem nicht so unbestritten, wie in anderen Zweigen der Ethnologie. Immer standen ihnen die universalistischen Ansprüche der Moderne gegenüber – Ansprüche, die sich im konzeptionell-ästhetisierenden Sehen der modernen Künstler bereits geäußert hatten und sich in Kunstkritik und Kunsthandel ein eigenes Forum schufen, in dem umgekehrt genauso fraglos von der Einheit der menschlichen Ästhetik und damit auch seiner Kunst ausgegangen wurde. Während also die Kunstethnologie fragte, wie fremde künstlerische Ausdrucksformen in anderen Gesellschaften entstanden sind, wie sie in Gebrauch genommen und daher auch unterschiedlich gesehen werden, war hier die Grundannahme entgegengesetzt: Die Anschauung eben derselben Kunst zeigte jedem, der des Sehens mächtig war, dass es allen Menschen gemeinsame Vorstellungen ästhetischer Qualität gab und immer gegeben hatte. Es musste sie geben, weil sie das Gemeinsame der Menschheit bezeugten.

Es kam also nicht darauf an, die zweifelsohne vorhandenen Unterschiede in der Herstellung und im Gebrauch zu untersuchen, sondern vielmehr galt es, die dahinter verborgene Universalität der Kunst und der menschlichen Ästhetik zu entdecken. Sie allein konnte das eigentliche Thema einer Anthropologie fremder Künste sein.

Nach dem zweiten Weltkrieg nahm die Auseinandersetzung polemische Züge an, die vornehmlich zwischen empirisch arbeitenden Ethnologen einerseits und der modernen Kunstkritik, aber auch Kunsthistorikern und Ausstellungsmachern andererseits ausgetragen wurde. Der relativistischen Kunstethnologie warf man vor, der von ihr untersuchten Kunst ihren Charakter als Kunst abzusprechen und sie zu einem bloßen Handwerk oder schlimmer noch zu einem zufällig entstandenen Artefakt herabzuwürdigen. Die Auseinandersetzung gipfelte in dem Vorwurf, Ethnologen und insbesondere so genannte Kunstethnologen hätten überhaupt kein Interesse an dieser Kunst, sondern nur daran, ihre vorgefassten Theorien zu bestätigen. Sie schlössen die Kunst fremder Gesellschaften aus dem Erbe der Menschheit aus, leugneten die Existenz einer einzigen, die Universalität der menschlichen Ästhetik bezeugenden Weltkunst und machten sich somit an einem fortgesetzten kulturellen Kolonialismus mitschuldig. Ethnographische Museen, die Kunst in ihren jeweiligen Gebrauchszusammenhängen zeigten, seien nichts anderes als Stein gewordene Zeugnisse der kolonialen ethnographischen Praxis. Vielmehr komme es darauf an, diese Kunst als das zu zeigen, was sie sei: als Kunst. Darin bestünde die eigentliche Entdeckung der *primitiven Kunst*, und dazu habe man eine humanistische Pflicht. Dementsprechend konnte es keinen Unterschied zwischen Ausstellungen moderner, westlicher Kunst und der anderer Gesellschaften geben. Man habe sich auf das Wesentliche, also die Form, die Gestalt zu konzentrieren. Das Ergebnis waren typische *white cube* Ausstellungen, wie sie für alle moderne Kunst üblich waren und geblieben sind.

Kunstethnologen hielten ihren Gegnern vor, die Vielfalt des Menschen auf eine Vorstellung zu reduzieren, die nicht universal, sondern genuin modern sei. Der eigentlich koloniale Akt läge nicht in den empirischen Arbeiten der Kunstethnologie, sondern in den hegemonialen Ansprüchen der Moderne selbst. Die Kunstethnologie habe dagegen eine offene Fragestellung, die ihre Ergebnisse nicht vorweg nehme, sondern neugierig sei auf das, was die Künste dieser Gesellschaften von der der modernen Industriegesellschaften unterscheide. Im übrigen dürfe man nicht verkennen, dass die idealistische Ästhetik im Dienste eines Kunstmarktes stehe, der zur Expropriation der eigentlichen Eigentümer dieser Kunst führe. Ethnographische Museen seien zwar aus der kolonialen Ethnologie hervorgegangen, aber spätestens seit der Unabhängigkeit in den 1950er, 1960er Jahren spielten sie gegenüber dem privaten Markt nur mehr eine untergeordnete Rolle. Letztlich erschaffe sich der Kunstmarkt selbst die idealistische Ästhetik, die mithin im Kern ideologisch sei.

Mit dem Ende der Moderne verlor der Streit seinen Sinn. Ab Mitte der 1980er Jahre erschienen erste Rückblicke auf die Debatte, auch wenn im Ausstellungsbereich mit den dort notwendigen praktischen Entscheidungen über Präsentationsformen der Disput noch fortgesetzt wird. Trotz aller Polemik darf man jedoch nicht verkennen, dass die Auseinandersetzung auch fruchtbare Seiten hatte. Ein großer Teil kunstethnologischer Feldstudien wäre ohne diesen Hintergrund nicht entstanden oder hätte sich nicht der gleichen Fragen angenommen. So konnten vielen Fragen der Kunst in außereuropäischen Gesellschaften behandelt und einer Antwort wenigstens näher gebracht werden.

4. Die lebensweltliche Perspektive

In der Beschäftigung mit der lebensweltlichen Einbettung der Kunst in außereuropäischen Gesellschaften hatten sich bereits Mitte des 20. Jahrhunderts nationale Schwerpunkte gebildet. Während in Frankreich mehr die Symbolik der Künste im Vordergrund stand, konzentrierte man sich in Deutschland eher auf kulturhistorische Zusammenhänge und schon sehr früh auf die Kreativität individueller Künstler. In Großbritannien und in den USA wurden eher Fragen der sozialen Integration und Kontrolle sowie der Repräsentation thematisiert.

Als Erbe der Moderne stand jedoch immer wieder die Frage nach der Autonomie der Künste in außereuropäischen Gesellschaften im Raum: Wie weit ließ sich das moderne Konzept des *l'art pour l'art* dort als ästhetische Selbstständigkeit wieder finden? Zwar hatte schon Carl Einstein in seinen ersten Werken über afrikanische Kunst aus den Jahren 1915 und 1920 deren Einbettung in religiöse Kulte und Grundüberzeugungen behauptet, aber seine Schriften waren ausschließlich auf Quellen gegründet, die die Kunst aus einer eher marginalen Perspektive in den Blick nahmen. Als in den 1930er Jahren das Fehlen auf eigener Anschauung gegründeter tiefergehender Studien, aus denen zu entnehmen war, wie sich künstlerische Ausdruckformen tatsächlich in religiöses und alltägliches Handeln eingebettet waren, offensichtlich wurde, begannen in allen Ländern Ethnologen mit kunstethnologischen Feldforschungen. Häufig gingen diese von den großen ethnologischen Museen aus, dem Peabody Museum in Boston, der ethnographischen Sammlung des *British Museum* in London, den Hamburger und Berliner Museen für Völkerkunde oder dem *Musée Royal d'Afrique Centrale* in Tervuren bei Brüssel.

Zu den ersten, die kunstethnologische Feldforschungen durchführten, gehörte eine Gruppe belgischer Ethnologen, unter ihnen Frans Olbrechts, Adriaan Gerbrands und Pieter Jan Vandenhoute. Frans Olbrechts (1899–1958) war der Gründungsvater der belgischen Kunstethnologie. Er verfolgte verschiedenartige Interessen, darunter kulturhistorische und stilgeschichtliche, die er im Laufe seines Lebens zu einer spezifisch kunstethnologischen Recherche und Methode verschmolz. Der Person des Künstlers schenkte er besondere Aufmerksamkeit, worüber noch zu sprechen sein wird. Olbrechts sich wandelnden Interessen hingen ohne Zweifel eng mit seinen Felderfahrungen zusammen: Schon zwischen 1926 und 1930 reiste er zu verschiedenen nordamerikanischen Indianern, und 1933 brach er zum ersten Mal zu einer „Expedition" nach Westafrika auf. Ihr folgten viele weitere Reisen, zunächst von ihm und später auch von seinen Schülern. Die wichtigste war wohl die 1937 und 1938 zusammen mit Vandenhoute und einem weiteren Schüler durchgeführte *Expedition der Universität Ghent und des Antwerpener Vleeshuis Museums an die Côte d'Ivoire*. Auf dieser Reise verfolgte Olbrechts zwei Ziele: Er wollte einerseits alle künstlerischen Aktivitäten im weitest möglichen Sinne erfassen, wobei er den in der westlichen Côte d'Ivoire dominierenden Masken besondere Aufmerksamkeit schenken wollte. Zweitens wollte er die „Ursprünge des Kunstwerkes" erkunden – eine Aufgabe, die als eine direkte Antwort auf die universalhistorischen und kulturgeschichtlichen Spekulationen seiner Zeit verstanden werden konnte. Um den Einfluss theoretischer Vorannahmen möglichst gering zu halten, wollte er strikt vom Handeln des individuellen Künstlers ausgehen: Seinen Motiven, seinen Inspirationsquellen, seiner handwerklichen Ausbildung, der ihm zur Verfügung stehenden Technik, aber auch den ökonomischen und anderen gesellschaftlichen Faktoren, die seine Arbeit durchdrangen.

Olbrechts Ansatz war also ein empirisches Programm, nicht etwa bloße Theoriescheu oder Unfähigkeit zur Verallgemeinerung. Gleichwohl wurden die Ergebnisse seiner Reise – es handelte sich nicht um eine lange, stationäre Feldforschung, wie sie unter Malinowski seinerzeit bereits in der britischen *social anthropology* Standard geworden war – hauptsächlich von seinen Schülern in verallgemeinerter Form publiziert. Vor allem Gerbrands' 1956 zunächst auf Flämisch und ein Jahr später auf Englisch veröffentlichter umfangreicher Aufsatz über *Kunst als cultuur-element* war eine viel gelesene Zusammenfassung der wichtigsten kunstethnologischen Ergebnisse ihrer Arbeiten. Vieles von dem, was Gerbrands damals zusammenfasste, hat sich nicht nur als weithin gültig für jene Gesellschaften erwiesen, die die Ethnologie damals unter dem Etikett *Naturvölker* gruppierte, sondern für den größten Teil der vormodernen Gesellschaften überhaupt.

Der von Einstein und nach ihm vielen Anderen beschriebenen religiösen Bindung der Kunst widersprach man in der belgischen Kunstethnologie heftig. Es mache keinen Sinn, Kunst als an das Sakrale gebunden zu beschreiben, wenn im Alltag der Menschen zwischen sakral und profan nicht unterschieden werde. Genauso wenig ließe sich etwas mit der Unterscheidung von *religiös* und *utilitaristisch* anfangen. Die Differenzierung beider Sphären war mithin nicht als ein evolutionärer Schritt in der Geschichte der Menschheit zu verstehen, sondern als eine spezifische historische Entwicklung, die sich im Abendland und möglicherweise auch anderswo vollzogen haben mochte, aber keineswegs als universal gelten konnte. Konzepte wie *sakral* und *profan* stünden einer empirischen Untersuchung der Kunst fremder Völker nur im Wege und sagten über die tatsächlichen Funktionen des Kunstwerkes wenig oder nichts aus. Desgleichen ist, so mag man hinzufügen, Benjamins nicht empirisch gewonnenes, sondern am Schreibtisch erdachtes Konzept der *Aura* für die Kunst vor der technischen Reproduzierbarkeit des Werkes zwar genial gedacht, aber falsch und durch die Fakten nicht zu bestätigen. Wo man etwas Vergleichbares fand, war es nicht an Objekte gebunden, sondern an das Handeln der Menschen.

Wer sich den tatsächlichen Aufgaben eines Kunstwerkes zuwenden wolle, so Gerbrands weiter, dürfe auch nicht auf die ihm vertrauten Funktionen und Nutzungsformen als analytische Kategorien zurückgreifen. Denn generell kann nicht vorausgesetzt werden, dass soziale und kulturelle Differenzierungsprozesse in fremden Gesellschaften genauso wie in der abendländischen Kunst ablaufen oder abgelaufen seien. So passten die Masken der westlichen Côte d'Ivoire in keine der westlichen Kunstgattungen. Von der Herstellung einmal abgesehen sind sie nur im festlichen oder rituellen Auftritt zu sehen, und anders als in den Vitrinen der europäischen Museen werden sie stets mit einem umfangreichen Kostüm getragen. Ihr Tanz ist ein wesentliches Element zu ihrer Bestimmung. Oft werden sie nur anhand des Tanzes, bzw. der Bewegungen des Maskenträgers identifiziert, weil durch die schnellen Bewegungen die Gestalt des hölzernen Maskenkörpers kaum zu erkennen ist. Was in den Schaukästen einer Ausstellung zu sehen ist, mag zwar der wichtigste Teil des Ganzen sein, aber eben doch nicht mehr als ein Relikt, ein Bruchstück, das für sich genommen für einen lokalen Zuschauer keinen Sinn macht. Was in der abendländischen Kunst in bildende und darstellende Kunst, in Literatur und Musik auseinander fällt, ist hier eine Einheit, ein Gesamtkunstwerk, das als Ganzes erfahren wird und deshalb auch als Einheit zu untersuchen ist.

Die Masken als Ensemble aus geschnitztem Holzkörper, der vor dem Gesicht getragen wird, dem Kostüm, dem Tanz und den begleitenden Musikern verkörpern oft ein Wesen, das wir einen Geist nennen würden. Doch auch diese kategorielle Unterscheidung von *natürlichen* und *übernatürlichen* Wesen macht in der lokalen Lebenswelt keinen Sinn, da diese Wesen als ganz gewöhnliche, eben natürliche Teile der Welt gelten. Einige von ihnen mögen gefährlich sein, andere sind es nicht, und auch darin unterscheiden sie sich nicht grundsätzlich von den Menschen oder Tieren oder anderen Dingen in der Welt.

Weder für den Tänzer der Maske noch für die Zuschauer macht es Sinn, zwischen der Maske und dem Wesen, das sie verkörpert, zu unterscheiden.

Der Auftritt ist der Auftritt des Wesens, das durch die Maske dargestellt wird. Gerbrands fügte hinzu, dass es keineswegs klar sei, ob die Zuschauer zwischen dem Tänzer und dem Wesen, das die Maske verkörpere, unterschieden. Jedenfalls sei dies keine Frage, die sie irgendwie beschäftige. Bei der spontanen Beurteilung des Auftrittes spiele es keine Rolle. Vielmehr gilt ein Auftritt dann als gelungen, wenn die rituellen Kriterien erfüllt sind, d. h. die verlangten formalen Handlungsfolgen korrekt durchgeführt wurden.

Aus heutiger Sicht mag dieses Bild zu undifferenziert erscheinen. Aber es ist klar, welche Herausforderung der Befund für eine idealistische Ästhetik darstellt. Er steht quer zu allen Annahmen, die ästhetische Autonomie der Kunst sei auf die eine oder andere Art und Weise in anderen Kulturen wieder zu finden, wenn es nur gelänge, die entsprechenden ästhetischen Deutungsmuster zu identifizieren. Dazu hat es seit Olbrechts und Gerbrands eine lange Reihe von Untersuchungen gegeben, die eines haben deutlich werden lassen: Die uns vertraute Autonomie der Kunst, verknüpft mit einer auf die künstlerische Gestalt bezogenen Kritik, ist nicht die Regel, sondern die ganz große Ausnahme. Deshalb ist es angemessener, von künstlerischen Ausdrucksformen zu sprechen. Dadurch wird das in der Moderne mit dem Begriff *Kunst* einhergehende *l'art pour l'art* umgangen.

Ab den 1950er Jahren gab es eine Fülle von Feldstudien, die künstlerische Ausdruckformen als Teil der gesellschaftlichen Wirklichkeit untersuchten. Fast alle gingen davon aus, dass künstlerische Formen immer der gesamten Gesellschaft verpflichtet sind. Sie greife durch das Schaffen des einzelnen Künstlers wie durch den Gebrauch der Masken und Figuren, durch das Schaffen von Musikern, aber auch durch das Sehen und Hören, also die Wahrnehmung der Künste hindurch. Was diesen Ansatz in Misskredit brachte, war seine einseitige und oft naive Anwendung. Funktionalistische und strukturfunktionalistische Konzepte wurden ohne große Modifikationen auf die Künste übertragen. Das Verhältnis von Kunst, Künstler und Gesellschaft wurde nicht, wie später bei Adorno, dialektisch, sondern mehr als sozialer Zwang gesehen. Gleichwohl verdanken wir diesen Arbeiten wichtige Einsichten, wie künstlerische Ausdruckformen in ihren je eigenen Gesellschaften in Gebrauch genommen werden. Seit Mitte der 1960er Jahre erschien eine lange Reihe von Sammelbänden, in denen die Ergebnisse dieser kunstethnologischen Richtung nachzulesen sind.

Die meisten dieser Arbeiten gingen aber an der Geschichtlichkeit künstlerischer Ausdrucksformen vorbei. Dieser Mangel schien nicht nur dem theoretischen Paradigma, sondern auch der damit einhergehenden Methode geschuldet zu sein. Sehr häufig bauten die Arbeiten auf nur einer längeren Feldforschung auf und konnten daher nicht mehr als eine Augenblicksbeschreibung der Gesellschaft liefern. Darüber hinaus wurde den Vertretern der eher funktional orientierten Kunstethnologie, oft sicher zurecht, mangelndes historisches Interesse nachgesagt. Der Vorwurf, dass der theoretische Ansatz selbst ahistorisch sei, läuft dagegen ins Leere. Man hätte sehr wohl eine Funktionsgeschichte künstlerischer Ausdruckformen schreiben können. Schließlich lässt sich gerade in der heutigen Zeit beobachten, wie ehemals rituell eingebundene Formen mehr und mehr Funktionen an andere Medien abtreten, und teilweise wieder andere hinzugewinnen.

Aus anderen Zweigen der Ethnologie wissen wir, dass sich manche Gesellschaften geradezu verzweifelt gegen gesellschaftlichen Wandel und das Eindringen der Geschichte wehren. Sie haben oft zyklische Zeitvorstellungen, die sich natürlich auch auf ihre künstlerischen Ausdruckformen beziehen. Außereuropäische Gesellschaften hatten offenbar nicht das gleiche Interesse an einer diachronen Herleitung von Stil und künstlerischen Ausdrucksformen. Viele schriftlose Gesellschaften versuchen, sich von dem Druck einer drückenden Vergangenheit frei zu halten. Vergessen und Erinnern bedingen einander. Vor diesem Hintergrund kann es nicht Wunder nehmen, dass sich in diesen Gesellschaften unser Modell einer geradlinigen Stilgeschichte nicht anwenden lässt. Die Geschichtlichkeit der nichtwestlichen Künste verlangt theoretische Konzepte, die auch die Perspektive der Handelnden berücksichtigen. Damit wäre auch anders nach der Autonomie der Kunst zu fragen: Wie differenzieren sich künstlerische Ausdrucksformen in Prozessen gesellschaftlichen Wandels? Führen diese notwendig zu einer Autonomie der Kunst, wie wir sie aus der modernen Kunst kennen – oder entsteht dort etwas anderes?

Diese Frage gewinnt heute zunehmend an Aktualität. Während die globale Kunstwelt als eine Institution ausbeuterischer Aneignung beschrieben werden kann, die letztlich alle lokalen Künste zu einer einzigen Weltkunst reduziert, neigen Kunstethnologen zu der Annahme, dass auch in den neuen, zeitgenössischen Künsten immer das Lokale dominieren wird. Für beide Annahmen lassen sich Belege finden, und es wäre kurzsichtig, hier wieder auf allgemeine, universalhistorische Vermutungen über den Fortgang der (Kunst)Geschichte zurückzufallen. Es ist eine offene, also nur empirisch zu beantwortende Frage.

5. Die Suche nach Kreativität

Eng verbunden mit der Geschichtlichkeit der außereuropäischen Kunst war stets die Frage nach der Kreativität, nach der Entstehung des Neuen: Wie war diese Kunst entstanden? Nach dem Ende der evolutionistischen und universalgeschichtlichen Theorien konnte man nicht mehr auf eine sich notwendig vollziehende, gleichsam unabhängig von den Künstlern sich ereignende Geschichte der *primitiven Kunst* zurückfallen. Auch die strukturfunktionalistischen Arbeiten boten darauf keine befriedigende Antwort. Eine nahe liegende Alternative war, wie schon Olbrechts es verlangte hatte, sich den einzelnen Künstlern als denjenigen zuzuwenden, die schließlich jedes dieser Werke erschaffen hatten. Man gab der allgemeinen Frage eine Wendung, die sie von jedem überkommenen theoretischen Ballast befreien und sie für neue Erkenntnisse offen halten sollte: Wer hat diese Werke erschaffen? Und wie sind sie erschaffen worden?

Zu den ersten, die sich diesem Themenfeld zuwandten, gehörte Hans Himmelheber, der schon in den 1930er Jahren kunstethnologische Feldforschungen in Alaska und verschiedenen Regionen Afrikas durchgeführt hatte. Wie Boas und Olbrechts ging es ihm darum, die Sicht der lokalen Künstler zu erfassen. Bereits nach seinen ersten Untersuchungen, die er mittels Informanten und Mittelsmännern durchführte, wurde deutlich, dass die Idee des schöpferischen, seine eigenen Ziele verfolgenden Künstlers seinen Gesprächspartnern fremd war. Sie verstanden sich vielmehr als Handwerker, denen es darum ging, ein möglichst „gutes" Werk zu schaffen. Doch während seiner langen, nach dem Krieg zusammen mit Eberhard Fischer fortgesetzten Feldforschungen, gelang es Himmelheber, die individuelle Hand in einzelnen Werken und darüber hinaus persönliche Stile zu identifizieren. Die übliche Gleichsetzung „ein Stamm – ein Stil" ließ sich mithin nicht mehr halten. Die Person des Künstlers musste offensichtlich rehabilitiert werden.

Seit Anfang der 1960er Jahre folgten dann eine Reihe Aufsehen erregender Feldforschungen, die Künstlern und ihren persönlichen Stilen gewidmet waren. Unter dem Einfluss von Eberhard Fischer, der seine in Afrika begonnenen Forschungen später in Indien fortsetzte, entstand ein eigener Zweig der Kunstethnologie, der sich vor allem mit dem Rietberg Museum in Zürich verband. Dabei zeigte sich, dass auch in vormodernen Gesellschaften Künstler immer die verschiedensten Anregungen aufgegriffen und in ihren Werken umgesetzt hatten – und nicht selten suchten sie solche weit jenseits der Grenzen ihrer eigenen Kultur. Was sie schufen, war niemals nur der Tradition verpflichtet, sondern immer auch eigene Schöpfung, über deren Qualität sich die Künstler durchaus im Klaren waren und über die sie, wenngleich in anderen Worten, auch Zeugnis ablegen konnten.

Während in den strukturfunktionalistisch orientierten Arbeiten die Gesellschaft zum Schöpfer der Werke wurde, so trat nun die Person des Künstlers an ihre Stelle. Seiner Kreativität allein war diese Kunst zu verdanken. Verstehen bezog sich auf den individuellen Lebenslauf und die Ereignisse, die ihn prägten. Dieser Ansatz sah die Geschichte außereuropäischer Kunst auf der lokalen Ebene der Tradierung in individuellen Werkstätten, bzw. den Umbrüchen, die dort die Generationen voneinander trennten. Jeder Künstler hatte einen zweifelsfrei wieder erkennbaren Stil, der sich aus seinem Leben erklären ließ. Stil und Stilgeschichte wurde großenteils zur Psychologie der Person. Die Kreativität des Individuums, des Künstlers wird zur Voraussetzung aller künstlerisch signifikanten Form. Es komme nur darauf an, diese Form auch als solche zu erkennen. Wenn man nur genauer hinsähe, werde man in allen Gesellschaften finden, dass einzelne herausragende Künstler existierten und besondere Kreativität bewiesen.

Diesem Unternehmen war nur teilweise Erfolg beschieden. Dafür gab es Gründe, die nicht nur im Fehlen entsprechender Untersuchungen lagen. Neben Gesellschaften, in denen die Kreativität einzelner Künstler erkannt und anerkannt wurde, gibt es mindestens ebenso viele, in denen das nicht der Fall ist. Ähnlich wie bei der Geschichtlichkeit der Kunst wird künstlerische Kreativität häufig nicht als solche thematisiert. Vielmehr sucht man sie zu normalisieren, sie einzubinden.

Der vermeintlich neutrale, nur an dem tatsächlichen Handeln des Einzelnen interessierte Ansatz reproduzierte letztlich ein gänzlich modernes Deutungsmuster, das des genialen Künstlers. Aus der Tatsache, dass andere, nicht zuletzt Kunstkenner, Kunstwerke als solche erkennen folgt keineswegs, dass sie auch als solche geschaffen wurden. Man wird hier auf eine alte phänomenologische Erkenntnis zurückverwiesen. Zum Wahrnehmen und Erkennen von Dingen in der Welt gehört immer zweierlei: Das Objekt und ein es wahrnehmender Mensch. Diesen Zusammenhang aufzuklären war eine Aufgabe der Mitte der 1980er Jahre einsetzenden Kritik, die meist unter dem etwas unglücklichen Etikett *Postmoderne* zusammen gefasst wird.

6. Ästhetische Praxis

Künstlerische Ausdrucksformen sind in vormodernen Gesellschaften gegenüber dem Alltag und anderen gesellschaftlichen Sphären selten autonom. Die Herausforderung für die Wissenschaft besteht darin, die andere ästhetische Praxis zu erfassen und zu verstehen. Die Konzeptualisierungen von Gestalt und Form vollziehen sich nicht primär in der Sphäre deutender Sinngebung, sondern im Handeln, im Umgang mit den Dingen und ihrer Form. Es geht nicht um das Denken darüber, sondern um das Tun. Deshalb hat die Frage nach der ästhetischen Praxis die essentialistische Frage nach der Kunst und dem, was sie ist, in den Hintergrund gedrängt. Nicht nur die Gestaltung, auch das Wahrnehmen von Kunst ist dem Handeln verpflichtet.

Viele Untersuchungen gingen zunächst davon aus, dass das Fehlen einer Kunstkritik und einer expliziten Ästhetik auf die lückenhaften Daten zurückzuführen seien. Wenn man nur die fremden Kulturen besser kennen lerne, werde man auch ein ausdifferenziertes ästhetisches Vokabular finden. Als nahezu klassisches Beispiel dienten die Yoruba im südwestlichen Nigeria, bei denen seit 1962 Robert Farris Thompson und später seine Tochter Margaret

Thompson Drewal und ihr Mann Henry John Drewal arbeiteten. Sie beschrieben ein umfangreiches Vokabular, das eine ebenso differenzierte Kunstkritik wie im Westen erlaubte und auch entsprechend genutzt wurde. Gegenstand der Untersuchung war die Sprache, derer sich vor allem Künstler und Preissänger bedienten. Es gab eindeutige Standards für Schönheit, die sich namentlich in der oralen Literatur äußerten. Sie bezogen sich auf Bewertungskriterien wie Ähnlichkeit, Proportion, Komposition, Ausgewogenheit, Abstraktion und dergleichen mehr. Diese Kriterien waren ihrerseits übergeordneten ethischen Werten verpflichtet. Ein Schnitzer würde zum Beispiel einen angesehenen alten Mann niemals in seiner derzeitigen Gebrechlichkeit darstellen, sondern immer auf dem Höhepunkt seiner einstigen körperlichen und geistigen Leistungsfähigkeit.

Doch der Befund, dessen Gültigkeit bei den Yoruba belegt zu sein schien, ließ sich in anderen Gesellschaften nicht bestätigen. Vielmehr zeigte sich, dass eine Unterscheidung zwischen „schön" und „gut", bzw. „wirkungsvoll" in natürlichen Alltagssprachen nur selten getroffen wird. Und auch bei den Yoruba wird das ausgefeilte ästhetische Vokabular durch den schlussendlichen Rückbezug auf ethische Werte relativiert. Schriftsteller und Philosophen, die selber den Yoruba angehörten, betonten außerdem, dass dieses Vokabular keineswegs so allgemeine Gültigkeit beanspruchen konnte, wie es in den Arbeiten Thompsons erschien. Es war vielmehr ein Register, dessen sich vor allem die Künstler, also die Schnitzer und die Preissänger bedienten. Arbeiten wie die über die Yoruba hatten ein spezifisches Anliegen: Sie wollten zeigen, dass Kunst in anderen Gesellschaften der gleichen Ästhetik verpflichtet ist wie die unsere. Sie waren letztlich dem Universalismus der Moderne verpflichtet und haben anderen Fragen Platz gemacht.

In neueren Arbeiten, wie sie unter anderem Howard Morphy vorgelegt hat, wird nicht mehr einfach nach Existenz oder Fehlen ästhetischer Deutungsmuster gefragt. Im Mittelpunkt steht eine *Soziologie des Wissens*, die danach fragt, wie groß die Reichweite eines solchen ästhetischen Vokabulars ist, in welchen Zusammenhängen es produziert und reproduziert wird, und wie weit es für das künstlerische Schaffen normativ ist. Dabei hat sich gezeigt, dass Künstler – unabhängig davon, welche Kunst sie ausüben – sich in einigen, aber auch nicht in allen Gesellschaften, eines speziellen Vokabulars bedienen können, das die selbstständige Bewertung künstlerischer Formen erlaubt. Ob ein solches Register besteht, hängt mit der Bildung und Selbstständigkeit des Milieus zusammen. Wichtig ist auch, wie dieses Wissen reproduziert wird. In den meisten nichtwestlichen Gesellschaften wird das Sehen von künstlerischen Ausdrucksformen nicht, wie in der Moderne, an diesen selbst gelernt. Künstlerische Ausdrucksformen sind keineswegs immer selbstreferentiell. Die Bezüge liegen größtenteils außerhalb ihrer selbst, nämlich in den Gebrauchszusammenhängen. Die anthropomorphe Figur eines Ahnen wird vor dem Hintergrund dessen gesehen, was man über Ahnen in der entsprechenden Gesellschaft weiß, also welche kulturellen Deutungsmuster zur Hand sind, wenn man in einer bestimmten Situation mit einer bestimmten Figur umgeht. Und natürlich ist entscheidend, wie solches Hintergrundwissen dann aktualisiert wird und sich mit den Widerständen der jeweiligen Situation verbinden lässt.

Es geht um eine ästhetische Praxis, die sich nicht in sedimentierten sprachlichen Deutungsmustern niederschlägt. Denn in der Sprache bildet sich nur das ab, was auch Gegenstand der Kommunikation wird. Das Milieu der Künstler bietet sicher einen besseren Nährboden für die Entstehung eines solchen sprachlichen Registers. Das ist wenig erstaunlich. Was Menschen erleben, erfahren und in ästhetischer Praxis erschaffen, ist aber ungleich mehr. Damit eröffnet sich der Kunstethnologie ein Feld, welches sie bislang kaum betreten hat. Die Frage richtet sich auf ein anderes Handeln: Wie erleben und erfahren Menschen künstlerische Ausdrucksformen in verschiedenen Gesellschaften? Wie sehen sie Malerei und Plastik, wie hören sie Musik?

7. Einführende Literatur

Boas, Franz
1927 [2]1955
Primitive Art. New York. Heute historische, zur Zeit ihres ersten Erscheinens wegbereitende Veröffentlichung zur kulturrelativistischen Ästhetik, entwickelt an der Kunst der amerikanischen Nordwestküste.

Coote, Jeremy / Shelton, Anthony (Hgg.)
1992 Anthropology, Art and Aesthetics. Oxford. Aktuelle Sammlung, die einen guten Einblick in die postmoderne Debatte um die Möglichkeiten und Grenzen einer transkulturellen Theorie der Kunst und Ästhetik gibt.

Forge, Anthony (Hg.)
1973 Primitive Art and Society. London. Rückblick auf die funktionalistische Auseinandersetzung mit der Kunst in außereuropäischen Gesellschaften, enthält Aufsätze vieler bekannter Autoren.

Gell, Alfred
1998 Art and Agency: An Anthropological Theory. Oxford. Eine der wenigen allgemeine Ansprüche erhebende ethnologischen Kunsttheorien der letzten Jahre, entwickelt anhand von Beispielen aus vielen Gesellschaften, vornehmlich jedoch aus Polynesien und Neuseeland.

Hug, Andreas (Hg.)
1997 Die anderen Modernen. Zeitgenössische Kunst aus Afrika, Asien und Lateinamerika. Berlin. Gibt einen brauchbaren visuellen Einblick in die zeitgenössische Kunst aus drei Kontinenten, die Texte vermitteln dagegen ein wenig aktuelles Bild der Diskussion dieser Kunst in der Kunstwelt und in der Wissenschaft.

Jopling, Carol (Hg.)
1971 Art and Aesthetics in Primitive Society. New York. Anthologie zur vergleichenden Ästhetik, die als Einführung in viele einflussreiche Texte der 1950er und 1960er Jahre noch brauchbar ist.

McEvilley, Thomas
1992, [2]1996
Art and Otherness: Crisis in Cultural Identity. Kingston. Eine kunsttheoretisch und kunsthistorisch reflektierte Auseinandersetzung mit den Künsten anderer Gesellschaften und Kulturen, die die Art und Weise, wie diese zu anderen Künsten gemacht werden, in den Mittelpunkt stellt.

Maquet, Jacques
1986 The Aesthetic Experience. New Haven. Theoretisch reflektierte Einführung in die interkulturell vergleichende Ästhetik aus einer persönlichen Perspektive.

Marcus, George et al. (Hgg.)
1995 The Traffic in Culture: Refiguring Art and Anthropology. Berkeley. Sammlung kritischer Auseinandersetzungen mit den Prozessen der Aneignung fremder Kunst durch Ethnologie und Kunstmarkt vor dem Hintergrund der Krise der Repräsentation.

Marschall, Wolfgang et al. (Hgg.)
1992 Die fremde Form. L'esthétique des autres. Bern. Sammlung von Aufsätzen einer Konferenz, die dem Diskussionsstand zu Kunst und Ästhetik aus der Sicht der Ethnologie zum Thema hatte.

Morphy, Howard et al.
1996 Aesthetics is a cross-cultural category, in: Tim Ingold (Hg.), Key Debates in Anthropology. London, p. 249–293. Einflussreiche, teilweise wörtlich wiedergegebene Debatte über die Universalität von ästhetischen Sichtweisen, Bewertungen und Einstellungen.

Otten, Charlotte (Hg.)
1971 Anthropology and Art: Readings in Cross-Cultural Aesthetics. Austin. Anthologie klassischer Texte zur Kunst, vor allem aus den kulturrelativistischen und strukturfunktionalistischen Schulen der Ethnologie. Enthält auch einen Wiederabdruck des einflussreichen Aufsatzes *Kunst als cultuur-element* von Gerbrands in Englisch.

Philips, Ruth / Steiner, Christopher (Hgg.)
1999 Unpacking Culture. Berkeley. Darstellungen, die den Warencharakter der außereuropäischen Kunst in den Mittelpunkt stellen und ihn vor dem Hintergrund der kolonialen und postkolonialen Geschichte untersuchen.

Rubin, William (Hg.)
1984 Primitivismus in der Kunst des 20. Jahrhunderts. München. Katalog der sehr einflussreichen, aber noch ganz der Moderne verpflichteten Ausstellung in New York. Die einzelnen Beiträge sind vor allem den stilistischen Einflüssen der außereuropäischen Kunst auf verschiedene Kunstrichtungen des 20. Jahrhunderts gewidmet.

Simon, Artur (Hg.)
1983 Musik in Afrika. Berlin. Trotz des Bezugs auf Afrika eine immer noch gute Einführung in die Fragestellungen der Musikethnologie.

Ströter-Bender, Jutta
1991 Zeitgenössische Kunst der ‚Dritten Welt'. Köln. Einführende Gesamtdarstellung, die durch das kleine Format leider nur wenig detailreiche Abbildungen bietet.

Christian F. Feest

Materielle Kultur

1. Einleitung und Definitionen

Der Mensch ist – so zitiert der amerikanische Ethnologe Clifford Geertz (1973: 5) die anschauliche Umschreibung des deutschen Soziologen Max Weber – „ein Tier, das in von ihm selbst gesponnenen Netzen von Bedeutungen hängt". Dieses Netz, so fährt Geertz fort, sei das, was man als *Kultur* bezeichnet. Es entbehrt nicht einer gewissen Ironie, dass Geertz sich zur Erklärung seines idealistischen Kulturbegriffs des Bilds eines Gegenstands bedient. Unbeabsichtigt werden wir so daran erinnert, dass der Mensch nicht nur Sinn sucht und schafft, sondern auch in einer Welt lebt, die er entscheidend durch die von ihm geschaffenen Dinge mitgestaltet hat.

Die oft mindere Beachtung, die dem gegenständlichen Menschenwerk in der neueren ethnologischen Forschung gewidmet wird, hat zum Teil forschungsgeschichtliche Ursachen, auf die noch kurz einzugehen sein wird. Zum Teil mag es aber auch daran liegen, dass wir die meisten der uns umgebenden Dinge als allzu selbstverständlich ansehen. Dass wir diese unsere täglichen Begleiter nicht selbst hergestellt, sondern als Waren erworben haben, trägt zu unserer Entfremdung von den Dingen bei. Aber auch wir kennen den gesellschaftlichen Wert von Prestigegütern – Kunstwerke, Luxuslimousinen oder Designerklamotten; und viele von uns sprechen mit ihrem Auto oder Computer, so als wären es beseelte, verständige Wesen.

Wie nachhaltig die Wirkung von Sachgütern auf die Lebensverhältnisse ist, zeigt sich oft beim Rückblick auf die Vergangenheit. Kaum ein Jahrhundert nach dem Kommen der Weißen berichtete im 18. Jh. ein Pelzhändler von den jägerischen Cree der Waldländer Ostkanadas: „Wenn sie von ihren Ahnen reden, wundern sich die alten Indianer, wie sie leben konnten, als der

Biber klüger und der Bär stärker war als sie, und sie gaben zu, dass sie ohne Gewehr, nur mit Pfeil und Bogen, heute nicht mehr überleben könnten.“ Ähnlich ist uns heute ein Überleben ohne die zur Bewegung der enormen Güter- und Bevölkerungsströme nötigen Verkehrsmittel oder ohne mittels Elektrizität betriebene Geräte nur schwer vorstellbar, und es wäre tatsächlich ohne eine erhebliche Veränderung unserer Lebensführung und radikale Verminderung der Weltbevölkerung nicht möglich. Ob es die Dinge waren, welche die Welt veränderten, oder die dahinter stehenden Ideen, ist eine müßige Frage: Die Idee des Rades allein hat noch kein Fahrzeug bewegt, aber ohne die Vorstellung von einer Sache gibt es auch keine Verwirklichung.

Die Ethnologie befasst sich daher nicht allein mit den Vorstellungswelten und Handlungen der Menschen als sozialer Wesen, sondern auch mit den Dingen, mit denen sie in ihren Lebensraum eingreifen, um ihn ihren Bedürfnissen entsprechend zu nutzen und zu verändern. Die Gesamtheit dieser Gegenstände, ihre Herstellung, ihren Gebrauch, das damit verbundene Wissen und im weiteren Sinn auch die den Dingen zugeschriebenen Werte und Bedeutungen bezeichnet man als *materielle Kultur* oder *Sachkultur*. In einem engeren Sinn wird der Ausdruck *materielle Kultur* manchmal nur auf die Produkte technischer Herstellungsprozesse angewandt. Ihrer Untersuchung widmet sich die *Ergologie* (von griech. *ergon*: Arbeit, Werk) oder Gerätekunde. Richtigerweise sollten dazu aber die Herstellungstechniken gezählt werden, deren Studium der Technologie obliegt (Feest und Janata 1989, 1999; zum Begriff vgl. auch Johansen 1992).

Artefakte (künstlich gemachte Sachen) sind alle von Menschen erzeugten Gegenstände. Wesentlich seltener werden *Naturfakte* gebraucht, die ohne Zutun des Menschen existieren, von ihm jedoch zu bestimmten Zwecken genutzt werden. So ist ein zugeschlagener steinerner Faustkeil ein Artefakt, ein Geröllstein, den man zum Aufschlagen einer Nuss benutzt, ein Naturfakt; eine geschnitzte Ahnenfigur ist ein Artefakt, ein als Sitz übernatürlicher Wesen verehrter Berg ein Naturfakt, das durch die Bedeutungszuschreibung und Gebrauch als Kultobjekt zu materieller *Kultur* wird.

So bedeutend sind die von ihm gemachten Artefakte für den Menschen, dass man lange Zeit die Fähigkeit, Geräte herzustellen und das dazu nötige Wissen weiterzugeben, als ein Unterscheidungsmerkmal des Menschen von anderen Primaten ansah. Genauere Beobachtungen haben allerdings gezeigt, dass zu dieser Leistung auch Schimpansen in der Lage sind, deren Gerätebestand dem mancher menschlicher Bevölkerungen (wie jenem der seit dem 19. Jahrhundert ausgestorbenen Tasmanier) mindestens vergleichbar ist (McGrew 1992). Was die Primaten nicht können, ist die Herstellung von *Werkzeugen*, das sind eigene Geräte zur Herstellung anderer Geräte. (Unter „Gerät“ verstehen wir dabei alle von Menschen als Teil ihrer Kultur zu einem bestimmten Zweck gebrauchten Dinge, einschließlich Häuser, Kleidung und anderer Sachen, die man umgangssprachlich nicht als Geräte bezeichnen würde.) Werkzeuge und spezielle Geräte funktionieren auf der Grundlage derselben Prinzipien wie der Nagezahn des Bibers, die Scheren des Krebses und die anderen Hilfsmittel, die den Tieren angeboren sind. Aufrechter Gang und die Greiffähigkeit der Hände erlauben es den Menschen hingegen, seinen Gerätebestand nach Belieben auszutauschen.

Während Naturfakte Gebrauchsgegenstände sind, die man nicht selbst herstellen muss, sind *Exofakte* Artefakte, die man nicht selbst erzeugen kann, weil niemand innerhalb einer Gesellschaft die dazu nötigen Kenntnisse besitzt (Oswalt 1976). So waren z. B. die oben erwähnten Jagdgewehre der Cree Exofakte, die von europäischen Händlern bezogen wurden und die man nicht einmal selbst reparieren konnte. Exofakte setzen Formen der Arbeitsteiligkeit über die Gruppengrenzen voraus und führen leicht zur Entstehung von Abhängigkeitsverhältnissen der Benutzer gegenüber ihren Lieferanten. In Gesellschaften mit hochgradiger Arbeitsteiligkeit bestehen solche Abhängigkeiten für so gut wie alle Individuen, auch wenn die entsprechenden Dinge in der eigenen Gesellschaft produziert werden (also *Endofakte* sind). Früher klammerte man Exofakte häufig aus der ethnologischen Betrachtung der materiellen Kultur aus, weil die Techniken ihrer Herstellung in ihr nicht heimisch sind – so als würde Fremdeinfluss Kulturen verunreinigen. Tatsächlich haben Exofakte oft einen entscheidenden Einfluss auf die Möglichkeiten der Lebensgestaltung.

2. Die Dinge in der Welt

Geräte und die mit ihnen verbundenen Tätigkeiten bilden die wohl wichtigste Schnittstelle zwischen den Menschen und der Welt, in der sie leben. Rohstoffe, gleich ob Holz, Stein oder Metall, werden mittels Werkzeugen aus der Umwelt gewonnen und weiterverarbeitet. Gemeinsam mit Fallen und Fanggeräten (wie Angeln, Stellnetzen oder Bolas) sorgen Waffen für die Nahrungsgewinnung der Jäger und Fischer und dienen in oft kaum veränderter Form zur Austragung von Fehden und Kriegszügen. Sammelwirtschaft, Bodenbau oder Tierhaltung sind gleichermaßen ohne materielles Rüstzeug undenkbar, und auch die Nahrungszubereitung bedarf entsprechender Hilfsmittel. Kleidung schützt den Körper gegen Wind und Wetter (und als Rüstung gegen Feinde); Zelte oder Häuser erfüllen unter anderem vergleichbare Aufgaben für ganze Gruppen von Menschen. Selbst wenn der Mensch als Lastenträger die größte Zahl an Transportleistungen zu Fuß erledigt, kann er dies kaum ohne Tragbehälter und andere Hilfsmittel bewerkstelligen. Große Transportvolumina sind vor allem über große Strecken ohnedies nur mit Land- und

Wasserfahrzeugen möglich. Abgesehen vom Gesang bedarf auch jede musikalische Betätigung geeigneter Instrumente, und kaum eine Religion erreicht jene Abstraktionsebene, die einen Verzicht auf Kultgeräte ermöglichen würde.

Die meisten der Aufgaben, zu deren Erledigung Geräte benutzt werden, müssen von allen Menschen gelöst werden: Rohstoff- und Nahrungserwerb, Schutz gegen äußere Einwirkungen, Beförderung von Gütern und Personen, Kult, usw. Zugleich unterscheiden sich die Kulturen der Welt in erheblichem Maß gerade durch die materielle Ausstattung, mit der sie diesen Herausforderungen des Lebens gerecht zu werden versuchen. Die physikalischen und chemischen Grundlagen technischer Vorgänge sind für alle Menschen gleich; das Ausmaß, in dem sie genutzt bzw. gemeistert werden, ist höchst unterschiedlich. Das Vermögen, hohe Temperaturen zu erzeugen und zu kontrollieren, ist die Voraussetzung für die Verarbeitung von Erzen zu Metallen (und für die Herstellung höherwertiger Keramik). Eine noch größere Hürde stellt die Nutzung der technischen Drehbewegung mittels gelagerter Achsen dar, ohne die weder Radfahrzeuge, noch jene Mechanisierung von Arbeitsvorgängen (von Mühlen über Töpferscheiben zu Spinnrädern) und der Energiegewinnung (von Wasser- und Windrädern zu Dampfmaschinen) möglich sind, die einen Quantensprung in den Produktionsweisen und im Verkehrswesen auslösten.

Aber auch abgesehen von diesen technischen Wasserscheiden der Menschheitsgeschichte ist die Bandbreite der Lösungsmöglichkeiten für ein gegebenes Problem beträchtlich. Die Varianten der Besehnung eines Bogens, bzw. der Befestigung der Sehne am Bogenstab sind ebenso Ausdruck der kulturellen Vielfalt wie die Konstruktionsweisen und die Gestalt von Wohnbauten. Wigwam, Tipi, Iglu, Maloca oder Jurte sind jeweils typisch für ihre Bewohner. An der Tracht erkennt man Mitglieder ethnischer Gruppen, aber auch von Ständen oder Berufsgruppen. Selbst Geschlechteridentität wird durch Kleidung signalisiert. Offensichtlich ist eine derartige Funktion materieller Kultur nicht die primäre Aufgabe der Dinge. Aber wir erkennen, dass Artefakte auch symbolfähig sind, das heißt, dass sie zum Träger von Bedeutung werden können. Freilich unterliegt die Funktionsfähigkeit von Geräten bei allen Unterschieden der Ausführung den gleichen universellen Notwendigkeiten. Ob ein Wasserfahrzeug sich als schwimmfähig erweist, ist letztlich kein Zufall. Welche Bedeutung einem Boot zugeschrieben wird und ob die Farbe der Kopfbedeckung oder der Schnitt des Mantels eine Gruppe von einer anderen unterscheidet, ist hingegen völlig zufällig und kann sich auch rasch ändern.

Es liegt an der Ganzheitlichkeit von Kulturen, dass die materielle Ausrüstung einer Bevölkerung in enger Wechselbeziehung zu anderen Aspekten ihrer Lebensführung steht. Technisches Wissen, ökonomische und soziale Voraussetzungen, Vorstellungen über das Funktionieren der Welt, Anschauungen über Schönheit und Richtigkeit – all dies und mehr trägt zur Gestalt und Wirkung der von Menschen geschaffenen Dinge bei, deren Betrachtung deshalb auch Einsichten in diese lenkenden Faktoren zulässt.

Wohnbauten (gleich ob improvisierter Windschirm, mobiles Zelt oder ortsfest errichtetes Haus) mögen als Beispiel dienen. Nicht ohne Grund bezeichnet man Bauformen als die materielle Kultur der sozialen Organisation, denn Wohnungen umschließen Residenzgruppen: Die Größe und Zusammensetzung der zusammenlebenden Gruppe spiegelt sich in der Wohnfläche, aber auch der Gliederung des Raums in Funktionsflächen. Hierarchien innerhalb der Gruppe oder Formen der Arbeitsteilung hinterlassen ihre Spuren im Vorhandensein von Ehrenplätzen, Kochstellen oder abgetrennten Arbeitsräumen. Umgekehrt kann die Belegungsdichte eines Wohnbaus Auswirkungen auf den kulturspezifischen psychischen Stress haben, dem die Mitbewohner ausgesetzt sind. Ob sie mit ihren Nachbarn in Frieden oder häufigem Streit leben, verrät das Ausmaß der Befestigung des Gebäudes. Die aus der vorherrschenden Form der Nahrungswirtschaft entspringende Lebensweise bestimmt die notwendige Mobilität und Permanenz der Bauten, die Errichtung eigener Sommer- und Winterhäuser, aber auch die Auswahl des Bauplatzes im Hinblick auf den günstigsten Zugang zu den Ressourcen. Zugleich fallen als Nebenprodukt der Wirtschaftstätigkeit oft ganz von selbst Baumaterialien an. Deshalb decken Jäger ihre Behausungen oft mit Leder, bodenbautreibende Bevölkerungen mit Stroh. Das Wissen der Bauherren im Hinblick auf Statik, Kenntnis der lokal verfügbaren Baumaterialien und Techniken der Materialverbindung ist mitentscheidend für die Ausführung der tragenden Konstruktion unter Rücksichtnahme auf die anderen genannten Variablen.

Die Ausrichtung des Bauwerks nach den Himmelsrichtungen kann klimatische Gründe haben, wird aber häufig kosmologisch gedeutet. Das Gebäude ist auch ohne derartige Symbolik bewohnbar. Man kann somit von einem „Luxus der Bedeutung“ sprechen, den sich die Bewohner leisten, ebenso wie jedes vom Menschen geschaffene Ding über den „Luxus der Form“ verfügt. Darunter versteht man alles, was über die Notwendigkeiten hinaus geht, die sich aus der beabsichtigten Anwendung eines Produkts ergeben, und da es in der Welt der Dinge keine völlige Bestimmtheit der Form durch den vorgesehen Gebrauch gibt, ist ein solcher Luxus unvermeidbar. (An diesem Punkt setzt übrigens die Betrachtung materieller Kultur als Phänomen ästhetischer Gestaltung an.)

Kulturen unterscheiden sich voneinander auch durch das Ausmaß, in dem sie den von ihnen geschaffenen oder benutzten Dingen Beseeltheit und Eigenpersönlichkeit zuschreiben. (In den Vorstellungen über die Erschaffung des Menschen hat der Schöpfer oft etwas vom Handwerker an sich.) Unabhängig davon spricht man heute gerne von der *Biographie des Objekts*, das dadurch zum Leben erweckt wird, dass es vom Zeitpunkt seiner Erzeugung bis zum Ablauf seiner Brauchbarkeit stets in sinnstiftende soziale Zusammenhänge eingebettet ist, die aus ökonomischer Sicht von Produktion, Austausch und Konsum, bzw. Gebrauch bestimmt sind (Appadurai 1986, Riggins 1996).

In technologischer Hinsicht ist die Herstellung eines Geräts zugleich Handwerk und „Kopfwerk“: es ist die Realisierung von technischem und Gestaltungswissen nach Maßgabe der manuellen Geschicklichkeit. Der Erzeuger oder die Erzeugerin ist das jeweils letzte Glied einer Überlieferungskette, in der die notwendigen Kenntnisse akkumuliert und den jeweiligen Bedürfnissen angepasst werden. Das Produkt trägt also gewissermaßen die Erblast seiner Abstammung mit sich. Die Individualität eines Gegenstands ist zum Teil eine Folge der Produktionsbedingungen: Sie ist im Hauswerk größer als in Handwerk, in der Manufaktur oder gar in der industriellen Fertigung, bei der jeder Arbeitsschritt von jemand anderem verrichtet wird. Mit der höheren Arbeitsteiligkeit kommt es aber auch zu einer Differenzierung von Qualitäten, und neben die Dutzendware tritt die luxuriöse Einzelanfertigung. So werden schon bei der Geburt des Dings wichtige Weichen für seine weitere Existenz gestellt: Verbleibt es im Haushalt des Herstellers, ist es für lokale oder entfernte Märkte bestimmt, oder wird es als Auftragsarbeit das Ansehen seines späteren Besitzers repräsentieren?

So sehr auch die Natur eines Objekts durch seine Herstellung geprägt ist, so sehr kann sie sich durch die Entfremdung aus dem Produktionszusammenhang verändern. Im Austausch tritt der Gegenstand in das Feld aktiver sozialer Beziehungen ein, hier wird ihm durch die erbrachte Gegenleistung ein überindividueller Wert zugeschrieben, hier erlangt es gesellschaftlich anerkannte Bedeutung. Auch wenn das Artefakt in seiner äußeren Form dasselbe zu bleiben scheint, wird es durch einen Transfer in einen neuen kulturellen Zusammenhang, der zugleich ein neuer sozialer Handlungsrahmen ist, in etwas anderes transformiert. Die eisernen Äxte, die den europäischen Siedlern in Nordamerika als Werkzeug dienten, wurden von ihrer indigenen Nachbarn, die sich ihre Machart nicht erklären konnten, zunächst für das Erzeugnis oder gar den Sitz übernatürlicher Wesen gehalten. In ihren Händen verwandelte sich die Axt zum Tomahawk, den man als Kriegsbeil und Wurfwaffe gebrauchte, und dessen Ein- und Ausgraben zur stehenden Redewendung für Krieg und Frieden wurde.

Die meisten Geräte der vormodernen Zeit können als Organprojektionen oder Verbesserungen der Wirkungsweise menschlicher Körperteile betrachten werden. Selbst dort, wo sie darüber hinausgehen, werden sie durch ihre Nutzung an die Bedürfnisse des Menschen assimiliert und sind damit Extensionen der Persönlichkeit. Das gilt für das der Hand des Schnitzers individuell angepasste Schnitzmesser ebenso wie für die von der Stange gekaufte Konfektionskleidung. Dieser Domestikationsprozess, dem die Dinge durch ihren Gebrauch unterworfen werden, verläuft gleichermaßen auf der Ebene des Individuums wie der Gesellschaft, ist also auch ein kulturelles Phänomen.

Es liegt an den Rahmenbedingungen der vor- und außerindustriellen Produktion, dass die dort hergestellten Gegenstände in erster Linie für den Gebrauch und nicht den Konsum (Verbrauch) bestimmt sind. Weil die Stückkosten der Herstellung sehr hoch sind (oder umgekehrt die eigene Arbeitskraft sehr billig), werden Artefakte unter diesen Voraussetzungen solange wie möglich repariert und nicht einfach durch neue ersetzt. Auf den Müll gelangt schließlich nur, was nicht noch einer sekundären Verwendung zugeführt werden kann. Recycling ist hier also nicht Umweltschutz durch Abfallverminderung, sondern Vermeidung des zur Extraktion neuer Rohstoffe nötigen Energieaufwands. So schlagen die Gegenstände selbst in ihrem Tod noch Wurzeln für ein Weiterleben in der menschlichen Gesellschaft (vgl. auch Groethues 1984).

Nach dem Gesagten kann es nicht verwundern, dass Veränderungen der Produktionsbedingungen (von der häuslichen zur industriellen Produktion) und der Formen des Austauschs (von der generalisierten Reziprozität zur Geldwirtschaft) einen einschneidenden Einfluss auf das Verhältnis der Menschen zu den von ihnen verwendeten Gegenständen und mithin auf das Verhältnis von Subjekt zu Objekt besitzen (Miller 1987). Zugleich betrifft der Prozess der Verwandlung in Waren (*Kommodifikation*) unter der durch die Geldwirtschaft ermöglichten vollständigen Konvertibilität von Gütern und Leistungen nicht nur die Welt der Dinge, sondern auch die der Ideen, und muss in diesem Zusammenhang betrachtet werden. So ist vieles anders geworden, seit unsere entfernten Vorfahren die ersten Geräte benutzten und die ersten Werkzeuge herstellten. Außer Zweifel steht jedoch, dass sich in dieser langen Zeit die Bedeutung der Dinge für den Menschen in ungeheuerem Ausmaß vermehrt hat.

3. Die Dinge in der Forschung

Dieser Bedeutung der Dinge in der Welt ist die neuere ethnologische Forschung nur bedingt gerecht geworden. Es ist freilich gerade diese Vernachlässigung, die das Studium der materiellen Kultur zu einem der großen Hoffnungsgebiete der Ethnologie macht. Die dabei einzuschlagenden Wege sind vielfältig (vgl. z. B. Schlereth 1985, Reynolds und Stott 1987, Miller 1998, Glassie 1999, Feest 2000).

Als empirische Wissenschaft muss die Ethnologie, selbst wenn sie Kultur als einen der direkten Beobachtung unzugänglichen mentalen Prozess versteht, auf Beobachtungstatsachen aufbauen. Nun sind die Dinge neben Handlungen und Sprechakten die dritte beobachtbare Erscheinungsform menschlicher Kultur, die sich von den anderen beiden durch eine Reihe wesentlicher Unterschiede auszeichnet. So sind Handlungen und Worte flüchtig, wenn sie nicht durch Schrift, bzw. akustische oder visuelle Aufzeichnungsmethoden festgehalten werden, während Artefakte zumeist beständig sind und eine solche Medialisierung nicht benötigen, weil sie selbst ein Medium sind, in dem menschliches Handeln verdinglicht ist. Das gilt in erster Linie für den Prozess ihrer Herstellung, dessen Ergebnis sie sind, während ihre Verwendung aus den Gebrauchsspuren nur zum geringen Teil erkennbar ist. Man bezeichnet die vom Menschen hergestellten Gegenstände daher auch als *direkte* Quellen, weil sie unvermittelte Zeugnisse für kulturelle Praktiken darstellen, während Beschreibungen, Abbildungen oder Tonaufzeichnungen immer durch einen Vermittlungsprozess gebrochen und daher *indirekt* sind, besonders wenn die Aufzeichnungen von Fremden (gleich ob Wissenschaftlern oder Laien) getätigt werden. Aussagen über Artefakte sind daher leichter zu überprüfen als solche etwa über Handlungen, und folglich stehen auch typologische Ansätze im Bereich der materiellen Kultur auf etwas festeren Beinen als solche, die die reine Vorstellungen betreffen.

Der Erkenntnis, dass Gegenstände wichtige Dokumente menschlichen Ausdrucks und kultureller Vielfalt sind, verdanken wir die Entstehung eigener Archive zu ihrer Bewahrung. Es sind die seit dem späten 18. Jahrhundert entstandenen ethnographischen Sammlungen und Museen, die zum Teil die Exotica der bis ins 16. Jahrhundert zurückreichenden Kunst- und Wunderkammern erbten und im 19. Jahrhundert zu den ersten Einrichtungen zählten, an denen sich die Ethnologie als Wissenschaft professionalisierte. In dieser Epoche entwickelten sich ganz unterschiedliche theoretische und methodische Ansätze aus der konkreten Museumsarbeit: die Entwicklungsreihen des A. H. Lane Fox Pitt Rivers, die Elementar- und Völkergedanken des Adolf Bastian, die Kulturräume des Otis T. Mason oder die historischen Beziehungskriterien der Form und Quantität des Fritz Graebner (vgl. Stocking 1984). Ihnen wurde im 20. Jahrhundert neben manch berechtigtem Zweifel an den erzielten Ergebnissen vor allem die üble Nachrede der weltfremden Schreibtischgelehrtheit zum Verhängnis. Dies führte in der Folge zur Vorherrschaft einer akademischen Ethnologie, die für die materiellen Dokumente in den Museen immer weniger Interesse aufbrachte. Gleichzeitig kam es durch die Erhebung der Feldforschung zur primären Methode ethnologischer Datengewinnung zu einer Privilegierung der Gegenwart und Synchronie gegenüber der Vergangenheit und Diachronie. Den Museen wies man den Bereich der ethnologischen Volksbildung zu, weil Gegenstände durch ihre Anschaulichkeit auch dem Nichtfachmann rasch einen Einblick in die kulturelle Vielfalt ermöglichten. Dabei übersah man geflissentlich die spezifischen Probleme und Möglichkeiten von Gegenständen als Quellen der Ethnologie.

Zentrales Problem bei der Beurteilung der in den Museen verwahrten ethnographischen Objekte ist ihre Entfremdung aus dem ursprünglichen Handlungs-, Sinn- und Funktionszusammenhang. Zwar sind Artefakte direkte Zeugnisse ihrer eigenen Herstellung, die komplexe Einbettung in die Gesamtheit der Lebenswelten ihrer Herkunft geht jedoch verloren, wenn sie durch das Sammeln diesem Zusammenhang entrissen werden und in den Museen als autonome Zeugen kultureller Fremdheit dienen müssen. Nun sind selbst die von Ethnologen im Rahmen ihrer Feldforschungen angelegten Sammlungen im Hinblick auf die kontextuelle Information oft recht mangelhaft. Darüber hinaus jedoch stammt die Mehrheit der Bestände der Museen gar nicht aus ethnologischer Sammeltätigkeit im engeren Sinn, sondern von Händlern, reisenden Laien, in der Vergangenheit insbesondere auch von Kolonialbeamten oder Missionaren, denen die Bedeutung der kulturellen Zusammenhänge meist nicht ausreichend bewusst war.

Wenn oben die Vorzüge der unmittelbaren gegenüber den vermittelten Quellen hervorgehoben wurden, so hat spätestens die Diskussion über ethnographische Autorität und Repräsentation in den achtziger Jahren des 20. Jahrhunderts klar gemacht, dass auch ethnographische Sammlungen „Texte“ sind. Ihre Sammler machen uns glauben, dass das, was sie den Museen abgeliefert haben, ein getreues Abbild der materiellen Kultur einer bestimmten Bevölkerung ist. Jede Sammeltätigkeit enthält jedoch notgedrungen das Element der Selektivität, wobei selten die ganze Bandbreite typologischer Variation und vor allem Qualität der Ausführung abgedeckt wird. Es besteht eine verständliche Neigung dazu, vor allem qualitativ hochwertige oder aus anderen Gründen besonders herausragende Objekte für die Sammlung auszuwählen, auch wenn dadurch ein verzerrtes Abbild der Wirklichkeit entsteht. Was gesammelt wird, ist also weitgehend subjektiv bestimmt. Wie bei anderen Quellen ist auch bei Sammlungen Quellenkritik erforderlich, die den Einfluss des Sammlers in seiner spezifische biographischen Prägung auf das Ergebnis seiner Sammeltätigkeit berücksichtigt. Zugleich hat eine breite Diskussion über die Repräsentation des kulturell Anderen in Museen und ihre Legitimität stattgefunden (vgl. z. B. Barringer und Flynn 1998, Karp und Levine 1991, Müller und Schindlbeck 1993, Pearce 1992).

Die erhöhte Selbstreflexivität der Ethnologie des späten 20. Jahrhunderts hat den Museen auch die Einsicht beschert, dass ihre Sammeltätigkeit selbst das Resultat einer kulturspezifischen Praxis ist. Das Europa der Neuzeit erweist sich als eine der wenigen Kulturen der Welt, die der Aufbewahrung von Dingen der Seltenheit ihrer Form wegen einen besonderen Wert zuschreibt und daraus die Möglichkeit der systematischen Veränderungen dieser Formen gewinnt (Alsop 1982). Aber auch aus anderer Perspektive erweist sich das ethnologische Museum selbst als Thema der ethnologischen Forschung (Ames 1992). So gilt auch hier, dass Objekte durch Verpflanzung in einen neuen Sinnzusammenhang in Wert und Bedeutung transformiert werden. Was in der Ursprungskultur Gebrauchsgegenstand war, der seine Wertigkeit weitgehend aus der Nützlichkeit seiner Anwendung bezog, ist er in der Kultur der Sammler zum Dokument kultureller Fremdheit geworden, dessen Wert gerade dadurch erhalten wird, dass er nicht mehr im ursprünglichen Sinn verwendet wird. Die Biographie des fremden Gegenstands wird in unserer Gesellschaft durch seine wechselnden Rollen als inventarisiertes Objekt der bürokratischen Einrichtung Museum, als Spekulationsobjekt im Handel mit Ethnokunst oder durch Rückforderungen als Teil des durch die Kolonialherrschaft geraubten Kulturerbes seitens junger Nationalstaaten der Dritten oder als identitätstiftende heilige Gegenstände seitens mancher Völker der Vierten Welt bestimmt (z. B. Feest 1995, 1998).

Die nicht ganz neue Erkenntnis, dass die größte Vielfalt der Kulturen der Welt in der Vergangenheit anzutreffen ist und dass Kulturen prozesshaft und nur in ihrer historischen Bedingtheit angemessen zu verstehen sind, haben im späten 20. Jahrhundert wieder zu einer Stärkung des ethnologischen Interesses an Diachronie und Vergangenheit geführt und damit die Bedeutung der Museen als Archive materieller Kulturdokumente gestärkt (z. B. Cantwell et al. 1981). Die ethnologische Objektforschung muss sich zur Erschließung ihrer musealen Quellen einer Vielfalt historischer, philologischer, aber auch naturwissenschaftlicher Methoden bedienen, um die Sachdokumente korrekt in Raum und Zeit einzuordnen und so eine Rekontextualisierung zu ermöglichen. Sie teilt diese Vorgangsweise mit anderen Disziplinen, die sich mit Artefakten vergangener Zeiten und anderer Kulturen befassen, weil sie entweder wie die Urgeschichtsforschung so gut wie keine anderen Quellen besitzt, oder wie die Sozialgeschichte aus den Sachgütern die Lebensverhältnisse jener gesellschaftlichen Gruppen (wie Unterschichten, aber auch Frauen) zu erkennen versucht, die etwa in Schriftquellen mangelhaft repräsentiert sind.

Feldforschung ist als Methode der Rekontextualisierung selbst dort nur bedingt geeignet, wo kulturelle Kontinuitäten vorhanden sind, weil Sinngebung und Wertzuschreibung auch bei unveränderter Form nicht unbedingt konstant sind. Trotzdem hat auch die Arbeit im Feld weiterhin wichtige Beiträge zur Erforschung der materiellen Kultur zu leisten. So sollte das Sammeln von Objekten für ein Museum in erster Linie im Feld und nicht auf dem Kunstmarkt erfolgen, weil nur so die nötige Dokumentation des Kontexts möglich ist. Es trifft zwar zu, dass in Museen vorwiegend alte Dinge aufbewahrt werden; erworben werden sollten sie aber möglichst aus dem lebendigen Gebrauch – alt werden sie ganz von selbst. Für das sachgemäße Sammeln gibt es gute Anleitungen (z. B. Sturtevant 1967). Kaum eine Sammlung erfüllt freilich zur Gänze das angestrebte Dokumentationsziel, denn eigentlich wäre für jedes einzelne Objekt seine bisherige Biographie zu rekonstruieren; eigentlich sollte man nicht nur Gerätetypen sammeln, sondern die ganze Bandbreite der Typen; und letztlich müsste der zu jedem gesammelten Gegenstand gehörige Akt eine eigene Monographie sein.

Die Feldforschung muss sich auch mit jenen Formen materieller Kultur befassen, die kaum in den Beständen der Museen zu finden sind; so wird z. B. Architektur nur in wenigen Freilichtmuseen anders als in Form von kaum repräsentativen Modellen gesammelt. Auch Herstellungsprozesse lassen sich in den Sammlungen nur durch die Aufbewahrung von Fertigungsstadien belegen; zur Festhaltung des gesamten Ablaufs sind daneben auch Beschreibungen und Abbildungen erforderlich. Das Medium des Films eignet sich dafür besonders gut und wurde auch so lange dafür erfolgreich eingesetzt, bis ethnographische Filmemacher sich immer mehr als Künstler und diese niedere Form der Dokumentation als unter ihrer Würde empfanden. Auch war vielen Betrachtern die pure Darstellung technischer Prozesse wiederum zu wenig kontextualisiert. Leider gilt aber insgesamt, dass der grundsätzlichen Einsicht in die komplexen Beziehungen der Sachgüter zu andern Aspekten der Kultur nur selten entsprechend gründliche Untersuchungen gefolgt sind. (Zu den Ausnahmen zählt die Studie von Fél und Hofer [1974] über den Gerätegebrauch in einem ungarischen Dorf.)

Dies musste zum Beispiel die Urgeschichtsforschung erfahren, die vor allem im Rahmen der so genannten *Neuen Archäologie* seit den sechziger Jahren des 20. Jahrhunderts von der reinen Klassifikation und Ähnlichkeitsdiagnose der Fundstücke zu weitreichenden Schlussfolgerungen auf die sozialen, politischen, wirtschaftlichen und ideologischen Bedingungen in prähistorischen Kulturen vorzudringen versuchte. Als Wissenschaft vom Menschen ging sie von der ethnologischen Erkenntnis von der Ganzheitlichkeit von Kulturen aus und bemühte sich um Rückschlüsse von den beobachtbaren Eigenschaften der Funde zu den mit ihnen einst assoziierten Rahmenbedingungen. Die Suche in der ethnologischen Fachliteratur blieb leider allzuoft erfolglos und führte zur Entstehung der neuen Disziplin der *Ethnoarchäologie*, deren Ziel ein besseres kontextuelles Verständnis prähistorischer Funde ist. So lassen Langzeitstudien bei Bevölkerungen, in denen die Töpferei bis in die Gegenwart eine wichtige Rolle spielt, neue Deutungen bestimmter Fundmuster zu (Longacre 1991; vgl. Hahn 1996).

Die Ethnoarchäologie geht dabei notwendigerweise von systemhaften Beziehungen zwischen verschiedenen kulturellen Bereichen aus (und ist deshalb auch in die Kritik der postmodernen *post-prozessualen* Archäologie geraten, die einen solchen Szientismus im Kern für rassistisch hält). Dass solche Beziehungen bestehen, legen signifikante statistische Korrelationen im interkulturellen Vergleich nahe, die z. B. das Verhältnis der Grundfläche von Wohnbauten zu bestimmten Formen der Heiratswohnfolge betreffen. In vielen Fällen sind auf dieser Grundlage postulierte Theorien, von denen auch die museale Objektforschung profitieren könnte, mangels ausreichender Felddaten kaum überprüfbar.

Im empirischen Bereich sind die Herstellungsweisen von Geräten sowie deren Formen und Anwendungen der unmittelbaren Beobachtung zugänglich und daher auch schon in der Vergangenheit häufig Thema der Forschung gewesen. Trotz des im Zuge der Globalisierung bereits eingetretenen Verlusts zahlreicher Techniken und Geräteformen einschließlich ihres Gebrauchs gibt es immer noch breiten Raum für Untersuchungen dieser Art auf der Grundlage klarer theoretischer Erwartungen (vgl. etwa Balfet 1991, Lemonnier 1992). Ähnlich wie bei der Dokumentation gefährdeter Sprachen geht es daneben auch um die Sicherung des Wissens über die gesamte Bandbreite menschlicher Kulturleistungen, die überdies ein beträchtliches Anwendungspotential haben. So bilden die in verschiedenen Kulturen traditionellen Kenntnisse über Bambus als Baustoff die Grundlage für mögliche Entwicklungsprojekte im Sinne einer an lokale Möglichkeiten und Bedürfnisse angepassten Technologie (Bauer 1993). Unabhängig von der Frage der Systemhaftigkeit von Verknüpfungen bietet die Kenntnis der empirisch feststellbaren Variation von Formen und ihres Gebrauchs eine weitere Grundlage für die Interpretation historisch gesammelten Materials.

Auch Austausch und Konsum unterliegen der unmittelbaren Beobachtung. Ihnen wird von der neueren Forschung größere Beachtung geschenkt als Herstellung und Anwendung, weil aus ihnen Wert und Bedeutung erschlossen werden können. Semiotische Ansätze sehen die Artefakte als Teil von Zeichensystemen und versuchen die *Sprache der Dinge* zu entschlüsseln (vgl. z. B. ter Keurs und Smids 1990, Hodder 1989). Derartige Untersuchungen können zum Verständnis einzelner Kulturen beitragen, weil jedoch Sinn- und Wertzuschreibungen weitgehend willkürlich sind, ist damit für die Rekonstruktion historischer Kulturen kaum etwas gewonnen. Dazu kommt die wachsende Bedeutung von Prozessen der Kommodifikation, deren Auswirkungen auf das Verhältnis von Menschen und Dingen qualitativer und nicht nur quantitativer Natur sind (vgl. Miller 1996).

Orte der Erforschung materieller Kultur sind also das Feld mit seiner beobachtbaren Einbindung von Dingen in das menschliche Leben, das Museum als Archiv von Sachdokumenten und (trotz aller Schelte) der Schreibtisch, an dem auch Ethnologen den Großteil ihres Lebens verbringen. Unabhängig davon gibt es drei einander ergänzende Perspektiven der Forschung: Die Betrachtung des einzelnen Gegenstands, die Untersuchung der Rolle der materiellen Kultur in einer Gesellschaft und den weltweiten Kulturvergleich.

Die Konzentration auf ein einzelnes Produkt gilt als typisch für die Kunstwissenschaft. Im Gegensatz zur Annahme, die Autonomie des Einzelwerks mache eine Beschäftigung mit dem Kontext überflüssig, beachtet jede seriöse Auseinandersetzung mit einem Kunstwerk (und dazu kann man in den Wortes des Kunstwissenschaftlers George Kubler [1961] „die ganze Bandbreite der vom Menschen gemachten Dinge“ zählen) sehr wohl die kulturellen Hintergründe, geht dabei aber vor allem vom individuellen Schöpfer des Werks in seiner kulturspezifischen Prägung aus. So wie die Kunstwissenschaften sich zunehmend *anthropologischer* Ansätze bedienen, so erfreut sich auch in der ethnologischen Beschäftigung mit den Dingen der Zugang über das einzelne Objekt und seine individuelle Biographie wachsender Beliebtheit.

In Untersuchungen des kulturellen Stellenwerts der Dinge zeigen sich, wie bereits dargelegt wurde, besonders deutlich die unterschiedlichen methodischen Ansätze bei der Beschäftigung mit Kulturen der Vergangenheit und jenen der Gegenwart. In beiden Fällen geht es jedoch um die spezifischen kulturellen Verknüpfungen von Objektklassen.

Der Kulturvergleich strebt danach, über den Einzelfall hinaus gehend zu Verallgemeinerungen über Menschen und ihre Kulturen zu gelangen. Im Hinblick auf materielle Kultur bedeutet dies im breitesten Sinn auch Technikgeschichte und umschließt vergleichende Untersuchungen einzelner Gerätetypen oder -klassen (z. B. Pfeil und Bogen oder Architektur) in synchroner oder diachroner Sicht (z. B. Oswalt 1976, Cotterell und Kamminga 1990), aber auch Betrachtungen über die Bedeutung der Dinge und Techniken in der Menschheitsgeschichte (z. B. Barnard und Pelto 1987). In dieser Perspektive wird deutlich, dass die Domestikation der technischen Drehbewegung und externer Kräfte wie Feuer, Wind oder Schwerkraft für die menschliche Nutzung wesentlich zu jenen Veränderungen beitrugen, die langfristig das Verhältnis zwischen den Kulturen der Welt entscheidend beeinflussten. Durch sie entstanden jene Produktivitätsvorteile und die daraus erwachsenden Asymmetrien ökonomischer und politischer Macht, die die Welt zu dem gemacht haben, was sie heute ist – unbeschadet der Frage, ob man das für gut hält oder nicht.

4. Literatur

4.1 Einführende Literatur

Feest und Janata
1989, 1999 (1966)
Systematische Übersicht über die wichtigsten Prozesse der Verarbeitung von Rohstoffen und der Produkte (Werkzeuge, Wirtschaftsgeräte, Transportmittel, Bauformen, Kleidung und Schmuck), ihre kulturelle Bandbreite und die zu ihrer Beschreibung angemessene Terminologie.

Feest
1999 Zu Aufgaben und gegenwärtigen Perspektiven ethnologischer Museen.

Suhrbier und Raabe
2002 Wirtschaftliche, gesellschaftliche und religiöse Aspekte von Artefakten, an Beispielen aus Amazonien und Ozeanien.

4.2 Zitierte Literatur

Alsop, Joseph
1982 The Rare Art Traditions. New Haven – London.

Ames, Michael M.
1992 Cannibal Tours and Glass Boxes. The Anthropology of Museums. Vancouver.

Appadurai, Arjun (Hg.)
1986 The Social Life of Things. Cambridge.

Balfet, Hélène (Hg.)
1991 Observer l'action technique. Des chaînes opératoires, pour quoi faire? Paris.

Barringer, Tim und Tom Flynn (Hg.)
1998 Colonialism and the Object. Empire, Material Culture and the Museum. London – New York.

Bauer, Stefan
1993 Bambus: Angepasste Anwendungen in der Architektur tropischer und subtropischer Länder. In: Archiv für Völkerkunde 47: 161–189.

Bernard, H. Russell and Pertti Pelto (Hg.)
1987 Technology and Social Change. 2. Aufl. Prospect Heights.

Cantwell, Anne-Marie et al. (Hg.)
1981 The Research Potential of Anthropological Museum Collections. New York.

Cotterell, Brian und Johan Kamminga
1990 Mechanics of Pre-Industrial Technology. Cambridge.

Feest, Christian F.
1995 „Repatriation" A European View on the Question of Restitution of Native American Artifacts. In: European Review of Native American Studies 9.2: 33–42.
1998 Transformations of a Mask: Confidential Intelligence from the Lifeway of Things. In: Baessler-Archiv 46: 1–39
1999 Ethnologische Museen. S. 199–213 in: Waltraud Kokot und Doris Dracklé (Hg.), Wozu Ethnologie? Berlin.

Feest, Christian F. (Hg.)
2000 Das Ding: Die Ethnologie und ihr Gegenstand. Archiv für Völkerkunde 51. Wien.

Feest, Christian F. und Alfred Janata
1989 Technologie und Ergologie in der Völkerkunde, Band 2. Berlin.
1999 (1966)Technologie und Ergologie in der Völkerkunde, Band 1. 4. Aufl. Berlin.

Fél, Támas und Edith Hofer
1974 Geräte der Átányer Bauern. Kopenhagen.

Geertz, Clifford
1973 The Interpretation of Cultures. New York.

Glassie, Henry
1999 Material Culture. Bloomington.

Grothues, Jürgen
1984 Recycling als Handwerk. In: Archiv für Völkerkunde 38: 103–131.

Hahn, Hans Peter
1996 Materielle Kultur und Ethnoarchäologie. In: Ethnographisch-Archäologische Zeitschrift 38: 459–478.

Hodder, Ian R. (Hg.)
1989 The Meaning of Things. Material Culture and Symbolic Expression. New York.

Johansen, Ulla
1992 Materielle oder materialisierte Kultur? In: Zeitschrift für Ethnologie 117: 1–15. (Dazu Diskussionsbeiträge in: Zeitschrift für Ethnologie 118: 141–145. 1993.)

Karp, Ivan und Steven D. Lavine (Hg.)
1991 Exhibiting Cultures. The Poetics and Politics of Museum Display. Washington – London.

Kubler, George
1961 The Shape of Time. Remarks on the History of Things. New Haven–London.

Lemonnier, Pierre
1992 Elements for an Anthropology of Technology. Ann Arbor.

Longacre, W. A. (Hg.)
1991 Ceramic Ethnoarchaeology. Tucson.

McGrew, W. C.
1992 Chimpanzee Material Culture. Implications for Human Evolution. Cambridge.

Miller, Daniel
1987 Material Culture and Mass Consumption. Oxford.
1995 Consumption and Commodities. In: Annual Reviews of Anthropology 24: 141–161.

Miller, Daniel (Hg.)
1998 Material Cultures: Why Some Things Matter. Chicago.

Müller, Claudius und Markus Schindlbeck (Hg.)
1993 Museums in Dialogue. In: Zeitschrift für Ethnologie 118: 1–139.

Oswalt, Wendell H.
1976 An Anthropological Analysis of Food-Gathering Techniques. New York.

Pearce, Susan M.
1992 Museums, Objects and Collections: A Cultural Study. Washington.

Reynolds, Barrie und Margaret A. Stott (Hg.)
1987 Material Anthropology. Contemporary Approaches to Material Culture. Lanham.

Riggins, Stephen Harold (Hg.)
1994 The Socialness of Things. Berlin—New York.

Schlereth, Thomas J. (Hg.)
1985 Material Culture. A Research Guide. Lawrence.

Stocking, George W. (Hg.)
1985 Objects and Others. Essays on Museums and Material Culture. Madison.

Sturtevant, William C.
1967 Guide to Field Collecting of Ethnographic Specimens. Washington.

Suhrbier, Mona und Eva Raabe (Hg.)
2002 Menschen und ihre Gegenstände. Frankfurt a. M.

Keurs, Pieter und Dirk Smids (Hg.)
1990 The Language of Things. Studies in Ethnocommunication. Leiden.

Gunter Senft

Ethnolinguistik

"The capacity humans have to build up local cultural traditions,
to create symbolically constituted conceptions of reality and
transmit them across generations, depends centrally on language.
Language is the essence of our humanity."
Roger Keesing (1981: 76)

1. Was ist Ethnolinguistik?

1997 publizierte William Foley seine Monographie *Anthropological Linguistics* und Alessandro Duranti veröffentlichte sein Lehrbuch *Linguistic Anthropology*. Mit dem Erscheinen dieser beiden Standardwerke war die Interdisziplin, die Sprachwissenschaft und Ethnologie verbindet und die von Malinowski (1920: 69) und anderen als Ethnolinguistik bezeichnet wurde, endgültig in den Sozialwissenschaften etabliert. Foley definiert anthropologische Linguistik als

„…that sub-field of linguistics which is concerned with the place of language in its wider social and cultural context, its role in forging and sustaining cultural practices and social structures… Anthropological linguistics views language through the prism of the core anthropological concept, culture, and, as such, seeks to uncover the *meaning* behind the use, misuse or non-use of language, its different forms, registers and styles. It is an interpretative discipline, peeling away at language to find cultural understandings." (Foley 1997: 3)

Durantis (1997: 2) Definition lautet einfach: „…linguistic anthropology [is] … *the study of language as a cultural resource and speaking as a cultural practice*." Offenbar sind sich anthropologische Linguisten und linguistische Anthropologen in der Definition ihrer Interdisziplin generell einig, auch wenn sie in ihrem jeweiligen Selbstverständnis durchaus unterschiedliche Schwerpunkte setzen mögen. Deshalb benutze ich hier die Bezeichnungen *anthropologische Linguistik, linguistische Anthropologie* und *Ethnolinguistik* als Synonyme.

Obwohl der Ethnolinguistik offensichtlich erst jetzt in der Linguistik und in der Völkerkunde der Rang zukommt, der ihr gebührt, kann sie doch auf eine relativ lange Geschichte zurückblicken. Schon für Johann Gottfried Herder, Wilhelm von Humboldt und Friedrich Schleiermacher ist es selbstverständlich, dass sich in der Sprache die der Sprachgemeinschaft gemeinsame Kultur spiegelt, und dass man Kultur nicht ohne Rückgriff auf Sprache und Sprache nicht ohne Rückgriff auf Kultur adäquat untersuchen und beschreiben kann. Bronislaw Malinowski und Franz Boas greifen diese Erkenntnis dann Anfang des letzten Jahrhunderts erneut auf und schaffen die Voraussetzungen für die Begründung der Ethnolingusitik als eigene Subdisziplin. Das wachsende Interesse an Soziolinguistik und linguistischer Pragmatik innerhalb der Linguistik sowie die kognitive Wende in der Linguistik und in der Ethnologie mit der Begründung der kognitiven Anthropologie und dem wiedererwachten Interesse an den Hypothesen von Edward Sapir und Benjamin Lee Whorf zum Verhältnis von Sprechen und Denken waren dann entscheidend dafür, daß diese Interdisziplin in den letzten Jahren ihre längstverdiente Beachtung gefunden hat. Im Folgenden werde ich kurz noch einmal die Zielsetzung der Ethnolinguistik zusammenfassen und einige ihrer zentralen Untersuchungsfragen anführen.

2. *Zielsetzung und zentrale Untersuchungsfragen*

Ziel anthropologisch-linguistischer Forschung ist zu beschreiben, wie die Kultur einer zu untersuchenden Gruppe ihren Niederschlag in deren Sprache findet, welche Aspekte dieser Kultur wie sprachlich kodiert sind, wie diese Aspekte tradiert werden und wie Sprache nicht nur dabei, sondern insgesamt selbst als konstitutiver Faktor auf die Kultur ihrer Sprecher wirkt bzw. zurückwirkt. Es gilt vor allem herauszufinden, welche Bedeutungen verschiedene sprachliche Praktiken im Kontext von weitgefassteren kulturellen Praktiken einer Ethnie haben (vgl. Foley 1997: 5).

Um dieses Ziel erreichen zu können, müssen Ethnolinguisten Antworten auf Fragen wie die folgenden geben können:

- Wie ordnen und klassifizieren Sprecher einer Sprache ihre Welt?
- Wie wird durch Sprache dieser Welt Bedeutung gegeben, und wie schlägt sich diese Bedeutung wieder in Sprache nieder?
- Wie erwerben Kinder diese Sprache – und was erwerben sie dabei und damit auch an kulturellem Wissen?
- Was ist bei diesem Erwerb von Sprache und Kultur möglicherweise angeboren und universal – und was kultur- und sprachspezifisch?
- Lassen Sprachen Rückschlüsse auf Problemlösungsstrategien ihrer Sprecher zu?
- Welche Rolle spielt die Sprache im sozialen Kontext?
- Über welche sprachlichen Mittel (wie zum Beispiel Routinen, Genres, Phraseologismen, Dialekte, Register oder andere Varietäten) verfügen die Sprecher einer Sprache und wann, wie und mit welchen Absichten werden diese Mittel von den Sprechern in sozialer Interaktion eingesetzt?
- Gibt es dabei geschlechtsspezifische, statusmarkierende und situationsabhängige Unterschiede und wie werden die zum Ausdruck gebracht?
- Gibt es besondere sprachliche Mittel, die Höflichkeit markieren?
- Gibt es Sprachtabus?
- Welche Formen der Kommunikation sind wie ritualisiert?
- Welche Textsorten konstituieren Sprecher einer Sprache und wie führen sie Diskurse?
- Gibt es sprachlich tradierte kulturelle Skripten?
- Wie sieht das Verhältnis von Sprachwandel und Kulturwandel aus – vor allem in Situationen des Sprach- und Kulturkontakts?
- Welche Auswirkungen hat Sprach-Standardisierung und Schriftlichkeit auf die Sprecher einer Sprache und auf ihre Kultur?

Diese Zielsetzung und der hier aufgeführte, recht anspruchsvolle – und bei weitem nicht vollständige – Fragenkatalog implizieren natürlich ein bestimmtes Verständnis des Zusammenhangs von Sprache, Kultur und Kognition.

3. Sprache, Kultur und Kognition

Obwohl man in manchen Bereichen der ethnologischen Forschung durchaus mit vollem Recht behaupten kann: „actions speak louder than words“ (Wassmann 1993), so gilt doch für die überwiegende Mehrheit ethnologischer Erkenntnisinteressen, dass erst die Sprache der zu untersuchenden Ethnie den Ethnologen ein für ihre Forschungen angemessenes und ausreichendes Spektrum an Einsichten ermöglicht. Und manches Wissen wird überhaupt erst durch und über die Sprache zugänglich. Ich will das im Folgenden an einigen Beispielen – besonders aus meinem eigenen Forschungsbereich – näher ausführen. Vorher aber zunächst noch einmal etwas Grundsätzliches zum Verständnis davon, wie in der Ethnolinguistik der Zusammenhang von Sprache, Kultur und Kognition gesehen wird.

Auch wenn einige Soziologen eine *soziale Konstruktion der Wirklichkeit* (Berger und Luckmann 1966) postuliert haben, so halten manche Linguisten es für angemessener, eigentlich von einer *linguistic construction of reality* (Grace 1987) zu reden, denn mit der Sprache verfügen Menschen über das Mittel, oder in Durantis Formulierung, über die *kulturelle Resource*, die ihnen die soziale Konstruktion ihrer Wirklichkeit überhaupt erst möglich macht. Mit der Sprache konstruieren sie aber nicht nur diese für sie spezifische soziale Wirklichkeit, sondern sie erhalten sie auch mithilfe der Sprache, und sie geben die Konstruktion ihrer Wirklichkeit auch sprachlich an andere Mitglieder ihrer Sprachgemeinschaft und an nachfolgende Generationen weiter. Menschen werden in diesem Paradigma also als soziale Wesen gesehen, die erst mithilfe der Sprache enkulturiert werden. Von daher ist es nur allzu verständlich, wenn Linguisten wie George Grace postulieren, dass man nur dann verstehen kann, wie eine Sprachgemeinschaft ihre soziale Realität konstruiert (hat), wenn man weiß, wie ihre Sprache aussieht und funktioniert. Entscheidend ist dabei – wie Bill Foley betont – zum einen, wie mithilfe von Sprache bestimmten Phänomenen des menschlichen Lebens und der menschlichen Erfahrung Bedeutung zugewiesen wird und wie dadurch spezifische kulturelle Traditionen begründet und zu gemeinsamem Wissen werden, und zum anderen, welche Bedeutung eine Sprachgemeinschaft dem Gebrauch, dem Missbrauch und dem Nicht-Gebrauch ihrer Sprache in ihren jeweils verschiedenen regionalen, stilistischen, gruppenspezifischen und anderen Varietäten zuerkennt, und wie sie in der sprachlichen Interaktion ihre spezifische kulturelle Praxis dynamisch um- und neugestalten kann. Die Interrelation von Sprache, Kultur und Kognition in diesem Paradigma ist evident! Um es noch einmal auf den Punkt zu bringen: Sprache ermöglicht den Mitgliedern einer Sprachgemeinschaft die soziale Konstruktion der Wirklichkeit, sie schafft damit eine bestimmte kulturelle Tradition, enkodiert gemeinsames Wissen, und ermöglicht die Tradierung dieser *Kultur*, dieses gemeinsamen Wissens, dieser gemeinsam konstruierten sozialen Wirklichkeit. Da diese Prozesse dynamisch ablaufen, sind sie offen für Neuerungen und Änderungen in der sozialen Konstruktion der Wirklichkeit, im gemeinsamen Wissen und in den aufgrund dieses Wissens entwickelten gemeinsamen Problemlösungsstrategien und natürlich auch in der gemeinsamen Sprache.

Wie Ethnologen diesen anthropologisch-linguistischen Ansatz nutzen sollten, um adäquater eine von ihnen zu untersuchende Ethnie und Aspekte ihrer Kultur beschreiben zu können, als ihnen das ohne Rückgriff auf eben diesen ethnolinguistischen Ansatz möglich ist, will ich im Folgenden an einigen Beispielen illustrieren.

Es ist schon fast ein Gemeinplatz, zumindest scheint es absolut trivial, wenn man darauf hinweist, dass das Lexikon, also das Vokabular einer Sprache, das reflektiert, was ihren Sprechern wichtig ist. Dabei sollte man allerdings vorsichtig sein und nicht Mythen erliegen, wie zum Beispiel der vielzitierten Behauptung, die „Eskimo“ – genauer: die Inuit – hätten etwa 200 Wörter für Schnee! Wie Geoffrey Pullum (1991: 167) angemerkt hat, sind in C.W. Schultz-Lorentzens 1927 erschienenem *Dictionary of the West Greenlandic Eskimo Language* nur zwei Einträge verzeichnet – *qanik* mit der Bedeutung „Schnee in der Luft“ und *aput* mit der Bedeutung „Schnee am Boden“. Wenn man aber feststellt, dass die Trobriander 20 verschiedene Begriffe haben, um auf Yams im Allgemeinen und auf verschiedene Varietäten von Yams im Besonderen zu verweisen, dann deutet das doch darauf hin, daß diese Knollen im Leben dieser Korallengärtner eine besondere Rolle zukommt – und es ist in der Tat auch kein Zufall, daß Bronislaw Malinowski 1935 zu diesem Thema zwei umfangreiche Bücher veröffentlicht hat – die übrigens unter anderem auch Ethnolinguistik vom Feinsten präsentieren!

Die relativ simple Beobachtung, dass im Lexikon von Sprachen einiger australischer Aborigines – wie zum Beispiel den Sprechern des Guugu Yimithirr in Queensland – zwar Ausdrücke für „rechts“ und „links“ und „vorne“ und „hinten“ vorhanden sind, dass diese Ausdrücke aber in aller Regel nicht zum räumlichen Verweisen benutzt werden, kann der Ausgangspunkt für ein relativ großes ethnolinguistisches Forschungsprojekt werden. Sprecher dieser Sprache benutzen ein räumliches System, das nicht egozentrisch, sondern *absolut* ist, indem es auf ein System von Wortstämmen, das vier Ausdrücke umfasst, zurückgreift, deren Bedeutung mehr oder weniger mit den englischen Bezeichnungen für die Richtungen des Kompasses übereinstimmen (Haviland 1979: 74 vgl. auch 1993). Anstelle von „Gib mir bitte die Tasse zu Deiner Linken“ muss man in diesem System – natürlich immer abhängig von der jeweiligen realen Situation – beispielsweise sagen: „Gib mir bitte die nördliche Tasse.“ Die Forschungsgruppe kognitive Anthropologie (seit 1998 eigenständige Abteilung für *Sprache und Kognition* am Max-Planck-Institut für Psycholinguistik) hat im Rahmen ihrer Feldforschungen weitere solche Systeme gefunden und mit anderen Konzeptualisierungen und Formen des räumlichen Verweisens verglichen. Ausgehend von genauen linguistischen Analysen solcher verschiedener Systeme des sprachlichen Raumverweises konnten Hypothesen zum Problemlösungsverhalten in nicht-sprachlichen Bereichen aufgestellt und tatsächlich auch mithilfe von verschiedenen nicht-sprachlichen, Experiment-ähnlichen Tests verifiziert werden.

Diese Tests sollten zeigen, ob man aufgrund der Tatsache, dass die Sprecher einer Sprache eher ein absolutes oder eher ein egozentrisches System benutzen, auf von diesen Systemen beeinflusste Stategien beim Lösen nicht-sprachlicher Probleme schließen kann. Mit ihrer Hilfe sollte überprüft werden, wie räumliche Konfigurationen im Gedächtnis in Hinsicht auf Erinnerungs- und Erkenntnisvermögen sowie im Hinblick auf transitive Inferenz gespeichert und zur Lösung verschiedener Aufgaben abgerufen werden. Der Aufbau der Tests folgte dem folgenden Prinzip: Ein Informant sieht an Tisch A beispielsweise einen Pfeil, der von ihm aus gesehen nach rechts zeigt. Er wird um 180° gedreht und zu Tisch B geführt. Dort soll er den Pfeil so hinlegen, dass er an Tisch B dasselbe sehen wird wie das, was er vorher auf Tisch A gesehen hat. Hat sich der Informant die Ausrichtung des Pfeils auf Tisch A im Rückgriff auf ein egozentrisches System räumlicher Kodierung gemerkt, dann wird er den Pfeil so hinlegen, dass der an Tisch B von ihm aus gesehen ebenfalls nach rechts zeigt – dabei ist natürlich die Tatsache, daß der Informant sich inzwischen an seinem Standort vor Tisch B um 180° gedreht hat, von entscheidender Bedeutung. Benutzt der Informant aber ein absolutes System räumlicher Kodierung, dann hat er sich gemerkt, dass der Pfeil auf Tisch A zum Beispiel nach Norden gezeigt hat – und er wird dann unabhängig von der Tatsache, dass er sich an seinem zweiten Standort vor Tisch B um 180° gedreht hat, den Pfeil so hinlegen, dass der ebenfalls nach Norden zeigt.

Die Hypothesen, die auf der Basis der elizitierten linguistischen Daten zum nicht-sprachlichen Verhalten der Sprecher der untersuchten Sprachen im Bereich Raum und Kognition aufgestellt wurden, konnten durch die zum nicht-sprachlichen kognitiven Verhalten der Sprecher dieser Sprachen erhobenen Daten verifiziert werden. Sprachen scheinen also – vielleicht auch im Zusammenhang mit weiteren kulturellen Phänomenen – in der Tat die Wahl und die Art der konzeptuellen Parameter zu beeinflussen, die ihre Sprecher benutzen, um ein nicht-sprachliches Problem innerhalb der Domäne „Raum“ zu lösen und um bestimmte räumliche Konfigurationen zu memorieren und um sie im Langzeitgedächtnis zu repräsentieren (vgl. Levinson 1996; Pederson et al.: 1998; Senft: 2001).

Auf bestehende Interdependenzen zwischen sprachlichem System zur Raumreferenz einerseits und nicht-sprachlichem Verhalten andererseits weisen auch Beobachtungen zur Gestik von Sprechern der von uns untersuchten Sprachen hin. Bei den Sprechern des Guugu Yimithirr filmte John Haviland 1980 einen Mann, der erzählte, wie er einmal Schiffbruch erlitten hatte. 1982 filmte Stephen Levinson zufällig denselben Mann beim Erzählen derselben Geschichte. 1980 saß der Erzähler so, dass er nach Westen blickte; 1982 blickte er nach Norden. Trotz dieses Unterschiedes bewahrte der Erzähler mit seinen Gesten genau die absoluten (Himmels-) Richtungen, in denen sich die geschilderten Ereignisse abspielten. Bei der Beschreibung, wie das Boot kenterte, zeigten seine Gesten 1980, dass das Boot weg von der Vorderseite seines Körpers, also nach Westen hin umschlug; 1982 orientierte er seine Geste bei der Beschreibung des Schiffbruchs so, dass das Boot hin zu seiner linken Seite – und damit also wiederum nach Westen – umschlug (vgl. Haviland: 1993).

Solche Beobachtungen legen den Schluss nahe, dass Sprecher von Sprachen mit absoluten Sytemen zur verbalen Raumreferenz Ereignisse so, wie sie tatsächlich orientiert und ausgerichtet waren, im Gedächtnis speichern und so auch wieder erinnern. Beim Abrufen dieser Gesten scheinen dann die Sprecher dieser Sprachen bei der Produktion der von ihnen in absoluter Orientierung realisierten Gesten auch ihre augenblickliche Lokalisierung und Orientierung miteinzubeziehen und zu verrechnen.

Solche Beobachtungen verdeutlichen, dass in Sprachgemeinschaften mit absoluten Systemen zum räumlichen Verweis den Konzepten *Orientierung* und *Lokalisierung* ein großer kultureller Stellenwert zuerkannt wird – eine weitreiche Erkenntnis für jede ethnographische Beschreibung solcher Ethnien!

Aber nicht nur das Lexikon, sondern auch die Grammatik bietet Ethnolinguisten hervorragende Anhaltspunkte für linguistisch-anthropologische Forschungen. Einen ersten Ansatz zum Verständnis über die Rolle, die eine Ethnie dem Individuum und der Gruppierung von Individuen zuerkennt, liefert so zum Beispiel eine Analyse des in dieser Sprachgemeinschaft benutzten Systems von Personalpronomina. Es gibt viele Sprachen, die neben der 1., 2. und 3. Person im Singular und im Plural („ich, du, er/sie/es, wir, ihr, sie") auch einen inklusiven und exklusiven Dual (wir beide (inklusiv) = ich als Sprecher und Du als Angesprochener / wir beide (exklusiv) = ich als Sprecher und jemand anderer – aber nicht Du als Angesprochener) und einer inklusiven und exklusiven 1. Person Plural (wir (inklusiv) = wir alle, ich als Sprecher und Ihr als Angesprochene / wir (exklusiv) = wir, aber nicht Ihr als Angesprochene) haben. Eine solche Sprache ist zum Beispiel das Kilivila, die austronesische Sprache der Trobriand-Insulaner (Senft 1986). Andere Sprachen (vgl. Lynch 1998), wie zum Beispiel das auf der Insel New Britain in Papua-Neuguinea gesprochene Tolai, unterscheiden Personen nicht nur nach Singular, Dual und Plural – sie haben auch noch eine Trial-Form (die dann impliziert, dass der Plural immer auf mehr als drei Personen verweist), und wieder andere Sprachen, wie zum Beispiel das auf Vanuatu gesprochene Paamese, unterscheiden Personen neben Singular und Dual auch nach einem Paucal (sie – einige wenige) und nach dem Plural (sie – viele). Ausgehend von solchen Beobachtungen im sprachlichen Bereich können Ethnologen nun mithilfe ihrer traditionellen Feldforschungsmethoden – also durch teilnehmende Beobachtung und Interview – überprüfen, ob sich diese Ausdifferenzierungen im System der Personalpronomina in der von ihnen untersuchten Sprachgemeinschaft auch im Sozialgefüge dieser Ethnie niederschlagen – zum Beispiel im Hinblick auf das Verständnis von Gruppenmitgliedschaft und auf die Markierung von Außenseitern. Wenn eine Sprachgemeinschaft etwas formal in ihrer Sprache markiert, dann hat das in aller Regel seine Gründe – und die sind gerade im hier angegebenen Beispiel zentral für jedes ethnologische Forschungsinteresse.

Ein ähnlicher Ansatz für linguistisch-anthropologische Forschung zur Konzeption von Eigentum und Besitz in einer Ethnie bietet die Analyse der sprachlichen Mittel, die diese Sprachgemeinschaft nutzt, um auf diese Konzepte zu verweisen. Dass ein solcher ethnolinguistischer Ansatz gerade auch für Ethnologen nützlich ist, geht aus der folgenden Beobachtung des Entwicklungspsychologen Werner Deutsch klar hervor, die er im Zusammenhang mit seinen Untersuchungen zum Kinderspracherwerb gemacht hat:

„Bekanntlich gibt es in allen natürlichen Sprachen lexikalische und syntaktische Mittel, um Besitzrelationen und ihre Veränderungen ausdrücken zu können. Die Aneignung einer bestimmten Sprache bedeutet damit auch, daß man sich die Konzepte über Besitz und Eigentum aneignet, die in diesem sprachlichen System niedergelegt sind.“ (Deutsch 1984: 265f.)

Auch wenn diese Beobachtung, wie gesagt, nur für den Erstspracherwerb zutrifft, so weist sie doch die Richtung für die ethnolinguistische Analyse der Possessionsmarkierung in der Sprache einer zu untersuchenden Ethnie. Viele ozeanische Sprachen zum Beispiel unterscheiden zwischen Besitz, den der Besitzer kontrollieren kann, der also *indirekt* oder *alienabel* ist, und Besitz, den der Besitzer nicht kontrollieren kann, der also *direkt* oder *inalienabel* ist. Auch das Kilivila macht eine solche Unterscheidung in seinem System von Possessivpronomina. In dieser Sprache finden wir vier verschiedene Paradigmen von Possessivpronomina, die zum Teil als eigenständige Pronomina und zum Teil als pronominale Affixe realisiert werden. Eine Serie verweist nur auf den Besitz an Speisen und Essbarem; die anderen drei drücken verschiedene Grade von Besitz aus. Eines dieser Possessivpronomina-Paradigmen markiert inalienablen Besitz – diese Pronomina werden zum Beispiel zum Verweis auf (manche, erstaunlicherweise nicht alle) Körperteile und zum Verweis auf Verwandte benutzt (vgl. Senft: 1998). Die beiden anderen Paradigmen markieren alienablen Besitz von Nicht-Essbarem (Senft 1986: 47–54). Mit diesem System können Sprecher des Kilivila sehr feine Unterschiede bei ihren Besitzmarkierungen oder Besitzansprüchen machen. So können sie mit diesen Possessivpronomina-Paradigmen bei Fragen zum Beispiel ausdrücken, ob sie etwas für sich selbst, für ihren eigenen Gebrauch haben möchten, oder ob sie etwas für jemanden anderen erbitten, haben möchten oder aufbewahren wollen. Die etwas direkteren, intimeren Besitz ausdrückenden Formen der Possessivpronomina werden aber auch von Trobriandern zum Anzeigen von Respekt und aus Gründen des Taktgefühls beim Verweis auf ihre Ehepartner vermieden. Eine genaue ethnolinguistische Analyse dieses Systems bietet einen hervorragenden Einstieg zur ethnologischen Untersuchung der Konzepte und der Konzeptualisierung von Eigentum und Besitz bei den Trobriandern (vgl. Bell-Krannhals 1990, Hutchins 1980).

Als letztes Beispiel eines linguistisch-anthropologischen Einstiegs über die Analyse eines grammatischen Phänomens bei der Erforschung, wie eine Sprachgemeinschaft ihre Umwelt konzeptualisiert und kategorisiert, will ich meine Untersuchung des Systems der Klassifikationspartikeln im Kilivila anführen (vgl. Malinowski 1920, Senft 1985; 1996). In dieser Sprache werden alle Substantive aufgrund verschiedener perzeptueller Eigenschaften der Dinge, auf die sie verweisen, klassifiziert. Diese perzeptuellen Eigenschaften beziehen sich sowohl auf die Form, die Anzahl, die Gruppierung und die Funktion der so bezeichneten Dinge, als auch auf Aktivitäten und Zeitpunkte, die im Zusammenhang mit so Bezeichnetem stehen. Phänomene, die zum „allgemeinen Weltwissen" eines Sprechers des Kilivila gehören, werden so also identifiziert, spezifiziert und modifiziert. Dieses System der nominalen Klassifikation nach semantischen Kriterien spielt bei der Wortbildung von Numeralen, Adjektiven, Demonstrativpronomina und von einer Form eines Interrogativpronomens eine entscheidende Rolle. Bis auf wenige Ausnahmen verlangen diese Wortarten eine Konkordanzmarkierung mit der Klasse des Substantivs, auf das sie sich beziehen. Die Funktion dieser Konkordanzmarkierung wird von den so genannten *Klassifikationspartikeln* übernommen, die das System der nominalen Klassifikation repräsentieren. Um dieses Prinzip der Wortbildung zu illustrieren, gebe ich das folgende Beispiel, in dem ich das Prinzip des Kilivila auf das Deutsche übertrage: Bei der Referenz auf „dieses eine schöne Mädchen" müsste ich dann ein Klassifikationsmerkmal „weiblich" für das Substantiv „Mädchen" in folgender Weise bei allen drei betroffenen Wortarten anführen: „weiblich-dieses weiblich-eine weiblich-schöne Mädchen". Das Lexem „weiblich" wäre dann in diesem Beispiel die *Klassifikationspartikel* (KP). Im Folgenden führe ich dieses Beispiel im Kilivila (mit der für diese Sprache korrekten Worstellung) an:

„natala vivila minana namanabweta"

na-tala	vivila	mi-na-na	na manabweta
KP.weiblich-ein	Mädchen	Dem-KP.weiblich-Dem	KP.weiblich-schön

„dieses eine schöne Mädchen"

Wie aus der morpheminterlinearen Transkription hervorgeht, ist „*na*" die KP für „weiblich". Für das Kilivila sind 177 solcher KPs beschrieben. Von diesen Partikeln habe ich 88 in der von mir untersuchten Sprachgemeinschaft im Hinblick auf ihre Funktion in Satz und Diskurs, ihren Erwerb, ihren Gebrauch in der aktuellen Sprachverwendung und ihre Semantik analysiert. Dabei zeigte sich deutlich, welche Kategorisierungen Kinder zuerst lernen müssen und wie ihnen das System dann ermöglicht, ihre Umwelt immer umfangreicher und genauer zu klassifizieren. Diese Ergebnisse bestätigen eine der Grunderkenntnisse anderer Untersuchungen zum Spracherwerb in verschiedenen Kulturen, nämlich dass das, was ein Kind sagt und wie es das sagt, sehr stark von für seine Sprachgemeinschaft wichtigen kulturellen Prozessen beeinflusst wird (vgl. Schieffelin, Ochs 1986: 183). Die KPs im Kilivila konstituieren semantische Domänen, die hierarchisch geordnet werden können, und die klare Hinweise darauf geben, welche Dinge für die Trobriander besonders wichtig sind. Und schließlich zeigt die Analyse der Partikeln im aktuellen Sprachgebrauch, wie diese Formative zum einen von Sprechern des höchstrangigen Clans (Malasi) mitbenutzt werden, um ihren Status sprachlich zu markieren und zum anderen, wie Sprecher aus Clanen mit niedrigerem Sozialstatus versuchen, dieses komplexe System zu vereinfachen und damit so umzuwandeln, dass es seine statusmarkierende Funktion verliert.

Mit dem Hinweis darauf, dass sprachliche Mittel von Sprechern auch zur Markierung von Status genutzt werden, kommen wir zu einem weiteren Punkt, der für Ethnologen und Linguisten gleichermaßen von größtem Interesse ist. Alle Sprecher einer natürlichen Sprache verfügen über verschiedene Varietäten, Register, oder Stilmittel, mit der sie ganz bestimmte Dinge wie zum Beispiel Höflichkeit, Ehrerbietung, Respekt und Formalität oder Informalität einer Situation zum Ausdruck bringen können. Die Beobachtung, wann von wem in welchen Situationen und mit welchen Absichten solche sprachlichen Mittel gebraucht werden, ermöglicht Ethnolinguisten tiefe Einsichten in die Sozialstruktur und in das Sozialgefüge einer Sprachgemeinschaft. So gibt es zu Sprachen wie zum Beispiel dem Japanischen, dem Koreanischen, dem Tonganischen oder auch zu javanischen Dialekten hervorragende Untersuchungen zu in diesen Sprachen verwendeten Varietäten, die in den ersten drei genannten Sprachen drei und in javanischen Dialekten sogar fünf verschiedene Statusebenen unterscheiden (vgl. Martin: 1964; Geertz 1968, Lynch 1998: 257, Crystal 1995: 38–47). Im Zusammenhang mit diesen verschiedene Statusebenen markierenden Varietäten sei auch noch darauf verwiesen, dass es Sprachgemeinschaften gibt, in denen es eine spezielle Varietät für Männer – wie zum Beispiel auf der Insel Ngatik bei Pohnpei in Mikronesien und/oder eine spezielle Varietät für Frauen – wie zum Beispiel bei den Big Nambas in Vanuatu – gibt (Lynch 1998: 257). Außerdem finden sich zum Beispiel in Australien viele Sprachgemeinschaften, die geheime Varietäten kennen, die Jungen während ihrer Initiation von älteren Männern lernen (Hale 1971), und es gibt spezielle ritualisierte und auf bestimmte Kontexte wie zum Beispiel die Vorbereitung und das Essen von bestimmten Speisen im Busch beschränkte Sprachvarietäten wie zum Beispiel die so genannte Pandanus-Sprache der Kalam in Papua-Neuguinea (Pawley 1992).

Auch hier ermöglicht der ethnolinguistische Forschungsansatz, dass man solche speziellen Varietäten erkennen und untersuchen kann. Solche Untersuchungen können hervorragende Einblicke in die Konstituierung und die

Konzeptualisierung geschlechtsspezifischer Rollen liefern und zu wichtigen Erkenntnissen führen im Hinblick darauf, wie in einer Ethnie bestimmte soziale Kontexte gesellschaftlich gewichtet werden.

Zum Schluss dieser Ausführungen möchte ich noch auf einige Beispiele ethnolinguistischer Forschung verweisen, bei denen ethnologische Erkenntnis einzig und allein über Sprache erlangt werden konnte. 1982 publizierte Jürg Wassmann seine Monographie mit dem Titel *Der Gesang an den fliegenden Hund*. In dieser Arbeit dokumentiert der Autor anhand der *kirugu*-Knotenschnur der Einwohner des Dorfes Kandingei am Mittelsepik das Ordnungssystem der innerkulturellen Beziehungen der Iatmul. Die Knotenschnur „ ‚ist' die urzeitliche Wanderung des Clangründers und der weiteren Urzeitwesen, welche die heutige Welt-Ordnung begründet, und sie trägt den Namen des Wanderkrokodils, das dem Clangründer den Weg bahnte" (Wassmann 1982: 315). Die Knoten repräsentieren Namen der weiblichen Schöpfungserde, Orte und Stationen der urzeitlichen Wanderungen der jeweiligen Clangründer und Namen von Urzeitfrauen, die besondere Bedeutung für bestimmte Orte oder Männerhäuser haben. Zu jedem in dieser Knotenschnur kodifizierten Namen gehört ein Text – und diese Texte in ihrer Gesamtheit konstituieren einen Gesangszyklus. Das Verstehen der Knotenschnur ist nur möglich, wenn man die Texte und damit die dadurch kodifizierte Schöpfungsvorstellung der Iatmul kennt. Das in der Knotenschnur kodifizierte Wissen bestimmt die Landbesitzverhältnisse und das Totemsystem der verschiedenen Clangruppen und begründet verschiedene Rechte und Privilegien verschiedener Clanmitglieder. Wassmanns Arbeit zeigt exemplarisch, wie ein Zeichensystem und seine rituelle Anwendung in einer bestimmten Ethnie zum Verstehen der Gesamtzusammenhänge führt, die die Kultur dieser Ethnie ausmachen.

Ein weiterer Bereich ethnologischer Forschung, der sich nur über Sprache erschließen lässt, umfasst magische und eschatologische Vorstellungen einer zu untersuchenden Ethnie. Spielt Magie für die Mitglieder einer Ethnie eine Rolle, dann erschließt sich dem Feldforscher diese Bedeutung nur über die Kenntnis dieser Textsorte und über Gespräche mit den die verschiedenen magischen Riten und Rituale praktizierenden Experten, den Besitzern dieser Formeln. Über in diesen Texten enkodierte Vorstellungen und mit dem in Gesprächen zu erhaltenden Expertenwissen der *Magier* können grundlegende Einsichten zum Verhältnis der Angehörigen einer Ethnie untereinander und ihrem Verhältnis zu Umwelt und Natur gewonnen werden (vgl. Senft 1997). Und nur über Mythen, Rituale und vor allem Rituale begleitende Formen von Kommunikation gewinnt ein Ethnologe Zugang zur Eschatologie der zu untersuchenden Gruppe. Die bereits erwähnte Arbeit von Jürg Wassmann (1982) verdeutlicht das sehr eindringlich. Ich will aber abschließend hier noch ein weiteres Beispiel dazu anführen. In seiner beeindruckenden Studie *Baloma; the Spirits of the Dead in the Trobriand Islands* (1916) erwähnt Bronislaw Malinowski zwar die Lieder, die die Tänze während der *milamala*-Erntefeierlichkeiten begleiten, aber er gibt – was beim Meister der trobriandischen Ethnographie eigentlich selten ist – kein Beispiel für diese Lieder. Im Verlauf meiner Forschungen konnte ich bisher 127 Strophen dieser Erntefest-Lieder (*wosi milamala*) dokumentieren. Die einzelnen Lieder bestehen aus einer zwei- bis neunzeiligen Strophe, die nach Belieben der Sänger beim Vortrag wiederholt wird. Die Lieder konstituieren benannte Liedzyklen. Ordnet man nun die diesen Liedzyklen zugewiesenen Einzellieder, dann zeigt es sich, dass diese Weisen entweder Geschichten von Liebe und Tod von jetzt als Totengeistern „lebenden" Personen erzählen oder dass sie Mitteilungen über besondere Ereignisse im Leben der Trobriander an die *baloma* darstellen. Das Besondere bei diesen Liedern ist, dass sie ein eigenständiges sprachliches Register des Kilivila, eine eigenständige Sprach-Varietät repräsentieren, die die Trobriander als *biga baloma*, als „Sprache der Totengeister" oder als *biga tommwaya*, als „Sprache der Altvordern" bezeichnen (Senft: 1986: 126). Es handelt sich dabei offensichtlich um eine archaische Varietät dieser austronesichen Sprache, in der dem Glauben der Trobriander gemäß zwar die Totengeister in ihrem unterirdischen Paradies bei der Insel Tuma miteinander reden, die aber nur noch von ganz wenigen älteren Leuten auf den Trobriand-Inseln verstanden wird (– und die deshalb auch entsprechend schwierig zu übersetzen ist). In der ethnolinguistischen Rekonstruktion des in dieser Sprachvarietät „erzählten", kodifizierten Wissens erschließt sich dem Ethnolinguisten der mythisch zeitlose Sinnzusammenhang des trobriandischen Lebens und neue, von Malinowski nicht beschriebene Aspekte der von den Trobriandern kollektiv geteilten, religiös-weltanschaulichen Vorstellungen.

4. *Warum sollten Ethnologen auch Ethnolinguisten sein, und wie können sie das werden?*

Ich hoffe, dass die gerade angeführten Untersuchungen gezeigt haben, wie wichtig der ethnolinguistische Ansatz für jede ethnologische (und natürlich auch linguistische) Feldforschung ist. Erst mit der Sprache der zu untersuchenden Ethnie erschließen sich dem Ethnologen entscheidende Aspekte ihrer Kultur (vgl. dazu auch Fischer 2000). Um Untersuchungen wie die hier angeführten durchführen zu können, müssen sich Ethnologen neben ihren „traditionellen" Datenerhebungsmethoden zusätzlich eine Reihe linguistischer Fertigkeiten und Fähigkeiten aneignen. Im Idealfall sollten linguistische Anthropologen natürlich genauso in der Lage sein, neben einer adäquaten Ethnographie auch eine Grammatik und ein Wörterbuch der Sprache der von ihnen untersuchten Ethnie zu schreiben, wie anthropologische Linguisten in der Lage sein sollten, neben einer Grammatik und einem Wörterbuch auch eine Ethnographie der von ihnen untersuchten Sprachgemeinschaft zu erstellen. Dass dieser Idealfall echter Interdisziplinarität durchaus erreichbar ist, haben Wissenschaftler wie Roger Keesing gezeigt. Für ihn waren „ethnographies of cultural knowledge and linguistic grammars … complementary sides of a single enterprise“ (Keesing 1979: 34).

Was aber sind die linguistischen Grundvoraussetzungen, mit denen sich Ethnologen vertraut machen müssen, wenn sie dieses Idealbild des Sozialwissenschaftlers akzeptieren und ihm nacheifern wollen? Zunächst ist es selbstverständlich, dass Ethnolinguisten – wie alle anderen Linguisten und Ethnologen eigentlich auch – natürlich die Sprache der von ihnen untersuchten Gruppe lernen und wissen müssen, wie und wozu die Sprecher ihre Sprache im Alltag in unterschiedlichen Situationen benutzen (vgl. Silverstein 1973: 193f). Um dazu in der Lage zu sein, und um dann aufgrund der eigenen Sprachkenntnisse auch die gelernte Sprache soweit wie nötig beschreiben zu können, sollten (indoeuropäische Sprachen sprechende) Ethnologen nicht nur über grammatische Grundkenntnisse in ihrer eigenen Muttersprache verfügen, sondern sich während ihres Studiums auch mit einer nicht-indoeuropäischen Sprache und deren grammatischen Besonderheiten vertraut machen. Darüber hinaus sollten sie wissen, wie man eine Grammatik und ein Wörterbuch als Nachschlagewerk und zum Spracherwerb benutzen kann und welche terminologischen Begriffe Linguisten zum Beschreiben bestimmter grammtischer Phänomene verwenden. Eine gute Einführung in die Linguistik (z. B. Lyons 1975) und in die linguistische Feldforschung (z. B. Payne 1997; Bouquiaux und Thomas 1992), das Schmökern in einer *Enzyklopädie* (wie z. B. in der, die Crystal 1995 herausgegeben hat) oder in einem guten linguistischen Handbuch (z. B. Glück 1993) schaffen dafür ausgezeichnete Voraussetzungen. Außerdem sollten Ethnologen mit dem internationalen phonetischen Alphabet vertraut sein, um vor allem Sprachen, die noch über keine Orthographie verfügen, dokumentieren zu können (vgl. dazu: International Phonetic Association 1999). Ausgestattet mit diesem linguistischen Rüstzeug können sich dann gut ausgebildete Ethnologen zunächst einmal getrost ins Feld wagen. Auf die erste Seite ihres Feldtagebuchs oder auf dem Desktop ihres PCs können sie sich dann entweder die als Vorspruch zu diesem Kapitel angeführte Erkenntnis von Keesing oder die folgende Bemerkung von Dietrich Westermann (1943: 93) schreiben:

„So wenig die Sprachforschung an der Völkerkunde vorübergehen darf, so notwendig sie sie braucht als Wegweiser und Berater, so unentbehrlich ist der Völker- und Kulturforschung die Sprache als das vornehmste Ausdrucksmittel und Gefäß jeder Kultur.“

5. Literatur

Bell-Krannhals, Ingrid
1990 Haben um zu geben. Eigentum und Besitz auf den Trobriand-Inseln, Papua New Guinea. Basel.

Berger, Peter L. und Luckmann, Thomas
1966 The Social Construction of Reality. A Treatise in the Sociology of Knowledge. Garden City, NY.

Bouquiaux, Luc und Thomas, Jacqueline M. C.
1992 Studying and Describing Unwritten Languages. Dallas.

Crystal, David
1995 Die Cambridge Enzyklopädie der Sprache. Frankfurt a. M.

Deutsch, Werner
1984 Besitz und Eigentum im Spiegel der Sprechentwicklung. S. 255–276 in: Eggers, Christian, (Hg.), Bindungen und Besitzdenken beim Kleinkind. München.

Duranti, Allessandro
1997 Linguistic Anthropology. Cambridge.

Fischer, Hans
2000 Wörter und Wandel. Ethnographische Zugänge über die Sprache. Berlin.

Foley, William A.
1997 Anthropological Linguistics. An Introduction. Oxford.

Geertz, Clifford
1968 Linguistic etiquette. S. 282–295 in: Fishman, Joshua A. (Hg.), Readings in the Sociology of Language. Den Haag.

Glück, Helmut (Hg.)
1993 Metzler Lexikon Sprache. Stuttgart.

Grace, George W.
1987 The Linguistic Construction of Reality. London.

Hale, Kenneth
1971 A note on a Walbiri Tradition of Antonymy. S. 472–482 in: Steinberg, Danny D. und Jakobovits, Leon A. (Hg.), Semantics. An Interdisciplinary Reader in Philosophy, Linguistics and Psychology. Cambridge.

Haviland, John
1979 Guugu Yimidhirr. S. 27–180 in: Dixon, Robert M. W. und Blake, B. J. (Hg.), Handbook of Australian Languages. Vol. I. Amsterdam.
1993 Anchoring, Iconicity, and Orientation in Guugu Yimithirr Pointing Gestures. In: Journal of Linguistic Anthropology 3: 3–45.

Hutchins, Edwin
1980 Culture and Inference – A Trobriand Case Study. Cambridge, Mss.
International Phonetic Association.

International Phonetic Association

1999 Handbook of the International Phonetic Association. A Guide to the Use of the International Phonetic Alphabet. Cambridge.

Keesing, Roger.

1979 Linguistic knowledge and cultural knowledge: some doubts and speculations. In: American Anthropologist 81: 14–36.

1981 Cultural Anthropology. A Contemporary Perspective. Holt, Rinehart & Winston.

Levinson, Stephen C.

1996 Frames of Reference and Molyneaux's question: Cross-linguistic Evidence. S. 109–169 in: Bloom, Paul, Peterson, Mary, Nadel, Lynn und Garrett, Merrill (Hg.), Language and Space. Cambridge, Mass.

Lynch, John.

1998 Pacific Languages. An Introduction. Honolulu.

Lyons, John

1995 Introduction to theoretical linguistics. Cambridge.

Malinowski, Bronislaw

1916 Baloma; the Spirits of the Dead in the Trobriand Islands. In: Journal of the Royal Anthropological Institute of Great Britain and Ireland 46: 353–430.

1920 Classificatory particles in the language of Kiriwina. In: Bulletin of the School of Oriental Studies, London Institution, vol. I, part IV: 33–78.

1935 Coral Gardens and Their Magic. Volume I: A Study of the Methods of Tilling the Soil and the Agricultuiral Rites in the Trobriand Islands. Volume II: The Language of Magic and Gardening. London.

Martin, Samuel E.

1964 Speech levels in Japan and Korea. S. 407–415 in: Hymes, Dell, (Hg), Language in Culture and Society. A Reader in Linguistics and Anthropology. New York.

Pawley, Andrew

1992 Kalam Pandanus language: An old New Guinea experiment in language engineering. S. 313–334 in: Dutton, Tom, Ross, Malcolm und Tryon, Darryll, (Hg.), The Language Game: Papers in Memory of Donald C. Laycock. Canberra.

Payne, Thomas E.

1997 Describing Morphosyntax: A Guide for Field Linguistics. Cambridge

Pederson, Eric, Danziger, Eve, Wilkins, David, Levinson, Stephen C., Kita, S. und Senft, Gunter

1998 Semantic Typology and Spatial Conceptualization. In: Language 74: 557–589.

Pullum, Geoffrey K.

1991 The Great Eskimo Vocabulary Hoax and Other Irrelevant Essays on the Study of Language. Chicago.

Schieffelin, Bambi B. und Ochs, Elinor

1986 Language socialization. In: Annual Review of Anthropology 15: 163–191.

Senft, Gunter

1985 Klassifikationspartikel im Kilivila – Glossen zu ihrer morphologischen Rolle, ihrem Inventar und ihrer Funktion in Satz und Diskurs. In: Linguistische Berichte 99: 373–393.

1986 Kilivila – the Language of the Trobriand Islanders. Berlin.
1996 Classificatory Particles in Kilivila. New York
1997 Magical Conversation on the Trobriand Islands. In: Anthropos 92: 369–391.
1998 Body and Mind in the Trobriand Islands. In: Ethos 26: 73–104.
2001 Frames of Spatial Reference in Kilivila. In: Studies in Language 25: 445–479.

Silverstein, Michael
1973 Linguistik und Anthropologie. S. 193–210 in: Bartsch, Renate und Vennemann, Theo, (Hg.), Linguistik und Nachbarwissenschaften. Kronberg.

Wassmann, Jürg
1982 Der Gesang an den fliegenden Hund. Untersuchungen zu den totemistischen Gesängen und geheimen Namen des Dorfes Kandingei am Mittelsepik (Papua New Guinea) anhand der kirugu-Knotenschnüre. Basel.
1993 When actions speak louder than words: The classification of food among the Yupno of Papua New Guinea. In: Quarterly Newsletter of the Laboratory of Comparative Human Cognition 15: 30–40.

Westermann, Dietrich
1943 Beziehungen zwischen Völkerkunde und Sprachforschung dargelegt am Wörterbuch der Ewe-Sprache, in: Beiträge zur Kolonialforschung: Tagungsband I.

Forschungsansätze

Andre Gingrich und Werner Zips

Ethnohistorie und Historische Anthropologie

Eine retrospektive Sicht auf das Verhältnis von Ethnologie und Geschichte stellt sich im deutschsprachigen Kontext etwas anders dar als im englischsprachigen Raum; davon wiederum unterschieden sind die wissenschaftlichen Ausrichtungen in der frankophonen Literatur: Was für die unterschiedlichen Entwicklungen des Gesamtfaches in diesen drei Sprachräumen (wie auch in anderen) gilt, das zeigt sich umso deutlicher auch im speziellen Feld des Wechselverhältnisses von Ethnologie und Geschichte, von Historischer Anthropologie und von Ethnohistorie.

Nun ist der vorliegende Text nicht primär als historisch-retrospektive Einführung in die Thematik konzipiert. Vielmehr stehen Gegenwart und Zukunft von historischem Arbeiten in der Ethnologie (Kultur- und Sozialanthropologie) im Mittelpunkt dieses Beitrages. Daher bildet eine historisch-retrospektive Rekapitulation nur den ersten, einführenden Abschnitt. Auf diesen folgt zweitens ein Überblick über die heute aktuellen, theoretischen Hauptansätze – so wie sie sich für einen aktuellen, deutschsprachigen Kontext darstellen, der sich nicht abschottet, sondern zunehmend selbst transnational vernetzt. Vor diesem Hintergrund führt der dritte Abschnitt schließlich in exemplarischer Weise einige methodologische und wissenschaftstheoretische Hauptelemente für historisches Arbeiten in der Anthropologie näher aus, die Schlussbemerkungen bilden den vierten Abschnitt.

1. Elemente einer historischen Rekapitulation

Im angelsächsischen Raum erfolgte rund um die Wende vom 19. zum 20. Jh. die Abwendung vom Evolutionismus in zweierlei Richtungen. Die von Franz Boas etablierte Richtung des *historischen Partikularismus* setzte den evolutionären Spekulationen die akribische, einzelhistorische Untersuchung kleinerer und größerer Lokalkulturen entgegen; daneben besteht ein schwächer ausgeprägter Evolutionismus in Teilen der US-Anthropologie weiter fort. Demgegenüber etablierte sich im Bereich der britischen Sozialanthropologie, nach einem diffusionistischen Zwischenspiel, ab den 1920er Jahren jene funktionalistische Tradition, die mit Malinowski und Radcliffe-Brown eine besonders deutliche Abgrenzung zur Geschichte vornimmt: Die Existenz und Wirkungsweise sozio-kultureller Phänomene ist hier primär durch Funktionen und Zwecke in der Gegenwart beschrieben; Geschichtsschreibung selbst ist in dieser Sicht funktional bestimmt durch die Notwendigkeit von historischer Legitimierung der Gegenwart (Barnard 2000).

Von diesem *mainstream* der internationalen Anthropologie her betrachtet, nimmt die deutschsprachige Ethnologie in ihrem Verhältnis zum Historischen quer durch die erste Hälfte des 20. Jahrhunderts eine zunehmend abgehobene Sonderentwicklung. Diese ist geprägt durch die lokalen Sonderformen des Diffusionismus, der hier einen schwach ausgeprägten und akademisch marginalisierten Evolutionismus ebenso wie den Empirismus (Bastian, Museen) viel nachhaltiger ablöst. Ab den 1920er Jahren etabliert dieser Diffusionismus sich vor allem in den beiden großen, lokal dominanten *Schulen* der *Frankfurter Kulturmorphologie* und der *Wiener Kulturkreislehre*. Beide Forschungsrichtungen fassen Kulturelles primär als historisches Ergebnis von Übertragungs- und Wanderungsprozessen (Gingrich 1999). In manchen minoritären Arbeitssträngen jener Zeit wird den Dogmen der „großen Schulen“ freilich frühzeitig widersprochen. Robert Heine-Geldern, der während der NS-Zeit dann in den USA Zuflucht findet, sucht noch von Wien aus den Diffusionsgedanken eher mit Überlegungen der Boas-Schule zu verbinden; Richard Thurnwald und W. E. Mühlmann verbinden Affinitäten zum sozialwissenschaftlichen Funktionalismus britischer Provenienz mit stärkeren Bezügen zu lokaler Historiographie und (Mühlmann) zu phänomenologischer Methode. Etliche andere, etwas weniger theorie-orientierte Ansätze gehen schon ab den 1930er Jahren einige Schritte weiter in Richtung einer konkretlokalhistorischen Arbeitsweise (Baumann, Hirschberg). Manche unter ihnen verfallen allerdings alsbald den Verführungen des NS-Regimes, welches die „großen Schulen“ durch eigene Parteigänger ablöst. „Umschreiben der Geschichte“ im Dienst der rassistischen NS-Ideologie und ihrer Vernichtungs- und Expansionspläne lautet das nationalsozialistische Primat auch für die *Historische Völkerkunde* bis 1945 (Linimayr 1994).

Die Nachkriegsordnung bietet daher hinsichtlich des Verhältnisses von Ethnologie und Geschichte über längere Zeit hinweg im deutschsprachigen Raum ein nur mäßig kreatives Bild. In der DDR wird eine Spielart des *Historischen Materialismus* sowjetischer Prägung auch in der Ethnologie (Ethnographie) etabliert. In der BRD und Österreich hingegen kehren zunächst die alten „großen Schulen" wieder in ihre früheren Positionen zurück. Nur langsam und zäh lösen sich die starren Fronten von Dogmatik und Ideologie auf: Ulla Johansen und Karl Jettmar initiieren Forschungsprogramme, die großräumige Kulturkontakte mit lokaler Ethnographie und Geschichte verbinden, historische Ethnographie prägt auch Teile der Werke von Hans Fischer und Erhard Schlesier. Nicht zu unterschätzende weitere Beiträge kommen aus den Museen, wo konkret-historische Einzeluntersuchungen eine größere Selbstverständlichkeit darstellen. Ab den 1960er Jahren beginnt sich in Wien die *Ethnohistorie* zu formieren – zunächst erneut um Walter Hirschberg, dann zunehmend um Karl R. Wernhart und vor allem Christian F. Feest, der sich dabei besonders um Anknüpfungen an der *ethnohistory* der US-Anthropologie verdient macht.

Während in der DDR „im Verborgenen" allmählich so manche gediegene, historisch-ethnographische Einzeluntersuchung entsteht, die heute zu Unrecht ignoriert wird, leiten in der BRD erst die Spätwirkungen des Jahres 1968 eine wirkliche Wende im Verhältnis von Ethnologie und Geschichte ein. Ab den 1970er Jahren verbreitet sich hier der Einfluss mehr oder minder „ethno-historischer" und historisch-anthropologischer Forschungsansätze: einerseits vor allem in regionaler Hinsicht, – so etwa für das präkolumbische Amerika (Bonn, Freiburg), andererseits aber auch als neomarxistische Projekte (Krader, Dostal).

Neomarxismus, Ethnohistorie, und diffusionistische Restbestände – so in etwa kann, in skizzenhaft überzeichneter Weise – die historisch-ethnologische „Landschaft" des westlichen Teils des deutschsprachigen Raumes für die 1980er und frühen 90er Jahre charakterisiert werden, zum Ende der Nachkriegsordnung.

Der Fall der Mauer markiert das Ende dieser Nachkriegsordnung und fällt zusammen mit einer neuerlich intensivierten Phase von intellektueller und wissenschaftlicher Globalisierung. In dieser ist die zunehmende Auseinandersetzung mit internationalen Entwicklungen im eigenen Fachbereich unumgänglich. Auf welche internationalen Haupttendenzen also trifft diese soeben skizzierte deutschsprachige „Landschaft" im hier interessierenden Zusammenhang am Ende des Kalten Krieges?

Auf den ersten Blick hat sich im anglophonen Bereich im Verhältnis von Anthropologie und Geschichte gar nicht so viel Aufregendes geändert: In der britischen *Social Anthropology* jedenfalls dominiert bis weit in die 80er Jahre hinein das traditionell-distanzierte Verhältnis zur Geschichte: Im Werk eines

Ernest Gellner etwa geht es trotz allem Zugeständnis an „Pendelbewegungen" letztlich doch primär um den Nachweis von mehr oder minder ausgeprägter Konstanz. Auch hier sind es eher neomarxistische Einflüsse, die von Max Gluckmann bis Maurice Bloch reichen, welche am ehesten historischen Wandel in die anthropologische Forschung integrieren. *Ethnohistory* findet sich nur bei wenigen britischen Nachkriegsautoren (I. Lewis), viel eher hat sie in Nordamerika weiterhin einen, wenn auch schwächer gewordenen Fortbestand, der sich aus der Boas-Tradition ableitet und jetzt durch die postmodernen Debatten der 1980er Jahre in manchen Spielarten gefiltert ist (Kuper 1993).

Wichtiger allerdings sind hier zwei andere Arbeitsrichtungen Historischer Anthropologie geworden:

Das sind zum einen die *kulturalistischen* Ansätze Historischer Anthropologie, wie sie einerseits schwächer ausgeprägt in Teilen des Werkes von Clifford Geertz (z.B.1980) vorliegen, wie sie aber andererseits besonders prononciert von Marshall Sahlins (1992, 2000) vertreten wurden: In seinen Schriften integriert das Primat des Kulturellen die Dialektik von Struktur und Geschichte – wobei auch in der *Weltgeschichte* das universalisierte euro-amerikanische Kulturkonzept mit offenen, anderen Lokalkulturen interagiert, auf durchaus wechselhafte Weise. Unterwerfung oder Widerstand sind dabei Extreme in einer viel weiteren Bandbreite, die auch kreative, lokale Aneignung des dominant Globalen umfassen kann. Damit bleibt das Sahlins'sche Werk eine brillante Herausforderung auch für all jene, die sein Primat des Kulturellen nicht teilen.

Zum anderen gilt es hier aber das besondere Gewicht der *globalen* und *transnationalen* Ansätze Historischer Anthropologie hervorzuheben. Darin liegt wohl die zweite entscheidende, neue Herausforderung für die deutschsprachige Landschaft heute: die kreative, intensive Auseinandersetzung mit diesen Zugängen, welche natürlich ihrerseits diese *globale* Perspektive dem Dialog mit der aktuellen Phase der Globalisierung verdanken (Gingrich and Fox 2002). Als Gründerfigur zu nennen ist hier der in Wien aufgewachsene und 1938 in die Emigration gezwungene Eric Wolf: Mit seinem *Die Völker ohne Geschichte* (1991) hat er grundlegend neue Standards gesetzt, welche seither die „reine" Beschränkung auf Lokalgeschichte zum Anachronismus machen. Dazu tritt nun das Werk von Arjun Appadurai (1996), dessen Betonung von *transnationalen Flüssen* (*flows*), von Elementen der Deterritorialisierung und von *ethnoscapes* auch und gerade für Historische Anthropologie und Ethnohistorie heute von größter Relevanz ist.

2. Versuch einer aktuellen Zwischenbilanz

Der französische Anthropologe Maurice Godelier hat einmal (1973) recht apodiktisch festgestellt: Die Geschichte erklärt nichts, sie ist das zu Erklärende. Daher sei die anthropologische Erklärung von Historischem das Selbstverständliche, die historische Erklärung von aktuell-Kulturellem hingegen sei kaum möglich.

Man muss dieses Verhältnis nicht unbedingt so eingeschränkt verstehen wie Godelier; er selbst hat diese Sicht später modifiziert. Tatsache ist allerdings, dass es heute mehrere unterschiedliche Grundzugänge zum Verhältnis zwischen Geschichte und Anthropologie gibt: Geschichte als kulturelle Legitimierung der Gegenwart ist nicht identisch mit einem Verständnis von kultureller Gegenwart als Resultat geschichtlicher Prozesse; die kulturanthropologische Interpretation historischer Prozesse wiederum ist nicht identisch mit der Historisierung des Gegenwärtigen. Auch deutschsprachige EthnologInnen sehen sich daher heute mit einer Situation des Pluralismus in diesem Verhältnis von Geschichte und Anthropologie konfrontiert.

In diesem neuen, kreativen Pluralismus hat der Terminus *Ethnohistorie* einen Bedeutungswandel erfahren. Während die frühere Begriffsbildung manchmal eine Beschränkung auf *ethnische Geschichte* suggerierte, betonen neuere Konzeptionen die transkulturellen und relationellen Perspektiven (Wernhart und Zips 2001). Gegenüber dieser möglichen Auslegung als einer Geschichte des „ethnisch Besonderen" bietet der Terminus *Historische Anthropologie* den Vorteil, auch das Allgemeine und nicht nur das Besondere zu akzentuieren.

Wesentlich für eine aktuelle Zwischenbilanz inmitten dieses neuen Pluralismus ist weiters die doppelte Relativierung des Lokalen: Zum einen ist Lokales auch für historisch-anthropologische Forschung nicht länger als a priori „Abgeschottetes" untersuchbar: *Flows* hat es auch in der Vergangenheit gegeben, auch das historisch-Lokale war selten ein Isoliertes. In neuer Form erfährt daher, gerade in einer Periode der Globalisierung, der Diffusionsgedanke seine unabwendbare Aufwertung.

Zum anderen aber sind *überlokale* (regionale, kontinentale, globale) Einflüsse auf das Lokale auch lange vor 1989 Selbstverständlichkeiten des historischen Prozesses, wie auch die Anthropologie spätestens seit Eric Wolf weiß. Dieser Dialektik zwischen *Offen-Lokalem* und (mehr oder minder) Globalem also hat sich die Historische Anthropologie a priori zu stellen.

Mit der obigen wissenschaftsgeschichtlichen, theoretischen und inhaltlichen Annäherung verfolgen wir die Intention, die heutigen Rahmenbedingungen einer postkolonialen Historischen Anthropologie stärker zu akzentuieren. Selbstredend formuliert dieser Überblick nur heuristische Ziele, wie sie einer

Einführung in die Ethnologie angemessen sind und beansprucht keine definitorische Festlegung, was Historische Anthropologie zu sein hat und vor allem, was sie nicht zu sein hat. Auch Fragen, die sich nicht unmittelbar auf Prozesse der Herrschaftsgewalt, der Machtbeziehungen und der Hegemonie während und nach dem Kolonialismus richten, besitzen eine relevante Bedeutung für das grundlegende Erkenntnisinteresse einer geschichtsbewussten Wissenschaft vom Menschen. Partikulare Themen der ethnologischen Geschichtsforschung werden auch weiterhin die Blindstellen der eurozentrischen Herrschaftsgeschichte in Bezug auf die „geschichtslosen Völker" sichtbar machen. Auf der allgemeinsten Ebene geht es der interdisziplinären Forschungsrichtung der Historischen Anthropologie um das Sichtbarmachen des individuellen und sozialen Handelns von Menschen, das von der bisherigen Geschichtsschreibung ungenügend wahrgenommen wurde.

Verantwortlich für diese selektive Wahrnehmung waren und sind die verschiedenen Zentrismen (Eurozentrismus, Ethnozentrismus, Orientalismus, Tempozentrismus, Androzentrismus u. a.), deren Gemeinsamkeit in der Privilegierung der eigenen Vorherrschaft besteht. Eine nach Machterhaltungsinteressen normierte Weltordnung verrät nur allzu oft ihre enge Verwandtschaft mit den historischen Formen der Unterordnung anderer Erfahrungswelten und Traditionen durch räumliche Expansion, geistige Vereinnahmung und Subsumption in das eigene Weltbild (vgl. Schäffter 1991: 11).

Daher kommt auch den scheinbar unpolitischen „Kleinthemen", den so genannten *partikularen micro-studies*, die wichtige Funktion zu, das Marginalisierte, oftmals Ausgeschlossene und Nichtanerkannte in den Mittelpunkt des Interesses zu stellen. Diese „Zentrierung" geht mit einer tendenziellen Dezentralisierung der *Makrogeschichte* einher, was sich gegen die Verabsolutierung von Eigenheit und gegen die Objektivierung von Fremdheit, das so genannte *Othering* richtet. Daraus ergibt sich, dass die Historische Anthropologie ein praktisches Forschungsinteresse erfüllt, das aus der Wahrnehmung der Gegenwart auf die historischen Konstitutionsprozesse der sozialen Strukturen und Praktiken blickt, um für zukünftiges Handeln begründete Entscheidungsoptionen anbieten zu können. Eingedenk der unübersehbaren globalen Risikolage, die sich nach den Ereignissen des Jahres 2001 (beginnend mit der China/USA-Krise bis zu den Terroranschlägen in den USA und den Kampfhandlungen in Afghanistan) dramatisch zugespitzt hat, muss sich die historisch-anthropologische Forschung von früheren Dogmen der regionalen Völkerkunde (*Einheit von Zeit und Raum*) lösen, um etwa zur Entschärfung und zu Lösungsoptionen von transnationalen und transkulturellen Konflikten beitragen zu können (vgl. Appadurai 1991: 191ff.).

Das Erkenntnisinteresse bestimmt daher ebenso wie die Problemlage die Methodenwahl. Die wichtigste Frage, die sich jede/r Wissenschaftler/in vor Beginn eines Forschungsvorhabens stellen muss, lautet: Was will ich wissen?

Von der Schlüssigkeit dieser trivial anmutenden Fragestellung hängt der Projekterfolg entscheidend ab. Nach der möglichst klaren Formulierung und inhaltlichen Bestimmung der Fragestellung richtet sich die Auswahl der geeigneten Methoden bei der Suche nach Antworten. Aus einem Set grundsätzlich möglicher Forschungsmethoden ist daher die jeweils adäquate Kombination für die empirische Aufgabenstellung herauszufinden. Nur im seltenen Einzelfall wird eine ganz bestimmte Methode ausreichen. In der Regel wird schon die interdisziplinäre Ausrichtung (Geschichtsforschung/Anthropologie) eine parallele oder diachrone Anwendung mehrerer Methoden nahelegen.

Dieser Methodenpluralismus hängt eng mit der unterschiedlichen Zugänglichkeit der verschiedenartigen Quellen zusammen. Es liegt auf der Hand, dass schriftliche Aufzeichnungen aus der Feder eines Kolonialbeamten im frühen 18. Jahrhundert eine andere Erhebungs- und Auswertungsmethode verlangen, als die mündlichen Überlieferungen der Nachkommen einer von den schriftlichen Quellen beschriebenen sozialen Gruppe. Dasselbe gilt für die archäologisch auffindbaren Artefakte ihrer ökonomischen, religiösen und politischen Praktiken in der Vergangenheit, für die durch einen linguistischen Vergleich feststellbaren Prozesse des kulturellen Kontakts, der Auseinandersetzung und Integration, sowie für den technologisch-ergologischen Vergleich der Arbeitsweisen und -Gerätschaften in Gebieten, die nachweislich miteinander in Kontakt standen oder für die ökologische Erhebung der Landschaftsveränderungen im Zusammenhang mit menschlichem Einfluss (vgl. Haberland 1988: 297–307).

3. Konzepte und Methoden historisch-ethnologischer Forschung

3.1. Oral History und Oraltraditionen

Oral History-Forschung besitzt in der Ethnohistorie einen großen Stellenwert für die notwendige Dekonstruktion der Herrschaftsgeschichte als Vorbedingung einer Rekonstruktion der Perspektiven aller beteiligten historischen Akteure. Mündliche Methoden der Geschichtsforschung, wie sie in der Geschichtswissenschaft im Rahmen der so genannten *Geschichte von unten* in den 1980er Jahren populär wurden, gehören seit Franz Boas zum Inventar ethnologischer Geschichtsforschung. Im Mittelpunkt dieses Ansatzes stand lange Zeit die Frage nach dem Status von Oraltraditionen (vgl. Vansina 1985). Sie bilden ein Gegengewicht zu den Darstellungen der schriftlichen europäischen Quellen und erlauben damit das historische Spannungsverhältnis nachzuvollziehen. Auch diese Berichte sind freilich keine getreulichen Wiedergaben der historischen Realität, wie man früher annahm, sondern interessegeleitete Vermittlungen der Vergangenheit. Als narrative Quelle stellen sie einen alternativen Geltungsanspruch auf historische Wahrheit dar (vgl. Vansina 1994: 207ff.).

Oraltraditionen beinhalten ebensowenig wie die biographischen Erzählungen von Geschichte neutrale Informationen. Der Einbezug der Oral History führt daher keineswegs von einer Sozialgeschichte zur Individualgeschichte, indem der Blick auf die Strukturen zugunsten persönlicher Sichtweisen zurückgedrängt wird. Vielmehr bemüht sich die (ethno)historische Rekonstruktion um eine größere Genauigkeit in der Erfassung des Strukturellen (Zips 1986: 15; sowie 1999). Oral History-Forschung kann sich sowohl auf die unmittelbare Erfahrung lebender historischer Akteure beziehen, die sie regelmäßig durch Narrative Interviews nachfragt, als auch auf die historischen Überlieferungen vergangener Generationen. Diese Oraltraditionen sind als Prozesse der Weitergabe zu verstehen, welche Transformationen und strategische Abwägungen implizieren. Wenn auch das Erzählen von Geschichte als Handeln verstanden wird, kann der politische Gehalt dieser „Erinnerungen von Überlieferungen“ interpretativ berücksichtigt werden.

Mündliche Überlieferungen entspringen ebenso wie schriftliche Repräsentationen bestimmten Motivlagen und verfolgen persönliche und politische Interessen. Deshalb ist es unabdingbar, quellenkritisch die Frage nach den geschichtlichen, biographischen und metahistorischen (literarischen) Bedingungen der jeweiligen erzählten Repräsentationen zu stellen (vgl. Clifford 1986; Trouillot 1991). Sie besitzen keinen grundsätzlich höheren oder besseren Status als schriftliche Quellen, aber – und das ist vielleicht im Rahmen der Historischen Anthropologie eine noch wichtigere Feststellung – auch keinen niedrigeren oder schlechteren. Beide Hauptgruppen von Quellen können sich mitunter komplementär zueinander verhalten oder auch konkurrierend im Widerstreit der Positionen. In jedem Fall heißt das, der Dialektik der historischen Strukturen in der methodischen Gegenüberstellung unterschiedlicher Perspektiven (juxtaposition) nachzuspüren. Dafür kann eine Reihe anderer Methoden (linguistische Analysen, komparative und kulturökologische Untersuchungen usw.) wertvolle Unterstützung liefern (vgl. Zips 2002; Wernhart 2001).

In der folgenden Besprechung wollen wir uns auf die beiden wichtigsten Methoden der Archivforschung und der Feld(er)forschung durch Oral History konzentrieren. Methodenpluralismus bedeutet in der Historischen Anthropologie das genaue Gegenteil einer willkürlichen Aneinanderreihung unterschiedlicher Vorgangsweisen. Eingedenk der zumeist widersprüchlichen Geschichtsinterpretationen aller beteiligten Parteien im Aufeinandertreffen der verschiedenen Kulturen erlaubt nur die methodenpluralistische Haltung, das Spannungsverhältnis zwischen den differenten Wirklichkeitskonstruktionen zu rekonstruieren. Während der Umgang mit schriftlichen Quellen in der Geschichtsforschung bis in die jüngere Gegenwart im Zentrum der methodischen Vorgangsweisen stand, und erst in den 1960er Jahren von der Oral History, Alltagsgeschichte und *Geschichte von unten* ergänzt und oftmals kontrastiert wurde, gehört die kommunikative Forschung im Rahmen einer Feldforschung zu den unabdingbaren Konditionen des anthropologischen Arbeitens. Dabei hat der Begriff der Feldforschung aber einen Bedeutungswandel erfahren.

3.2. Praxis und (Handlungs-)Feld

Oftmals wird es also einen Anknüpfungspunkt in der Gegenwart verlangen, um die historische Dimension menschlichen Handelns zu erfassen. Daher ist es nur im Einzelfall, bei einer eng umrissenen Fragestellung, möglich, ausschließlich vom Schreibtisch aus, mit Archivquellen und Literaturstudien, zu arbeiten. Dafür muss dann die Fragestellung entsprechend auf die europäischen Perspektiven eingeschränkt werden. Die Erarbeitung dieser, zumeist von kolonialen Organwaltern stammenden Korrespondenz kann eine wesentliche Vorarbeit für die Rekonstruktion der interkulturellen Beziehungen leisten. Sie kann die Sichtweisen, Diskussionspunkte und Wissensbestände unterschiedlicher Herrschaftssubjekte (zumeist Angehörige der kolonialen Verwaltung) und anderer sozialer Akteure aus Europa in einer zeitlichen Dimension erheben. Mit der tatsächlichen Praxis stimmen diese ideologischen und strategischen Überlegungen freilich kaum überein.

Dafür bedarf es der Berücksichtigung anderer Perspektiven, die sich aus den Archiven nur ungenügend erschließen. Der Zugang zu diesen oftmals nicht verschriftlichten Daten ist daher auf die Verwendung kommunikativer Methoden angewiesen. Diesen bleibt es vorbehalten, mündliche Überlieferungen und dynamisch veränderte Deutungen der Geschichte nachzufragen. Ihre Aussagen sind, wie bereits erwähnt, ebensowenig soziale Fakten wie die interessengesteuerten Repräsentationen der schriftlichen Quellen. Feldforschung durch partizipatorische und retrospektive Verfahren gehört damit zum Kern auch des methodischen Inventars der Historischen Anthropologie, was den vielleicht klarsten ethnologischen Unterschied zur Geschichtsforschung ausmacht. Dieser Begriff der Feldforschung meint jedoch nicht mehr den früher gebräuchlichen räumlich-regionalen Gehalt – der sich hinter der androzentrisch-abenteuerlichen Metapher für ethnologische Forschung schlechthin verbarg (*go to the field young man*) – sondern das Verständnis eines sozialen Feldes (der Ökonomie, des Rechts, der Religion, der Kunst, des Sports, der Wissenschaft, der Literatur, der Bürokratie, des Journalismus usw.). Die Bestimmung und heuristische Eingrenzung dieses Feldes obliegt den sozialwissenschaftlichen AkteurInnen selbst. Ob der gewählte Ausschnitt der Beobachtung sinnhaft ist, richtet sich nach den Grenzen der relativen Autonomie eines Feldes, die wiederum nur empirisch, anhand der mehr oder weniger institutionalisierten Eintrittshürden und der Wirksamkeit der Kräfte auf alle Handelnden, die das Feld betreten, bestimmt werden kann (Bourdieu und Wacquant 1992: 100ff.).

Ein solches relativ eigenständiges Feld ist vergleichbar mit einem Spielfeld, in dem unterschiedliche Individuen und Gruppen um (Macht-)Positionen kämpfen. Daraus ergibt sich, dass jede Momentaufnahme eines Feldes einen Endpunkt akkumulierter Geschichte abbildet. Jede synchrone Analyse eines Feldes benötigt daher zum adäquaten Verständnis eine historische (gewissermaßen genetische) Entstehungsgeschichte seiner Strukturen. Deren dynamische Konstitution ergibt sich erst aus den Spannungen zwischen den einzelnen Positionen innerhalb des Feldes sowie aus den Beziehungen zu anderen Feldern, speziell zum Feld der Macht (Bourdieu 1997: 80).

Mit dieser *strukturgeschichtlichen* Sichtweise eröffnet sich ein Zugang zu konkreten Feldern der Betrachtung, der in jedem historischen Moment sowohl das Produkt der vorangegangenen Kämpfe um die Erhaltung oder Veränderung der Strukturen eines Feldes als auch das Prinzip nachfolgender Transformationen erkennt. Selbstredend bedeutet die „relative Bestimmung“ dieses Objektfeldes keine Isolation zu anderen Feldern. Vielmehr „zwingt“ der relationale Gehalt des Feldbegriffes gerade zur Beachtung der externen Beziehungen mit anderen Feldern, insbesondere mit dem erwähnten Feld der Macht. Die soziale Welt in Feldern zu denken, heißt relational zu denken, wie Bourdieu und Wacquant (1992: 97) betonen: “*(T)he real is the relational.*”

Ein Feld ist danach als Netzwerk oder Konfiguration von objektiven Beziehungen zwischen den einzelnen Positionen aufzufassen, die unabhängig vom individuellen Bewusstsein und Willen existieren. In diesem Sinn verstanden, geht es bei den Methoden zur historischen Feldforschung um die Erklärung der Beziehungen innerhalb eines Feldes sowie zwischen dem untersuchten Feld und anderen Feldern. Damit einhergeht auch ein Bedeutungswandel des Begriffes *Feldforschung* hin zu einem pluralen Verständnis der sozialgeschichtlichen *Felder-Forschung* im Rahmen der Historischen Anthropologie (vgl. Kremser 2001).

Das Handeln der Akteure, ihre subjektiven Entscheidungen innerhalb der Spielräume, die von den in einem Feld herrschenden Strukturen vorgegeben werden, steht im Mittelpunkt des empirischen Interesses. Demgemäß lässt sich der Habitus – als Schlüsselbegriff der Praxis-Theorie von Pierre Bourdieu – auch als „Spielgefühl“ übersetzen. Es beruht auf den weitgehend unbewussten Wahrnehmungs-, Deutungs- und Handlungsmustern, die dem einzelnen durch Sozialisation eingeschrieben werden. Sozialisation meint insofern weniger einen Prozess des aktiven Lernens, sondern das passive Formen des Individuums durch gesellschaftliche Strukturierung. Strukturen, sowohl die im Habitus des Einzelnen verinnerlichten, als auch die objektiven Strukturen der spezifischen Logik eines Feldes, sind nur in praxi, das heißt in ihrem praktischen Vollzug sichtbar. Zugleich besitzt das soziale Handeln der Akteure aber auch eine verändernde Potenz. Dieses sozialtheoretische Verständnis, das die Trennung objektivistischer und subjektivistischer Untersuchungsansätze zu überwinden trachtet, tendiert zu einem Konzept einer Strukturgeschichte, die empirisch an der Logik der Praxis ansetzt: „Dieses praxeologische Paradigma räumt dem Handeln und Deuten der Einzelnen einen anderen Status ein als der Kulturrelativismus in der Ethnologie bzw. Sozial- und Kulturanthropologie oder als der idealistische Historismus in den Geschichtswissenschaften: Die Einzelnen erscheinen hier weder ‚frei', ihren Willen durchzusetzen, noch gänzlich durch äußere Umstände, Verhältnisse und deren Strukturen bestimmt, sie finden – von extrem seltenen Ausnahmen abgesehen – immer Handlungs- und Deutungsspielräume vor und müssen sich deshalb immer wieder für eine/ihre Deutung, für eine/ihre Handlung entscheiden" (Sieder 2001: 147).

Den theoretischen Vorgaben einer praxisbezogenen Strukturgeschichte entspricht in besonderem Maße das Narrative Interview, das wir im Folgenden hervorheben wollen.

3.3. Das Narrative Interview

Neben der partizipierenden Erfahrung bieten sich vor allem Narrative und biographische Interviews an, um die subjektive Perspektive der Erinnerungen an alltagsweltliche Praktiken und die individuellen Bewertungen der historischen Verhältnisse durch die Akteure mit den strukturalen Handlungsspielräumen in einen wirkungsgeschichtlichen Zusammenhang zu versetzen. Vom Interviewten wird dabei keine „poetisierende Erzählkunst" erwartet, sondern die Bereitschaft, sich einem mehrstufigen Verfahren der kommunikativen Forschung zu unterziehen, das eine längere Periode des sozialen Kontaktes erfordert. Narrative Interviews produzieren als „forschende Gespräche" Erzählungen; sei es über bestimmte Thematiken (wobei sie dann sogenannten Experten-Interviews ähnlich werden), sei es über Lebensgeschichten oder Teile davon (in biographisch-narrativen Interviews). Dabei obliegt es den Erzählenden, den thematisch vor-dimensionierten Erzählraum mit ihrem (historischen) praktischen Sinn aufzufüllen. Dieser gedachte Raum wird von der thematischen Orientierung idealerweise so geöffnet, dass der/die ErzählerIn detailreich, ausschweifend und assoziativ über Geschehnisse berichten kann, an denen er/sie als AkteurIn teilgenommen hat. Im ersten narrativen Abschnitt der Eingangserzählung sollen die Erzählenden ihre historischen Praktiken so frei zur Sprache bringen können, dass durch die Serie von Entscheidungen zwischen Erzähloptionen die historischen Handlungsentscheidungen durchschimmern. Auf diese Weise versucht das Instrument des Narrativen Interviews, den theoretisch begründeten Zusammenhang zwischen Feld, Habitus und Praxis auf methodologischer Ebene zu erhalten (siehe genauer Sieder 2001 sowie Schütze 1978).

Als mündliche Geschichten („Oral History") sind die Erzählungen allerdings ebensowenig in der Lage, ein vergangenes Geschehen abzubilden wie irgendein schriftlich überlieferter Text: „Jede Erzählung und jeder Text ist eine Präsentation mit symbolischen Mitteln und enthält eine Serie von Interpretationen, für die der Erzähler im Akt des Erzählens eine Komposition sucht und findet. Aber wir können davon ausgehen, dass die Prinzipien der Erzählung, die sich im Text als ihrem Protokoll wiederfinden, deutbar sind in Bezug auf jene Prinzipien, welche die in der Vergangenheit getroffenen Entscheidungen orientiert haben könnten" (Sieder 2001: 152). Damit ist die methodologische Vorstellung verbunden, dass sich derselbe Habitus, der bereits das historische Handeln der Interviewten disponiert hat, auch als schöpferisches Prinzip in der Erzählung wiederfindet. In diesem Sinn würden die narrativen Repräsentationen der (historischen) Praxis gewissermaßen den Habitus hinter der historischen Praxis „verraten".

Durch die einzelnen methodischen Abschnitte der Eingangserzählung, des immanenten (am Text orientierten) und des exmanenten (auf die Auslassungen bezogenen) Nachfragens, der Rekonstruktion von Routinen, des Reasonings als freierem Teil des Gesprächs, der eine reflektierte Haltung anregt sowie der Nachgespräche (Sieder 2001: 150 ff.), wird versucht, einen praxeologischen Blick auf die individuelle Laufbahn – das Trajektorat des Handelnden in einem bestimmten Feld – zu gewinnen. Die praxeologische Perspektive beruht auf einem handlungstheoretischen Verständnis, das nach der sozial erzeugten Logik bzw. den Handlungsbedingungen der Praxis fragt. Dabei kommt es darauf an, das soziale Altern – die Laufbahn – in Bezug zu den aufeinander folgenden Zuständen des Feldes, in dem sie sich abgespielt hat, zu verstehen. Denn das Individuum handelt innerhalb eines Ensembles objektiver Beziehungen, die es mit der Gesamtheit der anderen Akteure vereinigt haben, welche im selben Feld engagiert sind und damit demselben Möglichkeitsraum gegenüberstehen.

Um die lebensgeschichtlichen Idealisierungen in der sozialen und historischen Dimension des Handelns deuten zu können, ist es notwendig, den Begriff der Laufbahn als eine Abfolge von nacheinander durch denselben Akteur (oder eine bestimmte Gruppe) besetzten Positionen zu konstruieren. Damit soll der Tendenz jeder (auch wissenschaftlichen) Befragung zu einer offiziellen Selbstpräsentation des Befragten entgegengewirkt werden. Methodologisch stellt die relationale Textanalyse darauf ab, der „biographischen Illusion", die sich hinter dem „perfekten sozialen Artefakt der Lebensgeschichte" verbirgt, den Status der Selbstverkennung abzunehmen (Sieder 2001: 160 ff.; vgl. dazu auch Bourdieu 1990: 81 f.).

Allein der interpretative Zeitaufwand für ein Narratives Interview und die einzelnen Schritte der sequentiellen Textanalyse (vgl. Schütze 1978 und Rosenthal 1995) legen aber nahe, dass keineswegs alle kommunikativen Forschungsmethoden der ethnologischen Feldforschung ein derartig hohes Komplexitätsniveau erreichen sollten. Informelle Konversationen und politisch-philosophische Diskussionen in freier, methodisch unkontrollierter Atmosphäre sind geeignet, die benötigte alltagsweltliche Kompetenz im spezifischen sozialen Raum entscheidend zu erhöhen.

Darüber hinaus sind Experten-Interviews, die über eine individuell zugeschnittene Fragestellung spezialisiertes Wissen nachfragen, von eminenter Bedeutung. Oft ergibt sich die Anwendung einer Methode geradezu aus der vorhergehenden (methodisch) zwanglosen Kommunikation. Diese kann von alltäglichen Konversationen über informelle themenorientierte Diskussionen und private Austauschformen zwischen „alten Bekannten" reichen, die der Logik des Vertrauens folgen, bis hin zu formellen Interviews mit narrativem oder biographisch-narrativem Status und standardisierten Befragungen (Experten-Interviews). Die hier nur kurz skizzierten Vorgangsweisen der Oral-History-Forschung entsprechen den üblichen dialogischen Produktionsprozessen der ethnohistorischen Forschung (s. genauer Wernhart und Zips 2001: 31 ff.). Gemeinsam mit anderen Quellen – vor allem mit den der kolonialen Perspektive entstammenden Archivquellen – sollen sie das gewählte (Betrachtungs-)Feld als reales historisches (Spannungs-) Feld zwischen Gegensätzen und Hierarchien rekonstruieren helfen, die effektiv die sozialen Gruppen organisierten. Da diese Herrschaftsbeziehungen (vor dem dargelegten theoretischen Hintergrund) dem Habitus, der sie reproduziert, in unkenntlicher Form zugrunde liegen, werden sie in den (ebenso vom Habitus organisierten) Gesprächsformen und Interview-Äußerungen nur in unbewusster, d. h. verkannter Form sichtbar. Ihre Offenlegung kann daher nur durch ihre enge Vernetzung sowohl untereinander als auch mit allen anderen verfügbaren (v. a. schriftlichen) Quellen und den Wahrnehmungen der unmittelbaren Beobachtung symbolischer Praktiken zu einer relationalen Konstruktion des Feldes erfolgen.

Als schriftliche Quellen kommen u. a. Memoiren, Tagebücher, Bordbücher, Briefe, Urkunden und Dekrete, Verträge, Behördenberichte und gerichtliche Dokumente, Fallbücher und Akten sowie geschichtliche Aufzeichnungen der historischen Akteure in Betracht, die sich sowohl in Privatbesitz als auch in staatlichen Archiven befinden können. Darüber hinaus kann unterschiedlichen anderen Quellengattungen (z. B. Abbildungen, Karten, Film- und Tonaufnahmen, Flugschriften, Realien, unpublizierten Forschungsberichten und Onlineressourcen im Internet) je nach empirischer Fragestellung eine entsprechend gewichtige Bedeutung zukommen (s. genauer Wernhart 2001: 57–68).

3.4. Eine praxeologische Strukturgeschichte

Im praxeologischen Erkenntnismodus werden die individuellen und sozialen Praktiken auf ihre Strukturierung durch *Sozialisation* zurückgeführt; allerdings nicht in der deterministischen oder objektivistischen Wendung des strukturfunktionalistischen Paradigmas, welche die handelnden Individuen zu völlig determinierten Marionetten der herrschenden Strukturen macht. Vielmehr wird das soziale Handeln menschlicher Akteure in seiner subjektiven Dimension insofern ernst genommen, als es auf seine interessegeleiteten, „strategischen" Entscheidungen hinterfragt wird. Entgegen subjektivistischen Idealisierungen, die ein frei handelndes, von sozialen Zwängen weitgehend unabhängiges Subjekt suggerieren, werden diese Entscheidungen aber nicht als Ausdruck eines „freien, selbstbestimmten" Individuums aufgefasst, sondern als vorstrukturierte Realisierungen der Handlungs- und Deutungsspielräume in den unterschiedlichen Feldern eines sozialen Raumes. Praxis wird damit zum einzig möglichen, beobachtbaren Anhaltspunkt empirischer historischer und sozialwissenschaftlicher Forschung. Das Interesse am konkreten Handeln erschöpft sich aber nicht in den deskriptiven Absichten einer e*thnographischen* Bestandsaufnahme, sondern richtet sich analytisch auf seine soziale (Erzeugungs-) Logik. Gesellschaft und Individuum, Struktur und Praxis werden auf eine Weise miteinander verknüpft, die den dualistischen Rahmen von System und Lebenswelt, als entkoppelte Foren von instrumentellem und kommunikativem Handeln, sprengt. Soziale Strukturen, verstanden als historische Arbeit aufeinander folgender Generationen (*Phylogenese*), werden im praxeologischen Paradigma nicht mehr nur außerhalb der Individuen wahrgenommen. Durch Verinnerlichung bzw. Verkörperung (*Interiorisierung*) formen sie den (sozialen) Habitus jedes Individuums (*Ontogenese*), abhängig von seinen Erfahrungsmöglichkeiten.

Darin liegt der Kern der doppelten Historizität mentaler Strukturen. Soziales Sein und Geschichte werden damit untrennbar aufeinander zurückgeführt (Bourdieu und Wacquant 1992: 139). Als ein durch Sozialisation erworbenes (strukturiertes) Bündel aus Wahrnehmungs-, Deutungs- und Handlungsschemata strukturiert der Habitus die Praktiken und Gedanken der handelnden Individuen. In diesem Sinn ist der Schlüsselbegriff des Habitus als strukturierte und strukturierende Strukturen – Dispositionen für jedwede Praxis –

verstehbar. Aber dieses vom Habitus angeleitete Handeln erfolgt wie erwähnt in vorkonstituierten Feldern. Sie sind analytisch gefasste, relativ autonome Handlungszusammenhänge von Positionen, deren Stellung zueinander durch die disponierten Praktiken der Akteure reproduziert und dabei verändert wird. Praxis transzendiert die unmittelbare Gegenwart über die praktische (d. h. nicht notwendigerweise bewusste) Mobilisierung der Vergangenheit und die (mit gleicher Bedeutung) praktische Antizipation der Zukunft, die der Gegenwart als objektive Potentialität eingeschrieben ist. Ihre soziale Logik ist eben kein (notwendigerweise) bewusster und wohlerwogener Plan, im Sinne eines zukunftsorientierten Projekts. Trotzdem erfüllt die praktische Aktivität einen (praktischen) Sinn, wenn sie von einem Habitus hervorgebracht wird, der den innewohnenden „Spielregeln" eines Feldes angemessen ist. Auch diese „Spielregeln" sind freilich keine expliziten Regeln wie normative Verhaltensanordnungen, sondern Regelmäßigkeiten –strukturelle Tendenzen des in einem Feld üblichen, erwarteten und insofern „vernünftigen Verhaltens". Da der Habitus selbst das „Produkt" von (fr.) *incorporation* (dt.: Verinnerlichung bzw. Verkörperung oder Einverleibung, engl.: *embodiment*) dieser Regelmäßigkeiten ist, beinhaltet er eine Antizipation dieser Regelmäßigkeiten. Vereinfacht gesagt: der Habitus ist prädisponiert für die Positionskämpfe in jenen sozialen Handlungsfeldern, deren strukturelle Tendenzen er verinnerlicht hat (vgl. Bourdieu und Wacquant 1992: 138).

Die solchermaßen radikale Historisierung von Strukturellem, welche die praxeologische Forschung vor Augen hat, unterscheidet die Theorie der Praxis von anderen Theorien des kommunikativen Handelns. Mit dem Begriff der Praxeologie ist damit ein empirischer (d. h. auf methodischer Erfahrung beruhender) Forschungsansatz gemeint, der die individuell unbewusste Logik des praktischen Handelns zu erkennen sucht. In der Konsequenz zwingt die praxeologische Sichtweise zur empirischen Verankerung des analytischen Vorgehens. Nur in der Praxis können *strukturelle Wirkungsmechanismen* erkannt werden. Erst im (historischen) Verständnis der doppelten Historizität mentaler Strukturen, wie es in den Habitus-Begriff eingelassen ist, kann die soziale Integration in den Interaktionszusammenhängen unterschiedlicher Felder anthropologisch fundiert werden. Demgemäß beschreibt Bourdieu „seine" Praxeologie als universale Anthropologie, welche die Historizität – mithin auch die Relativität – kognitiver Strukturen berücksichtigt. Die Praxis gilt ihr als jener Ort, an dem die Handelnden (*universal*) die partikularen historischen Strukturen „zum Arbeiten bringen" (Bourdieu und Wacquant 1992: 139).

Mit der Entscheidung für eine praxeologische Erkenntnisweise verbindet sich eine Art *wissenschaftlicher Habitus*, den Bourdieu mit dem relationalen (auf die Erkenntnis von Wechselbeziehungen abstellenden) Denken umreißt. Die Schlüsselbegriffe, insbesondere die Konzepte von Feld und Habitus implizieren logisch ein vernetztes Denken sozialer Praxis. Als zwei Formen der Existenz von Geschichte verweisen die beiden Konzepte kontinuierlich aufeinander. Ein Feld wird erst sichtbar in den Praktiken konkreter Individuen, die ihrerseits *Emanationen* des Feldes sind. Daher verkörpern die Handelnden die Geschichte des Feldes. Ihre Handlungen zeigen ihre spezifische soziale Logik nur im Hinblick auf die historischen Dimensionen eines Feldes, als eine aus den Schauplätzen historischer Kämpfe hervorgegangene Arena für die gegenwärtigen Auseinandersetzungen und Konflikte um Distinktion und die zukünftige Verteilung der (im Feld) verfügbaren materiellen und immateriellen Güter (vgl. Zips 2001: 228).

Bourdieu (1992: 232 f.) vergleicht diese sozialwissenschaftliche Vorgangsweise mit jener der Architekten des 19. Jahrhunderts, die in beeindruckenden Kohlezeichnungen zuerst Skizzen der Gesamtheit eines Gebäudes anfertigten, um schließlich jenen Teil darin zu positionieren, den sie im Detail repräsentieren wollten. Dieser vielsagende Vergleich lässt sich auch auf das zentrale Bemühen der Historischen Anthropologie erweitern, das darin besteht, die Geschichte der lokalen Kulturen im Wirkungszusammenhang mit regionalen und letztlich globalen Bedingungen zu rekonstruieren. Der relationale Begriffsinhalt des Feldes verlangt also neben einer Bestimmung der vertikalen historischen Beziehung des Feldes zu „seiner" Geschichte auch die Frage nach der horizontalen Beziehung des Feldes zu anderen Feldern, insbesondere zum Feld der Macht. Damit intendiert Bourdieu, eine Art selbstgetriebenes Forschungsprogramm (*self-propelling program*) anzubieten, das die verfügbaren Daten in einem kohärenten System von Beziehungen ordnet. Sein Vorteil liegt darin, dem *isolierten Objektbereich* der Untersuchung keine Mechanismen und Prinzipien einzuschreiben, die quasi extern in der Beziehung des Feldes zu anderen Feldern begründet sind (Bourdieu 1992: 232 f.; Zips 2002: 243 f.).

Mit dem relationalen Entwurf verfolgt die analytische Rekonstruktion der Logik der Praxis – jeder möglichen Praxis – eine Art historische Soziologie von Herrschaft und Macht. Ihr liegt folgende Sozialtheorie zugrunde: Dem Habitus des Einzelnen sind die objektiven historischen Machtbeziehungen durch die Sozialisation in den Handlungsfeldern seiner *sozialen Reichweite* eingeschrieben. Nach diesem Theorieverständnis geht „die" Geschichte durch den zwischen Habitus und Feld stattfindenden Austausch eine Beziehung mit sich selbst ein. In der Reproduktion von Herrschaft äußert sich eine ontologische Mittäterschaft zwischen Handelndem und sozialer Welt (vgl. Bourdieu 1998: 29 ff.). Habitus ist – „wie ein Fisch im Wasser" – zu Hause in den Feldern, die er „bewohnt". Als das verkörperte Soziale interiorisiert der Habitus die Strukturen des Sozialen, die er über das praktische Handeln wieder exteriorisiert, d. h. für die Reproduktion der Strukturen „abgibt". Sein konkretes Handeln beruht auf dem praktischen Wissen der Bedeutungen und

Interessen im jeweiligen Feld. Es besteht gewissermaßen eine stillschweigende Übereinkunft (*ontological complicity*) zwischen (individuellen) Dispositionen und (sozialen) Positionen. Sie drückt sich in einer praktischen Übereinstimmung zwischen dem „Spielgefühl“ (*sense of the game*) und dem Spiel selbst aus – ein „regelmäßig“ blindes Spielverständnis, das erklärt, warum der Handelnde das tut, was er tun muss, ohne es eben explizit zum Ziel zu machen (Bourdieu und Wacquant 1992: 128; vgl. Zips 257 ff.).

Dem mit dem Habitus-Begriff verbundenen sozialtheoretischen Verständnis Bourdieus wurde oft vorgehalten, daß es die Veränderbarkeit der sozialen Welt (zu) gering schätzt, indem es die unbewusste Komplizenschaft des Individuums mit seiner eigenen Beherrschung durch allmächtige Strukturen (über)betont. Dem hat Bourdieu entgegengehalten, dass die Entschleierung hartnäckiger Herrschaftsstrukturen mithin eine Vorbedingung zu deren Destabilisierung erfüllt. Gerade diese Hartnäckigkeit von irrationalen Herrschaftsbeziehungen verlangt aus einer kritischen Sicht zuerst nach der Offenlegung ihrer Wirkungsprinzipien. Dadurch kann Veränderung impliziert und nötigenfalls Widerstand aktiviert werden. Der praxeologische Erkenntnismodus legt es darauf an, die am besten verborgenen bzw. verschleierten Formen der Herrschaftsreproduktion, deren Effizienz regelmäßig aus ihrer Unbewusstheit gespeist wird, sichtbar zu machen (Bourdieu und Wacquant 1992: 81; vgl. genauer Zips 2002: 262 ff.).

4. Ausblickende Schlussbemerkung

Hinter der Bezeichnung *Historische Anthropologie* steht nicht bloß das Bemühen, die interdisziplinären Palisaden zwischen Geschichtswissenschaft und Ethnologie zu überwinden, sondern eine transkulturelle Haltung. Eine Wissenschaft vom Menschen (*Anthropologie*), die zum Wohl aller Menschen und nicht nur des eigenen Teiles dieser Menschheit beitragen möchte, muss die Kluft zwischen Überfluss und Armut, zwischen Beherrschung und Widerstand sowie zwischen Recht und Gerechtigkeit auf ihre historischen Ursachen hin untersuchen. Darin liegt ein unabdingbarer, aber nicht ausschließlicher Teil der Grundlagenforschung.

Historische Forschung im Bereich der Ethnologie ist in diesem Sinne immer Beziehungsforschung. Ihre kritische Perspektive basiert auf der Zielsetzung, bestehende Differenzen im Recht auf Selbstbestimmung sowohl sichtbar zu machen als auch zu verkleinern. Das kann auch bedeuten, kulturelle Differenzen zu schützen – nämlich dann, wenn eine herrschende Gruppe (gleichgültig ob Minderheit oder Mehrheit) eine unterlegene Gruppe assimilieren möchte. Historische Anthropologie blickt daher regelmäßig auf ein Feld der Macht (-Beziehungen). Selbstredend ist es aber auch heute nicht verboten, partikulare Themen zu bearbeiten. Warum sollte beispielsweise die Entstehung und geschichtliche Verbreitung des westafrikanischen Brettspiels Oware kein akzeptables Thema für eine Diplomarbeit oder ein wissenschaftliches Projekt sein? Nicht jede Forschung im Bereich der Historischen Anthropologie muss die Herrschaftsgeschichte der Makrostrukturen zum Gegenstand haben.

Angesichts der Gleichförmigkeiten einer unidirektionalen Globalisierung besteht bei vielen Menschen in westlichen Gesellschaften eine Nachfrage nach Alternativen zu den beschränkten lebensweltlichen Angeboten der eigenen Konsumgesellschaft. Ob sie das wollen oder nicht, finden die Anbieter ethnologischer Informationen ihren wichtigsten Absatzmarkt an der Schnittstelle zwischen einer zur Stagnation der personalen, sozialen oder kulturellen Entwicklung tendierenden Unterhaltungsindustrie und den ergänzenden Entfaltungsmöglichkeiten exotischer fremder Kulturen. In zahlreichen ästhetisch-expressiven Feldern (Musik, bildende Kunst, Tanz, Theater, Film, Mode, Werbung) wurde die Fremdheit in exoti(sti)scher Verzerrung freilich bereits längst kommodifiziert. Manche Sparten entwickelten sogar ein spezialisiertes Entrepreneurship für ehemals marginalisierte Produkte und Lebensformen (vgl. Gingrich 1999).

In einer zunehmend sinnentleert und entfremdet erlebten Scheinerlebnis-Gesellschaft liefern gerade historisch arbeitende EthnologInnen bedeutungsvolle Wissens- und Sinngehalte. Aber erst nach der (selbst)kritischen Hinterfragung der eigenen und fremden Beziehungsanteile kann die praxisbezogene Aufgabenstellung einer Historischen Anthropologie wahrgenommen werden, die sich mit der historistischen Haltung einer *l'histoire pour l'histoire* nicht begnügt. Darin unterscheidet sich die machtkritische Historische Anthropologie von früheren Konzeptionen der Ethnohistorie, die eine kulturrelativistische enzyklopädische „Geschichte der Völker" vor Augen hatte. Gemeinsam mit neueren Entwürfen der Ethnohistorie (vgl. Wernhart/Zips 2001) versteht sich Historische Anthropologie als Grundlagenforschung, die den Ursachen von Konflikten nachgeht. Die Analyse der historischen Genese von Machtbeziehungen in einem bestimmten Untersuchungsfeld verbindet sich daher mit einer Positionierung, die dazu beitragen möchte, den unsäglichen „Kampf der Kulturen" in die Vergangenheit zu sperren und aus der Zukunft zu bannen.

5. Literatur

5.1. Einführende Literatur

Gingrich, Andre

1999 Erkundungen: Themen der ethnologischen Forschung. Wien –Weimar– Köln.
Diese leicht leserliche Aufsatzsammlung zu aktuellen Fragen ethnologischer und historisch-anthropologischer Forschung behandelt die Relevanz der Feldforschung, die Notwendigkeit einer historisch- theoretischen Sichtung der eigenen Disziplin und die Bedeutung neuer, auch historischer Forschungsaufgaben für das Fach anhand konkreter Beispiele.

Gingrich, Andre and Richard Fox (Hg.)

2002 Anthropology, by Comparison. London – New York.
Dieser Sammelband diskutiert die methodische Vielfalt von Instrumentarien des Faches Sozial- und Kulturanthropologie (Ethnologie) anhand regionaler, historischer, „kontrollierter" und anderer Vergleichsverfahren. Neben den Herausgebern selbst sind die AutorInnen der Beiträge Marilyn Strathern, Kirsten Hastrup, Marit Melhuus, James Peacock, Jan de Wolf, Adam Kuper, Emmanuel Desveaux, Christina Toren und Thomas Fillitz.

Wernhart Karl. R. und Werner Zips (Hg.)

2001 Ethnohistorie. Rekonstruktion und Kulturkritik: Eine Einführung. Wien.
Dieser speziell für Studierende geschriebene Sammelband gibt einen einführenden Überblick über ethnohistorische Methoden und Theoriebildung. Diskutiert werden feministische Anthropologie, Ethnizitäts- und Migrationsforschung, Ethnoarchäologie, Postmoderne, Feldforschung, Diskurstheorie und praxeologische Sozialwissenschaft.

Wolf, Eric

1991 Die Völker ohne Geschichte. Europa und die andere Welt seit 1400. Frankfurt – New York.
Ein „Klassiker" der internationalen historischen Anthropologie und eine „Muss"-Lektüre für Jede und Jeden, die für dieses Gebiet Interesse haben—zugleich einer der *„bestseller of all times"* unseres Faches überhaupt. Mit diesem Werk etablierte Eric Wolf innerhalb der Anthropologie endgültig eine Sichtweise, mit der das zuvor dominante Bild von abgeschotteten und ahistorischen Lokalgesellschaften obsolet wurde.

Zips, Werner

2002 Theorie einer gerechten Praxis oder: Die Macht ist wie ein Ei. Wien.
In diesem Band werden die Gesellschaftstheorien von Jürgen Habermas und Pierre Bourdieu mit methodologischen Überlegungen aus der Postmodernen Anthropologie zusammengeführt und zu einem Entwurf einer Anthropologie der Gerechtigkeit verknüpft. Als empirisches Beispiel dient die rechtspluralistische Situation im postkolonialen Jamaica.

5.2. Zitierte Literatur

Appadurai, Arjun

1991 Global Ethnoscapes: Notes and Queries for a Transnational Anthropology, S. 191–210 in: Richard G. Fox (Hg.), Recapturing Anthropology. Working in the Present. Santa Fé, New Mexico.

1996 Modernity at Large: Cultural dimensions of globalization. Minneapolis – London.

Barnard, Alan

2000 History and Theory in Anthropology. Cambridge.

Bourdieu, Pierre and Loic J. D. Wacquant

1992 The Purpose of Reflexive Sociology (The Chicago Workshop). S. 62–216 in: Bourdieu, Pierre und Loic Wacquant (Hgg.), An Invitation to Reflexive Sociology. Cambridge.

Bourdieu, Pierre

1990 Die biographische Illusion. In: BIOS. Zeitschrift für Biographieforschung und Oral History 1990/1: 75–81.

1992 The Practice of Reflexive Sociology (The Paris Workshop). S. 217–260 in: Bourdieu, Pierre and Loic J. D. Wacquant (Hgg.), An Invitation to Reflexive Sociology. Cambridge.

1997 Der Tote packt den Lebenden. Schriften zu Politik und Kultur 2. Hamburg.

1998 Acts of Resistance. Against the Tyranny of the Market. New York.

Clifford, James

1986 Introduction: Partial Truths. S. 1–26 in: Clifford, James and George E. Marcus (Hgg.), Writing Culture. The Poetics and Politics of Ethnography. Berkeley, Los Angeles, London.

Geertz, Clifford

1980 Nagara: The Theatre State in Ninenteenth-Century Bali. Princeton, N.J.

Gingrich, Andre

1999 Erkundungen. Themen der ethnologischen Forschung. Wien-Köln-Weimar.

Gingrich, Andre and Richard Fox (Hgg.):

2002 Anthropology, by Comparison. London- New York.

Godelier, Maurice

1973 Ökonomische Anthropologie. Untersuchungen zum Begriff der sozialen Struktur primitiver Gesellschaften. Reinbek bei Hamburg.

Haberland, Eike

1988 Historische Ethnologie, S. 287–312. in: Hans Fischer (Hg.), Ethnologie. Einführung und Überblick. Berlin.

Kremser, Manfred

2001 Von der Feldforschung zur Felder-Forschung. S. 135–144 in: Wernhart Karl. R. und Werner Zips (Hg.), Ethnohistorie. Rekonstruktion und Kulturkritik. Wien.

Kuper, Adam
1992 Anthropology and Anthropologists, The modern British School. London – New York.

Linimayr, Peter
1994 Wiener Völkerkunde im Nationalsozialismus: Ansätze zu einer NS- Wissenschaft. Frankfurt/Main – Berlin – Bern – Wien.

Rosenthal, Gabriele
1995 Erlebte und erzählte Lebensgeschichte. Gestalt und Struktur biographischer Selbstbeschreibungen. Frankfurt am Main.

Sahlins, Marshall
1992 Inseln der Geschichte. Hamburg
2000 Culture in Practice. Selected Essays. New York.

Schäffter, Ortfried
1991 Modi des Fremderlebens. Deutungsmuster im Umgang mit Fremdheit. S. 7–28 in: Ortfried Schäffter (Hg.), Das Fremde. Erfahrungsmöglichkeiten zwischen Faszination und Bedrohung. Opladen.

Schütze, Fritz
1978 Die Technik des narrativen Interviews in Interaktionsfeldstudien -dargestellt an einem Projekt zur Erforschung von kommunalen Machtstrukturen. Universität Bielefeld, Fakultät für Soziologie, Arbeitsberichte und Forschungsmaterialien, Nr. 1., Jänner 1978.

Sieder, Reinhard
2001 Erzählungen analysieren - Analysen erzählen. S. 145–172 in: Wernhart Karl. R. und Werner Zips (Hg.), Ethnohistorie. Rekonstruktion und Kulturkritik. Wien.

Trouillot, Michel-Rolph
1991 Anthropology and the Savage Slot, S. 17–44 in: Richard G. Fox (Hg.), Recapturing Anthropology. Working in the Present. Santa Fé, New Mexico.

Vansina, Jan
1985 Oral Tradition as History. Madison, Wisconsin.
1994 Living with Africa. Madison, Wisconsin.

Wernhart, Karl R.
2001 Die Quellengattungen und Nachbarwissenschaften der Ethnohistorie. S. 57–73 in: Wernhart Karl. R. und Werner Zips (Hg.), Ethnohistorie. Rekonstruktion und Kulturkritik. Wien.

Wernhart Karl. R. und Werner Zips (Hg.)
2001 Ethnohistorie. Rekonstruktion und Kulturkritik. Wien.

Wernhart, Karl R. und Werner Zips
2001 Einführung in die theoretischen und methodologischen Grundlagen der Ethnohistorie. S. 13–40 in: Wernhart Karl. R. und Werner Zips (Hg.), Ethnohistorie. Rekonstruktion und Kulturkritik. Wien.

Wolf, Eric
1991 Die Völker ohne Geschichte. Europa und die andere Welt seit 1400. Frankfurt/ Main- New York.

Zips, Werner
1986 Geschichte von Drüben? Gedanken zu kommunikativen Forschungsansätzen in der Geschichtswissenschaft und ihrer Praktikabilität für die ethnologische Feldforschung. In: Wiener Ethnohistorische Blätter 30: 3–36.
1999 Black Rebels. African Caribbean Freedom Fighters in Jamaica. Princeton und Kingston/Jamaica.
2001 "The Good, the Bad, and the Ugly". Habitus, Feld, Kapital im (Feld des) jamaikanischen Reggae. S. 221–238 in: Wernhart Karl. R. und Werner Zips (Hg.), Ethnohistorie. Rekonstruktion und Kulturkritik. Wien.
2002 Theorie einer gerechten Praxis oder: Die Macht ist wie ein Ei. Wien.

Jos D. M. Platenkamp[1]

Strukturalismus in der Ethnologie

„Nach dem Kalender der Philosophie […]
ist der Strukturalismus eben erst angekommen.“
(Caws 1988: xiii)

1. Die Ursprünge

Strukturalismus im Allgemeinen bezeichnet eine wissenschaftliche Theorie, die davon ausgeht, dass die Bedeutung empirischer sozialer Phänomene diesen Phänomenen weder inhärent ist, noch sich von ihnen ableiten lässt, wenn man sie als isolierte Elemente betrachtet. Im Gegenteil, diese Bedeutung wird allein bestimmt durch die Systeme von Beziehungen, welche die Phänomene miteinander verbinden. Eine Analyse solcher Phänomene erfordert, dass man beschreibt, wie solche Systeme von Beziehungen organisiert sind. Diese Organisation wird die *Struktur* des Systems genannt. Eine solche Analyse erfordert ebenfalls, dass man untersucht, ob verschiedene Systeme von Phänomenen als Varianten von einander aufgefasst werden können, so dass ihre jeweiligen Strukturen als *Transformationen* von einander beschrieben werden können. Die Theorie, die ihre Wurzeln in mehr oder weniger gleichzeitigen Entwicklungen in der Ethnologie und der Linguistik des frühen 20. Jahrhundert hat, hat verschiedene wissenschaftliche Disziplinen tiefgreifend beeinflusst, darunter die Semiotik, Mathematik, Psychologie, Philosophie, Geschichte und die heutige Ethnologie. Hier befassen wir uns mit ihrer Wirkung auf die Ethnologie. Da die Theorie entwickelt wurde Jahre bevor der Begriff *Strukturalismus* in den 1950er Jahren in Mode kam, werden wir von *Strukturaler Anthropologie* sprechen.

Die Strukturale Anthropologie hat sich dieser Theorie bedient, um so unterschiedliche Erscheinungen zu verstehen, wie die Beziehungen von Ehe und Verwandtschaft, die Austauschsysteme, religiöse Glaubensvorstellungen, Rituale und Zeremonien sowie die Mythen verschiedener Gesellschaften. Die Theorie beruht auf der Annahme, dass menschliche Interaktionen, welche das soziale Leben konstituieren, bedeutungsvoll und kommunikativ sind. Die Strukturale Anthropologie geht außerdem davon aus, dass das Repertoire von kulturellen Vorstellungen einer Gesellschaft, in welcher eine Person sozialisiert wird, die Art determiniert und eingrenzt, wie Bedeutung in Wahrnehmung und Denken konstruiert wird, und dass dieses Repertoire durch verbales und nonverbales soziales Handeln anderen Personen mitgeteilt wird. Daher ist die Unterscheidung zwischen empirisch beobachtbarem sozialen Handeln (die „gelebte" Ordnung, *ordre vécu*) und den kulturellen Vorstellungen, die dieses Handeln erzeugen und regulieren (die „gedachte" Ordnung, *ordre conçu*, Lévi-Strauss 1969 [1958]) von fundamentaler analytischer und epistemologischer Bedeutung. Außerdem wird angenommen, dass die besagten Vorstellungen nicht zufällig erzeugt werden, sondern in kulturspezifischen Systemen von Beziehungen organisiert sind. Es wird jedoch davon ausgegangen, dass die Strukturen, die solche Vorstellungssysteme aufweisen, letzten Endes von grundlegenden Eigenschaften des menschlichen Geistes hervorgebracht werden, welche sie daher auch widerspiegeln. Sie verbinden somit universale geistige Merkmale der Menschheit mit den kulturspezifischen Bedeutungssystemen einzelner Gesellschaften, in welchen sich diese Merkmale manifestieren.

Die Strukturale Anthropologie hat diese Annahmen aus verschiedenen Quellen abgeleitet. Eine von diesen ist die Soziologie und Ethnologie, die von Emile Durkheim, Marcel Mauss und anderen Wissenschaftlern um die Zeitschrift *Année sociologique* entwickelt wurde. Diese Gruppe hatte die *kollektiven Vorstellungen*, die zum kulturellen Repertoire einer Gesellschaft gehören, zum Hauptgegenstand der soziologischen und ethnologischen Analyse erklärt. Für die einzelnen Mitglieder einer Gesellschaft bilden diese kollektiven Vorstellungen die kulturspezifischen Kategorien der Wahrnehmung, Signifikation und Bewertung. Zur Analyse dieser Kategoriensysteme galt eine vergleichende Methode als unabdingbar. Nur durch den Vergleich der kollektiven Vorstellungen verschiedener Gesellschaften konnte die systematische Natur dieser Vorstellungen, wie Solidarität (Durkheim 1992 [1896]), Austausch (Mauss 1988 [1925]), Klassifikation (Durkheim/Mauss 1993 [1901-2]) oder Tod (Hertz 1960 [1928]), identifiziert werden. Man nahm ebenfalls an, dass diese Vorstellungen, die relativ dauerhafte Sets von Kategorien darstellen und über das Leben einzelner Mitglieder der Gesellschaft hinausreichen, tief im Bewusstsein der Menschen eingebettet sind und die Gedanken und Handlungen dieser Menschen kognitiv und moralisch eingrenzen. Die Analysen, die von den Mitgliedern dieser Gruppe vorgelegt wurden, bezogen sich insbesondere auf die Sets von Beziehungen, denen diese Kategorien angehörten und von denen sie ihre komplexe Bedeutung bezogen. Diese Bedeutung ist gleichzeitig von sozialer, ökonomischer, religiöser, politischer und ästhetischer Natur. Daher erfordert eine Analyse solcher *totaler sozialer Tatsachen* (Mauss 1988 [1925]) einen *holistischen Ansatz*, der die Aufteilung der sozialen Realität in im Voraus definierte Bereiche wie „Wirtschaft", „Politik", „Religion" usw. aufhebt. Bereits in den 20er und 30er Jahren des letzten Jahrhunderts regte diese Schule einen bestimmten Typ struktural-anthropologischer Analyse in den Niederlanden an (P. E. de Josselin de Jong 1972, ders. (Hrsg.) 1983, Prager 1996) und übte einen starken Einfluss auf die britische Strukturalanthropologie von Radcliffe-Brown und Evans-Pritchard aus. Insbesondere erlangte die holistische und vergleichende Methode der Année sociologique-Gruppe ab den 50er Jahren durch die Strukturale Anthropologie von Lévi-Strauss, Louis Dumont und anderen neue methodologische Kraft.

Das führt uns zum zweiten Ursprung der Strukturalen Anthropologie. Um zu verstehen, wie kulturspezifische Formen von Bedeutung und Wert durch verbale und nonverbale Handlungen konstruiert und kommuniziert werden, wandte sich die Strukturale Anthropologie jenen Modellen und Methoden zu, welche aus eben jener Wissenschaft stammten, die sich unmittelbar mit menschlicher Kommunikation befasst, nämlich der Linguistik. Der Begründer der Strukturalen Linguistik, Ferdinand de Saussure (2001 [1931]), hatte gezeigt, dass die einzelnen Akte verbaler Kommunikation (die er *parole*, „das Sprechen", nannte) die Mobilisierung des Zeichensystems der jeweiligen Sprache (genannt *langue*, „die Sprache") erfordern. Jedes Wort stellt ein sprachliches Zeichen dar. Es besteht aus einer Beziehung zwischen einem Klangbild, das der Zuhörer wahrnimmt (das Bezeichnende (*signifiant*)) und einem Konzept, welches das Klangbild im Geist des Zuhörers hervorruft (das Bezeichnete (*signifié*)). Zwei Aspekte dieses Modells des Wortes-als-Zeichen erwiesen sich als grundlegend für die Entwicklung der Strukturalen Anhropologie. Erstens ist die Beziehung völlig willkürlich: Es gibt keinen intrinsischen Grund, warum im Deutschen das Klangbild v-a-t-e-r im Geist des Zuhörers das Konzept „Vater" aufrufen sollte. Tatsächlich würde bei einem indonesischen Zuhörer ein vergleichbares (aber nicht identisches!) Konzept durch ein gänzlich anderes Klangbild hervorgerufen, nämlich b-a-p-a-k. Wenn jedoch keine innere Notwendigkeit besteht, dass bestimmte Klangbilder bestimmte Bedeutungen hervorrufen, wie wird dann Bedeutung mittels sprachlicher Zeichen produziert und kommuniziert? De Saussure war der Ansicht, dass die Zuhörer, als Mitglieder der jeweiligen Sprachgemeinschaft, bestimmte Klangbilder erkennen (und andere ignorieren), weil diese einem organisierten System von Klangunterschieden (d. h. der Phonologie) angehören. Aber auch die Konzepte, die von diesen Klangbildern hervorgerufen werden, sind Teil eines eigenen Systems von Differenzen. Im Deutschen also wird die Bedeutung des Konzepts, das von dem Klangbild v-a-t-e-r hervorgerufen wird, dadurch bestimmt, wie dieses Konzept von Konzepten vergleichbarer Art (in diesem Falle Verwandtschaftsbegriffen) unterschieden wird, die zum selben System von Konzepten gehören, wie z.B. „Onkel", „Neffe", „Cousin" etc. Im Standard-Indonesischen hingegen wird das Konzept *bapak* durch seinen Unterschied zu anderen Verwandtschaftsbegriffen bestimmt, wie *bapak kakak* (wörtlich „älterer Vater"), *bapak adik* (wörtlich „jüngerer Vater") usw. Die Bedeutung des deutschen Konzepts v-a-t-e-r/„Vater" unterscheidet sich insofern vom Indonesischen Konzept b-a-p-a-k/„Vater", dass beide Konzepte nicht nur Teil unterschiedlicher Systeme von Klangbildern sind, sondern auch unterschiedlicher Systeme von Konzepten. Es lässt sich daher sagen, dass in jeder Sprache – und die Strukturale Anthropologie fügt hinzu: in jedem kulturellen System – die Beziehung zwischen dem bezeichnenden Klangbild und dem bezeichneten Konzept *zwei Systeme von Differenzen* miteinander verknüpft, nämlich ein System von Differenzen zwischen Klangbildern und eines von Differenzen zwischen Konzepten. Solche Verknüpfungen, welche die Bedeutung des Wortes-als-Zeichen hervorbringen, nannte de Saussure *Wert*. Die wichtigste Konsequenz dieses Modells für die Strukturale Anthropologie war diese: Will man die Bedeutung des Konzepts „Vater" mit dem von „bapak" vergleichen, muss man die jeweiligen Systeme von Unterschieden als *Gesamtheiten* miteinander vergleichen. „Was der Strukturalismus von de Saussure gelernt hat, ist, dass einerseits Bedeutung durch das Aneinanderfügen von Elementen aus bereits vorhandenen Differenzsystemen hervorgebracht wird, und dass andererseits die so entstandenen Bedeutungssysteme verzweigt und in sich geschlossen sind, dass in ihnen alles zusammenhängt" (Caws 1988: 83).

Wie also kann die Strukturale Anthropologie solche Systeme von Unterschieden beschreiben und analysieren? Wieder war es die Strukturale Linguistik, die dazu den Weg wies, in Gestalt von Modellen zur Analyse von Klangdifferenzen, die unterschiedliche Bedeutungen hervorbringen. Zwei dieser Modelle waren von unmittelbarer Relevanz, nämlich das der *Oppositionen* und das der *distinktiven Eigenschaften*.

Trubetzkoy (1989) hatte den Begriff der Opposition eingeführt, um jene Klangdifferenzen zu bezeichnen, die tatsächlich Wörter mit unterschiedlicher Bedeutung erzeugen (zum Beispiel die Unterscheidung von *-i-* und *-o-*, die im Deutschen den Unterschied zwischen *ihr* und *Ohr* ausmacht). Diese kleinsten Klangeinheiten nannte er *Phoneme*, und er analysierte die phonologischen Unterschiede, indem er die Art der Opposition zwischen den betreffenden Phonemen untersuchte. Dabei entwickelte er eine Typologie, die sich anhand kultureller Vorstellungen illustrieren lässt. Er unterschied zwischen *bilateralen Oppositionen* (bei welchen zwei gegenüberstehende Begriffe den Bereich der möglichen Begriffe erschöpfen, wie bei lebend/tot), *multilatera-*

le Oppositionen (die gegenüberstehenden Begriffe können auch in anderen Oppositionen erscheinen, wie in Menschen/Geister, Menschen/Tiere, Geister/Götter), *proportionale Oppositionen* (dieselbe Opposition kann verschiedene Beziehungen bezeichnen, wie etwa heiß/kalt ebenso Temperaturen wie Geisteszustände beschreiben kann) und *isolierte Oppositionen* (die vereinzelte und einzigartige Beziehungen betreffen). Man hat allerdings festgestellt, dass „obwohl sich Trubetzkoy mit [verschiedenen Typen von] Oppositionen befasste [...] er mit ihnen nur arbeiten konnte, indem er zwei Elemente aus dem Ganzen herauslöste und somit zu Forschungszwecken quasi-binäre Oppositionen erschuf“ (P. E. de Josselin de Jong 1979: 13). Es war hingegen eine weitere Klasse oppositioneller Beziehungen, welche sich als besonders interessant für die Strukturale Anthropologie erwies, nämlich die *privative Opposition*. In dieser Beziehung ist einer der Begriffe spezifiziert („markiert“), der andere nicht („unmarkiert“). In seiner Formalisierung als *p/-p* spielte dieser Typus z. B. eine bedeutende Rolle in Edmund Leachs strukturanthropologischem Modell kultureller Kommunikation (Leach 1978 [1976]), während für Caws privative Oppositionen „mächtige Verstärker der Sozialstruktur“ darstellen, wie in Beziehungen zwischen „Römern/Barbaren, Juden/Goijim, Christen/Heiden, und so fort“ (Caws 1988: 88).

Einen weiteren wichtigen Beitrag zur Beschreibung sprachlicher Differenzsysteme leistete Roman Jakobson 1956 mit der Einführung des Konzepts der *distinktiven Eigenschaft* (Jakobson/Halle 1960 [1956]). Dieses Konzept bezieht sich auf jene Komponenten, die Unterschiede zwischen Morphemen erzeugen, den kleinsten bedeutungstragenden Einheiten der Sprache. Jede distinktive Eigenschaft besteht aus einer *binären Opposition*, das heißt, einem Gegensatz zwischen zwei Elementen. Andere distinktive Eigenschaften erzeugen andere binäre Oppositionen. Jakobson führte an, dass die Sprachforschung bislang zwölf mögliche Beziehungstypen zwischen Paaren distinktiver Eigenschaften identifiziert hätte. Jede einzelne Sprache trifft eine spezielle Auswahl aus allen möglichen Beziehungstypen.

Die zwei Konzepte *distinktive Eigenschaft* und *Opposition* beziehen sich auf das, was de Saussure als den Bereich der *langue* definiert hatte, das sprachliche System, das alle möglichen Botschaften zwischen einzelnen Mitgliedern einer Sprachgemeinschaft bestimmt und begrenzt. „Bei der Kombination distinktiver Eigenschaften zu Phonemen ist die Freiheit des einzelnen Sprechers gleich null; der Code hat bereits alle Möglichkeiten festgelegt, die in einer Sprache gebraucht werden können. Die Freiheit, Phoneme zu Wörtern zu kombinieren ist begrenzt. [...] Bei der Formung von Sätzen aus Wörtern ist der Sprecher weniger beschränkt. Und bei der Kombination von Sätzen zu Äußerungen schließlich endet der Handlungsbereich zwingender syntaktischer Regeln, und die Freiheit jedes einzelnen Sprechers, neue Zusammenhänge zu erschaffen, nimmt erheblich zu [...]“ (Jakobson/Halle 1956: 60).

2. Die Anwendung der Modelle

Die linguistische Deutung der Beziehung zwischen Sprechen (*parole*) und Sprache (*langue*), zwischen den einzelnen Botschaften und dem System der Kommunikation, das solche Botschaften überhaupt erst ermöglicht, erwies sich als von grundlegender Bedeutung für das ethnologische Verständnis von Kultur als solcher. Denn „[wenn] Sprache in ihrer freien und schöpferischen Verwendung durch einzelne Menschen eine kohärente Struktur aufweist" – die sich durch strukturallinguistische Konzepte wie Zeichen, Bezeichnendes/Bezeichnetes, Wert, Opposition und distinktive Eigenschaft beschreiben lässt – „ist es nicht unvernünftig, in jeglichem Kulturprodukt nach einer solchen Struktur zu suchen" (Caws 1988: 94).

Das hatte Claude Lévi-Strauss erstmals 1945 vorgeschlagen. Er gebrauchte das Konzept der distinktiven Eigenschaft zur Beschreibung der systematischen Varianz, welche in verschiedenen Gesellschaften die Unterschiede in den Haltungen zwischen nahen Verwandten charakterisiert. Dazu griff er die Beziehungen zwischen Vater und Sohn, Bruder und Schwester sowie Mutterbruder und Schwestersohn heraus. Nachdem er bei jedem System untersucht hatte, ob diese Beziehungen typischerweise durch eine positive oder negative Haltung gekennzeichnet waren, schloss er, dass „sich die Beziehung zwischen Onkel mütterlicherseits und Neffe zu der Beziehung zwischen Bruder und Schwester [so verhält] wie die Beziehung zwischen Vater und Sohn zu der Beziehung zwischen Mann und Frau. So dass man, wenn ein Beziehungspaar bekannt ist, das andere jeweils davon ableiten kann" (1969: 57 [1958]). Das zentrale Argument ist, dass die verschiedenen emotionalen Haltungen, die in unterschiedlichen Gesellschaften den Beziehungen zwischen nahen Familienmitgliedern zugeordnet werden, nicht zufällig zu Stande kommen. Sie gehören zu systematischen Beziehungsmustern mit sehr begrenzten Alternativen, in deutlicher Analogie zu der Beschränkung der Verteilung von Phonemen in verschiedenen Sprachen. Überdies ergeben sich diese Haltungen nicht aus „natürlichen Gefühlen" in der Kernfamilie als biologischer Reproduktionseinheit. Im Gegenteil, der kleinstmögliche Kreis von Verwandtschaftsbeziehungen (von Lévi-Strauss *Verwandtschaftsatom* genannt) umfasst auch den Bruder der Mutter, der jene soziale Gruppe repräsentiert, in welcher die Mutter geboren wurde und von der sie durch die Ehe zur Gruppe des Vaters wechselte. Der kleinstmögliche Kreis von Verwandtschaftsbeziehungen enthält also sowohl die grundlegenden Beziehungen menschlicher Fortpflanzung wie auch solche der Anverwandtschaft. Denn obwohl in jeder Gesellschaft die Universalien menschlicher Reproduktion zum Ausdruck kommen, sind die Formen von Heirat und Abstammung, die in der jeweiligen Gesellschaft vorherrschen, das Ergebnis kulturspezifischer Regeln.

Diesen Regeln widmete Lévi-Strauss 1949 seine bedeutende vergleichende Studie *Die elementaren Strukturen der Verwandtschaft* (1993 [1949]), in welcher er sich überwiegend mit asiatischen Gesellschaften befasste. Der Titel des Werkes bezieht sich auf die Klassifikation sämtlicher möglicher Heiratssysteme in zwei große Kategorien. Jene Systeme, die Heirat zwischen Partnern vorschreiben, die eine bestimmte Verwandtschaftsbeziehung zueinander unterhalten (vorzugsweise Vetter und Kusine) werden als *elementar* klassifiziert. Systeme, die lediglich die Heirat zwischen bestimmten Verwandtschaftskategorien verbieten, aber den Typ von Verwandten, der geheiratet werden soll, nicht vorschreiben, werden als *komplex* klassifiziert. Das Modell, das Lévi-Strauss für die elementaren Heiratssysteme vorschlug, beruht auf einer Reihe von Oppositionen. Erstens besteht ein Gegensatz zwischen dem Inzestverbot als einem universalen Phänomen (daher also nicht Teil des Wirkungsbereichs der Kultur) und kulturspezifischen Regeln (die also inhaltlich nicht universal sind), die bestimmen, aus welcher Kategorie eine Ehefrau genommen werden sollte. Zweitens entsteht der Gegensatz zwischen „eigener“ und „anderer“ Gruppe aus dem Gebot, die eigene Tochter zur Heirat in eine andere Gruppe fortzugeben, als Ausgleich für die Ehefrauen der eigenen Söhne. Wenn dabei diese Ehefrauen aus derselben Gruppe kommen, in welche die Tochter verheiratet wird, handelt es sich um *eingeschränkten Tausch* (zwischen zwei Gruppen). Stammen die Schwiegertöchter hingegen aus einer anderen Gruppe, als die Schwiegersöhne, spricht man von *verallgemeinertem Tausch* (mit mindestens drei Gruppen, die in einem Austauschzyklus stehen). Auch hier können diese Gegensätze nicht auf biologische Faktoren reduziert werden, denn die Regeln, welche die Zusammensetzung der „eigenen“ und der „anderen“ Gruppe bestimmen, variieren erheblich in der untersuchten Region. Im Gegenteil werden der menschlichen Biologie Systeme von Konzepten auferlegt, die überwiegend auf der Grundlage binärer Oppositionen organisiert sind, wobei bestimmte (und nur bestimmte!) Typen sozialer Beziehungen zur Bezeichnung kulturspezifischer Vorstellungen über Verwandtschaft und Heirat ausgewählt werden. Das Auftauchen solcher Vorstellungssysteme, deren Ursprung sich im Dunkeln der Geschichte verliert, markiert für Lévi-Strauss den ursprünglichen Übergang von Natur zu Kultur. Man muss betonen, dass solche Systeme sich nicht als Ergebnis emotionaler Vorlieben oder anderer psychologischer Haltungen zu diesen Kategorien von Verwandten gebildet haben (was Malinowski (2001 [1929]) und Homans und Schneider (1955) meinten und Needham (1962) überzeugend widerlegte). Sie bilden vielmehr Systeme von Beziehungen, deren Strukturen sich die betroffenen Menschen nicht unbedingt bewusst sein müssen – ebenso wie ein Sprecher sich der Anwendung grammatikalischer Regeln beim Sprechen nicht bewusst sein muss.

Das strukturallinguistische Modell, demzufolge Bedeutung durch die Verknüpfung zweier Systeme von Differenzen erzeugt wird, erwies sich als äußerst wertvolles heuristisches Mittel zur Analyse anderer kultureller Bereiche. In ihrer bahnbrechenden Studie *Über einige primitive Formen der Klassifikation* hatten Durkheim und Mauss (1993 [1901–2]) bereits die sogenannten Klassifikationssysteme untersucht, durch die in verschiedenen Gesellschaften Personengruppen systematisch mit räumlichen, zeitlichen und natürlichen Phänomenen verbunden werden. Diese hatten z. B. bei den nordamerikanischen Zuñi ein System hervorgebracht, das Personen, die verschiedene Bereiche einer Siedlung bewohnten, verschiedenen Jahreszeiten, Tieren, Farben, sozialen Aufgaben usw. zuordnete. Die Erklärung von Durkheim und Mauss für solche Klassifikationssysteme beruhte allerdings auf einem bestimmten Axiom. Diesem zufolge wäre der Urtyp der Klassifikation die Einteilung von Menschen in bestimmte soziale Gruppen; diese diene als Modell für die Wahrnehmung und Einordnung aller anderen Erscheinungen der Welt in analoge Kategorien. In seinen Studien zum Totemismus (1972 [1962]) und anderen Klassifikationsformen (2001 [1962]) verwarf Lévi-Strauss dieses Axiom und befasste sich vielmehr mit der Frage, wie kulturspezifische Systeme von Differenzen miteinander verbunden sind. Klassifikationssysteme müssen also nicht im Sinne von Durkheim und Mauss durch den Vorrang der sozialen Ordnung vor der Einteilung natürlicher Erscheinungen erklärt werden. Vielmehr sollte Klassifikation (im strukturallinguistischen und strukturalanthropologischen Sinne einer willkürlichen Verknüpfung verschiedener Differenzsysteme miteinander) als *conditio sine qua non* der Herstellung von Bedeutung – inklusive der sozialen Differenzierung – verstanden werden.

Die eindrucksvollste Anwendung des strukturallinguistischen Modells durch Lévi-Strauss findet sich zweifellos in seinen ausführlichen Analysen von Mythen. Bereits in einer Analyse des Ödipus-Mythos von 1955 hatte er versucht, die kleinsten bedeutungstragenden Einheiten, aus denen Mythen gebildet werden, zu isolieren; er nannte sie *Mytheme*, analog zu den Phonemen der Sprache (Lévi-Strauss 1969 [1958]). Eine gründlichere Behandlung einer Gruppe von Mythenvarianten findet sich in *Die Geschichte von Asdiwal* (1973 [1961]). Ein zentrales Konzept dieser Analyse war der Code. Dieser Begriff ermöglichte ihm, die Entstehung komplexer Bedeutungen im Mythos durch den gleichzeitigen Gebrauch verschiedener Differenzsysteme, den sogenannten sozialen, ökonomischen, geographischen Codes usw., zu analysieren. In seinen in der Folgezeit veröffentlichten vier Bänden der *Mythologica* (1990a, 1990b, 1994, 1997 [1964–1971]) verglich Lévi-Strauss systematisch 813 Mythen amerikanischer Indianergesellschaften miteinander, um die Transformationen aufzuspüren, die ihre jeweiligen Strukturen von mythischen Elementen aufweisen. Er bewies nicht nur in überzeugender Weise, dass diese

Mythen Teil eines großen Komplexes sind, sondern „führte auch ein dynamisches Element in den Strukturalismus ein. Ein System ist nicht statisch – ein Einwand, den man gegen de Saussure erhoben hat – sondern lässt stets logische Alternativen offen, die in einer transformierten Variante ausgeführt werden" (P. E. de Josselin de Jong 1974: 69).

In den jüngeren Entwicklungen der Strukturalen Anthropologie wurde jedoch ein zentrales Konzept der Strukturanalyse, die binäre Opposition, scharf kritisiert. Louis Dumont, der sich in *Gesellschaft in Indien* (1976 [1980]) mit der Frage befasste, wie die Grundvorstellungen des indischen Kastensystems theoretisch beschrieben werden können, argumentierte, dass die Beziehungen zwischen solchen Vorstellungen nicht allein durch binäre Oppositionen zwischen verschiedenen Ideen organisiert werden, sondern in Begriffen kontrastierender Werte. Die unterschiedliche Wertzuschreibung von Ideen (nicht zu verwechseln mit de Saussures Begriff von Wert) führt zu speziellen Typen struktureller Beziehungen zwischen solchen *Ideen-Werten*. Die entscheidende Frage bei der Analyse des sozialen Lebens ist daher, welcher Ideen-Wert die dominante Stellung inne hat, indem er die sozialen Handlungen in einem bestimmten Kontext determiniert und dabei andere, kontrastierende Ideen-Werte unterordnet und umfasst. Diese letzteren können jedoch umgekehrt in anderen Kontexten eine dominante Stellung erlangen. Während solche kontrastierenden Ideen-Werte also auf einer niedrigeren *Wertebene* einander gegenüber stehen, kann diese Opposition auf einer höheren Ebene durch eine gänzlich andere Art von Beziehung zwischen Wert-Ideen ersetzt werden. Diese letztere Beziehung nennt Dumont *hierarchisch*. Solche hierarchischen Beziehungen sind dadurch definiert, dass ein Ideen-Wert den gegensätzlichen Ideen-Wert umfasst.

Um diese Beziehungen zu verstehen, die Dumont für ein wesentliches Kennzeichen von *Ideologien* hält (d. h. dem System von Ideen und Werten, durch das sich eine spezifische Gesellschaft auszeichnet), ist das konzeptuelle Werkzeug der Strukturalen Linguistik anscheinend weniger nützlich. Denn obwohl die Konzepte von Zeichen, Opposition und distinktiver Eigenschaft es uns weiterhin erlauben, die zentralen Vorstellungen eines sozialen Systems zu identifizieren, hat das Wirken des Wertes einen fundamentalen Effekt auf die Art, wie solche Vorstellungen systematisch miteinander in Beziehung stehen. Dieses Modell entwickelte sich zwar aus der Analyse der indischen Gesellschaft, es wurde aber im Folgenden für die Analyse gänzlich anderer sozialer Systeme eingesetzt. Dumont selbst benutzte das Modell, um die Unterschiede in den ideologischen Systemen indischer und westlicher Gesellschaften zu bestimmen (Dumont 1981, 1991 [1983]). In Bezug auf den Wert, der in den beiden Systemen der Stellung der Einzelperson zugeschrieben wird, beschrieb er das indische System als eine *holistische* Ideologie (die den Wert des Einzelnen dem Wert der Gesellschaft als Ganzer unterordnet). Andererseits gehören die ideologischen Systeme moderner Gesellschaften zum *individualistischen* Typus (dem Individuum wird der höchste Wert zugeschrieben, dem die Gesellschaft als Ganze im allgemeinen untergeordnet wird). In dieser Hinsicht konzentriert sich die vergleichende strukturale Analyse in erster Linie auf die verschiedenen Wertekonfigurationen-als-Gesamtheiten, die die ideologischen Systeme verschiedener Gesellschaften kennzeichnen.

Spätere Studien so unterschiedlicher Lokalgesellschaften wie Tanebar-Evav (Barraud 1979), Tobelo (Platenkamp 1988) und anderer indonesischer Gesellschaften (Barraud & Platenkamp eds. 1989, 1990), 'Are-'are (de Coppet 1981) und Orokaiva (Iteanu 1983) im Pazifik, Nyamwezi (Tcherkézoff 1983), Iraq-iyen (Jamous 1981), Mossi (Luning i . D. [1997]) und Nama (Klocke-Daffe 2001) in Afrika, Orissa in Indien (Hardenberg 1999) und die arktischen Inuit (Oosten 1996) haben gezeigt, dass das hierarchische Modell der Wertekonfiguration ein effektives Werkzeug zur vergleichenden Analyse der Vorstellungssysteme verschiedener Gesellschaften als Gesamtheiten darstellt.

3. Ausblicke

Bisweilen wird angeführt, dass der *Strukturalismus*, der in den 1950er und 60er Jahren in Frankreich und andernorts in Mode war, heute viel von seiner Anziehungskraft verloren hat – man denke nur an den Aufstieg der *post-strukturalistischen* Theorie. Nichtsdestotrotz hat er bedeutende Beiträge zu den theoretischen Einsichten und analytischen Konzepten geleistet, die im Lauf des 20. Jahrhunderts in der Strukturalen Anthropologie erworben und verfeinert wurden. Viele der Konzepte, die von der Strukturalen Linguistik abgeleitet wurden (wie Zeichen, Opposition, distinktive Eigenschaft und Transformation) gehören heute zu den analytischen Standardwerkzeugen Strukturaler Anthropologen, zusammen mit jenen, die auf den Begriffsapparat der Année sociologique-Gruppe zurückgehen. Die neueren strukturalanthropologischen Studien, die oben genannt wurden, konzentrieren sich vornehmlich auf die Vorstellungen, welche das soziale Handeln in der betrachteten Gesellschaft bestimmen und begrenzen. Ihre Untersuchung solcher Vorstellungen beinhaltet die Analyse der Beziehungssysteme, in welchen die Vorstellungen miteinander verknüpft sind und von denen sie ihre Bedeutung ableiten. Insbesondere erweisen sich viele der Fragen, die die Année sociologique-Gruppe aufgeworfen hat, noch heute als grundlegend für das vergleichende Verstehen von Gesellschaften. Die Bedeutung des Austauschs für die Reproduktion sozialer Beziehungen, die Beziehung zwischen der Einzelperson als kognitivem und moralischem Subjekt und dem System von Ideen und Werten einer Gesellschaft als Gesamtheit, die Art und Weise, wie solche Ideen- und Wertesysteme strukturiert sind und die rechtlichen, ökonomischen, politischen, religiösen und ästhetischen Aspekte der Gesellschaft einbeziehen, sind nach wie vor von zentraler Bedeutung. Aber die vielleicht eindringlichste Lehre der Strukturalen Anthropologie ist, dass die Wahrnehmung von Selbst und Anderen durch jeden Einzelnen, die Bedeutung, die er der Welt um sich herum zuschreibt und anderen vermittelt, und die Art, wie er sein Leben und seine Gesellschaft wertet, alle von Beziehungssystemen hervorgebracht werden, die seine Handlungen und Gedanken strukturieren, doch seinem Bewusstsein entgehen können.

4. Literatur

Barraud, Cécile

1979 Tanebar-Evav. Une société des maisons tournée vers le large. Cambridge.

Barraud, Cécile & Josephus Platenkamp (Hg.)

1989 Rituals and socio-cosmic order in eastern Indonesian societies. Part I: Nusa Tenggara Timur. Special Issue Bijdragen tot de Taal-, Land- en Volkenkunde 145/4.

1990 Rituals and socio-cosmic order in eastern Indonesian societies. Part II: Maluku. Special Issue Bijdragen tot de Taal-, Land- en Volkenkunde 146/1.

Caws, Peter

1988 Structuralism. The art of the intelligible. New Jersey and London.

Coppet, Daniel de

1981 'The life-giving death'. In: Humphreys, S. C. & H. King (Hg.), Mortality and Immortality, pp. 175–204. London.

Dumont, Louis

1976 Gesellschaft in Indien: die Soziologie des Kastenwesens. Wien.

1980 Homo hierarchicus [Revised English edition with new Postscript]. Chicago.

1981 Homo aequalis. Paris [English edition: From Mandeville to Marx. Chicago 1977].

1991 Individualismus: zur Ideologie der Moderne. Frankfurt [Originalfassung: Essais sur l'individualisme. Paris 1983].

Durkheim, Émile

1992 Über soziale Arbeitsteilung: Studie über die Organisation höherer Gesellschaften. Frankfurt [Originalfassung: De la division du travail social, 4ème édition. Paris 1996].

Durkheim, Émile & Marcel Mauss

1993 Über einige primitive Formen von Klassifikation: ein Beitrag zur Erforschung der kollektiven Vorstellungen. In: Durkheim, E. (Hrsg.), Schriften zur Soziologie der Erkenntnis, pp. 169–256. Frankfurt [Originalfassung: De quelques formes primitives de classification, L'Année sociologique, VI (1901–2), 1903: 1–72].

Hardenberg, Roland
1999 Die Wiedergeburt der Götter: Ritual und Gesellschaft in Orissa. Hamburg.

Hertz, Robert
1960 Death and the Right Hand. London [Originalfassung: Melanges de sociologie religieuse et folklore. Représentation collective de la mort. Paris 1928.].

Homans, George. & David Schneider
1955 Marriage, authority, and final causes: a study of unilateral cross-cousin marriage. Glencoe.

Iteanu, André
1983 La ronde des échanges: de la circulation aux valeurs chez les Orokaiva. Cambridge.

Jakobson, Roman & Morris Halle
1960 Grundlagen der Sprache. Berlin [Originalfassung: Fundamentals of language. Part I: Phonology and phonetics. The Hague/Paris 1956].

Jamous, Raymond
1981 Honneur et baraka: les structures sociales traditionelles dans le Rif. Cambridge.

Josselin de Jong, Patrick Edward de
1972 Marcel Mauss et les origines de l´anthropologie structurale hollandaise, L'Homme, 12/4: 62–84.
1974 Het structuralisme in de culturele antropologie. In: A.G. Weiler e.a. (Hgg.), Structuralisme voor en tegen, pp. 44–73. Bilthoven.
1979 Binaire opposities in de structurele taalwetenschap. In: J.G. Oosten (Hg.), Bijdragen tot de cognitieve en structurele antropologie, pp. 6–19. Leiden.

Josselin de Jong, Patrick Edward de (Hg.)
1983 Structural anthropology in the Netherlands. Leiden.

Klocke-Daffa, Sabine
2001 „Wenn du hast, mußt du geben“: Soziale Sicherung im Ritus und im Alltag bei den Nama von Berseba/Namibia. Münster.

Leach, Edmond Reginald
1973 Structuralism in Social Anthropology. In: D. Robey (Hg.), Structuralism. An introduction, pp. 37–56. Oxford.
1978 Kultur und Kommunikation: zur Logik symbolischer Zusammenhänge. Frankfurt [Originalfassung: Culture and Communication. The logic by which symbols are connected. Cambridge 1976].

Lévi-Strauss, Claude
1945 L'analyse structurale en linguistique et en anthropologie, Word 1/2: 1–21. [Reprinted in Lévi-Strauss: Anthropologie structurale, Paris 1958: 37–63; vergl. Lévi-Strauss 1969].
1969 Strukturale Anthropologie. Frankfurt [Originalfassung: Anthropologie structurale. Paris 1958].
1972 Das Ende des Totemismus. Frankfurt [Originalfassung: Le totémisme aujourd'hui. Paris 1962].

1973 Die Geschichte von Asdiwal. In: E. R. Leach (Hg.), Mythos und Totemismus, pp.27–81. Frankfurt [Originalfassung: La geste d'Asdival, Les Temps modernes 3, 1961. Paris].

1990a Mythologica: Tl. 2 Vom Honig zur Asche [3. Aufl.]. Frankfurt [Originalfassung: Du miel aux cendres. Paris 1966].

1990b Mythologica: Tl. 4 Der nackte Mensch [2 Bde; 3.Aufl.]. Frankfurt [Originalfassung: L'homme nu. Paris 1971].

1993 Die elementaren Strukturen der Verwandtschaft. Frankfurt [Originalfassung: Les structures élémentaires de la parenté. Paris 1949].

1994 Mythologica: Tl. 1 Das Rohe und das Gekochte. Frankfurt [Originalfassung: Le cru et le cuit. Paris 1965].

1997 Mythologica: Tl. 3 Der Ursprung der Tischsitten. Frankfurt [Originalfassung: L'Origine des manières de table. Paris 1968].

2001 Das wilde Denken. Frankfurt [Originalfassung: La pensée sauvage. Paris 1962].

Luning, Sabine

i. D. L'entrée des récoltes: rites annuels dans la chefferie de Maane, Burkina Faso. Paris. [Originalfassung: Het binnenhalen van de Oogst: ritueel en samenleving in Maane, Burkina Faso. Leiden 1997].

Malinowski, Bronislaw

2001 Das Geschlechtsleben der Wilden in Nordwest-Melanesien. Eschborn [Originalfassung: The sexual life of savages in Northwestern Melanesia. New York 1929].

Mauss, Marcel

1988 Die Gabe. Frankfurt [Originalfassung: Essai sur le don. Forme et raison de l'échange dans les sociétés archaiques, L'Année sociologique n.s. 1, 1925; In: ders., Sociologie et Anthropologie, Paris 1950].

Needham, Rodney

1962 Structure and Sentiment: a test case in social anthropology. Chicago.

Oosten, Jarich Gerlof

1996 Dynamiques des principes socio-cosmiques de la personne. In: N. Tersis et M. Therrien (Hgg.), La dynamique dans la langue et la culture inuit., pp. 177–195. Paris.

Platenkamp, Josephus

1988 Tobelo: Ideas and Values of a North Moluccan Society. Leiden.

Prager, Michael

1996 Strukturale Anthropologie in Leiden 1917–1956. Ursprung und Entwicklung eines wissenschaftlichen Forschungsprogramms. Unveröffentlichte Dissertation. Universität Heidelberg.

Saussure, Ferdinand de

2001 Grundfragen der allgemeinen Sprachwissenschaft (3. Aufl.). Berlin [Originalfassung: Cours de linguistique générale [3ème édition]. Paris 1931].

Tcherkezoff, Serge

1983 Le roi Nyamwezi, la droite et la gauche. Cambridge.

Trubetzkoy, Nikolai Sergejevic
1989 Grundzüge der Phonologie [7.Aufl.]. Göttingen.

1 Ich bin Herrn Guido Sprenger zu Dank verpflichtet für die Übersetzung dieses Beitrags aus dem Englischen.

Ute Luig

Ethnologische Geschlechterforschung

1. Einleitung

Die Geschlechterforschung, die sich während der 1980er Jahre aus den Theoriediskussionen innerhalb der Frauenforschung entwickelte und inzwischen auch Forschungen über Männer einschließt, untersucht die vielfältigen Probleme, die sich aus der theoretischen Beschäftigung mit Fragen von Geschlecht, Geschlechtsidentitäten und deren Veränderungen ergeben. Sie hat sich in nur drei Jahrzehnten in den Sozial- und Kulturwissenschaften ebenso wie in der Geschichtswissenschaft als zwar umkämpfter, aber keineswegs erfolgloser Forschungszweig etabliert, wie die enorme Fülle an Publikationen ausweist. Trotz der Interdisziplinarität der Geschlechterforschung konnte die Ethnologie eigene Fragen und Problemstellungen entfalten, die der ethnologischen Geschlechterforschung ein eigenes Profil gegeben hat. Zu ihrer Besonderheit gehört der interkulturelle Vergleich, der die Relativierung eurozentrischer Positionen erleichtert, mit denen die Frauen- und Geschlechterforschung von Anbeginn an zu kämpfen hatte. Im Folgenden sollen die wichtigsten theoretischen Entwicklungslinien vorgestellt und im Hinblick auf die Praxis feministischer Politik diskutiert werden.

2. Frauen werden wieder sichtbar: Die erste Phase der Frauenforschung (1970/1980)

Trotz der Pionierarbeiten früher Ethnologinnen (vgl. Hauser-Schäublin 1991) existierte seit Beginn des Jahrhunderts bis in die 1970er Jahre keine systematische Frauenforschung. Neben den wenigen Ausnahmen, wie der Studie von Kaberry (1939) über Frauen der Aborigines und den interkulturell vergleichenden Arbeiten von Margaret Mead (1928) und Simone de Beauvoir (1949) blieb die Präsenz von Frauen in der Ethnologie theoretisch folgenlos. Dies änderte sich erst mit dem Erstarken der angloamerikanischen und westeuropäischen Frauenforschung, die es sich als *Anthropology of women* (vgl. Reiter 1975) zum Ziele setzte, Frauen wieder „sichtbar" zu machen und ihnen eine eigene Stimme zu geben. Im Verlauf dieser „Rekonstruktionsarbeit" wurden die Arbeiten der Evolutionisten McLennan, Morgan, Grosse und Bachofen über Familien und Geschlechterbeziehungen „neu entdeckt". Insbesondere Bachofens *Mutterrecht*, das in den 1930er Jahren von Vertretern des Münchener Kreises, wie Ludwig Klages, interessiert rezipiert worden war, erreichte schnell Kultstatus, den es sich mit der später erschienenen Abhandlung der Philosophin Heide Göttner-Abendroth über das *Matriarchat* teilte. Die utopische Vision matriarchaler Herrschaft, die als Gegenentwurf zum *Patriarchat* enorme Widerstandskräfte gegen die Deklassierung von Frauen freisetzte, beherrschte die akademische und zeitweise gar die öffentliche Meinung. Sie verhinderte allerdings aufgrund ihrer starken Ideologisierung neue Einsichten, die nur aus empirischen Forschungen gewonnen werden konnten. Diese verlangten nach einer eigenen Methodologie, um dem feministischen Anspruch nach einer alternativen Wissenschaft gerecht zu werden.

Die Methodendiskussion wurde zunächst von dem Problem des *male bias* bestimmt, der sich aus der Struktur des männlich dominierten Forschungsprozesses ergab. Aus der Erkenntnis heraus, dass es sich um ein grundlegendes erkenntnistheoretisches Problem handelt, wurden Forderungen nach einer eigenen weiblichen Wissenschaftssprache und eigenen wissenschaftlichen Standards laut, die sich dezidiert gegen die männlich dominierte *mainstream anthropology* richteten (weiterführend dazu die Diskussion in Rippl 1993). Deshalb forderte die Soziologin Maria Mies (1984), die Positionen objektiver Wissenschaftlichkeit durch einen radikalen Subjektivismus und die Identifizierung von Forscherin und Erforschten zu ersetzen. Ausgehend von einem „Blick von unten" sollten Parteilichkeit, Solidarisierung und Identifizierung zu gemeinsamen Aktionen führen, um gegen die weltweite Unterdrükkung der Frauen zu kämpfen (Schröter 2000). Auf diese Verbindung von Theorie und Praxis, Einheit und Solidarität sowie Widerstand gegen das herrschende (Wissens)System gründete sich der „revolutionierende" Anspruch der Frauen- und Geschlechterforschung. Ihr politischer Bezugspunkt war die internationale Frauenbewegung, obwohl es darüber zu ernsthaften Auseinandersetzungen zwischen (politisch orientierten) Feministinnen und („lediglich" wissenschaftlich interessierten) Frauenforscherinnen kam. Welchen theoretischen und empirischen Beitrag die ethnologische Frauen- und Geschlechterforschung zur Verwirklichung dieses Anspruchs geleistet hat, soll an den Theorie-Auseinandersetzungen im Folgenden untersucht werden.

2.1. Universale Unterordnung oder geschlechtsegalitäre Gesellschaften?

Trotz der Rückbesinnung auf Texte der ersten Frauenbewegung in den 1920er Jahren dominierten in der deutschsprachigen ethnologischen Frauenforschung zunächst Texte US-amerikanischer feministischer EthnologInnen. Als besonders einflussreich galten die von Reiter (1975) und Lamphere/Rosaldo (1974) herausgegebenen Sammelbände, in denen die These von der universellen Asymmetrie der Geschlechter vertreten wurde. Die Ansichten bezüglich der Ursachen der Ungleichheit gingen weit auseinander, da biologische, soziologische oder politökonomische Ansätze miteinander konkurrierten. Michelle Rosaldo und Louise Lamphere beschrieben den biologischen Geschlechtsunterschied zwar als konstitutiv für die Ungleichheit zwischen Männern und Frauen, sahen ihn aber als nicht ausreichend an, da vor allem soziale Faktoren für die Hierarchisierung zwischen weiblichen und männlichen Lebenssphären verantwortlich seien. Die vom damaligen Strukturalismus inspirierten dualen Klassifikationen weiblich/häuslich, männlich/öffentlich, formell/informell wurden noch durch die Unterscheidung Natur/Kultur ergänzt, die Sherry Ortner (1974) unter Anlehnung an die Arbeiten von Levi-Strauss und der Psychoanalytikerin Nancy Chodorow einführte. Die Nähe der Frauen zur Natur, die auch in der berühmten Kontroverse *Man the Hunter and Woman the Gatherer* ausgetragen und ad absurdum geführt wurde (Slocum 1975), sollte ihre weltweite Benachteiligung erklären, da Natur in allen Gesellschaften gegenüber Kultur abgewertet würde. Ortner knüpfte mit der Einführung der Natur/Kultur Dichotomie an eine in Europa seit Descartes verankerte philosophische Unterscheidung an, die Natur mit Irrationalität und Kultur mit Rationalität gleichsetzte, die wiederum mit weiblich/männlich assoziiert wurden.

Trotz des großen Einflusses, den diese Thesen auf die Diskussion hatten, provozierten sie auch kritische Stellungnahmen, die sich an der postulierten Universalität binärer Klassifikationen entzündete (vgl. auch Moore 1988: 13ff). Diese wurden als eurozentrische und ahistorische Theoriekonstrukte enthüllt, da sie weder der historischen Realität in Europa noch der Komplexität außereuropäischer Gesellschaften entsprachen. Insbesondere wiesen Mac Cormack und Strathern (1980) daraufhin, dass die Dichotomie von Natur/Kultur als Produkt der Aufklärung selbst historischen Ursprungs und die Höherbewertung von Kultur gegenüber Natur auch in Westeuropa erst eine Folge von Modernisierung und Technologisierung sei. Zudem könne keineswegs davon ausgegangen werden, dass sich die übrigen binären Vorstellungen weiblich/häuslich, männlich/öffentlich auf außereuropäische Gesellschaften übertragen ließen. Vielmehr kamen mehrere Fallstudien zu der Überzeugung, dass ebenso umgekehrte Prozesse denkbar seien, oder dass völlig andere Zuordnungen von Natur/Kultur mit männlich und weiblich existierten, die quer zu unseren Vorstellungen verlaufen.

An der Auseinandersetzung über die von Rosaldo/Lamphere und Ortner vertretenen Thesen beteiligte sich auch eine Gruppe marxistisch orientierter Wissenschaftlerinnen, die versuchten, durch eine vielfältigere Ursachenanalyse die dualen Klassifikationen aufzulösen, indem sie die Fragen des sozialen Status von Frauen mit Erklärungsmodellen aus der politischen Ökonomie verbanden (weiterführend dazu Sanday/Goodenough 1990). Leacock, eine der prominentesten Vertreterinnen dieser Richtung, basierte ihre Untersuchung der ‚vorkolonialen' Indianergesellschaften Nordamerikas auf Formen der Arbeitsteilung, auf den Zugang zu gesellschaftlichen Ressourcen und die Möglichkeiten individueller Autonomie. Sie stellte in dieser Hinsicht eine weitgehende Egalität und Interdependenz der Geschlechter fest, die allerdings beständig neu ausgehandelt werden müsse. Vergleichbare Strukturen wurden auch für andere Wildbeutergesellschaften nachgewiesen und unter dem Namen *geschlechtsegalitäre* oder *geschlechtssymmetrische Gesellschaften* zusammengefasst (Lenz/Luig 1990). Diese Form der Gleichheit fand allerdings keineswegs in einem „anarchistischen Subsistenz-Idyll" (Lenz 1990: 47) statt, sondern basierte auf einem mehr oder minder ausgeprägten *Geschlechterantagonismus* (weiterführend Schlegel 1990). Leacock schränkte ihre Aussagen über die egalitären Beziehungen jedoch auf die Epoche vor der kolonialen Eroberung und der Durchsetzung kapitalistischer Verhältnisse ein und bestätigte damit eine damals weithin akzeptierte These, dass gesellschaftliche Ungleichheit oder zumindest ihre Stabilisierung und weitere Ausdifferenzierung ein Resultat kolonialer und kapitalistischer Verhältnisse sei. Lenz/Luig knüpften an diesen provozierenden Gegenentwurf an, der die universale Ungleichheit der Geschlechter als Mythos männlicher Dominanz entlarvte, und bemühten sich um den Nachweis, dass Geschlechtsegalität auch in der Gegenwart noch unter spezifischen Bedingungen existierte. Zentral in ihrer Argumentation war eine kritische Revision des Machtbegriffs von Max Weber (Lenz 1990: 44f), den sie für alternative Formen gesellschaftlicher Organisation nur bedingt tragfähig hielten. Indem sie unter Einschluss der Kriterien von Leacock Macht auch an die Verfügung über spirituelle Ressourcen sowie über Entscheidungen in Bezug auf den eigenen Körper und

Sexualität knüpften, weiteten sie ähnlich wie Foucault die Dimension des Machtbegriffs aus. Macht wurde nicht mehr nur auf ihre repressiven Eigenschaften hin untersucht, sondern auch als eine Form von *empowerment* diskutiert, die die Aushandlung von Geschlechterverhältnissen bestimmte.

3. Die Konstruktion der Geschlechter: Differenz und Identität

Die Konsolidierung der Geschlechterforschung in den 1980er Jahren leitete einen Paradigmenwechsel ein, der Ausdruck eines generellen kulturellen Umbruchs war. Dass die Sinnhaftigkeit dualer Klassifikationen in jener Zeit infrage gestellt wurde, hatte auch mit dem Niedergang des Strukturalismus zu tun, der die frühen Forschungen geprägt hatte. Der „Zerfall der großen Erzählung" (Lyotard, zit. nach Hauser-Schäublin 1998:1) zeichnete sich in einer Vorliebe für die Ambiguitäten, Ambivalenzen und Uneindeutigkeit von Vorstellungen und Bedeutungen ab, deren Wandelbarkeit und relationelle Dynamik besondere Aufmerksamkeit galt. Dass Geschlecht nichts einmalig Gegebenes und Feststehendes war, sondern erst durch Rückgriff auf emische Kategorien für jede Gesellschaft neu zu bestimmen sei, war der Erkenntnisgewinn aus den Debatten der 1970er Jahre. Was es in unterschiedlichen Gesellschaften heißt, ein Mann oder eine Frau zu sein, war hinfort eine offene Frage, die nicht biologisch bestimmbar und essentialistisch zu beschreiben war, sondern erst durch die Analyse kultureller Bedeutungszuschreibungen entschieden werden konnte. Ortner und Whitehead, die diesen Ansatz in *Sexual Meanings* (1981) konsequent verfolgten, schlossen sich damit einer konstruktivistischen Interpretation von Geschlecht an, die jeden biologischen Einfluss negierte. Sie stellten eine Vielzahl außereuropäischer *gender*-Modelle mit unterschiedlichen Bedeutungen von Geschlecht vor, die es nahe legten, *sex*, *gender* und *reproduction* als Symbole zu analysieren, deren Bedeutung sich erst aus der Beziehung zu anderen Symbolen erschließen lässt. Dadurch wurde *gender* als relationale Kategorie bestimmt, die nicht isoliert, sondern als Teil von und in Abhängigkeit zu den sozialen, politischen und ökonomischen Beziehungen in einer Gesellschaft zu beschreiben sei. Durch diese „Überwindung eines naturalistischen Verständnisses von Geschlecht" (König 1997: 64) erhielt die feministische Forschung seit Beginn der 1980er Jahre neue Impulse. Der verengte Blickwinkel auf die Unterdrückung der Frau(en) wich nun der Betonung vielfältiger, kontroverser und in sich widersprüchlicher Identitätskonstruktionen, die sowohl nach den Differenzen zwischen den Geschlechtern, innerhalb eines Geschlechts, als auch innerhalb einer Person fragten. In diesem Kontext spielte die sich entwickelnde *Männerforschung*

(Kühne (Hg.) 1996, König 1997) eine interessante Rolle, da sie, zunächst von dem normativen Ideal dominanter Männlichkeit und entsprechender Männlichkeitsbilder ausgehend, die homogenisierenden Tendenzen im Begriff des Patriarchats kritisch hinterfragte. Aus dieser Dekonstruktion entwickelte sich eine Sensibilität für die Differenzen, Widersprüche und Ungleichheiten unter Männern, die sich in konkurrierenden Bildern über Männlichkeit niederschlug, wobei zwischen hegemonialer und subordinierter Männlichkeit unterschieden wird. Dass männliche Identität aber nicht nur unter Männern ausgehandelt wird, sondern in der Interaktion zwischen Geschlechtern entsteht (weiterführend Strathern 1988), belegen Cornwall und Lindisfarne (1994: 5) am Beispiel von Jungfräulichkeit und Defloration. Diesem interaktiven Verständnis von Geschlecht entspricht die seit Mitte der 1980er Jahre bestehende Tendenz, die (ideologisch begründete) Ordnung des Geschlechterdualismus aufzukündigen und die enorme Variationsbreite von Männlichkeit und Weiblichkeit auszuloten. Während sich die Männerforschung darum bemühte, die Innenperspektive männlicher Macht (Kühne 1996: 9) genauer auszuleuchten, wich der monolithische Blick auf die Frauen zunehmend dem Interesse an ihrer sozioökonomischen Verschiedenheit, der damit verbundenen Rollenvielfalt, Lebenszyklen sowie ihrer möglichen Identitäten als Ehefrau, Mutter, Schwester, Unternehmerin, Heilerin etc. Die Analyse des Geschlechterverhältnisses beschränkte sich nun nicht mehr nur auf den Kontext von Produktion und Reproduktion (Hauser-Schäublin/Röttger-Rössler 1998), sondern zog Beziehungen des Austauschs (Weiner 1990) ebenso in die Analyse mit ein wie Formen von Solidarität und Abgrenzung, Widerstand und Konflikt innerhalb eines Geschlechts. Dabei entwickelte sich zunehmend die Überzeugung, diese Kriterien nicht als ausschließliche zu definieren, sondern ihre Fluidität ebenso wie ihre Widersprüchlichkeit als Teil der Bildung von Identität zu begreifen. Im Unterschied zur bis dahin dominierenden Annahme, dass sich Identität um einen konstanten und stabilen Persönlichkeitskern entwickele, ergab der interkulturelle Vergleich, dass sich eine Vielzahl von identitätskonstituierenden Merkmalen, wie Bildung, Alter, Klassenzugehörigkeit in einer Person überschneiden können (Kossek 1996: 14), unter denen Geschlecht nur ein Faktor unter anderen ist. In der Betonung des Prozesshaften sowie in der gegenseitigen Durchdringung und z. T. widersprüchlichen Überlagerung von Identitätsmerkmalen wurde die einstige Vorstellung von Identität als konstant und singulär zugunsten ihrer Kontextabhängigkeit und Pluralisierung aufgehoben (weiterführend Strathern 1988, Moore 1988).

Hatte die frühe Frauenforschung noch die Gemeinsamkeit von Frauen aufgrund ihrer historischen Erfahrung als Unterdrückte hervorgehoben, standen nun, wie Moore (1993: 20) beklagt, in der zweiten Phase die Verschiedenheiten unter Frauen (zu sehr) im Mittelpunkt. Ausgelöst wurde diese Debatte vor allem durch den Einspruch nichtwestlicher Wissenschaftlerinnen, die auf die

Unterschiede hinsichtlich Klasse, Rasse, Ethnizität und Nation aufmerksam machten. Insbesondere schwarze Frauen verwiesen auf ihre Diskriminierung als Schwarze und als Frauen (hooks 1982, Luig 1997), auf die Andersartigkeit ihrer Erfahrungen als Angehörige von Minderheiten und Unterschichten, deren Lebenswelt und Lebenserfahrung sich in sehr grundlegender Weise von weißen Mittelklasse-Frauen unterscheide. In der Negierung dieser sozialen und klassenspezifischen Differenz sahen sie ein Zeichen postkolonialer Gewalt, da der Feminismus westlicher Prägung die hegemonialen Beziehungen unterstütze und mitgestalte, indem er die Realität nichtwestlicher Frauen als grundsätzlich anders nicht zur Kenntnis nehmen wolle. Diese durch eurozentrische Kategorien und anthropologische Maximen verursachte Missrepräsentation habe die Konsequenz, dass selbst wohlmeinende Forscherinnen dazu beitrügen, nichtweiße Frauen als Andere zu essentialisieren und ihnen dadurch ihre Identität und Würde zu rauben (weiterführend Abu-Lughod 1991). Dieses vehemente Plädoyer für die Anerkennung von Differenz sollte allerdings nicht einseitig als Resultat ideologischer Auseinandersetzungen gewertet werden, sondern ist auch im Zusammenhang von Globalisierung und der damit verbundenen Fragmentierung sozialer Beziehungen zu analysieren.

4. Wechsel von Geschlechterrollen und Geschlechtsidentitäten: Die Zweigeschlechtlichkeit auf dem Prüfstand

Die vergleichsweise vorsichtige Relativierung von Geschlechtsidentitäten in den 1980er Jahren nahm radikalere Formen durch das Erstarken der *gay and lesbian communities* in den USA an, die aktiv und engagiert in die Geschlechterdebatte eingriffen. In diesen sich beständig ausdifferenzierenden Subkulturen entwickelten sich alternative und rivalisierende Bilder von Weiblichkeit und Männlichkeit, die sich als Emanzipationsprojekt von der dominierenden heterosexuellen Norm absetzten. Die Konkurrenz eines weitgefächerten Spektrums von Männlichkeitsvorstellungen, die von weiblich/effeminiert bis militärisch/hart reichen und je nach Situation, Klassenzugehörigkeit und kulturellen Moden beständig im Fluss sind, relativierte die Eindeutigkeit der Zweigeschlechtlichkeit, die die Geschlechtertheorie bis dahin dominiert hatte. Statt von Geschlechterpolaritäten oder polaren Geschlechtscharakteren sprach man nun eher von einem Kontinuum von Geschlecht.

Einerseits zeigten die Ergebnisse der Geschichtsforschung, dass selbst im Europa des 19. Jahrhunderts Zweigeschlechtlichkeit nicht als gesellschaftliche Norm präsent war, da die Vorstellung existierte, dass der menschliche Körper *eingeschlechtlich* sei, weil lediglich die sexuellen Organe bei Mann und Frau unterschiedlich positioniert seien (Laqueur 1992). Andererseits verdeutlichten neuere Forschungsergebnisse, dass in Gesellschaften mit dominanter Zweigeschlechtlichkeit diese oft einer anderen Logik der Konstruktion folgten, weil sich die Vorstellungen über den Körper und dessen Substanzen stark unterschieden. Darüber hinaus multiplizierten sich Beispiele, in denen Zweigeschlechtlichkeit entweder subversiv unterlaufen (Transvestiten) oder offensiv durch ein Ausleben mehrerer Geschlechterrollen herausgefordert wird. Bekannt wurden solche Institutionen wie das *kawe kawe* bei den Makassar in Indonesien (Röttger-Rössler 1994) und die *Berdache* der nordamerikanischen Indianer (Lang 1994). In beiden Fällen übernehmen Männer sozial akzeptierte Frauenrollen, ohne dadurch ihre sexuelle Identität als Mann zu verlieren und an gesellschaftlicher Akzeptanz einzubüßen. Im Unterschied zu den *kawe kawe*, die selten gleichgeschlechtlich heiraten, obwohl dies möglich ist, präferieren viele *Berdache* eine Lebensgemeinschaft mit gleichgeschlechtlichen Partnern. Während diese Beziehungen innerhalb ihrer eigenen Gesellschaft nicht als homosexuell oder lesbisch eingestuft werden, werden sie außerhalb der Reservate so wahrgenommen und häufig stigmatisiert. An dieser Umwertung zeigt sich sowohl die Sexualisierung der Körper, die von manchen Autorinnen als Zeichen der westlichen Moderne beschrieben wird, als auch der von ihr ausgehende Zwang zur Zweigeschlechtlichkeit, da die *Berdache* in ihrer eigenen Kultur als *Mann-Frau* klassifiziert werden, d.h. ein eigenständiges *drittes*, respektive *viertes Geschlecht* (Lang 1994: 73) verkörpern, wenn es sich um weibliche *Berdache* handelt. Die Umbenennung ihres Namens in *Two Spirit People* versteht sich als symbolischer Protest gegen die Sexualisierung ihrer Identität. Sie selbst definieren sich nämlich nicht über ihr sexuelles Verhalten, sondern über ihre soziale und religiöse Praxis, die Prophetie, Heilen und gesellschaftliche Mittlerfunktionen einschließt.

Um noch ein letztes Beispiel für die Variabilität der Relation zwischen biologischem Geschlecht, sexuellem Verhalten und sozialem Handeln zu geben, soll die in (einigen) patrilinearen afrikanischen Gesellschaften praktizierte *Gynaegamie* beschrieben werden. Sie ermöglicht es unfruchtbaren Frauen, sich mit einer Frau zu verheiraten, um der drohenden Kinderlosigkeit vorzubeugen (Tietmeyer 1998). Wenn die Ehefrau mit einem anderen Mann (Genitor) ein Kind zeugt, wird der (weibliche) Ehemann als sozialer Vater des Kindes anerkannt. Sie/er vermag dadurch die Stabilität ihrer Lineage zu retten und einem unangenehmen Schicksal als kinderlose Frau zu entgehen, da sie eine soziale Wandlung zum Mann erfahren hat. Alle genannten Beispiele zeigen, dass Geschlechtsrollenwechsel in vielen Gesellschaften gesellschaftlich institutionalisiert und akzeptiert ist und jenseits der in Europa häufig vorgenommenen Assoziation mit erotischem Begehrem auf eine Vielzahl sozialer Gründe zurückzuführen ist. Jacobs/Cromwell haben dieses Spiel mit Geschlechtsidentitäten unter dem Begriff *gender variance* zusammengefasst, den sie definieren als „cultural expressions of multiple genders (i. e. more than two) and the opportunities for individuals to change gender roles and identities over the course of their lifetimes“ (Jacobs/Cromwell 1992: 63, zit. nach Lang 1994: 72).

Vor dem Hintergrund dieser Diskussionen um die Vielfalt und Dynamik von Geschlechtsidentitäten ist der Erfolg von Judith Butler zu verstehen, die sich kritisch mit den konstruktivistischen Vorstellungen über Geschlecht auseinander setzte. Butler schlägt vor, die sex/gender Unterscheidung in gender aufzulösen, da auch sex keineswegs natürlich, sondern selber ein Konstrukt von gender sei, das erst im Diskurs erzeugt werde. Geschlecht hat ihrer Meinung keine vorsprachliche oder vordiskursive Realität, sondern wird erst durch Sprache erzeugt und immer wieder neu hergestellt. Wenn es die Performativität der Sprache ist, die Wirklichkeit erzeugt, dann muss auch die Zweigeschlechtlichkeit, d. h. die Existenz von Mann/Frau infragegestellt werden. Während Butler in *Bodies that Matter* mit Aus- und Einschlussverfahren arbeitet, argumentiert sie in *Gender Trouble* noch mit einer Entkoppelung von Anatomie und Geschlechtsidentität. Die Geschlechtsidentität Mann muss nicht grundsätzlich einem männlichen Körper zugeordnet werden, wie auch die Kategorie Frau keineswegs nur weibliche Körper meint. „Wenn wir jedoch den kulturell bedingten Status der Geschlechtsidentität als radikal unabhängig vom anatomischen Geschlecht denken, wird die Geschlechtsidentität selbst zu einem freischwebenden Artefakt. Die Begriffe Mann und männlich können dann ebenso einfach einen männlichen und weiblichen Körper bezeichnen wie umgekehrt die Kategorien Frauen und weiblich“ (Butler 1991: 23). Diese These bezüglich der Nicht-Identität von Körper und Geschlechtsidentität hat Butler den Vorwurf der Beliebigkeit eingetragen, der aber insofern zu kurz greift, als sie die Grenzen und Begrenzungen dieser Konstruktion offen legt. Anders als de Beauvoirs berühmter Satz, ‚Man kommt nicht als Frau zur Welt, sondern wird es‘, auf den Butler sich bezieht (1991: 15), geht sie nicht mehr von einem handelnden Subjekt aus, sondern vom „diskursiv bedingten Erfahrungsraum“ (Butler 1991: 27), der wiederum durch den „hegemonialen kulturellen Diskurs“ (ibid.) vorgegeben ist, der „als Zwangsheterosexualität identifiziert werden kann“ (Butler 1991: 39). In diesem poststrukturalen Universum, in dem „die Macht der Diskurse unüberwindbar scheint“ (Schröter 2000: 14) kann es keine grundsätzliche Veränderung der Geschlechterhierarchie mehr geben. Butler spricht dem Feminismus allenfalls noch eine Störfunktion im System der Zweigeschlechtlichkeit zu, eine Aufgabe, für die Parodie und Travestie geeignete Mittel zu sein scheinen, deren Wirksamkeit sie allerdings in *Bodies that Matter* selber in Zweifel zieht (nach Schröter 2000: 14)

Butlers Thesen lösten in der Geschlechterforschung heftige und kontroverse Diskussionen aus. Neben der kulturellen Überdeterminierung von *gender* kreidete man ihr vor allem an, körperliche Realitäten (sex) als Fiktion zu behandeln und durch diese Nichtbeachtung des Körpers und seiner Leiblichkeit die Empfindungswelt von Frauen (und Männern) auf einen „stimmlosen Diskurs“ (vgl. Duden 1993: 26) zu reduzieren. Ebenfalls skeptisch steht man auch der Vorstellung Butlers von *gender* als performativem Akt, als *doing gender* gegenüber. Trotz des Überschreitens herkömmlicher Grenzen würden dadurch keineswegs die etablierten Geschlechterbeziehungen verändert, da die aktive Konstruktion von Geschlecht das System der Zweigeschlechtlichkeit und die dazu gehörige Hierarchie nicht aufhebe, sondern im Gegenteil reproduziere. „Damit wirken wir alltäglich bei der Fortschreibung patriarchaler Ungleichheit mit“ wie Hagemann-White (1993: 76) kritisch ausführt. Obwohl diese Argumentation aus der Perspektive des interkulturellen Vergleichs durchaus zu hinterfragen ist, stößt der dekonstruktive Feminismus hier dennoch an seine Grenzen, da die diskursive Auflösung von Frauen und Männern als Handlungseinheit zu einer deutlichen Abkoppelung feministischer Theoriedebatten von empirischen, sozialwissenschaftlich fundierten Forschungsergebnissen führt. Während die Philosophin Butler eher an der Interpretation von Texten denn an aktuellen Geschlechterbeziehungen Interesse hat, interessieren sich viele Feministinnen nicht mehr für die weiteren Verästelungen der Diskurs-Theorien. Ein zweites Problem, das sich aus der Entkoppelung von Geschlecht (*sex*) und Identität ergibt, ist die grundlegende Infragestellung des Feminismus als politischer Bewegung. Butler selber spricht diesen Punkt zentral an, wenn sie darüber nachdenkt, „welche politischen Möglichkeiten sich als Konsequenz aus einer radikalen Kritik dieser Identitätskategorien ergeben. Welche neue Politik zeichnet sich ab, wenn der Diskurs über die feministische Politik nicht länger von der Identität als gemeinsamem Grund eingeschränkt wird?“ (Butler 1991: 10). Im Unterschied zu vielen Theoretikerinnen, die befürchten, dass sich der politische Feminismus durch die Aufgabe seiner zentralen Kategorien Frauen sein eigenes Grab schaufelt, ist Butler optimistischer. Sie schlägt eine Reihe von strategischen Allianzen vor, die kontextabhängig und zeitlich limitiert sein können, um begrenzte Ziele zu erreichen. Inwieweit solche Bündnisse zur Veränderung geschlechtsspezifischer Ungleichheiten beitragen, wird erst die Zukunft erweisen. Die vorläufige Bilanz der ethnologischen Geschlechterforschung ist zwar positiv, aber gemessen an den ursprünglichen Ansprüchen moderat: Sie hat ohne Zweifel viele sinnvolle Debatten angestoßen und die Geschlechterproblematik ins öffentliche und politische Bewusstsein gehoben. Ihren ursprünglichen Anspruch, eine andere Wissenschaft zu etablieren, begreift sie jedoch längst als essentialistische Vergangenheit, die für die politische Zukunft der feministischen Bewegung keine Bedeutung mehr hat.

5. Literatur

5.1 Einführende Literatur

Abu-Lughod, Lila
1991 Writing against Culture. In: Recapturing Anthropology, S. 137–162, hg. von R. Fox. Santa Fe.

Caplan, Pat (Hg.)
1987 Cultural Construction of Sexuality. London.

Collier, Jane Fishburne und Sylvia Junko Yanagisako (Hg.)
1987 Essays Toward a Unified Analysis. Stanford.

hooks, bell
1982 Ain't I am Woman? Black Women and Feminism. London.

Schlegel, Alice
1990 Geschlechterantagonismus bei den geschlechtsegalitären Hopi. In: Lenz, Ilse und Ute Luig (Hg.) Frauenmacht ohne Herrschaft. Geschlechterverhältnisse in nicht-patriarchalischen Gesellschaften, S. 201–226. Berlin.

Weiner, Annette B.
1990 Stoffe: Reichtum, Geschlecht und Macht in Ozeanien. In: Lenz, Ilse und Ute Luig (Hg.) Frauenmacht ohne Herrschaft. Geschlechterverhältnisse in nicht-patriarchalischen Gesellschaften, S. 306–348. Berlin.

5.2 Zitierte Literatur

Beauvoir, Simone de
1968 Das andere Geschlecht. Sitte und Sexus der Frau. Hamburg (zuerst 1949).

Butler, Judith
1991 Das Unbehagen der Geschlechter, Frankfurt. (zuerst 1990 als Gender Trouble. London)
1993 Bodies that Matter. On the Discursive Limits of „Sex". London.

Cornwall, Andrea und Nancy Lindisfarne (Hg.)
1994 Dislocating Masculinity. Comparative Ethnographies. London.

Duden, Barbara
1993 Die Frau ohne Unterleib: Zu Judith Butlers Entkörperung. Ein Zeitdokument. In: Feministische Studien 11,2: 24–33.

Hagemann-White, Carol
1993 Die Konstrukteure des Geschlechts auf frischer Tat ertappen? Methodische Konsequenzen einer theoretischen Einsicht. In: Feministische Studien 11,2: 6–79.

Hauser-Schäublin, Brigitta (Hg.)
1991 Ethnologische Frauenforschung, Berlin.

Hauser-Schäublin, Brigitta und Birgitt Röttger-Rössler (Hg.)
1998 Differenz und Geschlecht. Neue Ansätze in der ethnologischen Forschung. Berlin.

Kaberry, Phyllis M.
1939 Aboriginal Woman: Sacred and Profane. London.

König, Oliver
1997 Geschlechterdiskurs und Kulturkritik. In: Sie und Er. Frauenmacht und Männerherrschaft im Kulturvergleich, S. 63–68, hg. von Gisela Völger. Köln.

Kossek, Brigitte,
1996 Rassismen und Feminismen. In: Rassismen Feminismen. Differenzen, Machtverhältnisse und Solidarität zwischen Frauen, S. 11–23, hg. von Brigitte Fuchs und Gabriele Habinger. Wien.

Kühne, Thomas (Hg.)
1996 Männergeschichte-Geschlechtergeschichte. Männlichkeit im Wandel der Moderne. Frankfurt.

Lang, Sabine
1994 „Two Spirit People". Gender Variance, Homosexualität und Identitätsfindung bei IndianerInnen Nordamerikas. In: KEA 7: 69–87.

Laqueur, Thomas
1992 Auf den Leib geschrieben. Die Inszenierung der Geschlechter von der Antike bis Freud. Frankfurt.

Leacock, Eleonore
1981 Myths of Male Dominance. New York und London.

Lenz, Ilse und Ute Luig (Hg.)
1990 Frauenmacht ohne Herrschaft. Geschlechterverhältnisse in nichtpatriarchalischen Gesellschaften. Berlin.

Luig, Ute
1997 Verlorene Gewissheiten. Prozesse der Differenzierung des Begriffs Geschlecht und neue Formen seiner Repräsentation. In: Völger, Gisela (Hg.):Sie und Er. Frauenmacht und Männerherrschaft im Kulturvergleich, S. 69–76, Köln.

MacCormack, Carolyn und Marilyn Strathern (Hg)
1980 Nature, Culture and Gender. Cambridge.

Mead, Margaret
1970 Jugend und Sexualität in primitiven Gesellschaften. Bd.13, München. (zuerst in Englisch Bd. 1,1928).

Mies, Maria
1984 Methodische Postulate zur Frauenforschung. In: beiträge zur feministischen theorie und praxis 11: 7–25.

Moore, Henrietta L.
1988 Feminism and Anthropology. Cambridge.

1993 The Differences Within and the Differences Between. In:Gendered Anthropology, S. 193–204, hg. von Teresa del Valle. London.
1994 A Passion for Difference. Cambridge.

Ortner, Sherry und Harriet Whitehead (Hg.)
1981 Sexual Meanings. The Cultural Construction of Gender and Sexuality. Cambridge.

Reiter, Rayna R. (Hg.)
1975 Towards an Anthropology of Women. New York-London.

Rippl, Gabriele (Hg.)
1993 Unbeschreiblich weiblich. Texte zur feministischen Anthropologie. Frankfurt.

Röttger-Rössler, Birgitt
1994 „Frauen sind freier" Geschlechterrollenwechsel in einer indonesischen Gesellschaft. In: KEA 7:87–108.

Rosaldo, Michelle Z. und Louise Lamphere (Hg.)
1974 Woman, Culture and Society. Palo Alto.

Sanday, Peggy R. und Ruth G. Goodenough (Hg.)
1990 Beyond the Second Sex. Philadelphia.

Schröter, Susanne
2000 Essentialismus und Konstruktivismus in der feministischen Forschung. In: Peripherie 77/78:9–27.

Slocum, Sally
1975 Woman the Gatherer: Male Bias in Anthropology. In: Reiter Rayna R. (Hg.) Towards an Anthropology of Women, S. 36–50, New York London.

Strathern, Marilyn
1987a An Akward Relationship: The Case of Feminism and Anthropology. In: Signs 12,2: 276–292. Auf deutsch abgedruckt in: Rippl, Gabriele (Hg.) Unbeschreiblich weiblich. Texte zur Feministischen Anthropologie, S. 174–195, Frankfurt.
1988 The Gender of the Gift. Berkeley.

Tietmeyer, Elisabeth
1998 Geschlecht, Differenz und Gynaegamie. Zur Multiplikation von Geschlechterrollen in Afrika. In: Hauser-Schäublin, Brigitta und Birgitt Röttger-Rössler (Hg.) Differenz und Geschlecht. Neue Ansätze in der ethnologischen Forschung, S. 163–183. Berlin.

Jürg Wassmann

Kognitive Ethnologie

1. Zur Problemstellung

Die Kognitive Ethnologie versucht die allgemeine Ethnologie mit den Kognitionswissenschaften zu verbinden. Denn Kultur als zentraler Forschungsgegenstand der Ethnologie findet in zwei Bereichen ihre Ausprägung. Zum einen materiell in Form von *kulturellen Phänomenen*, zum anderen mental in Form von kulturellen Inhalten. Kulturelle Inhalte beruhen auf *mentalen Repräsentationen*. Während kulturelle Phänomene öffentlich sind und sich deshalb ethnographisch leicht dokumentieren lassen, sind kulturelle Inhalte nicht direkt zugänglich, da man mentale Repräsentationen nicht beobachten kann. Die Dokumentation kultureller Inhalte innerhalb der Ethnologie beruht dementsprechend nicht auf direkten Beschreibungen, sondern auf indirekten Interpretationen über die Brücke kultureller Phänomene. Um dieser, in Bezug auf kulturelle Inhalte, schwierigen epistemologischen Ausgangssituation den willkürlichen Charakter zu nehmen, ist es wichtig, sich nicht nur darauf zu konzentrieren, was in den Köpfen von Menschen aus anderen Kulturen vor sich geht, sondern sich ein fundiertes Verständnis davon zu verschaffen, was in den Köpfen von Menschen überhaupt vor sich geht.

Dies jedoch ist der Forschungsgegenstand der *Kognitionswissenschaften*. Innerhalb der Kognitionswissenschaften werden menschliche Wirklichkeitserfahrung und menschliches Denken als Informationsverarbeitungsprozesse verstanden. Es geht neben Wahrnehmung, mentaler Repräsentation und Gedächtnis unter anderem darum, jene mentalen Fähigkeiten transparent zu machen, die es allen Menschen ermöglichen, eine Muttersprache zu erwerben und die sozialen und kulturellen Eigenheiten der Gesellschaft zu verinnerlichen, in die sie hineingeboren werden (Reimann 1996). Die letztgenannten Themen betreffen die Ethnologie in elementarer Weise, ja sie sind zentrale ethnologische Forschungsthemen.

„... anthropologists' concerns place them right in the middle of the cognitive sciences, whether they like it or not, since it is cognitive scientists who have something to say about learning, memory and retrieval" (Bloch 1991: 184).

Howard Gardner spricht in *The mind's new science* von der *Kognitiven Wissenschaft* (Einzahl!) als von einem „contemporary, empirically based effort to answer long-standing epistemological questions – particularly those concerned with the nature of knowledge, its components, its sources, its development, and its deployment" (1985: 6).

Kognitionswissenschaften – diese Bezeichnung spricht zuallererst ein Postulat aus. Gefordert ist die Klärung des *Wissens* in seiner Bedeutung für den Menschen im Alltag. Die Frage nach dem Wissen stellt sich den verschiedenen Einzelwissenschaften, und das Wissen wird so zum interdisziplinären Gegenstand. Interessiert und beteiligt sind: die Philosophie, die Psychologie, die Erziehungswissenschaft, die Linguistik, die Ethnologie, die Erforschung artifizieller Intelligenz und die Neurologie.

Die Spannweite der Disziplinen ist beachtlich – was sollen z. B. so extrem unterschiedliche Fächer wie die Ethnologie und die Neurologie gemeinsam haben? So ist es durchaus schon möglich und praktikabel, dass die Ethnologie – bezogen auf Kognition – mit der ihr benachbarten Linguistik oder Entwicklungspsychologie zusammenarbeitet, dass sie jedenfalls deren Forschungergebnisse zur Kenntnis nimmt. Noch keineswegs an der Tagesordnung ist dagegen die Annäherung zwischen der Ethnologie und der Neurologie, und die Kognitionspsychologie arbeitet mit der Neurologie zusammen – ohne die Ethnologie beizuziehen – zumindest bisher war es so.

Allmählich jedoch beginnen sich nun Annäherungstendenzen abzuzeichnen: Die Ethnologie (beispielsweise) bemüht sich, Kognition im Sinne von Gardner zu verstehen. Das heißt: sie fragt nicht mehr nur nach den kulturellen Phänomenen, sondern auch nach der prinzipiellen Natur des „Wissens", und so beginnt – sozusagen korrespondierend dazu – z. B. die Artifizielle Intelligenz, den jeweiligen Kontext miteinzubeziehen.

Der Begriff *Kognition* meint die mentale Repräsentation von Wissen, dessen Erwerb und dessen Gebrauch, und dies im weitesten Sinn als Informationsverarbeitungsprozess. Obwohl die kognitiv interessierten Wissenschaften von ein und demselben Gegenstand ausgehen – eben dem Wissen in seinen verschiedenen Aspekten –, haftet dem gemeinsamen Begriff *Kognition* viel Amorphes, auf den ersten Blick geradezu Widersprüchliches an. Wenn es für die Neurologie um komplizierte, universale, physikalische Prozesse geht, so stellt der Ethnologe C. Geertz fest: „Thought is, in a great part anyway, a public activity“ (1973: 45). Liegt hier bereits ein Widerspruch vor, oder ist nur der Abstraktionsgrad der beiden Bestimmungen des Gegenstandes ein anderer? H. Gardner orientiert sich an „... the primacy of the knowledgeable subject – one who acquires knowledge only by virtue of prior structuring (if not innate ideas?) ...“ (1985: 86). Aber auch diese Position ist umstritten; so widerspricht ihr beispielsweise die Ethnologin J. Lave (1988). Sie sieht Kognition als etwas, das erst in der sozialen Praxis des Individuums entsteht.

Die hier nur angedeutete Situation lässt schlagartig erkennen, was bisher fehlt: Eine interdisziplinär angelegte *methodologische Klärung* dessen, was Kognitionswissenschaften heissen kann; die Analyse des Begriffs Kognition; eine Übereinkunft in Bezug auf den Inhalt, die Struktur und den Prozess des Wissens, dies in Hinblick auf Perspektive und Zielsetzung der einzelnen Wissenschaften.

Die *grundlegende Schwierigkeit* einer solchen Klärung ist allerdings selbst ein methodologisches Problem. Verschiedene Kulturen und verschiedene Bevölkerungsgruppen innerhalb einer Kultur ordnen ihre „Welt“ anders und mittels ihres je eigenen Instrumentariums, sie gehorchen im Umgang mit ihrer Umwelt nicht ohne weiteres derselben *Logik*. So ist auch unser *abendländisches Denken* nur ein Beispiel unter vielen möglichen kognitiven Systemen, und dasselbe gilt innerhalb der europäischen Kultur für die Tradition der *aufklärerischen Vernunft*. Doch wenn dem so ist: Mit welchen Mitteln sollte es dann uns, die wir selbst in einer bestimmten Kultur, in einer bestimmten Denktradition, einer spezifischen „Logik“ eingeschlossen sind, wie sollte es uns möglich sein, die Andersartigkeit fremder Denksysteme zu erfassen? – Dass die Frage nach dem *Verstehenkönnen* anderer Systeme zum Thema der Kognitionswissenschaften selbst gehört, also auch die Bedingung ihrer eigenen Möglichkeit zu bedenken hat, ist ein weiterer Hinweis auf die Notwendigkeit vorgängiger erkenntnis- und insbesondere methodenkritischer Aufarbeitung.

Aber vielleicht liegt hier nur ein Pseudoproblem vor. Vielleicht genügt es bereits, dass wir konsequent unterscheiden zwischen einer *Oberfläche* (im Sinne unterschiedlicher kultureller Phänomene) und den universalen *dahinterliegenden Prozessen* die zu den kulturellen Inhalten bzw. Repräsentationen von Wissen führen.

In welche Richtung die gemeinsamen heuristischen Annahmen zielen und worin die erhofften Leistungen des kognitiven Ansatzes bestehen könnten, lässt sich – in vorläufiger Weise – folgendermaßen skizzieren: Die meisten Autorinnen und Autoren gehen von der Annahme aus, dass die Entwicklung der Denkfähigkeit, die dem Wissenserwerb vorausgeht, überall gleich verlaufe, dass demnach die kognitiven Prozesse *anthropologische Konstanten* seien. Damit wird u. a. die Frage nach den so genannten *Universalien* aufgeworfen. Antworten fallen insbesondere deshalb schwer, weil bereits unklar ist, ob und inwiefern sich kognitive Prozesse überhaupt beobachten und in der Folge vergleichen lassen. Und gerade wenn man davon ausgeht, dass sie (die kognitiven Prozesse) sich lediglich anhand ihrer sichtbaren Folgen (der Handlungen, die sie auslösen) erschliessen lassen, bleibt der Weg zur Auflösung des Universalienproblems ungewiss.

Übereinstimmung zeigt sich ferner im heuristischen Prinzip, wonach die kulturellen Phänomene (Oberflächen) zwar stark variieren, die *mentale Strukturierung des Wissens* indessen weit weniger variabel ist. Doch auch hier drängt sich die Frage auf, was denn universal, was kulturbedingt ist.

Auffällig ist schließlich, dass sich alle kognitiv orientierten Wissenschaften in ihren Forschungen deutlich dem *konkreten Individuum* in seiner partikularen Umwelt zuwenden. Sie schenken ihre Aufmerksamkeit primär nicht mehr einem idealtypischen, kollektiven Wissenssystem, das von der Analyse der einzelnen Träger dieses Systems abstrahiert werden kann, sondern sie befassen sich pointiert mit dem einzelnen, handelnden Menschen in seinem spezifischen Alltag.

Auch ist die Sprache für die kognitiven Untersuchungen nicht mehr das einzige Instrument, das Wissen kodiert: Wissen kommt auch in *nichtverbalen Handlungsabläufen* zum Ausdruck; vor allem gewohnheitsmässige Handlungen können sehr „beredt“ sein. Es scheint, als seien sich die dem kognitiven Ansatz verpflichteten Wissenschaftler in Folgendem einig: alle bisherigen Auseinandersetzungen mit dem Phänomen des „Wissens“ haben sich zu einseitig auf das diskursiv vermittelte Wissen (das Schulwissen, wenn man so will) beschränkt; es ist jetzt an der Zeit, das „andere Wissen“, das, nicht hierarchisch gegliedert, sich in den praktischen Anforderungen des Alltags verwirklicht, strukturiert und vermittelt, ins Zentrum zu rücken.

2. Der kognitive Aufbruch

Das Jahr 1956 gilt als das Geburtsjahr der *kognitiven Wende* (Holenstein 1988) bzw. der *cognitive revolution* (Gardner 1985), an der neben der Ethnologie verschiedene Humanwissenschaften und die Computerwissenschaften beteiligt waren. Auf einer Tagung des Massachusetts Institute of Technology (MIT) über Informationstheorie referierten in jenem Jahr J. A. Newell und H. Simon über Computerprogramme; G. Miller trug seinen berühmten Aufsatz vor: *The magical number seven*; der 28-jährige N. Chomsky las aus seiner Dissertation *Three models of language* vor. Im gleichen Jahr erschien J. Brunners (et al.) Buch *A study of thinking*, und die beiden Ethnologen W. Goodenough und F. Lounsbury publizierten die zwei ersten programmatischen Artikel der Kognitiven Ethnologie: *Componential analysis and the study of meaning* und *A semantic analysis of the Pawnee kinship usage.*

Mit der *Cognitive Anthropology*, genauer: mit der *Ethnoscience*-Phase der Kognitiven Ethnologie tritt eine neue Forschungsrichtung hervor (cf. Tyler 1969). Sie stellt den Anspruch, andere Kulturen in ihrer eigenen Begrifflichkeit, also emisch, zu beschreiben. Die verschiedenen Kulturen ordnen die „Welt" anders und gehorchen im Umgang mit ihrer Umwelt einer anderen „Logik". Diese Andersartigkeit soll erfasst werden weil sie – so die damalige Meinung – andersartige kognitive Welten aufdeckt. Die dahinterliegende Frage ist eine alte in der Ethnologie: Wie sieht der *order out of chaos* aus? Präziser formuliert: Wie benennen andere Kulturen die (als solche überhaupt wahrgenommenen und auf besondere Weise abgegrenzten) „Dinge" der Umwelt, und wie werden diese „Benennungen" untereinander in Beziehung gebracht bzw. organisiert? Dies entsprechend der Annahme, dass über die Brücke kultureller Phänomene die kulturellen Inhalte, die mentalen Repräsentationen also, zu dokumentieren seien. Hinter diesem anspruchvollen Programm stehen implizit drei Prämissen.

2.1. Drei Prämissen

Prämisse 1: Kultur ist gemeinsames Wissen (*shared knowledge*).
Eine sehr einflussreiche Definition von Kultur stammt von Goodenough:
"A society's culture consists of whatever it is one has **to know** or believe in order to operate in a manner acceptable to its members, and to do so in any role that they accept for any one of themselves ... It is the forms of things that people have **in mind**, their models for perceiving, relating, and otherwise interpreting them ... Culture does not exist of things, people, behaviour, or emotions, but in the forms or organisations of the things **in the mind of people**" (Goodenough 1956: 167 – 168, fett von J. W.).
Kultur ist so gesehen ein mentales Phänomen, präziser: eine mentale Repräsentation.

Prämisse 2: Das Wissen hat die Form einer kulturellen Grammatik
Dieses abstrakte und gemeinsame Wissen muss der Ethnologe oder die Ethnologin anhand der Aussagen seines Informanten induktiv als mentale Re-

präsentation auffinden. Im Prinzip kann er sich dabei auf eine Person beschränken. Hier gilt dasselbe wie beim Erlernen einer fremden Sprache, wo es ausreicht, die Kenntnis eines Sprechers zur Verfügung zu haben. Das Wissenssystem einer Kultur versteht sich als ein *conceptual model*, das die Organisationsprinzipien der Kultur (= Wissen) und des Verhaltens ihrer Mitglieder umfasst.

Prämisse 3: Die Sprache ist der beste Zugang zu den mentalen Phänomenen. Bei dem *order out of chaos* werden aus der Umwelt nur bestimmte Phänomene und Merkmale als signifikant ausgewählt, benannt und mit einer klassifikatorischen Bedeutung versehen. Der Hauptbeweis für das Vorhandensein einer Kategorie ist ihre Benennung.

Die Gleichsetzung von Kultur und Wissen erwies sich als sehr fruchtbar. In den 1960er Jahren hatte die Ethnoscience ihre schnellen Erfolge. Unzählige Studien über – was zu erwarten war – begrifflich dicht strukturierte Einzelbereiche wurden publiziert, so über „Verwandtschaft“, „Farben“, „Ethnozoologie“, „Ethnobotanik“ oder „Krankheiten“.

Man erlag gewissermaßen dem großen theoretischen Reiz, komplexe und vordergründig heterogene kulturelle Phänomene auf ein paar wenige interne Regeln zu reduzieren (Inklusion, Exklusion und Intersektion, siehe weiter unten) und sie als elegante Modelle, die als mentale Repräsentationen von Individuen galten, vorzustellen (Taxonomie, Paradigma).

Anfang der 1970er Jahre erschienen jedoch nur noch spärlich Arbeiten, und R. Keesing konnte 1972 einen Aufsatz mit dem Satz beginnen: „What ever happend to Ethnoscience?“ (1972: 299). Und hier liegt die Ironie: Als Ende der 1950er Jahre die Ethnologie dieses phonologische Modell von der strukturellen Linguistik übernahm und es in den 1960er Jahren für sie zentral wurde, war es in der Linguistik selbst durch die neue generative Linguistik Chomsky's bereits weggefegt (die heute ihrerseits von der generativen Semantik eines Fillmore z. B. abgelöst wurde). Der eigentliche Paradigma-Wechsel in der Linguistik machte die Ethnologie vorerst methodisch heimatlos, ja er überforderte sie. So schreibt Burling (1970: 681): “Tell me, whatever happend to the good old phoneme?”

Die Folge war eine Öffnung und Hinwendung zu modernen Strömungen in benachbarten Disziplinen. Als besonders einflussreich erwies sich die Computerwissenschaft; als die ersten Computerprogramme auftauchten, die Schach „spielten“, drängte sich die Frage auf: “If computer could have programs, why couldn't people?” (D'Andrade 1984: 88). Von großer philosophischer Brisanz war dabei die Annahme, dass kognitive Prozesse überall auf die gleiche Art und Weise ablaufen, ob im Menschen, im Tier oder in der Maschine. Der Computer war (damals) – so verstanden – ein Modell des menschlichen Denkens. Etwas pointierter formuliert: die *software* ist überall die gleiche, unabhängig von der *hardware,* in der sie abläuft. Mit dem Bestreben, menschliche Denkprozesse im Modell nachzubauen, übernahm die Kognitive Ethnologie den *information-processing approach.*

2.2. Revidierte Prämissen

Als Konsequenz wurden die drei Prämissen der Ethnoscience überdacht und erweitert: neu ist jetzt, *wo* Wissen gesucht und *wie* es dargestellt wird – wobei die grundlegende Frage, jene also nach der Art des Wissens und seiner Strukturierung (als *order out of chaos*), die gleiche bleibt.

Revidierte Prämisse 1: Hinwendung zum Individuum oder Requiem für den allwissenden Informanten.
Nicht mehr dem ganzen kollektiven Wissenssystem einer Kultur (als *representation collective* in Sinne von Durkheim), das gewissermaßen als Idealtypus erfasst werden soll, gilt jetzt die Aufmerksamkeit, sondern dem im Alltag erworbenen, memorierten und angewandten Wissen einzelner Individuen. Der Fokus verschiebt sich, weil man jetzt weiss, dass man nicht von *kulturellen Phänomenen* auf individuelle kognitive Prozesse oder Repräsentationen schlussfolgern kann.

Revidierte Prämisse 2: Operationalisierung statt Kategorisierung oder *taskonomy* statt *taxonomy.*
Sobald Wissen nicht mehr als isoliertes System, als „Grammatik“, sondern als etwas, das im alltäglichen Gebrauch (durch Individuen) sichtbar wird (sei dies verbal oder nicht verbal), betrachtet wird, wird deutlich, dass viele Kategorien und semantische Felder keine festen Grenzen haben und nicht im klassischen Sinn definiert werden können (*fuzzy sets*). Sie werden nun danach gruppiert, was man mit ihnen im Alltag tun kann (*task*onomy anstatt *tax*onomy), oder aber nach Prototypen („bestes Beispiel“ aus einer Kategorie). Es ist die *everyday cognition*, die gebraucht wird, wenn eine Hausfrau einkauft, ein Milchmann seine Waren nach einer bestimmten, zeitsparenden Abfolge verteilt, ein Yakan in den Philippinen ein Haus auf eine korrekte Art betreten will.

Revidierte Prämisse 3: Abwendung von der Sprache als einzigem Instrument, das Wissen kodiert, oder die Hinwendung zum *script.*

Wissen kommt auch in nicht-verbalen Handlungsabläufen zum Tragen. *Actions speak louder than words* lautet der Titel eines Artikels von J. B. Gatewood. Vor allem gewohnheitsmässige Handlungen transportieren enorm viel Wissen. Im Jahre 1977 führten der Computerfachmann R. Schank und der Sozialpsychologe R. Abelson den einflussreichen Begriff *script* zur Bezeichnung stereotyper Abfolgen von Handlungen in bestimmten Situationen ein. Auf das gleiche Faktum von „stillschweigend Gewusstem“ verweist auch St. Tyler's Buch *The Said and the Unsaid*, das 1978 erschienen ist – neun Jahre nachdem Tyler das erste Textbuch der „klassischen“ Kognitiven Ethnologie herausgegeben hatte. (Mit einer gewissen Folgerichtigkeit lautete der Titel von Tyler's dritten Buch: *The Unspeakable*). Damit bleibt die Sprache zwar zentral, wird jedoch anders behandelt: nicht mehr als Lexikon, sondern im alltäglichen Gebrauch, als *discourse*, von dem Ableitungen (*inferences*) auf die intendierte *Botschaft* gezogen werden müssen. Abgesehen davon glaubt man (was durchaus umstritten ist) dass auch die Struktur des Wissens (aufbewahrt im Gehirn als Repräsentation) durchaus nicht sprach-ähnlich sein muss: „Knowledge organized for efficiency in day-to-day practice is not only non-linguistic, but also not language-like in that it does not take a sentential form“ (Bloch 1991: 189–190). Darüber hinaus stellt sich die Frage nach der „Hintergehbarkeit“ der Sprache, denn bestimmes Wissen kann sprachlich nicht oder nur schwer externalisiert werden. Hier können Zeichnungen oder nicht-verbale Handlungen in Tests Wissen ausdrücken (Wassmann 1993, 1994, Wassmann & Dasen 1998).

Wenn nun das aktive Individuum in seinem Alltag Interesse erweckt, so ist dies eine Konsequenz eines Paradigma-Wechsels: die Kognitive Ethnologie versteht sich nun viel bewusster als Teil der Kognitiven Wissenschaften, was auch dazu führte, das das Wort *Kognition* besser verstanden wird. Kognition ist nicht mehr Ausdruck einer Kultur und abstrahiert von sprachlichem Material, sondern wird nun verstanden als mentale Aktivität von Individuen, die in unterschiedlichen Kontexten Wissen anwenden, indem sie wahrnehmen (oder: wie kommt die Welt in den Kopf?), kategorisieren (oder: warum Ordnung im Kopf das Leben in der Welt erleichtert), memorieren (oder: warum die Welt im Kopf eine verzerrte Welt darstellt), Wissen anwenden (oder: wie kann ich das Wissen aus dem Kopf wieder herausbekommen?), räumliches Wissen erwerben (oder: wie finde ich mich in der Welt zurecht?), denken und Probleme lösen (oder: wie komme ich weiter, wenn ich nicht mehr weiter weiss?). Diese Aktivitäten geschehen individuell oder „zwischen Individuen“ (Hutchins 1995), aber, trotzdem, irgendwie im breiten Rahmen einer Kultur.

3. Die Repräsentation von Wissen

Die wichtigsten Modelle von *Wissen* innerhalb der Kognitiven Ethnologie umfassen die Taxonomie, das Paradigma, den Prototyp, das Script bzw. das Schema und das mentale Bild.

3.1. Taxonomie

Die innere Ordnung eines semantischen Feldes (z. B. „Verwandtschaft", „Farben") hängt von wenigen Ordnungsprinzipien ab, welche die lexikalischen Mitglieder (Lexeme) des Feldes (z. B. „Mutter", „rot") gliedern. Die Ordnungsprinzipien sind: *Inklusion*, *Exklusion* (Kontrast) und *Intersektion*.

Eine Taxonomie ist die Beschreibung eines semantischen Feldes; sie nennt die Kategorien (Lexeme) und legt dar, wie diese miteinander verbunden sind: nämlich durch die Prinzipien der Inklusion und Exklusion in hierarchischer Ordnung. Kategorien auf der gleichen Ebene schließen sich gegenseitig aus (Exklusion), während Kategorien der unteren Ebene in den Kategorien der höheren Ebene mit eingeschlossen sind (Inklusion).

Beispiel 1: Taxonomie

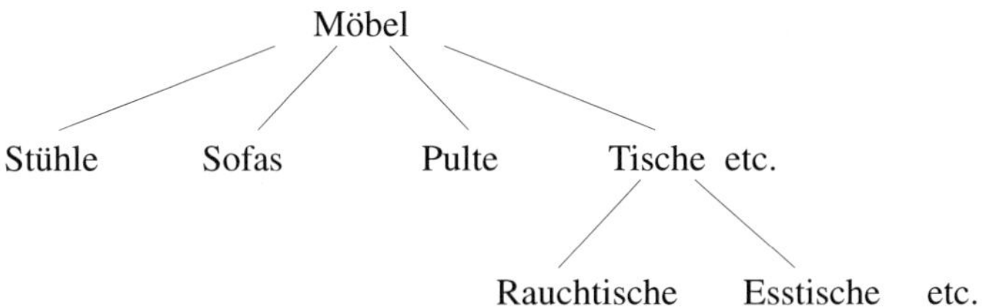

Die Aufstellung besagt: „Esstische" sind etwas anderes als „Rauchtische", beide sind aber eine Art von „Tischen". Ferner: „Stühle" sind von „Tischen" zu unterschieden. Welches die unterscheidenden Merkmale sind, wird nicht gesagt.

Diese Art der Gliederung ist für unsere westliche Kultur typisch (man denke an die Linéeischen Systeme in Botanik und Zoologie), in anderen Kulturen ist sie aber nicht so häufig anzutreffen, wie man dies früher angenommen hat (cf. z. B. Lancy & Strathern 1981).

3.2. Paradigma

Ist ein semantisches Feld nach dem Prinzip der Intersektion gegliedert, so liegt ein Paradigma vor. Es fehlen Hierarchie, Inklusion und Exklusion, dafür werden die Merkmale (*distinctive features* oder *criterial attributes*) genannt, nach denen sich die Kategorien unterscheiden.

Um ein solches Modell zu bauen, führt man eine Komponenten-Analyse durch. Ein vollständiges Lexikon eines semantischen Feldes (z. B. „Blutsverwandtschaft“) wird angelegt, dann werden jene Merkmale (Komponenten) gesucht, nach denen sich die Lexeme unterscheiden (z. B. sind dies „männlich“ und „weiblich“ auf der Dimension „Geschlecht“, sowie die Entfernung von Ego auf der Dimension „Generation“). Jedes einzelne Lexem wird nun durch ein Bündel von Komponenten definiert. In der graphischen Darstellung kreuzen (*intersect*) sich diese Komponenten beim definierten Lexem.

Beispiel 2: Paradigma

		Geschlecht	
		a 1	a 2
	b 1	Grossvater	Grossmutter
	b 2	Vater	Mutter
Generation	b 3	Ego	
	b 4	Sohn	Tochter
	b 5	Enkel	Enkelin

Taxonomie und Paradigma sind die klassischen Modelle der Ethnoscience. Sie sind stark idealisiert, konsequent emisch und nur in geringem Maß kognitiv. Sie verstehen sich als „Geist“ einer ganzen Kultur und sind (wie wir heute wissen) nicht eigentlich Instrumente des Denkens.

3.3. Prototyp

Innerhalb einer Kategorie von Dingen ist jenes Ding ein Prototyp (für die ganze Kategorie), das als „bestes Beispiel“ oder als „klarster Fall“ gilt. So ist z. B. in der Kategorie „Einrichtung/Möbel“ der „Stuhl“ ein einleuchtenderes Beispiel als etwa „Radio“. Natürlich könnte man „Einrichtung/Möbel“ definieren als eine Klasse von Gegenständen, die bestimmte semantische Merkmale oder Attribute gemeinsamen haben (und was diese Merkmale nicht hat, gehört nicht dazu). Diese (*checklist*) Definition erlaubt es aber nicht, Abstufungen zu machen von der Art: „Stuhl“ ist ein besseres Beispiel, ist prototypischer für „Möbel“ als etwa „Radio“ (obwohl beide zu „Einrichtung/Möbel“

gehören). Mit anderen Worten: festzuhalten wäre der Grad der „Verwandtschaft“ unter Mitgliedern ein und derselben Kategorie.

Das Prinzip der Bildung von Prototypen sieht die Psychologin E. Rosch in den so genannten *Familien-Ähnlichkeiten* (*family resemblances*) begründet; es ist dies ein Begriff, den sie von L. Wittgenstein übernimmt. Prototypen lassen sich besonders gut – im Sinne von Lévi-Strauss – denken.

Beispiel 3: Prototypen

Kategorie	furniture	vehicle	fruit	weapon	vegetables
Mitglieder:	chair	car	orange	gun	peas
	sofa	truck	apple	knife	carrots
	table	bus	banana	sword	beans
	etc.	etc.	etc.	etc.	etc.

3.4. Script, Schema und kulturelles Modell

Der Ansatz der Informationstheorie zwingt den Ethnologen, explizit zu sein. Explizit muss gerade das gemacht werden, was normalerweise implizit bleibt. Diese zusätzliche Information wird *script* genannt. Es ist das stillschweigende Wissen (man erinnert sich an das „Unsaid“ in Tyler's Buch von 1978), das es uns ermöglicht, auch unvollständige Beschreibungen und Andeutungen zu verstehen: automatisch ergänzen wir das Fehlende, durch einen *inference process*. Jede Situation verlangt nach dem ihr spezifischen Wissen, entsprechend gibt es *scripts* wie „im Restaurant essen“, „Fussball spielen“, „an einer Geburtstagsparty teilnehmen“. Je nach Kultur oder Land sind diese Abläufe unterschiedlich: das *script* „im Restaurant essen“ ist z. B. in Frankreich, den USA oder Deutschland anders (man setzt sich einfach oder man wartet, dass einem ein Tisch zugewiesen wird, man bekommt unaufgefordert Brot und Eiswasser oder nicht, man zahlt an der Kasse oder bei der Bedienung). Doch nicht nur unser Handeln basiert auf „scripts“, sondern auch unsere Sprache: eine Geschichte, die mit allen Details erzählt würde, wäre langweilig. “John went to a restaurant. He asked the waitress for a coq au vin. He paid the check and left” (Schank & Abelson 1977: 43).

Beispiel 4: Script

Ich bin in New York und jemand fragt mich nach dem Weg nach Coney Island; ich gebe ihm die Antwort, er solle den „N“-Zug bis zur Endstation nehmen.

Diese Angabe ergibt nur einen Sinn „if this improperly specified algorithm can be filled out with a great deal of knowledge about how to walk, pay for subway, get in the train and so on“ (Schank & Abelson 1977: 20).

Werden die typischen Merkmale einer Situation erfasst, also das Stereotypische, Standardhafte herausgestellt, dies jedoch auf einer höheren Abstraktionsebene, kann von Schemata und *cultural models* (die teilweise den älteren Begriff des *folk models* ersetzen) gesprochen werden. Alles Wissen, das wir über diese Welt lernen, erinnern und kommunizieren, ist weder ein einfaches Abbild dieser Welt, noch besteht es aus einer Reihe von Kategorien (wie die Ethnoscience meinte), sondern ist in verschiedenen situationsbezogenen, prototypischen, vereinfachten Abfolgen von Ereignissen organisiert. Es sind im Grunde *simplified worlds*, mit denen wir denken: „ …cultural models are composed of prototypical event sequences set in simplified worlds“ (Holland & Quinn 1987: 32). Diese Modelle sind darüber hinaus *probabilistic* und *partial*, eigentliche Rahmen (*frames*), mit denen man auch auf neue Situationen reagieren kann. Sie sind *world-proposing*, jedoch nicht direkt beobachtbar, denn sie weden nicht „presented“, sondern lediglich im Verhalten der Menschen ***represented***. Es sind Modelle ***of*** *the mind* und ***in*** *the mind* (D'Andrade 1989: 824). Das Organisationsprinzip hinter diesen Modellen scheint die *Metonymie* zu sein: ein Teil eines Ganzen, das prototypische, auffällige, wird als Ganzes ausgegeben, d. h. ein Ganzes wird von einem seiner Teile repräsentiert.

3.5. Mentale Bilder

Wissen kann auch die Form von Bildern annehmen. Das Image-Schema besteht aus schematisierten, vereinfachten Bildern. Diese „Bilder“ können psysikalische Dinge oder logische Beziehungen, die schwer konzeptualisierbar sind, fassbar und vorstellbar machen. Das Organisiationsprinzip dahinter scheint die *Metapher* zu sein: durch Analogie wird Information aus der psysikalischen Welt in die nicht-psysikalische Welt eingeführt.

Beispiel 5: Bilder

„Wut“ lässt sich als heisse Flüssigkeit in einem Behälter vorstellen, „Verdunstung“ als aufsteigende Moleküle, die wie Popcorn aus dem Wasser springen, „Elektrizität“ als Menschenmenge (vor der Türe eines Stadions bei einem Sportereignis) oder als Flut, die sich (durch einen Widerstand) durchzwängen will.

4. *How deep?*

Die Struktur der Repräsentationen von Wissen, wie sie hier vorgestellt wurde, erlaubt die Beantwortung jener drei Fragen, die für die Kognitive Ethnologie zentral sind (Holland & Quinn 1987: 3–4).

- Sie kann die offensichtliche Systematik von kulturellen Inhalten (Wissen) damit erklären, indem sie auf einige *general-purpose*-Modelle verweist, die wiederholt in andere konkretere Modelle eingebaut werden können, die *special-purpose* orientiert sind.
- Die Beherschung jenes enormen Wissens, das jeder von uns hat, ist möglich, weil wir nur das Prototypische, Verkürzte speichern, dieses bei Bedarf, in konkreten Situationen, aber aktualisieren können, d.h. mit Details „auffüllen“ (*instantiation*).
- Neue Erfahrungen können interpretiert werden, weil diese Modelle nicht nur Wissen repräsentieren, sondern weil wir von ihnen aus auf neue Situationen schlussfolgern können.

Bei der Beantwortung dieser drei Fragen ist die moderne Kognitive Ethnologie mit drei allgemeineren Problemfeldern konfrontiert.

4.1. *Knowledge und Knowing*

Giddens schreibt 1984, dass „the vast bulk of the ‘stocks of knowledge’ … incorporated in encounters is not directly accessible to the consciousness of the actors. Most of such knowledge is practical in character, it is inherent in the capability to ‘go on’ within the routines of social life“ (1984: 4). Man stelle sich vor, jemanden beschreiben zu müssen, wie man Fahrrad fährt. Das traditionelle Konzept von *Wissen* muss hinterfragt werden.

“It seems to be advantageous to distinguish between knowledge (what is known, as an abstract pool of information, declarative and verbalized) and knowing (the practice how to do something, implicit and hidden, primarely accessed through performance)” (Borofsky 1994: 338).

Beiden Arten von Wissen entsprechen auch zwei Arten von Gedächtniss, die im Gehirn verschieden lokalisiert werden (Squire 1992). Wir sollten unsere Analysen sogar umkehren, mit dem *knowing* anfangen, um dann zu sehen, wie sich *knowledge* daraus konstruieren lässt. Denn Menschen haben gemeinsames Wissen, weil sie gelernt haben, miteinander zu interagieren. Was sie kulturell gemeinsam haben, ist die *Erfahrung* dieser gemeinsamen Handlungen.

4.2. Sprache und Kognition

Prägt die Sprache unser Denken? Diese Frage scheint wieder aktuell zu werden (Gumperz and Levinson 1996, Levinson 2002). So gehören z. B. die Orientierung im Raum und die Verständigung darüber sicher für alle Menschen und Gesellschaften zur kognitiven und sprachlichen Grundausstattung. Nun gibt es aber unterschiedliche sprachliche Systeme der Orientierung und die für uns grundlegenden, auf die eigene Person bezogenen, räumlichen Kategorien wie „links", „rechts", „vor" oder „hinter" sind keineswegs selbstverständlich (Wassmann 1994). Viele Sprachen kennen diese Begriffe nicht und benutzen stattdessen ein geozentrisches System, das z. B. auf Himmelsrichtungen basiert, und dies nicht nur bei der Navigation, sondern auch im täglichen Leben: Das Glas steht nicht „links" des Tellers, sondern z. B. „Richtung Sonnenaufgang"). Diese Unterschiede sprachlicher und kultureller Art beeinflussen jedoch (wahrscheinlich) auch die (kognitive) Wahrnehmung räumlicher Beziehungen sowie deren Speicherung im Gedächnis (Wassmann and Dasen 1998). Hier widerspricht die Kognitive Ethnologie der herrschenden Lehrmeinung der Kognitionswissenschaften, für die die weltweite Sprachenvielfalt nur ein kulturelles Phänomen ist, also eines der *surface* (für eine aktuelle Debatte zwischen Kognitivisten und kognitiven Ethnologen siehe Li & Gleitman 2002 und Levinson et al. 2002).

4.3. Universalien

Kognitive Prozesse wie etwa Kategorisieren, Klassifizieren, Memorieren, Wahrnehmen liegen den Wissensinhalten zugrunde und organisieren diese. Sie gelten im Prinzip als universal, können jedoch unterschiedlich angewandt werden:

"We found evidence of differences across cultural groups, differences in habitual strategies for classifying and for solving problems, differences in cognitive style, and differences in rates of progression through developmental stages ... These differences, however, are in performance rather than in competence. They are differences in the way basic cognitive processes are applied to particular contexts, rather than in presence or absence of the processes. Despite these differences, then, there is an underlying universality of cognitive processes" (Segall et al. 1990:184).

Es scheint aber, dass die *deep structure* nachhaltiger von der *Kultur* beeinflusst werden könnte, als bisher angenommen. Innerhalb der Kogntionswissenschaften wird die Tatsache, dass ein Großteil der untersuchten mentalen Repräsentationen und Prozesse kultureller Natur sein könnten, kaum Beachtung geschenkt. Es wird häufig einfach Universalität postuliert, ohne die Möglichkeit einer kulturellen Mit-Generierung in Betracht zu ziehen. Kognitionswissenschaftler für die anspruchsvolle Frage nach der Spannbreite kultureller Variabilität zu sensibilisieren, ist eine Aufgabe, für die keine Disziplin besser geeignet ist, als die Ethnologie. Sie hat den privilegierten direkten Zugang zu dem Schatz ethnographischer Daten und damit zu der Vielfalt menschlicher kultureller Besonderheiten. So formuliert Roger Keesing:

"[Anthropologists] have, in our studies of other cultural worlds, gained a grasp – mainly intuitive, I think – of how those worlds vary, and how real human-beings think, perceive and chose ... The challenge is to make [this knowledge] available to colleagues with the mathematical powers to incorporate our implicit knowledge into their explicit models; and to maintain a continuing dialogue with them that keeps their models anchored in human realities." (Keesing 1987: 385).

Ein vielversprechender Arbeitsfeld für *beide* Disziplinen könnten die PDP - Modelle (Parallel Distributed Processing), auch *Konnektionistische Modelle* oder Neuronale Netzwerke genannt, die von Rumelhart und McClelland als Computermodelle entwickelt wurden. Sie können das Funktionieren von Schemata modellieren: eben nicht *„as loading in a set of instructions, but as gradually building up associative links among repeated or salient aspects of experience*" (Strauss & Quinn 1997: 50). Diese Unbestimmheit und Abhängigkeit von Erfahrungswissen aus unserem Alltag, also von kulturellen Phänomenen, machen diese Modelle auch für Ethnologen attraktiv (Shore 1996).

Nochmals Roger Keesing, der seine eigene Erfahrung so resümiert: „ ... in my own attempts at cognitive analysis I had been ‚hunting elephants with a flyswatter' ". Dies klingt möglicherweise leicht verzweifelt, aber, so führt Keesing nicht ohne Humor fort, diese Jagd war ein wohltuendes Korrektiv gegen die „simplifying assumptions so often made in AI [artificial intelligence] to make ‚dead flies look like elephants' " (Keesing 1987: 385).

5. Literatur

5.1. Einführende Literatur

D'Andrade, Roy
1995 The development of cognitive anthropology. Cambridge.

Damasio, Antonio
1997 Descartes Irrtum. Fühlen, denken und das menschliche Gehirn. München.

Sperber, Dan
1996 Explaining culture. A naturalistic approach. Cambridge, MA.

5.2. Zitierte Literatur

Bloch, Maurice
1991 Language, Anthropology and Cognitive Science. In: Man 26: 183–98.

Borofsky, Robert (Hg.)
1994 Assessing Cultural Anthropology. New York, S. 331–346.

Burling, Robbins
1970 Review of: Language and mind, by N. Chomsky. In: American Anthropologist 72: 681–682.

D' Andrade, Roy
1984 Cultural meaning system. In: R. Shweder and R. LeVine (Hgg.), Culture theory: essays on mind, self and emotion, S. 88–119. Cambridge.
1989 Cultural cognition. In: M. Posner (Hg.), Foundations of cognitive science, S. 795–830. Cambridge, MA.

Gardner, Howard
1985 The mind's new science: a history of the cognitive revolution. New York.

Geertz, Clifford
1973 The interpretation of cultures. London.

Giddens, Anthony
1984 The constitution of society. Berkeley.

Goodenough, Ward H.
1956 Componential analysis and the study of meaning. In: Language 32: 195–216.

Gumperz, John and Levinson, Stephen (Hgg.)
1996 Rethinking linguistic relativity. Cambridge.

Holenstein, Elmar
1988 Cognitive Wissenschaft: In: Information Philosophie 1: 5–14.

Holland, Dorothy and Quinn, Naomi
1987 Cultural models in language and thought. Cambridge.

Hutchins, Edwin
1995 Cognition in the wild. Cambridge, MA.

Keesing, Roger
1972 Paradigm lost. The new ethnography and the new linguistics. In Southwestern Journal for Anthropology 28 (4): 299–332.
1987 Models, 'folk' and 'cultural' paradigms regained? In: D. Holland and N. Quinn (Hgg.), Cultural models in language and thought, S. 368–393. Cambridge.

Lancy, David and Strathern, Andrew
1981 Making twos: pairing as an alternative to the taxonomic mode of representation. In: American Anthropologist 83: 773–795.

Lave, Jean
1988 Cognition in practice: mind, mathematics and culture in everyday life. Cambridge.

Levinson, Stephen
2002 Space in language and cognition. Cambridge.

Levinson, Stephen, Kita, S., Haun D. and Rasch, B.
2002 Language in mind. Linguistic effects on cognition are real. A response to Li & Gleitman. Unpublished manuscript.

Li, Peggy and Gleitman, Lila
2002 Turning the tables: language and spatial reasoning. In: Cognition 83: 265–294.

Reimann, Ralph. I.
1996 Der Schamane sieht eine Hexe – der Ethnologe sieht nichts. Menschliche Informationsverarbeitung und ethnologische Forschung. Frankfurt/Main.

Schank, Roger and Abelson, Robert
1977 Scripts, plans, goals and understanding. New York.

Segall, Marshall, Dasen, Pierre R., Berry, John and Poortinga, Ype
1990 Human behavior in global perspective. Boston.

Shore, Bradd
1996 Culture in mind. Oxford.

Squire, Larry
1992 Declarative and nondeclarative memory. In: Journal of cognitive neuroscience 4(3): 232–243.

Strauss, Claudia and Quinn, Naomi
1997 A cognitive theory of cultural meaning. Cambridge.

Tyler, Stephen
1978 The said and the unsaid. Mind, meaning and culture. New York.

Tyler, Stephen (Hg.)
1969 Cognitive anthropology. New York

Wassmann, Jürg
1993 Das Ideal des leicht gebeugten Menschen. Eine ethno-kognitive Analyse der Yupno von Papua Neuguinea. Berlin.
1994 The Yupno as post-Newtonian scientists. The question of what is „natural“ in spatial description. In: Man 29: 1–24.

Wassmann, Jürg and Dasen, Pierre R.
1998 Balinese spatial orientation. Some empirical evidence of moderate linguistic relativity. In: Journal of the Royal Anthropological Society 4 (4): 689–711.

Michael J. Casimir

Kulturökologie

1. Einige Grundlagen – oder: „Wirklichkeit ist was wirkt"

Der Mensch ist als Bio-Wesen den Bedürfnissen seines Körpers und den Zwängen der Umwelt unterworfen, besitzt aber durch sein Denkvermögen und die Fähigkeit zur Kulturbildung ein Höchstmaß an Entscheidungs- und Handlungsfreiheit. Er kann den Zwängen, die Einfluss auf sein Wohlbefinden und auf seine Überlebenswahrscheinlichkeit haben, entgegenwirken. Indem er auf der Grundlage von Traditionen bereits bekannte Problemlösungen nutzt, oder indem er durch das Erkennen von Ursachen und Wirkungen und durch Lernen aus Versuch und Irrtum neue Strategien entwickelt. Dies heißt jedoch nicht, dass immer die richtigen Antworten vorliegen bzw. gefunden werden; der Untergang ganzer Kulturen beweist die Dürftigkeit unserer oft überschätzten Fähigkeiten und Möglichkeiten.

Bevor die oft komplexen Beziehungen des Menschen zu seiner Umwelt im Einzelnen besprochen werden, müssen einige grundlegende bio-ökologische Sachverhalte dargestellt und einige Begriffe erläutert werden, die für den Gegenstandsbereich bedeutsam sind. Wir können vorläufig festhalten:

Kulturökologie, als Teilbereich der Ethnologie, beschäftigt sich mit den Wechselwirkungen zwischen Menschen und ihrer belebten und unbelebten Umwelt, sowie mit kulturspezifischen Beurteilungen, Sinngebungen und Motiven des Handelns, die mit ihr in Beziehung stehen.

Diese gegenseitigen Beeinflussungen zwischen Mensch und Umwelt können zuerst einmal rein bio-ökologisch verstanden werden, denn alle Lebewesen hängen durch die Notwendigkeit der Nahrungsaufnahme voneinander ab. „Leben heißt um Energie kämpfen“, hat es der Ethnologe Leslie White einmal formuliert. Er wollte damit der Tatsache Ausdruck verleihen, dass alle Energie, die auf der Erde zur Verfügung steht, von der Sonne kommt und nur die grünen Pflanzen sie direkt nutzen und mittels des Katalysators Chlorophyll und den aus dem Boden aufgenommenen Nährstoffen wachsen und sich vermehren können. Alle übrigen Lebewesen müssen durch den Verzehr von Pflanzen oder Tieren (die sich wiederum von den Pflanzen und/oder anderen Tieren ernähren) ihren Energie- und Nährstoffbedarf abdecken. Aus dieser Tatsache folgt unmittelbar, dass alle Arten mehr oder weniger direkt voneinander abhängen. Arten, die nur eine bestimmte Nahrung aufnehmen (wie der Koalabär, der nur junge Eukalyptusblätter einer bestimmten Art frisst) tragen ein hohes Risiko. Sie sind dem Untergang geweiht, wenn ihre spezifische Nahrung verschwindet. Allesfresser (omnivore Arten) hingegen, wie das Schwein oder der Mensch, können ihren Ernährungsbedarf durch eine breite Palette von pflanzlicher und tierischer Nahrung befriedigen und das Ausbleiben eines Nahrungsobjektes entweder durch vermehrte Aufnahme einer anderen oder durch Erschließen einer zusätzlichen Nahrungsquelle abdecken.

Jedes Lebewesen steht in seinem Lebensraum (*Habitat*) vor dem Problem der Anpassung an die gegebenen Umstände. Um Missverständnisse bezüglich des viel diskutierten Begriffs der Anpassung zu vermeiden, soll er an dieser Stelle definiert und geklärt werden:

Unter *Anpassung* versteht man jede Struktur, physiologischen Prozess, oder Verhaltensweise, die es einem Organismus ermöglichten zu überleben und sich fortzupflanzen. Weiterhin beinhaltet der Begriff den Prozess, der diese Merkmale hervorbringt. Dies bedeutet, dass Merkmale, die sich über einen langen Zeitraum erhalten haben, einen Evolutionsvorteil gegenüber denen hatten, die verschwunden sind. Es bedeutet jedoch nicht, dass alle Merkmale, die zu einem bestimmten Zeitpunkt festgestellt werden können, auch in Zukunft angepasst sein werden. Die generelle Aussage, dass Kultur eine adaptive Funktion hat, besagt weder, dass Kultur in ihrer Gesamtheit adaptiv ist, noch, dass einzelne Merkmale einer spezifischen Kultur für alle Mitglieder einer Population zu allen Zeiten angepasst sein werden.

Diese Strategien der Anpassung der Individuen einer Art in einem gegebenen Biotop – und dies gilt auch für den Menschen (Moran 1979) – führen zu spezifischen Energie- und Nährstoffkreisläufen. Jedes Individuum folgt den Bedürfnissen seines Körpers und versucht, in seinem artspezifisch optimalen Bereich zu verweilen. Dies ist derjenige „angenehme" Bereich, in dem sich das Individuum wohl fühlt, wodurch es möglichst lange im Zustand guter Gesundheit bleibt. Wir nennen die Summe all dieser Merkmale in Qualität und Quantität in einem hypothetischen Raum die jeweilige artspezifische ökologische Nische und definieren:

Die *Nische* umfasst den Bereich innerhalb der Gradienten von Umweltvariablen (wie Temperatur, Feuchtigkeit, Nahrung) innerhalb derer die Mitglieder einer Gruppe, Art oder Kultur existieren und sich vermehren können. Hierzu gehören auch die Interaktionen mit Individuen anderer Bio-Populationen, die für das Mitglied einer Gruppe oder Kultur bezüglich seiner Überlebensfähigkeit von Bedeutung sind. Die bevorzugte (optimale) Nische ist diejenige, in der eine Art (Gruppe) am besten überleben würde; die tatsächlich besetzte Nische ist diejenige, in der sie lebt.

2. *Die Nahrungspyramide und die Tragfähigkeit*

Ein Teil der Energiemenge, die in der aufgenommenen Nahrung vorhanden ist, geht „verloren" denn sie wird benötigt, um aus dieser Nahrung eigene Körpersubstanz(en) herzustellen (Stoffwechsel). Dies ist einer der Gründe für die Tatsache, dass die Zahl der Individuen der einzelnen Arten in einem Biotop unterschiedlich groß ist: Von einer gegebenen Menge an Pflanzen kann nur eine bestimmte Menge an Pflanzenfressern leben und von denen wiederum nur eine kleinere Anzahl von Fleischfressern. Ein bestimmter Abschnitt einer Steppenlandschaft in Ostafrika mag 10.000 Antilopen ernähren (tragen), aber nur 500 Löwen, die diese Huftiere jagen. Würde die Zahl der Antilopen drastisch abnehmen, so würde dies wiederum die Population der Löwen negativ beeinflussen. Der sammelnde und jagende Mensch z. B., kann jedoch sowohl von vielen vorhandenen Pflanzenarten als auch von den Antilopen leben, denn er nutzt ein breiteres Nahrungsspektrum – seine Zahl kann daher pro Fläche über der Zahl der reinen Fleischfresser liegen. Die so voneinander abhängenden Arten in einem Biotop, die netzartig miteinander in Beziehung stehen (Nahrungsnetze), können zahlenmäßig als Pyramide dargestellt werden (*trophic levels*). Jede dieser Arten kann in ihrem Habitat nur unterhalb oder nahe bei einer bestimmten maximalen Anzahl von Individuen dauerhaft existieren. Hierdurch entsteht für längere Zeiträume ein gewisser

Gleichgewichtszustand zwischen den Arten und der Anzahl ihrer Individuen. Aus der Perspektive einer Art oder Gruppe betrachtet, sprechen wir hier, bezogen auf die Umwelt, von der Tragfähigkeit (*carrying capacity*):

Die *Tragfähigkeit* bezeichnet diejenige Zahl der Individuen einer Art oder Gruppe, die auf (theoretisch) unbeschränkte Zeit in ihrem Habitat überleben können. Dies impliziert theoretisch einen zahlenmäßigen Gleichgewichtszustand aller in einem Nahrungsnetz (*foodweb*) miteinander verbundenen Mitglieder der beteiligten Arten bzw. Gruppen. Es handelt sich hierbei jedoch um ein Fließgleichgewicht, bei dem ein absoluter Gleichgewichtszustand höchstens kurzzeitig erreicht wird.

Mit diesem Begriff hängt der der Nachhaltigkeit (*sustainability*) bzw. der nachhaltigen Entwicklung (*sustainable development*) zusammen, der in den vergangenen Jahren stark an Bedeutung zunahm. Er bezieht sich auf das oben erwähnte Gleichgewicht und betrifft die Forderung, dass der Mensch der Umwelt nicht mehr entnehmen darf als regenerieren kann. So sollten beispielsweise die Fischfangnationen pro Fangsaison den Meeren höchstens so viele Fische der einzelnen Arten entnehmen, wie durch die Vermehrungsrate der noch verbliebenen Tiere wieder ausgeglichen werden kann. Wir verstehen also, bezogen auf eine menschliche Population, unter einer nachhaltigen Entwicklung ganz allgemein:

Eine *nachhaltige Entwicklung* fordert, dass sie den Bedürfnissen der gegenwärtigen Generation angepasst ist, ohne die Möglichkeit zukünftiger Generationen zu gefährden, die ihren zu befriedigen.

Wir sehen also, dass ein wesentlicher Teil der Ökologie etwas mit populationsdynamischen Prozessen zu tun hat, und können, speziell für den Menschen, der über das Merkmal *Kultur* (verstanden als die Fähigkeit zur Innovation und Traditionsbildung) verfügt, die eingangs formulierte Beschreibung unseres Gegenstandes um diese Faktoren erweitern und ihn wie folgt umreißen:

Die *Kulturökologie* beschäftigt sich mit den Wechselwirkungen zwischen Mitgliedern menschlicher Kulturen und anderen Lebewesen und mit der unbelebten Umwelt, sowie mit dem kulturspezifischen Wandel traditioneller Beurteilungen, Sinngebungen und Motiven des Handelns, die mit dieser Umwelt in einem Zusammenhang stehen, und den Auswirkungen all dessen auf populationsdynamische Prozesse.

Auf der Grundlage dieser Definition ergibt sich eine Zweiteilung des Gegenstandes. Wir können zum einen den naturwissenschaftlich zu bearbeitenden Bereich der Beziehungen zwischen dem biologisch verstandenen Wesen

Mensch und seiner Umwelt betrachten und zum zweiten den ideellen Bereich der Mensch-Umwelt-Beziehung (cf. Casimir 1993, Valjavec 1988). Wichtig ist es jedoch zu verstehen, dass diese beiden Bereiche, die in der Realität aufs engste miteinander verwoben sind, hier nur aus pragmatischen Gründen voneinander getrennt behandelt werden.

3. Die Umwelt und das Bio-Wesen Mensch

Die Forschung über die Einflüsse, die die Umwelt auf das Bio-Wesen Mensch ausübt, wird zumeist als Humanökologie bezeichnet und vor allem von Medizinern und/oder Biologen durchgeführt. Da aber wesentliche Wechselwirkungen zwischen der biologischen Grundausstattung des Menschen und seiner Kultur bestehen, sind einige Bemerkungen wichtig.

Betrachten wir also die Wirkungen, die unterschiedliche Umweltfaktoren auf die Individuen ausüben, so interessieren wir uns hier für die genetischen, morphologischen und physiologischen Unterschiede zwischen den Menschen, die in den verschiedenen Regionen der Erde leben. Diese Unterschiede können wir als Ergebnis der Anpassungen an die Zwänge der jeweiligen Umwelt verstehen. Als Beispiel mögen uns die Bewohner des Andenhochlandes dienen, die seit ca. 300 Generationen auf Höhen zwischen 3000 und 4500m leben und zahlreiche anatomische und physiologische Unterschiede gegenüber den Bevölkerungen des Tieflandes aufweisen, die dem spezifischen Stress des Sauerstoffmangels dieser Höhenlagen nicht ausgesetzt sind (cf. Baker 1984).

Hierzu gehören:

1. eine starke Vermehrung der roten Blutkörperchen, die noch über das Maß der Kurzzeitanpassung (die jeder erfährt, der sich einige Monate im Gebirge aufhält) hinausgeht,
2. ein niedriger ph-Wert des Blutes – es hat also einen höheren Säuregrad, wodurch die roten Blutkörperchen mehr Sauerstoff binden können,
3. eine geringere Viskosität des Blutes – es ist also dünnflüssiger und kann daher mit geringerem Energieaufwand durch die Blutgefäße gepumpt werden,
4. eine Vergrößerung der linken Herzkammer, wodurch die Pumpleistung des Herzens erhöht wird,
5. die meisten Menschen in diesen Regionen besitzen einen sehr stark ausgebildeten tonnenförmigen Brustkorb, wodurch sie bei den einzelnen Atemzügen mehr Luft aufnehmen können. Auch die Extremitäten sind relativ kurz, was den Vorteil hat, dass sie leichter mit Blut und damit besser mit Sauerstoff versorgt werden können.

Durch all diese Merkmale können sie mit jedem Atemzug trotz des geringen Luftdrucks auf dieser Höhe ebensoviel Sauerstoff aufnehmen, binden und zu den Organen transportieren wie die Menschen im Tiefland.

Die spezifischen, mehr oder weniger stark ausgeprägten Bio-Anpassungen der Menschen, die lange unter dem Einfluss der unterschiedlichen Umweltzwänge (z. B. der Arktis, den Trockengebieten der Wüsten und Savannen oder den feuchttropischen Urwäldern) lebten, stehen natürlich in direkter Beziehung zu den Bereichen Gesundheit und Krankheit, Geburten- und Sterberaten und damit auch zur Populationsdynamik der jeweiligen Gruppe. Die Umweltbedingungen der spezifischen Regionen sind weiterhin ganz wesentlich mit vielen der wirtschaftlichen Prozesse verknüpft, die die Grundbedürfnisse des Menschen befriedigen.

4. Umwelt und Wirtschaftsformen

Die Besiedlung der unterschiedlichen Ökozonen und Biotope der Welt durch den Menschen erforderte einen Anpassungsvorgang, den wir als *Einnischung* bezeichnen. Die verschiedenen Strategien der Nahrungsgewinnung entwickelten sich ganz wesentlich in Reaktion auf die spezifischen Umweltbedingungen und unter dem Zwang des Hungers. Nicht zuletzt aus diesem Grunde haben die Ethnologen eine Einteilung der Kulturen nach ihren Wirtschaftsformen in Wildbeuter, Pastorale Nomaden, Hackbauern usw. vorgenommen (Näheres siehe im Beitrag *Wirtschaftsethnologie* von M. Rössler). Es sei jedoch darauf hingewiesen, dass eine starre Klassifikation in den letzten Jahren mehr und mehr durch Vorstellungen von fließenden Übergängen zwischen diesen idealtypischen Kategorien ergänzt wurde, da sich die idealisierten „reinen Formen“ kaum finden und Kontinua somit die Realität besser beschreiben (Bollig und Casimir 1987, Rao 1993).

Die Untersuchung ökonomischer Strategien, durch die der Umwelt Nahrung (Energie und Nährstoffe) abgerungen wird und durch die Produkte erzeugt werden, die dann durch Tausch- oder Marktbeziehungen wiederum Nahrung liefern, sind ein wichtiges Arbeitsgebiet der Kulturökologen.

4.1 Energieflüsse

Die Möglichkeit der Berechnung von Energieflüssen durch ein Ökosystem und ihre Darstellung beruht auf der bereits genannten Tatsache, dass die von der Sonne abgestrahlte Energie nur durch grüne Pflanzen gebunden werden kann, und alle übrigen Lebewesen nur existieren können, wenn sie entweder

Pflanzen und/oder Tiere verzehren. Unter Einbeziehung aller Formen der Energiegewinnung, des Energieverbrauchs und der Energiespeicherung können die Energieflüsse durch ein Ökosystem berechnet und durch spezielle Symbole in Flussdiagrammen dargestellt werden (zur Darstellung siehe z. B. Moran 1979, Kemp 1971). Wir können eine absolute Minimalanforderung benennen, die für jede menschliche Gesellschaft besteht: Die Menge der gewonnenen Nahrungsenergie muss (über längere Zeiträume gemittelt) größer oder wenigstens gleich der sein, die durch Arbeit zur Nahrungsgewinnung verbraucht wird, plus derjenigen, die für den Stoffwechsel und die Reproduktion benötigt wird. Durch solche Input/Output-Analysen wurde versucht, bei unterschiedlichen Gesellschaften zu generalisierenden Aussagen zu gelangen, um die Entwicklung der zunehmenden Naturbeherrschung durch den Menschen abzubilden. Die Analyse der wirtschaftlichen Strategien und der daraus resultierenden Energieflüsse macht eine Abschätzung der Ähnlichkeiten und damit Aussagen über analoge Anpassungen der Wirtschaftssysteme an die Zwänge vergleichbarer Regionen möglich. Weiterhin kann der „Wirkungsgrad", also die Differenz zwischen Energie-Input und -Output ermittelt werden; so beispielsweise beim Vergleich der verschiedenen Formen der Rinderhaltung in unterschiedlichen Weideregionen der Erde.

Eine Energieflussanalyse kann, in Verbindung mit der Untersuchung der sozioökonomischen Verhaltensweisen, auch das Ergebnis zeitigen, dass die Anpassung einer traditionellen Wirtschaftsform an die Umwelt weniger darin besteht, Energie zu maximieren, sondern eher als eine Optimierung zu verstehen ist, die den langfristigen Fortbestand des Systems gewährleistet. So zeigen die Untersuchungen von Coughenour et al. (1985), dass die Wanderweidewirtschaft der nomadischen Turkana Ostafrikas relativ wenig Energie erwirtschaftet, da ein großer Teil der gewonnenen Energie wieder aufgewendet wird, um die Umwelt zu erhalten, was den Fortbestand ihrer eigenen Existenz ermöglicht.

Die Untersuchungen und Darstellung der Energie- und Materieflüsse durch menschliche Ökosysteme können weiterhin eine wichtige Grundlage für eine angewandte Kulturökologie bilden, wie noch erläutert werden wird.

4.2 Ernährung

Wie bereits bemerkt, besteht eine der grundlegenden und damit wichtigsten Funktionen wirtschaftlichen Handelns in der direkten oder indirekten Gewinnung von Nahrung, wobei der Beschaffung der benötigten Energie eine zentrale Rolle zukommt. Da der Mensch jedoch nicht von Energie allein lebt, müssen des Weiteren auch alle lebensnotwendigen Substanzen, die der menschliche Organismus nicht selber synthetisieren kann, durch die Nahrung abgedeckt werden. Hierzu gehören neben Wasser vor allem die essentiellen Aminosäuren (Bestandteile der Eiweiße), einige Fettsäuren, Vitamine, Mineralstoffe und Spurenelemente. Aus der Notwendigkeit einer regelmäßigen Zufuhr dieser Substanzen folgt, dass Teile spezifischer Wirtschaftsformen in den unterschiedlichen Habitaten als Strategien angesehen werden können, die diese Nährstoffe zu liefern. Die Stärke des Zwanges, solche Strategien zu entwikkeln, ist direkt den negativen Effekten proportional, die ein Mangel bewirken könnte: Ohne Wasser können Menschen nur wenige Tage überleben, das Fehlen beispielsweise bestimmter Vitamine führt erst nach längerer Zeit zu schweren Symptomen und dann zum Tode; wohingegen man trotz z. B. Jodmangels mit einem Kropf alt werden kann. Jedes Ernährungssystem tendiert durch die Anpassungsstrategien der Individuen dazu, sich unter den herrschenden Umweltbedingungen dem Optimum des Ernährungszustandes der Mehrzahl seiner Mitglieder zu nähern.

All diese Untersuchungen sind stark mit dem rein humanökologischen Forschungsbereich verbunden; für den umfassenderen Bereich der Kulturökologie (cf. Casimir 1991) ergibt sich jedoch die Verbindung dieser Forschungsrichtung mit weiteren Gegenstandsbereichen der Ethnologie und ihren Fragestellungen, wodurch er sich folgendermaßen umreißen ließe:

Der Gegenstandsbereich einer *Anthropologie der Ernährung* betrifft zwei Aspekte der Nahrung – zum einen den Bio-Bereich, auf der Grundlage ernährungsphysiologischer Sachverhalte, zum anderen den Bereich der Nahrung als Symbol. Hierbei sind die Zusammenhänge von alters- und geschlechtsspezifischer Nahrung und Formen der Nahrungsaufnahme mit Strukturen wirtschaftlicher, sozialer und politischer Organisation sowie mit rituellen und religiösen Vorstellungen in einer gegebenen Kultur zentraler Gegenstand der Forschung. Die Ursachen für Unterschiede zwischen Individuen und Gruppen vor dem Hintergrund von Besitz, Prestige und Macht sind hier bedeutsam und können Gegenstand sowohl synchron als auch diachron angelegter Studien sein, wobei analytische und interpretative Forschungsansätze einander ergänzen müssen.

Menschliches Handeln, das wesentlich auch durch Umweltfaktoren beeinflusst wird wie die Wirtschaft, hat nun aber nicht selten eine direkte Wirkung auf soziale Strukturen und Formen politischer Organisation. Die Vorstellung direkter Zusammenhänge zwischen den genannten Bereichen der Umwelt und einer davon abhängenden Wirtschaft wurden besonders von Kulturmaterialisten wie Marvin Harris (Harris 1979) dargestellt – einem Ansatz, der sich an marxistische Theorie anlehnt, die davon ausgeht, dass die Lebensbedingungen der Menschen auch den ideellen Bereich einer Kultur bedingen oder wenigstens stark beeinflussen.

Die bisher behandelten Bereiche stellten die direkten oder auch indirekten Beziehungen zwischen der menschlichen Notwendigkeit (dem Abwenden der Not), Grundbedürfnisse zu befriedigen und der Umwelt dar, wobei nicht vergessen werden darf, dass dies bedeutet, dass der Mensch die Umwelt durch sein Eingreifen verändert, was zur Folge hat, dass er gezwungen ist sich wiederum den veränderten Zuständen anzupassen.

Die wichtigsten der bisher behandelten grundlegenden Zusammenhänge zwischen Umwelt, Wirtschaft, Ernährung, Gesundheit/Krankheit sowie den Einflüssen auf populationsdynamische Prozesse können wie folgt (*Abb. 1*) dargestellt werden.

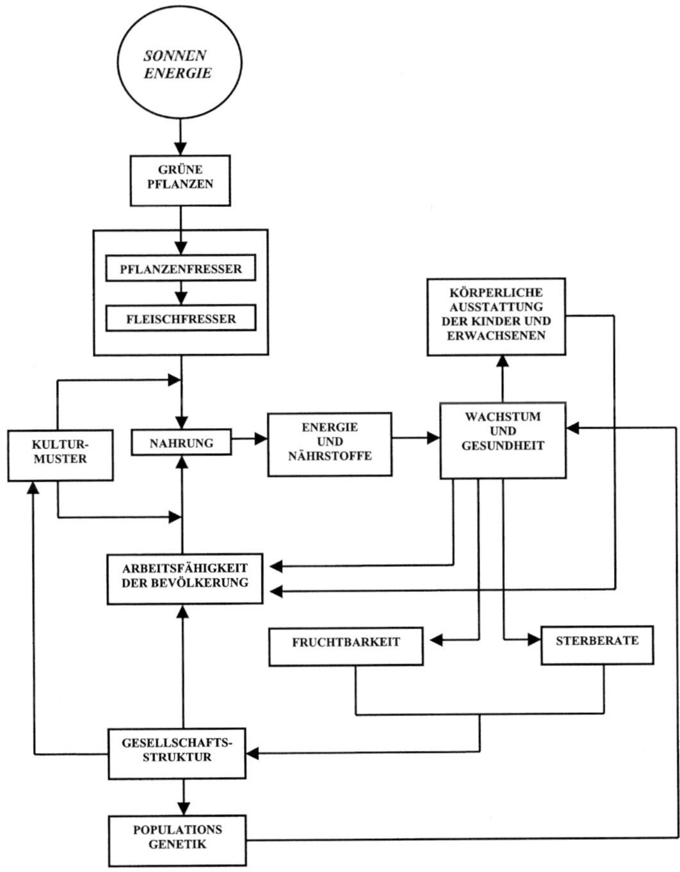

Abb. 1: Prinzipielle Beziehungen zwischen Umwelt, Kultur, Nahrungserwerbsstrategien, Wachstum, Gesundheit und populationsdynamischen Prozessen.

5. Umwelt und soziale Strukturen

Der Gegenstandsbereich der Kulturökologie beschränkt sich nicht nur auf die Analyse der Beziehungen von Umweltfaktoren und den Strategien der Ausbeutung der Umwelt. Kulturökologen behaupten weiterhin, dass auch viele Merkmale der sozialen und politischen Organisation einer Gruppe den Bezug zur Umwelt reflektieren. Sie vermuten aber, dass die Umwelt im Allgemeinen nicht direkt auf soziale Strukturen und politische Organisationsformen einwirkt, sondern dass hier nur eine indirekte Beeinflussung zu beobachten ist, die über die Wirtschaftsweisen vermittelt wird (vgl. *Abb. 2*).

Zahlreiche Aspekte sozialer Strukturen können, in ihrer Verknüpfung mit den jeweiligen Wirtschaftsformen, als Strategien der Ressourcenmaximierung und Ressourcensicherung aufgefasst werden. Diese Verknüpfungen sind immer dort zu vermuten und relativ leicht zu erkennen, wo sie in einer direkten Beziehung zur Befriedigung der Grundbedürfnisse stehen. Die meisten der sozialen Muster betreffen den unterschiedlichen Zugang der Gruppenmitglieder zu den Institutionen der betreffenden Gesellschaft, womit häufig ein unterschiedlicher Zugang zu den Ressourcen verbunden ist. Dieser Zugang hängt für das Individuum neben den biologischen Gegebenheiten, wie Alter und Geschlecht, auch von Status, Macht und Einfluss z. B. seiner Verwandtschaftsgruppe oder der Zugehörigkeit zu einer bestimmten religiösen Organisation ab. Nicht immer, aber sehr häufig, sind daher Status, Macht und der Zugang zu den Ressourcen gekoppelt (Borgerhoff-Mulder 1987; Casimir and Rao 1992), wodurch soziale und politische Hierarchien entstehen bzw. gefestigt werden.

Doch es gibt auch zahlreiche Mechanismen, die die Funktion haben, krasse ökonomische und damit soziale Unterschiede, die zu sozialen Spannungen führen können, abzubauen bzw. zu reduzieren. Hier wäre ein klassisches Beispiel die Pflicht zum Teilen der Nahrung, die häufig bei kleinen akephalen Ethnien (Gesellschaften ohne institutionalisierte politische Führerschaft) von Wildbeuter- und Fischergemeinschaften zu finden ist. Deren Werte- und Normensystem sorgt dafür, dass das Jagdglück oder -pech des Einzelnen immer wieder durch die Nahrungsteilung ausgeglichen wird. Ein weiteres Beispiel wäre die Institution des *mirau* in den Dörfern West-Afghanistans. Der *mirau* hat dafür zu sorgen, dass die Verteilung des Wassers aus dem Bewässerungssystem an alle gleichmäßig erfolgt. Um zu verhindern, dass die wohlhabenden Bauern, die auch über mehr Macht und einen größeren politischen Einfluss verfügen, anteilsmäßig zu viel Wasser erhalten, wählt die Dorfgemeinschaft alljährlich eines der ärmsten ihrer Mitglieder für dieses Amt.

Doch lassen sich auch Fälle finden, bei denen bestimmte Öko-Faktoren einen starken und direkten Einfluss auf soziale und politische Verhaltensweisen ausüben. So verhalten sich z. B. viehzüchtende Nomaden nur dann territorial, wenn die Weidepflanzen des Gebietes in ausreichender Menge und mit hoher Wahrscheinlichkeit in jedem Jahr wieder vorhanden sind, was wiederum von der Menge der jährlichen Niederschläge abhängt. Nur dann lohnt eine Inbesitznahme und Verteidigung des Gebietes gegen andere Herdenhalter. Unter „lohnend" wird hier verstanden, dass die in der Zeit gewonnene Energiemenge größer ist als die, die zur Kontrolle und zur möglicherweise nötigen Verteidigung des Gebietes eingesetzt werden müsste (Casimir 1992a,b; Casimir und Rao 1992).

6. *Systemtheoretische Forschungsansätze*

Bisher wurde so getan, als ob die miteinander interagierenden Systeme ganze Populationen umfassen, die „bestrebt sind", einen Gleichgewichtszustand zu erreichen. Doch *Populationen* oder *Kulturen* agieren ebenso wenig als bewusst planende Einheiten wie biologische *Arten* – wir benennen nur die Gesamtheit der Träger ähnlicher Merkmalskombinationen mit diesen Termini.

Auf eben dieses Problem bezieht sich die Frage nach den Einheiten bzw. Faktoren, die wir betrachten müssen, wenn wir untersuchen wollen, wie eine *Kultur* auf die Umwelt einwirkt, sie verändert und wie diese veränderte Umwelt dann wiederum auf die Kultur zurückwirkt. Wir müssen also, bezogen auf eine speziellen Fragestellung, aus der unendlichen Menge der Wirkungen und Wechselwirkungen des *Systems Welt* diejenigen herausfiltern, die einen direkten und starken systemischen Einfluss auf die Ausbildung und Aufrechterhaltung der zu untersuchenden Merkmale haben. So mögen für ein Anbaugebiet und dessen Erträge Faktoren wie Bodenfruchtbarkeit, Häufigkeit und Menge der Niederschläge, die Art der Bodenbearbeitung, die genderspezifischen arbeitsteiligen Prozesse, Nachfrage nach erwirtschafteten Produkten und Tauschbeziehungen zu Nachbargruppen etc. wesentliche Faktoren sein, die wir berücksichtigen müssen; Kunstformen, Kleiderordnung und Vorstellungen über Kindererziehung sind hier jedoch von geringem oder nur sehr indirektem Einfluss.

Für die Analyse müssen daher diejenigen Faktoren der Umwelt eingegrenzt werden, die auf die verschiedenen Individuen einwirken. Fehler der Analyse sind kaum vermeidbar, wenn beispielsweise eine zu große ökologische Systemeinheit gewählt wird. So zeigte Moran (1991), dass eine Analyse der Wirkungen unterschiedlicher Wirtschaftsstrategien und sozialer Verhaltensmuster verschiedener Ethnien in Amazonien nur dann zu sinnvollen Ergebnissen führt, wenn das Ökosystem des Regenwaldes nicht als eine einzige große Einheit betrachtet wird, sondern nur dann, wenn es in verschiedene, für die jeweiligen ethnischen Gruppen relevante ökologische Untersysteme (bestimmte Fluss- und Waldtypen etc.) eingeteilt wird.

Ebenso, wie es notwendig ist die ökologische Einheit zu spezifizieren, stellt sich auch die Frage, welche Einheit, bezogen auf eine *Kultur* (Population, Ethnie, Individuum), auf die die Umweltfaktoren einwirken, gewählt werden soll, um zu sinnvollen Erklärungen von systemischen Zusammenhängen zu gelangen.

Eine Möglichkeit, sich der Lösung dieses Problems zu nähern, bieten Überlegungen, die dem neodarwinistischen Ansatz entstammen.

7. Sozioökologische Überlegungen

Die Sozioökologie (oft auch als Soziobiologie bezeichnet) mit ihrem darwinistischen Ansatz, die seit den 70er Jahren kontrovers diskutiert wird, postuliert, dass jede Wirkursache mit dem allgemeinen Gesetz der Bestrebung der Individuen nach Fitnessmaximierung zusammenhängt: Hierbei wird unter *Fitness* die Zahl der Nachkommen des betreffenden Individuums verstanden, die selber wieder Nachkommen haben (cf. Voland 1992). Wie immer sich die Strategien des wirtschaftlichen Handelns und die sozialen Verhaltensweisen in einer Gesellschaft darstellen, welche direkten (proximaten) Ursachen sie auslösen und welche Erklärungen die jeweils Betroffenen geben: Das Ergebnis der jeweiligen individuellen Handlungen hat immer **auch** eine Wirkung auf die Fitness des handelnden Individuums.

Besonders interessant für die Ethnologie ist dieser Denkansatz, da er sowohl die biologischen Evolutionsprozesse als auch die Geschichte menschlicher Populationen untersucht (cf. Standen and Foley 1989, Voland 1992), denn einer der Schwerpunkte der Fragestellungen des Sozioökologen beschäftigt sich mit den Wirkungen, die soziale Verhaltensmuster auf das Reproduktionsgeschehen und damit auf einen wesentlichen Faktor der Geschichte von Population und Kulturen haben.

Fassen wir die Zwänge, die von der sozialen wie auch von der abiotischen Umwelt, als Selektionsdrücke auf, so wirken diese unterschiedlich auf die einzelnen Individuen der Population oder Gemeinschaft. Hierbei spielt es keine Rolle, ob wir morphologische Merkmale (z. B. Körpergröße) oder Kulturmuster (z. B. Eheformen) betrachten; beide unterliegen bei jedem einzelnen Träger Einwirkungen, die unter bestimmten Bedingungen dazu führen können, dass das Merkmal oder Muster sich verändert oder sogar verschwindet. Dies geschieht bei genetisch verankerten Merkmalen mit hoher Wahrscheinlichkeit immer dann, wenn das Merkmal zur Minderung der Zahl der Nachkommen des Merkmalsträgers führt. Verhaltensmuster, Strategien und Überzeugungssysteme, die der Traditionsbildung unterliegen, können von einem Träger noch zu dessen Lebzeiten aufgegeben werden, wenn er der Meinung ist oder das Gefühl hat, dass sie ihn nicht zu seinem angestrebten Ziel führen. An ihre Stelle können neue oder modifizierte Überzeugungen und abgeänderte oder neue Handlungsstrategien treten, die bei Erfolg mit hoher Wahrscheinlichkeit an die nächste Generation weitergegeben werden. So verändert sich über längere Zeiträume hinweg die genetische Ausstattung (Genotyp) und damit auch die Erscheinungsform ihrer Mitglieder (Phänotyp) einer Population (*genetic drift*). Kurzfristig können sich jedoch nur die kulturellen Merkmale einer Gruppe ändern (*cultural drift*); der mehr oder weniger rasche Kulturwandel oder gar eine Revolution sind zu beobachten.

In der Tat weisen alle bisherigen Untersuchungen in nicht-industrialisierten Gesellschaften darauf hin, dass der unterschiedliche Zugang zu Ressourcen, das Erreichen des Zieles „großer Besitz an Anbauflächen" oder „große Herden" (Casimir und Rao 1992; Cronk 1991, Irons 1979) mit einer hohen Reproduktionsrate der Besitzer bzw. Besitzerinnen zusammenhängt. Es erscheint unmittelbar einleuchtend, dass erfolgreiche Strategien der Umweltausbeutung bzw. des Wirtschaftens zum besseren Wohlergehen (*wellbeing*) der Handelnden führt, was wiederum einen Einfluss auf ihre Fitness hat (Walker and Hewlett 1990).

Zusammenfassend lässt sich also sagen, dass sich die Analyse der Zusammenhänge von Umwelt und Verhalten im ökonomischen wie im sozialen und ideellen Bereich mehr auf die Untersuchung der Unterschiede zwischen den Handlungen einzelner Akteure und auf die genauere Festlegung derjenigen Umweltvariabeln beziehen muss, die die Handlungen der Einzelnen direkt beeinflussen. Für jedes der Individuen ist jede andere Person Teil seiner Umwelt, mit der es interagiert. Das Verhalten und die Wahl der jeweiligen Strategie wirken immer auch auf den Akteur selber zurück und beeinflussen dessen zukünftige Interaktionsstrategien und damit sein weiteres Schicksal und das seiner Nachkommen.

So lässt sich vermuten, dass die weitere Entwicklung kulturökologischer Forschung den einzelnen Akteur mehr in den Mittelpunkt der Untersuchung stellen wird. Seine Handlungen, bezogen auf seine biotische und soziale Umwelt, können als Maximierungs- und/oder Optimierungsstrategien aufgefasst werden. Die Wirkungen der Handlungen haben nicht nur sondern auch einen Einfluss auf die Fitness des Akteurs und wirken auch auf das Populationsgeschehen der übrigen Bio-Populationen seines Habitats. Die Summe aller dieser auf die Umwelt bezogenen Verhaltensweisen des Menschen hat heute in zunehmendem Maße katastrophale Folgen für die *Natur* auf unserem Planeten und so häufen sich auch die negativen Rückwirkungen auf den Menschen selber.

8. *Die Umwelt und der ideelle Bereich – oder: „Sein und Bewusstsein bedingen einander“*

Natürlich beeinflussen die unterschiedlichen Faktoren ökologischer Räume auch das Bild, das sich die Menschen in einer gegebenen Kultur von sich selbst und ihrer Beziehung zur Umwelt machen. Dieses Bild, repräsentiert in ihren Vorstellungen, ihrem Denken und Fühlen und ausgedrückt in ihrer Sprache, wird von ihren Interaktionen mit der Umwelt geprägt. So kann die Kulturökologie die Bedeutung der Umwelt für die Menschen einer Kultur im Sinne der Deutungen und Sinn-Zusammenhänge, die sie ihr geben, untersuchen. Diese Bedeutungen sind oft pragmatischer Natur. Die Kategorien, in denen Objekte oder Phänomene der Umwelt gefasst werden, betreffen zumeist ihren Nutzwert. Die Klassen, in denen z. B. Pflanzen zusammengefasst werden, lauten dann beispielsweise „Heilpflanzen“, „Blumen“, „Obstbäume“ oder, wenn keinerlei Verwendungszweck vorliegt, „Unkraut“.

Mythen, Sagen, Märchen und Legenden haben oft einen realen Bezug zur Geschichte eines Volkes und spiegeln dann häufig Ereignisse im Bezug zur Umwelt wider. So sehen Wright and Dirks (1983) in ihrer Arbeit *Myth as environmental message* die zentrale Mythe der Shoshonen als eine komplex kodierte Wiedergabe darüber, welche Anpassungsschwierigkeiten die Ethnie an die unterschiedlichen Umweltbedingungen auf ihrer langen Südwanderung zu bewältigen hatte. Auch viele Schilderungen in den Legenden über die Migrationen der Polynesier können als Darstellung von Umweltmerkmalen gedeutet werden. Sie berichten offenbar von den Winden, Strömungen und Sternkonstellationen bei den Fahrten zwischen Tahiti, Hawai'i und Neuseeland und dienten so der Orientierung auf See (Finney 1991).

Eine umfassende Analyse der Verknüpfungen von Wirtschaft und sozialem Verhalten mit einem komplexen Umwelt-Bild findet sich in Reichel-Dolmatoffs (1971) Darstellung der Kosmologie der Desana Ostkolumbiens. Im Mittelpunkt ihrer Vorstellungen stehen zirkuläre Prozesse, die als Kreisläufe des Lebens und als Energieflüsse gedeutet werden können, die das Leben aller Bewohner der Waldgebiete aufrecht erhalten.

Als weiteres Beispiel sei die weitverbreitete Tendenz genannt, die Dinge der Welt entlang von Höhenstufen anzuordnen (Schwartz 1981). In den Weltbildern einiger Hochgebirgsgesellschaften findet sich so eine Zuordnung kulturspezifischer, oft religiöser Konzepte und damit verbunden Vorschriften für rituelle Handlungen entlang dieser Höhenstufen. Sie ordnen auf dem Gradienten „Täler – Berggipfel“ die Merkmale „Kultur – Natur“ und/oder „Menschen – Übersinnliche Wesen“, besonders aber die Vorstellung, dass mit zunehmender Höhe auch die rituelle Reinheit zunimmt. Solche Vorstellungen finden sich ausgeprägt in vielen Bergregionen Südasiens (Parkes 1987). In den peruanischen Anden ist es weniger ein Reinheitsgradient als ein Statusgradient nach dem die einzelnen *wamanis*, die Berggottheiten, angeordnet werden: Je bedeutender die Gottheit, desto höher in den Bergen wird ihr Aufenthaltsort vorgestellt (Isbell 1978: 151).

Ein Beispiel für die Verknüpfung von Umweltfaktoren, Wirtschaftsweise und religiösen Vorstellungen licfern die Bishnoi, eine bäuerliche Gruppe des westlichen und südlichen Radjasthan. Sie bebauten und bebauen teilweise noch heute ihr Land gemäß den 29 Geboten, die ihnen ihr religiöser Führer Jamboji im 15. Jh. auferlegte. Viele dieser Gebote betreffen Vorstellungen, die eine Achtung vor der Umwelt und ihre Pflege zum Inhalt haben: kein Tier darf getötet, kein lebender Baum geschlagen werden. Die wirtschaftliche Situation dieser Gruppe, deren Landwirtschaft nach unseren Vorstellungen in vielen Bereichen einem ökologisch orientierten Anbau ähnelt, ist durch relativ hohe Erträge gekennzeichnet; ihre Wirtschaftsweise scheint besser an die gegebenen ariden Umweltbedingungen angepasst zu sein als die anderer Gruppen in der Region (Rao und Stahl 2000).

Dieses Beispiel weist auch darauf hin, dass sehr unterschiedliche Weltbilder dennoch zu ähnlichen Handlungen mit vergleichbaren Wirkungen führen können. Ein auf der Basis naturwissenschaftlicher Theorien und Analysen durchgeführter ökologischer Anbau könnte in der gleichen Wüstenregion zu gleichen oder ähnlichen Strategien und Resultaten führen, die bei den Bishnoi durch ein religiöses Überzeugungssystem bereits seit Jahrhunderten verwirklicht werden.

9. Landscape Anthropology

Der ethnologische Landschaftsbegriff bezieht sich auf die Tatsache, dass die Umwelt einer Ethnie oder Gruppe mit Bedeutungen und Sinngebungen besetzt ist, die mit Emotionen, etwa denen der Nostalgie, aber auch mit dem Gefühl der Sicherheit, in Verbindung stehen. Sie schaffen das Gefühl der räumlichen Zugehörigkeit und festigen die Gruppenbindung zwischen den Menschen in diesem Gebiet. In diesem Sinne ist Landschaft sozial konstruiert und schafft Identität auf individueller, Gruppen- oder auch nationalstaatlicher Ebene. (Bender (1993).

In vielen Kulturen spielt die Landschaft auch als Bezugsort für mythische oder historische Ereignisse eine wesentliche Rolle. Am wohl ausgeprägtesten sind diese Verknüpfungen bei den australischen Aborigines. Hier spielen die Berichte der Wanderungen mythischer Wesen aus der Schöpfungsepoche (der „Traumzeit“) und ihre Handlungen Erklärungen für religiöse Vorstellungen, schaffen Gruppenidentität, verweisen auf Landrechte und stehen mit den Ritualen der betreffenden Gruppe in Beziehung (Layton 1995).

Landschaften mit ihren komplexen Merkmalen können auch als Spiegelbild des menschlichen Lebenszyklus aufgefasst werden, wie es Bastien (1985) für die Callawaya Boliviens beschreibt. Hier werden die Ebenen und die Anordnung der Bergrücken und Täler als menschlicher Körper mit seinen Extremitäten und die Bergseen als die Augen gesehen. Nach ihrer Vorstellung entsteigt die Seele des Menschen bei der Geburt diesen Seen, wandert im Laufe des Lebens durch die Berge und Ebenen, bis sie die Region der Bergketten erreicht, die als Beine gedeutet werden. Hier ist das Ende der Lebensreise erreicht, und die Seele wandert auf unterirdischen Wasserläufen wieder zum „Kopf" mit seinem Augen-See, dem sie dann wieder entsteigt um in einem neuen Körper erneut die Lebensreise anzutreten.

Die folgende *Abb. 2* stellt die grundsätzlichen Zusammenhänge der Beeinflussungen von Umwelt, sozialen und politischen Strukturen und dem ideellen Bereich dar, wobei zu betonen wäre, dass das Modell nicht statisch aufzufassen ist: Prozesse des Wandels einer oder mehrerer der Variabeln ziehen, im Sinne der Systemtheorie, immer mehr oder weniger gravierende Veränderungen in einigen oder allen anderen Bereichen nach sich.

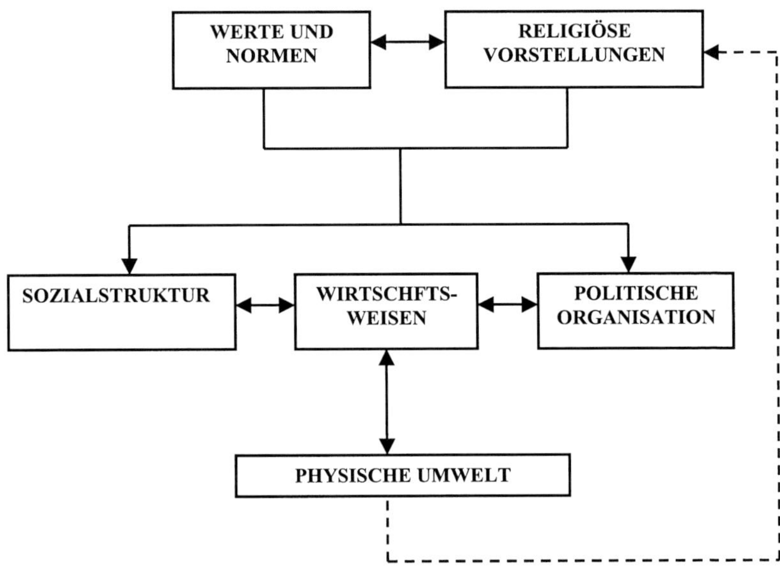

Abb. 2: Einige grundsätzliche Zusammenhänge der Beeinflussungen von Umwelt, sozialen und politischen Strukturen und dem ideellen Bereich (Die durchgezogenen Pfeile deuten eine starke Wirkung bzw. Wechselwirkung an, die unterbrochenen eine schwächere).

10. Kulturökologie und Praxis

Ein wesentlicher Teil des Interesses an kulturökologischen Fragestellungen ist heute praxisbezogen und orientiert sich an den Umweltproblemen sowohl der „Dritten Welt“ als auch an denen der Menschen in den Industrienationen. Es versteht sich von selbst, dass diese Arbeitsrichtung besonders für diejenigen Ethnologen von Bedeutung ist, die unser Fach nicht nur als rein akademische Disziplin verstehen, sondern ihr Wissen in praktische Arbeit umsetzen möchten. Die rapiden politischen und sozialen Veränderungen der letzten Jahrzehnte in der „Dritten Welt“ hatten nur allzu oft gravierende negative Einflüsse auf die Umwelt, und die Vernichtung ganzer Landschaften führte zu Hunger, Elend und riesigen Flüchtlingsströmen.

Die internationalen und nationalen Vernetzungen der politischen und wirtschaftlichen Machtstrukturen mit ihren Auswirkungen auf die Ökosysteme führen oft zu Hungerkatastrophen in der „Dritten Welt”, und die „modernen“ Technologien und Ausbeutungsstrategien der Umwelt, die die Industrienationen – teilweise im Rahmen der so genannten Entwicklungshilfe bzw. Entwicklungszusammenarbeit – exportieren, hatten und haben nur allzu oft für viele Menschen in den Empfängerländern negative Auswirkungen.

Eine praxisbezogene Kulturökologie, die sich an der Vorgabe einer nachhaltigen Entwicklung orientiert, muss auch das Grundwissen und einige Methoden aus den Nachbardisziplinen Bio-Ökologie, Ernährungswissenschaften, Humanbiologie u.s.w. vermitteln. Diese Bereiche sind von großer Bedeutung, da sie sich um eine exakte Beschreibung der Mensch – Umwelt-Interaktionen bemühen und daher bei Vorhaben der regionalen Planung und der Entwicklungsprogramme gute Dienste leisten können. Die raschen, oft übereilten Eingriffe in „traditionelle“ Wirtschaftssysteme werfen in zunehmendem Maße Probleme auf, doch kann ein Teil der Fehler vermieden werden, wenn den Planungen auch die Informationen über das traditionelle, kulturspezifische Zusammenspiel von Mensch und Umwelt zugrunde gelegt werden. Die Fähigkeit, solche Daten zu erheben, die ethnologischen und die ökologischen, sollte heute mehr den je eines der Ziele der Ausbildung in unserem Fach sein.

11. Literatur

11.1 Einführende Literatur

Bennett, John W.
1976 Ecological Transition. Cultural Anthropology and Human Adaptation. New York. Ein grundlegendes Werk zum Thema systemische Beziehungen zwischen Umwelt, Kultur und Kulturwandel.

Campbell, Bernhard
1985 Human Ecology. New York.
Eine gute Einführung zum Thema Humanökologie.

Krebs, Charles J.
1978 Ecology. The Experimental Analysis of Distribution and Abundance. New York
Ein umfassendes Lehrbuch der Bio-Ökologie.

McCay, Bonnie M. & James M. Acheson (Hgg.)
1987 The Question of the Commons. The Culture and Ecology of Communal Resources. Tucson.
Eine kritische Darstellung der Problematik der kommunalen Resourcennutzung aus ethnologischer Sicht.

Hirsch, Eric & Michael O'Hanlon (Hg.)
1995 The Anthropology of Landscape. Perspectives on Place and Space. Oxford.
Eine umfassende Darstellung der theoretischen Aspekte und zahlreiche Einzelstudien zum Themenkomplex *Landscape Athropology*.

11.2 Zitierte Literatur

Baker, Paul T. (Hg.).
1984 The Biology of High Altitude Peoples. Cambridge.

Bastien, Joseph W.
1985 Colluuahuaya-Anden Body concepts: A Topographical-Hydraulic Model of Physiology. In: American Anthropologist 87(3): 595–612.

Bender, Barbara
1993 Introduction. Landscape – Meaning and Action. S. 1–17 in: B. Bender (Hg.): Landscape. Politics and Perspectives. Providence.

Bollig, Michael & Michael J. Casimir
1987 Pastorale Nomaden. S. 521–559 in: Thomas Schweizer, Margarete Schweizer & Waltraud Kokot (Hg.) Handbuch der Ethnologie. Berlin.

Borgerhoff Mulder, Monika
1987 Adaptation and Evolutionary Approaches to Anthropology. In: Man 22: 25–41.

Casimir, Michael J.
1991 Flocks and Food. A Bio-Cultural Approach to the Study of Pastoral Food Ways. Köln.

1992a. Der Mensch und seine Territorien: Ein kritischer Überblick über die Literatur der 80er Jahre. In: Zeitschrift für Ethnologie 115: 159–167.

1992b The Determinants of Rights to Pasture: Territorial Organisation and Ecological Constraints. S. 153–203 in: Michael J. Casimir & Aparna Rao (Hgg.) Mobility and Territoriality. Social and Spatial Boundaries among Foragers, Fishers, Pastoralists and Peripatetics. Oxford.

1993 Gegenstandsbereich der Kulturökologie. S. 213–239 in: Th. Schweizer, M. Schweizer & W. Kokot (Hg.) Handbuch der Ethnologie. Berlin.

Casimir, Michael J. & Aparna Rao

1992 Kulturziele und Fortpflanzungsunterschiede: Das Beispiel der nomadischen Bakkarwal im westlichen Himalaya. S. 270–289 in: Eckard Voland (Hg.) Fortpflanzung: Natur und Kultur im Wechselspiel. Versuch eines Dialogs zwischen Biologen und Sozialwissenschaftlern. Frankfurt am Main.

Coughenour, M.B. et al.

1985 Energy Extraction and Use in a Nomadic Pastoral Ecosystem. In: Science 230: 619–625.

Cronk, Lee

1991 Wealth, Status, and Reproductive Success among the Mukogodo of Kenya. In: American Anthropologist 93: 345–360.

Finney, Benn

1991 Myth, Experiment, and the Reinvention of Polynesian Voyaging. In: American Anthropologist 93: 383–404.

Harris, Marvin

1979 Cultural Materialism. The Struggle for a Science of Culture. New York.

Isbell, Billie. J.

1978 To Defend Ourselves. Ecology and Ritual in an Andean Village. Austin.

Kemp, William B.

1971 The Flow of Energy in a Hunting Society. In: Scientific American 225: 105–115.

Layton, Robert

1995 Relating to the Land in the Western Desert. Pp. 210–231. In: Hirsch, Eric & Michael O'Hanlon (Hgg.) The Anthropology of Landscape. Oxford.

Moran, Emilio F.

1979 Human Adaptability: An Introduction to Ecological Anthropology. North Scituate (Mass.).

1990 Ecosystem Ecology in Biology and Anthropology: A Critical Assessment. S. 3–40 in: Emilio F. Moran (Hg.). The Ecosystem Approach in Anthropology. Ann Arbor.

1991 Human Adaptive Strategies in Amazonian Blackwater Ecosystems. In: American Anthropologist 93: 361–382.

Parkes, Peter

1987 Livestock Symbolism and Pastoral Ideology among the Kafirs of the Hindu Kush. In: Man (N.S.) 22: 637–660.

Rao, Aparna
1993 Zur Problematik der Wildbeuterkategorie. S. 491–520. In: Thomas Schweizer, Margarete Schweizer und Waltraud Kokot (Hg.) Handbuch der Ethnologie. Berlin.

Rao, Aparna. & Ute Stahl
2000 Leben mit der Dürre. Eine vergleichende Untersuchung in Radjasthan (Indien) und Otjozondjupa (Namibia). In: Geographische Rundschau 52(9): 38–45.

Reichel-Dolmatoff, Gerardo
1971 Amazonian Cosmos. The Sexual and Religious Symbolism of the Tukano Indians. Chicago.

Schwartz, B.
1981 Vertical Classification. A Study of Structuralism and the Sociology of Knowledge. Chicago.

Voland, Eckart (Hg.)
1992 Fortpflanzung: Natur und Kultur im Wechselspiel. Versuch eines Dialogs zwischen Biologen und Sozialwissenschaftlern. Frankfurt am Main.

Valjavec, Friedrich
1988 Themen der ökologischen Anthropologie. In: Sociologus 38: 69–75.

Walker, Phillip L. & Barry S. Hewlett
1990 Dental Health, Diet and Social Status among Central African Foragers and Farmers. In: American Anthropologist 92: 383–398.

Wright, Gary A. & Jane D. Dirks
1983 Myth as Environmental Message. In: Ethnos 3–4: 160–176.

Christoph Antweiler

Stadtethnologie

1. Ethnologie und Stadt – passt das zusammen?

Städte sind faszinierend, elektrisierend, „hot" oder aber abstoßend. Nur wenige Menschen stehen Städten völlig gleichgültig gegenüber. Das zeigen schon die vielen Stereotype und Images, die man in Romanen und Filmen, aber auch in wissenschaftlichen Untersuchungen findet. Sie sind oft, aber nicht immer negativ und oszillieren quasi zwischen Babylon und Jerusalem (vgl. Knox & Pinch 2000: 6–7). Die Stadt wird einerseits als Maschine, Moloch, Parasit, als tyrannisch oder als anonym bzw. entfremdend gesehen. Sie frisst die Menschen, besonders die Großstadt ist „Tod und Verderben des Volkes". Aber sie ist auch der Himmelsort oder der Inbegriff des Zivilen. Stadt bedeutet freien Tausch, politische Selbstbestimmung freier Bürger und ein öffentlich kritisches Publikum. Städte stehen auch für das bürgerliche Ideal der Selbstkultivierung und für ein verfeinertes Leben, was im Englischen als *urbane* von *urban* unterschieden wird. Städte stellen ganz besonders heute einen ideologischen Raum dar, der in polaren Oppositionen verhandelt wird: Zentrum/Peripherie; Metropole/Provinz, Stadt vs. Region. Urbanistische Metropolenideologie und Regionalismus stehen einander als politische Leitbilder gegenüber. Schließlich scheinen Städte eine Folie der Selbsteinschätzung der Epoche, der Moderne, zu sein. Wie nirgendwo sonst kulminieren hier Erfolg und Scheitern.

Alptraum	Galaxie	Maschine	Senkgrube, *cesspool*
Arena	Gewebe, *fabric*	Markt, Basaar	Spiel
Babel, Kakophonie	Hölle	Mosaik, Fragmente	System
Babylon	Jerusalem	Moloch	Text
Dorf, *urban village*	Kaleidoskop	Netzwerk	Themenpark
Dschungel	Kreis, *circuit*, Fluß	Parasit	Theater
Flickenteppich	Kultur (hohe), *urbane*	Organismus	unkonventionell, *bohème*
Forum	Labyrinth, *maze*	Schmelztiegel	Wüste

Metaphern bei der Beschreibung und Interpretation von Städten

Städte sind faszinierend, wohl vor allem deshalb, weil sie die größte und dichteste Vergegenständlichung von Kultur darstellen. „Stadtlandschaften sind auch Seelenlandschaften mit Ober- und Unterflächen, mit einer Ge-Schichte", „… extreme Konzentrate menschlicher Phantasien, Begierden, Visionen und Utopien" (Heinrichs 1996: 35). Die öffentliche Wahrnehmung der Ereignisse in New York am 11. September 2001 hat das wieder deutlich gezeigt.

Was macht aber das spezifisch Städtische aus? Was ist Urbanität? Spontan ist jedem klar, was eine Stadt ist, aber es fällt schwer zu sagen, worin die besondere Lebens- und Erlebensform in Städten besteht. Was macht städtisches Lebensgefühl aus? Was bedeutet Urbanität etwa in so verschiedenen Städten wie der Megalopolis Bangkok und dem dörflichen Vientiane, der Hauptstadt von Laos? Bangkok ist eine Stadt, wo man sehr eng zusammenlebt und der Verkehr so dicht ist, dass es ganz normal ist, wenn Motorräder in der Rush Hour auf dem Bürgersteig fahren. In Vientiane als Hauptstadt eines gemächlichen Landes kann man mitten am Tag ohne Gefahr blind über die Hauptstraßen gehen. Aber trotzdem fühlt man sich auch hier in einer Stadt. Sonst würde man als Tourist nicht – sei es beglückt oder entrüstet – feststellen: „Das ist ja wirklich ein Dorf hier!". Urbanität als besondere Lebensform und Umgangsweise kann als das zentrale Thema jeglicher Stadtforschung gelten.

Städte sind große Siedlungen mit einer künstlich gebauten Wohnumwelt, in denen verschiedene Bewohner miteinander interagieren, aber einander großteils dauerhaft fremd bleiben. Urbanes Leben ist dadurch charakterisiert, dass es permanent öffentliche Begegnungsräume gibt (*public realm*, Lofland 1998). Städte sind heute keine Besonderheit westlicher oder moderner Gesellschaften mehr, sondern eine weltweit „normale" Form des Wohnens und Lebens. Zur Jahrtausendwende lebten schon etwa die Hälfte aller Menschen in Siedlungen, die in ihren jeweiligen Ländern als *Städte* bezeichnet werden. Dies steht in starkem Kontrast zu den Lebensformen, die Ethnologinnen und

Ethnologen seit jeher vor allem erforschten, nämlich kleinen, überschaubaren sozialen Einheiten, in denen Menschen leben, gemeinschaftlich organisiert sind und sich persönlich kennen. Ein Beispiel soll den Kontrast zwischen dem Gegenstand der klassischen Ethnologie und gegenwärtiger Realität illustrieren. Es sind die nordamerikanischen Indianer, gleichermaßen ein Dauerbrenner wissenschaftlicher Ethnologie wie der populären Ethno-Literatur. Entgegen ihrer Bekanntheit und romantischen Vorstellungen leben sie großteils weder ländlich noch sind sie zahlenmäßig bedeutsam. Die Hälfte der nordamerikanischen Indianer lebt in Städten und insgesamt leben in ganz Nordamerika heute nur etwa 3,2 Mio. Indianer, davon ca. 2,4 Mio. in den USA. Dagegen gibt es z. B. allein in Nordindien oder Südchina derzeit mehrere Städte, die hierzulande kaum bekannt sind, in denen jeweils mehr Menschen leben, als Indianer in ganz Nordamerika.

Mittlerweise forschen sehr viele Ethnologen in Städten, aber nur einige zu ausdrücklich städtischen Themen und mit explizitem Interesse an den Besonderheiten städtischer Existenz. Im deutschen Sprachraum wird dieses Teilgebiet als Stadtethnologie, Urbanethnologie oder Ethnologische Stadtforschung bezeichnet. Im französischsprachigen Raum spricht man von *anthropologie urbaine* oder ethnologie urbaine. International ist die Bezeichnung *Urban Anthropology* die häufigste Bezeichnung, die auch in Organisationen und Zeitschriften institutionell etabliert ist. Daneben spricht man auch von *Anthropology in cities* bzw. *Anthropology of cities*. In den USA ist *Urban Anthropology* eine breite Richtung, welche amerikanische Volkskunde (*Folklore Studies*) und Stadtarchäologie beinhaltet. In ähnliche Richtung geht die neuere deutsche Bezeichnung „Urbane Ethnowissenschaften". Damit ist die Verknüpfung von Ethnologie, Volkskunde/Europäische Ethnologie und Soziologie gemeint.

2. Wandel ethnologischer Stadtforschung: Innovation, Krise, Neubeginn

Ich nenne hier nur einige Höhe- und Wendepunkte im Auf und Ab der Geschichte der Stadtethnologie und bespreche vor allem die neuere Entwicklung. Details zur Geschichte bis in die 1980er Jahre können hier nicht gebracht, aber leicht nachgelesen werden (Hannertz 1980, Bommer 1993, Low 1997, Dürr 2000: 8–65, Burawoy et al. 2000: 7–21).

Ethnologisches Forschen in Städten entstand in den 1930er Jahren. In empirischen Untersuchungen in Chicago, einem Migrationszentrum, wurden von ethnographisch orientierten Forschern der *Chicago School of Sociology* einige der bis heute relevanten Hauptthemen der Stadtethnologie angegangen:

Urbanität, Verstädterung, Land-Stadt-Migration, Segregation und städtische Ethnizität. Ausserdem brachten diese Forscher einige der bis heute wichtigen Methoden, wie mikroskopischer Zugang, qualitative Reportagetechniken und Dokumentenanalyse, auf (Lindner 1995). Auch der bislang folgenreichste theoretische Text zu Urbanität als besonderer Lebensform entstand in diesem Rahmen (Wirth 1938). Ein zweiter bedeutender Schritt waren Studien zu Stadttypen, zum Kontinuum zwischen Land und Stadt, zu Anpassung von Migranten an die neue Umwelt und zu städtischer Armut, die Robert Redfield und seine Schüler in den 1940er Jahren in Mittel- und Südamerika durchführten. Ein dritter Meilenstein waren Studien britischer Ethnologen, die unabhängig von den amerikanischen Forschungen entstanden. Es waren Studien in multiethnischen Städten des zentral- und südafrikanischen Kupfergürtels im Rahmen des britischen Kolonialreichs in den 30er und 40er Jahren (*copper belt studies*; vgl. Hannertz 1980, Ferguson 1999).

Nach dem Zweiten Weltkrieg wurde die Stadtethnologie erst in den 1960er und 70er Jahren wieder intensiv betrieben. Menschen wanderten verstärkt aus ländlichen Gebieten in die Städte und Ethnologen folgten ihnen. In den Städten wurden die Migranten als abgegrenzte Gruppen in *städtischen Dörfern* (*urban villages*) erforscht. So konnte die klassische Feldforschung überschaubarer Einheiten weiterhin angewandt werden. Die Stadtethnologie konzentrierte dabei auch auf Themen, die in Bezug oder aber im Kontrast zu traditioneller Ethnologie im ländlichen Kontext standen (Verwandtschaft, Migration, Armut). Die 1970er Jahre waren neben viel empirischer Forschung von Grundsatzdebatten geprägt. Sollte Stadtethnologie die Forschung über Städte als ganze oder über Teilgebiete oder bestimmte Aspekte von Städten sein (*anthropology of cities vs. anthropology in cities*)? Ferner propagierten manche Ethnologen die Stadt als reinen Ort von Forschung (*cities as locus*) zu verschiedenen Themen, die auch in ländlichen Gebieten untersuchbar wären. Andere argumentierten dafür, Städte zu einem eigenen Forschungsfeld mit speziellen Theorien und Methoden zu machen (*cities as focus*). Außerdem wurde zunehmend versucht, den soziopolitischen und politökonomischen Kontext und den regionalen Rahmen, der das Leben in Städten prägt, zu beachten. Diese Forschungen liefen unter dem programmatischen Motto *cities in context*. Hier gab es in methodischer Hinsicht kontroverse Meinungen darüber, ob man eher im lokalen Bereich anfangen oder eher mit den Makrostrukturen beginnen solle (*bottom-up* vs. *top-down*). 1979 wurde die *Society for Urban Anthropology* als Unterorganisation der *American Anthropological Association* gegründet. In den 1980er Jahren weitete sich das Themenspektrum stark aus, so dass sich die Themen heute mit vielen anderen Fächern überschneiden.

Die 1980er Jahre brachten dann aber einen gewissen Stillstand in der Stadtethnologie. Einige Stadtethnologen fühlten sich sogar als bedrohte Spezies.

Zum einen war Stadtethnologie im Fach immer noch nicht voll etabliert. Außerdem wurde man sich bewusst, dass Städte weltweit immer mehr ausufern, ja dass tendenziell die ganze Welt urban wird. Städte seien zudem nur noch interdisziplinär erforschbar. Daraus zogen manche Stadtethnologen den Schluss, dass Stadtethnologie als eigenes Teilgebiet zunehmend unnötig sei. Sie hätte ein historisch bedingtes transitorisches Gastspiel in der Ethnologie bedeutet und sei jetzt obsolet. Andere Kollegen waren ganz anderer Ansicht. Längst nicht alle Gebiete der Welt sind verstädtert und viele Gebiete städtischer Regionen sind alles andere als urban. Gerade die Frage, was Urbanität im Kern ausmacht, ist bislang noch kaum geklärt. In dieser Phase kreiste die Diskussion außerdem um das bis heute wichtige, weil nicht wirklich gelöste Problem der Untersuchungseinheit. Wie finden wir Einheiten für die Forschung in Städten, die den Themen adäquat sind und der Vielfalt und der Dynamik gerecht werden und gleichzeitig mit ethnologischen Verfahren in den Griff zu bekommen sind.

Die späten 1980er und die 1990er Jahre bedeuteten wieder einen Aufschwung für die Stadtethnologie. Städte veränderten ihre Stellung in weltweiten Zusammenhängen und damit wandelte sich auch die innere Dynamik zumindest großer Städte. Innerhalb der zunehmenden Verflechtungen in der Globalisierung erhielten Städte einen immer höheren Stellenwert. Die weltweiten Transformationsprozesse der späten Moderne veränderten Urbanität als Lebensform. Städte wurden zu Orten der Demonstration und auch zu Instrumenten der weltweiten Transformation. Besonders die Metropolen waren die Bühne der sog. postfordistischen Tendenzen der spätindustriellen Gesellschaften wie soziale Polarisierung, Migration und Individualisierung. Die Stadt erschien jetzt als idealer Ort zum „Mitethnographieren“ von Lokalisierungsprozessen. Diese Lokalisierung wurde innerhalb der Globalisierung einerseits und im Rahmen weiter bestehender Nationalismen andererseits gesehen (Lindner 1997, Niedermüller 1998, Holston 1999, Low 1999).

Zur Jahrtausendwende interessieren sich nur noch wenige Stadtethnologen für die in den 1970er und 1980er Jahren lebhaft geführten Kontroversen um focus vs. locus, bzw. anthropology in vs. of cities. Jetzt werden viele neue, z. T. faszinierende, Themen untersucht und etliche zusätzliche Methoden eingesetzt, die ich weiter unten erläutere. In den letzten Jahren ist besonders in den USA die Zahl anwendungsorientierter Stadtethnologen stark angestiegen. Aber es gibt auch deutliche Kontinuitäten. Stadtethnologie ist weiterhin vorwiegend eine Ethnologie von großen Städten, zumeist sogar sehr großen Städten und Metropolen. Weiterhin stehen besondere Gruppen, wie Minderheiten, Migranten und Arme, seltener auch Eliten, im Mittelpunkt.

International ist die Stadtethnologie zwar sehr bekannt, aber nach wie vor nur in einigen Ländern, z. B. USA, Kanada, Mexiko und Indien, voll akzeptiert. In Lehrbüchern der allgemeinen Ethnologie wird der Stadtethnologie fast durchweg noch kein eigenes Kapitel zugestanden. Das Thema Stadt wird in Kapiteln zu Akkulturation, zur Moderne oder zu „komplexen Gesellschaften" nebenbei abgehandelt. Selbst die Neuauflage eines sehr modernen englischen Lehrbuchs (m. E. das mit Abstand beste Kurzlehrbuch der Ethnologie) diskutiert Stadtethnologie nur kurz in einem Kapitel zu multiplen Traditionen (Eriksen 2001: 245–250). Angebracht wäre es dagegen, städtische Themen durchgehend als Dimension in allen Kapiteln zu behandeln. Auch ein zukunftsorientierter Forschungsüberblick der Ethnologie enthält kaum spezifisches zu urbanem Leben (Herzfeld 2001). Es gibt international keine echte Einführung in das Teilgebiet neueren Datums und immer noch kein echtes Lehrbuch. In der Lehre behilft man sich mit Sammelbänden oder mit einer bekannten Essaysammlung von Hannertz (1980). Obwohl Globalisierung ein Phänomen ist, das sich besonders in Städten manifestiert, bringen selbst neueste ethnologische Bände dazu kaum urbane Themen (etwa Inda & Rosaldo 2002). Einige Zeitschriften bringen jedoch regelmäßig ethnologische Beiträge, z. B. *City*, *City and Society*, *Journal of Contemporary Ethnography*, *Urban Anthropology* und *Urban Life*.

Im deutschen Sprachraum ist die Stadtethnologie zwar im Ansatz akzeptiert, aber noch nicht auf breiter Front etabliert oder gar institutionalisiert. Im vorliegenden Band, der 1983 in der ersten Auflage erschien, ist sie in der jetzigen fünften Auflage zum ersten Mal vertreten. Bei Studierenden und jüngeren Fachvertretern ist das Interesse aber groß und bei der Deutschen Forschungsgemeinschaft (DFG) wurden in den letzten Jahren recht viele stadtethnologische Anträge gestellt, besonders zu Städten in Europa. Eine Arbeitsgruppe der Deutschen Gesellschaft für Völkerkunde (DGV) ist in Gründung befindlich und urbane Themen kommen vereinzelt in ethnologischen Ausstellungen vor.

Im Unterschied zu anderen Teilgebieten der Ethnologie gibt es zum Thema Stadt einen regen Austausch mit der Volkskunde/Europäischen Ethnologie. Dies ist kein Zufall: in beiden Disziplinen bedarf es immer noch der Rechtfertigung, Städtisches zu erforschen (Lindner 1997). Mit ethnographisch orientierten Stadtsoziologen ist der Austausch begrenzt, mit Stadtgeographen und Stadthistorikern gering. Von der Stadtsoziologie und der Stadtgeographie unterscheidet sich die Stadtethnologie vor allem durch ihren durchgehend ganzheitlichen (holistischen) Ansatz und ihr an lokalen Lebenswelten orientiertes Interesse. Dieser „mikroskopische" Zugriff ist zwar nicht auf Lokales beschränkt, aber darauf konzentriert. Stadtethnologen im deutschen Sprachraum pflegen leider fast gar keinen Austausch mit Archäologen, Humanbiologen und Psychologen.

3. *Stadtethnologie heute*

Eine Liste gängiger Themen der Stadtethnologie umfasst ein breites Spektrum. Untersucht werden z. B. städtische Probleme, Land-Stadt-Migration, kulturelle Vielfalt, Netzwerkbeziehungen, Verwandtschaft, Kriminalität, Raumnutzung, Anpassung von Individuen an dichtes Wohnen, Bauformen, Infrastruktur, Transport, Arbeitsverhältnisse und Bevölkerungsstruktur. Neuere Arbeiten befassen sich mit kollektiver Identität, mit der sozialen Bildung von Bevölkerungskategorien (*Alterität*) und mit Gender, bes. mit schwuler Kultur, die weltweit in Städten konzentriert ist. Ein weiterer Schwerpunkt sind Konflikte und städtische Bewegungen (Low 1997, Burawoy et al. 2000).

Hinsichtlich Migration erforschen Stadtethnologen heutzutage besonders, wie Migranten im Alltagsdenken, in öffentlicher Rede und in den Medien als „besonders“, „unnormal“ oder „kulturlos“ dargestellt und wahrgenommen werden. Neuere Arbeiten befassen mit Repräsentation von Städten und in Städten, besonders mit urbanen Images und Mythen. Die Symbolik von und in Städten wird jetzt auch in aussereuropäischen Städten untersucht, z. B. ihre Funktion in der nationalistischen Symbolik. Ferner werden Phänomene untersucht, die in Zusammenhang mit der Globalisierung stehen, wie neue Armut und Klassenbildung sowie virtuelle Städte und *telematische* Städte, die im Zentrum von Kommunikationssystemen stehen.

Auch die Datenarten und Methoden sind heute vielfältig. Klassische eher quantitative Methoden der Stadtethnologie, wie Netzwerkanalyse und die Untersuchung spezifischer Situationen und Ereignisse, wie z. B. Konflikte, Feste, Tänze und Paraden werden seltener verwendet (Mitchell 1987, Rogers & Vertovec 1995, Burawoy et al. 2000: 21–29). Dafür werden als Daten heute auch Graffiti, Karten, Plakate, Liebesgedichte, populäre Musik und Werke bildender Kunst genutzt. Lebensgeschichten und Tagebücher werden ausgewertet und verstärkt werden Medienbeiträge in Zeitungen, im Radio und im Fernsehen analysiert. Mehr als es in traditioneller Feldforschung der Fall ist, werden die gängigen Verfahren der teilnehmenden Beobachtung durch andere Methoden ergänzt.

Spezifisch urbanethnologische Methoden gibt es kaum. Angesichts fehlender explizit ethnologischer Anleitungen müssen sich Anfänger mit stadtbezogenen Methodenbüchern aus der qualitativen Soziologie behelfen (Andranovich & Riposa 1993) oder sich die Verfahren aus einzelnen Untersuchungen aneignen. Ein anregendes Beispiel ist das Buch von Ruth Finnegan zur geplanten Stadt Milton Keynes in England. Hier werden Lebensgeschichten mit anderen Daten, wie Beobachtungen, Photos, Kartierungen, und Interviews in kreativer Weise kombiniert. Dadurch kommt die Rolle von Erzählungen bei der Herausbildung von urbanen Erfahrungsweisen ans Tageslicht. Im Resultat zeigen sich sehr unterschiedliche, negative, aber auch positive Sichtweisen auf städtisches Leben (Finnegan 1998).

4. *Cool Ethnography:* *neue urbane Themen, Methoden und Theorien*

Die heutige Stadtethnologie ist vielfältig, lebendig und faszinierend. So untersuchen beispielsweise einige so genannte *cool ethnographers* schon seit einiger Zeit auch Stripläden, Massagesalons und Peep Shows. Welches sind weitere Themen, die interessant sind und Erkenntnisse versprechen? Und wo liegen die Schwachpunkte, Forschungslücken und Theorieprobleme, die wir angehen sollten? Welche neuen Akzente wären fruchtbar und welche alten Ansätze sollte man wiederbeleben? Ethnologinnen und Ethnologen sollten sich zunächst mehr als bisher mittleren und kleinen Städten sowie marginalen bzw. peripheren Städten widmen. Sie sollten auch solche Städte untersuchen, die auf den ersten Blick langweilig sind. Das Motto könnte lauten: „Nicht nur Varanasi, sondern auch Lucknow, nicht nur Bangkok, sondern auch Bottrop". Ein noch wenig untersuchtes, aber weltweit bedeutendes Thema sind Reihenhaussiedlungen. Hier könnte man faszinierende Studien über urbanistische Ideen sowie romantische Sehnsüchte machen, die weltweit verbreitet sind, aber in lokalen Varianten und kulturspezifischen Färbungen auftreten.

Ein weiteres fruchtbares Themenfeld wären die in vielen Untersuchungen anderer Fächer nur oberflächlich benannten Effekte der Globalisierung. Stadtethnologen könnten Verflechtungen im Rahmen des Stadt-Land-Kontinuums genau dokumentieren und ihren oft schnellen Wandel beleuchten (Sökefeld 1999). In Bezug auf Weltstädte könnte man Lebensformen in echten *global cities*, den im globalen Informationsfluss zentralen Städten der so genannten *zweiten Moderne* (London, New York, Tokio) mit anderen ebenfalls transnationalen Metropolen vergleichen, die noch eher an der nationalistischen *ersten Moderne* orientiert sind. Was charakterisiert den Umgang von Menschen im öffentlichen Raum in globalisierten Kontexten, wo die Menschen dauernd von quasi zu Stein gewordenen kulturellen Repräsentationen umgeben sind? Wie wirkt sich das Wissen, von Videokameras überwacht zu werden, auf das Befinden, Handeln und Lokalität von Stadtbewohnern aus? Wie werden kulturelle Unterschiede räumlich ausgedrückt (als Beispiele Beiträge in Low 1999; Dürr 2000)? Was können wir daraus schließen, dass es in Japan fühlbare Bodenmarkierungen für Blinde nicht nur auf Straßen, sondern auch in öffentlichen Gebäuden gibt? In welchen selektiven Öffentlichkeiten leben Migranten, Flüchtlinge, Exilanten im Unterschied zu wohlhabenden *Stadtnomaden*, die ihre Basis in mehreren Städten der Welt haben?

Ein weiteres wenig beackertes Thema sind urbane Phänomene außerhalb von Städten und umgekehrt ländliche Aspekte in Städten. Zu städtischer Landwirtschaft gibt es sehr wenige ethnologische Studien, besonders aus Industrieländern. Auch Kommunalfinanzen, Rechnungswesen, Public Management und lokale Stadtpolitik wurden bislang kaum aus ethnologischer Warte beleuchtet. Hier könnten Ethnologen die informellen Aspekte studieren, die in der gelebten Erfahrung des Bürgers wichtiger sind als Organisationsdiagramme. Dies gilt auch für die Stadtplanung, die als solche interessant ist und eine hohe praktische Bedeutung hat. Hier könnten Ethnologinnen und Ethnologen stärker mit anderen Disziplinen z. B. im Rahmen von Maßnahmen zur Bürgerbeteiligung zusammenarbeiten. Sie könnten das Potential verdeutlichen, dass im Wissen der Stadtbewohner liegt und so zu einer *Citizen Science* (Irwin 1995) beitragen. Wenig ist z. B. darüber bekannt, über welches Lebensführungswissen Städter durch ihre häufigen Umzüge verfügen und wie sie ihre Entscheidungen im Alltag treffen (Antweiler 2000). Eine urbane Kulturökologie gibt es bislang kaum. Einer der wenigen stadtethnologischen Sammelbände, in denen Umweltprobleme im Mittelpunkt stehen (Ayoyagi et al. 1998) bietet neun Fallstudien vorwiegend zu asiatischen Städten.

In methodischer Hinsicht sollten klassische ethnologische Verfahren wieder stärker belebt werden. Interviewauswertung und Dokumentenanalyse sollte wieder mehr durch i. e. S. teilnehmende Beobachtung ergänzt werden. Erst dann zeigt sich, das die Stadtethnologie etwas besonderes liefern kann, was in den ansonsten oft faszinierenden Arbeiten der *Cultural Studies* zu kurz kommt: dichte Beschreibungen und die Innensicht von Alltagsmenschen. Roger Sanjek, einer der aktivsten Stadtethnologen, der in seinen Studien unterschiedlichste Methoden verwendete, betont neuerdings die Bedeutung der teilnehmenden Beobachtung, die derzeit z. B. gegenüber Interviews und Dokumentenanalyse vernachlässigt werde (Sanjek 2000).

Eine für die Stadtethnologie besonders wichtige Innovation war die Datenaufnahme an mehreren Orten, statt nur an einem. So werden Vielfalt und Verknüpfungen zwischen Lokalitäten greifbar. In der Ethnologie sind die untersuchten Menschen oft wesentlich mobiler als die Ethnologen, die sie untersuchen und das gilt besonders für Städte. Also sollten Transport und innerstädtische Umzüge viel mehr, auch teilnehmend untersucht werden (Welz 1998, Antweiler 2000) Die spezifisch urbane Dynamik wird aber erst durch wiederholte Beobachtungen an ein und der selben Lokalität begreifbar. Netzwerkanalyse und Analyse von Fällen (*extended case method*) werden derzeit m. W. kaum noch benutzt, sind aber für unübersichtliche und heterogene Situationen, wie sie für Städte typisch sind, sehr produktiv.

Eine Lücke bisheriger Stadtethnologie ist die Untersuchung der materiellen Kultur und von Raum in Städten. Die gebaute Umwelt, schliesslich einer der wesentlichen Aspekte von Städten, könnte weit mehr Beachtung in der Stadtethnologie finden. Darüber hinausgehend sollte Räumliches in horizontaler und auch vertikaler Dimension präziser erfasst werden. In heutigen Stadtmonographien finden sich zwar häufig Photos, aber im Allgemeinen nur wenige und dazu oft schlechte Karten. In einer immer noch sehr textorientierten Stadtethnologie mangelt es an Grundrissen, Gebäudeaufrissen und Karten. Wenn in Texten Vorstellungen von Räumen beschrieben werden, wäre ein Bezug zu beobachtbaren Raumverhältnissen sinnvoll. Auch die Dokumentationsverfahren der ethnologischen Technologie, Ergologie und Architekturethnologie wurden bislang kaum für die Erhellung urbaner Kultur genutzt. Hier wäre die inhaltliche und auch methodische Zusammenarbeit mit Volkskundlern, Kunstgeschichtlern und Architekten hilfreich.

Für junge Stadtethnologinnen und Stadtethnologen gibt es etliche noch fast unbeackerte Felder. Eines besteht in systematisch kulturvergleichenden Stadtuntersuchungen. Hierzu gab es zwar schon frühe Versuche, die aber kaum weiter verfolgt wurden. Städtische Kultur ist bislang in den Datensätzen der *Human Relations Area Files* (HRAF) kaum dokumentiert (vgl. aber Ember & Ember 2002). Auf allgemeinerer Ebene wäre mehr methodische Reflexion und vor allem Diskussion über die Frage der Untersuchungseinheiten hinaus wünschenswert. Die Besonderheiten städtischer Feldforschung (z. B. Zugänglichkeit), ihre besonderen Bedingungen, Schwächen und Stärken sind erst noch systematisch zu erkunden. In den gängigen Methodenhandbüchern der Ethnologie fehlt die Stadtethnologie noch weitestgehend.

Auf dem Gebiet der Theorie ist weiterhin offen, was Stadt und Urbanität im Kern ausmacht. Wie lässt sich in der Theorie spezifisch Städtisches von den Phänomenen der Modernisierung trennen? Wie lassen sich beide empirisch auseinanderhalten? Nicht spezifisch städtisch sind z. B. die ständige Bewegung von Personen, Dingen, Ideen und Informationen. Auch faszinierende Phänomene vielfacher bzw. wählbarer Identitäten findet sich nicht ausschließlich in Städten, sondern ebenfalls bei Händlern und Nomaden. Die Hauptfrage bleibt also, was die Stadt als Lebensform zu einer besonderen „Menschenwerkstatt" (Heinrich Mann) macht.

Im Fazit ist festzuhalten, dass die Stadtethnologie für die gesamte Ethnologie bedeutsam ist. Sie stellt Fragen, welche die allgemeine Ethnologie in spätmodernen Zeiten herausfordern, in zugespitzter Form. Trotz ihrer enormen Vielfalt hat die Stadtethnologie einen Forschungsfokus, nämlich das Zusammenleben von vielen Menschen in dichten gebauten Umwelten, von Menschen, die einander zum großen Teil dauerhaft fremd bleiben, so dass es einen permanent existierenden öffentlichen Raum gibt. Städte bilden eine besondere Form der Gemeinschaft. Das gilt deskriptiv wie normativ, denn es geht auch um den politischen Willen zu einem engen Zusammenleben verschiedener Menschen. Urbanität als bis heute nur ansatzweise verstandenes Phänomen bleibt ein fruchtbares Kernthema, wenn es theoretisch ernst genommen wird und man die empirische Umsetzung in der Forschung anstrebt.

Im angewandten Bereich liegen wichtige Themen vor allem im öffentlichen Aushandeln von Partizipation seitens der Bevölkerung und in der Vermittlung globaler Einflüsse vor Ort. Hier könnten Ethnologinnen und Ethnologen außerakademisch nützlich sein. Sie könnten mithelfen, die intermediären Instanzen zwischen globalen Kräften und lokalen urbanen Lebenswelten aufzubauen, die bislang fehlen. Die Stadtethnologie sollte disziplinenübergreifende Arbeit nicht meiden, aber gezielter ihren Fokus suchen und ihre besonderen Stärken demonstrieren. Stadtforschung lebt von unterschiedlichen Zugängen. Wie Roland Barthes einmal sagte: Interdisziplinarität heisst nicht, dass ein Forschungsfeld ein Territorium wird, das allen gehört, sondern einen Gegenstand zu schaffen, der niemandem gehört.

5. Literatur

5.1 Einführende Literatur

Bräunlein, Peter J. & Andrea Lauser (Hg.)

1995 Stadtdschungel. Themenheft, Kea. Zeitschrift für Kulturwissenschaften, Nr.8. Eine sehr gut edierte Sammlung zur Stadtethnologie, die einen erhellenden Einführungsaufsatz sowie elf Fallbeispiele und dazu ausführliche Rezensionen bietet.

Ember, Melvin & Carol Ember (Hgg.)

2002 Encyclopedia of Urban Cultures. Cities and Cultures around the World. New Haven, Conn. (4 Vols.)
Eine Fundgrube zu Metropolen und anderen großen bzw. wichtigen Städten der Welt; ausführliche, einheitlich gegliederte und mit Literaturangaben versehene Beiträge.

Gmelch, George & Walter P. Zenner (Hgg.)

^{4}2002 Urban Life. Readings in the Anthropology of the City. Prospect Hights, Ill.
Klassischer Sammelband in stark überarbeiteter vierter Auflage; mit 26 Fallstudien in sechs Teilen, die je eine eigene Einführung haben.

Hannertz, Ulf

1980 Exploring The City. Inquiries Toward an Urban Anthropology. New York.
Ein wichtiger programmatischer Text mit Forschungsbeispielen aus Europa und Aussereuropa, der auch Einführendes und viel zur Geschichte der Stadtethnologie enthält.

Kokot, Waltraud, Thomas Hengartner & Kathrin Wildner (Hg.)

2000 Kulturwissenschaftliche Stadtforschung. Eine Bestandsaufnahme. Berlin.
Neue Tendenzen der Stadtforschung in interdisziplinärer Absicht; Beiträge aus Stadtethnologie und anderen Fächern, vor allem aus Volkskunde und Geschichte.

5.2 Zitierte Literatur

Andranovich, Gregory D. & Gerry Riposa
1993 Doing Urban Research. Newbury Park etc.

Antweiler, Christoph
2000 Urbane Rationalität. Eine stadtethnologische Studie zu Ujung Pandang (Makassar), Indonesien. Berlin.

Aoyagi, Kiyotaka, Peter J. M. Nas & John W. Traphagan (Hg.)
1998 Toward Sustainable Cities. Readings in the Anthropology of Urban Environments. Leiden.

Bommer, Bettina
1993 Entwicklungslinien des Forschungsgebietes Urbanethnologie. Eine Untersuchung der Zeitschrift Urban Anthropology. Bonn.

Burawoy, Michael et al.
2000 Global Ethnography. Forces, Connections, and Imaginations in A Postmodern World. Berkeley etc.

Dürr, Eveline
2000 Verortung und Repräsentation von Identitäten im städtischen Raum. Hispanics im Südwesten der USA. Freiburg: unveröff. Habilitationsschrift.

Eriksen, Thomas Hylland
[2]2001 Small Places, Large Issues. An Introduction to Social and Cultural Anthropology. London, East Haven, Conn. ([1]1995)

Ferguson, James
1999 Expectations of Modernity. Myths and Meanings of Urban Life on the Zambian Copperbelt. Berkeley etc.

Finnegan, Ruth
1998 Tales of The City. A Study of Narrative and Urban Life. Cambridge.

Heinrichs, Hans-Jürgen
1996 Erzählte Welt. Lesarten der Wirklichkeit in Geschichte, Kunst und Wissenschaft. Reinbek bei Hamburg

Herzfeld, Michael
2001 Anthropology. Theoretical Practice in Culture and Society. Malden, Mass. and Oxford.

Holston, James (Hg.)
1999 Cities and Citizenship. Durham, NC.

Inda, Jonathan Xavier & Renato Rosaldo (eds.)
2001 The Anthropology of Globallization. A Reader. London (Blackwell Readers in Anthropology, 1).

Irwin, Alan
1995 Citizen Science. A Study of People, Expertise and Sustainable Development. London.

Knox, Paul & Steven Piuch
[2]2000 Urban Social Geography. An Introduction. Harlow etc.

Lindner, Rolf
1990 Die Entdeckung der Stadtkultur. Soziologie aus der Erfahrung der Reportage. Frankfurt.

Lindner, Rolf
1997 Perspektiven der Stadtethnologie. In: Historische Anthropologie 5: 319–328.

Lofland, Lyn H.
1998 The Public Realm. Exploring the City´s Quintessential Social Territory. New York.

Low, Setha M.
1997 Theorizing the City. Ethnicity, Gender and Globalization. In: Critique of Anthropology 17: 403–409.

Low, Setha M. (Hg.)
1999 Theorizing the City. The New Urban Anthropology Reader. New Brunswick, N. J. and London.

Mitchell, J. Clyde
1987 Culture, Society and Social Perception. A Central African Perspective. Oxford.

Niedermüller, Peter
1998 Stadt, Kultur(en) und Macht. Zu einigen Aspekten „spätmoderner" Stadtethnologie. In: Österreichische Zeitschrift für Volkskunde LII/101: 279–301.

Rogers, Alisdair & Steven Vertovec (Hgg.)
1995 The Urban Context. Ethnicity, Social Networks and Situational Analysis. Oxford, Washington, D.C.

Sanjek, Roger
2000 Keeping Ethnography Alive in an Urbanizing World. In: Human Organization 59: 280–288.

Sökefeld, Martin
1999 Translokalität und Identität. Das Problem räumlicher Grenzen in der Ethnologie am Beispiel der Stadt Gilgit, Nordpakistan. In: Zeitschrift für Ethnologie 124: 51–72.

Welz, Gisela
1998 Moving Targets. Feldforschung unter Mobilitätsdruck. In: Zeitschrift für Volkskunde 94: 177–194.

Wirth, Louis
1938 Urbanism as A Way of Life. In: American Journal of Sociology 44: 1–24.

Günther Schlee

Interethnische Beziehungen

1. Identifikation
2. Wechsel
3. Koordinationskosten
4. Kontrolle
5. Vertrauen
6. Kosten teilen
7. Gedränge
8. Verteilung der Beute
9. Nische
10. Handel

1. Identifikation

Dass in Deutschland die Wissenschaft, die die Menschheit in ihrer Vielfalt untersuchen soll, Ethnologie heißt, und dass ich jetzt etwas Allgemeingültiges über interethnische Beziehungen schreiben soll, legt im Grunde nahe, dass es überall Ethnien gibt, zwischen denen solche Beziehungen bestehen können, ja dass die ethnische Gliederung das universale Aufteilungsprinzip der Menschheit ist. Das entspricht ja auch der populären Sichtweise: die Menschheit besteht aus Völkern, und die Völker bestehen aus Individuen.

Die Probleme kommen, wie immer, beim genaueren Hinsehen. Wenn im vorkolonialen Afrika in einem Dorf an einem Fluss den Bewohnern die Frage gestellt wurde, wer denn noch so ähnlich sei wie sie und wer denn außerhalb des Dorfes zu ihnen gehöre, konnte es vorkommen, dass man die Antwort erhielt, die Bewohner des nächsten Dorfes flussabwärts und auch die des nächsten Dorfes flussaufwärts verstehe man gut, ihre Sprache sei ganz ähnlich wie die eigene und auch ihre Sitten seien ganz ähnlich, jeweils ein Dorf weiter in beiden Richtungen sei das aber nicht mehr so. Ein Dorf weiter erhält man dieselbe Antwort: die Bewohner fühlen sich denen des Dorfes, aus dem der Fragesteller kommt, zugehörig, und denen des nächsten Dorfes, das die Bewohner des zuerst aufgesuchten Dorfes schon als recht verschieden empfanden, auch. Und so fort: jeder empfindet Ähnlichkeit oder Zugehörigkeit mit seinen unmittelbaren Nachbarn, nicht aber mit den entfernteren Nachbarn. Wir haben es hier also mit einem Kontinuum zu tun: Sprache und Kultur ändern sich graduell und auch das Empfinden der Zugehörigkeit verschiebt sich kontinuierlich (Elwert 1989).

Im Unterschied dazu beruht die Existenz von Ethnien auf Diskontinuitäten. Ethnien sind nicht Kontinua, sondern Gruppen, Großgruppen zumeist. Gruppen haben Gruppengrenzen; sie gehen nicht ineinander über. Auch bei doppelter Mitgliedschaft ist man eben gleichzeitig Mitglied zweier verschiedener Gruppen. Im Falle ethnischer Gruppen sind diese Grenzen durch kulturelle Diskontinuitäten markiert. Sprache, Erwerbsformen, Sitten und Gebräuche unterscheiden sich oft ganz abrupt, wenn man sich von einer Ethnie in eine andere begibt. Oft sind es gerade die einander benachbarten Teile zweier Ethnien, die die Unterschiede am stärksten hervorheben, wobei sie sich entweder auf dieselben Merkmale berufen, die auch dem Beobachter aufgefallen sind, oder auch auf ganz andere. Ethnizität artikuliert sich an der Grenze (Barth 1969).

Vielerorts sind erst unter kolonialem Einfluss Kontinua unterbrochen und Grenzen gezogen worden. Bibelübersetzer griffen sich einen Dialekt heraus und lösten dadurch eine sprachliche Standardisierung aus, in deren Verlauf die Nachbardialekte diesem zugeschlagen wurden. Dadurch wurden sprachliche Kontinua in verschiedene Sprachen aufgeteilt. Verwaltungsbeamte brauchten Stämme, nach denen sie die Distrikte einteilen konnten, und konnten mit Kontinua nicht anfangen. Viele moderne Ethnien gehen auf solche kolonialzeitliche Prozesse zurück (Lentz 1998), andere sind älter, wiederum andere jünger. Irgendwo spielen sich ständig Prozesse der Ethnogenese ab. Ethnogenese ist immer ein interethnischer Prozess, denn Ethnien grenzen sich voneinander ab. Oft gehen auch Wahrnehmungen durch Angehörige dritter Ethnien in den Prozess der Grenzziehung zwischen zwei Ethnien ein; dies war z. B. Fall, als die Engländer oder Franzosen innerhalb von Kolonialbevölkerungen solche Einteilungen vornahmen.

Wodurch ethnische Grenzen markiert werden, ist von Fall zu Fall verschieden, immer aber ist es eine Pluralität von Merkmalen. Ist es nur die Religion, spricht man von einer religiösen Gruppe, ist es nur die Erwerbsform, von einer Berufsgruppe. Typischerweise ist es ein Mix aus Geschichte, Sprache, Sitten, Normen… Am häufigsten, aber im Grunde fälschlich, wird der Sprache die Funktion eines Leitmerkmals für Ethnizität zugesprochen. Bei der Neuaufteilung Europas nach dem ersten Weltkrieg hat mancherorts sogar der Sprachzensus die Befragung der Bevölkerung nach ihrer gewünschten Zugehörigkeit ersetzt (Dench 1986).Was das Verhältnis von Sprache und Ethnizität anbelangt, muss man bei empirischer Überprüfung allerdings feststellen, dass alle nur denkbaren Möglichkeiten auch in der Wirklichkeit vorkommen.

Es gibt Ethnien, auch nationalstaatlich verfasste Ethnien, also Nationen, die sich fast ausschließlich auf ihre Sprache berufen. Jüngere Debatten um die „deutsche Leitkultur" im Zusammenhang mit Einwanderung haben die Hilflosigkeit derer unter Beweis gestellt, die über die Sprache hinaus dem Deutschtum Inhalte oder Werte zuschreiben wollten, die für Einwanderer verbindlich sein sollten. Sind nicht die demokratischen Werte für uns alle verbindlich? Sicher, aber was ist an ihnen spezifisch deutsch – sind sie es nicht auch für die Franzosen? Ähnliches gilt für den *christlich-abendländischen* Ursprung von Teilen unserer Kultur. Außerdem: wollen wir den für Agnostiker festschreiben? Wie verträgt dessen normative Umsetzung sich mit der vom Grundgesetz garantierten Religionsfreiheit? Was soll das Gerede vom christlichen Abendland für unsere muslimischen und jüdischen Mitbürger bedeuten? Bleibt also die Sprache.

Am anderen Extrem gibt es Ethnien, deren Angehörige keine gemeinsame Sprache haben, die aber zweifellos Ethnien sind, weil sie sich als solche gebärden und sich auf eine ganze Reihe gemeinsamer Merkmale berufen können, auf eben die Pluralität von Merkmalen, die den ethnischen Charakter einer Gruppe ausmacht. Die Garre in Nordost-Afrika haben eine gemeinsame Genealogie als Basis ihrer Klan-Organisation, sie teilen eine hirtennomadische Kultur und – nicht immer mit Erfolg – das Bedürfnis, Frieden untereinander zu wahren. Sie teilen sich in vier sprachliche Gruppen auf. Die sprachliche Einteilung verläuft quer zur Klaneinteilung und auch quer zur Aufteilung der Garre auf drei Staaten, nämlich Äthiopien, Kenia und Somalia. Einige Garre sprechen den Boran-Dialekt des Oromo, der größten Einzelsprache in Äthiopien, andere sprechen Af Rahanweyn, wiederum andere Af Garreh Kofar. Diese beiden letzteren sind nahe miteinander verwandte Somali-Dialekte, die aber trotzdem von ihren Sprechern penibel auseinandergehalten werden. Wiederum andere Garre sprechen Standard-Somali. Oromo und Somali gehören zwar beide zur selben Sprachfamilie, nämlich Tiefland-Ostkuschitisch, sind aber nicht wechselseitig verständlich. Selbst Somali-Dialekte untereinander sind das oft kaum. Die einzige Sprache, die ausschließlich von Garre gesprochen wird, ist Af Garreh Kofar, aber für das ungeübte Ohr unterscheidet sich diese Sprache kaum von Af Rahanweyn, das von Hunderttausenden von Nicht-Garre, nämlich von Somali vom Rahanweyn Klan-Cluster gesprochen wird. Garre, die keine dieser kuschitischen Sprachen miteinander teilen, sind oft genötigt, sich zur Verständigung miteinander anderer Sprachen zu bedienen, die gänzlich fremden Sprachfamilien angehören, wie Englisch (Germanisch) oder Swahili (Bantu). Diese kann man in Teilen des Garre-Gebietes in der Schule lernen, einer Institution, die jedoch nur von wenigen Garre besucht wird und dann oft nur für kurze Zeit.

Ist also ein ethnisches Zusammengehörigkeitsgefühl gegeben, das sich auf andere Merkmale stützt, kann eine Ethnie ein hohes Maß an sprachlicher

Heterogenität tolerieren. Auf der anderen Seite können minimale Dialektunterschiede zu Belegen unterschiedlichen Volkstums hochstilisiert werden, wenn die nationalistische Agitation in diese Richtung geht. Die jüngste Aufspaltung des Serbokroatischen in „Serbisch", „Kroatisch" und gar „Bosnisch" mag als Beleg hierfür dienen (Schlee 2001).

2. *Wechsel*

Die Berufung auf unterschiedliche Merkmale, wie Sprache, Religion oder die verschiedensten wirklichen und vermeintlichen Elemente der Geschichte einer Ethnie oder ihrer Vorläufer-Bevölkerungen öffnet Spielräume für Identitätspolitik. Anführer ethnischer Bewegungen oder Grenzgänger, die in Nachbarethnien irgendwelche Anliegen verfolgen, können je nach Bedarf z. B. sprachliche oder religiöse Gemeinsamkeiten hervorheben. Sprachnationalistische Bewegungen können zu religiösen Bewegungen werden und umgekehrt, je nachdem, welche Ideologie gerade Konjunktur hat und wo Unterstützung mobilisiert werden soll: solche Bewegungen können *switchen*, sie wechseln den Bezugsrahmen der Identifikation (Elwert 2002).

Situativ *switchen* oder aber auch durch Identifikationsarbeit, die sich über Jahre oder Generationen erstreckt, die ethnische Zugehörigkeit wechseln, können auch Einzelne oder Kleingruppen. In Anatolien verlaufen religiöse Grenzen quer zu sprachlich-ethnischen. Es gibt dort Türken, Zaza-sprechende Kurden und Kurmandsch-sprechende Kurden, und in allen drei Gruppen gibt es sunnitische Muslime und Aleviten. Viele Kurden sind sich erst nach ihrer Migration in die Bundesrepublik der Heterogenität und der weiten Verbreitung des Kurdentums bewusst geworden, vorher dachten einige von ihnen, alle Kurden sprächen Zaza und seien Aleviten wie sie selber zu Hause in ihrem Tal in Dersim. Aber nicht nur eine Stärkung des kurdischen Bewusstseins ist in dieser Situation vorstellbar. In dieser neuen Würfelung türkischer Staatsangehöriger in Deutschland mag es gelegentlich weiterführen, sich auf religiöse Gemeinsamkeiten zwischen sunnitischen Kurden und Türken oder zwischen alevitischen Kurden und Türken zu berufen (Firat 1997).

In Nordkenia leben in einem ausgedehnten, trockenen Tiefland verschiedene Gruppen von Nomaden, die kuschitische Sprachen sprechen und Schafe und Ziegen halten, vor allem aber Kamele, die bei manchen von ihnen von Ritualen umgeben und zentraler Lebensinhalt sind. Über die Sprachunterschiede in diesem Teil der Welt ist schon einiges gesagt worden. Die Garre leben hier, und neben ihnen die Oromo-sprechenden Gabra und Sakuye sowie die Rendille, die eine Somali-ähnliche Sprache sprechen. Auch die Unterschiede in Tracht und Habitus zwischen den Ethnien dieses Raumes sind ausgeprägt. Einige von ihnen sind Muslime, andere hängen einem archaischeren Himmelsgott an, der donnert und Regen bringt. Durch kriegerische Ausbreitung auf der einen Seite, Zerstreuung und Neugruppierung auf der anderen, ist es dazu gekommen, dass zahlreiche Klane in mehr als einer dieser Ethnien vertreten sind. Das Wort für ‚Feind‘ und ‚Angehöriger einer fremden Ethnie‘ ist in den hier gesprochenen Sprachen jeweils dasselbe. Viehraub und Krieg ist unter diesen Nomaden nicht selten, obwohl man aufgrund der interethnischen Klanbeziehungen ja damit rechnen muss, dass einige der Feinde gleichzeitig Klanbrüder sind. Wüsste man, dass man es mit Klanbrüdern zu tun hat, würde man die direkte Konfrontation vermeiden, weiß man es nicht, schert man sich nicht darum.

Auch wenn die interethnischen Klanbeziehungen nicht dazu beitragen, Krieg zu vermeiden, so helfen sie doch gelegentlich, die Folgen von Raub und Krieg zu bewältigen. In einem paradox anmutenden Fall ist es dazu gekommen, dass Rendille, die von Gabra überfallen worden waren, bei anderen Gabra, ihren Klanbrüdern, Zuflucht gefunden haben. Dort erhielten sie auch Kamele als Ausgleich für die, die andere Gabra ihnen geraubt hatten.

Zuflucht in einer anderen Ethnie sucht man nicht nur als Kriegsopfer, sondern auch wenn man durch Viehseuchen verarmt ist oder es im eigenen Gebiet nicht geregnet hat, die Umgebung der Wasserlöcher überweidet ist und das Vieh zu sterben droht. Dabei bilden die interethnischen Klanbeziehungen wichtige Brücken zwischen den Ethnien. Nun wird man durch die Aufnahme bei Klanbrüdern in einer fremden Ethnie keinesfalls automatisch Angehöriger dieser Ethnie. Man bleibt zunächst ein Gast mit fremder Sprache und fremden Gebräuchen, ein fremdstämmiger Gast eben. Die Aufnahme in die Wirts-Ethnie kann irgendwann später zeremoniell vollzogen werden oder sich graduell über Jahre und Generationen durch die Macht der Gewohnheit ergeben.

Über Jahrhunderte ist es vielfach zu solchem Wechsel der ethnischen Zugehörigkeit gekommen. Verarmte und Verfolgte finden Zuflucht bei Nachbarethnien. Andere Menschen werden erbeutet. Generationen später folgen ihnen andere Flüchtlinge vor Krieg und Hunger nach, die Kunde davon haben, dass es in der Nachbarethnie Nachkommen eines Klanbruders gibt. Nomadische Gruppen teilen sich auch quer zu den Klanen in regionale Weidegemeinschaften auf, wenn es z. B. in zwei weit voneinander entfernten Gebieten geregnet hat. Solche regionalen Cluster können ein unterschiedliches politisches und militärisches Schicksal erleiden und sich in verschiedenen Allianzen oder Ethnien wiederfinden. Durch solche und andere Prozesse gruppieren sich Klane und Klanfragmente neu zu Ethnien, die es vorher in dieser Form nicht gab.

Eine wichtige Variable bei dieser Neugruppierung ist die Größe der entstehenden Einheiten. Zu kleine Ethnien können gänzlich aufgerieben werden und finden sich vielleicht nur noch in den Ursprungstraditionen einzelner Klane unter ihren siegreichen Nachbarn wieder, so wie die Zurückgelassenen von Ethnien, die aus einem bestimmten Gebiet vertrieben worden sind. Um sich als eigenständige politische Einheit behaupten zu können, braucht unter den Bedingungen, die in Nordkenia und Südäthiopien herrschen, eine Ethnie eine bestimmte Größe, ein ausreichendes Mobilisierungspotenzial. Keine der ethnischen Gruppen hier kann es sich leisten, weniger als 20.000 Mitglieder zu umfassen, ohne sich an eine dominante Nachbarethnie anzulehnen und mit deren Schutz die Nachteile zu akzeptieren, die sich aus der Abhängigkeit und einem niedrigeren Status ergeben. Auch die größeren Gruppen pflegen untereinander Allianzen (Schlee 1984, 1985, 2000).

Die Vorteile, die mit Größe zusammenhängen sind so offensichtlich, dass man sich fragen mag, warum nicht schon längst die durchsetzungsfähigste der Ethnien dieses Raumes alle anderen aufgerieben, vertrieben oder assimiliert hat. Es kommt doch laufend vor, dass kleinere Gruppen vor der Option stehen, sich größeren anzuschließen oder zugrunde zu gehen. Warum läuft dieser Prozess nicht einfach weiter, bis es (in einem bestimmten Gebiet oder in welchem Bezugsrahmen auch immer) nur noch eine Ethnie gibt? Was sind die Faktoren, die bewirken, dass verschiedene Ethnien nebeneinander fortbestehen und es somit weiterhin interethnische Beziehungen geben kann?

3. Koordinationskosten

Ein Faktor, der Größe begrenzt, ist, dass sie nicht umsonst zu haben ist. Das gilt für ethnische Gruppen genau wie für alle anderen Gruppen auch. Koordination ist mit Kosten verbunden, und die steigt mit der Anzahl der Beziehungen, die es zu pflegen gilt. Diese wiederum steigt exponentiell, wenn die Gruppengröße arithmetisch steigt: Zwei Menschen haben eine Beziehung zueinander, drei Menschen haben drei Beziehungen, vier Menschen sechs Beziehungen und fünf Menschen haben zehn Beziehungen zueinander, wenn jeder eine solche zu jedem anderen unterhält. Natürlich ist letzteres bei Großgruppen nicht der Fall und auch bei kleineren Gruppen nur in unterschiedlichem Maße. Gruppen strukturieren sich intern: nicht jeder steht mit jedem anderen in direktem Kontakt. Dadurch bleibt der Kommunikationsaufwand erträglich, gleichzeitig entstehen so aber mögliche Bruchlinien in der Gruppe.

Kommunikationskosten hängen von der Technologie der Kommunikation ab. Neue Technologien können die Kommunikation verbilligen und dadurch größere organisatorische Zusammenhänge ermöglichen. Ein Beispiel hierfür ist die Einführung der Schrift. Die Schrift verringert, bezogen auf eine konstante Menge an Wissen, den Aufwand, der an Erinnerungsarbeit und zur

Weitergabe dieses Wissen erforderlich ist. Komplexere Abgabensysteme und darauf beruhende politische und militärische Organisationen werden durch sie erst möglich. Mit der Schrift gelingt es, die Aktivitäten einer größeren Anzahl von Menschen zu koordinieren. Staaten mit einer Bürokratie umfassen in der Regel nicht nur nominell, sondern auch mit ihrem spürbaren Einfluss, größere Populationen als schriftlose Gruppen in staatlich nicht kontrollierten Räumen. Und das taten sie auch früher, bevor sie die schriftlosen Gruppen an den Rand drängten, wenn auch nicht in demselben Maße. Wie man sich die in der Schrift angelegte Entwicklungslinie bis ins Computer-Zeitalter weiterdenken kann, liegt auf der Hand. Es bleibt jedoch der Zusammenhang zwischen Gruppengröße und Kommunikationskosten, nur verschiebt sich die Skala. Kommunikationsprobleme und das ihnen entsprechende Spaltungspotential, wie sie sich ohne Schrift bei Wachstum um einige tausend ergeben, ergeben sich mit Schrift im Bereich von Millionen.

4. Kontrolle

Eine wichtige Form der Kommunikation ist der Erwerb von Wissen darüber, ob andere, denen jemand irgendwelche Leistungen erbringt, auch die erwarteten Gegenleistungen bringen. Weiter wüsste man als jemand, der seinen Anteil an Gemeinschaftsaufgaben erledigt, doch gerne, ob alle anderen, oder diejenigen, die damit beauftragt wurden, dies auch tun, und ob die Normen, auf die man sich geeinigt hat, auch eingehalten werden. Ein anderes Wort für diese Art von Wissenserwerb ist Kontrolle. In kleinen Gruppen, in denen jeder jeden von Angesicht kennt, ist Kontrolle kein Problem. In größeren Gesellschaften, zumal solchen, die nicht gleichförmig, sondern in sich komplex sind, erwartet jedoch jeder ein ganz bestimmtes Verhalten und bestimmte Leistungen zu bestimmter Zeit von Leuten, die er gar nicht kennt. Organisationen, die Kontrolle gewährleisten, sind hier erforderlich. Das Kontrollproblem verschärft sich mit zunehmender Größe sozialer Einheiten.

5. Vertrauen

Werden Normen auf ihre Einhaltung hin kontrolliert und durchgesetzt, spricht man von Gesetzen, werden sie es nicht, spricht man von Moral. An der Stelle, wo bei Gesetzen die Kontrolle steht, steht bei der Moral das Vertrauen oder die Zumutung des Vertrauens. Manche Menschen halten die Einhaltung der Moral für etwas Höheres als die durch Strafandrohung erzwungene Gesetzestreue. Das Problem bei der Moral ist nur, dass ihre Wirkungsweise unmoralisch ist. Sie nützt immer dem, der gegen sie verstößt, genau wie das Vertrauen immer dem nützt, der es als erster bricht.

Haben wir uns darauf geeinigt, unser Vieh in einem kargen Gebiet zu belassen und nicht dorthin zu treiben, wo es geregnet hat, damit dort das Gras nachwachsen kann, und ich halte mich als Einziger nicht daran, dann fressen meine Kühe das beste Gras. Haben wir uns darauf geeinigt, dass jeder von uns fünf Euro in die Kaffeekasse tut, und ich halte mich nicht daran, bin ich der einzige, der umsonst Kaffee trinkt. Vertraust du mir, dass ich deinen Kredit zurückzahle, und ich tue das nicht, habe ich das Geld und du das Nachsehen. Dein Vertrauen war nützlich. Nur hat es mir genützt und nicht dir.

Um diese Wirkungsweise von Moral zu kompensieren, die ihrer Zielsetzung entgegengesetzt ist, schleicht sich auch bei der Moral wieder die Kontrolle ein. Man erzeugt Beobachtungsdruck, appelliert an den guten Ruf und die Möglichkeit ihn zu verlieren, verhängt soziale Sanktionen. In dem Maße, in dem dies geschieht, schwindet der Unterschied zwischen moralischen Normen und Gesetzen. Erhält man den Unterschied aber aufrecht, meint man mit Moral immer das schwächer kontrollierte, stärker vertrauensabhängige Normensystem.

Kenne ich jemanden nicht, ist Vertrauen ihm gegenüber eine Zumutung. Kenne ich aber wenigstens seinen Vater, Chef, oder die Ältesten seines Klans, habe ich immerhin jemanden, bei dem ich mich gegebenenfalls über ihn beschweren kann. Vertrauen hat also nicht nur mit der Größe und Überschaubarkeit von Gruppen etwas zu tun, sondern auch mit ihrer internen Strukturierung und Hierarchisierung. Besonders schwierig ist Vertrauen unter Einzelnen, Gleichen.

Das ist bei internationalen Beziehungen der Fall. Formal sind alle Nationalstaaten einander gleich und souverän, keiner kann den anderen zu etwas zwingen. Die internationale Gerichtsbarkeit ist schwach und hat keinen eigenen Erzwingungsstab. Sie kann nur einzelne Nationalstaaten oder deren Militärbündnisse bitten, ihre Entscheidungen durchzusetzen. Entsprechend intensiv beobachten Staaten einander, ob sie das Vertrauen ineinander, das sie einander zumuten, auch rechtfertigen. Häufig tun sie das nicht. Aber auch eklatante Normenverstöße werden oft ignoriert oder rhetorisch verbrämt, weil man sie ohnehin nicht sanktionieren kann oder will.

Ein anderes Beispiel sind die Somali. Der moderne Staat ist bei ihnen immer wieder gescheitert oder hat unvorhergesehene Entwicklungen genommen. Hier ist von den staatsfernen Bedingungen die Rede, unter denen viele Somali nach wie vor leben. Dort sind alle männlichen Somali einander gleich. Tötet man einen von ihnen, muss man als Wergeld hundert Kamele bezahlen, gleich, ob es sich um ein Baby handelt oder um einen Greis. Muss man? Man muss, um der Rache zu entgehen. Ist die eigene Gruppe stark genug, den

Racheschlag abzuwehren oder durch Einschüchterung zu verhindern, zahlt man eben nicht. Die Somali haben durchaus ein traditionelles Normensystem und einen Begriff von Recht und Unrecht. Nur haben sie keine zentrale Institution, die beauftragt ist, das Recht durchzusetzen. Das müssen die Geschädigten selber tun. Können sie das nicht, haben sie zwar Recht, kriegen aber keines. Die Somali verhalten sich in dieser Hinsicht also genau wie Nationalstaaten. Zur Durchsetzungsfähigkeit ist bei den Somali der Klanzusammenhalt wichtig. Kleinere Gruppen schließen sich größeren als *sheegat*, als ‚Nennende' an: sie nennen den Vorfahren des stärkeren, verbündeten Klans als den eigenen. Sie werden zu adoptiven Klanbrüdern.

Der Appell an die Brüderlichkeit schafft Vertrauen. Und Vertrauen nützt, wie wir gerade gelernt haben, dem, der es als erster bricht. In Kenia gibt es ganze Klangruppen, die von erbeuteten Frauen abstammen. Darood-Somali hatten sich den Warr Day-Oromo als *sheegat* angeschlossen und sind unter deren Schutz erstarkt. Als sie stark genug waren, haben sie ihre Beschützer massakriert und ihres Viehs und ihrer Frauen beraubt. Misstrauen ist also angebracht, und das spaltet Gruppen. Der gegenläufige Effekt der Moral, nämlich die Belohnung des Vertrauensbruchs, führt also ebenfalls zu einem kleinteiligeren Gruppenmosaik, und dies ihn einer so feindseligen Welt, wo die Vorteile von Größe doch so unübersehbar sind.

6. Kosten teilen

Bestimmte Kosten sinken trotz des steigenden Kommunikations- oder Verwaltungsaufwands bei wachsender Gruppengröße. Man kann die Kosten einer Einrichtung durch die Anzahl derer teilen, die zu ihrer Nutzung berechtigt sind. Durch ein Abgabensystem lässt man die Nutzer die Einrichtung finanzieren, und das wird für den Einzelnen billiger, je mehr andere daran beteiligt sind. Das ist ein entscheidender Grund dafür, dass in Afrika die Straßen schlechter sind, als in Europa. Ein Kilometer Straße kostet pro Kopf der durch ihn erreichten Bevölkerung in Afrika viel mehr als in Europa. Für den Aufbau einer modernen Infrastruktur ist Afrika unterbevölkert. Die Freude über die sinkenden Kosten pro Kopf vergeht natürlich, wenn die Anzahl der Nutzer so sehr steigt, dass man im Stau stecken bleibt. Damit kommen wir zu einem anderen entscheidenden Faktor, der Gruppengröße begrenzt: zum *Crowding*, also Gedränge.

7. Gedränge

Das Beispiel, an dem Hechter (1987) erläutert, was er unter *Crowding* versteht, ist ein Golfclub auf dem Lande. Eine große Mitgliedschaft in einem Club verringert die Kosten für den Einzelnen, der Mitgliedsbeitrag kann gesenkt werden, ohne dass die Finanzierung des Clubhauses und anderer Annehmlichkeiten darunter leidet. Wird das Gedränge jedoch zu groß, sinkt der Freizeitwert. Man muss warten, bis man mit dem Spiel an die Reihe kommt. Im Klubhaus dauert die Bedienung länger, der Geräuschpegel steigt, die Stimmung wird gereizter. Manch eines der besser gestellten Clubmitglieder fragt sich, ob es nicht besser wäre, in einem kleineren, einem „exklusiveren" Club zu sein und dafür einen höheren Mitgliedsbeitrag in Kauf zu nehmen.

Der Gesichtspunkt der Aufteilung von Kosten begünstigt größere Gruppen, bis man an die vom gegenläufigen Faktor, dem *Crowding*, gezogene Grenze stößt. Geht es jedoch darum, den Nutzen einer Einrichtung aufzuteilen, hat man es lieber mit weniger Menschen zu tun, damit mehr für einen selber übrigbleibt. Um uns diesen Zusammenhang zu verdeutlichen, verlassen wir die vornehme Umgebung des Golfclubs und begeben uns in die weniger vornehme einer Räuberbande.

8. Verteilung der Beute

Eine Räuberbande muss groß genug sein, ihre Opfer zu überwältigen, ihr Territorium und ihre Beute gegen andere Räuberbanden zu verteidigen und den Gendarmen die Stirn zu bieten. Ist sie dies nicht, schließt sie sich besser mit anderen Räuberbanden zusammen oder betreibt Mitgliederwerbung unter nicht erbberechtigten Bauernsöhnen. Hat sie jedoch die nötige Größe erreicht, ist jeder zusätzlich aufkreuzende Bauernlümmel, der in die Bande aufgenommen werden will, ein Ärgernis. Nähme man ihn auf, müsste die Beute auf mehr Leute aufgeteilt werden, als zum Machen der Beute erforderlich waren. Bei knapper Beute und vielen Ansprüchen wird man versuchen, einigen weniger abzugeben oder sie unberücksichtigt zu lassen. Es wird Streit geben, der zur Spaltung führt (Reduzierung der Bandengröße) und dann vielleicht zum Bandenkrieg (Reduzierung der Gesamtzahl der Räuber). Man kann auch Verrat üben. Man lässt einen Teil der Bande „hochgehen" und überlässt den Gendarmen die Aufgabe der zahlenmäßigen Reduktion der Mit-Räuber.

Der Gesichtspunkt der ‚Verteilung der Beute' als Faktor der Begrenzung des Wachstums von Gruppen lässt sich nicht nur auf Räuberbanden anwenden:

Wer als Politiker eine Koalition gründen will, muss 51% der Stimmen hinter sich bringen, oder vielleicht sicherheitshalber ein paar mehr, weil man nicht weiß, wer bei welcher Abstimmung die Grippe hat. Eine unnötig große Koalition einzugehen, hieße jedoch, Ministerposten an Makler von Stimmenpaketen abzugeben, die man bei Abstimmungen gar nicht braucht.

Ein Unternehmer muss sich überlegen, wie viele Partner er an einer Unternehmung beteiligt, ein Feldherr wird nicht mehr Verbündete gewinnen wollen, als zur Erreichung seines militärischen Zieles notwendig.

Die Anerkennung als ethnische Minderheit bringt in vielen Ländern Vorteile mit sich. Dabei kann es sich um Sitze in Regionalvertretungen handeln, oder um Jagd- und Fischereirechte, die „traditionellen" Jägern und Fischern vorbehalten sind, um Landrechte an alten Stammesterritorien, deren Wert gestiegen ist, weil der Stadtrand zu ihnen vorgerückt ist oder weil dort Bodenschätze gefunden worden sind, oder um einen rechtlichen Sonderstatus, der es erlaubt, ein Spielkasino zu eröffnen. Um als ethnische Minderheit anerkannt zu werden, muss man sichtbare Präsenz zeigen, man braucht Zugang zu den Medien und muss ein gewisses politisches Gewicht, etwa in Form eines gebündelten Stimmenpotentials, in die Waagschale werfen. Auch wenn das paradox klingt, braucht man also eine gewisse Größe, um sich als Minderheit zu qualifizieren. Ist jedoch der angestrebte Status erreicht, wird man die erworbenen Ressourcen nicht mit unnötig vielen Leuten teilen wollen. Es wird sich eine Diskussion ergeben, ob denn ein Sechzehntel „Blutanteil" genügt, um jemanden als Mitglied der Minderheit auszuweisen, oder ob man nicht auf einem Achtel bestehen sollte, und ob man Mitglieder anerkennen müsse, die die alte Sprache und die alten Gebräuche gar nicht kennen. Im soziologischen Jargon gesprochen: Man wird Bestrebungen zur *Purifizierung*, man wird *kulturalistische Diskurse* und *Exklusionsrhetoriken* erwarten.

Der Unwille zu Teilen wird von denjenigen am stärksten artikuliert werden, die die größten Chancen haben, im Falle einer Trennung den alleinigen Zugriff auf die Beute oder zumindest auf den Löwenanteil zu behalten, und die sich als Zahler und nicht als Nutznießer der Umverteilung an Schwächere empfinden. Innerhalb von Staaten findet man separatistische Tendenzen nicht nur in marginalisierten und ausgebeuteten Landesteilen (die im Bild der Räuberbande gesprochen, nicht Bandenmitglieder, sondern Opfer sind), sondern häufig gerade in den Landesteilen, denen es wirtschaftlich besser geht. Für die überwiegen die Nachteile des Zusammenbleibens die der Trennung. Scheiden tut weh, aber Teilen fällt schwer.

9. Nische

Nehmen wir einmal an, die Räuberbande, die wir weiter oben besucht haben, ist irgendwie den geschilderten Spaltungstendenzen entgangen. Vielleicht ist unter ihnen ein charismatischer Führer erschienen, der den Zusammenhalt beschworen hat. Die Bande ist größer und größer geworden und hat einen erfolgreichen Beutezug nach dem anderen unternommen. Irgendwann wurde die Beute knapp. Der Erfolg der Räuber hatte sich totgelaufen. Alle Bauern waren schon mehrfach überfallen worden. Sie waren total verarmt und hatten nichts mehr abzugeben. Stattdessen baten sie selber um Aufnahme in die Bande.

Entwicklungsplaner sprechen in einem solchen Fall von der Übernutzung einer Ressource. Nomaden, die, ihrer Mobilität beraubt, ihre Rinder in dem verbleibenden Gebiet weiden lassen, bis die Vegetationsdecke bleibend geschädigt ist, Bauern, die bei knapper werdenden Flächen die Brache verkürzen und den Boden auslaugen, Staaten, die ihre Bürger in einem Maße besteuern, dass sie sich wirtschaftlich nicht mehr entfalten können, sind weitere Beispiele für die Übernutzung von Ressourcen. Rauben die Räuber nur so viel, das die Bauern auch noch im nächsten Jahr etwas haben, fressen die Kühe nur soviel Gras, wie wieder nachwächst, gelingt es den Bauern, die Bodenfruchtbarkeit zu erhalten, und erheben die Staaten nur soviel Steuern, dass ihre Bürger weiterhin ein produktives Leben führen und auch im nächsten Jahr Steuern bezahlen können, spricht man dagegen von *nachhaltiger Ressourcennutzung*.

Die Räuber haben nur ein bestimmtes Schweifgebiet um ihre Räuberburg, und können nicht weiter entfernte Bauern überfallen, ohne über einen gesicherten Rückzug zu verfügen und ohne anderen Räuberbanden ins Gehege zu kommen. Die Nomaden können nicht einfach fortziehen, weil sich die Landwirtschaft ausgebreitet hat und andere Teile ihrer früheren Weidegebiete von Ranchern eingezäunt worden sind. Die Bauern haben keinen Zugang mehr zu Urwäldern, die sie roden könnten, und sind auch nicht stark genug, andere Bauern von ihrem Land zu vertreiben. Die Staaten können nicht einfach, nachdem sie ihre Völker in den Ruin getrieben haben, andere Völker erobern, um weiterhin Steuern zu erheben. Der Mangel an heimischer Wirtschaftskraft wird sie am militärischen Erfolg hindern. Ist all dies so, sind die geschilderten Ausweichmöglichkeiten nicht gegeben, spricht man von begrenzten Nischen. Die Räuber, die Hirten, die Bauern und die Staaten müssen in ihren jeweiligen Nischen ein Auskommen finden. Nachhaltig muss Ressourcennutzung deswegen sein, weil sie in begrenzten Nischen stattfindet. Auch dies ist ein Faktor, der Wachstum einschränkt.

Nischen sind nicht nur begrenzt; sie sind voneinander verschieden. Das Konzept stammt aus der Ökologie. Zwei Tierarten können nicht in genau derselben ökologischen Nische auf Dauer nebeneinander existieren. Die eine wird einen noch so geringfügigen Anpassungsvorteil haben, sich etwas stärker reproduzieren und dadurch die andere früher oder später gänzlich verdrängen. Unterscheiden sie sich nicht im Lebensraum, unterscheiden sie sich in ihrer Nahrung. Teilen sie auch dieselbe Nahrung, ist die eine Art tagaktiv und die andere nachtaktiv. Auch menschliche Gesellschaften sind oft in der Lage, friedlich nebeneinander zu existieren, wenn sie unterschiedliche Nischen nutzen. Vielerorts sind die Hirten von den Bauern ethnisch unterschieden: sie sprechen eine andere Sprache und befolgen andere Sitten. Ethnische Gruppen haben sich in unterschiedliche Erwerbsnischen hineinspezialisiert und so Konkurrenz zueinander vermieden.

10. Handel

Mit der Differenzierung der Erwerbsnischen benachbarter Ethnien ergibt es sich, dass die eine hat, was die andere nicht hat. Handel wird zu einer wichtigen Form interethnischer Begegnung.

Zwischen den Maasai und den Kikuyu im vorkolonialen Kenia gab es eine unvollständige Differenzierung der Erwerbsnischen. Die Maasai (genauer gesagt nur bestimmte Gruppen von Maasai, aber das waren die, die in Nachbarschaft der Kikuyu lebten) waren spezialisierte Rindernomaden in den Ebenen des Grabenbruchs. Die Kikuyu hatten sich vor ihnen in das bewaldete Hochland zurückgezogen und hatten dort Felder gerodet. Kikuyu und Maasai nahmen also getrennte Erwerbsnischen als Bauern und Hirten ein. Die Kikuyu hielten aber nach wie vor Rinder. Die Maasai dagegen hingen dem Glauben an, Gott habe alle Rinder ihnen gegeben. In dem Sektor, in dem die Erwerbsnischen nicht getrennt waren, kam es zu Konkurrenz, in den Teilen, in dem sie getrennt waren, zu Austausch.

Das Verhältnis zwischen Kikuyu und Maasai war geprägt von latentem Krieg bei gleichzeitigem Handel. Die Jungmannschaften der Maasai und der Kikuyu unternahmen Raubzüge, die den Rindern im Besitz der jeweils anderen Ethnie galten. Alles, was unter den Gegnern männlich war, wurde getötet. Gleichzeitig gab es eine Art von Marktfrieden für Frauen. Kikuyu-Frauen zogen mit ihren Feldfrüchten in Körben, die sie auf dem Rücken trugen, gehalten durch einen Riemen über der Stirn, unbehelligt ins Tiefland um dort Viehprodukte einzutauschen.

Der Handel zwischen Kikuyu und Maasai war ein Produkttausch zwischen Produzenten. Andere Formen interethnischer Beziehungen finden wir im Umkreis professioneller Händler: Fremdstämmige Händler finden sich mit bemerkenswerter Häufigkeit. Sie sind nicht gerade eine universale Erscheinung aber doch wesentlich häufiger als fremdstämmige Schneider oder fremdstämmige Polizisten, von fremdstämmigen Bauern gar nicht zu sprechen. Die Phönizier im Mittelmeerraum des Altertums, die Juden im mittelalterlichen Europa, die Chinesen in Südostasien, Hausa und Libanesen in Westafrika, Griechen im Sudan, Jemeniten und Somali in Kenia und Tansania sind Beispiele für Händler, die gegenüber den meisten ihrer Kunden einen ethnischen Unterschied aufweisen. Die historischen Umstände, unter denen sie Händler geworden sind, sind in jedem dieser Fälle verschieden. Es scheint aber doch allgemein gültige Faktoren zu geben, die es begünstigen, dass Händler und ihre Kunden verschiedenen Ethnien angehören, denn dieses Muster hat sich häufig ergeben und oft lange erhalten.

Worin besteht der Vorteil, als Händler ein Fremder zu sein? Bäuerliche Gesellschaften in vielen Teilen der Welt sind durch ein Ethos der Gleichheit und der Umverteilung geprägt. Der kinderreiche Haushalt delegiert Arbeitskraft an den, in dem alte Leute überwiegen. Wer arbeitet, kriegt auch etwas zu essen, und wer nicht mehr arbeiten kann, auch. Wer die Produktivität der einzelnen Haushalte misst, erhält eine zackige Kurve, wer ihren Konsum misst, eine flache: durch die Umverteilung gleichen sich die Berge und Täler aus. Risiken wie Krankheit, Schädlingsbefall und Hagelschlag werden so aufgefangen. Wer trotz Umverteilung allzu reich wird, darf seinen Reichtum nicht zeigen. Er wird sonst der Hexerei oder des Schadzaubers verdächtigt: er lasse nachts die Seelen seiner Opfer auf seinen Feldern arbeiten oder dergleichen. Er eigne sich die Lebenskraft anderer an, die dann morgens müde aufwachen oder gar krank werden und sterben. Bäuerliche Gesellschaften sorgen dafür, dass bei ihnen keiner aus dem Rahmen fällt. Eröffnet ein Angehöriger der lokalen bäuerlichen Ethnie einen Kaufladen, so kann er sich der allgemeinen Solidarität und den Umverteilungszwängen nicht entziehen. Kredit muss er gewähren, zumindest bis zur nächsten Ernte, und die war dann doch nicht so gut. Der Bankrott lässt nur wenige Monate auf sich warten.

Der fremdstämmige Händler dagegen kann sich den Umverteilungszwängen entziehen und braucht sich die Leidensgeschichten nicht lange anzuhören: "Your Problem." An den Wänden indischer Läden in Ostafrika sieht man häufig gedruckte Bilder, die die Philosophie der Ladeninhaber zum Ausdruck bringen. Auf dem einen ist ein fetter Engländer in einem altertümlichen, zu engen Frack abgebildet. Er sitzt auf einer Geldtruhe und sein Bauch quillt ihm über dem Gürtel. Unter seinem Zylinder erstrahlt ein breites Grinsen. Die Bildunterschrift lautet "I sold for cash". Auf dem Bild daneben ist eine ausgemergelte Gestalt in Lumpen zu erkennen: "I sold on credit." Noch ein Stück weiter hängt ein eingerahmter Spruch: "Do not mix friendship with business."

Aus Uganda sind die Inder unter Idi Amin vertrieben worden. Die Maßnahme war für die Wirtschaft des Landes ruinös, aber sie war populär, vom Volkszorn getragen. Beispiele von Gewalt gegen Händlerminoritäten, Mord, Raub, Brandschatzung, rings um die Welt ließen sich in Fülle anbringen. In dem

Maße, in dem Händler sich aus der Mehrheitsgesellschaft herausdefinieren, begeben sie sich der Solidarität mit dieser Mehrheit und des Schutzes durch sie. Gliedern sie sich jedoch zu sehr in diese ein, unterliegen sie der Solidaritätsforderung und den Umverteilungszwängen.

Dies ist das, was H.-D. Evers als Händlerdilemma bezeichnet hat: Definiert sich der Händler zu sehr als Fremder, riskiert er sein Leben, wird er zu sehr zum Einheimischen, entgeht ihm sein Profit. Fremdstämmige Händler bewegen sich auf dem schmalen Grat zwischen diesen beiden Formen des Scheiterns. Sie müssen fremd genug sein, nicht Kredit gewähren zu müssen. Gleichen sie zu sehr der lokalen Bevölkerung, kommt es auch zu Konversionen zu einer anderen Religion oder Sekte, um diese Differenz herzustellen. Damit die Fremdheit nicht in Feindseligkeit umschlägt, muss sie durch ein gewisses Maß an Wohltätigkeit wieder aufgefangen werden. Die Aga Khan Krankenhäuser und andere soziale Einrichtrungen mögen z. B. vielerorts viel zur Akzeptanz der Mitglieder der Ima'iliyya-Sekte beigetragen haben. So werden solche interethnischen Beziehungen immer wieder neu ausbalanciert.

Literatur

Barth, Fredrik (Hg.)
1969 Ethnic groups and boundaries. London.

Dench, Geoff
1986 Minorities in the open society: Prisoners of ambivalence. London.

Elwert, Georg
1989 Nationalismus und Ethnizität: Über die Bildung von Wir-Gruppen. In: Kölner Zeitschrift für Soziologie und Sozialpsychologie 3: 440–464.
2002 Switching identity discourses: primordial emotions and the social construction of we-groups. S. 33–54 in Schlee, Günther (Hg.), Imagined differences: hatred and the construction of social identities. Münster, Hamburg, Berlin, London.

Evers, Hans-Dieter und Heiko Schrader (Hg.)
1994 The moral economy of trade: ethnicity and developing markets. London.

Firat, Gülsün
1997 Sozioökonomischer Wandel und ethnische Identität in der kurdisch-alevitischen Region Dersim. Saarbrücken.

Gellner, Ernest
1995 Nationalismus und Moderne. Hamburg.

Hechter, Michael
1987 Principles of group solidarity. Berkeley, Los Angeles, London.

Peleikis, Anja
2001 Lokalität im Libanon im Spannungsfeld zwischen konfessioneller Koexistenz,

transnationaler Migration und kriegsbedingter Vertreibung. In Schlee, Günther & Alexander Horstmann (Hg.), Integration durch Verschiedenheit. Bielefeld, S. 73–94.

Lentz, Carola

1998 Die Konstruktion von Ethnizität. Eine politische Geschichte Nord-West Ghanas 1870–1990. Köln.

Schlee, Günther

1984 Intra- und interethnische Beziehungsnetze nordkenianischer Wanderhirten. In: Paideuma 30: 69–80.

1985 Mobile Forschung bei mehreren Ethnien: Kamelnomaden Nordkenias. S. 203–218 in Fischer, Hans (Hg.), Feldforschungen. (Neufassung 2002). Berlin.

2000 Identitätskonstruktionen und Parteinahme. In: Sociologus 10,1: 64–89.

2001 Language and ethnicity. S. 8285–8288 in: International Encyclopedia of the Social & Behavioral Sciences, Vol. 12, Amsterdam.

www.eth.mpg.de: Die *web site* des Max-Planck-Instituts für ethnologische Forschung mit zahlreichen zusätzlichen Informationen zu interethnischen Beziehungen.

Michael Bollig

Interkulturelle Vergleichsverfahren

1. Einleitung

In diesem Beitrag werden solche ethnologischen Vergleichsverfahren betrachtet, die den Vergleich von Fällen, in der Regel ganzer Kulturen, nutzen, um generalisierende Aussagen über menschliche Verhaltensweisen, gesellschaftliche Institutionen und kulturelle Muster zu machen. Nicht thematisiert werden Vergleichsverfahren, die die Variation einzelner Phänomene intrakulturell vergleichen. Damit wird bereits eine erste wichtige erkenntnistheoretische Festlegung gemacht: Obwohl konzediert wird, dass Kulturen historischem Wandel unterliegen, meist unscharfe Grenzen haben und keine integrierten Ganzheiten darstellen (eine ausführliche Diskussion dieses Problems bietet Schweizer 1999: 96ff), wird doch davon ausgegangen, dass Kulturen den Konsens der meisten oder jedenfalls der maßgeblichen Akteure über Handlungen, Normen, Werte, Realität und Identität und immer auch über Grenzen zu ähnlich organisierten Gruppen darstellen (Lang 1998) und als solche vergleichbar sind. Sie bilden die notwendigen Fälle für einen Vergleich – denn ohne isolierbare Fälle ist Vergleichen nicht möglich.

Seit den Anfängen der Disziplin im 19. Jahrhundert stellt der Vergleich von Kulturen oder einzelnen kulturellen Merkmalen eine zentrale Methode des Erkenntnisgewinns innerhalb der Ethnologie dar. Bereits 1889 entwickelte Edward Burnett Tylor die Grundzüge einer komparativen ethnologischen Methode. Über den systematischen Vergleich erschien ihm die Anordnung von Gesellschaften auf einer evolutionären Skala möglich (Tylor 1889). Auch in den folgenden Ethnologen-Generationen wurde eifrig verglichen:

Diffusionisten, auch Vertreter der Kulturkreislehre, versuchten Kulturelemente vergleichend miteinander in Beziehung zu setzen, um so die Geschichte einer Region oder die Ausbreitung bestimmter kultureller Merkmale nachzuzeichnen (Gräbner 1966/1911).

Radcliffe-Brown, Vordenker des britischen Strukturfunktionalismus, verstand die Ethnologie als vergleichende Sozialwissenschaft (Holy 1987: 2), die erst durch den Vergleich in der Lage war, Regelmäßigkeiten funktionaler Zusammenhänge deutlich zu erkennen. Die strukturfunktionalistische Schule des Kulturvergleichs war vor allem an regionalen Vergleichen und der Erstellung von Typologien sozialer Organisation interessiert (Evans-Pritchard 1965: 28–29). Radcliffe-Brown (1924/1965) verglich in einer frühen Arbeit zum Mutterbruder im südlichen Afrika die Verwandtschaftssysteme in mehreren Gesellschaften der Region und baute darauf eine Typologie verwandtschaftlicher Beziehungen in patrilinearen und in matrilinearen Gesellschaften auf. Strukturfunktionalistische Standardwerke wie etwa der Sammelband *African Political Systems* (Evans-Pritchard & Forde 1940) wurden vergleichend aufgebaut. Ziel der Herausgeber war es, zwei grundlegende Typen politischer Organisation in Afrika herauszuarbeiten: segmentär-egalitäre und zentralisiert-hierarchische Gesellschaften. Ebenso wie seine britischen Kollegen suchte Claude Lévi-Strauss (1949, 1971) innerhalb seines strukturalistisch-linguistischen Ansatzes über den Vergleich nach Generalisierungen in den Gegenstandsbereichen Verwandtschaftssysteme und Mythen. Allerdings ging es ihm weniger um regionale Muster als um Universalien des menschlichen Erkennens.

In den USA waren Ethnologen seit den 1930er Jahren in einer bewussten Abwendung von den vor allem ethnographisch inspirierten Arbeiten der Boas-Schule bemüht (siehe Boas 1896 zu einer kritischen Wertung von Vergleichsverfahren), durch den interkulturellen Vergleich Regelmäßigkeiten kultureller Entwicklung zu erkennen. Neoevolutionisten und Kulturmaterialisten versuchten, durch den Vergleich ökonomischer Systeme Entwicklungsprozesse einzelner Kulturen trennschärfer zu erkennen und typologische Merkmale gesellschaftlicher Entwicklung festzustellen. Julian Steward (1983) etwa verglich systematisch Jäger-und-Sammler-Gesellschaften und zeigte so von einem kulturökologischen Denkansatz ausgehend, Bedingungen der Entstehung der patrilinearen Horde in Wildbeutergesellschaften. Morton Fried (1960) interessierte sich in seinem Beitrag zur Evolution politischer Systeme für Bedingungen des Übergangs von nicht-stratifizierten zu stratifizierten Gesellschaften und schließlich zum Staat und griff dazu auf den Vergleich zurück. Carneiro (1968) entwickelte einen Index zur Bemessung gesellschaftlicher Komplexität und stellte Gesellschaften eines weltweiten Samples von 100 Gesellschaften auf einer 50 kulturelle Merkmale berücksichtigenden Komplexitätsskala dar, um damit Ansätze regelmäßiger Kulturentwicklungen aufzuzeigen.

Mit stärker psychologischem Erkenntnisziel war auch die Kultur- und Persönlichkeitsforschung auf den Vergleich von Kulturen angewiesen: Es sollten regelmäßige Zusammenhänge zwischen Primärsozialisation und Erwachsenenpersönlichkeit festgestellt werden (z. B. Whiting & Whiting 1975). Vor allem die Koordination mehrerer Feldarbeiten schaffte für den Vergleich gänzlich neue Perspektiven. Während kulturwissenschaftliches Vergleichen durch das unterschiedliche Zustandekommen von Felddaten erschwert wird, bemühte man sich in der Kultur- und Persönlichkeitsforschung um eine Standardisierung schon in der Erhebungsphase. Die Identifikation zentraler Variablen, die Anlage von Fragekatalogen und die gemeinsame Verwendung psychologischer Tests garantierte die Vergleichbarkeit der Daten.

Bereits in den 1930er Jahren wurde immer deutlicher, dass es kulturvergleichenden Arbeiten an entsprechenden Datensätzen mangelte. Die Idee, ethnographische Literatur zu gut beschriebenen Kulturen systematisch zu sammeln und sie in einer allgemein zugänglichen Datenbank zur Verfügung zu stellen, lag daher nahe. Mit den Human Relations Area Files (HRAF) und dem Standard Cross-Cultural Sample (SCCS) wurden in den USA seit den 1930er Jahren von einer Gruppe von Wissenschaftlern um George Peter Murdock systematische Fallsammlungen für den interkulturellen Vergleich angelegt (Ember & Ember 1998, vgl. 18f.). Ethnographische Informationen wurden für einen Vergleich umfassend gesammelt, zugänglich gemacht und in zentralen Gegenstandsbereichen nach den Maßgaben des *Outline of Cultural Materials* (OCM) kodiert. Es ging Murdock vor allem um eine Standardisierung von Vergleichsverfahren und um die Schaffung angemessener Fallsammlungen (Samples) für weltweite Vergleiche als Grundlage universell gültiger funktionaler Zusammenhänge.

Seit den 1970er Jahren lässt das Interesse an interkulturellen Vergleichen deutlich nach. Drei Gründe werden dafür verantwortlich gemacht: (1) Durch die Entwicklung der interpretativen und symbolischen Ethnologie wird mehr Interesse auf die Innensicht von Kulturen gelegt. Es geht weniger um ein Verständnis allgemeiner funktionaler Zusammenhänge und Regelmäßigkeiten der gesellschaftlichen Entwicklung als um eine minutiöse Beschreibung der emischen Perspektive. (2) Mit dem Aufkommen postmoderner Strömungen innerhalb des Faches wird vor allem die Produktion von Ethnographie kritisch hinterfragt, die Frage nach der Vergleichbarkeit der Daten und des Interesses an der Erkenntnis von kulturübergreifenden Mustern treten dabei in den Hintergrund. (3) In der Ethnologie wird der statistisch interkulturelle Vergleich als die zentrale Vergleichsmethode des Faches einer nachhaltigen Kritik unterzogen. Deutlich wird auf die Schwäche der Datenbasis, die Dekontextualisierung der Daten durch die notwendige Isolierung der Variablen und die Probleme der Interpretation statistischer Zusammenhänge verwiesen. Die methodische Entwicklung anderer Vergleichsformen sowie deren erkenntnistheoretischer Hintergrund wird dabei in der Breite des Faches nur noch unzureichend wahrgenommen (siehe Holy 1987: 15 ff, Schweizer 1999).

Nach diesem notwendigerweise kursorischen Überblick über vergleichende Ansätze unseres Faches ist in jedem Falle Allen Johnson (1991: 3) zuzustimmen, wenn er sagt: "*Anthropology has always had its comparative side.*" Tatsächlich erhoffen sich Ethnologen seit den Anfängen des Faches durch interkulturelle und historische Vergleiche „wesentliche Einsichten über die Strukturprinzipien und Entwicklungslinien der menschlichen Kultur" (Schweizer 1999: 91) – ein Ziel, das bis heute viele Ethnologen vereint und immer deutlicher zu einer Stärke des Faches in interdisziplinären Projektzusammenhängen wird.

2. *Problemstellungen, Ziele und Anwendungen interkultureller Vergleichsverfahren*

Der ethnologische Vergleich verfolgt sowohl typologische als auch explanatorische Ziele. Interkulturelle Vergleiche wollen zum einen „im Bereich der menschlichen Kultur oder Gesellschaft die entsprechenden Objekte nach Gemeinsamkeiten und Unterschieden ordnen …" zum anderen aber „kausale Zusammenhänge im Bereich der menschlichen Kultur und Gesellschaft … entdecken, also … erklären, warum bestimmte kulturelle Praktiken auftreten und wie sie mit anderen kulturellen Phänomenen und Umweltbedingungen zusammenhängen" (Schweizer 1999: 95). Verschiedene Arten des Kulturvergleichs lassen sich nach ihrer Systematik und ihrer Zielsetzung unterscheiden. Zunächst möchte ich systematische Vergleichsformen von eher heuristisch orientierten Vergleichen unterscheiden. Während bei systematischen Vergleichen die verglichenen Kulturen bzw. kulturellen Elemente gleich gewichtet nebeneinander stehen und explizit die zu vergleichenden Variablen benannt werden, ist dies bei heuristisch orientierten Vergleichen nicht notwendigerweise der Fall. Schweizer differenziert verschiedene Formen des systematischen Kulturvergleichs je nach räumlicher Nähe und Anzahl der verglichenen Kulturen. Während Vergleiche mit einer geringen Fallzahl durchweg explorativ sind und der Generierung von Hypothesen dienen, werden Vergleiche mit größeren Fallzahlen eingesetzt, um Hypothesen zu testen. Neben den Dimensionen „Anzahl" und „Räumliche Entfernung" kann eine zeitliche Dimension als weiteres differenzierendes Vergleichskriterium betrachtet werden. Dabei können sowohl diachrone Prozesse über lange Zeitläufe miteinander verglichen werden (z. B. Staatsentstehung, Ethnogenese) als auch zeitlich begrenzte Perioden des Kulturwandels (z. B. Globalisierung) betrachtet werden. Aufgrund des begrenzten Umfangs des Beitrags, werden diachrone Vergleiche hier nicht weiter vorgestellt (siehe dazu Kottak & Colson 1994). Kurz sollen zunächst die heuristisch orientierten Vergleiche dargestellt werden, um dann die systematischen Vergleichsverfahren umfassender zu skizzieren und mit wenigen Beispielen vorzustellen.

2.1 Heuristisch orientierte interkulturelle Vergleiche

Durch analytische und kulturvergleichende Perspektive bedingt vergleichen Ethnologen fast ständig: die fremde Gesellschaft mit der eigenen, die Gesellschaften einer Region oder historische mit rezenten Gesellschaften. Das Vergleichen geht zumeist implizit vonstatten. Oft ist dem Leser einer Einführung in die Ethnologie kaum noch bewusst, dass die beschriebene Variation kultureller Phänomene ebenso wie die Festlegung bestimmter Typen auf interkulturellen Vergleichen beruht. Erst über Vergleiche können Idealtypen gefunden und Variationen eines Phänomens beschrieben werden. Folgende Vergleichsformen sind zu unterscheiden:

– Vergleiche zur deutlicheren Konturierung des Einzelfalls
Charakteristisch für diese Form des Vergleichs ist, dass die Fälle nicht gleichgewichtet behandelt werden. Der Vergleichsfall wird nur insoweit herangezogen, als er das Besondere des Einzelfalls zu verstehen hilft. Ein typischer Fall der Konturierung des Einzelfalls durch den Vergleich ist der Gegensatz zwischen Nuer und Dinka in Evans-Pritchards klassischer Nuer-Studie (1940). Erst der Verweis auf das Verwandtschaftssystem der Dinka zeigt die Besonderheiten des im Fokus des Interesses stehenden Nuer-Deszendenzsystems. Lee (1984: 53) zeichnet das Bild einer *original affluent society* wenn er die Arbeitszeiten der !Kung Wildbeuter der Kalahari, denen seine Monographie gewidmet ist, Arbeitszeiten in agrarischen Gesellschaften gegenüber stellt und dabei feststellt, dass die von ihm untersuchten Wildbeuter weitaus weniger für ihren direkten Lebensunterhalt arbeiten müssen als Menschen in agrarisch geprägten Gesellschaften.

– Vergleiche zur Erfassung der Variationsbreite menschlichen Verhaltens
Letztes Erkenntnisziel der Ethnologie ist es, Regelmäßigkeiten und Variation menschlichen Verhaltens festzustellen. Sie rückt damit in die Nähe der philosophischen Anthropologie. Diesem Ziel – zu erkennen, welche unter den denkbaren Verhaltensmöglichkeiten in menschlichen Gesellschaften verwirklicht wurden und in welcher Variationsbreite sie auftreten – kann sich die Ethnologie nur durch Vergleiche nähern. Die Aufgabe, die Variation eines bestimmten kulturellen Phänomens zu beschreiben, stellt sich Ethnologen bei der

Gestaltung von Unterrichtseinheiten ebenso wie bei der Abfassung von Lehrbüchern und stellt häufig den Ausgangspunkt von Forschungsprojekten dar. Folglich wird etwa in Einführungen in die Ethnologie die Variation im Bereich Verwandtschaftsorganisation breit dargestellt. Patrilinear organisierte Gruppen werden von matrilinear oder bilateral organisierten Gesellschaften abgehoben, matrilokale Systeme von neolokalen und patrilokalen abgegrenzt. Auch in Spezialgebieten des Faches wird ein Gegenstandsbereich eingegrenzt, indem zunächst die interne Variationsbreite dargestellt wird. So stellt Casimir (1991) umfassend die Variation von Ernährungsgewohnheiten in pastoralnomadischen Ökonomien dar, um dann die von ihm untersuchten Fälle (Paschtunen, Bakkrawal) besser einordnen zu können. Diese in Einführungstexten als ethnologisches Grundlagenwissen vermittelten Einsichten beruhen auf dem Vergleich von ethnographischem Material. Wie im Einzelnen verglichen wurde, ist oft kaum zu rekonstruieren und wohl auch nicht wesentlich, solange sichergestellt ist, dass eine klare Definition des Untersuchungsgegenstandes vorliegt.

– Vergleiche zur Erstellung von Typologien und Klassifikationen

Typologien stellen Hilfsmittel der Heuristik in zahlreichen Wissenschaften dar. Sie helfen Wissen zu ordnen und zu hierarchisieren. In ethnologischen Grundlagenarbeiten finden wir immer typologische Ordnungen: Jäger und Sammler werden von Pflanzergesellschaften und Pastoralnomaden oder Akkerbauern unterschieden, Hordengesellschaften von Ranggesellschaften, Häuptlingstümern und Staaten getrennt. Auf der Basis des Vergleichs zahlreicher Einzelfallstudien wird ein kultureller Typus kreiert. Die Einführung A. Raos zu dem Sammelband *The Other Nomads. Peripatetic Minorities in Cross-Cultural Perspective* (1987) zeigt deutlich wie ein Kulturtypus auf der Basis vergleichender Arbeit geschaffen wird. Rao führt an, dass Gruppen wie die Sinti und Roma Osteuropas, die Tahtaci der Türkei und die LawBe des westafrikanischen Sahel nicht in herkömmliche Typologien passen. Diese Gruppen können im Vergleich zu umwohnenden Gesellschaften dadurch charakterisiert werden, dass sie numerisch recht klein, von den dominanten Gesellschaften ökonomisch und sozial marginalisiert und daher meist endogam sind. Häufig ist ihnen der Zugang zu Produktionsmitteln wie Land und Herden gänzlich verwehrt, und sie müssen ihr Auskommen über Dienstleistungen und handwerkliche Produktion bestreiten. Rao stellt einerseits die Variation innerhalb dieses Kulturtypus dar, legt andererseits aber Wert darauf, diesen von anderen arrivierten Typen abzugrenzen. Über den Vergleich von Einzelfällen gelingt es ihr, den Gesellschaftstyp *Peripatetiker* genauer zu fassen.

2.2 Systematische Vergleichsverfahren

Konstitutiv für systematische Vergleichsverfahren ist, dass hier Vergleichskriterien offengelegt, Fälle gleichrangig untersucht und ein einheitliches Begriffsraster für den Vergleich gesucht wird.

– Regionalvergleich
Für einen Regionalvergleich werden wenige Kulturen innerhalb eines begrenzten geographischen Raumes unter einer gemeinsamen Fragestellung miteinander verglichen. Aufgrund ähnlicher Umweltbedingungen und geteilter historischer Erfahrungen und wechselseitiger Einflüsse ähneln sich Kulturen innerhalb eines Raumes häufig. Für den Vergleich konzentriert man sich meist auf solche Phänomene, in denen Unterschiede deutlich ausgebildet sind. Ziel ist es dabei, die wenigen kulturspezifischen Unterschiede durch Verbindung mit anderen kulturellen Bereichen zu erklären. Dieses Verfahren erlaubt zum einen wichtige Rückschlüsse über kausale Verbindungen einzelner Kulturelemente, zum anderen können damit Rückschlüsse auf regionalhistorische Prozesse gezogen werden.

Die Arbeit S. F. Nadels (Nadel 1952) zu Hexereivorstellungen in afrikanischen Gesellschaften beinhaltet zwei Regionalvergleiche: zum einen werden die nigerianischen Gruppen Nupe und Gwari und dann die sudanesischen Nuba-Gruppen Korongo und Mesakin verglichen. In beiden Fällen weisen beide Kulturen deutliche Entsprechungen hinsichtlich ihrer sozialen und politischen Organisation sowie ökonomischen Orientierung auf, unterscheiden sich aber jeweils hinsichtlich ihrer Hexereivorstellungen grundlegend. Ich möchte hier nur kurz den ersten der beiden Vergleiche vorstellen. Bei den Nupe wird Hexerei folgendermaßen vorgestellt: Hexerei wird immer von Frauen durchgeführt, die in Geheimgesellschaften organisiert sind und richtet sich meist gegen Männer. Nur Männern werden dagegen Kräfte zugesprochen, Anti-Hexerei Rituale durchzuführen. Dagegen spielt in den Hexereivorstellungen der benachbarten Gwari ein Geschlechterantagonismus keine Rolle. Hexerei wird ebenso von Männern wie von Frauen betrieben und auch Anti-Hexerei-Rituale können von beiden Geschlechtern durchgeführt werden. Nadel testet nun einige gängige Hypothesen, die versuchen, die augenfälligen Unterschiede zwischen beiden benachbarten Gesellschaften zu erklären. Überzeugend kann er schließlich darstellen, dass bei den Nupe Heiratsbeziehungen sehr konfliktreich sind. Viele Nupe-Frauen sind erfolgreiche mobile Händlerinnen, die wirtschaftlich weitaus besser gestellt sind als ihre meist mit Anbau beschäftigten Männer. Nicht selten sind Männer bei ihren Frauen hoch verschuldet und Frauen sind immer wieder gezwungen, finanzielle Verantwortung in Bereichen zu übernehmen, die eigentlich ihren Männern zugedacht sind. Auch im zweiten Regionalvergleich (Korongo/Mesakin) identifiziert Nadel Spannungen im Verwandtschaftsgefüge als Grundlage für Hexereivorwürfe (bei den Mesakin zwischen Mutterbruder und Schwestersohn). Auf der Basis der beiden Regionalvergleiche formuliert er abschließend eine Typologie. Während im ersten Typ Hexerei von Personen ausgeht, die den Werten der Gesellschaft zuwider handeln, sind im zweiten Typ Hexer vor allem Personen, die gesellschaftliche Erwartungen nicht erfüllen. In strukturfunktionalistischer Manier schließt Nadel dann: „In both types, then, the imputation of witchcraft serves to uphold the desired, if utopian, state of society by identifying the witch with the transgressor – whether in successful action or in unadmitted, supressed desire.“ (Nadel 1952: 28).

Andere Regionalvergleiche sind eher bemüht, regional-historische Prozesse auf der Basis des Vergleichs deutlicher abzubilden und/oder die Variation eines Phänomens innerhalb einer Region aufzuzeigen. Nur kurz sollen einige Beispiele angesprochen werden: Schlee (1989) setzt die Clansysteme der ostafrikanischen Rendille, Borana und Gabbra miteinander in Beziehung, und schließt aus den Befunden auf die regionale Geschichte. Barnard & Widlok (1996) vergleichen rezente Siedlungsstrategien bei den Nharo Botswanas und den Hai//om Namibias, zwei San Gruppen im südlichen Afrika, und erarbeiten dabei eine Typologie rezenter Siedlungsformen. Roth (1994) vergleicht demographische Prozesse in zwei pastoralnomadischen Gruppen Ostafrikas (Rendille, Toposa) und beschreibt damit die Variation des Untersuchungsgegenstandes in einer Region.

Bereits ein kursorischer Blick auf ethnologische Literatur zeigt, dass diese Form des Vergleichs sehr häufig ist und fruchtbar eingesetzt wird, um über einen kontrollierten Vergleich regionale Typologien, Variationsbreite eines Phänomens, kausale Bezüge und regionale Geschichte zu erarbeiten.

– Kulturvergleich

Im Kulturvergleich werden nach Schweizer (1999: 102) mehrere (mindestens zwei) weit entfernte Kulturen in Beziehungen gesetzt. Aufgrund der räumlichen Distanz sind Ähnlichkeiten durch gemeinsame historische Erfahrungen und/oder Diffusion von Kulturmerkmalen nicht zu erwarten. Wenn Ähnlichkeiten zwischen den Kulturen auftauchen, dann muss es sich um strukturelle Entsprechungen handeln. Im Gegensatz zum Regionalvergleich wird hier demnach nicht nach Unterschieden zwischen Kulturen sondern nach Entsprechungen gesucht und der Versuch gemacht, diese zu erklären. Kulturvergleiche werden aufgrund der geringen Fallzahl eher explorativ eingesetzt. Sie generieren Hypothesen, die mittels größerer Fallzahlen getestet werden können.

Nadels Vergleich von Hexereivorstellungen beinhaltet sowohl einen Regional- als auch einen Kulturvergleich: Die nigerianischen Fälle waren mit den sudanesischen Fällen nicht historisch verbunden. Resultat des Vergleichs war eine Typologie von Hexereivorstellungen. Auf kausale Erkenntnisse ist

McNettings Vergleich der wirtschaftlichen Organisation der Kofyar Nigerias und des Bergdorfes Törbel in der Schweiz aus (McNetting 1993). Zu den kausalen Bezügen zwischen Bevölkerungsentwicklung, Umweltabhängigkeit, Arbeitsorganisation, Haushaltsstrukturen, Ressourcennutzung und sozialer Ungleichheit überprüft McNetting gängige Hypothesen und generiert eigene. In einer vergleichbar strukturierten Arbeit (Bollig 1999) habe ich für zwei hirtennomadische Gesellschaften Afrikas (die Himba Namibias und die Pokot Kenias) Entsprechungen hinsichtlich des Risikomanagements in beiden Ökonomien dargestellt. Zunächst wurden vergleichend die Gefährdungen der pastoralen Weidewirtschaft durch Degradation, Dürren und Viehkrankheiten, demographisches Wachstum, Konflikt und wirtschaftliche Marginalisierung innerhalb des Kolonial- und Nationalstaates beschrieben. Während die Pokot die Unwägbarkeiten des Systems durch intensives Teilen in egalitären, dicht geknüpften Netzwerken zu meistern versuchen, sind es bei den Himba wohl etablierte Patron-Klientnetzwerke, in denen ein Auskommen allen, Reichtum und Partizipation an kommunalen Entscheidungen aber vor allem den Wohlhabenden garantiert wird. In beiden Fällen verleihen und verschenken Akteure Vieh, um sich so über soziale Beziehungen abzusichern.

Der weitaus seltener als der Regionalvergleich durchgeführte Kulturvergleich setzt beim Ethnologen ein deutliches Bekenntnis zu überregionalem Erkenntnisgewinn durch vergleichende Forschung voraus. Während Regionalvergleiche durchaus den Anschein erweiterter Ethnographien haben können, wollen Kulturvergleiche explizit historisch unverbundene Kulturen einander gegenüberstellen, um kausale Bezüge und Verlaufs- oder Strukturtypen gesellschaftlicher Organisation zu erfassen.

– Kulturarealstudie

Während der Regionalvergleich zumeist theoriegeleitet Unterschiede benachbarter Kulturen herausstellen und erklären will, ist die Kulturarealstudie bemüht, die Variation und Entsprechung innerhalb eines Gegenstandsbereiches im regionalen Kontext sowie die sie begründenden historischen Prozesse festzustellen. Die Kulturarealstudie wurde in einer heute nicht mehr akzeptierten, da ethnographisch ungenügend fundierten Art, durch Wissenschaftler der deutschsprachigen Kulturkreis-Schule und der amerikanischen Kulturareal-Schule praktiziert. Während es den deutschen Wissenschaftlern vornehmlich um historische Aussagen meist großer und mittlerer Zeittiefe ging, also Prozesse der Ethnogenese und Migration, waren die amerikanischen Kollegen eher an einer Ordnung der Kulturen einer weiteren Region interessiert.

Thematisch deutlicher fokussiert waren Kulturarealstudien zu Verwandtschaftssystemen, wie sie etwa von Radcliffe-Brown (1930/31) in *The Social Organisation of Australian Tribes* oder in Barnards Studie (1983) zu Verwandtschaft in khoisansprachigen Gruppen des südlichen Afrika vorgelegt wurden. In beiden Beiträgen werden für ein einmal räumlich (Australien) und ein anderes Mal linguistisch (Khoisan-sprachig) definiertes Kulturareal Variationen hinsichtlich eines Gegenstandsbereiches, nämlich dem der Verwandtschaft, festgehalten und darauf aufbauend Idealtypen verwandtschaftlicher Organisation mit regionaler Reichweite erarbeitet. Mit einem beeindruckenden Datensatz aus eigenen Feldarbeiten mit verschiedenen Maasai-Gruppen und zahlreichen ähnlich gelagerten Feldarbeiten zu Pastoralnomaden und Kleinbauern vornehmlich in Ostafrika hält Paul Spencer (1998) Zusammenhänge zwischen verwandtschaftlicher und wirtschaftlicher Organisation in hirtennomadischen Gruppen in Ostafrika fest. Er untersucht dabei vergleichend insbesondere Zusammenhänge zwischen Polygynie und gesellschaftlicher Stratifikation (Spencer 1998: 51ff). Spencers Arbeit sprengt das Paradigma der Kulturarealstudie: Neben den im Kern interessierenden ostafrikanischen Fällen verwendet er wohl aus Gründen der Kontrastierung auch westafrikanische Fälle. Während für die ostafrikanischen Fälle von historischen Wechselwirkungen ausgegangen werden muss, können solche für die Beziehung der west- und ostafrikanischen Fälle nahezu ausgeschlossen werden. Spencers Arbeit zeigt hier also sowohl Elemente des Regionalvergleichs (der intensive Vergleich verschiedener räumlich benachbarter maa-sprechender Gruppen wie Maasai, Samburu und Njemps), des Kulturvergleichs (der Vergleich ost-, west- und südafrikanischer Fälle) und des Kulturarealvergleichs (in Bezug auf Polygynie, Haushaltsorganisation und gesellschaftliche Stratifikation werden zahlreiche räumlich benachbarte ostafrikanische Fälle untersucht). Aufgrund der hohen Fallzahl (n=87) und der angewandten statistischen Verfahren könnten wir im Falle dieser Vergleichsstudie sogar von einem statistisch interkulturellen Vergleich sprechen.

Aufgrund der immensen Aufwendigkeit des Kulturarealvergleichs wird diese Form des Vergleichs nur selten praktiziert. Obwohl die Ethnologie durch deutliche regionale Spezialisierungen geprägt ist, mangelt es an guten regionalen Übersichtswerken. Historisch eingebettete und kontextbewusste Vergleiche von Kulturen einer Region auf der Basis rezenter Ethnographien sind für den fachspezifischen wie den interdisziplinären Diskurs unbedingt wünschenswert und stellen auch als Grundlage für ein erfolgversprechendes Ethnologiestudium ein dringendes Desiderat dar.

– Statistisch interkultureller Vergleich

Statistisch interkulturelle Vergleiche untersuchen auf der Basis vorhandener Daten eine größere Anzahl von Kulturen aus unterschiedlichen Zeiten und Weltgegenden unter einer theoretisch interessierenden Fragestellung. Ziel des Verfahrens ist die Prüfung von Hypothesen zu Zusammenhängen zwischen verschiedenen Gegenstandsbereichen. Aufgrund der hohen Fallzahl behilft sich diese Vergleichsform statistischer Methoden, um Korrelationen zwischen

Variablen zu ermitteln. Wissenschaftler, die diese Vergleichsform wählen, haben die Möglichkeit, auf verschiedene Samples zurückzugreifen. Die folgende Tabelle (*Tab. 1*) stellt eine keineswegs erschöpfende Synopse verschiedener Fallsammlungen vor.

Das Standard Cross Cultural Sample ist dabei der am häufigsten genutzte Datensatz für statistisch interkulturelle Vergleiche. In jüngster Zeit wurde aber auch das HRAF Probability Sample häufig genutzt. Beide Fallauswahlen bestechen durch eine ausgezeichnete Verfügbarkeit der Fälle. Elektronische Präsentation und Vorkodierung der Fälle machen eine unmittelbare Nutzung der Samples möglich (www.yale.edu/hraf/). Dennoch sind beide Fallsammlungen

Type	Publ.	Nr. der Fälle	
Ethnographic Atlas	Ethnology I 1962	1264	Nahezu komplettes Inventar der beschriebenen Kulturen der Welt
Summary of Ethnographic Atlas	Murdock 1967	862	Die besser beschriebenen Kulturen des Ethnographic Atlas
Standard Ethnographic Sample 2d ed.	Naroll & Sipes 1973	273	Gütekriterien für Daten sind festgelegt: der Ethnograph lebte in der untersuchten Gemeinschaft länger als ein Jahr und beherrschte die lokale Sprache.
Standard Cross-Cultural Sample	Murdock and White 1969	186	Enthält umfassend vorkodierte Daten; die Kulturen des Samples sind nach ethnographischen Gütekriterien ausgewählt.
HRAF Probability Sample	Ember 1997	60	Ein Zufallssample auf der Basis des HRAF, das ausgeglichen die Kulturen der Welt repräsentiert und gleichzeitig historische Wechselwirkungen zwischen Kulturen ausschließt

Tab. 1: Verschiedene Samples des statistisch interkulturellen Vergleichs

auch durch ähnliche Mängel belastet, vor allem durch Überalterung der ethnographischen Arbeiten sowie der Vernachlässigung des Kulturwandels.

Um das Vorgehen des statistisch interkulturellen Vergleichs zu skizzieren, greife ich auf Beispiele der ethnologischen Forschung zu Kriegsursachen zurück (einen Überblick über Kriegsursachentheorien bietet Orywal 1996):

(1) Zunächst wird ein theoretisch interessantes Problem genauer umrissen: Wie können wir erklären, dass in einigen Kulturen der Welt gewaltsame Konfliktaustragung zur Tagesordnung gehört, in anderen aber friedliche Konfliktaustragungsformen dominieren? Sind es eher materielle Bedingungen, wie etwa Konflikte um knappe Ressourcen, oder eher ideelle Konstellationen, wie etwa Kriegerideale und Sozialisationspraktiken, die aggressives Verhalten bereits im Kindesalter vermitteln und schließlich Gruppen dazu bringen, gegeneinander Krieg zu führen. Entsprechend diesen Forschungsfragen wird ein Hypothesenkatalog zu der interessierenden Thematik angefertigt. So stellen etwa Wittek und Wagner (beide 1990) Hypothesen zu den Zusammenhängen zwischen gewaltsamer Konfliktaustragung als abhängiger Variable und Konkurrenz um knappe Ressourcen sowie Sozialisationspraktiken als unabhängigen Variablen systematisch zusammen und überprüfen diese hinsichtlich ihrer Erklärungskraft.

(2) Der zweite Schritt betrifft die Isolation, Definition, Operationalisierung und Beschreibung von Ausprägungen der Schlüsselvariablen. Zunächst erfolgt eine systematische Trennung in abhängige Variable, d. h. den inhaltlichen Bereich, dessen Variation erklärt werden soll (in unserem Falle „Krieg“) und unabhängige Variablen, d. h. die inhaltlichen Bereiche, die die Variation des untersuchten Phänomens erklären (in unserem Falle etwa „knappe Ressourcen“, „Kriegerideale“, „Sozialisationspraktiken“). Um eine Variable für die Kodierung operational zu machen, erfolgt dann eine Definition und eine systematische Fassung der Variablenausprägungen. Beispielhaft sind diese Schritte für die abhängige Variable „Krieg“ in Tabelle 2 angeführt. Die Beschreibung der Merkmalsausprägungen sind in der Regel mit ausführlichen Anweisungen für die Kodierer versehen.

Definition. “Warfare is defined as socially organised armed combat between members of different territorial units (communities or aggregates of communities).”
Operationalisierung: Unterscheidung von internem vs externem Krieg, Unterscheidung zwischen Krieg und Aggression;
Beschreibung der Merkmalsausprägung für den Bereich „Frequency of Warfare“, Vorkodierung nach dem Outline of Cultural Materials im HRAF vorhanden (0) no resolved rating (1) Warfare seems to be absent or rare. (2) Warfare seems to occur once every three to ten years. (3) Warfare seems to occur at least once every two years. (4) Warfare seems to occur every year, but usually only during a particular season. (5) Warfare seems to occur almost constantly and at any time of the year. ......
Quelle: aus Ember & Ember „Warfare, Aggression and Resource Problems: Cross-Cultural Codes 1992: 169–186. Hier S. 173.

Tab. 2: Operationalisierung der Variable „Warfare“

(3) Der dritte Schritt betrifft die Auswahl eines passenden Samples. Soll der interkulturelle Vergleich tatsächlich weltweit Fälle auswählen oder auf eine Großregion (etwa Asien oder Afrika) oder auf einen Gesellschaftstyp (etwa staatenlose Gesellschaften) beschränkt sein? Will man mit den zur Verfügung stehenden Samples des Standard Cross Cultural Sample (SCCS) oder des Human Relations Area Files Probability Samples arbeiten? Die Vorteile des Rückgriffs auf ein bestehendes Sample sind unzweifelhaft. Für die dokumentierten Fälle ist umfassend Literatur recherchiert und liegt bereits teilweise in vorkodierter Form vor. Es können allerdings auch Gründe gegen die Verwendung dieser Samples sprechen: So wird man etwa zu „modernen“ Kriegen, wie sie etwa in Liberia und in Angola zwischen nicht einfach zu definierenden Konfliktparteien, mit einer bedeutsamen Eigendynamik des Krieges und Außerkraftsetzung kultureller Normen und Werte weder im HRAF noch im SCCS Informationen finden. Diese Erwägungen können durchaus dazu führen, dass eigene Samples mit großem Arbeitsaufwand erstellt werden müssen.

(4) Es folgt der aufwendigste Schritt: die Kodierung der Daten. Für alle definierten Variablen werden nun aus den Texten Ausprägungen gesucht. Resultat dieses Arbeitsschrittes ist eine abgeschlossene Datenbank, die eine große Zahl von Variablen mit ihren jeweiligen Ausprägungen enthält. Ember et al. 1993 geben eine ausführliche Beschreibung der mannigfaltigen Probleme bei der Kodierung von Daten im statistisch interkulturellen Vergleich und geben Hinweise, wie diese zu lösen sind. Die Kodierung

der zentralen Variablen wird in ihrer Vorgehensweise durch so genannte *Reliability Codes* qualifiziert. Mittels dieser Codes schätzt der Kodierer die Zuverlässigkeit der kodierten Information ein. Beispielhaft wird ein kleiner Ausschnitt eines Kodierungsblattes gezeigt (*Tab. 3*). Die Spalte „date“ erfasst die Zeitperiode, für die die Kodierung unternommen wurde; die Spalte „Pacification“ beschreibt, ob die Gesellschaft zum Zeitpunkt der Datenaufnahme bereits pazifiziert war, ob dies nur teilweise oder nicht der Fall war (Codes von 1= nicht pazifiziert bis 9 = ungenügende Information). In den folgenden Spalten wird dann die Häufigkeit interner und externer Kriege erfasst und die Zuverlässigkeit der erhobenen Informationen bewertet.

Society	Date	Pacification Internal Warfare	Freq. of	Reliability External Warfare	Freq. of	Reliability
Nama	1860	1	5	Rel.	5	NotRel
!Kung	1950	9	1	Rel.	1	Rel.
Thonga	1895	9	0	NotRel.	0	NotRel
Lozi	1900	1	3.5	Rel.	2.5	NotRel

Auszug aus: Ember et. al. 1993 Political Participation and Peace: Cross-Cultural Codes, S. 118

Tab. 3: Kodierung von Daten zu den Bereichen Pazifizierung, Externer und Interner Krieg

(5) Im fünften Schritt werden diese Variablen dann mittels statistischer Prozeduren aufeinander bezogen. Es wird nach Korrelationen negativer oder positiver Art zwischen den Variablen, insbesondere zwischen den abhängigen und unabhängigen Variablen gesucht. Aber auch sich verstärkende oder abschwächende Effekte zwischen abhängigen Variablen werden analysiert. Zahlreiche Arbeiten widmen sich den statistischen Prozeduren des interkulturellen Vergleichs (siehe Schweizer 1978), empfehlen bestimmte Korrelationskoeffizienten und lehnen andere ab, oder legen Maßzahlen für die Mindestgröße von Samples fest. Ich möchte hier nicht in die statistischen Tiefen der Thematik vordringen, sondern nur ein kurzes und einfaches Beispiel für die Art der Auswertung in statistisch interkulturellen Vergleichen geben. Wagner (1990) untersucht die Zusammenhänge zwischen Sozialisationspraktiken und gewaltsamer Konfliktaustragung. Sie stellte fest, dass drei Komplexe von Zusammenhangsbehauptungen unterscheidbar sind: (a) Kinder erlernen in Primär- und Sekundärsozialisation aggressives Verhalten und tendieren daher als Erwachsene dazu, Interes-

sengegensätze gewaltsam bis hin zu kriegerischen Auseinandersetzungen auszutragen; (b) Kinder erhalten nur wenig Zuneigung und reagieren frustriert, diese Frustration überträgt sich in aggressives Verhalten im Erwachsenenalter, (c) durch die Betonung kooperativer Verhaltensstrategien in der Sozialisation werden gewaltvermeidende Konfliktaustragungsstrategien im Erwachsenenalter vorbereitet. Wagner übernimmt die Kodierung der Sozialisationsvariablen des Standard Cross Cultural Sample (Barry III et al. 1976) und testet die Beziehungen zwischen diesen und der ebenfalls im SCCS kodierten Häufigkeit gewaltsamer Konfliktaustragung.

SCCS-Codebook	Variables	Pearson's r	Significance (p)	Sample(N)
453	Corporal Punishment (Early Bodyhood)	.25	.02	69
455	Corporal Punishment (Late Boyhood)	.34	<.01	69
298	Inculcation of Aggression (Early Boyhood)	.37	<.001	65
300	Inculcation of Aggression (Late Boyhood)	.50	<.01	71
469	Affection (Early Boyhood)	-.24	.02	69
471	Affection (Late Boyhood)	-.20	.04	68
334	Generosity	-.40	<.01	49
335	Trust	-.38	<.01	58
336	Honesty	-.43	<.01	54

Quelle: Wagner 1990: 69-70.

Tab. 4: Beziehung zentraler Sozialisationsvariablen mit der Variable „gewaltsame Konfliktaustragung"

Es können überraschend starke Zusammenhänge festgestellt werden: körperliche Bestrafungen und die Erziehung zu Aggression im späten Knabenalter korrelieren hoch (bei gleichzeitig hohen Signifikanzwerten) mit der Häufigkeit von gewaltsamen Konflikten. Interessant dabei ist, dass körperliche Sanktionen im späten Knabenalter sehr viel deutlicher mit gewaltsamer Konfliktaustragung korrelieren als körperliche Sanktionen im frühen Knabenalter. Eine ähnlich deutliche Korrelation liegt für die

Variable „Erziehung zu Aggression“ vor. Dagegen korrelieren wie vorausgesagt die Variablen Erziehung zu Großzügigkeit, Vertrauen und Ehrlichkeit deutlich negativ mit gewaltsamer Konfliktaustragung.

(6) Im abschließenden Schritt erfolgt die Interpretation der statistischen Ergebnisse. Hohe Korrelationen geben Hinweise auf kausale Zusammenhänge, erklären diese aber keineswegs. Wagner konsultiert zur Interpretation ihrer Ergebnisse psychologische und soziologische Arbeiten und suchte auch in Monographien nach Erklärungen für die erkannten Zusammenhänge.

Die Kritik an den Verfahren des statistisch interkulturellen Vergleichs ist vielfältig. Die Vielzahl der verglichenen Fälle sowie die quantitative Art der Auswertung führen notwendigerweise zu Quellenferne. Was sagen die von Wagner erarbeiteten hohen Korrelationswerte tatsächlich aus? Wenn der Zusammenhang zwischen harten Sozialisationspraktiken und gewaltsamer Konfliktaustragung hoch ist, was lernen wir dann über das grundlegende Problem „Krieg“? Die Isolation einzelner Variablen konterkariert einen holistischen Anspruch. Die in den großen, häufig benutzten Samples des SCCS und des HRAF zusammengestellten Fälle sind nicht nur im Umfang sondern auch in der Qualität sehr unterschiedlich. Quellenkritik kann in Ansätzen über Reliability Codes, wie von Ember et. al. (1993) vorgeschlagen, eingebracht werden, aber kann tatsächlich innerhalb dieses Verfahrens eine solide Wertung der Quellen erfolgen?

Diese Fragen sind an den statistisch interkulturellen Vergleich immer wieder gerichtet worden, und die Antworten lassen erkennen, dass hier tatsächlich schwerwiegende Probleme dieser Vergleichsform liegen. Dennoch soll auch auf zahlreiche positive Seiten dieser Vergleichsform verwiesen werden. Möglicherweise liegen dabei die Stärken des Verfahrens gar nicht so sehr in der Falsifizierung und/oder Verifizierung von Hypothesen sondern im Aufwerfen von neuen Fragestellungen und im Korrektiv zu aus Einzelfallstudien erzielten Ergebnissen. Die Arbeit von Burton & White (1984) zur Arbeitsteilung in agrarischen Gesellschaften und dem Zusammenhang zwischen Arbeitslast der Frau und landwirtschaftlicher Entwicklung oder die gänzlich anders geartete Vergleichsarbeit der Archäologin Kamp (1998) zur Ausstattung von Gräbern im Kulturvergleich bringen nicht nur systematische Bewertungen gängiger Hypothesen sondern werfen vor allem wichtige neue Fragen für die ethnographische und archäologische Forschung auf. Einen eher enzyklopädisch zusammenstellend als kritisch gewichtenden Überblick über den Beitrag statistisch interkultureller Vergleiche zu disziplinären und interdisziplinären Diskursen bieten Ember & Levinson (1991).

3. Ausblick

Die von Haupt & Kocka (1996: 12) identifizierten Probleme des historischen Vergleichs gelten in Teilen auch für den ethnologischen Vergleich: der Verlust der Quellennähe, die Probleme der Variablenisolierung, die Spannung zwischen strukturellen Entsprechungen und sich wechselseitig beeinflussenden historischen Verläufen. Im Gegensatz zu anderen kulturwissenschaftlichen Disziplinen hat sich die Ethnologie als komparative Kulturwissenschaft diesen erkenntnistheoretischen und methodischen Problemen bereits früh gewidmet und für die verschiedenen Vergleichsverfahren Lösungen dieser Probleme vorgeschlagen. Schweizer (1999: 116f) prognostiziert daher eine wieder zunehmende Bedeutung des interkulturellen Vergleichs im disziplinären und interdisziplinären Diskurs. Er sieht dabei vor allem Regionalvergleiche und Kulturvergleiche im Mittelpunkt der vergleichenden Ethnologie. Beide Verfahren haben den großen Vorteil, dass sie sowohl die Einbettung des Einzelfalles in weitere ökonomische und politische Zusammenhänge berücksichtigen als auch historisch kontextualisierend angelegt werden können. Die Verbindung mehrerer Feldarbeiten in einer Region trägt wesentlich dazu bei, kulturelle Variation und unterschiedliche Ausprägungen der Interaktion zwischen globaler, nationaler und lokaler Ebene zu erkennen und zu erklären. Schweizer (1999: 117) sieht es als zweckmäßige Abfolge der verschiedenen ethnologischen Vergleichsverfahren an, dass kausale Zusammenhänge vor allem in Feldforschungen, historischen Analysen, Regional- und Kulturvergleichen aufgespürt und präzisiert und diese Zusammenhangsbehauptungen dann in weltweitem oder regionalem Maßstab durch den statistisch interkulturellen Vergleich oder durch Kulturarealstudien kritisch evaluiert werden.

Während bislang die Vergleiche von Kulturen im Mittelpunkt standen, werden angemessene Vergleichsgrößen in Zukunft wohl stärker durch das jeweilige Forschungsinteresse bedingt sein. Auch monographisch beschriebene Fälle innerhalb einer Kultur können sinnvoll miteinander verglichen werden, um zu generalisierenden Aussagen über eine Region zu gelangen: So vergleicht etwa Spencer (1998) Beschreibungen zu verschiedenen Maasai-Gruppen und bringt diese Vergleichsfälle gleichberechtigt in eine regionalvergleichende Studie ein. Colson & Kottak (1994) stellen Dorf- bzw. Stadtgemeinschaften in Zambia bzw. Brasilien für einen Vergleich zusammen und stellen auf dieser Basis Verlaufstypen kultureller Entwicklung auf. Da in Feldarbeiten heute deutlicher die intrakulturelle Variation sozialer Phänomene erfasst wird, können mittels Vergleichsverfahren auch monographische Arbeiten zu Gemeinschaften innerhalb einer Kultur systematisch ausgewertet werden.

Während bislang ethnographische Methoden deutlich von vergleichenden Methoden getrennt wurden, ist für die Zukunft eine engere Verbindung zwischen Ethnographie, historischer Rekonstruktion und interkulturellen Vergleichen wünschenswert. Nicht nur der vergleichend arbeitende Wissenschaftler profitiert von zunehmender ethnographischer Tiefenschärfe, auch der Ethnograph im Feld kann seine empirische Aufnahme durch das Wissen um die Aussagen von Vergleichsarbeiten deutlich schärfen. Einerseits dürfte die inzwischen kontextbewusstere und historischer orientierte ethnographische Forschung in Zukunft für Vergleichsverfahren spannende neue Forschungsfragen aufwerfen. Andererseits wird die Ethnographie deutlich von der Integrationsleistung reflektierter Vergleichsverfahren profitieren, weil sie theoretische Verbindungen zwischen Kulturökologie, Wirtschafts- und Sozialethnologie sowie moderner Kognitionsforschung berücksichtigen und zeigen wie Umweltbedingungen, Handeln, Institutionen und Vorstellungen zusammenhängen (Schweizer 1999: 118).

Dank

Für die kritische Durchsicht des Manuskriptes danke ich Frau Prof. Ulla Johansen und Dr. Thomas Widlok. Beide haben durch konstruktive Kritik deutlich zur Präzisierung der vorgestellten Gedanken beigetragen.

4. Literatur

4.1 Einführende Literatur

Ember, Melvin & Carol Ember

1998 Cross-Cultural Research. In: Bernard, H. (Hg.) Handbook of Methods in Cultural Anthropology. London. Sage. pp. 647–687.
Der einführende Artikel bietet einen sehr guten Überblick über Methoden des interkulturellen Vergleichs und stellt vor allem Ansätze des statistisch interkulturellen Vergleichs umfassend dar.

Haupt, H. G. & J. Kocka

1996 Historischer Vergleich: Methoden, Aufgaben, Probleme. Eine Einleitung. In: H. G. Haupt & J. Kocka (Hg.) Geschichte und Vergleich. Ansätze und Ergebnisse international vergleichender Geschichtsschreibung. Frankfurt 1996.
Der Übersichtsartikel lotet Möglichkeiten und Grenzen des Vergleichs in der Geschichtswissenschaft und ihren Nachbarwissenschaften aus.

Johnson, Allen

1991 Regional Comparative Field Research. *Behavior Science Research* 25: 3–22.
Der Beitrag beschäftigt sich mit den Möglichkeiten des Regionalvergleichs und bietet gut gewählte Fallbeispiele.

Schweizer, Thomas
1999 Wozu Interkultureller Vergleich. In: Kokot, Waltraud & Dorle Drackle (Hrsg.) Wozu Ethnologie? Festschrift für Hans Fischer. Kulturanalysen Band 1. Berlin. S. 91–123.
Der Beitrag Schweizers stellt eine Typologie von Vergleichsmethoden vor. Darüber hinaus bietet er eine sehr überzeugende erkenntnistheoretische Fundierung des interkulturellen Vergleichs.

4.3 Zitierte Literatur

Barnard, Allan
1983 Khoisan Kinship: Regional Comparison and Underlying Structures. In: L. Holy (Hg.) Comparative Anthropology. London. S. 189–209.

Barnard, Allan & Thomas Widlok
1996 Nharo and Hai//om settlement patterns in comparative perspective. In: Kent, S. (Hg.) Cultural Diversity among Twentieth-Century Foragers. An African perspective. Cambridge. S. 87–107.

Barry, Herbert III, Lili Josephson, Edith Lauer & Catherine Marshall
1976 Traits inculcated in childhood: Cross-Cultural Codes 5. Ethnology 15: 83–114.

Boas, Franz
1896 The Limitation of the Comparative Method in Anthropology. Science 4: 901–908.

Bollig, Michael
1999 Risk Management in a Hazardous Environment. A Comparative Study of Two Pastoral Societies. Köln. (Habilitationsschrift)

Burton, Michael & Douglas White
1984 Sexual Division of labor in Agriculture. American Anthropologist 86:568–583.

Carneiro, Robert
1968 Ascertaining, Testing, and Interpreting Sequences of Cultural Development. Southwestern Journal of Anthropology 24: 354–374.

Casimir, Michael
1991 Flocks and Foods. A Biocultural Approach to the Study of Pastoral Foodways. Köln.

Ember, Melvin
1997 Evolution of the Human Relations Area Files. Cross-Cultural Research 31: 3–15.

Ember, Melvin & Carol Ember
1992 Warfare, Aggression and Resource Problems: Cross-Cultural Codes. Behavior Science Research 1992:169–186.
1998 Cross-Cultural Research. In: Bernard, H. (Hg.) Handbook of Methods in Cultural Anthropology. London. Sage. S. 647–687.

Ember, Carol, Bruce Russet & Melvin Ember
1993 Political participation and peace: cross-cultural codes. Cross-Cultural Research 27: 97–145.

Evans-Pritchard, E. E.
1940 The Nuer. Oxford.
1965 The comparative method in social anthropology. In: The Position of Women in Primitive Societies and Other Essays in Social Anthropology. London.

Evans-Pritchard, E. E. & Daryl Forde (Hgg.)
1940 African Political Systems. London.

Ethnology
1962 Ethnographic Atlas. Ethnology 1: 113 ff.

Gräbner, Fritz
1911 Methode der Ethnologie. Heidelberg.

Fried, Morton
1960 On the Evolution of Social Stratification and the State. In: Diamond, Stanley (Hg.) Culture in History: Essays in Honor of Paul Radin. New York.

Haupt, Hans-Gerhard & Jürgen Kocka
1996 Historischer Vergleich: Methoden, Aufgaben, Probleme. Eine Einleitung. In: H. G. Haupt & J. Kocka (Hg.) Geschichte und Vergleich. Ansätze und Ergebnisse international vergleichender Geschichtsschreibung. Frankfurt. S. 9–45.

Holy, Ladislav
1987 Introduction: Description, Generalization and Comparison: Two Paradigms. In: Holy, Ladislav (Hgg) 1987. Comparative Anthropology. London. S. 1–21.

Johnson, Allen
1991 Regional Comparative Field Research. Behavior Science Research 25: 3–22.

Kamp, Kathryn
1998 Social Hierarchy and Burial Treatments: A Comparative Assessment. Cross-Cultural Research 32: 79–115.

Kottak, Conrad & Elisabeth Colson
1994 Multilevel linkages. Longitudinal and comparative studies. In: Borofsky, R. (Hg.) Assessing Cultural Anthropology. New York. S. 396–412.

Lang, Hartmut
1998 Kultur und Evolutionstheorie. Zeitschrift für Ethnologie 123: 5–20.

Lee, Richard
1984 The Dobe !Kung. New York.

Lévi-Strauss, Claude
1949 Les sources elémentaires de la parenté. Paris.
1971 Rapport de symétrie entre rites et mythes de peuples voisins. In: Beidelman, T. O. (Hg.) The Translation of Culture. Essays to E. E., Evans-Pritchard. London. S. 161–179.

McNetting, Robert
1993 Smallholders, householders – fram families and the ecology of intensive, substainable agriculture. Stanford.

Murdock, George P.
1967 Ethnographic Atlas: A Summary Ethnology 6: 109–236.

Murdock, George P. & Douglas. R. White
1969 Standard Cross-Cultural Sample. Ethnology 8: 329–369.

Nadel, S.F.
1952 Witchcraft in Four African Societies. An Essay in Comparison 54: 18–29.

Naroll, Raoul & Richard Sipes
1973 Standard Ethnographic Sample, 2nd ed. Current Anthropology 14: 111–140.

Orywal, Erwin
1996 Krieg als Konfliktaustragungsstrategie – zur Plausibilität von Kriegsursachentheorien aus kognitionsethnologischer Sicht. In: Zeitschrift für Ethnologie 121: 1–48.

Radcliffe-Brown, Reginald
1930/31 The Social Organization of Australian Tribes. Oceania 1: 426–456.
1965 The Mother's Brother in South Africa. In: Radcliffe-Brown, R., Structure and Function in Primitive Society. London. 15–31. (first published in: 1924 South African Journal of Science XXI: 542–555)

Rao, Aparna
1987 The concept of peripatetics: an Introduction. In: Rao, A. (Hg.) The Other Nomads. Peripatetic Minorities in Cross-Cultural Perspective. Köln.

Roth, Eric A.
1994 Demographic Systems: Two East African Examples. In: Fratkin, E. Galvin. K. & E. A. Roth (Hgg.) African Pastoralist Systems. Boulder. 133–145.

Schlee, Günther
1989 Identities on the Move. Clanship and Pastoralism in Northern Kenya. Manchester. Manchester University Press.

Schweizer, Thomas
1978 Methodenprobleme des interkulturellen Vergleichs. Köln. Böhlau.
1999 Wozu Interkultureller Vergleich. In: Kokot, Waltraud & Dorle Dracklé (Hgg.) Wozu Ethnologie? Festschrift für Hans Fischer. Kulturanalysen Band 1. Berlin. S. 91–123.

Spencer, Paul
1998 The Pastoral Continuum. The Marginalization of Tradition East Afric. London. Oxford University Press.

Steward, Julian
1983 The Patrilineal Band. In: J. H. Steward (Hgg) Theory of Culture Change. The Methodology of Multilinear Evolution. University of Illinois. 122–142.

Tylor, Edward Burnett
1889 On a Method of Investigating the Development of Institutions. Applied to Laws of Marriage and Descent. Journal of the Royal Anthropological Institute of Great Britain and Ireland 18: 245–272.

Wagner, Ursula
1990 Child training practices and violent conflict management. Zeitschrift für Ethnologie 115: 67–72.

Wittek, Raphael
1990 Resource competition and violent conflict. Cross-cultural evidence for a socio-ecological approach. Zeitschrift für Ethnologie 115: 23–44.

Whiting, B. B. & Whiting J. W. M.
1975 Children of Six Cultures. Cambridge.

Hartmut Lang

Kultur – System – Globalisierung

1. Ausgangspunkt

Wer sich die Aufgabe stellt, eine fremde, lebende Kultur zu studieren, wird sehr bald Folgendes feststellen:

– Es gibt enorm viel zu studieren, sogar so viel, dass kein Ethnologe hoffen kann, alles zu studieren.
– Die kulturellen Erscheinungen stehen nicht isoliert nebeneinander, sondern sind miteinander verknüpft; sie beeinflussen sich wechselseitig.
– Die untersuchte Kultur steht mit anderen Kulturen in Berührung. Kulturen üben Einfluss aufeinander aus, und die Einflüsse haben heute mehr und mehr auch globalen Charakter.

Wie findet man sich in einer derartigen Fülle von Erscheinungen und Bezügen zurecht, oder anders gesagt, wie kommt man mit der Komplexität von Kultur zurande? Eine Lösung des Problems verspricht der Systemgedanke und seine Spezialisierung in der Theorie sozialer Systeme. Um diese Lösung wird es im Folgenden gehen.

2. Beispiel – Trobriand

Die Vielfalt der Untersuchungsaspekte einer Kultur und ihre Verknüpftheit sei zunächst an einem Beispiel veranschaulicht. Wir beginnen dazu mit einer Reihe von beschreibenden Aussagen über die Kultur der Trobriander. Die Beschreibung basiert auf einer Monographie von Malinowski, die 1935 erschienenen ist, und die Beschreibungsperspektive ist zumeist die des Mannes. Die Trobriandinseln liegen nördlich der Ostspitze Neuguineas.

Unsere Beispiel-Kultur ist auf den ersten Blick, im Vergleich etwa zu den westlichen Industriekulturen, recht einfach. Jeder Trobriander ist Bauer. Für die Bodenbearbeitung steht ein einziges Werkzeug zur Verfügung, der Grabstock. Hauptnahrungsmittel ist in erster Linie Jams, aber auch Taro, zwei Arten von Knollenfrüchten. Von der Ernte seiner Felder behält ein Trobriander im Allgemeinen die Hälfte, die andere Hälfte geht an den Haushalt seiner Schwester.

Auf den Trobriand-Inseln ist zwar jeder Bauer; trotzdem gibt es Klassen, die Klasse der Häuptlinge und Adligen und die der Gemeinen. Die Häuptlingsklasse hat das Privileg, mehrere Frauen, also polygyn, heiraten zu können.

Jeder Trobriander ist Mitglied einer Abstammungsgruppe, der ein bestimmtes Territorium gehört. Nur auf dem Territorium der eigenen Abstammungsgruppe kann ein Trobriander Land besitzen (im Gegensatz zu nutzen). Das Abstammungsprinzip ist matrilinear, d. h. jedes Mitglied einer Abstammungsgruppe glaubt in mütterlicher Linie von einem gemeinsamen weiblichen Vorfahren abzustammen. Weiterhin sollte man wissen, dass die Mitglieder einer Abstammungsgruppe einander nicht heiraten dürfen.

Auf dem Territorium der Abstammungsgruppen befindet sich jeweils ein Ort, z. B. eine Höhle oder ein Teich, aus dem vor langer Zeit laut Herkunftsmythos die Gründer der Abstammungsgruppe hervorgekommen sind. Der Mythos wird meist in der Art des folgenden Beispiels mitgeteilt: „Aus dem Loch von Bulimaulo kam zuerst Kaluva'u und seine Schwester Bokaluvu…"

Hier sei die Beschreibung der Trobriand- Kultur abgebrochen. Sie besteht aus einer Aneinanderreihung von Aussagen. Jede beschreibt, wenn auch teilweise vergröbernd, einen Aspekt der Kultur. Wir haben Daten aneinandergereiht, die beziehungslos nebeneinander stehen. Zwischen diesen Daten bestehen aber durchaus Zusammenhänge, und das soll nun gezeigt werden.

Wie erwähnt, kommt im Herkunftsmythos jeweils ein Bruder mit seiner Schwester an einer bestimmten Stelle auf dem Territorium der Abstammungsgruppe aus der Erde. Warum Bruder und Schwester, für die auch auf den Trobriandinseln ein Inzesttabu besteht, warum nicht Mann und Frau wie in der Genesis? Dazu sollte man sich zunächst an das matrilineare Abstammungsprinzip erinnern und daran, dass nur Mitglieder der Abstammungsgruppe auf deren Territorium Land besitzen können, und an das Heiratsverbot innerhalb der Abstammungsgruppen. Ein Ehemann ist also ein Fremder in der Abstammungsgruppe seiner Frau. Damit dürfte es kaum mehr so verwunderlich sein, dass der Herkunftsmythos keinen Ehemann nennt. Erreicht haben wir das, indem wir das gemeinsame Auftreten von Bruder und Schwester mit dem Abstammungsprinzip, dem Landbesitzrecht und einem Heiratsverbot in Bezug gebracht haben. Es gibt noch weitere Bezüge (s. Malinowski 1954: 113 ff.).

Wie steht es mit dem Privileg der Häuptlingsklasse, polygyn heiraten zu können? Hier sollte man zunächst wissen, dass Häuptlinge für die Ausübung ihrer Macht ökonomische Mittel benötigen. Wenn z. B. ein Häuptling einen Übeltäter bestrafen lassen will, dann muss er denjenigen bezahlen, der die Bestrafung übernimmt. Die Mittel dazu erhält der Häuptling unter anderem durch polygynes Heiraten. Wie erwähnt, bekommen Frauen von ihren Brüdern die Hälfte der Ernte. Ein Häuptling, der mehrere Frauen hat, erhält damit auch mehr als ein monogamer Gemeiner.

Dieses Geflecht von Beziehungen ließe sich noch stark verfeinern und ausweiten. Dem Leser mögen schon Fragen gekommen sein, die ihm zeigen, dass die Verhältnisse noch komplexer sein müssen. Z. B. besteht eine Familie auch auf den Trobriand-Inseln nicht immer nur aus einem Bruder und einer Schwester. Was passiert, wenn in einer Familie nur ein Sohn, aber mehrere Töchter vorhanden sind? Wir wollen dem hier nicht weiter nachgehen. Auch so dürfte erkennbar geworden sein, dass die ‚Bausteine' einer Kultur nicht beziehungslos nebeneinander stehen. Zugleich dürfte das Beispiel auch gezeigt haben, dass, Zusammenhänge zu ermitteln, Sinn stiftet. Was zunächst nur eine Anhäufung von teilweise exotischen Kulturmerkmalen war, wird so verständlich.

Wir haben oben auch behauptet, es gäbe an einer Kultur mehr zu studieren als einem einzelnen Ethnologen möglich sei. Auch dafür liefert der Fall der Trobriander reichlich Anschauungsmaterial. Was wir eben über die Trobriander mitgeteilt haben, sind Ergebnisse der Feldforschung, die Malinowski zwischen 1915 und 1918 durchgeführt hat. Nicht wenige Ethnologen halten Malinowskis Arbeit für ein Meisterwerk ethnologischer Feldforschung, dem nur wenige andere Feldforschungen an Breite und Detailgenauigkeit nahe gekommen sind. Die Resultate hat Malinowski in einer Serie (!) von Büchern und Artikeln niedergelegt. Aber er selbst hat schon auf Lücken in seiner Feldforschung hingewiesen. Er wusste, dass er weit davon entfernt war, alles erfasst zu haben.

Die Feldforschungen von Weiner und Hutchins auf den Trobriand-Inseln haben Lücken, die Malinowski u. W. entgangen sind, aufgezeigt und teilweise geschlossen. Annette Weiner (1976) hat sich intensiv mit der Sphäre der Frauen befasst. Ihre Untersuchungen zeigen, dass es auf den Trobriand-Inseln neben einem Netz von Tauschbeziehungen zwischen Männern, das schon

Malinowski beschrieben hat, auch ein damit verflochtenes Netz von Tauschbeziehungen zwischen den Frauen existiert, was bis dahin unerkannt geblieben war.

Hutchins (1980) ist der Frage nachgegangen, welches Wissen über Landrecht ein Trobriander hat, und wie er es bei Landrechtsstreitigkeiten einsetzt. Das ist eine Frage, die Malinowski nur gestreift hat. Mit einiger Sicherheit kann man aber sagen: Selbst wenn er diese Frage angegangen wäre, wäre er nicht zu Hutchins Resultaten gekommen, denn die benutzten theoretischen Grundlagen standen damals und noch lange Zeit danach nicht zur Verfügung.

3. Vorläufer – Funktionalismus

Malinowski ist ein prominenter Vertreter einer Forschungsrichtung gewesen, der das Verdienst zukommt, verbindlich in ihr Forschungsprogramm aufgenommen zu haben, dass beim Studium einer Kultur die Zusammenhänge zu untersuchen sind. Die Richtung trägt den Namen Funktionalismus. Sie ging davon aus, dass man grundsätzlich an jede kulturelle Erscheinung die Frage stellen kann: Was ist ihre Funktion? Mit dieser Frage ging es dem Funktionalismus allerdings um weit mehr als nur darum, die Zusammenhänge zwischen den kulturellen Erscheinungen aufzudecken.

Um zu sehen, worauf die Funktionalisten mit ihrer Frage hinauswollten, kehren wir kurz noch einmal zu unserem Trobriand-Beispiel zurück. Die Trobriander verwenden große Mühe und Sorgfalt bei der Anlage und Pflege ihrer Felder. Solide Zäune werden um sie herumgebaut. Beim Pflanzen wird für jede Knolle sorgfältig ein günstiger Platz ausgesucht, und bis zur Ernte wird mehrfach Unkraut gejätet. Den Trobriandern ist sehr wohl bewusst, dass Unkraut den Ernteertrag drückt. Darüber hinaus werden beim Bodenbau aber auch magische Mittel eingesetzt. Wird beispielsweise Taro gepflanzt, bespricht der Gartenmagier eine Taropflanzen mit folgender Formel:

„Schwelle dort, oh Taro, schwelle dort, oh Taro
schwelle hier, oh Taro, schwelle hier, oh Taro
oh kräftiger Taro. Er kommt schnell voran der
unbeweglicheTaro."

Mit dieser Formel soll die Taropflanze zum Wachsen angeregt werden. Malinowski hat sich die Frage gestellt, warum die Trobriander Magie einsetzen. Um sie zu beantworten, ist er die verschiedensten Tätigkeiten der Trobriander durchgegangen und hat jeweils gefragt, ob Magie dabei angewendet wird oder nicht. Sein Resultat war: Wo immer die Trobriander eine

Sache mit „Werkzeugen, Kopf und Hand“ beherrschen, da benutzen sie keine Magie; nur dort, wo sie die Dinge nicht voll unter Kontrolle haben, wo Gefahr und Unglück drohen, wird Magie angewandt. Das Wachsen der Pflanzen ist eine derartige unkontrollierbare Erscheinung. Sorgfältiges Pflanzen, Beseitigung von Unkraut sind Voraussetzungen für eine gute Ernte, aber sie garantieren sie nicht. Deshalb also Magie. Auf diese Weise beantwortete Malinowski die auf eine Erklärung abzielende Frage „Warum Magie?“

Auf die Frage, was die Funktion von Magie sei, gab Malinowski hingegen folgende Antwort: Magie gibt den Menschen Hoffnung und Selbstvertrauen, ohne die die Menschen außerstande wären, ihr Leben zu meistern (1954: 90). Die Frage nach der Funktion wird offenbar in zwei Schritten beantwortet. Im ersten Schritt wird gezeigt, dass eine bestimmte kulturelle Erscheinung (Magie im Beispiel) eine bestimmte Konsequenz grundlegender Art (Hoffnung und Selbstvertrauen) hat. Im nächsten Schritt wird gezeigt, dass die Konsequenz zum Überleben der Menschen notwendig ist – und auch zum Überleben ihrer Kultur; denn es geht Malinowski hier offenkundig nicht um das nackte physische Überleben einzelner Menschen.

Malinowski und seine Anhänger versuchten, kulturelle Erscheinungen auf Grundbedürfnisse (engl. *basic needs*) des Menschen wie z. B. Ernährung und Sicherheit zurückzuführen. Eine andere Gruppe von Funktionalisten, zu denen Radcliffe-Brown gehörte, setzte hingegen nicht beim Individuum an, sondern bei der Gruppe. Der Schwerpunkt ihrer Untersuchungen lag auf der Sozialstruktur, daher der Name Strukturfunktionalisten.

Sehen wir uns an wie Radcliffe-Brown die Frage nach der Funktion beantwortet (cf. dazu auch Lang 1994: 116 ff.) Als Beispiel wählen wir die Frage: Weshalb haben die Dieri, eine Gruppe von australischen Ureinwohnern, rituelle Beziehungen zu Totems? Die funktionalistische Antwort sieht so aus: Die Dieri haben Totemismus, um die Solidarität in der Gruppe zu erhalten und zu stärken (cf. Radcliffe-Brown 1952: 124 f.). Zufrieden stellend wäre diese Antwort aber offenbar nur, wenn der Totemismus die einzige Möglichkeit wäre, Solidarität zu bekunden und zu erhalten. Selbstverständlich gibt es hier aber Alternativen; und dementsprechend wenig taugt die Angabe der Funktion für die Erklärung. Denn es bleibt offen, warum wir bei den Dieri Totemismus und nicht eine der Alternativen vorfinden.

Solche Alternativen nennt man funktionale Äquivalente, und diese sind in der Ethnologie nicht seltene Ausnahmen sondern die Regel. Das Problem der funktionalen Äquivalente lässt sich allerdings zum Verschwinden bringen, wenn man die Bedingungen angibt, unter denen ein bestimmtes Äquivalent auftritt. Radcliffe-Brown hat für den Totemismus durchaus solche Bedingungen formuliert (1929: 132). In den funktionalistischen Analysen treten aber noch weitere zum Teil sehr gravierende Schwierigkeiten auf (cf. Lang 1994: 121 ff.). Zusammengenommen haben diese Probleme und Schwierigkeiten einen wesentlichen Anteil daran, dass man heute in der Ethnologie keine funktionalistischen Analysen mehr durchführt.

Von bleibendem Wert aber sind die Kulturbeschreibungen, die die Funktionalisten geliefert haben. Dazu trug wesentlich bei, dass sie die Erkenntnis der Verknüpftheit kultureller Erscheinungen ernst nahmen und es sich zur Aufgabe machten, die Verknüpfungen aufzudecken.

4. System – Grundgedanken

Um komplexe Verhältnisse in der Wirklichkeit zu studieren, steht heute der Systemgedanke und als Wegweiser in der Praxis die Systemanalyse zur Verfügung.

System kann man definieren als eine Menge von Komponenten, zwischen denen Beziehungen (Relationen) bestehen. Komponente bezeichnet einen Teil eines Systems oder einen Teil einer Komponente. Eine Komponente, die sich nicht weiter unterteilen lässt oder an deren weiteren Unterteilung man nicht interessiert ist, nennt man Element. Wie man sieht, ist diese Definition sehr allgemein. Sie mag sogar lächerlich allgemein erscheinen, denn es lässt sich bei dieser Definition ernsthaft fragen, ob es überhaupt ein Ding auf der Welt gibt, das man nicht System nennen kann. Vom „System Stuhl" zu sprechen, ist aber offensichtlich in den meisten Zusammenhängen leeres Wortgeklingel. Damit wir etwas ein System nennen können, muss es offenbar hinreichend komplex sein, d. h. aus vielen Komponenten bestehen, zwischen denen vielfältige Beziehungen bestehen, was bei einem Stuhl z. B. dann der Fall ist, wenn ein Designer sich mit ihm befasst.

Wenn man Systeme analysiert, spielt auch noch der Begriff des Modells eine wichtige Rolle. System und Modell verhalten sich zueinander wie Gegenstand und Abbildung des Gegenstandes. Die Analyse eines Systems zielt darauf ab, seine interessierenden Eigenschaften und Verhaltensweisen zu erfassen. Das Resultat heißt Modell.

Die Allgemeinheit des Systembegriffs bietet für die Untersuchung von Kulturen eine Reihe von Vorteilen. Der Begriff lässt sich auf die verschiedensten Bereiche einer Kultur anwenden, auf die Ökonomie wie die Sozialorganisation, auf den politischen Bereich wie den Bereich der Religion usw.

Laut Definition können Komponenten selbst wiederum Komponenten enthalten, die ihrerseits wieder sich aus Komponenten zusammengesetzt werden können. Auf diese Weise können hierarchische Strukturen modelliert werden. Auch diese Eigenschaft ist sehr vorteilhaft bei der Untersuchung von Kulturen.

Die Komponenten eines Systems können auf sehr komplexe Weise miteinander verbunden sein. Wie sie miteinander verknüpft sind, hat erhebliche Auswirkungen auf das Systemverhalten. Um das zu demonstrieren werden wir uns eine bestimmte Klasse von Verknüpfungen ansehen, nämlich die Schleifen (engl. *loop*). Sie erzeugen Rückkoppelungen (engl. *feed back*). Zu Illustration sehen wir uns die Entwicklung des Maisanbaus in Mesoamerika an. Nach einer Deutung, die nach Lowe (1985) auf Flannery zurückgeht, bestanden dabei folgende Zusammenhänge.

Je stärker die Abhängigkeit der Bevölkerung vom Mais wurde
(und je mehr Mais angebaut wurde)
desto größer wurde die Chance günstiger genetischer Veränderungen des Maises, und
desto höher wurde der Maisertrag,
desto stärker die Abhängigkeit… (s. o.)
(Lowe 1985: 48)

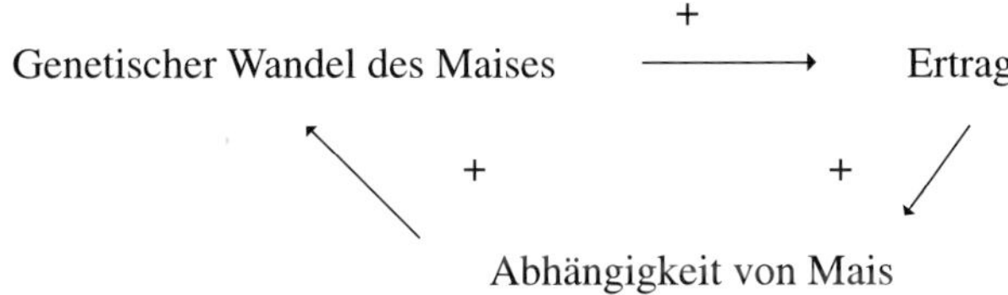

Hier haben wir einen einfachen Fall einer Schleife vor uns, gebildet aus drei Komponenten bzw. Variablen. Die Komponenten sind dabei so miteinander verbunden, dass ein geschlossener Kreis entsteht. Die Beziehungen zwischen den Elementen sind alle positiver Art, und das bedeutet, dass wir es mit einer positiven Rückkoppelung zu tun haben: Je höher der Betrag der einen Variablen, desto höher wird der Betrag der nachfolgenden Variablen. Daneben kennt man negative Rückkoppelungen und Kombinationen aus beidem. Es ist die Aufgabe der Systemtheorie, das Verhalten solcher Systeme allgemein zu untersuchen.

Unser kleines Rückkoppelungsmodell mag vielleicht ganz einleuchtend aussehen. Es soll aber wiedergeben, wie die Entwicklung des Maisanbaus in Mesoamerika abgelaufen ist. Die entscheidende Frage ist also, ob es diese Wirklichkeit korrekt wiedergibt. In Lowes Untersuchung zu dieser Frage tritt zweierlei klar zutage. So, wie wir das Modell wiedergegeben haben, ist es noch zu vage beschrieben. Es lässt eine Reihe von Deutungen zu. Und je nachdem, welche Präzisierung man wählt, kommt man zu recht unterschiedlichen historischen Abläufen. Um eine Präzisierung zu wählen, oft auch schon um sie zu finden, benötigt man Daten. Hat man sie nicht, kann das Modell allenfalls dazu dienen, den Bereich des Möglichen einzugrenzen. Im schlimmsten Fall bleibt es leere Spekulation.

5. Soziale Systeme

Lowe benutzt bei seiner Systemanalyse sehr abstrakte und hoch aggregierte Komponenten. Was er Ertrag nennt, setzt sich aus Einzelerträgen zusammen, die von einer großen Zahl Bauern auf vielen Feldern erwirtschaftet wurde. Lowe ist in dieser Hinsicht keineswegs eine Ausnahme in der Ethnologie. *Solidarität*, die Komponente, die den Strukturfunktionalisten bei ihren Kulturanalysen so wichtig war, ist ebenfalls ein hochabstraktes Konzept. Auch der Strukturalist Lévi-Strauss hat das Solidaritätskonzept verwendet. Er glaubte, in patrilinearen Allianzsystemen ließe sich mit matrilateraler Kreuzbasenheirat eine besserer Integration der Gruppe (an anderer Stelle ist von effektiverer Solidarität die Rede) erzielen als mit patrilateraler Kreuzbasenheirat (1967: 517, 509). Auch in dem wohl am häufigsten zitierten Opus der ethnologischen Postmoderne, in J. Cliffords *Partial Truths* (1986: 6), sind es u. a. die historischen Verhältnisse und die politische Situation, wiederum hochabstrakte Komponenten, die *das* ethnographische Schreiben beeinflussen. In all diesen Analysen kommt das absichtsvoll handelnde, Entscheidungen treffende Individuum nicht vor. Die Verfasser ethnographischer Texte sind in Cliffords Text in gleicher Weise Marionetten wie die Australier bei Radcliffe-Brown. Auch sonst trifft man in den Kulturanalysen der Ethnologie diese ‚Gestalt' nur selten an. Darin kann man eine sehr empfindliche Lücke sehen, denn zweifellos sind es eben diese absichtsvoll handelnden Individuen, auf die Entstehung, Wandel und Fortdauer kultureller Phänomene zurückzuführen sind.

Eine Theorie sozialer Systeme, die das absichtsvoll handelnde Individuum einbezieht, gibt es durchaus, und über ein Gutteil der Komponenten dieser Systeme und der Beziehungen zwischen den Komponenten hat sich ein Konsens entwickelt, der größer ist als das bei oberflächlicher Betrachtung erscheinen mag (cf. Heckathorn 1997, auch in der Ethnologie findet man Beispiele dafür). Für die Terminologie gilt das weniger. Diese Theorie stellt eine Spezialisierung der allgemeinen Systemtheorie dar. Wir werden ihre Grundzüge in der Fassung darstellen, die ihr Coleman in seinem herausragenden Werk *Foundations of social theory* (1990) gegeben hat.

Die Elemente, also die kleinsten Komponenten, in diesen Systemen sind die Akteure. Die Akteure haben bestimmte Interessen und verfügen über Ressourcen, eine weitere Komponente des Systems. Mit diesen Komponenten können wir z. B. eine Menge von Einsiedlern fassen, die von Heuschrecken und wildem Honig leben, und auch sonst alles haben, was ihr Herz begehrt (ihre Interessen befriedigt). Zu einem sozialen System wird eine Menge von Akteuren erst dann, wenn sie Interessen haben, die sie nicht mit den eigenen Ressourcen befriedigen können, wohl aber mit Ressourcen, über die andere Akteure verfügen, und wenn es zu Transaktionen zwischen den Akteuren kommt, bei denen ein Akteur die Kontrolle über eine Ressource einem anderen überträgt. Kurz gesagt besteht ein soziales System nach dieser Theorie also aus Akteuren, die untereinander Ressourcen tauschen. In diesem Sinn handelt es sich um eine Tauschtheorie.

Kontrolle über Ressourcen, Transaktionen, Interessen – diese Termini bezeichnen hochabstrakte Begriffe, die in einer ausführlicheren Darstellung noch näher betrachtet werden müssten. Hier wollen wir nur den Ressourcenbegriff etwas näher beleuchten. Ressource bedeutet nicht nur ‚ordinäre' Wirtschaftsgüter sondern auch Rechte, wie z. B. an einem bestimmten Ort rauchen zu dürfen, den Hund bellen zu lassen, wann der will; aber auch soziale Anerkennung zu zollen, menschliche Wärme zu vermitteln, stellen Transaktionen von Ressourcen dar.

Wie passen nun Normen, die zu den prototypischen Gegenständen der ethnologischen Forschung zählen und eine zentrale Komponente von Kultur darstellen, in den Rahmen dieser Theorie? Um das zu sehen, greifen wir auf das Allianzsystem-Beispiel von Lévi-Strauss zurück. Die Analyse von Lévi-Strauss bewegte sich, wie zu sehen war, auf einer hochabstrakten Ebene. Dieser Erklärung haben Homans und Schneider (1955) in ihrer berühmt gewordenen Auseinandersetzung mit Lévi-Strauss eine andere gegenübergestellt, die beim Individuum ansetzt. Für die beiden Autoren befindet sich in den betrachteten Heiratssystemen der prospektive Bräutigam in folgender Situation: Der Vater ist in diesen (patrilinearen) Systemen ein Mann, der Respekt und Zurückhaltung verlangt. Die Mutter hingegen ist warmherzig und fürsorglich, wie auch ihr Bruder, und in diesem freundlichen Umfeld befindet sich auch die matrilaterale Kreuzbase. In der Erklärung von Homans und Schneider treten, wie man sieht, Akteure auf, die über bestimmte Ressourcen verfügen und bestimmte Transaktionen vornehmen. Der Vater kann erwarten, vom Sohn Respekt erwiesen zu bekommen, die Mutter lässt dem Sohn menschliche Wärme zukommen, für den jungen Mann sieht die matrilaterale Verwandtschaft deutlich vorteilhafter aus. Dies ist eine ziemlich stilisierte Wiedergabe der Verhältnisse, aber zumindest andeutungsweise ist zu erkennen, wie eine Norm, hier die Heiratsregel, im Interesse von absichtsvoll handelnden Individuen sein kann.

Verallgemeinert zeigt das Beispiel die Akteure mit ihren Ressourcen und Transaktionen etc. Das ist die Mikroebene des sozialen Systems. Auf der Makroebene sind die Systemeigenschaften angesiedelt. Diese bestehen unter anderem aus den Verteilungen auf der Mikroebene, z. B. der Verteilung der

Ressourcen, aber z. B. auch aus den Normen, die sich ja als Norm nur dem sozialen System und nicht den einzelnen Akteuren zuordnen lassen. Eine der Aufgaben bei der Theorieentwicklung besteht nun darin diese beiden Ebenen miteinander zu verbinden. Normen sind nach dieser Theorie in folgender Weise in das System eingebunden:

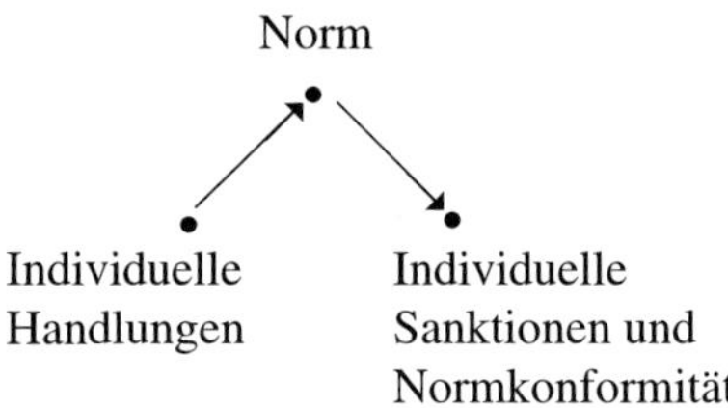

(nach Coleman 1990: 245)

Es gibt also zwei Übergänge zu studieren. Den Übergang von der Mikroebene zur Makroebene, den unser Beispiel illustriert hat, wenn auch ersichtlich unvollständig. Und den Übergang von der Makroebene zur die Mikroebene, den wir gar nicht berührt haben.

Bedeutsam für den Übergang von der Makroebene zur Mikroebene ist, dass es aus der Sicht der Akteure, nicht nur eine Makroebene gibt, sondern eine ganze Reihe von solchen Ebenen, die von den Akteuren teilweise überhaupt nicht zu beeinflussen sind. Nehmen wir als Beispiel die Produktionsentscheidungen eines namibischen Farmers. Diese werden gegenwärtig davon beeinflusst, dass Namibia Teil der südafrikanischen Zollunion ist, deren Spielregeln vorläufig jedenfalls noch allein Südafrika bestimmt. Weiterhin spielt der Wechselkurs des namibischen Dollars eine Rolle. Er ist an den (südafrikanischen) Rand gebunden, und der hängt von den internationalen (globalen) Finanzmärkten ab, die den Rand vor kurzem in einem Zeitraum von weniger als einem Jahr, um ein Drittel gegenüber dem Dollar abwerteten, ohne dass Südafrika dagegen etwas tun konnte. Die Exporte wurden, erfreulich für den Farmer, lukrativer, aber dafür musste er u. a. höhere Treibstoffpreise in Kauf nehmen. Dieser Einfluss global operierender Systeme auf das Handeln individueller Akteure nimmt gegenwärtig zu. Die namibischen Farmer sind keineswegs eine Ausnahme. Im Gegenteil, solche Einflüsse sind heute so zahlreich, dass man bei der Erklärung des Geschehens auf der Mikroebene immer seltener ohne die Berücksichtigung der Makroebenen bis hinauf zur globalen Ebene auskommt.

Bislang haben wir erst eine Art von Akteur kennen gelernt, den absichtsvoll handelnden Menschen aus Fleisch und Blut. Die Juristen nennen ihn *natürliche Person*. Um ihn von einer zweiten, sehr bedeutsamen Art von Akteuren terminologisch unterschieden zu können, werden wir ihn künftig personalen Akteur nennen. Die zweite Art von Akteuren heißen korporative Akteure (*juristische Personen*). Auch diese Akteure haben Interessen und Ressourcen. Die Ethnologie kennt sie schon seit langem unter dem Namen *korporative Gruppe*. Die Abstammungsgruppen der Trobriander, die wir oben dargestellt haben, sind Akteure dieser Art. Zu ihren Ressourcen gehört das Territorium und der Herkunftsmythos. Sie gehören allen Mitgliedern gemeinsam. Ein Restaurant, für das personale Akteure, wie z. B. Kellner und Köche arbeiten, ist von dieser Art. Eine moderne Variante des korporierten Akteurs stellen die multinational operierenden Konzerne dar. Die korporativen Akteure sind auf die personalen Akteure angewiesen, können aber bekanntlich durchaus Interessen verfolgen, die denen ihrer personalen Akteure entgegengesetzt sind.

Wir werden uns im Folgenden mit Staaten als korporativen Akteure befassen. Die Staaten dieser Welt gehören zu den Hauptakteuren auf der globalen Ebene der sozialen Systeme. Sie sind Bestandteil des (sozialen) Weltsystems. Speziell wird uns die Frage beschäftigen, welche Bedeutung Kultur auf dieser Ebene hat.

Zu den Ressourcen der Staaten zählen keineswegs nur Bodenschätze, sondern auch z. B. Humankapital, gut ausgebildete Bürger und ganz wesentlich die Wirtschaftskraft. Die Ressourcen sind bekanntlich ungleich verteilt unter den Nationen. Das wäre nicht eigentlich verwunderlich. Zu einem Stein des Anstoßes wird dieser Umstand dadurch, dass nach der Auffassung mancher Beobachter im vergangenen Jahrhundert sich an der Position der Staaten im Weltsystem nichts grundlegend geändert hat, ja die reichen Statten sogar eher noch reicher und die armen ärmer geworden sind (cf. Wade 2001, contra Castles 2001). Unbestritten ist, dass es nach wie vor in den Entwicklungsländern schreiende Armut gibt, und dies obwohl alle Industrienationen staatliche Organisationen bis hin zu Ministerien haben, die Entwicklungshilfe leisten sollen, obwohl sich zahllose NGOs um das Problem kümmern, und obwohl sich auch große internationale Organisationen wie die Weltbank auf diesem Gebiet betätigen. Manche würden sagen, nicht obwohl, sondern gerade weil es diese Institutionen gibt, sind die Verhältnisse so.

Die Position der Staaten im Weltsystem hängt wesentlich vom Wirtschaftswachstum ab. Daher könnte man meinen, die Erklärung dieser in vielen Fällen in der Tat hartnäckigen Ungleichheiten sei die Aufgabe von Ökonomen. Aber von den Ökonomen bekommt man zu hören, ihre eigenen Erklärungsmodelle seien im Wesentlichen für diesen Zweck untauglich (Easterly 2001), oder sie sagen, dass man u. a. außerökonomische Größen wie *Pfadabhängigkeiten*, was man grob mit historischen Gegebenheiten übersetzen kann, und Moral bei der Erklärung zu berücksichtigen habe (Erlei & Leschke & Sauerland 1999: 525 f.). Das hört sich an, als ob Kultur einen Einfluss auf die Position der Staaten im Weltsystem hat.

Von Seiten der Ethnologie gibt es bislang, so weit wir sehen, nur eine Studie, allerdings eine Studie von imposanten Ausmaßen, die sich mit der Frage befasst, ob Kultur auf die Position der Staaten im Weltsystem Auswirkung hat. Sie stammt von dem Züricher Ethnologen Hans-Peter Müller (1996). Müllers Studie zeigt, dass das *kulturelle Erbe* sehr wohl einen Einfluss hat. Dieses Erbe erfasst Müller mit *strukturellen* und *Stilindikatoren*. Die Strukturindikatoren unterscheiden sich von den Stilindikatoren nach Müllers theoretischer Konzeption in der Freiheit der Wahl. Bei den Stilindikatoren, wie z. B. den Formen der Verwandtschaftssysteme – einem klassischen Gegenstand der ethnologischen Forschung – haben die Menschen Wahlmöglichkeiten bei gleichen Voraussetzungen. Während Machtkonzentration, ein Strukturindikator, an bestimmte notwendige Voraussetzungen gebunden ist, die bei gleicher Konzentration überall vorhanden sein müssen (op.cit.: 86 ff.).

Das kulturelle Erbe erweist sich als sehr erklärungsmächtig. Die Position der Staaten im Weltsystem (der alten Welt) lässt sich sehr gut mit diesem Erbe vorhersagen. Diese Aussage ist das Ergebnis eines Kulturvergleichs, für den eine für ethnologische Verhältnisse gewaltige Datenbank aufgebaut wurde, die u. a. große Mengen von ethnographischen Daten enthält (cf. Müller 1996: 89 ff.).

Die Staaten sind selbstverständlich auch auf die personalen Akteure angewiesen. Über sie gewinnt das kulturelle Erbe Einfluss auf die „Funktionsweise... der formellen Apparate" der Staaten (Müller 1996: 93). Diese Akteure tragen das kulturelle Erbe in die Entscheidungsgremien und Verwaltungen der Staaten. Auch dabei kommt es wieder zu den oben erwähnten Übergängen zwischen Mikro- und Makroebene(n), die letztlich dann die Position im Weltsystem bestimmen.

Die Theorie sozialer Systeme, die wir hier skizziert haben, gibt den Rahmen an, in dem sich die heutige ethnologische Forschung bewegt. Die Ethnologie beschreibt sich selbst oft als eine Sozialwissenschaft der Mikroebene. Das trifft aber nur zu auf ihr empirisches Vorgehen: Ethnologen gewinnen ihre Daten im Umgang mit personalen Akteuren. Aber schon bei den Kulturanalysen bewegen sie sich, wie wir zu Beginn des Abschnitts gezeigt haben, auf der Makroebene, und wie zu sehen war, gibt es nicht nur eine sondern viele Makroebenen. Überdies hat sich gezeigt, dass der Gegenstand der Ethnologie, Kultur, bis hinauf zur Weltsystemebene von Bedeutung ist. Es gibt, soweit wir sehen, keine Ebene, auf der die Ethnologie nicht imstande wäre, substantielle Erkenntnisse beizusteuern.

Fachgeschichtlich gesehen ist das Forschungsterrain der Ethnologie heute ziemlich unüberschaubar geworden. Der Vorteil der gerade in einigen wesentlichen Komponenten vorgestellten Theorie sozialer Systeme besteht darin, dass sie in den verschiedensten Forschungssituationen einen Orientierungsrahmen liefert.

6. Rätsel – Natchez-Paradox

Zum Schluss sei dem Leser noch ein Rätsel vorgelegt. Es demonstriert in anschaulicher Weise, welche Vorteile es bringt, wenn man eine Kultur nicht als eine Ansammlung von unverbundenen Merkmalen sondern als System beschreibt. Es zeigt, dass man dann die Konsistenz der Beschreibung überprüfen kann. Das Rätsel trägt in der Literatur den Namen *Natchez-Paradox*. Die Natchez haben am Unterlauf des Mississippi gesiedelt. Ihre Kultur ist im 18. Jh. untergegangen. Was wir über sie wissen, stammt aus Berichten von französischen Missionaren, Kolonialbeamten, Reisenden u. ä.

J. B. Swanton hat, auf diesen Quellen fußend, ein synthetisches Bild der Natchez-Kultur entworfen und 1911 publiziert. Das Natchez-Paradox ergibt sich aus *seiner* Darstellung. Reduziert auf die wesentlichen Punkte, die das Paradox erzeugen, sagt Swanton Folgendes über die Sozialorganisation der Natchez:

Die Natchez hatten eine Klassengesellschaft. Es gab drei Klassen von Adligen und eine Gemeinen-Klasse. Die Klassen tragen in den Quellen Namen. Es waren

	Sonnen (*Soleils*)
Adlige:	Nobilitäten (*Nobles*)
	Ehrenwerte (*Considérés*)
Gemeine:	Stinker (Puants)

Die Zugehörigkeit zu einer Klasse war matrilinear geregelt.
Aber die Kinder von
- Sonnenvätern wurden zu Nobilitäten
- Nobilitätenvätern wurden zu Ehrenwerten
- Ehrenwertenvätern wurden zu Stinkern.

Es galten folgende Heiratsregeln:
- Sämtliche Frauen und Männer der Adelsklasse mussten Stinker heiraten.
- Stinker konnten (vermutlich) auch untereinander heiraten.

Damit haben wir alle relevanten Komponenten und Beziehungen des Sozialsystems beschrieben. Die Regeln geben in erschöpfender Weise an, wie die Menschen durch dieses System ‚fließen'. Nur kann dieses System so auf Dauer nicht existieren. Weshalb nicht? Das ist das Rätsel.

Dass das System so nicht ‚funktionieren' kann, ist schon bald nach Swantons Publikation erkannt worden. Rund 50 Jahre wurde dann über dieses Paradox diskutiert. 1971 haben dann White, Murdock und Scaglion der Debatte mit einer sehr plausiblen Auflösung des Paradoxes ein Ende gesetzt.

Danksagung: Ich danke Susanne Knödel, Julia Pauli, Sicco Plate und Michael Schnegg für ihre klugen Kommentare zu diesem Text.

7. Literatur

Einführende Literatur

Coleman, J. S.
1990 Foundations of Social Theory. Cambridge, Mass.
Meisterhafte Darstellung der vorgestellten Theorie sozialer System, in der auch ethnologische Studien eine Rolle spielen.

Heath, A.
1976 Rational choice and social exchange. Cambridge.
Gut lesbare, untechnische Einführung in die vorgestellte Theorie der sozialen Systeme. Etwas veraltet, was aber dadurch ausgeglichen wird, dass das Buch in ungewöhnlicher Breite auch ethnologische Studien einbezieht.

Kolo, Castulus
1997 Computersimulation als Instrument der Prozessanalyse in der Ethnologie. Hamburg.
Gut lesbare ethnologieorientierte Darstellung der strengsten Form der Systemanalyse.

Müller, H.-P. (ed.)
1996 Weltsystem und Kulturelles Erbe. Berlin.
Ethnologienaher, sehr facettenreicher Sammelband zum Thema Globalisierung.

Zitierte Literatur

Castles, J.
2001 Leserbrief (Letters) zu Wade 2001. Economist, 24. Mai 2001.

Clifford, J.
1986 Introduction: Partial Truths. In: Clifford, J. & Marcus, G. E. (Hgg.), Writing Culture. Berkeley: University of California Press, pp. 1–26.

Easterly, W.
2001 The Elusive Quest for Growth. Cambridge, Mass.: MIT Press.

Erlei, M., M. Leschke und D. Sauerland
1999 Neue Institutionenökonomik. Stuttgart.

Heckathorn, Douglas D.
1997 The Paradoxical Relationship between Sociology and Rational Choice. The American Sociologist 28.

Homans, G. C. & Schneider, D. M.
1955 Marriage, authority and final causes: A study of unilateral cross-cousin marriage. New York.

Hutchins, Edwin
1980 Culture and Inference: A Trobriand Case Study. Cambridge, Mass.

Lang, Hartmut
1994 Funktionalismus und Erklärung. In: Lang, H.: Wissenschaftstheorie fiir die ethnologische Praxis. pp. 112–127. Berlin (2. Aufl.).

Lévi-Strauss, C.
1967 Les structures élémentaires de la parenté. Paris. (2. Aufl.).

Lowe, John W. G.
1985 Qualitative Systems Theory: Its Utility and Limitations. In: Journal of Anthropological Research 41: 42–61.

Malinowski, Bronislaw
1935 Coral Gardens and Their Magic. Bd. I. London.
1954 Magic, Science and Religion. In: Malinowski, B.: Magic, Science and Religion and Other Essays. pp. 17–92. Garden City, N. Y.

Müller, H.-P.
1996 Kulturelle Gliederung der Entwicklungslände.r In: Müller, H.-P. (Hg.) Weltsystem und Kulturelles Erbe. Berlin, pp. 81–137.

Radcliffe-Brown, Alfred R.
1929 The Sociological Theory of Totemism. In: Radcliffe-Brown,A. R.: Structure and Function in Primitive Societies. London 1952. pp. 117–135.

Swanton, J. R.
1911 Indian Tribes of the Lower Mississippie Valley. In: Bulletin of the Bureau of American Ethnology 43: 1–387.

Wade, R.
2001 Winners and Losers. Economist, 26. April 2001.

Weiner, Annette B.
1976 Women of Value, Men of Renown. Austin, Texas.

White, Douglas R., George P. Murdock und R. Scaglion
1971 Natchez Class and Rank Reconsidered. In: Ethnology 10: 369–388.

Zu den Autoren

Christoph **Antweiler**, *1956, ist Professor für Ethnologie an der Universität Trier. Forschungsthemen: Stadtethnologie, Kognitionsethnologie, Lokales Wissen, Soziale Evolution, Kulturuniversalien, Entwicklungsethnologie. Regionale Forschungsgebiete: Südostasien, bes. Indonesien, daneben Südasien (Nepal); FB IV-Ethnologie, Universität Trier; ‹antweile@uni-trier.de›
Homepage: www.uni-trier.de/uni/fb4/ethno.homep.htm

Bettina **Beer**, *1966. Privatdozentin, Heisenberg-Stipendiatin am Institut für Ethnologie der Universität Heidelberg. Regionale Interessen: Südostasien und Ozeanien, Feldforschungen in den Philippinen, Papua-Neuguinea und Hamburg. Thematische Schwerpunkte: Interethnische Beziehungen, Ehen, Geschlechterbeziehungen, Freundschaft; Wildbeuterkulturen; Sinne – Wahrnehmung – Kognition; Geschichte der Ethnologie; Methoden der Feldforschung.
‹Beer.Fischer@t-online.de›

Franz **von Benda-Beckmann,** *1941, ist Professor und Leiter der Projektgruppe „Rechtspluralismus" am Max-Planck-Institut für ethnologische Forschung in Halle. Regionale Arbeitsgebiete: Malawi, Indonesien, Nepal und Indien; theoretische und methodologische Fragen der Rechtsethnologie, Rechtspluralismus, Vermögensverhältnisse und Vererbung, soziale Sicherung und Rechte an natürlichen Ressourcen, Dezentralisierungspolitik.

Michael **Bollig**, *1961. Professor am Institut für Völkerkunde der Universität zu Köln. Interessenschwerpunkte regional: östliches und südliches Afrika; thematisch: ökonomische Transformationsprozesse, soziale Netzwerke, Konfliktmanagement, Pastoralnomaden. ‹Michael.Bollig@uni-koeln.de›

Michael J. **Casimir**, *1942, ist Professor für Völkerkunde an der Universität zu Köln. Forschungsgebiete: Kulturökologie, Anthropologie der Ernährung, Ethnomedizin, Sozialisationsforschung, Anthropologie der Emotionen, Pastoraler Nomadismus, Region: Südasien (Weitere Einzelheiten und vollständige Publikationsliste siehe Website des Instituts für Völkerkunde, Universität zu Köln.)

Christian F. **Feest**, *1945, ist Professor am Institut für Historische Ethnologie der Johann Wolfgang Goethe-Universität in Frankfurt am Main. Seine Forschung und seine Veröffentlichungen befassen sich in erster Linie mit der Ethnohistorie und Historischen Ethnographie des östlichen Nordamerika, materieller Kultur, Kunstethnologie, ethnologischer Bildforschung, sowie mit der Geschichte des ethnographischen Sammelns.

Hans **Fischer**, *1932, ist emeritierter Professor für Ethnologie an der Universität Hamburg, jetzt wohnhaft in Heidelberg. Regionales Arbeitsgebiet: Ozeanien; Feldforschungen in Neuguinea und Samoa; sachliche Arbeitsgebiete: Geschichte der Ethnologie, Quellenkritik, Methodik der Feldforschung, Genealogische Methode, Verwandtschaft, Heilserwartung, Materielle Kultur. ‹Ha-Fis@t-online.de›

Till **Förster**, *1955, ist Professor für Ethnologie an der Universität Basel. Er beschäftigt sich mit den alten wie zeitgenössischen Künsten Afrikas. Daneben hat er über Ritual und Ritualtheorien sowie Öffentlichkeit und Staatlichkeit gearbeitet. Feldforschungen in West- und Zentralafrika.

Andre **Gingrich**, *1952, ist Professor für Kultur- und Sozialanthropologie an der Universität Wien und Wittgenstein-Preisträger 2000. Seine ethnographischen Forschungen konzentrieren sich auf den Islamisch-arabischen Raum. Seine Sachinteressen umfassen Geschichte, Theorienbildung und Methoden der Ethnologie, Raum- und Zeitkonzeptionen, Gender Studies und Sozialstrukturen.

Frank **Heidemann**, *1957, Professor für Ethnologie am Institut für Ethnologie und Afrikanistik, Universität München. Regionaler Schwerpunkt: Südasien (Südindien, Sri Lanka). Thematische Schwerpunkte: Politikethnologie, Visuelle Anthropologie.

Jürg **Helbling**, *1954, ist Professor für Ethnologie an der Universität Zürich. Zu seinen Hauptinteressengebieten gehören Wirtschaft und Ökologie (Produktionsstrategien, Ressourcennutzung), Politik und Verwandtschaft (Macht und Ideologie, Geschlechterbeziehungen und Krieg) sowie Theoriengeschichte. Feldforschung auf Mindoro (Philippinen).

Bruno **Illius**, *1956, ist Hochschuldozent für Ethnologie an der Universität Leipzig. Arbeitsschwerpunkte: Ethnolinguistik, Religionsethnologie, Tourismusethnologie. Regionaler Schwerpunkt: Südamerika.

Hartmut **Lang**, *1943, ist Professor am Institut für Ethnologie der Universität Hamburg. Feldforschungen: bei den Mahria in Nord-Darfur (Sudan) und bei den Rehobother Bastern in Namibia. Arbeitsgebiete: u. a. Wirtschaftsethnologie, Sozialethnologie, Kognitionsethnologie, Ethnodemographie und Methoden der Ethnographie.

Ute **Luig**, *1944, ist Professorin für Ethnologie an der Freien Universität Berlin. Ihre Lehr- und Forschungsinteressen liegen im Bereich der interkulturell vergleichenden Geschlechterforschung, Formen weiblicher Besessenheit, Jugendkulturen, sowie Naturaneignung. Regionaler Forschungsschwerpunkt ist das südliche Afrika, mit eigener Forschungserfahrung in Zambia und Zimbabwe.

Roland **Mischung**, *1947, ist Professor für Ethnologie an der Universität Hamburg. Seine Arbeitsschwerpunkte sind Religionsethnologie, ethnische Identitäten und Raumkonzeptionen, regional ist er auf Festland-Südostasien spezialisiert. Feldforschungen in Thailand, Westafrika und Neuguinea. Institut für Ethnologie der Universität Hamburg, Rothenbaumchaussee 67/69, 20148 Hamburg. ‹rmischung@uni-hamburg.de›

Josephus D. M. **Platenkamp** *1951, ist Professor für Ethnologie an der Westfälischen Wilhelms-Universität Münster. Seine Forschungsthemen sind Sozialstruktur, Ritual, Mythos, Kosmologie und die vergleichende Ethnologie südostasiatischer Gesellschaften. Feldforschungen in den Nord- und Zentralmolukken, Indonesien; Tieflandlao in Luang Prabang, Laos.

Martin **Rössler**, *1956; ist Professor am Institut für Völkerkunde an der Universität zu Köln. Hauptarbeitsgebiete: Wirtschaftsethnologie, Sozialethnologie, Religion (insbes. Islam), Politische Anthropologie. Geographische Interessen: Südostasien, Ozeanien, West- und Nordafrika.

Günther **Schlee**, *1951, ist Direktor am Max-Planck-Institut für ethnologische Forschung in Halle/Saale. Region: Nordost-Afrika. Forschungsthemen: Identität und Differenz, Integration und Konflikt. www.eth.mpg.de

Gunter **Senft**, *1952, ist Wissenschaftlicher Mitarbeiter am Max-Planck-Institut für Psycholinguistik in Nijmegen und apl. Professor für Allgemeine Sprachwissenschaft an der Universität zu Köln. Feldforschungen in Kaiserslautern und auf den Trobriand-Inseln in Papua-Neuguinea.
‹gunter.senft@mpi.nl›

Justin **Stagl**, *1941, ist o. Prof. der Soziologie, Institut für Kultursoziologie der Universität Salzburg. Hauptarbeitsgebiete: Geschichte und Theorie der Sozial- und Kulturwissenschaften, Kultursoziologie, Religionssoziologie.

Jürg **Wassmann**, *1946, ist Ordinarius am Institut für Ethnologie der Universität Heidelberg und dessen Direktor. Interessen regional: Ozeanien, thematisch: Kognitive Ethnologie, Psychologische Ethnologie, Verbindung der Ethnologie zu den Kognitionswissenschaften.
‹juerg.wassmann@urz.uni-heidelberg.de›

Werner **Zips**, *1958, ist ao. Professor am Institut für Ethnologie, Kultur- und Sozialanthropologie der Universität Wien. Seine ethnographischen Spezialisierungen liegen in der Karibik sowie in Westafrika. Seine sachlichen Forschungsinteressen konzentrieren sich auf Rechtsanthropologie, Politische Anthropologie und Ethnohistorie. Institut für Ethnologie, Kultur- und Sozialanthropologie, Universität Wien, Universitätstraße 7/4, 1010 Wien.
‹werner.zips@univie.ac.at›

Register